COLEÇÃO TRABALHO, CONSTITUIÇÃO E CIDADANIA

DIREITO FUNDAMENTAL AO TRABALHO DIGNO NO SÉCULO XXI

DESAFIOS E RESSIGNIFICAÇÕES PARA AS RELAÇÕES DE TRABALHO DA ERA DIGITAL

GABRIELA NEVES DELGADO

COORDENADORA

COLEÇÃO TRABALHO, CONSTITUIÇÃO E CIDADANIA

DIREITO FUNDAMENTAL AO TRABALHO DIGNO NO SÉCULO XXI

DESAFIOS E RESSIGNIFICAÇÕES PARA AS RELAÇÕES DE TRABALHO DA ERA DIGITAL

VOLUME III

TRABALHO, CONSTITUIÇÃO E CIDADANIA GRUPO DE PESQUISA
10 ANOS

DIREITO.UnB

LTr®

LTr®

LTr Editora Ltda.

Rua Jaguaribe, 571
CEP 01224-003
São Paulo, SP – Brasil
Fone (11) 2167-1101
www.ltr.com.br
Outubro, 2020

Produção Gráfica e Editoração Eletrônica: LINOTEC
Projeto de Capa: DANILO REBELLO
Impressão: META BRASIL

Versão impressa: LTr 6317.1 — ISBN: 978-65-5883-002-3
Versão digital: LTr 9758.6 — ISBN: 978-65-5883-006-1

Dados Internacionais de Catalogação na Publicação (CIP)
(Câmara Brasileira do Livro, SP, Brasil)

Direito fundamental ao trabalho digno no Século XXI : desafios e ressignificações para as relações de trabalho da era digital / Gabriela Neves Delgado, coordenadora. -- 1. ed. -- São Paulo : LTr, 2020. -- (Trabalho, constituição e cidadania ; v. 3)

Vários autores
Bibliografia
ISBN 978-65-5883-002-3

1. Ambiente de trabalho 2. Direito ao trabalho 3. Direito ao trabalho - Brasil 4. Direito digital 5. Direitos fundamentais 6. Direitos humanos I. Delgado, Gabriela Neves. II. Série.

20-45500 CDU-34:331.101.21

Índices para catálogo sistemático:
1. Direito fundamental ao trabalho digno : Direito trabalhista 34:331.101.21
Maria Alice Ferreira - Bibliotecária - CRB-8/7964

This book celebrating the 10th anniversary of the Research Group "Labor, Constitution and Citizenship" of the University of Brasilia (UnB) College of Law, talks about various dimensions and challenges of Fundamental Right to Decent Work in the 21st Century.

Decent Work[(1)] is not merely an issue of law enforcement and management, but also creates a culture driven by values of safety, dignity, fearlessness, transparency and mutual trust practiced across the organization. Decent Work leads to professional and personal gratification. Just as important, it is to create more jobs for a robust economy; it is pertinent to ensure happier work places that are free from physical, psychological, social and economic violence. This is the cornerstone for building the culture of peace within the organization and forming an egalitarian and sustainable society.

Happy reading!

KAILASH SATYARTHI

Prêmio Nobel da Paz 2014

---

(1) **Explicação para a tradução livre do termo "Decent Work":** O conceito de trabalho decente ("decent work") apresentado na mensagem original do Prêmio Nobel da Paz 2014, Kailash Satyarthi, foi oficializado pela Organização Internacional do Trabalho (OIT), em 1999. Na tradução livre dessa mensagem para o texto da epígrafe e da quarta-capa da obra coletiva, optou-se pela referência ao "trabalho decente ou digno", conforme autorização prévia dada pelo próprio Kailash Satyarthi. O termo "trabalho digno" foi inserido na tradução livre para o português tendo em vista a centralidade da dignidade na Constituição Federal de 1988.

SUMÁRIO GERAL

Apresentação

Vivemos uma era de grandes e rápidas transformações. Nos últimos 250 anos, a humanidade passou por mudanças profundas, que alteraram de forma definitiva a organização das cidades, do trabalho e da vida em sociedade. No século XXI, todas essas modificações se tornaram ainda mais intensas, impulsionadas pela tecnologia e pela robotização, especialmente no mundo do trabalho – um fenômeno que traz novos desafios, em diversas instâncias.

Nesse contexto, o Direito surge como ferramenta para auxiliar na proteção de garantias básicas aos cidadãos. No Ocidente, leis e demais normas foram criadas para trazer segurança às relações trabalhistas, especialmente porque o poder econômico pode, por vezes, subjugar o elo mais frágil dessa cadeia. Em outras palavras, em Estados Democráticos, todo e qualquer trabalhador precisa ter acesso a um patamar mínimo de direitos e garantias que lhe assegure um sentido de dignidade.

Trata-se de algo complexo, ainda mais se considerarmos o caso específico do Brasil. Nossa diversidade e tamanho trazem uma imensa gama de possibilidades para as relações laborais, aumentando os desafios nessa seara. Como o direito ao trabalho digno pode ser concretizado nas atividades do campo? E na indústria? E no setor de serviços? Mais que isso: de que forma garantir trabalho digno para trabalhadores que vivem em uma sociedade desigual como a nossa?

Sabemos, infelizmente, que o Brasil ainda patina quando o assunto é dar oportunidades equânimes para todos. O Relatório de Desenvolvimento Humano (RDH) de 2019, do Programa das Nações Unidas para o Desenvolvimento (Pnud), colocou o Brasil como o 7º país mais desigual do mundo. Levantamentos regulares feitos pelo Instituto de Pesquisa Econômica Aplicada (Ipea) corroboram isso, ao indicar que o desemprego e a pobreza afetam mais duramente jovens, negros e mulheres.

Somam-se à desigualdade inerente ao país os inúmeros desafios advindos do desenvolvimento das tecnologias de informação e comunicação – tanto ao considerarmos a necessidade de ampliar o acesso a esses recursos quanto ao levar em conta a forma como eles também têm impactado o mundo do trabalho. As relações laborais digitais são cada vez mais aceleradas, subvertem a tradicional ordem do tempo e da presença para impor sua própria lógica.

Esta coleção, coordenada pela Professora Doutora Gabriela Neves Delgado, da Faculdade de Direito da Universidade de Brasília – UnB, lança luz sobre essas e outras questões relacionadas ao mundo do trabalho, urgentes e necessárias nos dias de hoje. A Doutora Gabriela é uma docente brilhante, especialista em Direito do Trabalho e que compartilha de uma visão humanista de sua área de expertise, compreendendo a necessidade de que leis e instituições pautem sua atuação com base na preservação da ética e da racionalidade, e na busca da justiça social.

Nesta obra coletiva, há também o registro da importante contribuição de uma década do Grupo de Pesquisa *Trabalho, Constituição e Cidadania*, cadastrado no Diretório de Grupos de Pesquisa do Conselho Nacional de Desenvolvimento Científico e Tecnológico (CNPq), além de artigos escritos por autoras e autores convidados. Os três volumes reúnem, assim, reflexões de cientistas e profissionais de diversas instituições país afora, alguns deles egressos da e/ou atuantes na Faculdade de Direito da UnB. Os artigos trazem em si a essência da diversidade acadêmica, marcada pela qualidade da atuação de pesquisadoras e pesquisadores, mas também mesclada pela riqueza de suas atividades profissionais.

Cabe mencionar que o Grupo de Pesquisa *Trabalho, Constituição e Cidadania* também vem se destacando por suas atividades de extensão, concretizando, assim, o princípio constitucional que guia as universidades públicas em nosso país: a indissociabilidade entre ensino, pesquisa e extensão. O Grupo está integrado ao Núcleo de Pesquisa e Assistência Judicial Trabalhista (NUPAJ), projeto que proporciona a atuação prática na jurisdição trabalhista de primeiro grau. Merece honrosa menção, ainda, o projeto piloto levado a cabo pelo Grupo para atuação junto aos Tribunais Superiores. Em 2016, tal iniciativa, pioneira no país, levou os pesquisadores a atuarem como *amicus curiae* (em latim, "amigo da corte") no Tribunal Superior do Trabalho. Dois anos mais tarde, também foram admitidos como *amicus curiae* no Supremo Tribunal Federal, trazendo contribuições de relevância para o debate naquela Corte.

A atuação multifacetada do Grupo – dando origem, entre outros resultados, a práticas pedagógicas e de pesquisa inovadoras, marcadas pela excelência característica da Faculdade de Direito – traz orgulho para a Universidade de Brasília, para seus docentes, técnicos e estudantes. Ao longo de seus 10 anos, o Grupo vem honrando as premissas fundamentais que guiaram a fundação da Universidade, uma instituição de ensino superior corajosa, inovadora e inclusiva, à frente de seu tempo, empenhada na busca de soluções democráticas para questões nacionais e internacionais.

Nas próximas páginas, está o registro desse trabalho conjunto e de grande destaque na área do Direito do Trabalho no país. As reflexões apresentadas certamente contribuirão para que juristas, advogados, gestores, estudantes e demais interessados tenham entendimento cada vez mais amplo sobre o assunto. Também devem estimular debates e reforçar o comprometimento daqueles que pensam o direito fundamental ao trabalho digno, em suas dimensões e desafios, para todas as pessoas – que são, afinal, o grande patrimônio de qualquer nação que se pretende desenvolvida.

Boa leitura!

Márcia Abrahão Moura
Professora Titular do Instituto de Geociências da UnB.
Reitora da UnB no período 2016-2020 e reeleita para o período 2020-2024.

Prefácio

A obra coletiva que o leitor encontra à frente é a expressão de uma feliz linhagem crítica do direito do trabalho, que se desenvolveu nas últimas décadas e que vem sobrevivendo e participando dos empreendimentos críticos e práticos em relação ao período de trevas que estamos mergulhados no presente.

Um exemplo, dentre tantos outros, é o Grupo de Pesquisa *Trabalho, Constituição e Cidadania,* vinculado à Faculdade de Direito da Universidade de Brasília (UnB), impulsionado pela Profa. Gabriela Neves Delgado e cujo eixo central de atividade é oferecer elementos críticos para a reflexão e ação concreta em torno da defesa dos direitos do trabalho, especialmente nesta fase de enorme agressividade ultraneoliberal em que nos encontramos.

Em amplo diálogo com as ciências sociais, o Grupo procura melhor compreender os intensos processos de *desumanização da humanidade*, que encontra na *degradação do trabalho* um dos pilares de seu sistema de metabolismo social.

Essa temática, entretanto, como se sabe, é eivada de complexidade e de controvérsia. Não foi por acaso que, durante longevo período da história ocidental, a atividade laborativa fora concebida ora como *fardo e sofrimento*, ora como seu antípoda, isto é, como *criação e libertação.* Oscilando como um *pêndulo do trabalho,* como denominei em outra parte, a *atividade laborativa* oscilava entre o *tripaliun* e o *mito prometêico.* Dos gregos à Hegel, passando pelo pensamento cristão, o *pêndulo do trabalho* se manteve oscilante.

Foi somente no início da década de 1840 que floresceu uma magistral *síntese*, que rompeu definitivamente com o pensamento unilateralizante. Se Hegel deu um grande passo para a compreensão da *dialética entre o senhor e o escravo*, foi Marx, seu herdeiro mais rebelde, mais insubmisso e mais crítico que descortinou magistralmente a *contradição quase indissolúvel presente no trabalho.* Isto porque, tratando-se de uma *atividade humana vital,* segundo a proposição marxiana, ela carregava em sua concretude, tanto a criação, quanto a sujeição e também a destruição. Era o *modo de vida* e o *modo de produção das coisas* que desenhava, segundo as múltiplas peculiaridades da história, os contornos mais gerais da prevalência, seja da sujeição (como na escravidão), seja da criação (como deu-se de modo embrionário na era do Renascimento).

Se o trabalho se forjou desde os primórdios como expressão de uma *atividade vital,* necessária para o *fazer-se e o tornar-se humano*, ele adquiriu, ao longo da história e em particular, com o nascimento e expansão do capitalismo e da forma-mercadoria, "segunda natureza" que acabou por tolher o seu sentido original.

O *valor* do trabalho conformou-se, então, como um *(des)valor,* para que pudesse, sem peias e limites, dar fruição ao objetivo precípuo do sistema do capital, que é o de criar *mais-valor.* Não foi por outro motivo que Marx, desde muito jovem, em seus *Manuscritos Econômico-Filosóficos* de 1844, asseverou que sob o *sistema de salários, nem a classe trabalhadora e nem o trabalho conquistariam a sua dignidade e determinação humana.*

Não são poucas as indagações que se arrastam pelo nosso tempo: se este *valor* se converteu em uma *mercadoria* (ainda que *especial*, pois é a única que cria *riqueza*), como lutar pela *dignidade do trabalho*? Como dotá-lo de direitos, se a cada invento informacional-digital, na era da chamada Indústria 4.0 (da "internet das coisas", da inteligência artificial e do *big* data), sempre sob o comando das grandes corporações, o *direito do trabalho* (e também o *direito ao trabalho*) vem sendo cada vez mais dilapido e degradado? Não é exatamente esta processualidade que estamos presenciando nas grandes *plataformas digitais,* cuja alquimia vem sabendo combinar tão bem *trabalho informacional* com *escravidão digital*?

Essa breve digressão vem a propósito do tema central desta coleção.

Dotado de um enorme esforço intelectual, este importante projeto acadêmico contempla três volumes com seus respectivos eixos temáticos, totalizando 72 (setenta e dois capítulos). Seguramente esta é uma obra que se tornará referência obrigatória para todos e todas que, seja no universo jurídico, seja no âmbito das humanidades em geral, se interessam e se dedicam a entender o *porquê* dos tantos vilipêndios, das tantas demolições e devastações que atingem o trabalho e os seus direitos, nesta *era das trevas* que estamos vivenciando.

A obra coletiva, como não poderia deixar de ser, contempla polêmicas, enfoques e perspectivas diferenciadas; traz autores e autoras consagrados conjuntamente com jovens pesquisadores e pesquisadoras que vem dando sequência e ampliando as polêmicas e os tantos desafios. E realiza, como já indicamos anteriormente, um diálogo profícuo entre a ciência do direito e as ciências humanas.

Não poderia, então, ser mais apropriado e feliz o presente que o Grupo de Pesquisa *Trabalho, Constituição e Cidadania,* ao comemorar seu primeiro decênio de vida, impulsionado pela dedicação incomum de Gabriela Neves Delgado, nos brinda com uma obra dessa envergadura.

Ricardo Antunes
Professor Titular de Sociologia do Trabalho do Instituto de Filosofia e
Ciências Humanas (IFCH) da Universidade Estadual de Campinas (UNICAMP).

Introdução

O Grupo de Pesquisa *Trabalho, Constituição e Cidadania*, da Faculdade de Direito da Universidade de Brasília (UnB), completa 10 anos de existência em 2020, considerada a sua institucionalização em meados de 2010.

Integrado por uma comunidade ampla de pesquisadoras e pesquisadores, alguns egressos da Faculdade de Direito da UnB, outros de diferentes regiões e universidades do país, o Grupo de Pesquisa *Trabalho, Constituição e Cidadania* se constitui na diversidade, reunindo estudiosos do mundo do trabalho e do Direito do Trabalho em suas experiências singulares de pesquisas para guiá-los ao coletivo. Também é retratado por uma composição fluida, fruto da mobilidade constante de seus pares, característica positiva e natural ao espaço universitário.

Em suas reuniões rotineiras, a experiência pedagógica se faz presente na dinâmica do ouvir e do falar, de perguntas e respostas, espaços em potencial onde o "eu" e o "outro", espelhado e refletido, se transformam permanentemente. A tentativa de aproximação das pontas assegura fluxo às relações de pesquisa, além de engajamento para vivência de um saber comprometido e de qualidade, por onde brotam os sentidos de inclusão, reconhecimento, pertencimento e representatividade.

Planos de aula preparados, leituras dirigidas, pesquisadoras e pesquisadores valorizados e muito aprendizado são, pois, um convite à presença e ao convívio entre gerações.

É nesse espaço em permanente construção que o Grupo de Pesquisa *Trabalho, Constituição e Cidadania* também vivencia tomadas de decisões coletivas, abrindo novas frentes de atuação em busca da tutela do trabalho digno, centralizado e protegido.

Nessa perspectiva, a partir de 2015, o Grupo aprimorou sua atuação extensionista, partindo do campo teórico para então se projetar em instâncias políticas e judiciais, em ações imbuídas de sentido e impacto social. Desde então, participa de audiências públicas e se dedica à atuação prática no Poder Judiciário, especialmente na Justiça do Trabalho.

Com um projeto piloto de atuação prática nos Tribunais Superiores, o Grupo de Pesquisa *Trabalho, Constituição e Cidadania* foi admitido, em 2016, como *amicus curiae* em Incidente de Recurso Repetitivo[(1)], no Tribunal Superior do Trabalho e, em 2018, como *amicus curiae* em Ação Direta de Inconstitucionalidade[(2)], no Supremo Tribunal Federal, registrando atuação pioneira entre os Grupos de Pesquisa da UnB e os Grupos de Pesquisa em Direito do Trabalho do Brasil.

Ainda no plano extensionista, voltado à atuação prática em primeiro grau de jurisdição, integra o NUPAJ (Núcleo de Pesquisa e Assistência Judicial Trabalhista), projeto interinstitucional formalizado entre a Universidade de Brasília (UnB), a Escola Judicial do Tribunal Regional do Trabalho da 10ª Região (EJUD-10) e a Defensoria Pública da União (DPU), com objetivo de desenvolver "cooperação acadêmica e prestação de atendimento de demandas trabalhistas e práticas de atos processuais pertinentes no Fórum do TRT da 10ª Região, em Brasília".

Por acreditar-se em pesquisa universitária com história e significado, é que se deliberou pela elaboração de uma obra coletiva que pudesse representar os 10 anos do Grupo de Pesquisa *Trabalho, Constituição e Cidadania* em suas interfaces de memória e projeções para o futuro. A ideia ganhou formato e foi prontamente acolhida pela comunidade acadêmica, que concebeu, no livro coletivo, um caminho de recordação e registro de seu patrimônio de pesquisa.

Contando com a participação expressiva de seus membros pesquisadores, os artigos científicos colacionados abrigam, em certa medida, a memória institucional das pesquisas em Direito do Trabalho desenvolvidas na Faculdade de Direito da UnB, num contexto de integração ao Grupo de Pesquisa *Trabalho, Constituição e Cidadania*. Nesse espaço, estão reunidos professores, estudantes da pós-graduação e graduação em Direito,

---

(1) RR 243000-58.2013.5.13.0023.

(2) ADI n. 5.826.

num exercício de reflexão crítica sobre a categoria trabalho, especialmente a partir da perspectiva do Direito do Trabalho constitucionalizado.

Com uma agenda interdisciplinar, o Grupo de Pesquisa *Trabalho, Constituição e Cidadania* também procurou reverenciar algumas pesquisadoras e pesquisadores do mundo do trabalho e do Direito do Trabalho com quem dialoga frequentemente por meio de suas reflexões e doutrinas consolidadas, os quais foram convidados a se integrarem ao projeto com plena liberdade de expressão.

O convite para participação na coleção foi ainda estendido a alguns profissionais da Magistratura Trabalhista com os quais o Grupo de Pesquisa dialoga a partir do padrão de regulação judicial formulado em sentenças e acórdãos. É que, nos últimos anos, grande parte das pesquisas em Direito do Trabalho do Programa de Pós-Graduação em Direito da UnB, cujas pesquisadoras e pesquisadores se vinculam ao Grupo de Pesquisa *Trabalho, Constituição e Cidadania*, procuraram identificar a existência e a amplitude do padrão regulatório da Justiça do Trabalho.

Além disso, a obra coletiva incorpora a produção científica de pesquisadoras e pesquisadores do Grupo em coautoria com estudantes da graduação em Direito da UnB – e, portanto, ainda em processo de formação –, em parcerias firmadas com estrita observância e aderência às suas linhas de pesquisa. Essa proposta de produção científica intergeracional é condizente com os objetivos pedagógicos do Grupo de Pesquisa *Trabalho, Constituição e Cidadania*, que se notabiliza pelo investimento na formação de jovens pesquisadores.

Compreende-se que essa participação dialógica e interdisciplinar, prática pedagógica de todos os debates realizados nos bancos acadêmicos do Grupo, permite o entrecruzamento das pesquisas produzidas, além de ampliar os referenciais teóricos e metodológicos em busca de uma melhor compreensão das vertentes críticas da categoria trabalho.

Para assegurar *aderência temática* à obra coletiva, a categoria-chave do *direito fundamental ao trabalho digno no século XXI* foi indicada como referência guia da coletânea, fio condutor e de encadeamento de todo o repertório teórico ali apresentado, preservados, é claro, os espaços de autonomia intelectual. A escolha se justifica porque o Grupo de Pesquisa *Trabalho, Constituição e Cidadania* reflete, desde a sua fundação, prioritariamente sobre os parâmetros de proteção ao trabalho humano na perspectiva constitucional, sendo os temas da dignidade humana e da dignidade no trabalho centrais à matriz formadora do Direito Constitucional do Trabalho brasileiro, respeitadas as chaves de leituras interdisciplinares.

A coleção está estruturada em três volumes, todos eles organicamente interrelacionados.

O **Primeiro Volume** (*Direito Fundamental ao Trabalho Digno no Século XXI: Principiologia, Dimensões e Interfaces no Estado Democrático de Direito*) está dividido em quatro partes, todas elas focadas nas perspectivas multifacetadas do direito fundamental ao trabalho digno. Procurou-se, nesse volume, demonstrar que a tutela ao direito fundamental ao trabalho digno apenas se concretiza quando há efetiva proteção às suas dimensões imanentes: o valor social do trabalho, a pessoa humana do trabalhador e o meio ambiente do trabalho.

A **Parte I** (*Dimensões do Valor Social do Trabalho*) trata da categoria jurídica "trabalho" enquanto direito edificado pelos princípios da centralidade, da dignidade da pessoa humana e do valor social do trabalho. A proposta de reflexão buscou reforçar a concepção de direito fundamental ao trabalho digno em suas relações com o conceito mais amplo de Estado Democrático de Direito, na perspectiva do Direito do Trabalho constitucionalizado e do Direito Internacional do Trabalho, com ênfase na atuação de vanguarda da OIT.

A **Parte II** (*Dimensões do Sujeito Trabalhador*) apresenta uma seleção detalhada de temas trabalhistas atuais sobre as dimensões constitucionalizadas do sujeito trabalhador e suas interseccionalidades. Nesta segunda parte também procurou-se refletir sobre a pessoa humana, individual e coletivamente considerada, enquanto ser de história, memória, cultura e narrativas. Afinal, a história do trabalho e a história do Direito do Trabalho são encarnadas por gentes e pelos múltiplos significados e particularidades levados às interações sociais.

A **Parte III** (*Dimensões do Meio Ambiente do Trabalho*) revela a dimensão socioambiental do direito fundamental ao trabalho digno, estruturada pela proteção integrada do direito à saúde no meio ambiente laboral e pelo direito ao meio ambiente de trabalho ecologicamente equilibrado. Como contraponto, ainda foram analisadas as dinâmicas de violências e vulnerabilidades arquitetadas no trabalho e os possíveis mecanismos de tutela jurídico-constitucionais para combatê-las.

A **Parte IV** (*Interfaces de Acesso à Justiça e de Regulação Judicial*) analisa a dimensão do acesso à justiça sob as perspectivas substancial e processual, além da regulação judicial promovida pelo STF quanto à interpretação e à aplicação do princípio da dignidade da pessoa humana no âmbito do Direito do Trabalho e, em especial, quanto aos direitos fundamentais trabalhistas proclamados na Constituição de 1988.

O **Segundo Volume** (*Direito Fundamental ao Trabalho Digno no Século XXI: Desafios e Reinterpretações para as Relações de Trabalho Rurais, Urbanas e de Serviços*) está dividido em duas partes.

A **Parte I** (*A Regulação Pública do Trabalho como Condição para Promoção do Direito Fundamental ao Trabalho Digno*) introduz o tema da regulação pública do trabalho, a partir de interfaces entre a Economia do Trabalho e o Direito do Trabalho.

A **Parte II** (*Direito Fundamental ao Trabalho Digno no Universo Socioeconômico Brasileiro*) apresenta um variado cenário de relações de trabalho, perpassando os segmentos rural, industrial e de serviços, com o desafio de se pensar como a referência constitucionalizada do direito fundamental ao trabalho digno é (ou não) articulada nessas relações e em que medida. Nessa parte, procurou-se dar concretude ao conceito de direito fundamental ao trabalho digno.

O **Terceiro Volume** (*Direito Fundamental ao Trabalho Digno no Século XXI: Desafios e Ressignificações para as Relações de Trabalho da Era Digital*) conta com duas subdivisões.

A **Parte I** (*Direito Fundamental ao Trabalho Digno na 4ª Revolução Tecnológica*) é voltada à análise descritiva do mundo do trabalho da era digital, com uma tentativa de intelecção sobre os possíveis caminhos de proteção ao trabalho para o terceiro milênio.

A **Parte II** (*Direito Fundamental ao Trabalho Digno no Universo dos Algoritmos e das Plataformas Digitais*) apresenta reflexões sobre o possível enquadramento jurídico dos trabalhadores inseridos em relações de trabalho da indústria 4.0, na linha de análise do direito fundamental ao trabalho digno. Houve grande preocupação em se pensar qual deve ser o sentido de proteção justrabalhista diante das novas morfologias do trabalho. Com respeito às categorias próprias do Direito e das Ciências Humanas, os artigos questionam as ações e as responsabilidades na era digital; problematizam o sistema jurídico de proteção ao trabalho e procuram, na medida do possível, sinalizar caminhos e parâmetros civilizatórios.

Enfim, o conjunto da obra, em seus três grandes volumes, comprova que a dignidade no trabalho apresenta múltiplas e complexas projeções, sendo, por essência, uma temática interdisciplinar. Não há, portanto, qualquer pretensão de se esgotar as reflexões a respeito. O que se pretendeu, em síntese, foi reforçar a sua centralidade na matriz do sistema jurídico brasileiro, sobretudo considerada a perspectiva do Direito do Trabalho constitucionalizado, além dos importantíssimos contributos teóricos provenientes das humanidades em geral.

Para evitar discursos retóricos sobre o direito à dignidade no trabalho, todas as autoras e autores que analisaram relações de trabalho específicas, inclusive no panorama da indústria 4.0, foram desafiados a pensar e a articular a categoria da dignidade no trabalho *prospectivamente*, propondo alternativas concretas para a estruturação de um sistema justrabalhista orientado por marcos civilizatórios de proteção ao trabalho para o século XXI. Esse desafio tornou-se particularmente relevante, porque muitas das relações de trabalho atuais são desenvolvidas em espaços de informalidade ampliada e de precarização desmedida.

Assim, a coleção cumpre o objetivo para o qual foi estruturada. No conjunto, preserva e abriga a memória científica do Grupo de Pesquisa *Trabalho, Constituição e Cidadania* em sua primeira década de existência (2010-2020), além de delinear propostas de proteção em busca de uma realidade filtrada pelos pressupostos da dignidade humana e do direito fundamental ao trabalho digno.

Para além do conteúdo armazenado nos textos escritos, a obra coletiva ainda permitiu, nas entrelinhas, uma experiência de comunhão da diversidade. Ao todo são 72 artigos e quase uma centena de autoras e autores que, em artigos individuais ou coletivos, respeitadas as particularidades e preferências teóricas, vivenciaram dinâmicas intelectuais de pesquisa e reflexão, mobilizados pela comemoração dos 10 anos do Grupo de Pesquisa *Trabalho, Constituição e Cidadania* da Faculdade de Direito da Universidade de Brasília – UnB.

Fica aqui registrado meu profundo reconhecimento a todas e todos os coautores por se integrarem ao projeto coletivo, oferecendo contribuições valiosas em direção a uma abordagem crítica do mundo do trabalho e do Direito do Trabalho, a partir do referencial teórico proposto – o *direito fundamental ao trabalho digno no século XXI*. Agradeço-lhes pelo ofício da escrita que pauta, critica, interroga e, portanto, amplia a visão de mundo.

Agradeço, ainda, à UnB, por ser espaço que fertiliza.

À Professora Dra. Márcia Abrahão Moura, Reitora da Universidade de Brasília (UnB) na gestão 2016-2020, e reeleita pela comunidade acadêmica para o período 2020-2024, pela deferência de apresentar esta obra coletiva. Primeira mulher a exercer o cargo de reitora na instituição, tem se destacado na defesa da universidade pública brasileira como um espaço educacional privilegiadamente pluralista, inclusivo e democrático.

Ao Professor Dr. Ricardo Antunes, Professor Titular de Sociologia do Trabalho no Instituto de Filosofia e Ciências Humanas da Universidade Estadual de Campinas (IFCH/UNICAMP), por nos conceder a honra de prefaciar esta coleção. Suas investigações no campo da Sociologia do Trabalho são referência decisiva para o Grupo de Pesquisa *Trabalho, Constituição e Cidadania*. Nessa direção, também estendo meus cumprimentos às pesquisadoras e aos pesquisadores do Grupo de Pesquisa *Mundo do Trabalho e suas Metamorfoses*, coordenado pelo Professor Ricardo Antunes, que também participaram deste projeto coletivo, desafiados a pensar categorias típicas do Direito do Trabalho integrando-as às suas pesquisas sociológicas.

Ao Prêmio Nobel da Paz em 2014, Kailash Satyarthi, pela generosidade de nos conceder o texto da epígrafe e da quarta capa desta obra coletiva com uma mensagem humanista e universal de proteção ao trabalho. Sua participação foi para nós uma honra incomensurável.

Ao Ministro Lelio Bentes Corrêa e à Ministra Delaíde Miranda Arantes, ambos do TST, pelo apoio imprescindível na interlocução com o Prêmio Nobel da Paz. Nesse sentido, agradeço também à Julia Loures Nunes, servidora do TST, pela articulação cordata e eficiente junto à assessoria de Kailash Satyarthi.

Ao Professor Dr. Ricardo José Macedo de Britto Pereira, pela amizade e pela parceria profissional inestimável junto à coordenação do Grupo de Pesquisa *Trabalho, Constituição e Cidadania*.

Agradeço, com afeto e profundo respeito, aos amigos Cristiano Paixão, Menelick de Carvalho Netto, Marthius Sávio Lobato, Noemia Porto, Paulo Henrique Blair, Ricardo José Macedo de Britto Pereira e Ricardo Lourenço Filho, membros fundadores do Grupo de Pesquisa *Trabalho, Constituição e Cidadania*, que comigo idealizaram sua constituição na Faculdade de Direito da UnB.

À pesquisadora Valéria de Oliveira Dias, pelo apoio decisivo no processo de compilação da obra coletiva, bem como às pesquisadoras Ana Luísa Gonçalves Rocha e Lília Finelli, pela contribuição valiosa no processo de revisão dos elementos pré-textuais.

À LTr Editora e à sua Editora-Chefe, Beatriz Casimiro Costa, pela abertura e incentivo à publicação desta obra coletiva em respeito à proposta metodológica e ao conteúdo apresentados. Estendo meus cumprimentos à Luana Brandão, chefe do editorial da LTr.

Finalmente, expresso meu afeto e sinceros agradecimentos às pesquisadoras e aos pesquisadores que dão voz ao Grupo de Pesquisa *Trabalho, Constituição e Cidadania*, por fazerem do ensino, da pesquisa e da extensão em Direito do Trabalho uma das expressões mais significativas e pulsantes da vida universitária da Faculdade de Direito da UnB.

Brasília, outubro de 2020.

Gabriela Neves Delgado
Professora Associada de Direito do Trabalho da Faculdade de Direito da Universidade de Brasília -UnB.
Pesquisadora Coordenadora do Grupo de Pesquisa Trabalho, Constituição e Cidadania - UnB/CNPq.
Pós-Doutorado em "Desigualdades Globais e Justiça Social" pela Faculdade
Latino-Americana de Ciências Sociais – FLACSO /Brasil.
Pós-Doutorado em Sociologia do Trabalho pela Universidade Estadual de Campinas - UNICAMP.
Doutora em Filosofia do Direito pela Universidade Federal de Minas Gerais – UFMG.
Mestre em Direito do Trabalho pela Pontifícia Universidade Católica de Minas Gerais – PUC Minas.
Advogada.

Memórias do Grupo de Pesquisa *Trabalho, Constituição e Cidadania*

Primeira Década de Existência (2010-2020): Instituição e Consolidação

O Grupo de Pesquisa *Trabalho, Constituição e Cidadania* é uma entidade de pesquisa da Faculdade de Direito da Universidade de Brasília (UnB), coletivamente organizado, que se direciona à articulação dinâmica e democrática de reflexões críticas e de ações concretas para a promoção e defesa dos direitos humanos nas relações de trabalho, com suporte jurídico prioritário no Direito Constitucional do Trabalho.

Sua concepção partiu de uma comunidade vocacionada de intelectuais da Faculdade de Direito da UnB que se afinava quanto à necessidade de formalização de um grupo de pesquisa direcionado à concretização de práticas educacionais aprofundadas e interdisciplinares de defesa e promoção do trabalho humano.

Em 2010, o Grupo de Pesquisa foi reconhecido institucionalmente pela UnB, por meio do Decanato de Pesquisa e Pós-Graduação e de sua Faculdade de Direito, sendo registrado no Diretório dos Grupos de Pesquisa do Brasil, na Plataforma Lattes, do Centro Nacional de Desenvolvimento Científico e Tecnológico (CNPq).

Em sua trajetória, o Grupo de Pesquisa conecta atividades acadêmicas de ensino, pesquisa e extensão, ultrapassando os muros da UnB para também dialogar e se posicionar na sociedade civil e politicamente organizada, ampliando, assim, seus interlocutores e a abrangência de suas ações.

Sua atuação institucional está articulada em torno de duas linhas de pesquisa. A primeira, "Trabalho e Direitos Fundamentais", propõe a revisão epistemológica do Direito do Trabalho, embasada na teoria contemporânea dos direitos fundamentais, a partir da compreensão da Constituição Federal de 1988 como base de unidade e expressão da diversidade das relações de trabalho no Brasil. A segunda, "A configuração do Estado Democrático de Direito e o Mundo do Trabalho", analisa a relação entre trabalho e Estado Democrático de Direito propondo a utilização de instrumentos jurídico-institucionais que viabilizem a afirmação do trabalho digno como elemento indispensável à emancipação do trabalhador e à realização da democracia na sociedade contemporânea.

As atividades de ensino e pesquisa são desenvolvidas em reuniões periódicas, com participação expressiva de alunos do Programa de Pós-Graduação em Direito da UnB (PPGD), da graduação e de demais profissionais interessados em aperfeiçoar a formação em Direito do Trabalho. Essa composição abrangente se justifica porque os encontros do grupo são abertos para toda a comunidade acadêmica, o que reforça seu caráter inclusivo e diversificado.

Os debates ali travados são estruturados a partir de leituras dirigidas e interdisciplinares, acrescidos da análise crítica da produção legislativa e jurisprudencial do país. Em respeito às linhas de pesquisa adotadas, as reflexões partem da perspectiva do Direito do Trabalho constitucionalizado para, em seguida, se projetarem na dimensão de outros campos do conhecimento.

O Grupo de Pesquisa conta com produção científica expressiva, tendo publicado, no ano de 2014, pela Editora LTr, sua primeira obra coletiva, intitulada "Trabalho, Constituição e Cidadania: a dimensão coletiva dos direitos sociais trabalhistas", para além de farta produção individual de seus membros-pesquisadores – tudo isso em estrita aderência à Linha de Pesquisa "Internacionalização, Trabalho e Sustentabilidade", do Programa de Pós-Graduação em Direito da UnB.

Já as atividades de extensão priorizam a intervenção nos fóruns de debates, institucionalizados ou não, em que se discutem políticas públicas concernentes ao mundo do trabalho e ao Direito do Trabalho.

No âmbito das ações concretas que fortalecem a interlocução entre academia e sociedade, o Grupo de Pesquisa *Trabalho, Constituição e Cidadania* promoveu um conjunto de iniciativas articuladas de enfrentamento à terceirização, integrando ainda a coordenação do "Fórum Permanente em Defesa dos Direitos dos Trabalhadores Ameaçados pela Terceirização".

Resultaram desse projeto, por exemplo, o Seminário "A terceirização no Brasil: impactos, resistências e lutas", coorganizado pelo Grupo de Pesquisa, em agosto de 2014; a intervenção política em audiência pública realizada no Senado Federal com o tema "Lei Áurea, Terceirização e Combate ao Trabalho Escravo"; a apresentação de Carta Aberta dirigida à Presidência do Senado Federal sobre os riscos e impactos sociais e jurídicos oriundos da terceirização, incorporada aos autos do Projeto de Lei da Câmara n. 30/2015; bem como a realização de "aula pública" na Rodoviária do Plano Piloto, em Brasília – ação prática e pedagógica inovadora, em que se instigou e esclareceu a população brasiliense sobre seus direitos trabalhistas.

A relevância desse conjunto de ações levou o Grupo de Pesquisa *Trabalho, Constituição e Cidadania* a figurar, em 2016, entre os finalistas do Prêmio ANAMATRA de Direitos Humanos, na Categoria Cidadã, sob o título "Combate à Terceirização: da Educação Universitária à Mobilização Coletiva".

Em 2017, o Grupo de Pesquisa inaugurou nova frente de atuação perante a Justiça do Trabalho, pela via da assistência jurídica gratuita realizada pelo *Núcleo de Pesquisa e Assistência Jurídica (NUPAJ),* fruto de termo de cooperação técnica firmado entre a Universidade de Brasília (UnB), a Escola Judicial do Tribunal Regional do Trabalho da 10ª Região (EJUD-10) e a Defensoria Pública da União (DPU).

Em outra frente, exercendo papel de vanguarda na história dos Grupos de Pesquisa da UnB e dos Grupos de Pesquisa em Direito do Trabalho do Brasil, o Grupo de Pesquisa *Trabalho, Constituição e Cidadania* foi admitido, em 2016, para atuar como *amicus curiae* em Incidente de Recurso Repetitivo, no âmbito do Tribunal Superior do Trabalho, sobre o tema da exigência de certidão de antecedentes criminais de candidato a emprego, tendo entregue memoriais e realizado sustentação oral em sessão de julgamento. Em 2018, também foi admitido como *amicus curiae* na Ação Direta de Inconstitucionalidade n. 5826, de relatoria do Ministro Edson Fachin, no Supremo Tribunal Federal, espaço em que sustenta a inconstitucionalidade do trabalho intermitente, autorizado pela Lei n. 13.467/2017.

No plano cultural, o Grupo de Pesquisa *Trabalho, Constituição e Cidadania* instituiu, em 2014, o Projeto "Quintas Culturais", espaço aberto na Faculdade de Direito da UnB para manifestações artísticas e culturais de seus membros pesquisadores e demais interessados.

Antenado às necessidades de comunicação em rede, o Grupo também mantém atualizada sua plataforma digital, contando, além do Facebook e do Instagram, com um blog que hoje conta com milhares de acessos.

Em 2020, o Grupo de Pesquisa *Trabalho, Constituição e Cidadania* completa **10 anos** de existência! Ao se projetar para o futuro, pretende seguir engajado como interlocutor institucionalmente reconhecido na constituição da educação universitária e na defesa de relações de trabalho dignas, protegidas por parâmetros civilizatórios e humanistas.

A Experiência Extensionista do NUPAJ (Núcleo de Pesquisa e Assistência Judicial Trabalhista)

A experiência do **NUPAJ – Núcleo de Pesquisa e Assistência Judicial Trabalhista** foi idealizada em um encontro acadêmico do Grupo de Pesquisa *Trabalho, Constituição e Cidadania*, em 2016. A proposta era a de se estruturar um projeto de extensão que pudesse assegurar aos estudantes universitários da Faculdade de Direito da UnB a vivência da prática trabalhista na Justiça do Trabalho.

As tratativas culminaram, em 2017, na estruturação de um projeto interinstitucional formalizado entre a Universidade de Brasília (UnB), por meio da Faculdade de Direito e do Grupo de Pesquisa *Trabalho, Constituição e Cidadania*, a Escola Judicial do Tribunal Regional do Trabalho da 10ª Região (EJUD-10) e a Defensoria Pública da União (DPU), com objetivo de desenvolver "cooperação acadêmica e prestação de atendimento de demandas trabalhistas e práticas de atos processuais pertinentes no Fórum do TRT da 10ª Região, em Brasília".

O projeto piloto do NUPAJ foi originalmente estruturado para o atendimento jurídico de uma categoria profissional que, apesar dos avanços constitucionais e legais, ainda se insere em espaços de informalidade, exploração e exclusão: o trabalhador doméstico. Em 2018, deliberou-se pelo atendimento de todas as categorias de trabalhadores hipossuficientes, conforme parâmetros de vulnerabilidade traçados no órgão normativo da DPU, o que contribuiu para alargar o campo da experiência prática discente na área trabalhista.

Acrescente-se que o NUPAJ ganhou maior repercussão, no âmbito da Faculdade de Direito da UnB, ao se integrar às atividades de ensino da graduação. Esse percurso foi consolidado com a absorção natural do projeto à disciplina Estágio IV (Prática Trabalhista), obrigatória na grade curricular do Curso de Direito da UnB.

Assim, num período de dois anos (2017-2019), o NUPAJ difundiu-se pela Faculdade de Direito da UnB, estimando-se, que desde a sua fundação, mais de 150 alunos tenham prestado atendimento supervisionado ao público assistido pela DPU, no Fórum do TRT da 10ª Região.

A estruturação de atendimentos coletivamente supervisionados ampliou o eixo de formação prática dos alunos da graduação, que tiveram a oportunidade de participar de tentativas de acordo extrajudicial, acompanhar audiências e redigir minutas de ações judiciais. Na outra ponta, essa dinâmica também permitiu aos assistidos da DPU vivenciarem um acolhimento jurídico diferenciado e qualificado, porque realizado em rede.

Nesses dois anos, 146 assistidos foram atendidos pelos alunos da Faculdade de Direito da UnB. Na oportunidade do atendimento, o assistido é ouvido em relação à sua demanda trabalhista. Na maioria dos casos, há violação de direitos e ajuizamento de ação judicial. A assistência jurídica também é prestada no sentido de esclarecimento de direitos, análise dos valores pagos a título de rescisão contratual, tentativa de composição extrajudicial do conflito, entre outras formas de acolhimento.

Ao término desse primeiro período (2017-2019), o projeto interinstitucional do NUPAJ já foi renovado no campo extensionista universitário. Nova cooperação técnica entre as instituições parceiras está em fase de formalização junto à UnB. A perspectiva é que o NUPAJ se perpetue, na UnB, como uma prática de referência da Faculdade de Direito e do Grupo de Pesquisa *Trabalho, Constituição e Cidadania*.

Ao olhar em retrospecto para o projeto interinstitucional do NUPAJ, agradecemos a todas e todos que se empenharam para torná-lo realidade.

Agradecemos, ainda, àqueles que partilham esforços no sentido de viabilizar sua perpetuação no tempo, convictos de que a educação demanda experimentação, prática e diversidade.

Brasília, outubro de 2020.

Ana Paula Villas Boas[(1)]
Brasilino Santos Ramos[(2)]
Gabriela Neves Delgado[(3)]

(1) Defensora Pública Federal e Coordenadora do NUPAJ pela DPU.

(2) Desembargador Presidente do Tribunal Regional do Trabalho da 10ª Região. Foi Diretor da Escola Judicial do Tribunal Regional do Trabalho da 10ª Região (EJUD-10) à época da formalização do Termo de Cooperação Técnica do NUPAJ.

(3) Professora Associada de Direito do Trabalho da UnB e Coordenadora do NUPAJ pela FD/UnB.

Estrutura Geral da Coleção

VOLUME I

**Direito Fundamental ao Trabalho Digno no Século XXI:
Principiologia, Dimensões e Interfaces no Estado Democrático de Direito**

PARTE I – Dimensões do Valor Social do Trabalho

PARTE II – Dimensões do Sujeito Trabalhador

PARTE III – Dimensões do Meio Ambiente do Trabalho

PARTE IV – Interfaces de Acesso à Justiça e de Regulação Judicial

VOLUME II

**Direito Fundamental ao Trabalho Digno no Século XXI:
Desafios e Reinterpretações para as Relações de Trabalho Rurais, Urbanas e de Serviços**

PARTE I – A Regulação Pública do Trabalho como Condição para Promoção do Direito Fundamental ao Trabalho Digno

PARTE II – Direito Fundamental ao Trabalho Digno no Universo Socioeconômico Brasileiro

VOLUME III

**Direito Fundamental ao Trabalho Digno no Século XXI:
Desafios e Ressignificações para as Relações de Trabalho da Era Digital**

PARTE I – Direito Fundamental ao Trabalho Digno na 4ª Revolução Tecnológica

PARTE II – Direito Fundamental ao Trabalho Digno no Universo dos Algoritmos e das Plataformas Digitais

Sumário

VOLUME III

Direito Fundamental ao Trabalho Digno no Século XXI: Desafios e Ressignificações para as Relações de Trabalho da Era Digital

PARTE I

Direito Fundamental ao Trabalho Digno na 4ª Revolução Tecnológica

PARTE II

Direito Fundamental ao Trabalho Digno no Universo dos Algoritmos e das Plataformas Digitais

VOLUME III

Direito Fundamental ao Trabalho Digno no Século XXI: Desafios e Ressignificações para as Relações de Trabalho da Era Digital

PARTE I

DIREITO FUNDAMENTAL AO TRABALHO DIGNO NA 4ª REVOLUÇÃO TECNOLÓGICA

Capítulo 1

Trabalho Digital, Serviços e Valor

Ricardo Antunes[(1)]

Resumo: O presente artigo pretende indicar algumas respostas para as seguintes indagações: quais são as principais consequências do avanço das tecnologias de informação e comunicação (TIC) no mundo do trabalho, particularmente no setor de serviços? Que modalidades de trabalho o "setor de serviços" vem gerando, dada a sua inserção crescente no processo de criação do valor? Estamos presenciando o advento de uma "nova classe média" ou, ao contrário, estamos frente a um processo de ampliação do novo proletariado de serviços?

Palavras-chave: Proletariado digital e de serviços. Serviços e criação de valor.

Abstract: This article aims to indicate some answers to the following questions: what are the main consequences of the advancement of information and communication technologies (ICT) in the world of work, particulary in the service sector? What types of work has the "service sector" been generating, given its increasing insertion into the process of value creation? Are we witnessing the advent of a "new middle class" or, on the contrary, are we facing a process of expansion of the new proletariat of services?

Keywords: Digital and service proletariat. Services and value creation.

1. INTRODUÇÃO: A PRECARIZAÇÃO DO TRABALHO DIGITAL[(2)]

As mais distintas modalidades de trabalho presentes no capitalismo informacional-digital-financeiro, ao contrário de tornar inoperante a lei do valor, vêm ampliando suas formas de vigência, ainda que frequentemente sob a *aparência do não-valor*. O valor torna-se um *não*-valor para criar *mais-valor*. Impossibilitado de se valorizar sem realizar alguma forma de interação entre *trabalho vivo* e *trabalho morto*, o capital procura aumentar a sua produtividade do trabalho, ampliando os mecanismos de extração da mais valia, através da expansão do trabalho morto corporificado no maquinário tecno-científico-informacional e também através da intensificação e diversificação do trabalho vivo, recriando novas formas de exploração e mesmo de superexploração da força de trabalho[(3)].

Neste movimento, todos os espaços possíveis tornam-se potencialmente geradores de mais-valia, uma vez que os serviços que foram privatizados fizeram florescer novos mecanismos utilizados pelo capital, mecanismos estes desempenhados pelos trabalhadores e trabalhadoras que atuam nas tecnologias de informação e comunicação (TIC), *call center*, *telemarketing*, hotelaria, limpeza, comércio, *fast food*, hipermercados, trabalho do *care* (cuidados) etc., que frequentemente realizam trabalhos intermitentes, temporários, infor-

---

(1) Professor Titular de Sociologia do Trabalho na UNICAMP. Autor, entre outros livros, de *O Privilégio da* Servidão (Boitempo, 2018); *Os Sentidos do Trabalho* (publicado originalmente no Brasil (Boitempo) e também na Itália, Inglaterra/Holanda, EUA, Portugal, Argentina e Índia); *Adeus ao Trabalho?* (publicado originalmente no Brasil (Cortez) e também na Argentina, Itália, Espanha, Colômbia e Venezuela). Coordena as *Coleções Mundo do Trabalho,* pela Boitempo e *Trabalho e Emancipação,* pela Expressão Popular.

(2) Este artigo é parte de nosso projeto de pesquisa junto ao CNPq (*O Uno e o Múltiplo: Desenhando a Nova Morfologia do Trabalho)*. Ele retoma ideias que foram desenvolvidas em *O Privilégio da Servidão*. A respeito, consultar: ANTUNES, Ricardo. *O Privilégio da Servidão*. São Paulo: Editora Boitempo, 2018.

(3) LOJKINE, J. *A revolução informacional*. São Paulo: Cortez, 1995; ANTUNES, Ricardo. *Os sentidos do trabalho*. São Paulo: Boitempo Editorial, 2013; ANTUNES, Ricardo. *O privilégio da servidão*. São Paulo: Editora Boitempo, 2018; Lojkine, 1995; Antunes, 2013 e 2018; Sotelo Valência, 2012); SOTELO VALENCIA, A. *Precariado ou proletariado?* Bauru: Projeto Editorial Praxis, 2016.

mais, autônomos, desregulamentados, à margem da legislação social protetora do trabalho.

Um exemplo recente destas "novas" formas de exploração do trabalho encontramos na Itália, onde se desenvolveu uma modalidade de trabalho ocasional e intermitente, o trabalho pago a *voucher* pelas horas de trabalho efetivadas. Uma vez que o trabalho pago por *voucher* obrigava o empresariado italiano a pagá-lo pelo salário mínimo legal (por hora trabalhada), esse mesmo empresariado não poucas vezes oferecia mais horas de trabalho excedentes, porém, por um valor abaixo do mínimo obrigatório, o que significa uma precarização e superexploração ainda maiores do trabalho ocasional e intermitente. Os trabalhadores imigrantes foram, por certo, intensamente atingidos por essa pragmática nefasta que finalmente foi derrotada pelo sindicalismo italiano.

Podemos citar também o exemplo do *zero hour contract*, forma de trabalho que se desenvolveu no Reino Unido e hoje se encontra em praticamente todos os países, ainda que com denominações diferenciadas, onde os contratos não têm determinação previa de horas estabelecidas, pois ficam à disposição dos empresários esperando uma chamada de trabalho, independente do tempo que permanecem à espera. E quando recebem a chamada para realizar alguma atividade (predominantemente dos serviços), recebem estritamente pelo que fizerem e nada recebem pelo tempo que ficaram à espera. E os capitais informáticos globais criaram, assim, uma nova forma de *escravidão digital*, que não para de se expandir. É por isso que a flexibilização total do mercado de trabalho é por eles exigida.

O caso mais emblemático é o do Uber, onde trabalhadores e trabalhadoras com seus automóveis (seus instrumentos de trabalho), arcam com suas despesas de previdência, manutenção dos carros, alimentação etc., configurando-se como um assalariamento disfarçado sob a forma de trabalho "autônomo". E, ao fazê-lo deste modo, as empresas se eximem dos direitos trabalhistas, burlando abertamente a legislação social em diversos países onde atuam. E com o *trabalho on*, ao gerar uma forte ampliação do tempo disponível para o trabalho, amplia-se ainda mais o que venho denominando como *escravidão moderna na era digital*[(4)].

Por que, então, estas modalidades de trabalho da era digital tornam-se cada vez mais a regra no capitalismo da era digital-informacional?

E esse conjunto de mudanças no universo dos serviços fizeram com que, em grande parte, eles deixassem de ser improdutivos para o capital, para se tornarem gerador de valor e de mais valia.

2. TRABALHO, SERVIÇOS E VALOR

Devemos a Marx a distinção seminal entre produção material e produção imaterial[(5)], particularmente quando o autor apresenta sua hipótese de que, para ser produtivo *não é mais necessário trabalhar manualmente, mas ser parte de um órgão do conjunto do trabalho produtivo, executando qualquer uma de suas funções*. Acrescenta ainda que se a *predominância da produção material é válida para o conjunto da produção coletiva*, ela *não é mais válida para o trabalho tomado isoladamente*[(6)].

A proposição marxiana acrescenta também que *só é produtivo o trabalhador que produz mais valia* para o capitalista, isto é, *participa do processo de valorização do capital*. Marx cita o exemplo do professor, cuja atividade se encontra fora da esfera da produção material; neste caso ele é também produtivo, pois atua sob o comando direto de do capitalista, dono de uma "fábrica de ensino". E lembra que o mesmo professor será improdutivo quando ensina criando somente um *valor de uso*, ao contrário do outro, que gera *valor de troca*. E este ocorre porque e insere em uma relação social voltada prioritariamente para a valorização do capital[(7)].

Com isso queremos enfatizar que Marx reconhece a existência de atividades não-materiais ou imateriais necessárias para a valorização do capital, mesmo sabendo que a *produção material é a forma dominante de produção no capitalismo*. O que remete a um outro ponto central, referente aos significados de trabalho produtivo e improdutivo.

Em nossa leitura de Marx, ocorre trabalho produtivo quando:

1) cria mais valia e valoriza o capital;

2) é a modalidade de trabalho que é paga por capital-dinheiro e não por renda. Ao contrário, o pagamento por renda é aquele que caracteriza o trabalho improdutivo, que cria valores de uso e não valores de troca;

---

(4) ANTUNES, Ricardo. *O privilégio da servidão*. São Paulo: Editora Boitempo, 2018.

(5) Tomaremos aqui as indicações de MARX, presentes em *O Capital* (e em particular, em seu capítulo XIV), bem como *Capítulo VI, inédito*.

(6) MARX, K. *O Capital*, Livro I, São Paulo: Boitempo, 2013. p. 577.

(7) *Idem*, p. 578.

3) é aquele que resulta do trabalho coletivo, social e complexo e não mais individual. É por isso que ele afirma, que não é o operário individual que se converte no agente real do processo de trabalho no seu conjunto, mas sim uma capacidade de trabalho socialmente combinada;

4) é aquele que valoriza o capital, não importando se o resultado de seu produto é material ou imaterial;

5) depende de sua relação social e da forma social como se insere na criação e valorização do capital. É por isso que trabalhos idênticos quando a sua natureza concreta, podem ser produtivos ou improdutivos, dependendo de relação com a criação do valor;

6) tende a ser assalariado, mas o inverso não é verdadeiro, isto é, nem todo trabalho assalariado é produtivo.

Na contrapartida, o trabalho é improdutivo quando cria bens úteis e não está voltado para a produção de valores de troca. É por isso que o capital suprime todo trabalho improdutivo que é desnecessário, além de realizar a fusão entre atividades produtivas e improdutivas, sempre que isso for possível.

Neste mesmo Volume II de O Capital, Marx indicou importantes hipóteses para se compreender as atividades de produção imateriais, especialmente em alguns setores dos serviços. A sua principal indicação aparece quando, ao analisar a "indústria de transporte", o autor demonstra que há nesta atividade o desenvolvimento de um "*processo de produção dentro do processo de circulação*".

E esta indicação é central para que ocorra uma melhor intelecção dos serviços (parte deles) como geradores de valor. Como Marx tem uma *concepção ampliada de indústria*[(8)], incluindo vários setores dos chamados serviços, torna-se possível compreender por que há um "processo de produção" no ramo dos transportes, armazenamento, indústria do gás, ferrovias, navegação, comunicações, dentre outros citados por Marx), mesmo que essas atividades sejam geradoras de uma produção material.

A indústria de transportes, constituindo-se em uma forma de produção imaterial que atua na esfera da circulação, além de ser imprescindível para a concretização da produção material e da efetivação da mais valia na produção de alimentos, faz vicejar dentro dela um "processo de produção" sem que nada de material seja efetivamente produzido.

Sabemos que estes exemplos não significam que a *mais valia seja criada fora da produção*. Mas, no Volume II de *O Capital*, Marx indica claramente que a produção não se limita à sua esfera material (ainda que esta seja dominante). É por isso que a formulação marxiana também destaca que uma coisa é gerar lucro, outra é criar mais valia. Ao tratar do comércio, no Livro III, Marx[(9)] desenvolveu a tese de que a atividade comercial, embora seja necessária para a venda do que foi produzido, não gera mais valia, sendo por isso improdutiva.[(10)] Ele se apropria de parte da mais valia gerada na indústria, mas não é responsável pela sua criação. Por isso afirma que os trabalhadores do comércio têm similitudes com os demais trabalhadores: é um assalariado como qualquer outro, comprado como *capital variável* pela burguesia comercial e não *por renda*[(11)].

Mas, acrescenta que há uma diferença fundamental entre eles: a mesma existente entre o capitalista industrial e o comercial. Isso porque o proletariado industrial gera mais valia, o que não ocorre com o assalariado do comércio[(12)].

3. CONCLUSÃO: O NOVO PROLETARIADO DE SERVIÇOS

Em pleno século XXI, dadas as profundas mutações vivenciadas pelo capitalismo da era digital-informacional-financeira, é decisivo que se ofereça uma intelecção atualizada acerca do papel do trabalho nos serviços para a criação da mais valia. Já indicamos anteriormente que estamos verificando o nascimento de novas formas de extração da mais valia, especialmente nos serviços e em setores de produção não-material que se expandem contemporaneamente.

Isso porque a principal transformação da empresa flexível *não foi a conversão da ciência em principal força produtiva* (Habermas, 1975 e 1989), mas sim *a imbricação progressiva entre trabalho e ciência, imaterialidade e materialidade, trabalho produtivo e improdutivo*[(13)].

(8) MARX, K. *O Capital*, Livro II, São Paulo: Boitempo, 2014.

(9) *Idem*, 2017.

(10) Ver Marx, Livro III, especialmente o capítulo 17 (O Lucro Comercial).

(11) MARX, K. *O Capital*, Livro III, São Paulo: Boitempo, 2017, p. 334.

(12) *Idem*, p. 334.

(13) ANTUNES, Ricardo. *Os sentidos do trabalho*. São Paulo: Boitempo Editorial, 2013; ANTUNES, Ricardo. *O privilégio da servidão*. São Paulo: Editora Boitempo, 2018.

O crescimento do fenômeno social que Úrsula Huws denominou como *cybertariado*(14) e Ruy Braga e eu concebemos como *infoproletariado*(15) são fortes exemplos da ampliação das atividades de serviços que se expandem, participando crescentemente do processo de valorização do capital. Estando cada vez mais integrados nas cadeias produtivas de valor, convertem-se em partícipes decisivos no processo de geração do valor do capitalismo de nosso tempo. Tanto os trabalhos materiais quanto os imateriais, estando cada vez mais interrelacionados nas cadeias produtivas, tornam-se também parte integrante e subordinada à forma-mercadoria(16).

Outro exemplo desta ampliação da lei do valor nas esferas anteriormente consideradas improdutivas se evidencia na tendência global de expansão da *terceirização* em todos os ramos da produção e *em particular nos serviços*. Isso porque a *terceirização* é um dos mecanismos vitais do capitalismo para intensificar a exploração da mais valia e, desse modo, aumentar a valorização do capital em setores que, no passado, eram desprezados. A expansão global das empresas terceirizadas que oferecem amplos "serviços industriais" é exemplar(17).

Se esta hipótese aqui apresentada é pertinente, seus desdobramentos *sociais e políticos* se evidenciam e assumem grande relevância. A enorme expansão dos trabalhadores e as trabalhadoras em serviços (como *call center*, *telemarketing*, indústria de *software* e tecnologias da informação e comunicação, hotelaria, *shopping center*, hipermercados, *fast food*, grande comércio, dentre tantos outros), configura-se, cada vez mais, com o *novo proletariado de serviços,* corroborando as teses pioneiras apresentadas por Braverman(18).

Isto porque estes contingentes mais proletarizados, especialmente nos serviços, participam cada vez mais (direta ou indiretamente) do processo de criação de lucro e muitas vezes também da valorização do capital.

Os assalariados de *call center*, *telemarketing*, hipermercados, *fast food*, grande comércio, escritórios, hotéis, restaurantes, encontram-se muito mais próximos desse novo proletariado que se expande em escala global e que tem sido responsável pela deflagração de várias lutas sociais, manifestações e greves no mundo atual.

Essa constatação, entretanto, se nos diferencia daqueles que tendem a caracterizá-los como sendo parte da classe média, também nos separa dos que a concebem como sendo parte de uma suposta "nova classe", a "classe do precariado"(19).

Nossos trabalhos anteriores enfatizam que, desde a eclosão da crise estrutural do capital(20), vem se ampliando significativamente o processo de precarização estrutural do trabalho. O aumento da exploração do trabalho, que passou cada vez mais a se configurar como *superexploração* da força de trabalho, além de aumentar o desemprego, vem ampliando enormemente a informalidade, a terceirização e a precarização, em um processo que atinge não só os países do Sul, mas também os países do Norte(21).

Foi neste contexto que o cenário social se alterou sobremaneira. Em Portugal, por exemplo, estas lutas tornaram-se emblemáticas: em março de 2011 explodiu o descontentamento da "geração à rasca". Milhares de manifestantes, jovens e imigrantes, homens e mulheres precarizados e precarizadas, desempregados e desempregadas expressaram suas revoltas, através do movimento *Precárias inflexíveis*.

---

(14) HUWS, U. *The making of a cybertariat (Virtual work in*: a real world*)*. New York/London: Monthly Review Press/The Merlin Press, 2003.

(15) ANTUNES, Ricardo; BRAGA, Ruy. *Infoproletários:* degradação real do trabalho virtual. São Paulo: Boitempo, 2009.

(16) TOSEL, André. Centralité et Non-Centralité du Travail ou La Passion des Hommes Superflus. In: BIDET, Jacques; TEXIER, Jacques. *La crise du travail. actuel marx confrontation*. Paris: Presses Universitaries de France, 1995; ANTUNES, Ricardo. *Os sentidos do trabalho*. São Paulo: Boitempo Editorial, 2013.

(17) A Foxconn, por exemplo, é uma fábrica do setor de informática e das tecnologias de comunicação que se expande na China é um exemplo de *Electronic Contract Manufacturing*, empresa terceirizada global responsável pela montagem de produtos eletrônicos para a Apple, Nokia, dentre várias outras transnacionais. Em sua unidade de Longhua (Shenzhen), onde são fabricados os *iPhone*, desde 2010 ampliaram-se os suicídios de trabalhadores, em sua maioria denunciando a intensa exploração do trabalho ao qual estão submetidos. Consultar: NGAI, p.; CHAN, J. *The Advent of Capital Expansion* In: *China:* A Case Study of Foxconn Production and the Impacts on its Workers. 2012. Disponível em: <http://rdln.files.wordpress.com/2012/01/pun-ngai_chan-jenny_on-foxconn.pdf>; ANTUNES, Ricardo. *O privilégio da servidão*. São Paulo: Editora Boitempo, 2018.

(18) BRAVERMAN, H. *Labor and monopoly capital*. New York: Monthly Review Press, 1974.

(19) STANDING, G. *The precariat:* the new dangerous class. London/New York, Bloomsbury, 2011.

(20) ANTUNES, Ricardo. *Os sentidos do trabalho*. São Paulo: Boitempo Editorial, 2013; ANTUNES, Ricardo. *O privilégio da servidão*. São Paulo: Editora Boitempo, 2018.

(21) ANTUNES, Ricardo. *O privilégio da servidão*. São Paulo: Editora Boitempo, 2018; SOTELO VALENCIA, A. *Los rumbles del trabajo:* superexplotación y precariedad social en el siglo XXI. México: Editorial Miguel Angel Porra-UNAM, 2012.

Na Espanha deflagrou-se o movimento dos indignados, jovens lutando contra as altas taxas de desemprego e a completa ausência de perspectiva de vida: estudando ou não, os jovens são candidatos ao desemprego ou, na melhor das hipóteses, ao trabalho precário.

Na Inglaterra ocorreu um forte levante social que se iniciou depois que um trabalhador taxista negro foi assassinado pela polícia. Jovens pobres, negros, imigrantes, e desempregados se revoltaram e em poucos dias os levantes atingiram várias cidades. Foi a primeira grande explosão social na Inglaterra (e partes do Reino Unido) depois da revolta contra o Poll Tax, que selou o fim do governo Thatcher.

Nos EUA floresceu o movimento de massas *Occupy Wall Street*, denunciando a hegemonia dos interesses do capital financeiro, com suas nefastas consequências sociais: o aumento do desemprego e do trabalho precarizado que atingiu ainda mais duramente as condições de vida das mulheres, dos negros e dos imigrantes.

Na Itália, já nos referimos anteriormente ao avanço dos novos movimentos de representação do precariado, em Milão, com a eclosão conhecida como do MayDay, em 2001, em luta pelos direitos e por uma representação autônoma desse amplo e heterogêneo conjunto de trabalhadores e trabalhadoras, jovens, imigrantes, qualificados e não-qualificados. (San Precario, <http://www.precaria.org/>). Ou ainda o exemplo do grupo coletivo *Clash City Workers*, anteriormente referido.

Estes exemplos, dentre tantos outros, constituíram-se na base de um amplo debate, especialmente nos países do Norte, acerca da emergência desse novo contingente da classe trabalhadora. E, dentro deste debate, o mais polêmico foi o que vislumbrou o advento de uma "nova classe", o *precariat*(22).

Segundo esse autor, o precariado é uma classe distinta daquela que se conformou durante o capitalismo industrial, herdeiro da era tayloriano-fordista. Ela se aproximaria, então, de uma nova classe mais desorganizada, ideologicamente difusa e facilmente atraída por "políticas populistas", suscetíveis de acolher inclusive apelos "neofascistas". Com esse desenho crítico – ainda que a descrição do autor tenha informações relevantes – essa nova classe assume o desenho de "uma classe perigosa", em-si e para-si diferenciada da classe trabalhadora(23).

Nossa formulação caminha em direção oposta às formulações que concebem o precariado como sendo uma nova classe. Entendemos, ao contrário, que a *classe-que-vive-do-trabalho*, em sua nova morfologia, compreende vários e distintos segmentos, ainda que eles possam se apresentar de modo bastante diferenciado. Diferenciação que não é novidade na história da classe trabalhadora, sempre clivada por diferenciações de gênero, geração, etnia, nacionalidade, migração, qualificação etc.

Ao contrário, portanto, de se constituírem como uma nova classe, o precariado é um setor diferenciado da classe trabalhadora, em suas heterogeneidades, diferenciações e fragmentações. Nos países capitalistas avançados, os mais precarizados, sejam jovens, imigrantes, negros etc., que compõem o chamado *precariado*, já nascem sob o signo da corrosão dos direitos e lutam de todos os modos para conquistá-los.

Por outro lado, os setores da classe trabalhadora mais tradicionais, herdeiros do *welfare state*, lutam para impedir o desmoronamento ainda maior de suas condições de trabalho. Estes dois polos fundamentais da mesma classe-que-vive-do-trabalho, em sua aparente contradição, parecem ter seu futuro indelevelmente ligado: o jovem precariado, em suas lutas, quer o fim da precarização completa que lhe avassala e sonha com um mundo melhor. Os trabalhadores mais tradicionais, mais organizados sindical e politicamente, herdeiros do *welfare state*, por sua vez, querem evitar a sua degradação ainda maior e recusam sua conversão em novos precarizados do mundo.

Como a lógica destrutiva do capital é múltipla em sua aparência, mas una em sua essência, estes setores vitais do mundo do trabalho, se não forem capazes de se conectar solidária e organicamente, sofrerão uma derrota ainda maior. Como entendemos a precarização como um processo, que pode tanto se ampliar como se reduzir, ela será resultado da capacidade de resistência, organização e confrontação da classe trabalhadora. Se estes dois segmentos forem capazes de construir laços de solidariedade e sentido de pertencimento de classe, conjugando suas lutas cotidianas, eles poderão se contrapor mais forte e organizadamente à lógica do capital, que é profundamente adversa ao trabalho.

E aqui o papel do novo proletariado de serviços é emblemático. Sua aglutinação como parte constitutiva e crescente da classe trabalhadora ampliada, da *classe-que-vive-do-trabalho,* como parte integrante de suas lutas, de seus embates e resistências, terá papel de destaque nas lutas da classe trabalhadora.

---

(22) STANDING, G. *The precariat:* the new dangerous class. London/New York: Bloomsbury, 2011.

(23) *Idem*, p. 1-25. Ver outras críticas em *Global Labour Journal*, Vol. 7, n. 2 (2016), Special Issue (May): Politics of Precarity – Critical Engagements with Guy Standing.

REFERÊNCIAS

ANTUNES, Ricardo. *Os sentidos do trabalho*. São Paulo: Boitempo Editorial, 2013.

______. *O privilégio da servidão*. São Paulo: Editora Boitempo, 2018.

______; BRAGA, Ruy. *Infoproletários:* degradação real do trabalho virtual. São Paulo: Boitempo, 2009.

BRAVERMAN, H. *Labor and monopoly capital*. New York: Monthly Review Press, 1974.

CLASH CITY WORKERS. *Dove sono i nostri:* lavoro, classe e movimenti nell'Itália della crisi. La Casa USHER, Lucca, 2014.

GLOBAL LABOUR JOURNAL, v. 7, n. 2 (2016), Special Issue (May): Politics of Precarity – Critical Engagements with Guy Standing.

HABERMAS, J. *'The New Obscurity', in The New Conservatism:* Cultural Criticism and the Historians' Debate. Cambridge: Polity Press, 1989.

______. *Técnica e ciência como "ideologia"*. São Paulo: Ed. Abril, 1975.

HUWS, U. *The making of a cybertariat (virtual work in a real world)*. New York/London: Monthly Review Press/The Merlin Press, 2003.

______. *Labor in the global digital economy:* the cybertariat comes of age. New York: Monthly Review Press/The Merlin Press, 2014.

LOJKINE, J. *A Revolução informacional*. São Paulo: Cortez, 1995.

MARX, K. *Grundrisse*. São Paulo: Boitempo, 2011.

______. *O Capital*, Livro I, São Paulo: Boitempo, 2013.

______. *O Capital*, Livro II, São Paulo: Boitempo, 2014.

______. *O Capital*, Livro III, São Paulo: Boitempo, 2017.

NGAI, P.; CHAN, J. *The advent of capital expansion in China:* a case study of foxconn production and the impacts on its workers. 2012. Disponível em: <http://rdln.files.wordpress.com/2012/01/pun-ngai_chan-jenny_on-foxconn.pdf>.

SOTELO VALENCIA, A. *Los rumbles del trabajo:* superexplotación y precariedad social en el siglo XXI. México: Editorial Miguel Angel Porra-UNAM, 2012.

______. *Precariado ou proletariado?* Bauru: Projeto Editorial Praxis, 2016.

STANDING, G. *The Precariat:* the new dangerous class. London/New York: Bloomsbury, 2011.

TOSEL, André. Centralité et Non-Centralité du Travail ou La Passion des Hommes Superfus. In: BIDET, Jacques; TEXIER, Jacques. *La crise du travail. actuel Marx confrontation*. Paris: Presses Universitaries de France, 1995.

CAPÍTULO 2

Novo Paradigma Cultural – Fio Condutor das Novas Modalidades de Trabalho Informacionais

AUGUSTO CÉSAR LEITE DE CARVALHO[(1)]

Resumo: Este ensaio trata da relação entre o Direito e outros sistemas sociais, sobretudo da influência que os novos padrões de comportamento, sugestionados pelas novas tecnologias e novas formas de organização, têm, ou precisam ter, na construção de uma ordem jurídica com eles sintonizada.

Palavras-chave: Paradigmas culturais. Trabalho decente. Inteligência artificial. Economia colaborativa. Plataformas digitais.

Abstract: This essay deals with the relationship between the Law and other social systems, especially on the influence that new behavior patterns, suggested by new technologies and new forms of business organization, generate, or should generate, toward building a new legal order.

Keywords: Cultural patterns. Decent work. Artificial intelligence. Share economy. Digital platforms.

1. INTRODUÇÃO: A CONJUNTURA SOCIAL COMO ORIGEM DO DIREITO

O esforço de identificar o fundamento de qualquer ordem jurídica pode nos levar a uma regressão infinita (os fundamentos se sucedem, retroativamente, na história ou na tábua de valores), salvo se admitirmos a existência de realidades ou princípios que possamos converter em dogmas, quiçá em axiomas éticos, cessando assim esse tormentoso processo de abstração[(2)].

Quando nos dedicamos a essa tarefa, de fundamentar a norma jurídica posta, não raro estamos contaminados pela mesma dúvida que assoma ao legislador na hora de decidir, entre as possíveis opções normativas, aquela que lhe parece adequada para contribuir na pacificação do conflito social: a dúvida de legitimação.

Em meio ao conflito, ou ante a possibilidade de ele suceder, "o sistema de direito entra em função sempre que se recorre ao esquema justo/injusto"[(3)]. Como explica Luhmann, extraem-se "dentre as expectativas cotidianas que se formam em massa, aquelas que poderiam dar bom resultado frente aos conflitos"[(4)] e, diferente do que se via nas ordens jurídicas mais antigas, "na sociedade moderna o direito começa, por assim dizer, a rebaixar-se a si mesmo ao considerar como possíveis conflitos circunstâncias inéditas nas quais ninguém poderia pensar se não existisse o direito"[(5)].

---

(1) Ministro do Tribunal Superior do Trabalho (TST). Mestre em Direito e Desenvolvimento pela Universidade Federal do Ceará (UFC). Doutor em Direito das Relações Sociais pela Universidad de Castilla la Mancha, com revalidação no Brasil pela Universidade Federal de Pernambuco (UFPE). Pós-doutor em Direitos Humanos pela Universidad de Salamanca. Autor dos livros "Garantia de Indenidade no Brasil", "Direito do Trabalho: curso e discurso" e "Princípios de Direito do Trabalho Sob a Perspectiva dos Direitos Humanos", todos pela Editora LTr. Professor de graduação e mestrado no Curso de Direito do Instituto de Ensino Superior de Brasília (IESB) e de pós-doutorado em Direitos Humanos na Universidad de Salamanca.

(2) PERELMAN, Chaïm. *Ética e direito*. São Paulo: Martins Fontes, 1996. p. 393.

(3) LUHMANN, Niklas. *Sistemas sociales*: lineamientos para una teoría general. Tradução para o espanhol de Sílvia Pappe e Brunhilde Erker, sob a coordenação de Javier Torres Nafarrete. Barcelona: Anthropos Editorial, 1998. p. 338.

(4) *Op. cit.*, p. 337.

(5) *Op. cit.*, p. 338.

O sistema social ganha, com o Direito, um subsistema de imunidade, que visa à redução da complexidade do ambiente ao antecipar-se a possíveis conflitos; e o Direito produz também segurança "para as expectativas de comportamento que não são evidentes"[(6)]. Mas cabe então a advertência de Guerra Filho: "Isso, porém, é feito não pela negação dos conflitos, isto é, contra os conflitos, e sim com os conflitos, assim como os sistemas vivos se imunizam das doenças com seus germes"[(7)].

O incremento da automação do trabalho e de novas técnicas de organização e gestão empresarial tem historicamente gerado novos padrões de comportamento, com reflexos em ambientes externos ao habitat laboral. Os vários subsistemas sociais (familiar, associativo, político, econômico, jurídico etc.) respondem progressivamente a novas demandas de tempo e espaço, também de ajustes normativos que pretendem impedir sejam adotados avanços tecnológicos e novos modelos produtivos em detrimento da saúde, do lazer e de outros direitos fundamentais[(8)].

Tentar compreender o modo como trabalhadores, empresários e sociedade reagiram, nos planos cognitivo e atitudinal, a partir da primeira revolução industrial, e também como reagem nesta nova quadra cibernética e organizacional, com ações e ideias que desafiam uma nova regulação jurídica a partir de pressupostos fáticos mutantes e em boa parte imprevisíveis. São esses os propósitos almejados nos capítulos que seguem.

2. CULTURA E CONTRACULTURA DO *TRABALHO OBJETIVADO*

Outro dia, ao ser questionado sobre qual a natureza jurídica de seu vínculo, um condutor de veículo habilitado em plataforma de transporte surpreendeu o grupo de mestrandos do Instituto de Ensino Superior de Brasília que pesquisa, sob nossa coordenação, a *confiabilidade*[(9)] das plataformas digitais no Brasil. Nosso entrevistado foi breve e objetivo ao afirmar que não concordaria em ser reconhecido como *empregado* da empresa que gerencia a plataforma pois, se tal sucedesse, a empresa dispensaria muitos de seus companheiros, igualmente *motoristas de aplicativos*.

A solidariedade chegou antes. Algum laivo de equidade ou de positivismo jurídico talvez chegue mais tarde. Talvez não. Bauman[(10)] nos conta que quando as lançadeiras começaram a operar sozinhas e a indústria têxtil passou a produzir em escala, inaugurando a primeira revolução industrial, foi possível ouvir um empresário, pequeno industrial anônimo, que assim se expressou pelos idos de 1806:

> Achei que os homens sentiam um grande desgosto frente a qualquer regularidade de horários ou de hábitos [...]. Estavam muito descontentes porque não podiam sair e entrar como queriam, nem ter o descanso que desejavam, nem continuar do modo como faziam no passado; depois das horas de trabalho, ademais, eram alvo de observações mal-intencionadas de outros obreiros. A tal ponto chegaram a manifestar seu desacordo com o sistema que me vi obrigado a dissolvê-lo.

É o próprio Bauman quem interpreta esse testemunho:

> O propósito da cruzada moral era recriar, dentro da fábrica e sob a disciplina imposta pelos patrões, o compromisso pleno com o trabalho artesanal, a dedicação incondicional ao artesanato e o cumprimento, no melhor nível possível, das tarefas impostas. As mesmas atitudes que – quando exercia o controle sobre seu próprio trabalho – o artesão adotava espontaneamente[(11)].

Outros empresários não se sensibilizaram e embarcaram na confiança que os agentes do capital devotaram, e seguem devotando, ao avanço da ciência. O historiador israelense Yuval Noah Harari, ao especular sobre a história da economia moderna, sustenta que para entender como "o dinheiro fundou Estados e os arruinou, abriu novos horizontes e escravizou milhões, impulsionou a indústria e levou centenas de espécies à extinção", a palavra-chave é "crescimento"[(12)].

---

(6) LUHMANN, Niklas. *Sistemas sociales*: lineamientos para una teoría general. Tradução para o espanhol de Sílvia Pappe e Brunhilde Erker, sob a coordenação de Javier Torres Nafarrete. Barcelona: Anthropos Editorial, 1998. p. 337.

(7) GUERRA FILHO, Willis Santiago. *Autopoiese do direito na sociedade pós-moderna*. Porto Alegre: Livraria do Advogado, 1997. p. 63.

(8) BONFANTE, Bruna. *Transformações produtivas e direitos humanos trabalhistas*: os efeitos da externalização produtiva sobre os direitos à saúde e ao lazer do trabalhador. Curitiba: Juruá, 2019. p. 41.

(9) O termo "confiabilidade" está associado à expressão "Inteligência Artificial de Confiança", adotado pela Comissão Europeia para identificar as plataformas que atendem aos requisitos da legalidade, da eticidade e da solidez. Disponível em: <http://www.europarl.europa.eu/sides/getDoc.do?pubRef=-//EP//TEXT+REPORT+A8-2017-0195+0+DOC+XML+V0//PT#title1>. Acesso em: 7 out. 2018.

(10) BAUMAN, Zygmunt. *Trabajo, consumismo y nuevos pobres*. Tradução livre para o português. Barcelona: Editorial Gedisa, 2005. p. 21-24.

(11) *Idem, ibidem*.

(12) HARARI, Yuval Noah. *Sapiens – uma breve história da humanidade*. Tradução de Janaína Marcoantonio. Porto Alegre: L&PM, 2018. p. 315.

Crescimento, explica Harari, que depende de crédito, ou seja, de alguém ou alguma instituição que confie seja bom o projeto de empreendimento e o financie com base em lastro financeiro em regra imaginário, não necessariamente igual ao dinheiro realmente disponível. Essa confiança não era compatível com o ceticismo da era pré-moderna: "as pessoas raramente queriam conceder muito crédito porque não confiavam que o futuro seria melhor do que o presente"[(13)]. E o que as fez mudar de ideia? Responde Harrari:

> [...] vieram a Revolução Científica e a ideia de progresso. A ideia de progresso se baseia na noção de que, se admitirmos nossa ignorância e investirmos recursos em pesquisa, as coisas podem melhorar. A ideia logo foi traduzida em termos econômicos. Quem acredita no progresso acredita que descobertas geográficas, invenções tecnológicas e avanços organizacionais podem aumentar a soma total da produção, do comércio e da riqueza humana[(14)].

O crescimento econômico ocorreu, e está ocorrer, sem embargo de o industrial arrependido, citado por Bauman (ver citação supra), haver desistido de seu empreendimento porque isso significaria, para ele, mudar horários e hábitos dos trabalhadores. A indiferença a tal lamento se dá porque, no plano teórico, o compromisso da Economia com a Ética é não raro poroso, havendo ideólogos que não toleram a proposição de dividir o *bolo* antes de o *bolo* estufar. Como anota Amartya Sen, é como se não pudesse ser consentida qualquer *frouxidão* em meio ao progresso da economia:

> Uma visão considera o desenvolvimento um processo 'feroz', com muito 'sangue, suor e lágrimas' – um mundo no qual sabedoria requer dureza. Requer, em particular, que calculadamente se negligenciem várias preocupações que são vistas como 'frouxas' (mesmo que, em geral, os críticos sejam demasiado polidos para qualificá-las com esse adjetivo). Dependendo de qual seja o veneno favorito do autor, as tentações a que se deve *resistir* podem incluir a existência de redes de segurança social para proteger os mais pobres, o fornecimento de serviços sociais para a população, o afastamento de diretrizes institucionais inflexíveis em resposta a dificuldades identificadas e o favorecimento – 'cedo demais' – de direitos políticos e civis e o 'luxo' da democracia. Essas coisas, adverte-se com pose austera, podem vir a ser favorecidas posteriormente, quando o processo de desenvolvimento houver produzido frutos suficientes: o necessário aqui e agora é 'dureza e disciplina'.[(15)]

Essa linha de pensamento criticada por Sen, claramente insensível à desigualdade social, alçou prestígio e aceitação nas sociedades contemporâneas. Ou melhor: para que a humanidade aceitasse o progresso econômico sem política distributiva, era necessário que alguma ideologia obtivesse força hegemônica suficiente para gerar a resignação das vítimas desse processo.

É relevante afastar o pressuposto de que alguma corrente de pensamento, seja na Economia ou no Direito, padeceria de neutralidade ideológica. Como admite o próprio Sen, "o utilitarismo tem sido a teoria ética dominante – e, *inter alia*, a teoria da justiça mais influente – há bem mais de um século"[(16)]. Ele adverte que há três características da avaliação utilitarista importantes para que compreendamos, dizemos nós, essa base supostamente ética para o funcionamento de uma economia aparentemente ascética:

> a) O *consequencialismo*, segundo o qual "todas as escolhas (de ações, regras, instituições etc.) devem ser julgadas por suas consequências, ou seja, pelos resultados que geram"[(17)], devendo estar assentado que na forma clássica do utilitarismo, sob a influência de Jeremy Bentham, a maior utilidade (ou maior justiça) remeteria ao efeito de proporcionar maior prazer ou felicidade (ou a maior realização de desejos, conforme correntes mais modernas), para o maior número de pessoas;
>
> b) O *welfarismo*, que restringe os juízos sobre a utilidade aos respectivos estados de coisas "sem atentar diretamente para coisas como a fruição ou a violação de direitos, deveres etc."[(18)];

---

(13) *Op. cit.*, p. 318.

(14) *Op. cit.*, p. 320.

(15) SEN, Amartya. *Desenvolvimento como liberdade*. Tradução de Laura Teixeira Motta. São Paulo: Editora Companhia do Bolso, 2010. Livro eletrônico. Capítulo 2, p. 1.

(16) *Op. cit.*, cap. 3, p. 13.

(17) *Op. cit.*, cap. 3, p. 13.

(18) *Op. cit.*, cap. 3, p. 14.

c) O *ranking pela soma* em razão do qual "se requer que as utilidades de diferentes pessoas sejam simplesmente somadas conjuntamente para se obter seu mérito agregado, sem atentar para a distribuição desse total pelos indivíduos (ou seja, a soma das utilidades deve ser maximizada sem levar em consideração o grau de desigualdade na distribuição das utilidades)"[(19)].

Entre outras, algumas desvantagens da abordagem utilitarista são quase intuitivas: *indiferença distributiva* ("o cálculo utilitarista tende a não levar em consideração desigualdades na distribuição da felicidade"[(20)]), *descaso com os direitos, liberdades e outras considerações desvinculadas da utilidade* (os direitos e liberdades "são valorizados apenas indiretamente e somente no grau em que influenciam as utilidades"[(21)]); *adaptação e condicionamento mental* ("nem mesmo a visão que a abordagem utilitarista tem do bem-estar individual é muito sólida, pois ela pode facilmente ser influenciada por condicionamento mental e atitudes adaptativas"[(22)]).

De outro ângulo, é importante consignar que a mudança de paradigmas (valores intelectuais, morais, espirituais, culturais enfim) perceptível entre os atores sociais envolvidos diretamente com a atividade industrial (empresários e trabalhadores) também se notou, e é inevitável que ainda se note, na relação logicamente subsequente, a de comércio de mercadorias que se desdobra a partir da indústria e a viabiliza. Quando invoca esse tema, Amartya Sen remete a fragmento pertinente da obra "A Riqueza das Nações" de Adam Smith:

> Artigos de necessidade são, no meu entender, não só os bens indispensavelmente necessários para o sustento da vida, mas tudo o que os costumes do país consideram indecente uma pessoa respeitável, mesmo a mais humilde, não possuir. Uma camisa de linho, por exemplo, não é, rigorosamente falando, uma necessidade de vida. Os gregos e os romanos, suponho, viviam confortavelmente mesmo sem ter linho. Porém, nos tempos presentes, na maior parte da Europa um trabalhador diarista respeitável sentiria vergonha de aparecer em público sem uma camisa de linho, supondo-se que não a ter denota o desonroso grau de pobreza ao qual, presume-se, ninguém pode sucumbir sem má conduta extrema. O costume, da mesma maneira, tornou os sapatos de couro uma necessidade da vida na Inglaterra. A mais pobre das pessoas respeitáveis de qualquer dos sexos se envergonharia de aparecer em público sem eles[(23)].

Logo, a exploração do trabalho humano, na sociedade capitalista, não habita (ou não habita apenas) o reino da necessidade. Nem se desenvolveu sem que houvesse de enfrentar o antagonismo de vertentes ideológicas que, contrapondo-se ao utilitarismo e a outras variações da ideologia libertária, revelaram-se mais atentas ao escopo de o direito ao trabalho não poder contrastar com o postulado da existência digna.

Foram muitos os movimentos com essa índole disruptiva, ou *contracultural*. Se pretendermos adotar, por exemplo, expressões caras ao ideário de Karl Marx[(24)], é possível dizer que se urdiram novas mercadorias para atender a novas utilidades (*valores de uso*), agregando-lhes valor resultante do tempo socialmente necessário de trabalho (*valor de troca*) em proveito de lucro que, ao sobejar o valor do salário (*mais-valia*), garantiriam a sobrevivência da nova forma de organização produtiva.

Para que esse novo modelo – em que o trabalhador servia em labor braçal e repetitivo (*trabalho morto* ou *trabalho objetivado*) sem ver-se projetado no resultado de seu trabalho (*mediações de segunda ordem*) – evoluísse foi forçoso que uma nova forma de pensar os padrões de comportamento se disseminasse, com êxito, entre os interlocutores sociais.

3. CULTURA E CONTRACULTURA DO *TRABALHO INFORMACIONAL*

3.1. A perspectiva do empresário

Uma nova forma de pensar o mundo, e de pensar-se no mundo: foi tal a exigência que o sistema produtivo iniciado a partir da primeira revolução industrial impôs

---

(19) SEN, Amartya. *Desenvolvimento como liberdade*. Tradução de Laura Teixeira Motta. São Paulo: Editora Companhia do Bolso, 2010. Livro eletrônico. Capítulo 2, p. 1. p. 15.

(20) *Op. cit.*, cap. 3, p. 21.

(21) *Op. cit.*, cap. 3, p. 22.

(22) *Op. cit.*, cap. 3, p. 22.

(23) *Apud* Sen, *Op. cit.*, cap. 3, p. 52.

(24) MARX, Karl. *O Capital*. Tradução de J. Teixeira Martins e Vital Moreira. Coimbra: Centelha, 1974. Transcrição em HTML por José Braz para Marxists Internet Archive, 2005. Disponível em: <https://www.marxists.org/portugues/marx/1867/ocapital-v1/vol1cap07.htm#topp>. Acesso em: 1º dez. 2019.

aos trabalhadores, aos empresários, aos seus hábitos ou costumes, à economia política e, como estaremos a sustentar adiante, também ao Direito.

Mas há agora uma nova realidade, ungida por plataformas digitais em boa parte regidas por inteligência artificial, sendo necessário dimensioná-la para poder compreendê-la em sua real extensão e, ademais, tentar entender quais os paradigmas culturais que se modificam, ou precisam modificar-se, para que se legitime, no plano das ideias, esse progresso tecnológico. Retomamos, neste tópico e com esse objetivo, trecho da argumentação que desenvolvemos em outros escritos, tendo como ponto de partida a perspectiva do empresário[25].

No modelo econômico que predomina em nossos dias, o modelo de produção capitalista, a informação sobre as variáveis do mercado – relacionadas, por exemplo, à oferta de insumos, tecnologias disponíveis, técnicas de divisão do trabalho e variações de demanda – é uma vantagem comparativa que gera competitividade e remete tradicionalmente ao direito de propriedade: a informação é adquirida com expectativa de ser explorada, e explorada de forma monopolista.

Por sua vez, a exclusividade na produção de bens ou serviços é outro traço diferencial visado pelo titular da empresa, pois a ação econômica se torna exitosa em proporção igual à da escassez do produto que ela oferece ao mercado. Informação e exclusividade são, portanto, variáveis muito significativas no regime de concorrência empresarial.

Sucede, porém, de a tecnologia da informação e comunicação (TIC) estar agora a permitir que a produção e utilização de bens ou serviços sejam compartilhadas por meio de plataformas controladas por algoritmos cuja operação dispensa, parcial ou totalmente, a interferência do homem. Em rigor, esse compartilhamento realiza-se entre pares (*peer to peer*) ou mediante a interface de empresas que aproximam, no ambiente digital, as duas pontas do negócio.

Os exemplos já são muitos: as pessoas compartilham suas casas ou os cômodos que têm porventura ociosos, também os seus equipamentos de ginástica ou aparelhos esportivos subutilizados, os veículos em que viajam com assentos sem uso, livros já lidos ou as roupas e adereços que acaso lhes sobrem – há plataformas especializadas para cada uma dessas utilidades, além de outras tantas.

Os limites de tempo ou espaço se relativizam na *internet das coisas*, em que computadores pessoais são suficientes para acessar, em tempo presente ou diferido, utilidades escassamente disponíveis na própria região de consumo ou em qualquer região do planeta, o bastante para exigir que os atores empresariais reconfigurem seus fluxos de informação e o escopo de monopólio na produção de bens ou serviços.

No setor de comércio, por exemplo, há sistemas altamente sofisticados (*deep learning*) que, com relativa ou absoluta autonomia quanto à intermediação humana, controlam estoque, oscilação de demanda e preço segundo as intercorrências de mercado, mensurando a qualidade dos serviços por meio da satisfação do consumidor.

O setor de serviços é igualmente afetado. No formato *crowdwork*, plataformas *on-line* põem em contato organizações e indivíduos de modo a aproximar consumidores e trabalhadores de todo o planeta. Como observam os procuradores do trabalho Juliana Oitaven, Rodrigo Carelli e Cássio Casagrande, "há oferta e demanda de produtos e serviços específicos para o atendimento de necessidades de clientes que pagam pela execução das tarefas realizadas"[26]. *Solicitantes* devidamente cadastrados na plataforma apresentam a tarefa

---

(25) CARVALHO, Augusto César Leite de. *Direito do trabalho*: curso e discurso. São Paulo: LTr, 2019. CARVALHO, Augusto César Leite de. Trabalho 4.0 e a Velha Regulação do Trabalho: a perplexidade frente à inteligência artificial que gerencia ou executa o novo trabalho. In: *O direito em transformação*. Adélia Moreira Pessoa, Carlos Augusto Alcântara Machado, José Eduardo de Santana Macêdo (organizadores). Produção da Academia Sergipana de Letras Jurídicas. Aracaju: Evocati, 2019. p. 45-62.

(26) OITAVEN, Juliana Carreiro Corbal. *Empresas de transporte, plataformas digitais e a relação de emprego*: um estudo do trabalho subordinado sob aplicativos/Juliana Carreiro Corbal Oitaven, Rodrigo de Lacerda Carelli, Cássio Luís Casagrande. Brasília: Ministério Público do Trabalho, 2018. p. 15. Os autores esclarecem: "O *crowdwork* refere-se a atividades que envolvem a realização de tarefas por meio de plataformas on-line que colocam em contato diversas organizações e indivíduos com outras organizações e indivíduos por meio da internet, permitindo a aproximação entre consumidores e trabalhadores de todo o mundo. Há oferta e demanda de produtos e serviços específicos para o atendimento de necessidades de clientes que pagam pela execução das tarefas realizadas. No *crowdwork*, na maioria das vezes, são feitas micro tarefas extremamente fragmentadas, que normalmente não demandam muita qualificação e são monótonas, mas inexequíveis por computadores ou sistemas automatizados, como, por exemplo, responder pesquisas, avaliar elementos de texto e transcrever áudios. Existem casos em que uma grande atividade é dividida em micro tarefas independentes que, agrupadas, produzem um resultado específico. Ainda, há a possibilidade do *crowdwork* envolver macro tarefas (menos automatizadas e que demandam melhor capacidade de análise), projetos simples (não automatizados e que exigem investimentos do trabalhador) e projetos complexos, que são mais incomuns. Nesses casos, pode ocorrer a criação de logomarcas, o desenvolvimento de sítios eletrônicos, a elaboração inicial de campanhas de *marketing* ou a concepção de *design* de interiores". Os autores citam o MTurk, plataforma gerida pela Amazon, como exemplo de *crowdwork*.

a ser realizada (enquetes, análise de textos, transcrição de áudios até projetos de execução mais complexa) e o preço correspondente, variáveis essas que podem ser acatadas ou não pelos *fornecedores*, igualmente cadastrados. Os *solicitantes* avaliam os *fornecedores* e isso influencia na solicitação de novas demandas, por outros *solicitantes*.

Alguns agentes econômicos tradicionais percebem-se desafiados e usam os mesmos avanços tecnológicos para reagir, reorientando-se no mercado e acomodando-se a um novo modelo em que "a acumulação (de capital) é cada vez mais baseada na captura do produto da cooperação social, como resultado do incremento da socialização da produção, principalmente pela atividade produzida por meio das redes sociais"[(27)].

Todo esse novo panorama gera maior complexidade na interação entre a economia e outros sistemas sociais, inclusive o direito privado[(28)], pois os negócios jurídicos até então regulados o eram na expectativa de existirem pessoas de carne e osso nos dois polos volitivos, com possibilidade recíproca de imputação de obrigações e direitos. Voltaremos a esse tema.

3.2. A perspectiva do trabalhador

A primeira impressão do trabalhador, frente à digitalização de suas rotinas, é a de não se sentir tão produtivo quanto antes. É a de não estar mais o seu trabalho a agregar valor, como outrora, a mercadorias e serviços, porquanto cederia agora espaço, em escala geométrica, à contribuição dos algoritmos na satisfação de todas, ou quase todas, as utilidades. Seria um mundo em que não mais caberia, por exemplo, a inclusão do trabalho, por Hannah Arendt, como uma das atividades a que "corresponde uma das condições básicas sob as quais a vida foi dada ao homem na Terra", dado que:

> [...] o trabalho é a atividade que corresponde ao processo biológico do corpo humano, cujos crescimento espontâneo, metabolismo e resultante declínio estão ligados às necessidades vitais produzidas e fornecidas ao processo vital pelo trabalho. A condição humana do trabalho é a própria vida.[(29)]

O trabalho estaria deixando de ser um valor social? Em obra recente, Ricardo Antunes enfrenta a questão, formulando-a assim:

> Se parece evidente que a produção de mercadorias, em sentido amplo, vem se metamorfoseando significativamente a partir da introdução do universo informacional-digital, seria plausível, então, conceber a possibilidade concreta de um capitalismo sem trabalho humano, desprovido de trabalho vivo? E, mais, seria ainda possível *equalizar* países com realidades tão díspares, borrando as mais diferenciadas formas pelas quais se apresenta a divisão internacional do trabalho, com agudas consequências na *nova morfologia do trabalho*?[(30)]

Ao menos quatro constatações, porém, estariam a contrariar essa expectativa de que afinal o homem estaria a libertar-se do trabalho, ou dele descolar-se, deixando a ideólogos e gestores do sistema capitalista de produção a tarefa de descobrir algum outro modo de garantir a sobrevida do sistema capitalista sem que se apresente, como fator essencial à configuração do lucro (ou, antes, da *mais-valia*), o interesse ou a participação, como consumidor, do trabalhador assalariado.

Conjecturemos, pois, sobre as quatro prometidas evidências de a contemporaneidade ainda depender do trabalho humano (ou seja, do trabalhador-assalariado-consumidor) e de que algum modelo de *capitalismo alternativo* ainda não se faz presente:

> a) a expansão das cadeias produtivas globais com adoção de trabalho braçal (*trabalho morto*) em mineração, atividade agrícola ou industrial que atuam na provisão de insumos para as empresas de tecnologia;
>
> b) o surgimento, em escala expressiva, do trabalho muitas vezes precário de empregados especialistas em tecnologia da informação e computação (*novo proletariado da era digital*);
>
> c) o modo de realizar serviços remunerados com apoio de plataformas digitais, ainda sem a consolidação de qual regulação ou proteção jurídica seria adequada;

---

(27) CHAVES JUNIOR, José Eduardo de Resende. *Desafio do Direito do trabalho é limitar o poder do empregador-nuvem*. 2017. Disponível em: <https://www.conjur.com.br/2017-fev-16/desafio-direito-trabalho-limitar-poder-empregador-nuvem>. Acesso em: 14 out. 2018.

(28) Sobre os sistemas inteligentes (*deep learning*) que controlam as lojas virtuais e sua atuação concorrencial, ver: LIMA, João Mateus Thomé de Sousa. "Inteligência Artificial na Competição: uma abordagem inicial sobre atos de concentração de mercado por programas de computador". In: Revista de Defesa da Concorrência (CADE) v. 5 n. 2 (2017). Disponível em: <http://revista.cade.gov.br/index.php/revistadedefesadaconcorrencia/article/view/328>. Acesso em: 29 jan. 2018.

(29) ARENDT, Hannah. *A condição humana*. Tradução de Roberto Raposo. Rio de Janeiro: Forense Universitár a, 2010. p. 8.

(30) ANTUNES, Ricardo. *O privilégio da servidão*: o novo proletariado de serviços na era digital. São Paulo: Boitempo, 2018. p. 27.

d) o modo de realizar serviço gratuito de provisão de dados em ambiente virtual, na rede mundial de computadores ou dispositivos digitais (*internet*).

O trabalhador pode enquadrar-se em qualquer dessas quatro categorias, ilustrativamente enumeradas, e se sentir engajado numa cultura digital que haveria, supostamente, de libertá-lo de todo trabalho que não o conduzisse ao prazer ou à realização pessoal[(31)]. Mas a era digital não cumpre o que promete.

Sentir-se-á esse trabalhador, talvez, como aqueles intelectuais, mencionados por Hannah Arendt, que ao início da era tecnológica desejavam ser considerados membros da população operária "uma vez que, nas condições modernas, toda ocupação deveria demonstrar sua *utilidade* para a sociedade em geral" e "a utilidade das operações intelectuais se tornara mais que duvidosa, dada a moderna glorificação do trabalho"[(32)].

Vamos por partes.

Sobre as cadeias globais de produção, Antunes expressa ter reserva quanto ao argumento de ser hoje predominante o trabalho não manual ou imaterial, vinculado às tecnologias da informação e comunicação (TIC's), "uma vez que não se destaca (ou não se considera com o peso que merece) que as chamadas atividades 'virtuais' são *dependentes e têm conexões fortes com o mundo da materialidade*"[(33)].

Antunes sustenta que essa percepção de o trabalho manual estar em progressiva dizimação tem a ver com uma visão eurocêntrica da realidade pois as atividades não manuais "não poderiam existir sem a existência de infindáveis mercadorias produzidas em áreas e espaços com menor visibilidade, como nas minas da África ou da América Latina, nas *sweatshops* da China ou em outros países localizados no Sul do mundo"[(34)].

Valendo-se dos estudos e pesquisas desenvolvidos por Ursula Huws, arremata Ricardo Antunes:

> [...] sem a produção de energia, de cabos, de computadores, de celulares e de uma infinidade de produtos materiais, sem o fornecimento das matérias-primas para a produção das mercadorias, sem o lançamento de satélites ao espaço para carregar seus sinais, sem a construção de edifícios onde tudo isso é produzido e vendido, sem a produção e a condução de veículos que viabilizem sua distribuição, sem toda essa infraestrutura material, a internet não poderia ser sequer conectada. Por conta desse elemento vital, [...] são ainda poucos os trabalhos que não demandam alguma forma de atividade física, mesmo que seja apenas a de utilizar um teclado[(35)].

Em suma, o modelo *fordista* tem dado lugar a um modelo de acumulação flexível em que as empresas atuam em rede, estimulando a adoção de meios de integração econômica que permitem a horizontalização da produção e, assim, "a possibilidade de os empregos se deslocarem para outros locais – em especial, países periféricos, com menor custo da mão de obra – acabou gerando empregos de menor duração, mais inseguros, com menos garantias, com mais rotatividade"[(36)].

Nos dias que correm, a acumulação de capital ajusta-se a novos modelos de produção menos hierarquizados, nos quais se ambienta confortavelmente a subcontratação de serviços, ou seja, a denominada *terceirização*. Para além das fontes históricas ou normativas dessa triangulação da atividade econômica – que ocorre apenas no tocante ao fator de produção que corresponde ao trabalho humano (não se onera, com igual entusiasmo, o provimento de capital e de matéria-prima com subcontratos) –, interessa-nos aqui destacar como se modifica o modo de o trabalhador se reconhecer no mundo do trabalho a partir de quando ele se percebe *terceirizado*.

É disso emblemático o distanciamento, mais perceptível na terceirização da atividade-fim, entre os objetivos institucionais que atraem o esperado compromisso de empregados e empregadores com o sucesso empresarial e, do lado do trabalhador, o anseio natural de pertencer ao grupo social (ou *categoria profissional*) que terá logrado ganhos históricos pela coparticipação

(31) Sobre a possibilidade de o trabalho dever ter essa aptidão emancipatória: WANDELLI, Leonardo Vieira. *O direito humano e fundamental ao trabalho*. São Paulo: LTr, 2012. Pondera Wandelli (p. 163): "[...] considera-se mais profícuo enveredar por uma perspectiva não exclusivamente instrumentalista das relações econômicas, de modo que, a par das considerações de ordem material e de maximização do autointeresse, sem dúvida presentes, são essenciais às relações de trabalho outras dimensões, morais, simbólicas, comunicacionais e normativas, que constituem as condutas sociais, as quais se revelam, muitas vezes, em desacordo com a rigidez de um determinismo puramente econômico [...]".

(32) *Op. cit.*, p. 113.

(33) *Op. cit.*, p. 50.

(34) *Idem*.

(35) *Op. cit.*, p. 50.

(36) Bonfante, *Op. cit.*, p. 24.

nessa conquista de espaço entre *players*, no mercado de bens ou serviços.

O bancário quer naturalmente integrar a categoria dos que atuam em instituições financeiras, o mesmo se aplicando a metalúrgicos, operários da construção civil, trabalhadores em hospitais e clínicas, a eletricistas, a comerciários, a empregados do agronegócio e a tantos outros. É de manifesta pertinência, por isso, a observação de Gabriela Delgado e Helder Amorim:

> A fragmentação do núcleo organizacional da empresa, onde se situam suas atividades finalísticas, [...] constitui o mais perverso mecanismo de desarticulação da organização coletiva do trabalho e, portanto, de esvaziamento da eficácia dos instrumentos coletivos de promoção do valor social do trabalho – o que compromete sobremaneira a possibilidade de emancipação coletiva do trabalhador terceirizado[37].

A terceirização de serviços na atividade-fim (ou na *core activity*), para os mencionados autores, tem aptidão para gerar *emprego rarefeito*, vale dizer: "aquele que, apesar da roupagem formal, mediante registro e observância esquemática de direitos trabalhistas, padece de *déficit* de efetividade normativa, por uma intensidade e por uma qualidade protetiva muito inferior ao padrão constitucionalmente assegurado às relações de emprego diretas"[38]. É inquietante constatar que as cadeias globais de produção adotam a terceirização como método, abundantemente[39].

Sobre o trabalho digital em condições precárias (segunda evidência de que subsiste o trabalho humano), cabe ver que as tecnologias da informação e da comunicação permitem que se desenvolva, cada vez mais, o trabalho à distância, o teletrabalho ou o trabalho intermitente, ou ainda a mescla entre esses modelos, de modo a subtrair do trabalhador a certeza de que haveria um tempo predefinido de disponibilização de sua energia laboral em troca de salário que, sendo previsível, financiaria seu tempo de *otium*, ou tempo sem trabalho. O fato de conhecer-se como *trabalhador informacional* não faz esse trabalhador sentir-se, necessariamente, integrante da categoria dos trabalhadores que se libertaram da subalternidade.

> Em outras palavras, trabalhos mais qualificados para um contingente reduzido – de que são exemplo os trabalhadores das indústrias de software e das TICs – e, no outro polo do pêndulo, modalidades de trabalho cada vez instáveis para um universo crescente de trabalhadores e trabalhadoras. No topo da pirâmide social do mundo do trabalho, em sua *nova morfologia*, encontramos, então, os trabalhos ultraqualificados que atuam no âmbito informacional e cognitivo. Na *base*, ampliam-se a informalidade, a precarização e o desemprego, todos estruturais; e, no *meio*, encontramos a hibridez, o trabalho qualificado que pode desaparecer ou erodir, em decorrência das alterações temporais e espaciais que atingem as plantas produtivas ou de serviços em todas as partes do mundo.[40]

Essa nova realidade tem ao menos duas consequências atávicas no processo civilizatório, sentidas respectivamente por aqueles que executam o trabalho digital e pelos que se mantêm nas formas tradicionais de trabalho: a) o surgimento do *infoproletariado*; b) a expectativa de desregulação progressiva do trabalho tradicional.

Os *infoproletários* participam de um mundo em que a automação promove maior produtividade com novos "mecanismos geradores de trabalho excedente, ao mesmo tempo que expulsam da produção uma infinidade de trabalhadores, que se tornam sobrantes, descartáveis, desempregados". Por via reflexa, a menor empregabilidade "reduz ainda mais a remuneração da força de trabalho em amplitude global, por meio da retração salarial daqueles assalariados que se encontram empregados"[41].

Em paralelo, na perspectiva dos que não estão inseridos na tecnologia da informação, "o trabalho material – que produz coisas e não ideias – perderá seu valor social e, portanto, seu imperativo de tutela jurídica". É o que prediz Guilherme Feliciano, para em seguida arrematar: "a mecanização e a informatização responderão *per se* ao propósito de acumulação do capital e tornarão cada vez menos necessária a figura do trabalho estável, passando a predominar as atividades laborais de curta ou curtíssima duração"[42].

(37) DELGADO, Gabriela Neves. *Os limites constitucionais da terceirização*. São Paulo: LTr, 2014. p. 102.

(38) *Op. cit.*, p. 106.

(39) ANTUNES, *Op. cit.*, p. 171-177.

(40) ANTUNES, *Op. cit.*, p. 77.

(41) ANTUNES, *Op. cit.*, p. 66.

(42) FELICIANO, Guilherme Guimarães. *Curso crítico de direito do trabalho*: teoria geral do direito do trabalho. São Paulo: Saraiva, 2013. p. 33.

Sobre a prestação de trabalho que se realiza por meio de plataformas digitais, ou outros sistemas que utilizem inteligência artificial (terceira evidência de que subsiste o trabalho humano), é possível perceber que organismos internacionais estão atentos à iterativa reclamação de alguns trabalhadores quanto à ausência de tutela jurídica. Por exemplo, a Comissão Europeia divulgou, em abril de 2019, estudo acerca dos requisitos indispensáveis para que possa conceber um sistema como movido por *inteligência artificial de confiança*[43]. Assim problematizou:

> A IA pode trazer benefícios para uma grande variedade de sectores, como os cuidados de saúde, o consumo de energia, a segurança dos veículos automóveis, a agricultura, as alterações climáticas e a gestão dos riscos financeiros. Pode igualmente ajudar a detectar as fraudes e ameaças no domínio da cibersegurança e permitir que as autoridades policiais possam combater mais eficazmente a criminalidade. No entanto, a IA coloca também novos desafios para o futuro do trabalho e levanta questões de ordem jurídica e ética.[44]

Fazendo repercutir essa sensação latente de anomia jurídica, os peritos independentes que participaram desse estudo anotaram que "os sistemas de IA têm de estar centrados no ser humano e assentar no compromisso de serem utilizados ao serviço da humanidade e do bem comum, com o objetivo de melhorar o bem-estar e a liberdade dos seres humanos".

Com esse desiderato, concluíram que o sistema provido de inteligência artificial de confiança haverá de atender a três componentes que devem ser observadas ao longo de todo o ciclo de vida do sistema:

> a) "deve ser *Legal*, garantindo o respeito de toda a legislação e regulamentação aplicáveis";
>
> b) "deve ser Ética, garantindo a observância de princípios e valores éticos";
>
> c) "deve ser *Sólida*, tanto do ponto de vista técnico como do ponto de vista social, uma vez que, mesmo com boas intenções, os sistemas de IA podem causar danos não intencionais."

Acolhendo tais recomendações, e para dar curso à regulação da inteligência artificial na União Europeia, o Parlamento Europeu, no que toca aos impactos no mercado de trabalho e nos direitos dos trabalhadores, apresenta proposta de resolução na qual realça, entre outros destaques:

> [...] a importância fundamental de proteger os direitos dos trabalhadores nos serviços colaborativos – em primeiro lugar, o direito de os trabalhadores se organizarem e o direito à negociação e ação coletivas, em conformidade com o direito e a prática nacionais; recorda que todos os trabalhadores da economia colaborativa são quer trabalhadores por conta de outrem quer trabalhadores por conta própria, consoante a primazia dos factos, e devem ser classificados nestes termos; apela aos Estados Membros e à Comissão para que, nos respetivos domínios de competência, garantam condições de trabalho equitativas e uma proteção jurídica e social adequada para todos os trabalhadores na economia colaborativa, independentemente do seu estatuto.

No âmbito da OIT, a orientação que tem prevalecido também não é cética, ou cética somente, quanto ao trabalho do futuro. Ainda em 2019, e ao comemorar seu centenário, a Organização Internacional do Trabalho fez publicar relatório sobre o futuro do trabalho[45] no qual salienta, de início, ser relevante a constatação de estarem as novas tecnologias a criar ou destruir postos de trabalho, ou de estarem a exigir para eles nova qualificação. Mas tão ou mais importante, consigna a OIT, é a atenção que se deve dar para o papel importante que o avanço tecnológico pode ter na promoção de trabalho decente.

A OIT sublinha que a tecnologia pode livrar os trabalhadores do labor penoso, insalubre, perigoso ou degradante. E que os *robots* e os *cobots* podem reduzir o estresse laboral e as doenças relacionadas ao trabalho, tudo a depender fundamentalmente das escolhas que se fizer acerca dos novos projetos de trabalho.

Mundo afora, a ordem jurídica tem sido demandada para prevenir ou solucionar conflitos metaindividuais relacionados aos costumes que derivam do uso

---

(43) Disponível em: <http://www.europarl.europa.eu/sides/getDoc.do?pubRef=-//EP//TEXT+REPORT+A8-2017-0195+0+DOC+XML+V0//PT#title1>. Acesso em: 7 out. 2018.

(44) Disponível em: <file:///C:/Users/tst/Downloads/Intelig_ncia_artificial__a_Comiss_o_avan_ou_com_os_seus_trabalhos_sobre_as_orienta__es_deontol_gicas.pdf>. Acesso em: 6/dez. 2019.

(45) OIT (ILO). *Work for a brighter future*: global comission on the future of work. p. 42. Disponível em: <https://drive.google.com/file/d/1SKkO_KeA40fX29ohyMHDs2EeWdH_B_TA/view>. Acesso em: 15 dez. 2019.

de novas tecnologias. No próximo e último capítulo, haveremos inclusive de perscrutar acerca do modo como o Direito tem incorporado esses novos hábitos e costumes do mundo informacional, quando então poderemos apontar algumas incursões jurídicas que visam acomodar alguma inquietação dos trabalhadores envolvidos nessas organizações produtivas.

Das quatro evidências de que o trabalho humano resiste à alta tecnologia da era contemporânea, falta ver, porém, a que diz sobre o trabalho – gratuito – de prover dados para empresas de tecnologia. E aqui há sentido em recordar reportagem da revista *The Economist*, de 11 de janeiro de 2018, que veiculara interessante tese dos pesquisadores Arrieta Ibarra, Jiménez Hernándes Lanier e Weyl[(46)] segundo a qual os algoritmos que alimentam a inteligência artificial precisam usar uma imensa quantidade de dados, disponíveis sem custo para as empresas de tecnologia, com objetivos os mais variados – por exemplo, os de definir estratégias e operações de mercado, expandir elementos de cultura artística ou bibliográfica, disseminar teorias políticas, econômicas e outros saberes, autonomizar a direção de um carro ou o reconhecimento facial.

As empresas de internet juntam esses dados dos usuários a todo momento, captando-os quando eles buscam algo no Google ou usam o comando de voz do telefone. Os mencionados pesquisadores ponderaram que para a economia funcionar de forma adequada no futuro e para evitar uma crise de desemprego tecnológico, devemos levar em conta esses fatos e mudar o relacionamento entre grandes grupos de internet e seus usuários.

Parece razoável concluir que a *reificação inocente*[(47)] do trabalhador, a sua conversão em objeto não personificado do processo produtivo, encontra assim o seu ponto culminante. Na fórmula tradicional, retratada genialmente em *Tempos Modernos* de Chaplin, o trabalhador não se sentia projetado na utilidade que produzia mas, diferente de agora, ele sempre estava consciente de que algo era produzido ao final da esteira e, se lhe aguçasse a curiosidade, saberia o que, com sua ação *objetivada*, teria ajudado a produzir. Na fórmula pós-moderna, a energia humana é ingenuamente despendida e adiciona valor a atividades empresariais ignoradas, incompreendidas, nunca antes tão rentáveis.

3.3. A perspectiva da sociedade

Trabalhadores *ludistas* de York, na Inglaterra do início do século XIX, queimaram e quebraram máquinas para pressionarem seus empregadores, indiferentes às sequelas sociais promovidas pela automação de serviços. O progresso tecnológico não cessou, malgrado a movimentação obreira tenha provocado retaliação patronal e repressão do Estado inglês, inclusive com condenações à morte. Na ocasião, como agora, a tecnologia não foi ou vai ao banco dos réus, importando embora o uso que dela se faz. Diz-nos Ian Goldin:

> O progresso tecnológico expressa novas ideias e se combina amiúde com uma ampla gama de mudanças relacionadas com as habilidades, os processos, as infraestruturas e a cultura. Separar o papel específico da tecnologia como condutora do desenvolvimento em algumas ocasiões pode exagerar seu papel. A roda, a pólvora, a impressora, a máquina a vapor, o telégrafo, a penicilina e a Internet têm proporcionado um impacto profundo sobre o desenvolvimento. Sem embargo, suas implicações são muito desiguais. Nenhuma tecnologia é uma panaceia e a adoção, adaptação e disseminação das mudanças tecnológicas têm que ser vistas desde um âmbito institucional, econômico e social mais amplo[(48)].

O modo de valorar o trabalho humano, tendo como referência a atividade intelectual, modificou-se acentuadamente na história da civilização. É comum se dizer, exemplificativamente, que Aristóteles sustentava o tratamento igual entre os que se dedicavam à arte e à filosofia, havendo de ser desigualmente tratados os escravos, pois "escravos e animais domésticos atendem com seus corpos às necessidades da vida"[(49)].

Mas Arendt obtempera que os antigos não desdenhavam propriamente do trabalho, pois em verdade "achavam necessário ter escravos em virtude da natu-

---

(46) Matéria jornalística sobre a conversão do "trabalho de dados" em objeto de contrato de trabalho. Disponível em: <https://ricardonagy.com/2018/01/16/monetizacao-dos-direitos-de-personalidade-dados-como-capital-o-trabalho-de-dados-ou-o-proletariado-de-dados-uma-breve-analise-de-tese-interessante-reportagem/>. Acesso em: 29 jan. 2018.

(47) ANTUNES, *Op. cit.*, p. 108, secundando a expressão de Luckács.

(48) GOLDIN, Ian. *La búsqueda del desarrollo*: el crecimiento económico, los cambios sociales y algunas ideas. Madrid: Tell Editorial, 2016. p. 128. Tradução livre para o português.

(49) Fragmento da "Política" lembrado por Hannah Arendt (*Op. cit.*, p. 99).

reza servil de todas as ocupações que fornecessem o necessário para a manutenção da vida". E arremata:

> Trabalhar significava ser escravizado pela necessidade, e essa escravização era inerente às condições da vida humana. Pelo fato de serem dominados pelas necessidades da vida, os homens só podiam conquistar a liberdade dominando outros que eles, à força, sujeitavam à necessidade. A degradação do escravo era um golpe do destino e um destino pior que a morte, pois implicava a metamorfose de homem em algo semelhante a um animal doméstico[(50)].

Na era moderna, Adam Smith toma de empréstimo as ideias dos fisiocratas e enaltece o *trabalho produtivo*, em postura crítica aos criados domésticos, tidos por "homens preguiçosos" que nada produziam: "nada deixam atrás de si em troca do que consomem"[(51)].

O conceito *trabalho produtivo* é retomado por Karl Marx, que nessa categoria inclui a atividade de transporte (porque quanto menor o tempo de transporte maior a capacidade de o trabalho produzir valor e promover sua circulação[(52)]), mas não inclui a atividade de comércio porque esta "se apropria de parte do mais-valor gerado na produção industrial e por isso não é responsável pela sua criação".

É interessante notar como Hannah Arendt pondera sobre ser valiosa, mas preconceituosa, essa distinção (trabalho produtivo *vs* trabalho improdutivo), dado que, com maior proveito, haver-se-ia de distinguir *obra* e *trabalho*, nem sempre este a resultar naquela. É como dizer:

> Realmente, é típico de todo trabalho nada deixar atrás de si, que o resultado do seu esforço seja consumido quase tão depressa quanto o esforço é despendido. E, no entanto, a despeito de sua futilidade, decorre de uma enorme premência e é motivado por um impulso mais poderoso que qualquer outro, pois a própria vida depende dele"[(53)]

Com respaldo em escritos do próprio Marx, sublinha Hannah Arendt que Engels teria razão quando enleva, como momento culminante da obra marxiana, aquele em que Marx defendeu a característica de que se reveste a "força humana", qual seja a força de *per se* gerar produtividade, pois "o seu vigor não se esgota depois que ela produz os meios de sua subsistência e sobrevivência, mas é capaz de produzir um 'excedente', isto é, mais que o necessário à sua reprodução"[(54)].

Caberia acrescer que, nos dias atuais, a distinção de Marx (trabalho produtivo no transporte *vs* trabalho improdutivo no comércio) talvez não faça inteiro sentido, pois todo o setor de serviços – inclusive os atos de mercancia – está inter-relacionado ao participar das cadeias produtivas de valor e, portanto, da lógica do capital[(55)].

A propósito da inserção do trabalho na era digital, seria então de se perguntar: como a sociedade vê o trabalho que se desenvolve na fabricação dos novos dispositivos de alta tecnologia? e como enxerga o trabalho que se realiza com a interface das plataformas digitais? qual a possível influência da mídia eletrônica ou digital na formulação dos padrões ideológicos que dariam suporte a essa nova realidade?

Em sua tese de doutoramento intitulada "Da Máquina à Nuvem", Ana Carolina Reis Paes Leme[(56)] enumera estratégias de *marketing* que a empresa Uber, titular de plataforma digital que oferece transporte, entregas de alimentos e outros serviços, adotou ao ingressar no mercado. Em 2016, a empresa mostrou ao mundo seu plano de "colocar mais pessoas em menos carros", com proveito para a redução de congestionamentos, melhoria da qualidade do meio ambiente, além de maior espaço em estacionamentos veiculares, inclusive com

(50) Hannah Arendt, *Op. cit.*, p. 103.

(51) Fragmento de "A Riqueza das Nações" lembrado por Hannah Arendt (*Op. cit.*, p. 107).

(52) ANTUNES, *Op. cit.*, p. 43. O "tempo de circulação" do capital pode aumentar ou diminuir o "tempo de rotação", segundo a fórmula marxiana, reproduzida por Antunes: tempo de rotação = tempo de produção + tempo de circulação. Ricardo Antunes explica a tese de Marx: "[...] como o *tempo de rotação* do capital é igual ao *tempo de produção* (que inclui o *tempo de trabalho*) mais o *tempo de circulação*, quanto mais próximo de *zero* se torna o tempo de circulação do capital, tanto maiores se tornam a produtividade e a produção de mais-valor, uma vez que o tempo de circulação do capital pode limitar ou agilizar o tempo de produção e, portanto, aumentar ou diminuir o processo de produção do mais-valor".

(53) Hannah Arendt, *Op. cit.*, p. 107.

(54) *Op. cit.*, p. 108.

(55) Cfr. ANTUNES, *Op. cit.*, p. 47.

(56) LEME, Ana Carolina Reis Paes. *Da máquina à nuvem*: caminhos para o acesso à justiça pela via de direitos dos motoristas da Uber. São Paulo: LTr, 2019. p. 35-37.

a possibilidade de compartilhamento de um só motorista (*ride share*).

No *Uber World*, estacionamentos seriam transformados em parques e pessoas de todas as idades e gêneros poderiam ser seus próprios chefes, dirigindo com autonomia seus carros quando os carros não fossem, eles próprios, autônomos, dispensando a presença e o custo de motoristas. Leme observa que "o resultado foi bastante positivo na Europa, sendo que, em Portugal, foi feito inclusive um manifesto com assinaturas tanto de personalidades como de uma gama de portugueses que assinaram a petição *Queremos a Uber em Portugal*".

Mas a imagem social de que traria vantagem a todos o novo mundo das plataformas digitais de transporte tem sofrido algum embaçamento. A inferência de que o trabalho no âmbito das plataformas digitais pode, em desalinho com o que inicialmente se apregoou, proporcionar baixo salário e jornada excessiva tem respaldo na experiência acumulada em países nos quais os aplicativos de transporte fazem parte, há mais tempo, da realidade que vivenciam.

Ao fim de 2015, por exemplo, os motoristas de aplicativos de transporte que atuam na França interromperam as principais vias de seu país, comprometendo inclusive o acesso a aeroportos, em protesto contra a redução de tarifas promovida, sobretudo pelo aplicativo Uber, com vistas à ampliação de sua clientela. Os motoristas queixaram-se de que essa redução estaria a gerar uma diminuição insuportável em seu ganho remuneratório[57].

Em março de 2018, a imprensa noticiou que pesquisadores do MIT (Massachusetts Institute of Technology) e do Centro de Trabalho Futuro do Instituto de Pesquisas da Austrália concluíram ser menor que o salário mínimo o ganho de 30% dos motoristas que operam na plataforma Uber nos Estados Unidos, à semelhança do que se constatara na Austrália. Cerca de um mês antes, a mesma empresa, provedora de aplicativo de transporte, havia firmado compromisso, nos Estados Unidos, de não permitir que os motoristas trabalhassem mais de doze horas por dia, com intervalo interjornada mínimo de seis horas[58].

Ao final de julho de 2018, uma paralisação dos motoristas de táxi contra as condições desfavoráveis em que concorriam com motoristas de aplicativos gerou caos em várias cidades da Espanha[59]. Do outro lado, motoristas dos aplicativos Uber e Cabify se concentraram nas principais vias de Madri, ao final de setembro de 2018, para protestar contra a regulamentação de seu setor de trabalho – na ocasião, reclamaram porque tal regulação ocorria sem que eles fossem ouvidos e participasse do processo de elaboração das regras que estariam por vir. O líder da agremiação sindical UGT sustentou que os motoristas de aplicativos estavam "em risco de exclusão social, têm mais de 45 ou 50 anos, estão sem emprego e encontraram um trabalho neste setor"[60].

A Comissão de Táxis e Limousines de Nova York (sigla em inglês: TLC), em dezembro de 2018, aprovou medidas para estabelecer o piso salarial bruto de US$ 26,51 por hora para motoristas de aplicativos (Uber, Lyft, Juno etc.) após "evidências crescentes de queda nos pagamentos aos motoristas"[61].

Em 8 de maio de 2019, dia em que a Uber abriu seu capital na bolsa de valores de Nova York, motoristas que operam esse aplicativo em vários países, inclusive no Brasil, organizaram um bem-sucedido movimento de paralisação com vistas à elevação do valor das corridas e, consequentemente, de sua remuneração[62]. No Reino Unido, o protesto foi planejado para concentrar-se em Londres, Nottingham, Glasgow e Birmingham[63].

Há sempre a possibilidade de o cadinho cultural, forjado gradualmente até garantir hegemonia a alguma força socioeconômica, romper-se à mercê da experiência. Quando a autonomia é desvelada e então se enxerga o rosto angustiado – nem sempre resignado – da dependência, dão-se os rearranjos jurídicos, noutras vezes as revoluções. Em meio a essas mutações de

(57) Notícia acessível em: <http://www.rfi.fr/br/franca/20151218-greve-do-uber-na-franca-complica-acesso-aos-aeroportos-de-paris>. Acesso em: 15 dez. 2019.

(58) Notícia acessível em: <https://www1.folha.uol.com.br/mercado/2018/02/uber-nos-eua-determina-descanso-para-o-motorista-apos-12h.shtml>. Acesso em: 7 out. 2018.

(59) Notícia acessível em: <https://exame.abril.com.br/mundo/greve-de-taxistas-contra-uber-e-cabify-gera-caos-em-cidades-na-espanha/>. Acesso em: 15 dez. 2019.

(60) Notícia acessível em: <https://exame.abril.com.br/mundo/motoristas-de-aplicativos-protestam-em-madri-contra-regulamentacao-do-setor/>. Acesso em: 15 dez. 2019.

(61) Notícia acessível em: <https://gizmodo.uol.com.br/nova-york-salario-minimo-uber-apps/>. Acesso em: 15 dez. 2019.

(62) Notícia acessível em: <https://www.correiobraziliense.com.br/app/noticia/economia/2019/05/08/internas_economia,753843/paralisacao-de-motoristas-da-uber-aumenta-preco-das-viagens-no-df.shtml>. Acesso em: 15 dez. 2019.

(63) Notícia acessível em: <https://gizmodo.uol.com.br/plano-greve-uber-reino-unido/>. Acesso em: 15 dez. 2019.

costumes, é sobre a função do Direito, como elemento igualmente da cultura, que estaremos, em seguida, a tratar.

4. A INFLUÊNCIA DO DIREITO COMO ELEMENTO CULTURAL DE IMUNIZAÇÃO E SEGURANÇA

Há pouco sustentamos, com base em Luhmann, que o sistema do direito interfere na relação de conflito para imunizar uma possível escolha decisória, que é então convertida em norma. E vimos que a decisão normativa promove segurança, ou mais precisamente segurança jurídica, sendo também esse o seu escopo.

Sendo o Direito uma construção cultural que retroalimenta o sistema social, com influência em valores e costumes, cabe investigar em que medida as suas incursões têm sinalizado para a resolução dos atuais conflitos cibernéticos com respaldo no direito humano e fundamental ao trabalho digno – ou ao trabalho decente, como de plano prescreve o art. 7º do Pacto Internacional sobre Direitos Econômicos, Sociais e Culturais, com o endosso do art. 1º, III e do art. 170 da Constituição. Também interessa pesquisar, no mesmo tema, o grau de segurança que a atividade legislativa e a judicial têm proporcionado.

Por que insistimos em tratar de segurança? É que o significado de segurança jurídica, tradicionalmente associado aos direitos civis e políticos[64], foi estendido pela comunidade internacional ao plano dos direitos sociais, econômicos, culturais e ambientais, incluídos os direitos relacionados ao trabalho, em especial quando o "Informe do Programa das Nações Unidas para o Desenvolvimento" (PNUD) trouxe, em 1994, a seguinte proclamação:

> La seguridad se ha relacionado más con el Estado-nación que con la gente [...]. El concepto de seguridad debe cambiar así en forma urgente en dos sentidos fundamentales: del acento exclusivo en la seguridad territorial a un acento mucho mayor en la seguridad de la población. De la seguridad mediante los armamentos a la seguridad mediante el desarrollo humano sostenible.

Então é importante regular as novas modalidades de trabalho para que os potenciais trabalhadores possam estar *seguros* de que o mercado somente haverá de legitimamente lhe oferecer trabalho que assegure "salário equitativo", "remuneração igual por trabalho de igual valor", "existência decente para eles e suas famílias", também "o descanso, o lazer, a limitação razoável das horas de trabalho e férias periódicas remuneradas, assim como a remuneração dos feriados", dado que é essa a baliza normativa estabelecida pelo art. 7º do Pacto Internacional Sobre Direitos Econômicos, Sociais e Culturais.

Também no plano normativo interno "é nítida a associação entre formalização dos objetivos constitucionais de valorização do trabalho e redução das desigualdades". Assim diz Wandelli, para em seguida concluir: "Imperioso, portanto, que todo dever de proteção relacionado ao direito ao trabalho impõe ao Estado a obrigação de coibir quaisquer práticas empresariais potencialmente fraudadoras da incidência desse plexo jurídico de proteção ao emprego"[65].

De par com a segurança, a ordem jurídica pode contribuir para que não se acomodem os espíritos de modo a progressivamente tolerarem a *reificação inocente* do trabalhador envolvido com tecnologias da informação e comunicação. Há, inclusive, quem argumente que o Direito não tem cumprido esse papel civilizatório. Com argumentos ponderáveis, Alysson Mascaro afirma que o Direito tem conspirado, no bojo das relações capitalistas, para a constituição da rede de extração de mais-valor que se realiza mediante a exploração do trabalho assalariado: "Assim, de início, já se desmonta o pretenso papel 'humanista' ou salvador de qualquer ramo do direito. Não é para frear a exploração do trabalho, mas para constituí-la, que o direito existe"[66].

Doutro lado, há quem sustente, como o fazem Milton Friedman e Rosa Friedman, ícones do pensamento liberal, que "uma sociedade que anteponha à liberdade a igualdade – no sentido dos resultados – acabará sem uma nem outra. O uso da força para lograr a igualdade destruirá a liberdade, e a força, introduzida com boas intenções, acabará em mãos de pessoas que a empregarão em prol de seus próprios interesses"[67].

---

(64) Sobre o direito à segurança jurídica: MARTÍNEZ QUINTEIRO, María Esther. *La expansividad del discurso sobre el "derecho humano de seguridad", un "derecho síntesis". Concreciones y etiologia.* Disponível em: <http://revistas.usal.es/index.php/0213-2087/article/view/shhc2018363570>.

(65) WANDELLI, Leonardo Vieira. *O direito humano e fundamental ao trabalho.* São Paulo: LTr, 2012. p. 300.

(66) MASCARO, Alysson Leandro. Capitalismo e direitos sociais. In: *Democracia e neoliberalismo*: o legado da Constituição em tempos de crise. (Coords.) Adriane Reis de Araújo, Marcelo José Ferlin D'Ambroso. Salvador: Editora JusForum, 2019. p. 189-196.

(67) *Apud* PÉREZ LUÑO, Antonio Enrique. *Dimensiones de la igualdad.* Madrid: Editorial Dikinson, 2007, p. 42. A obra que o autor cita de Milton e Rose Friedman: Libertad de elegir. Hacia un nuevo liberalismo económico.

Também relativizando a visão humanista, mas com enfoque mais associado à econometria, Cecília Machado[68] argumenta que a regulação do trabalho "tanto pode aumentar a eficiência da economia, ao corrigir distorções geradas por imperfeições do mercado", quanto "é possível argumentar que regras excessivas prejudicam o livre funcionamento do mercado de trabalho, gerando efeitos indesejáveis que vão na direção oposta ao imaginado pelo trabalhador".

Parece-nos ter razão Ana Frazão, porém, quando contrapõe que, "na verdade, nunca ocorreu propriamente o *lassez-faire*, mas sim uma regulação jurídica *sob medida* em favor da classe dominante"[69]. E há vários sintomas, no corpo social, de esgotamento do atual estágio de pouca ou nenhuma regulação jurídica específica para as novas modalidades de trabalho.

Por exemplo, a natureza jurídica do vínculo entre as plataformas digitais e os trabalhadores que delas se servem para oferecerem serviços de transporte ou entrega de alimentos (*delivery*) tem sido questionada em vários países, multiplicando-se ações legislativas e precedentes judiciais que frustram a expectativa – fortemente alimentada pelos gestores de citadas plataformas – de que haveria necessariamente uma relação jurídica diferente da relação de emprego, ou seja, sem a subordinação, a pessoalidade, a onerosidade e a não eventualidade do serviço que atraem a tutela tradicional do Direito do Trabalho.

Em setembro de 2019, o Estado da Califórnia, que tem a maior participação no Produto Interno Bruto dos Estados Unidos, sancionou lei que obriga as plataformas digitais de transporte a contratarem como empregados, a partir de janeiro de 2020, os motoristas cujo desempenho seja por elas controlado[70].

Em novembro de 2019, o governo italiano sancionou a Lei n. 128, de 2 de novembro de 2019[71], em que se opta por assegurar à prestação de trabalho no marco das plataformas digitais a tutela assegurada ao trabalho subordinado por tempo indefinido, sempre que o contrato formal contenha informação de que se trata de trabalho autônomo, mas se apresentem as características da relação de emprego.

Para os trabalhadores realmente autônomos a nova lei italiana também fixou algumas regras que o protegem nesse admirável mundo algorítmico, a exemplo da proibição de discriminação, tutela da liberdade e da dignidade humana, além da proibição de serem excluídos da plataforma ou punidos por se negarem a realizar algum serviço, além do direito desses trabalhadores à informação sobre as condições essenciais da relação de trabalho e à remuneração prevista em normas coletivas, ou em tabela salarial correspondente a convenção coletiva de setores afins ou equivalentes[72].

É tal a incerteza quanto às expectativas geradas pelo mundo digital que se criou um Observatório, na Itália, com o objetivo de acompanhar o cumprimento da lei e propor eventuais decisões acerca da evolução do mercado informacional de trabalho.

No âmbito judicial, há ainda indefinição sobre a natureza da relação laboral, sobretudo se há autonomia ou subordinação dos trabalhadores. Mas é possível citar ao menos dois precedentes de cortes europeias que ganharam enorme projeção.

Na Grã-Bretanha, o Tribunal de Apelações do Reino Unido manteve, em dezembro de 2018, decisão por meio da qual reconhecera vínculo de emprego entre motorista e plataforma digital de transporte, inclusive com direito a remuneração mínima das horas de trabalho e férias remuneradas[73].

Em julho de 2019, a Justiça da Espanha (Juzgado de lo Social n. 19 da Madrid), em ação coletiva, fixou que são empregados os *riders* (ciclistas etc.) que fazem entrega de refeições em domicílio, tutelados portanto pelo Estatuto dos Trabalhadores e pelo Regime Geral de Seguridade Social[74].

---

(68) MACHADO, Cecilia. A regulação do mercado de trabalho no Brasil. In: *Direito e economia*: diálogos. (Coords.) Armando Castelar Pinheiro, Antônio J. Maristrello Porto, Patrícia Regina Pinheiro Sampaio. Rio de Janeiro: FGV Editora, 2019. p. 411-440.

(69) FRAZÃO, Ana. *Direito da concorrência*: pressupostos e perspectivas. São Paulo: Saraiva, 2017.

(70) Notícia disponível em: <https://exame.abril.com.br/negocios/california-sanciona-lei-que-considera-motorista-de-uber-como-funcionario/>. Acesso em: 7 dez. 2019.

(71) Disponível em: <http://www.infoparlamento.it/Pdf/ShowPdf/6067>. Acesso em: 7 dez. 2019.

(72) Artigo jornalístico subscrito pelo Professor Antonio Baylos Grau, da Universidad de Castilla la Mancha. Disponível em: <https://baylos.blogspot.com/2019/11/de-nuevo-sobre-los-trabajadores-de.html>. Acesso em: 7 dez. 2019.

(73) Notícia disponível em: <https://g1.globo.com/economia/tecnologia/noticia/2018/12/19/justica-reafirma-vinculo-trabalhista-entre-uber-e-motoristas-no-reino-unido.ghtml>. Acesso em: 7 dez. 2019. Comentários da Professora Ana Frazão (UnB) sobre a primeira decisão do Tribunal de Apelações do Reino Unido, em 2016. Disponível em: <https://www.jota.info/opiniao-e-analise/colunas/constituicao-empresa-e-mercado/decisao-reino-unido-sobre-os-motoristas-da-uber-o-que-temos-aprender-com-ela-01112016>. Acesso em: 7 dez. 2019.

(74) Notícia disponível em: <https://es.euronews.com/2019/07/23/la-historica-sentencia-contra-deliveroo-en-espana-establece-que-hay-relacion-laboral>. Acesso em: 7 dez. 2019.

Não obstante toda a inquietação social acerca das vantagens do novo mundo cibernético em que estamos mergulhados, com claros espasmos regulatórios em tantos países, a ordem jurídica haverá de estar atenta ao aspecto de a mesma alta tecnologia que promove avanços civilizatórios nas ciências, na comunicação, em nossos hábitos e costumes ser capaz, por exemplo, de "potencializar a desigualdade, já que grandes grupos de indivíduos podem não estar conectados por problemas de analfabetismo ou ausência de banda larga, porque se encontram em situação de desemprego e suas habilidades já não são relevantes, ou os excluem dos benefícios trazidos com essas mudanças"[(75)].

Entre os dezessete objetivos consagrados na "Agenda 2030 para o Desenvolvimento Sustentável"[(76)], sobressaem, pela pertinência com o que estamos a sustentar neste escrito, os de "pôr fim à pobreza em todas as suas formas e em todos os lugares do mundo", de "promover o desenvolvimento sustentável e inclusivo, o emprego e o trabalho digno para todos", de "reduzir a igualdade dentro de e entre os países", de "promover uma sociedade justa, pacífica e inclusiva" e de "revitalizar a associação mundial para o desenvolvimento sustentável".

O sentido é o da progressividade na idealização e concretização desses direitos humanos, perfilados na dimensão da solidariedade, e também de políticas públicas necessariamente correlacionadas, tendo-se sempre em conta os interesses da atual e das futuras gerações. Nessa evolução, as Nações Unidas e os organismos internacionais, em cooperação, impulsionam a vedação ao retrocesso, via regulação jurídica, dado que há "a crescente preocupação com a relação entre as decisões atuais e as consequências futuras, tanto para as pessoas como para os sistemas ecológicos e de recursos naturais". É o que anota Ian Goldin, para em seguida explicar o motivo de políticos e acadêmicos assim se posicionarem:

> Junto com o crescente reconhecimento de que a economia sozinha não pode proporcionar perspectivas adequadas de desenvolvimento encontramos o reconhecimento de que as ferramentas econômicas não são capazes de resolver de uma forma aceitável a ampla gama de questões vitais sobre a perspectiva de futuro[(77)].

É como se, frustrada a libertação do trabalho, houvesse de prevalecer uma "libertação dogmática e centrada numa leitura holística da dignidade humana, que contemple, prioritariamente, a efetivação concreta de todos os DDHH, mas com um destaque especial aos direitos sociais"[(78)].

5. CONCLUSÃO

O ordenamento jurídico, para legitimar-se, deve refletir os padrões de comportamento que forjam a cultura social, amoldando-os aos valores éticos consagrados pela ordem normativa de todas as gentes, os Direitos Humanos. A premissa fundamental é a de experiência civilizatória, inclusive no que toca ao trabalho, aliar-se ao desígnio de promover existência digna, com base nos ditames da justiça social.

O sistema social ganha, com o Direito, um subsistema de imunidade e de segurança, compreendida esta (a segurança jurídica) também como a certeza de que se revestem de efetividade não apenas os direitos civis e políticos, mas todos os direitos humanos e fundamentais, interdependentes e inter-relacionados.

O incremento da automação do trabalho e de novas técnicas de organização e gestão empresarial tem historicamente gerado novos padrões de comportamento, com reflexos em ambientes externos ao habitat laboral. Esse problema, antes de ser reservado à Economia, deve sê-lo ao Direito, aquela e este sintonizados com a Ética.

No curso da história contemporânea, para que a humanidade aceitasse o progresso econômico sem política distributiva, era necessário que alguma ideologia obtivesse força hegemônica suficiente para gerar a resignação das vítimas desse processo. Quando e onde assim se deu, o utilitarismo terá sido a inspiração ideológica dominante.

Também na história do trabalho humano subordinado, novos costumes se alinharam com ajustes na ordem jurídica. E é importante registrar que a mudança de paradigmas culturais perceptível entre os atores sociais envolvidos diretamente com a atividade produtiva igualmente se notou, e é inevitável que ainda se note, na relação logicamente subsequente, a de comércio de mercadorias. Para a ordem social progressivamente revisada, houve invariavelmente o surgimento de novos direitos.

---

(75) Goldin, *Op. cit.*, p. 130.

(76) Disponível em: <https://nacoesunidas.org/pos2015/agenda2030/>. Acesso em: 15 dez. 2019.

(77) *Op. cit.*, p. 115.

(78) D'AMBROSO, Marcelo José Ferlin. *Direitos humanos e direito do trabalho*: uma conexão para a dignidade. Belo Horizonte: Editora RTM, 2019. p. 32.

O que está a gerar perplexidade é a contingência de a tecnologia da informação e comunicação (TIC) estar agora a permitir que a produção e a utilização de bens ou serviços sejam compartilhadas por meio de plataformas controladas por algoritmos cuja operação dispensa, parcial ou totalmente, a interferência do homem, seja no compartilhamento entre pares (*peer to peer*) seja com a interface de empresas que aproximam, no ambiente digital, as pontas do negócio. Agentes econômicos, tradicionais e novos, ajustam-se a esse novo modelo de interação econômica.

A OIT, ao completar o seu primeiro centenário, vem de enfatizar que novos projetos de trabalho sejam concebidos com recursos tecnológicos que promovam condições de trabalho mais saudáveis, vale dizer: menos penosas, insalubres ou de algum modo degradantes. O modo de o empregador divisar a sua função social será decisivo nessa evolução de hábitos e valores éticos correlacionados.

Na perspectiva do trabalhador, há, contudo, e não raro, a sensação de o mundo digital estar em seu entorno e não o absorver, excluindo-o da pós-modernidade. Surge, para ele, um modelo de acumulação flexível em que empresas atuam em rede, estimulando a adoção de meios de integração econômica que permitem a horizontalização da produção. Percebe o trabalhador que há então o deslocamento de seu emprego para outras plagas, ou a oferta de subemprego, ou ainda a subcontratação que faz esse trabalhador, alternativamente, sentir-se estranho na empresa de cujo sucesso participa.

O trabalho informacional pode concorrer, por igual, para duas consequências deletérias para a civilização humana, sentidas respectivamente por aqueles que executam o trabalho digital e pelos que se mantêm nas formas tradicionais de trabalho: a) o surgimento do *infoproletariado*; b) a expectativa de desregulação progressiva do trabalho tradicional.

Em verdade, a imagem social de que o novo mundo das plataformas digitais traria apenas vantagem não se consolida inteiramente. Os motoristas de aplicativos têm se rebelado em diversas cidades da Europa e das Américas. É possível exemplificar as experiências nas quais se constata que estão tais plataformas a proporcionar baixo salário e jornada excessiva, com algum comportamento reativo de parlamentos e cortes judiciais, em vários países.

A ordem jurídica pode contribuir, nesse processo evolutivo, para que não se acomodem os espíritos de modo a progressivamente tolerarem a *reificação inocente* do trabalhador envolvido com tecnologias da informação e comunicação. Há, todavia, quem argumente que o Direito não tem cumprido esse papel civilizatório.

Entre os dezessete objetivos consagrados na *Agenda 2030 Para o Desenvolvimento Sustentável*, sobressaem alguns que guardam estreita pertinência com a necessidade de regulação do uso das tecnologias da informação e comunicação. O sentido é o da progressividade na idealização e concretização desses objetivos e também de políticas públicas necessariamente correlacionadas, tendo-se em conta os interesses da atual e das futuras gerações.

REFERÊNCIAS

ANTUNES, Ricardo. *O privilégio da servidão*: o novo proletariado de serviços na era digital. São Paulo: Boitempo, 2018.

ARENDT, Hannah. *A condição humana*. Tradução de Roberto Raposo. Rio de Janeiro: Forense Universitária, 2010.

BAUMAN, Zygmunt. *Trabajo, consumismo y nuevos pobres*. Tradução livre para o português. Barcelona: Editorial Gedisa, 2005.

BONFANTE, Bruna. *Transformações produtivas e direitos humanos trabalhistas*: os efeitos da externalização produtiva sobre os direitos à saúde e ao lazer do trabalhador. Curitiba: Juruá, 2019.

CARVALHO, Augusto César Leite de. Trabalho 4.0 e a Velha Regulação do Trabalho: a perplexidade frente à inteligência artificial que gerencia ou executa o novo trabalho. In: *O direito em transformação*. Adélia Moreira Pessoa, Carlos Augusto Alcântara Machado, José Eduardo de Santana Macêdo (ORGS.). Produção da Academia Sergipana de Letras Jurídicas. Aracaju: Evocati, 2019.

______. *Direito do trabalho*: curso e discurso. São Paulo: LTr, 2019.

CHAVES JUNIOR, José Eduardo de Resende. *Desafio do direito do trabalho é limitar o poder do empregador-nuvem*. 2017. Disponível em: <https://www.conjur.com.br/2017-fev-16/desafio-direito-trabalho-limitar-poder-empregador-nuvem>. Acesso em: 14 out. 2018.

D'AMBROSO, Marcelo José Ferlin. *Direitos humanos e direito do trabalho*: uma conexão para a dignidade. Belo Horizonte: Editora RTM, 2019.

DELGADO, Gabriela Neves. *Os limites constitucionais da terceirização*. São Paulo: LTr, 2014.

FELICIANO, Guilherme Guimarães. *Curso crítico de direito do trabalho*: teoria geral do direito do trabalho. São Paulo: Saraiva, 2013.

FRAZÃO, Ana. *Direito da concorrência*: pressupostos e perspectivas. São Paulo: Saraiva, 2017.

GOLDIN, Ian. *La Búsqueda del desarrollo*: el crecimiento económico, los cambios sociales y algunas ideas. Madrid: Tell Editorial, 2016. Tradução livre para o português.

HARARI, Yuval Noah. *Sapiens – uma breve história da humanidade.* Tradução de Janaína Marcoantonio. Porto Alegre: L&PM, 2018.

LEME, Ana Carolina Reis Paes. *Da máquina à nuvem*: caminhos para o acesso à justiça pela via de direitos dos motoristas da Uber. São Paulo: LTr, 2019.

LIMA, João Mateus Thomé de Sousa. Inteligência artificial na competição: uma abordagem inicial sobre atos de concentração de mercado por programas de computador. In: *Revista de Defesa da Concorrência (CADE)* v. 5 n. 2 (2017). Disponível em: <http://revista.cade.gov.br/index.php/revistadedefesadaconcorrencia/article/view/328>. Acesso em: 29 jan. 2018.

MACHADO, Cecilia. A regulação do mercado de trabalho no Brasil. In: *Direito e economia*: diálogos. (Coords.) Armando Castelar Pinheiro, Antônio J. Maristrello Porto, Patrícia Regina Pinheiro Sampaio. Rio de Janeiro: FGV Editora, 2019.

MARTÍNEZ QUINTEIRO, María Esther. *La expansividad del discurso sobre el "derecho humano de seguridade", un "derecho síntesis". Concreciones y etiología.* Disponível em: <http://revistas.usal.es/index.php/0213-2087/article/view/shhc2018363570>.

MARX, Karl. *O Capital.* Tradução de J. Teixeira Martins e Vital Moreira. Coimbra: Centelha, 1974. Transcrição em HTML por José Braz para Marxists Internet Archive, 2005. Disponível em: <https://www.marxists.org/portugues/marx/1867/ocapital-v1/vol1cap07.htm#topp>. Acesso em: 1º dez. 2019.

MASCARO, Alysson Leandro. Capitalismo e direitos sociais. In: *Democracia e neoliberalismo*: o legado da Constituição em tempos de crise. (Coords.) Adriane Reis de Araújo, Marcelo José Ferlin D'Ambroso. Salvador: JusForum, 2019.

OIT (ILO). *Work for a brighter future*: global comission on the future of work. Disponível em: <https://drive.google.com/file/d/1SKkO_KeA40fX29ohyMHDs2EeWdH_B_TA/view>. Acesso em: 15 dez. 2019.

OITAVEN, Juliana Carreiro Corbal. *Empresas de transporte, plataformas digitais e a relação de emprego*: um estudo do trabalho subordinado sob aplicativos. Juliana Carreiro Corbal Oitaven, Rodrigo de Lacerda Carelli, Cássio Luís Casagrande. Brasília: Ministério Público do Trabalho, 2018.

PÉREZ LUÑO, Antonio Enrique. *Dimensiones de la igualdad.* Madrid: Editorial Dikinson, 2007.

SEN, Amartya. *Desenvolvimento como liberdade.* Tradução de Laura Teixeira Motta. São Paulo: Companhia do Bolso, 2010. Livro eletrônico.

WANDELLI, Leonardo Vieira. *O direito humano e fundamental ao trabalho.* São Paulo: LTr, 2012.

CAPÍTULO 3

Das Casas às Ruas: Pequenas Ideias para Resgatar a Dignidade do Direito do Trabalho

MÁRCIO TÚLIO VIANA(1)

Resumo: Até algum tempo atrás, tanto os nossos lares como a fábrica, o sindicato e o próprio Direito podiam ser retratados, metaforicamente, pelo modelo casa. Todos se apresentavam firmes, sólidos, guardados por fortes paredes, tanto em sua dimensão material quanto no plano simbólico. Hoje, parece haver uma tendência para o modelo rua. Neste modelo, portas e janelas se abrem para o incerto, o fluido, o mutante. Este texto avalia o possível futuro do sindicato e do Direito do Trabalho diante da nova realidade.

Palavras-chave: Direito do trabalho. Pós-modernidade. Sindicato. Dignidade

Abstract: Throughout most of their history, elements such as the home, the factory, the Union and Labour Law itself were largely represented by the figure of the house. All of these forces presented themselves as firm, solid, as if symbolically guarded and supported by strong walls on each side. Recently, there seems to have been a shift towards a road model and figure. In this model, doors and windows open towards the unknown, the fluid, the mutating. This essay contemplates the future of Labour Law and Trade Unions given this shift from house to road; from solid to malleable.

Keywords: Labour Law. Post modernism. Trade union

"Janelas e portas vão se abrir..."
(Erasmo Carlos, "Debaixo dos caracóis")

1. INTRODUÇÃO

A palavra "lar" é tão curta quanto rica. Ela nos remete, por exemplo, ao espaço físico onde vivemos, junto às pessoas que nos são mais próximas e queridas; ao deus que os antigos cultuavam, e que protegia a família, na forma do fogo; à sensação de estarmos num recanto nosso, e de mais ninguém, e onde os estranhos só entram se autorizados por nós.

Durante milhares de anos nos habituamos a ver o lar – em sua expressão material – na forma de uma construção de pedras ou tijolos, com as suas paredes, o seu teto e o seu chão, assim como as suas portas e janelas. Sob os aspectos real e metafórico, esta construção – a casa – transmitia a ideia não só de solidez e permanência, mas de defesa e proteção.

Com a modernidade, especialmente, o lar (ou a casa) passou também a simbolizar, em certo sentido, a nossa relação com o espaço e o tempo, um e outro bem separados, bem definidos – à semelhança dos quartos, salas e banheiros, cada qual em seu lugar – e por sua vez definindo os nossos próprios passos ao longo dos dias e da vida.

(1) Professor no Programa de Pós-graduação da Pontifícia Universidade Católica de Minas Gerais (PUC Minas). Pós-doutor junto às Universidades de Roma I e II. Desembargador aposentado do TRT da 3ª Região. Ex-professor da Universidade Federal de Minas Gerais (UFMG).

Apenas as portas – e, em menor medida, as janelas – mantinham certa ambiguidade, pois tanto podiam nos abrigar e conter, quando fechadas, como nos soltar para o mundo, quando as abríamos para a rua. E o que acontecia com o lar (ou a casa) se repetia, de certo modo, com o sindicato, a fábrica e o próprio Direito do Trabalho – tanto em sentido real quanto metafórico.

Hoje, porém, essa realidade parece estar mudando. E não só em relação ao lar – mas às instituições em geral, dentre as quais o próprio Direito. É o que tentaremos expor ao longo dessas breves páginas.

2. A CASA COMO RETRATO DA MODERNIDADE

Durante milênios, a representação física da casa correspondeu à ideia abstrata que tínhamos do lar. Afinal, aquela estrutura rígida, perene, protetora, simbolizava a nossa relação com o(a) nosso (a) companheiro(a), com os nossos filhos e filhas, e até mesmo com os objetos que ali estavam.

E se o lar sempre foi assim, com a fábrica não era diferente. Também ela continha elementos de abrigo e de permanência. E dava ao trabalhador a sensação de que ele era um cidadão, um sujeito de direitos, ainda que nem sempre, na prática, fosse bem assim.

Na verdade, os próprios direitos – como o salário base, as horas extras, as indenizações – pareciam estar ali, contidos naquelas quatro paredes. Eles legitimavam e também limitavam a opressão do dia a dia; e o sujeito que os deveria pagar, de certo modo, *morava ali*.

Naquela espécie de casa, pode-se dizer até que o trabalhador reencontrava, em seu inconsciente, as figuras da mãe ou do pai, tanto em forma de proteção quanto de disciplina, como nos mostram algumas pesquisas[2]. *Proteção* ao lhe dar uma espécie de passaporte, evitando, por exemplo, que ele fosse chamado de "vadio" e caísse nas rondas da polícia. *Disciplina* ao ajustá-lo à linha de montagem, girando manivelas ou apertando parafusos, em troca de um salário que lhe permitia, às vezes, até se esquecer do que fazia[3].

Também naquela espécie de casa – e entre um parafuso e outro – o trabalhador podia ir arquitetando os seus pequenos planos, como a pescaria do fim de semana ou até, com um pouco de sorte, as férias com a família, talvez à beira do mar. Na hora do almoço, podia também contar piadas, mexer com os amigos, trocar confidências ou falar de futebol, vivendo então os seus minutos de gente.

Às vezes, podia até inventar certas *manhas* para facilitar o trabalho, pois nem mesmo o modelo taylorista tinha sido capaz de eliminar completamente os seus saberes tácitos[4]. Nos momentos de mais rebeldia, podia também praticar outras formas de resistência, rabiscando o banheiro contra o patrão, fazendo *corpo mole* quando a ocasião permitia ou cochichando notícias sobre a próxima greve.

Por seu turno, e à semelhança do lar e da fábrica, o sindicato se erguia sobre alicerces duros, de bom concreto, e também continha, moldava e protegia o operário entre as suas quatro paredes. E se o lar tinha o seu deus, nas pessoas dos mortos, e a fábrica também o tinha, na figura de seu fundador, no sindicato este deus era o grande líder, capaz de dizer as coisas que todos queriam ouvir, e de propor as palavras de ordem, as táticas da greve, os termos da negociação.

O próprio Direito do Trabalho foi sendo erguido como a fábrica, o lar e o sindicato, apresentando as mesmas virtudes de certeza, proteção, controle e durabilidade. Os seus princípios eram as suas paredes. E se as portas e janelas permitiam, às vezes, a entrada de algum elemento estranho, era preciso que ele apertasse a campainha, pedindo licença, e se mostrasse *compatível* com o interior da casa – como dispunha, expressamente, o art. 8º de nossa CLT[5].

Também como a fábrica, como o lar e como o sindicato, as normas de proteção fortaleciam ainda mais os laços entre os operários, não só porque eram, muitas vezes, a prova viva de suas lutas, como também porque lhes prometiam um destino comum.

Além disso, se o Direito do Trabalho dividia, por outro lado também recompunha, mimetizando nesses dois movimentos a linha de montagem, as hierarquias sindicais e os quartos e banheiros de uma casa. O seu padrão era o contrato sem prazo, quase sempre duradouro, previsível, sem surpresas normativas pelo caminho.

---

(2) Como as de LIMA, Maria Elizabeth Antunes. *Os equívocos da excelência*. Petrópolis: Vozes, 1996.

(3) Veja-se, sobre este último aspecto, o testemunho de WEIL, Simone. *A condição operária e outros estudos sobre a opressão*. Rio de Janeiro: Paz e Terra, 1996.

(4) A propósito, consulte-se, por exemplo, DOS SANTOS, Geraldo Alves dos. *A pedagogia da ferramenta*: estratégias de produção e formalização de saberes tácitos criados pelos ferramenteiros de uma indústria metalúrgica (dissertação de mestrado). Belo Horizonte: UFMG, 2004.

(5) Em sua redação original, antes da reforma, aquela norma permitia a utilização do Direito Comum pelo Direito do Trabalho apenas nas hipóteses em que este último fosse omisso e entre ambos houvesse "compatibilidade".

Sempre como a fábrica, o lar e o sindicato, o Direito perseguia uma linha reta, coerente. E os seus princípios – como alicerces – também serviam para isso. Mesmo a sua vocação de avançar sempre, redistribuindo parte das riquezas (também crescentes) do capital tinha um componente de estabilidade, já que os avanços, naturalmente, davam-se sempre na mesma direção – pois de outro modo não seriam avanços.[6]

Na verdade, o próprio mundo era assim, bem mais simples, planejado e seguro, com políticas sociais crescentes, e, por tudo isso, ainda bastante otimista e confiante – apesar de suas terríveis guerras mundiais. Daí os grandes sonhos e projetos – já abalados, mas ainda existentes – e, também por esta razão, maior tolerância e respeito em relação às regras, disciplinas e hierarquias, teoricamente destinadas a realizá-los.

Num mundo como este, a memória coletiva conservava importância. No interior do sindicato, assim como no lar ou na empresa, podiam-se encontrar mais facilmente traços antigos – como falas, fotos, escritos ou algum outro objeto – que as pessoas ainda reverenciavam. Afinal, para realizar o futuro, era preciso valorizar o passado, reconstruído sob o olhar do presente.

Também por tudo isso – e não obstante os desejos de autonomia, tão caros à modernidade – a liberdade convivia de forma menos conflitiva com o seu contrário, exceto, basicamente, entre os adolescentes e algumas outras minorias. Aliás, até na utopia revolucionária seriam exatamente os trabalhadores *subordinados* que fariam a revolução... Não à toa, os sindicatos ignoravam os trabalhadores autônomos, mesmo quando pobres.

Em termos concretos, e já naquele tempo, Direito do Trabalho não assegurava uma *completa* dignidade ao trabalhador – e nem teria como fazê-lo, pois se insere num sistema desigual por natureza, que conspira contra o trabalho sempre criativo e gratificante, a empresa sempre útil à comunidade, a vida humana liberta do consumismo. Ainda assim, vinha lhe assegurando a dignidade possível – e, com isso, *ele próprio*, Direito, mostrava-se digno de seu nome.

E hoje?

3. A CASA EM TEMPOS PÓS-MODERNOS

Hoje, tanto o nosso lar, como a fábrica e o sindicato parecem deslizar sobre os seus pés. Os alicerces ganham rodas; as portas e as janelas, arrombadas, deixam entrar e sair os mais diferentes personagens; e a supressão literal do requisito da *compatibilidade*, na nova redação do art. 8º da CLT, é apenas a tradução, no campo do Direito, dessa nova tendência, que também o atinge.[7]

Ao invés do uniforme, do previsível, do seguro, do estável, do contido e do regulado, vivemos *tempos líquidos*, como ensina Bauman[8], ou a *emersão do múltiplo*, como completa Vázquez[9]. Tudo é fluido e variado – inclusive as verdades. Não à toa, em 2018, "pós-verdade" foi eleita a "palavra do ano" pelos professores de Oxford[10].

Nesse contexto, as próprias regras de proteção parecem desprotegidas; e sequer os princípios lhes servem de anteparo, já que eles próprios passam a ser relativizados ou até mesmo lidos ao contrário. Com menos sonhos, projetos e utopias; e resistentes – também por esta razão – a tudo o que é organização, disciplina e hierarquia, os trabalhadores já não encontram no sindicato uma forma de se realizar como gente e como grupo, ou mesmo de suprir suas carências – até afetivas –, compensando as dores do trabalho.

Naturalmente, há muitos outros fatores que conspiram contra a união coletiva. Apenas como exemplos, poderíamos citar o enfraquecimento do Estado, o fortalecimento correspondente das grandes corporações, a ideologia, as terceirizações, o modelo de fábrica em rede, o *uberismo*, os contratos curtos, diferenciados e fragmentados, e, em geral, tudo o que compõe a chamada "reestruturação produtiva"- que prossegue viva e forte, ainda que com nomes e características às vezes diferentes[11].

Para muitos trabalhadores, a CLT já não parece símbolo de sua própria resistência, enquanto classe, mas – ao contrário – uma ameaça ao seu emprego. Mesmo quando não pensam assim, eles já não se sentem *marinheiros do mesmo barco*; as novas regras – menos

(6) Na lição de LA CUEVA, Mario, era um Direito progressista, inconcluso. *El nuevo derecho mexicano del trabajo*, tomo I. México: Porrua, 1956.

(7) A referência à letra do artigo não significa, evidentemente, que devamos interpretá-lo assim.

(8) BAUMAN, Zigmundt. *A modernidade líquida*. São Paulo: Zahar, 2014.

(9) VAZQUEZ, Adolfo Sánchez. Rio de Janeiro: Paz e Terra, 1968.

(10) COLBETTE, André. O que é pós verdade, a palavra do ano segundo a Universidade de Oxford. Nexo. Disponível em: <https://www.nexojornal.com.br/expresso/2016/11/16/O-que-%C3%A9-%E2%80%98p%C3%B3s-verdade%E2%80%99-a-palavra-do-ano-segundo-a-Universidade-de-Oxford>.

(11) Como no caso da chamada "Indústria 4.0".

coerentes, mais heterogêneas e fragmentárias – não os enredam como antes, servindo, às vezes, até para dividi-los, como, por exemplo, ao fomentar a prática de prêmios.

Como se não bastasse, até a memória das lutas vai perdendo terreno em face da mobilidade (hoje, muito maior) dos produtos, das ideias, das emoções e dos próprios projetos pessoais. E assim se torna mais difícil usar o passado como referência para construir o futuro.

4. NO LIMITE, A RUA

Acima, falamos de casas com rodas. Na verdade, porém, talvez não seja esta a melhor imagem para descrever os novos mundos do trabalho e do Direito. A realidade parece mais drástica. Se tudo entra e tudo sai, e se tudo se transforma muito mais, e em velocidade tão surpreendente, é porque o próprio modelo arquitetônico da casa está sendo engolido pelo seu oposto.

Das construções perenes e tranquilas – como eram o nosso lar, as sedes das empresas, os prédios dos sindicatos e a nossa CLT – passamos a priorizar o modelo da rua, com as suas esquinas, os seus cortes, as suas surpresas, as suas *não razões*, a sua inconstância, o seu movimento convulsivo e quase caótico.

Ora, se é assim – ou se pelo menos é esta a tendência – temos basicamente três opções à nossa frente, em relação ao Direito do Trabalho.

A primeira é simplesmente a de resistir, tentando reforçar os alicerces das construções antigas, com os métodos antigos, como se fosse possível convencer o trabalhador a aderir ao velho sindicato, revivendo razões e emoções, ou mostrar ao legislador os seus equívocos – supondo-se que fossem, realmente, simples equívocos. A segunda é a de *aderir* à *onda*, seja sob o argumento simplista de que o mundo mudou, seja por desalento, seja porque, afinal, milagres ainda acontecem, e o ruim pode, eventualmente – quem sabe? – ganhar novos ingredientes e deste modo não se mostrar tão ruim quanto hoje parece.

Mas a melhor solução nos parece a terceira – que já antecipa uma espécie de mistura, sem que signifique propriamente um meio termo. A propósito, aliás, não custa notar que também as misturas são um elemento presente na pós-modernidade, como se vê, por exemplo, na academia – com a celebração do estudo multidisciplinar – ou nas artes em geral – como na pintura com foto, no samba com *rock*, na salsa com *funk* ou mesmo na *baratinha* dos anos 50 ou 60 equipada com motor *turbinado*.

Trocando em miúdos, essa terceira solução implicaria, em síntese, aproveitar os elementos *positivos* dos novos tempos, já que eles também existem, e não são poucos; e tentar banhá-los com a essência que o passado nos legou. Em outras palavras, utilizar, estrategicamente, as mesmas armas que o sistema vem usando, hoje, para se fortalecer.

A essência a que nos referimos é a proteção aos oprimidos. Apesar de todas as transformações, e mesmo em tempos de liquidez ou de "pós-verdade", ela não pode jamais se perder, pois expressa a nossa própria humanidade. Negá-la seria o mesmo que afirmar o direito de nos tornarmos criminosos ou algo assim.

Veja-se que até os novos movimentos sociais – ou muitos deles – têm procurado essa espécie de *terceira via*, compondo-se com os novos tempos, ou mais exatamente com os elementos interessantes que eles nos trazem. Há pouco tempo, em Belo Horizonte, por exemplo, a Central Única dos Trabalhadores realizou um congresso em praça pública, com pauta aberta, dialogando com os que passavam pela rua.

Mas o melhor exemplo talvez sejam as ocupações. Ao invés de sonhar primeiro para fazer depois, os novos militantes, ou *ocupantes*, deixam-se afetar pelo presente, com todas as suas inconstâncias, e a partir daí vão concluindo, teorizando e moldando suas ações.

É como se, na falta de um grande futuro confiável, tentassem antecipá-lo – em dose menor, e de forma casuística – para o presente. E sempre aprendendo com a prática, no dia a dia, recriando táticas e estratégicas, embora sem perder aquela mesma essência.

Outros exemplos são a busca de mais democracia direta, de relações igualitárias e de participação. Em todas essas dimensões, os movimentos sociais se nutrem de elementos pós-modernos; e tentam resgatar, em suas práticas, a etimologia da palavra "companheiro" – do latim *cum panis* – que nos tempos antigos expressava o costume de "repartir o pão".[12]

Para o sindicato, isso significa, talvez, – dentre tantas outras medidas – ver-se mais como coalizão do que como organização sólida; cobrar menos compromissos e aceitar mais adesões efêmeras; trocar o vertical pelo horizontal; e reconstruir suas práticas em termos *líquidos* e *múltiplos,* inclusive no sentido de se abrir para fora de si mesmo.

---

(12) BRANDY, Daniel. *Motamorphoses*. Paris: Casterman, 1986. p. 36.

E também seria útil, naturalmente, utilizar de forma mais eficaz as redes sociais, que não deixam de ter elementos de rua; tentar reconstruir, em outras bases, algo das solidariedades perdidas, talvez mesclando o interesse coletivo com o individual; e se habituar, humildemente, a um exercício constante de autocrítica.

Com tudo isso, o sindicato poderá talvez se reinventar completamente, entrando em sintonia – como dizíamos – com elementos do nosso tempo e inserindo novas contradições no sistema. E o resultado será – quem sabe? – o resgate da dignidade do próprio Direito do Trabalho.

5. CONCLUSÃO

Em meio a tantas opressões, mas também a tantos movimentos de resistência, todos nós, amantes do Direito do Trabalho, temos o dever de tomar partido. Aliás, nos últimos duzentos anos, nunca a História nos exigiu tanto este esforço, pois ele simboliza, no fundo, a escolha entre uma sociedade mais justa e um sistema cada vez mais desigual.

Para isso – e imitando os movimentos sociais – precisamos tentar *ocupar* o próprio Direito, com interpretações sensíveis, inteligentes e criativas, mas sempre voltadas para a proteção dos oprimidos, e sem recuar nas conquistas históricas. E ocupá-lo será, ao mesmo tempo, resgatar os seus princípios e a sua própria dignidade.

Mas até para que tenhamos êxito – e enquanto o sindicato não se reinventar – seria preciso também ir às ruas, em sentido simbólico ou mesmo real, para tocar de algum modo os sentimentos das pessoas, aproveitando o fato de que vivemos, igualmente, *tempos emocionais*.

E para fazer despertar esses sentimentos teremos também de exercer esforços eficientes de educação, esclarecimento e contrapropaganda, usando formas as mais variadas de linguajar – do teatro à poesia, do cinema às passeatas, dos *memes* aos *blogs* – o que nos exigirá, dentre outras medidas, fugirmos do nosso *juridiquês*.

A propósito, é importante notar que – para além das ocupações – o indivíduo do nosso tempo vem encontrando ou inventando nas próprias ruas elementos de resistência, como acontece ainda uma vez no campo das artes, com os grafites, as pichações, as práticas de *flashmob*, as danças no metrô, os teatros nas praças, as poesias do *slam*, os concertos nos parques, os malabaristas nos sinais de trânsito ou as *instalações* que param, às vezes, o próprio trânsito, para anunciar novas verdades, mesmo fluidas.

Nesse sentido, é o próprio indivíduo que parece estar se reinventando, e nem sempre, ou não necessariamente, de forma pior que no passado. Como *sujeito rua*, talvez esteja mais vulnerável, oscilante, correndo maiores riscos; e tem gerado reações opostas, algumas violentas, como a dos *sujeitos arma*; mas o importante é que diante dele será cada vez mais difícil discriminar, assediar ou ignorar impunemente as distorções de nossa sociedade.

Até o trabalhador que parece mais passivo – vítima da tão citada "captura de subjetividade"(13) – pode estar sendo inoculado também com um vírus ativo, que hoje serve ao sistema, mas amanhã talvez o dessirva. Afinal, se o capital tenta fazer com que ele reaja como capitalista – performático, obcecado com a concorrência, disposto a tudo para vencer – até que ponto conseguirá controlá-lo no futuro, se ele voltar a se perceber trabalhador?

REFERÊNCIAS

ALVES, Giovanni. *Trabalho e subjetividade*: o espírito do toyotismo na era do capitalismo manipulatório. São Paulo: Boitempo, 2011.

BAUMAN, Zigmundt. *A modernidade líquida*. São Paulo: Zahar, 2014.

BRANDY, Daniel. *Motamorphoses*. Paris: Casterman, 1986.

DE LA CUEVA, Mario. *El nuevo derecho mexicano del trabajo*, tomo I. México: Porrua, 1956.

SANTOS, Geraldo Alves dos. *A pedagogia da ferramenta*: estratégias de produção e formalização de saberes tácitos criados pelos ferramenteiros de uma indústria metalúrgica (dissertação de mestrado). Belo Horizonte: UFMG, 2004.

LIMA, Maria Elizabeth Antunes. *Os equívocos da excelência*. Petrópolis: Vozes, 1996.

VAZQUEZ, Adolfo Sánchez. *As ideias estéticas em Marx*. Rio de Janeiro: Paz e Terra, 1968.

WEIL, Simone. *A condição operária e outros estudos sobre a opressão*. Rio de Janeiro: Paz e Terra, 1996.

(13) A propósito, veja-se ALVES, Giovanni. São Paulo: Boitempo, 2011.

Capítulo 4

O Ciclo de Expansão do Capital no Século XXI: Expropriação, Nova Morfologia e a Contraposição Necessária pelo Direito Fundamental ao Trabalho Digno

Murilo Oliveira Souza[(1)]

Resumo: O intuito deste artigo *é* o de analisar a concretização do direito fundamental ao trabalho digno em contexto de crise estrutural do capital, na qual a expansão do capital se dá por meio da gradativa redução de proteção social aos trabalhadores e às trabalhadoras. A importância do referencial teórico do trabalho digno se justifica pelo fato de este ser o fio condutor desta obra coletiva, bem como da sua importância para as relações contemporâneas de trabalho permeadas por novas tecnologias (nova morfologia do trabalho). Quanto à metodologia, pretende-se empregar o exame de textos teóricos e normativos, razão pela qual qualifica-se esse artigo como teórico e de revisão bibliográfica. A estratégia metodológica utilizada é a de pesquisa qualitativa e o método é o dedutivo de análise de conteúdo. A técnica de pesquisa empregada é a da documentação direta e indireta a partir de renomados autores, dos quais se destaca Gabriela Neves Delgado, na temática do trabalho digno.

Palavras-chave: Crise estrutural. Trabalho digno. Expropriação. Nova morfologia.

Abstract: The purpose of this article is to analyze the realization of the fundamental right to decent work in the context of a structural crisis of capital, in which the expansion of capital occurs through the gradual reduction of social protection for workers. The importance of the theoretical framework of decent work is justified by the fact that this is the guiding thread of this collective work, as well as its importance for contemporary work relations permeated by new technologies (new work morphology). As for the methodology, it is intended to employ the examination of theoretical and normative texts, which is why this work qualifies as theoretical and literature review. The methodological strategy used is the qualitative research and the method is the deductive content analysis. The research technique employed is that of direct and indirect documentation from renowned authors, of which Gabriela Neves Delgado stands out on the theme of decent work.

Keywords: Structural crisis. Decent work. Expropriation. New morphology.

1. INTRODUÇÃO

O trabalho ainda é elemento central na complexa sociabilidade burguesa que emerge no final desta segunda década do século XXI, mesmo após profundas mudanças na estrutura de suas relações, como no caso do trabalho intermediado por avançadas tecnologias informacionais. Atualmente, a tecnologia tem sido utilizada como um artifício para baratear o custo da produção, pois, por meio, dela é possível estabelecer vínculos precários de trabalho, bem como reduzir a quantidade de força de trabalho manual necessária para desempenhar determinada função.

Ao nos depararmos com as condições e o modo como o trabalho tem sido desenvolvido nos últimos anos, é possível notar o papel contraditório das novas tecnologias no mundo do trabalho que, além de intensificarem o ritmo de trabalho, ainda impõem condições degradantes. O proletariado que emerge no final da segunda década do século XXI impulsionou o surgimen-

(1) Doutorando do Programa de Pós-Graduação em Política Social pelo DINTER-UFMT/UnB. Mestre em Direito pela Universidade Estadual do Rio de Janeiro (UERJ). Advogado e Professor Universitário. Pesquisador integrante do Grupo de Pesquisa Trabalho, Constituição e Cidadania (UnB/CNPq).

to de uma nova sistemática de exploração da força de trabalho, sendo que a tecnologia permitiu uma nova configuração do trabalho e a retomada do processo de acumulação do capital.

Diante desse cenário, o objeto a ser desenvolvido neste artigo reside na análise do Direito enquanto categoria, em especial a dimensão do direito fundamental ao trabalho digno[2], tendo como pressuposto o seu potencial histórico de conquistas para a classe trabalhadora, sendo em dada medida espécie de resistência e limitação para os avanços do capital.

A importância de se analisar o referencial teórico do direito fundamental ao trabalho digno, além da magnitude do valor axiológico e da proposta de [re]construção do potencial revolucionário ao fenômeno jurídico trabalhista, se dá em virtude de este ser o fio condutor dos três grandes eixos temáticos desta obra coletiva, bem como o fato de ser contraponto ao objeto deste trabalho: o exame da expansão do capital a partir da diminuição de proteção social aos trabalhadores e às trabalhadoras em contexto de crise econômica.

Por essa razão, ainda serão objetos de investigação as categorias "crise" e "expropriação", cujo recorte será o exame concreto da materialidade do direito fundamental ao trabalho digno no âmbito das relações sociais da nova morfologia do trabalho, o que possibilitará dimensionar o papel das novas tecnologias e da contrarreforma trabalhista[3] no processo de expansão do capital.

Cumpre destacar que o desenvolvimento deste estudo parte do questionamento acerca da materialização dos valores atrelados ao direito fundamental ao trabalho digno em contexto de crise estrutural do capital, no intuito de investigar a potencialidade de sua concretização em períodos de crise, bem como os instrumentos necessários para efetivá-los quando não concretizados, diante da sua importância para assegurar melhores condições para a classe trabalhadora.

Para isso, pretende-se compreender, a partir da dimensão de financeirização do capital e do seu processo de expansão por espoliação, como o Direito tem sido um instrumento contraditório para assegurar condições de expansão em uma nova estrutura do modo de produção capitalista, haja vista a alteração legislativa promovida por meio da Lei n. 13.467/2017.

Neste ponto a metodologia empregada é importante para alcançar os objetivos traçados. O método define a posição (perspectiva) do sujeito que pesquisa em relação ao seu objeto de investigação. Assim, buscar-se-á extrair do objeto de pesquisa as suas múltiplas determinações e captar a sua essência a partir de uma perspectiva crítica. Por essa razão, essa pesquisa classifica-se como teórica-documental ou bibliográfica, cuja fonte de análise perpassa a de renomados autores que estudam a interação entre capital e o mundo do trabalho, dentre os quais se destaca Gabriela Neves Delgado[4], David Harvey[5], Ruy Braga[6], Ricardo Antunes[7], Virgínia Fontes[8], entre outros. A estratégia metodológica utilizada é a de pesquisa qualitativa e o método é o dedutivo de análise de conteúdo.

Além desta introdução, este artigo é composto por tópico destinado ao entendimento dos pressupostos teóricos do trabalho digno. Em seguida, passa-se ao desenvolvimento da categoria crise na perspectiva marxiana e a sua dimensão estrutural, examinando os seus impactos no mundo do trabalho.

Ao final, busca-se investigar a categoria da expropriação tendo como pano de fundo a contrarreforma trabalhista promovida pela Lei n. 13.467/2017, no intuito de compreender como este movimento se torna um obstáculo para a materialização do direito fundamental ao trabalho digno no contexto das relações trabalhistas brasileiras. A análise concreta desse fenômeno parte do exame da nova morfologia do trabalho surgida no início do século XXI, como recorte que possibilite com-

---

(2) No que se refere ao direito fundamental ao trabalho digno, optou neste artigo em utilizar como referência teórico a obra de Gabriela Neves Delgado. *Direito fundamental ao trabalho digno*, fruto do trabalho de pesquisa que culminou na defesa de sua tese e na publicação dessa obra.

(3) Optou-se por empregar o termo contrarreforma ao processo de alteração legislativo que, pautado em um argumento, utiliza o artifício da legitimidade para reduzir, extinguir e flexibilizar direitos. Apesar do questionamento da efetividade de tal estratégia ser questionada no decorrer deste ensaio, acredita-se que a contrarreforma é prejudicial a classe trabalhadora em virtude da imposição de normas que intensificam e degradam o trabalho, para atender aos interesses do capital, sem que seja revertido qualquer benefício para os trabalhadores e trabalhadoras.

(4) DELGADO, Gabriela Neves. *Direito fundamental ao trabalho digno.* São Paulo: LTr, 2006.

(5) HARVEY, David. *O novo imperialismo.* São Paulo: Edições Loyola, 2004.

(6) BRAGA, Ruy. *A vingança de Braverman*: o infotaylorismo como contratempo. In: ANTUNES, Ricardo; BRAGA, Ruy (org.). *Infoproletários: degradação real do trabalho virtual.* São Paulo: Boitempo, 2009.

(7) ANTUNES, Ricardo. *Adeus ao trabalho?* Ensaio sobre as metamorfoses e a centralidade do mundo do trabalho. 16. ed. São Paulo: Cortez, 2015.

(8) FONTES, Virgínia. *O Brasil e o capital imperialismo*: teoria e história. 2. ed. Rio de Janeiro: EPSJV/Editora UFRJ, 2010.

preender a dimensão concreta das relações degradantes de trabalho desse período.

2. PRESSUPOSTOS TEÓRICOS DO TRABALHO DIGNO

O Direito do Trabalho, enquanto categoria, reside na capacidade histórica de conquista da classe trabalhadora, ao impor limites aos interesses do capital por meio do estabelecimento de condições mínimas de trabalho. Por essa razão, se tornou um importante instrumento para a materialização de valores que assegurem uma melhor condição de vida e trabalho.

Apesar de o Direito do Trabalho representar certo limite e de assegurar, em alguma medida, garantias de melhores condições de trabalho para a classe trabalhadora, a contradição da sociabilidade contemporânea demonstra a manutenção e a existência de inúmeras formas degradantes de trabalho. Isto pode estar atrelado ao exacerbado formalismo jurídico, que não admite a extensão dos direitos trabalhistas para toda e qualquer relação de trabalho.

Neste ponto, ganha relevância a importância da promoção concreta do valor da dignidade no trabalho como direito fundamental, haja vista o contexto da nova morfologia do trabalho que emerge a partir da intermediação da mão de obra por meio de empresas aplicativos. Isto porque a materialidade dessa relação precária de trabalho na contemporaneidade impulsiona condições degradantes de trabalho, com extensas jornadas de trabalho, ausência ou baixa proteção social previdenciária, baixa remuneração, entre outros elementos que impulsionam os trabalhadores e trabalhadoras a péssimas condições de trabalho.

No que se refere à construção valorativa do trabalho digno como elemento fundamental, destaca-se a busca por organismos internacionais em construir uma prática internacional no campo do mundo do trabalho. Nesse ponto, a Organização Internacional do Trabalho (OIT) e a Organização das Nações Unidas (ONU) apresentam diversas diretrizes que buscam consolidar a promoção do trabalho digno como elemento fundamental para a construção normativa no campo do trabalho.

No âmbito das Nações Unidas, destaca-se a importância do conceito de trabalho decente para o alcance dos objetivos de desenvolvimento sustentável, materializado em seu oitavo objetivo no documento intitulado como Objetivos de Desenvolvimento Sustentável (ODS)(9). Aliás, a mesma diretriz é mantida no âmbito da OIT (por isso, acredita-se que as expressões sejam sinônimas), que por uma questão de tradução dos documentos oficiais, no qual o termo *decent work* (utilizado pela ONU) é traduzido para os países de língua portuguesa ora como trabalho decente, ora como trabalho digno(10).

Cumpre destacar que esses organismos internacionais buscam construir valorativamente a visão de um trabalho digno como trabalho minimamente protegido:

> [...] o conjunto de oportunidades para que mulheres e homens possam ter acesso um trabalho produtivo em condições de liberdade, equidade, segurança e dignidade humana. O trabalho digno inclui oportunidades para realizar um trabalho produtivo com uma remuneração justa; segurança no local de trabalho e protecção social para os trabalhadores e as suas famílias; melhores perspectivas de desenvolvimento pessoal e de integração social; liberdade para que as pessoas possam exprimir as suas preocupações, organizar as decisões que irão influenciar as suas vidas e participar nessas mesmas decisões; e, finalmente, igualdade de oportunidades e de tratamento para todos(11) (sic).

Desse modo, percebe-se que a construção valorativa de um trabalho digno tem como objetivo a promoção de um valor universal e indivisível atrelado ao mundo do trabalho, baseado em valores e princípios fundamentais que assegurem condições mínimas de trabalho à ideia da proteção por meio do fenômeno jurídico. Trata-se da capacidade de assegurar uma jornada de trabalho, um valor mínimo de remuneração, entre outros direitos. Mas a concretização desses valores demanda uma variedade de situações nacionais e locais e que depende de uma avaliação dos diferentes níveis de desenvolvimento e capacidades nacionais para a sua implementação.

---

(9) Esta informação foi extraída do endereço eletrônico da Organização das Nações Unidas e pode ser acessado no link: <https://nacoesunidas.org/pos2015/ods8/>. Acesso em: 21 nov. 2019.

(10) OIT – Organização Internacional do Trabalho. Kit de ferramentas para integrar o emprego e o trabalho digno. Genebra: Bureau Internacional do Trabalho, 2007. Este documento encontra-se disponível em: <https://www.ilo.org/wcmsp5/groups/public/---europe/---ro-geneva/---ilo-lisbon/documents/genericdocum-ent/wcms_666203.pdf>. Acesso em: 21 nov. 2019, p. I.

(11) OIT, *Op. cit.*, p. II.

Quanto à construção teórica da dignidade do trabalho, como direito fundamental, no cenário jurídico brasileiro, é relevante a obra publicada por Gabriela Neves Delgado[12] que busca enfrentar a temática do *Direito fundamental ao trabalho digno.* A proposta da autora, a partir de uma profunda análise filosófica do direito e do direito do trabalho, é a de promover uma regulamentação jurídica de toda e qualquer atividade de trabalho que dignifique o ser humano, enquanto *homo faber*, para que ele tenha assegurado espaço para a construção de sua identidade social, considerada a perspectiva do Estado Democrático de Direito[13].

Nota-se, portanto, que a autora busca, do mesmo modo dos organismos internacionais, obter, no plano jurídico interno brasileiro, a manutenção de um trabalho digno a partir de uma regulação mínima que estabeleça melhores condições de trabalho como padrão nas relações trabalhistas.

Com isso, ao articular o direito fundamental ao trabalho digno por meio de sua regulamentação jurídica, Gabriela Neves Delgado busca, além de [re]construir uma ética do trabalho, ante os desafios e restrições que assolam o cenário mundial de crise, possibilitar estratégias e alternativas para que o trabalhador e a trabalhadora estejam de fato inseridos no mundo jurídico como sujeitos ativos e conscientes na existência individual e social contemporânea, o que possibilitará o seu exercício quando este direito não for contemplado[14].

Aliás, ao apontar a relevância da hermenêutica constitucional na construção material de um direito fundamental ao trabalho digno, Valéria de Oliveira Dias[15] reforça que:

> [...] tem-se que a hermenêutica comprometida com o constitucionalismo humanista e social inaugurado pela ordem constitucional de 1988 sinaliza que a liberdade de iniciativa requer o exercício de atividade econômica que promova a valorização do trabalho humano e assegure o direito fundamental ao trabalho digno, ante a eficácia horizontal de que se revestem os direitos humanos fundamentais realçados nas relações de trabalho.

A percepção teórica do direito fundamental ao trabalho digno nos remete à construção brasileira do princípio da vedação ao retrocesso social, capitaneada por Ingo Wolfgang Sarlet[16], com forte influência da doutrina francesa do "não *cliquet*". Segundo Sarlet, o princípio da vedação ao retrocesso social consiste em uma cláusula constitucional que impede o legislador (constituinte) de promover alterações constitucionais que reduzem o patamar de proteção social. Neste cenário, não se admite proposta de emenda à Constituição que reduza direitos socais. Com isso, não haveria retrocesso no que se refere à proteção social. Ao justificar seu posicionamento, Sarlet defende que:

> O que se percebe, em última análise, é que onde não houver respeito pela vida e pela integridade física e moral do ser humano, onde as condições mínimas para uma existência digna não forem asseguradas, onde não houver limitação do poder, enfim, onde a liberdade e a autonomia, a igualdade (em direitos e dignidade) e os direitos fundamentais não forem reconhecidos e minimamente assegurados, não haverá espaço para a dignidade da pessoa humana e esta (a pessoa), por sua vez, poderá não passar de mero objeto de arbítrio e injustiças[17].

Nota-se, portanto, que para a manutenção do direito fundamental ao trabalho digno é essencial a caracterização de dignidade da pessoa humana e a manutenção da teoria da vedação ao retrocesso social. A proposta deste artigo é a de compreender o potencial de materialização destes valores nas relações concretas de trabalho. Isto porque, nesta área especializada do Direito, é possível notar a disputa valorativa entre o capital e a classe trabalhadora na concretização de normas e princípios.

Aliás, ao analisar a contrarreforma trabalhista realizada por meio da Lei n. 13.467/2017, nota-se como os valores constitucionais do trabalho digno não foram suficientes para frear o processo de redução e flexibilização das proteções sociais destinadas à classe trabalhadora brasileira. Acredita-se que a insuficiência de rigidez da norma constitucional frente ao processo de

(12) DELGADO, Gabriela Neves. *Direito fundamental ao trabalho digno.* São Paulo: LTr, 2006. *Op. cit.*

(13) DELGADO, Gabriela Neves. *Op. cit.*, p. 29.

(14) *Idem.*

(15) DIAS, Valéria de Oliveira. *A dimensão socioambiental do direito fundamental ao trabalho digno*: uma análise a partir do assédio organizacional nos bancos do Distrito Federal. São Paulo: LTr, 2020 (no prelo). p. 29.

(16) SARLET, Ingo Wolfgang. *Dignidade da pessoa humana e direitos fundamentais na Constituição Federal de 1988.* 3. ed. Porto Alegre: Livraria do Advogado, 2004.

(17) SARLET, Ingo Wolfgang. *Op. cit.*, p. 59.

alteração da CLT se deu em virtude do movimento de crise estrutural e expropriação pelo qual o Brasil fora submetido.

Como bem se sabe, o Direito carrega consigo uma carga ideológica responsável por criar na sociedade as estruturas necessárias para garantir a sua reprodução social. Assim, se a sociedade possui como características aspectos do sistema de produção capitalista, é importante que sejam construídas estruturas sociais para legitimar o referido modo de produção, bem como oferecer uma base de sustentação. Isto significa dizer que, se o modo de produção capitalista se baseia na obtenção de lucro por meio da exploração da classe trabalhadora (mais-valor), cabe ao fenômeno jurídico assegurar as estruturas que preservem a exploração da força de trabalho.

Aliás, destaca-se a visão de Evguiéni B. Pachukanis ao examinar o Direito no bojo da sociedade burguesa. Em sua obra, o autor reforça o seu aspecto ideológico ao afirmar que:

> As categorias da mercadoria, do valor e do valor de troca são, sem dúvida, formulações ideológicas, formas de representação distorcidas e mistificadas (para usar uma expressão de Marx), por meio das quais a sociedade de troca concebe as relações de trabalho entre os distintos produtores. O caráter ideológico dessas formas comprova o fato de que basta passar a outra estrutura econômica para que as categorias de mercadoria, valor etc. percam todo o sentido. Por isso, podemos falar com toda razão em uma ideologia da mercadoria ou, como nomeia Marx, em um "fetichismo da mercadoria" [...][13].

Assim, na sociabilidade capitalista, as estruturas sociais construídas a partir de normas e formas jurídicas são estruturadas com a matriz ideológica da mercadoria. Dentro dessa sociabilidade, o trabalho não é visto enquanto elemento capaz de assegurar o empoderamento[19], bem como o ser social que exerce o trabalho não é encarado como ser humano detentor de dignidade, mas sim como mercadorias. Representam, portanto, valores de produção e por essa razão o Direito destina a eles a proteção mínima necessária para garantir condições básicas de reprodução ao capital. Neste cenário, ao menor sinal de redução da taxa de lucro, o capital adota estratégias para diminuição dos custos, o que perpassa pela redução ou flexibilização da proteção social assegurada pelo Direito do Trabalho.

Nesse ponto, o Direito desempenha papel crucial de consolidar não apenas o aspecto alienante[20] do trabalho, mas de possibilitar estruturas jurídicas que consolidam o sistema de troca e de dependência atinente ao capitalismo[21]. Por essa razão, acredita-se que enquanto a ideologia da mercadoria permear o Direito, a classe trabalhadora manterá o seu caráter de venda da sua força de trabalho, sendo tratados como coisa e não como seres sociais. Assim, isto impede que a classe trabalhadora usufrua em caráter contínuo os direitos sociais, haja vista que os mesmos serão objeto de redução diante de crises econômicas (na qual a taxa de lucro está em índice abaixo do esperado).

Com isso, é possível notar como a abstração normativa produzida pelo fenômeno jurídico conduz ao processo de fetichismo jurídico[22], haja vista que o aspecto genérico da norma não é capaz de materializar

---

(18) PACHUKANIS, Evguiéni B. *Teoria geral do direito e marxismo*. São Paulo: Boitempo editorial, 2016. E-book Kindle. Location 1988.

(19) Entende-se como empoderamento a capacidade de emancipação humana, ou seja, a capacidade que cada indivíduo possui de exercer com plenitude os direitos individuais e sociais a ele assegurados pelos instrumentos jurídicos dispostos atualmente. Este raciocínio é influenciado pela construção teórica de emancipação humana e emancipação política desenvolvido por Karl Marx na obra "Sobre a questão judaica", publicado no Brasil pela editora Boitempo. Assim, entende-se que a norma trabalhista, ao tratar como mercadoria o trabalhador e a trabalhadora, não se preocupa em assegurar a eles as condições mínimas necessárias para concretizar sua proteção social e dignidade, razão pela qual diante de crises econômicas os direitos sociais são reduzidos para a manutenção dos custos advindos do trabalho em níveis satisfatórios. Quando os direitos sociais são vistos como custos pelo capital e pelo ente estatal, a norma perde a potencialidade de ser empoderadora e emancipadora.

(20) Adota-se a concepção da tradição marxiana de alienação, desenvolvida na obra "Manuscritos econômico-filosóficos, publicado pela Boitempo, cuja tradução é desenvolvida a partir da MEGA2. Segundo Marx, em oposição a visão hegeliana, a alienação da classe trabalhadora consiste no processo de exteriorização do trabalho abstrato, que desumaniza o trabalho e retira do trabalhador e da trabalhadora a sua condição de pertencimento, o que leva a um estado marcado pela negatividade que só poderia ser corrigido pela oposição de um estado determinado pela positividade emancipadora, e, por sua vez conduz ao estranhamento do trabalho no modo de produção capitalista.

(21) Neste aspecto, reforça-se o elemento primordial de separação do trabalhador e da trabalhadora do produto do seu trabalho, haja vista que no modo de produção capitalista este passa a ser daquele que o adquire. A contradição desse processo é a ausência de liberdade ao conceder o direito de venda da força de trabalho a classe trabalhadora, haja vista que este movimento torna a classe dependente desse processo de venda/compra e consolida as estruturas ideológicas da mercadoria.

(22) Reside no processo de idealização e mitificação da norma no sentido de que a sua existência formal é suficiente para a concretização dos seus valores. É fundamental que se crie mecanismos para a concretização de valores previstos normativamente, o que possibilitará a sua concretização.

o potencial emancipador do direito constitucional do trabalho. Por isso, acredita-se que o direito fundamental ao trabalho digno possa representar uma mudança deste tratamento, desde que os valores constitucionais de dignidade no trabalho sobreponham-se aos interesses econômicos e ao tratamento de mercadoria destinado atualmente.

Desta forma, é fundamental que se compreenda a interferência econômica sobre a norma trabalhista, para que se combata ela e assegure a concretização de valores da dignidade no trabalho. A título de exemplo, a Lei n. 13.467/2017, ao alterar a Consolidação das Leis do Trabalho (CLT), a fim de adequar a legislação às novas relações de trabalho, criou novas regras que flexibilizam direitos trabalhistas (como a criação de entraves que dificultam o acesso ao judiciário, por exemplo) bem como modalidades de trabalho que precarizam a condição de trabalho (como o trabalho intermitente, que não assegura ao trabalhador e a trabalhadora o valor de um salário mínimo ao mês) e extinção de direitos (como é o caso da jornada *in itinere*).

Aliás, o tratamento de mercadoria dada à classe trabalhadora promove a ilusão de que a redução de direitos pode representar uma retomada do processo de crescimento econômico, haja vista que o barateamento com os custos sociais permitirá ao capital investir em novos postos de trabalho[(23)]. Ao examinar a exposição de motivos do projeto de lei que culminou na contrarreforma trabalhista de 2017[(24)], nota-se uma dissociação entre o ato normativo com a concreta realidade das relações trabalhistas.

Este cenário demonstra como a sociedade, permeada pela disputa entre capital e trabalho, tem inclinado para os interesses do capital. Por essa razão, a proposta defendida por Gabriela Neves Delgado na construção de um patamar civilizatório do trabalho[(25)] enquanto direito fundamental ao trabalho digno depende do rompimento do aspecto formal do Direito, haja vista a sua necessidade de transformação das relações materiais por meio dos valores que propaga. Assim, é importante que se crie estratégias que consigam, por meio da fórmula jurídica, superar os interesses do capital e, com isso, seja possível assegurar concretamente, nas relações sociais atreladas ao mundo do trabalho, os valores que defende. Mas, ainda assim, um obstáculo para a manutenção deste importante direito fundamental ao trabalho digno reside na crise estrutural.

Com o aprofundamento da crise econômica, materializada por meio da redução da taxa de lucro, o capital busca estratégias para reverter o quadro e com isso retomar o processo de acumulação. Sendo o trabalho reduzido à dimensão de mercadoria, a dimensão humana do ser social que labora não é levada em consideração para a manutenção de patamares dignos de trabalho. Pelo contrário, diante dos valores propagados, busca-se, por meio de fórmulas fetichistas, promover um forte pacote ideológico no intuito de convencer a classe trabalhadora como os custos sociais do trabalho ocasionam o surgimento da crise, razão pela qual a sua redução ou eliminação é fundamental para retomada da acumulação.

Diante disso, é fundamental que se compreenda a relação entre a categoria da crise estrutural e da expropriação de direitos para que se possa compreender, no contexto atual, o processo gradativo de redução social que coloca em oposição o direito fundamental ao trabalho digno às relações materiais de trabalho, em especial aquelas atreladas aos novos mecanismos digitais.

3. A CRISE ESTRUTURAL E SEUS IMPACTOS NO MUNDO DO TRABALHO

Ao vislumbrar o tratamento dado ao trabalho enquanto mercadoria, é possível notar a exploração da força de trabalho, haja vista a taxa de lucro obtida a partir do sobretrabalho. Por essa razão, o trabalho além de impactar na transformação do ser social, também é responsável por gerar valor. Essa dimensão demonstra também os aspectos econômicos atrelados ao mundo do trabalho. Ora, se há perda de rendimento, o capital entende a necessidade de se tomar medidas para retomar o processo de acumulação. Assim, compreender o funcionamento do modo de produção capitalista auxilia no entendimento acerca do impacto da crise no mundo do trabalho, bem como a sua relação com o movimento expropriatório dos direitos trabalhistas na atualidade.

---

(23) Esta interpretação é fruto de exame do documento no qual consta a exposição de motivos do Projeto de Lei n. 6.787/2016, que se tornou a Lei Federal n. 13.467/2017.

(24) BRASIL, Câmara dos Deputados. Projeto de Lei n. 6.787/2016. Altera o Decreto-lei n. 5.452, de 1º maio de 1943 – Consolidação das Leis do Trabalho, e a Lei n. 6.019, de 3 de janeiro de 1974, para dispor sobre eleições de representantes dos trabalhadores no local de trabalho sobre trabalho temporário e dá outras providências. Disponível em: <https://www.camara.leg.br/proposicoesWeb/fichadetramitacao?idProposicao=2122076>. Acesso em: 27 nov. 2019.

(25) DELGADO, Gabriela Neves. *Op. cit.*, p. 214 e 215.

Já nos seus escritos de juventude, Marx demonstra como o trabalho é elemento de geração de valor[26], haja vista que a partir do salário há transformação da classe trabalhadora em mercadoria[27]. O pagamento de salário é transportado para a produção como um custo, razão pela qual ele não pode ser tão elevado a ponto de inviabilizar o lucro obtido com a atividade capitalista. Por isso afirma-se que trabalho gera valor, pois é ele que aumenta o ganho de capital por meio do sobretrabalho e do seu valor.

Nesse sentido, o cenário de crise significa que a obtenção da taxa de lucro não se encontra em um patamar satisfatório, e com isso a valorização do capital encontra-se comprometida. Por essa razão, entende-se que o processo de crise intensifica a disputa entre o capital e o trabalho, pois com a diminuição da taxa de lucro, o capital se vê obrigado a tomar medidas estratégicas para retomada da acumulação de capital em níveis satisfatórios. Ora, se uma mercadoria do processo de trabalho é encarecida, é fundamental que se utilize de mecanismos para barateá-la. Assim, estratégias são tomadas para que o processo de acumulação seja retomado. Tais medidas inicialmente são direcionadas para o cenário econômico, mas também impactam na estrutura e organização do trabalho.

A título de exemplo, isto pode ser materialmente compreendido por meio do processo da chamada "acumulação flexível" que possibilitou, nos anos 70 do século XX, a reestruturação produtiva. Como bem destaca Giovanni Alves[28], a acumulação flexível "[...] surge como estratégia corporativa que busca enfrentar as condições críticas do desenvolvimento capitalista na etapa de crise estrutural do capital caracterizada pela crise de sobreacumulação, mundialização financeira e novo imperialismo"[29]. Tal visão reforça que por meio dessa medida os países de capitalismo central traçaram um complexo de estruturas sociais visando obter uma solução a crise que assolou o mundo na década de 1970, após anos gloriosos de crescimento econômico.

Aliás, a reestruturação produtiva implicou na construção de um novo cenário de expansão do capital, seja para reconfiguração do modelo de capitalismo (que passou a ser financeirizado), bem como bela construção de novos modelos de organização do trabalho nos grandes centros do mundo e a redução/flexibilização de proteção social para assegurar condições de manutenção do novo modo de produção. Inclusive, ao analisar a acumulação flexível e a estreita relação na modificação do mundo do trabalho com a reestruturação produtiva promovida mundialmente por uma nova estrutura de capitalismo, Alves reforça que a acumulação flexível é caracterizada por ser:

> [...] uma nova ofensiva do capital nas várias instâncias do ser social, visando a constituir um novo controle sociometabólico do capital adequado às condições de sua crise estrutural e crise de sobreacumulação. Na medida em que se solapou o poder organizado do trabalho, surgiram os elementos da acumulação flexível, constituindo o novo cenário de desenvolvimento capitalista por ele descrito. Assim, o complexo de inovações tecnológicas, organizacionais e sociometabólicas do empreendimento capitalista [...] possui o caráter de ofensiva do capital na produção, visando a constituir novas condições para sua acumulação e reprodução ampliada[30].

Antes de desenvolver a perspectiva da expropriação de direitos como um novo mecanismo de expansão do capitalismo atual, é importante que se compreenda a dimensão da categoria "crise".

A crise atual é uma crise estrutural do sistema capitalista. No que se refere à perspectiva da crise estrutural, destaca-se a construção teórica de Mészáros[31]. Segundo o referido autor, a crise estrutural traduz a ideia contrária aos ciclos de expansão do capitalismo, nos quais se alternavam ciclos de expansão e crise. Na visão de Mészáros, desde 1970 não temos mais ciclos de expansão, mas sim a instauração de uma crise contínua, que altera situações de momentânea estabilidade com períodos de aprofundamento da crise, que em virtude da reconfiguração do capitalismo

---

(26) MARX, Karl. *Manuscritos econômico-filosóficos*. São Paulo: Boitempo, 2010. p. 29.

(27) Ao notar a disputa entre capital e trabalho a partir da definição do valor salário a ser pago, Marx nota a importância de se igualar o preço do trabalho as mercadorias que são utilizadas na produção. Nota-se com isso como o trabalho humano passa a ser: "[...] igualado a qualquer outro elemento da produção de mercadorias, uma vez que no processo predomina a percepção do indivíduo isolado, puro ente subordinado ao território das determinações econômicas". (MARX, Karl. *Manuscritos econômico-filosóficos*. São Paulo: Boitempo, 2010. p. 12).

(28) ALVES, Giovanni. *Trabalho e subjetividade*: o espírito do Toyotismo na era do capitalismo manipulatório. São Paulo: Boitempo, 2011.

(29) *Idem*, p. 13.

(30) ALVES, Giovanni. *Op. cit.*, p. 18.

(31) MÉSZÁROS, István. *A crise estrutural do capital*. 2. ed. São Paulo: Boitempo, 2011.

mundial implica em aumento do desemprego e da miséria humana[(32)].

Aliás, oportuna é a construção teórica marxiana acerca da categoria crise no modo de produção capitalista. Em sua obra, ao analisar a elevação do valor da força de trabalho e o impacto nos índices de obtenção da taxa de lucro, Marx[(33)] desenvolveu a chamada lei tendencial da queda da taxa de lucro. Segundo o autor, diante da competição entre capitalistas, para que seja mantido índices satisfatórios de valorização do capital, emprega-se tecnologia capazes de aumentar o quantitativo de produção, mas sem que haja o aumento no número de trabalhadores e trabalhadoras[(34)].

Assim, é possível notar que para obter a retomada de índices satisfatórios da taxa de lucro, há uma diminuição do capital variável (força de trabalho) e aumento ou investimento em capital constante (máquinas e novas tecnologias). Em outras palavras, a tecnologia é utilizada para baratear o preço do produto produzido a partir da diminuição da quantidade de capital variável[(35)]. Marx defende que tal estratégia não se mostra efetiva ao longo do tempo, haja vista que a sua realização implica em diminuição da base sobre qual o capital se reproduz, qual seja, o mais-valor produzido pela força de trabalho[(36)].

Por essa razão, sustenta-se que tal estratégia torna a crise um elemento inerente ao sistema, já que a redução da base sobre a qual o capital se reproduz (trabalho manual) é diminuída. Tal visão reforça o aspecto estrutural que a crise passou a ter a partir de 1970, como defendido por Mészáros[(37)]. Isto porque é a partir da referida década que o capital assume a sua forma financeirizada, além da implementação de aspectos atrelados a acumulação flexível, que combinaram na linha de produção uma reorganização no modo de trabalho aliado a novas tecnologias, reduzindo o quantitativo de capital variável em detrimento do capital constante. Assim, o elemento inovador em relação a lei tendencial marxiana passa a ser a redução de proteção social.

Acredita-se que a redução de direitos neste cenário traçado anteriormente representa o que David Harvey sustenta como novo ciclo de expansão do capital. O referido autor busca em sua obra investigar como "[...] os processos de acumulação do capital são vistos como em perpétua expansão e, portanto, em permanente ação de rompimento de toda tendência ao equilíbrio"[(38)]. Ao tratar da acumulação por espoliação, Harvey busca reconstruir a visão marxiana da acumulação primitiva, ou seja, da capacidade de valorização do capital a partir de movimentos combinados que impliquem na redução do valor trabalho a partir de uma reconfiguração do mundo do trabalho[(39)].

No campo da tradição marxista, há controvérsia quanto à visão de Harvey no que se refere a sua perspectiva teórica. Mas é inegável a contribuição do autor quanto à perspectiva da expansão do capital por novas áreas até então inexploradas, o que reforça o processo de retomada da acumulação capitalista a partir da crise. Ao analisar esse posicionamento em conjunto com a lei tendencial da queda da taxa de lucro, para a qual a crise econômica é inerente ao modo de produção capitalista, nota-se como o momento de desvalorização do capital é um elemento importante para que o próprio sistema capitalista assegure a sua expansão em áreas em que não havia a sua ingerência, bem como mantenha os valores em níveis satisfatórios para a sua acumulação, o que implica diretamente na desvalorização do trabalho.

Apesar da proposta deste ensaio centrar-se na interferência da crise sobre o fenômeno jurídico, cumpre reforçar que contribui para essa análise a estrutura da forma financeirizada que o capital passou a ter, em virtude da reconfiguração da teoria valor-trabalho. O capital financeirizado reside na produção de mais-valor a partir do capital fictício. Assim, a necessidade de reavaliação do papel contínuo de práticas predatórias de acumulação do capital é necessária para que possamos compreender como se dá o processo de extração e exploração da força de traba hos nos dias atuais, a fim de revelar o processo alienante e fetichista pelo qual trabalhadores e trabalhadoras passam nestas duas décadas iniciais do século XXI.

A reconfiguração do capital, visando a retomada dos índices satisfatórios de acumulação, promovida a partir

(32) MÉSZÁROS, István. *A crise estrutural do capital*. 2. ed. São Paulo: Boitempo, 2011. p. 25.

(33) MARX, Karl. *O capital*: crítica da economia política. Livro III: o processo global da produção capitalista. São Paulo: Boitempo, 2017.

(34) MARX, Karl. *Op. cit.*, p. 250.

(35) *Idem*.

(36) *Idem*, p. 251.

(37) MÉSZÁROS, István. *Op. cit.*

(38) HARVEY, David. *Op. cit.*, p. 83.

(39) *Idem*.

da década de 1970, levou ao contraditório processo de concentração na configuração atual do sistema capital. Contraditório, pois ao invés de assegurar uma ampliação de atores importantes no universo do capital, a crise impulsionou a concentração de capitais[(40)]. Tal configuração trouxe impacto nas economias globais e consequentemente nas relações sociais, o que acabou por reconfigurar também o mundo do trabalho[(41)].

Diante de uma nova configuração da estrutura do capital, é importante que se compreenda como que se dará a extração do mais-valor a partir dessa nova perspectiva. Assim, é possível notar na crítica de Chesnais[(42)] acerca da financeirização do capital e no seu processo de mundialização, como uma economia rentista de especulação financeira impulsionou o fetichismo de que haveria crescimento econômico a partir do capital fictício. No entanto, o que não se percebeu é que essa estrutura econômica era construída sobre especulações que não refletiam a concretude das relações. Esse fetichismo se tornou a base que estrutura as relações sociais a partir da falsa ilusão de que os mercados seriam capazes de produzir riquezas, mas sem que houvesse efetiva produção.

Isto significa que a partir da financeirização, os grupos industriais instauraram uma nova forma de estabelecer o processo de exploração da força de trabalho a partir da lógica atual do capital, investindo no mercado de ações, mas ao mesmo tempo explorando a força de trabalho por outros meios.

Neste cenário, é possível notar a construção de um sistema no qual:

> Estamos em um sistema onde 'a produção é apenas uma produção para o capital e não o inverso', onde os meios de produção não são o que eles deveriam ser, a saber 'simples meios para se dar forma, alargando sem cessar, o processo de vida da sociedade dos produtores'. Estes meios, que são porém os meios de trabalhos da sociedade, são hoje do "capital". Eles só serão utilizados e ampliados se seus proprietários (os acionistas financeiros obnubilados pelo que Keynes chamou de "o feitiço da liquidez"), considerando que eles vão tirar desta operação um lucro suficiente, um "valor acionário" à altura de suas exigências[(43)].

Isto nos leva à concepção de que há um novo estágio do mais-valor na estrutura do capital mundial, no sentido de que este (o mais-valor) passa a ser obtido também pelos acionistas, o que torna ainda mais complexa a produção e o processo de verificação da obtenção da taxa de lucro no contexto atual.

Dessa forma, notou-se como o capital busca assegurar, por meio da implementação de várias ações (tanto no âmbito legal, como na administração das empresas e no setor econômico), condições que possibilitam a acumulação do capital em níveis satisfatórios. Nesse sentido, a concepção do direito fundamental ao trabalho digno é fundamental para assegurar à classe trabalhadora direitos que assegurem condições para obterem a sua sobrevivência na complexa sociabilidade capitalista atual.

No entanto, há atos estatais promovidos nos últimos anos que demonstram um movimento contrário à manutenção dos valores do trabalho digno. Isto porque tem se notado a contínua promoção de valores e leis que reduzem a proteção social no âmbito de novas morfologias de trabalho, permeada por avançadas tecnologias.

Neste cenário, a expropriação tem se tornado uma medida comum para assegurar um novo patamar de expansão do capital. Diante disso, é importante que se compreenda o papel decisivo do Estado em assegurar um cenário de expansão capitalista a partir da redução

---

(40) Virgínia Fontes aborda em sua obra como a estrutura do capital atual está diretamente associado a uma dinâmica capitalista da concentração de capitais, através do movimento ambivalente do capital portador de juros que, contraditoriamente, afasta-se da produção de mais-valor e a impulsiona, assim como promove novos e profundos processos de expropriação, o que por sua vez acaba interferindo no mundo do trabalho e no modo de exploração da força de trabalho (FONTES, Virgínia. *O Brasil e o capital imperialismo*: teoria e história. 2. ed. Rio de Janeiro: EPSJV/ Editora UFRJ, 2010. p. 29).

(41) Ao descrever o processo de financeirização do capital a partir da década de 1970 e durante a década de 1990, Chenais afirma que: "Os acontecimentos de 1989-1991 vieram, evidentemente, acentuar as mudanças nas relações econômicas e políticas entre o capital e o trabalho. A 'vitória do mercado' apareceu tanto mais definitiva, 'irreversível', quanto ela foi contemporânea da tomada de consciência da classe operária e da juventude da extraordinária amplitude do desastre no qual a gestão burocrática da economia, o terror staliniano e a repressão generalizada do longo período brejneviano conduziram os países do Leste e, em particular, todos os povos da ex-União Soviética" (CHESNAIS. François. Mundialização: o capital financeiro no comando. *Revista Outubro*. São Paulo. 02/2001. Ed. 05. p. 07-28. Disponível em: <http://outubrorevista.com.br/wp-content/uploads/2015/02/Revista-Outubro-Edic%CC%A7a%CC%83o-5-Artigo-02.pdf>. Acesso em: 18 nov. 2019. p. 11 e 12).

(42) CHESNAIS, François. *A mundialização do capital*. São Paulo: Xamã, 1996.

(43) CHESNAIS. François. Mundialização: o capital financeiro no comando. *Revista Outubro*. São Paulo. 02/2001. Ed. 05. p. 07-28. Disponível em: <http://outubrorevista.com.br/wp-content/uploads/2015/02/Revista-Outubro-Edic%CC%A7a%CC%83o-5-Artigo-02.pdf>. Acesso em: 18 nov. 2019. p. 28.

de proteção social. Desta forma, além de investigar a nova morfologia como exemplo concreto de trabalho degradante na atualidade, mesmo com a existência de direitos constitucionais que promovem o trabalho digno como direito fundamental, é relevante que seja examinado a sua estreita relação com a categoria da expropriação, o que passa a ser objeto do próximo tópico.

4. A EXPROPRIAÇÃO DE DIREITO COMO OBSTÁCULO À CONCRETIZAÇÃO DO VALOR FUNDAMENTAL AO TRABALHO DIGNO

Há um forte apelo ideológico em volta ao processo de alteração legislativa, no sentido de que a "flexibilização" de direitos oriundos da relação de trabalho poderia representar uma estratégia para superação da crise, o que desde já se refuta. Aliás, acredita-se que este argumento, aliado as circunstâncias para que o sistema consiga implementar as estratégias anunciadas anteriormente, possibilita um novo ciclo de expansão do capital e retomada do processo de acumulação no contexto da crise estrutural do capital nos dias atuais. Mas atrelada a isto está a imposição de condições degradantes de trabalho aos trabalhadores e trabalhadoras.

No que se refere à concepção da categoria "expropriação", compreende-se que a desenvolvida por Virgínia Fontes[44] é a que melhor reflete o momento atual. É possível apreender de sua obra que a expropriação contemporânea se manifesta, assim, pela gradativa interferência estatal em impor um pacto legislativo cujo reflexo reside na flexibilização ou até mesmo redução de direitos atrelados ao mundo do trabalho (em especial trabalhistas e previdenciários), o que possibilita ao capital a redução com os custos obrigatórios de determinadas parcelas e por sua vez reflete na diminuição da formação de fundo público aos trabalhadores e trabalhadoras.

O propósito destas ações governamentais é o de proporcionar a retomada do processo de acumulação do capital por meio da redução de custos advindos com direitos sociais. Cumpre destacar que a inspiração de Fontes[45] reside no processo de acumulação primitiva descrito por Marx[46], no qual, além da apropriação de terras comuns a todos, ainda houve a formação de um exército industrial de reserva com o processo de êxodo dos trabalhadores para os centros urbanos.

Para Fontes, há em curso dois modelos expropriatórios, estreitamente interligados entre si[47]. O primeiro modelo se refere à clássica expulsão de trabalhadores rurais de suas terras, algo próximo à categoria da expropriação descrita por Marx no "O Capital". Por sua vez, quanto à expropriação secundária, para Fontes a mesma está atrelada ao processo de retirada de direitos sociais pela via parlamentar. Nesse segundo modelo, é possível apreender a partir da visão da autora a tendência contemporânea de exploração da força de trabalho desprovida de vínculos geradores de direitos, como já ocorre no caso da nova morfologia do trabalho[48]. Isto ocasiona e impulsiona a perda de direitos atrelados ao mundo do trabalho no cenário atual.

Aliás, corroborando com o posicionamento de Fontes, Ana Elizabete Mota reforça o processo de expropriação de direitos na atualidade ao vislumbrar que:

> [...] a engenharia e as metamorfoses do capital para diversificar os meios de valorização do valor possuem orgânica articulação com os mecanismos de exploração do trabalho e de espoliação dos trabalhadores e da riqueza socialmente construída. Ao considerar essa dinâmica, identifico uma ressignificação e atualização histórica da categoria expropriações no capitalismo contemporâneo. Qualifico-a como uma mediação da superexploração da força de trabalho e dos processos de reprodução ampliada do capital. Menos, portanto, do que um retorno a formas arcaicas, as novas expropriações (somadas à permanência das expropriações primárias) demonstram que, para a existência do capital e sua reprodução, as expropriações são geneticamente necessárias,

(44) FONTES, Virgínia. *O Brasil e o capital imperialismo*: teoria e história. 2. ed. Rio de Janeiro: EPSJV/Editora UFRJ, 2010.

(45) FONTES, Virginia. *Op. cit.*, p. 45.

(46) Marx desenvolve a percepção da expropriação como supressão de direitos a partir do processo de acumulação das terras comunais durante o período pré-capitalista. Isso é demonstrado no capítulo XXIV de o "O Capital", volume 01, no processo da chamada acumulação primitiva quando despossuídos da terra, os trabalhadores são forçados a vender sua força de trabalho em troca de um salário Assim, o autor aponta que a lógica do sistema capitalista é a lógica de separação do trabalhador da propriedade dos meios de produção. Isto porque, no decorrer do modo de produção feudal, os servos utilizam terras comunais para realizar a produção que assegurava sua subsistência. Com o início da produção em escala industrial, houve a necessidade de aumento da produção de manufaturas para alimentar as indústrias, o que deu início ao processo de cercamento das terras comuns e, consequentemente, na expulsão dos trabalhadores e trabalhadoras para as cidades.

(47) FONTES, Virgínia. *Op. cit.*, p. 44.

(48) *Idem*, p. 60.

pero adotando meios, formas e estratégias que se atualizam, tornando-as consoantes e necessárias à dinâmica capitalista do século XXI[(49)].

Isto demonstra que a supressão de direitos não é uma novidade no processo de acumulação do capital, pelo contrário, é preponderante que em processos de crise do capital a acumulação seja retomada pelo processo de supressão de garantias, haja vista que os capitalistas acreditam que os direitos sociais advindos dos vínculos de trabalho aumentam os custos da produção.

Nesse ponto, a interferência estatal é fundamental, para garantir bases sólidas para expansão do capital por áreas até então indisponíveis (como os direitos trabalhistas assegurados nas legislações ordinárias). Aliás, Harvey reforça o aspecto da interferência estatal ao abordar a importância da forma jurídica como elemento de estruturação e naturalização da exploração. Assim, o Direito exerce o papel de garantir a segurança jurídica para as estruturas que asseguram a expansão do capital, razão pela qual, a lei desempenha papel fundamental na acumulação do capital[(50)].

Uma das formas de manifestação da expropriação no contexto das relações sociais brasileiras reside na Lei n. 13.467/2017, cujo propósito era retomar o processo de crescimento econômico (retomada da acumulação do capital) por meio da alteração ou supressão de determinados direitos trabalhistas. A referida lei teve como principal efeito a flexibilização de direitos, o estabelecimento de novos vínculos precários de trabalho, criação de entraves no acesso ao judiciário, dentre inúmeros outros dispositivos foram alterados no intuito de reduzir acesso a direitos trabalhistas por meio da CLT. Isto nos leva à constatação de um aprofundamento da degradação do trabalho, o que, por sua vez, dificulta a concretização nas relações materiais de trabalho dos valores constitucionais atrelados ao trabalho digno enquanto direito fundamental.

Nota-se, por meio desse movimento, como o Direito tem sido utilizado como mediador e estruturador dos interesses do capital sobre as relações sociais trabalhistas brasileiras. Com isso, o Direito se tornou categoria contraditória, pois ao mesmo tempo que representou, no passado, a conquista de importantes garantias para os trabalhadores, como no contexto da Constituição da República Federativa do Brasil[(51)], limitando em dada medida a exploração e apropriação da força de trabalho, também possibilita, por meio da abstração excessiva da norma, a intensificação dessa exploração e o aprofundamento de condições degradantes de trabalho por meio dos dispositivos infraconstitucionais ou das contrarreformas trabalhistas.

Desta forma, se percebe que a máscara alienante e fetichista imposta pelo Direito, aliado à questão ideológica econômica, impede justamente que as relações sociais sejam estabelecidas entre indivíduos, mas sim entre coisas. Ao compreender a transformação da força de trabalho em mercadoria, é possível apreender como o Direito transforma o trabalho abstrato em valor a ser apreendido pelo capital e que, em momentos de crise, quando o trabalho não é mais capaz de gerar valor em níveis satisfatórios, os direitos sociais passam a ser o obstáculo a ser superado na retomada do processo de acumulação.

Assim, a contrarreforma se caracteriza por ser uma ação governamental que altera uma norma para estabelecer uma condição negativa quando comparada ao estado anterior. Com isso, é possível notar que a política estatal, no que se refere ao mundo do trabalho, é tratamento dos direitos sociais como custos que oneram os empregadores.

Ao analisar os dados produzidos pelo Instituto Brasileiro de Geografia e Estatística (IBGE), por meio da Pesquisa Nacional por Amostra de Domicílios (PNAD-Contínua), a fim de avaliar os impactos da alteração da CLT no crescimento econômico do país, é possível perceber que a taxa de desocupação diminuiu. No entanto, a quantidade de pessoas trabalhando sem carteira assinada ou por conta própria aumentou, o que demonstra que a recuperação do mercado de trabalho no Brasil continua lenta e marcada pela informalidade nesses dois anos de contrarreforma trabalhista[(52)]. Ao analisarmos a realidade concreta das profissões informais ou por conta própria, como é o caso dos trabalhadores e trabalhadoras por aplicativo,

(49) MOTA, Ana Elizabete. Expropriações contemporâneas: hipóteses e reflexões. In: BOSCHETTI, Ivanete. *Expropriação e direitos no capitalismo.* São Paulo: Cortez, 2018. p. 172 e 173.

(50) HARVEY, *Op. cit.*, p. 79.

(51) A Constituição de República Federativa do Brasil estabeleceu um rol taxativo de direitos trabalhistas, previdenciários, bem como outros decorrentes da relação de trabalho, ampliando o acesso e garantindo condições mínimas de sobrevivência.

(52) Esses dados foram obtidos por meio de divulgação do portal do IBGE, que pode ser acessado por meio do endereço eletrônico: <https://agenciadenoticias.ibge.gov.br/agencia-sala-de-imprensa/2013-agencia-de-noticias/releases/26119-pnad-continua-taxa-de-desocupacao-e-de-11-6-e-taxa-de-subutilizacao-e-23-8-no-trimestre-encerrado-em-outubro-de-2019>. Acesso em: 29 nov. 2019.

notamos a condição degradante de trabalho por meio das extensas jornadas[(53)].

Nota-se, com isso, como os processos expropriatórios da atualidade estão desmantelando as conquistas civilizatórias dos trabalhadores, que, no caso brasileiro, se materializaram pela inserção de direitos sociais mínimos na Constituição da República (trabalhistas, previdenciários, educacionais e saúde). Papel este exercido pelo próprio Estado, que pautado em uma intensa propaganda ideológica que busca conscientizar (contraditoriamente) a classe trabalhadora de que o modo de viver dos assalariados não condiz com a realidade em pleno século XXI.

Isto demonstra como a expropriação de direitos é utilizada como elemento de mediação para a acumulação de capital. Com isso, nota-se que o processo de mudanças legislativas, promovido pelo próprio Estado, reside na verdade em um pacote legislativo direcionado para atender aos interesses do grande capital, sob o argumento de que esta medida representa diminuição dos custos de produção e possibilitará que haja investimento pelos capitalistas na criação de mais empregos. Os dados do IBGE mostram justamente um cenário contrário, no qual o índice de trabalho formal manteve-se estagnado.

Ao promover as contrarreformas, como a edição da Lei n. 13.467/2017, verifica-se uma tentativa de:

> [...] destruir o sistema público de proteção social vigente sob o argumento da equidade e incapacidade financeira do Estado. E o fazem não mais pela expansão dos salários indiretos de trabalhadores do setor privado e público, mas criando serviços mercantis e/ou contrapartidas que surrupiam deslavadamente a renda do trabalho, remetendo, assim, em grande medida, o atendimento das necessidades sociais contemporâneas dos trabalhadores a uma nova e perversa dependência/mediação do mercado, subtraindo direitos e obrigando-os a comprarem, com seus parcos salários e renda, bens e serviços, dentre eles os de saúde e previdência complementar, submetendo-os a novas expropriações que alargam, ainda mais, os termos e as condições da superexploração da força de trabalho[(54)].

Desta forma, a expropriação demonstra como o ente estatal atua de modo contrário em garantir ao trabalhador e a trabalhadora o acesso aos valores de dignidade no trabalho. Acredita-se que isto é impulsionado pela falsa percepção da crise e da capacidade de retomada do crescimento econômico por meio da redução de proteção social. Os índices oficiais[(55)] demonstram que após dois anos da contrarreforma trabalhista, não houve o crescimento de empregos, bem como o país não saiu da condição de crise econômica.

Esta perspectiva teórica nos leva à construção do concreto pensado acerca da condição degradante no qual o trabalho é realizado atualmente, diante da supressão de direitos sociais e dos mecanismos de exploração da força de trabalho. Mas é a contribuição do estudo de caso que nos permitirá vislumbrar os efeitos dessas medidas, o que será objeto de exposição no próximo subtópico.

Assim, optou-se por escolher como recorte de objeto o estudo no qual se vislumbra a metamorfose do trabalho o que levou à construção da categoria nova morfologia do trabalho. Trata-se de construção teórica voltada para compreender como o trabalho ainda é elemento central na sociabilidade capitalista contemporânea, porém sob uma nova forma de configuração e de estrutura, o que demonstra como há novos mecanismos de exploração da força de trabalho e de constituição da teoria valor-trabalho. Dada a sua importância, passamos para sua análise.

4.1. Um Recorte do Objeto: A Nova Morfologia do Trabalho e a Ausência de Trabalho Digno

A categoria da nova morfologia do trabalho consiste na construção teórica de um grupo de pesquisadores filiados a Sociologia do Trabalho, dos quais se destaca a obra de Ricardo Antunes[(56)] e Ruy Braga[(57)].

---

(53) O endereço eletrônico do UOL publicou recente reportagem no qual uma família relata o dia de trabalho na plataforma Uber, no qual os chefes de família se revezam em jornada de trabalho de vinte e quatro horas (no qual cada um trabalha doze horas). Disponível em: <https://www.uol.com.br/tilt/noticias/bbc/2019/11/25/so-nos-vemos-na-garagem-as-familias-que-dividem-o-carro-para-trabalhar-24h-por-dia-em-apps-de-transporte.htm>. Acesso em: 30 nov. 2019.

(54) MOTA, Ana Elizabete. *Op. cit.*, p. 177.

(55) Conforme dados publicados no portal do IBGE, que pode ser acessado por meio do endereço eletrônico: <https://agenciadenoticias.ibge.gov.br/agencia-sala-de-imprensa/2013-agencia-de-noticias/releases/26119-pnad-continua-taxa-de-desocupacao-e-de-11-6-e-taxa-de-subutilizacao-e-23-8-no-trimestre-encerrado-em-outubro-de-2019>. Acesso em: 29 nov. 2019.

(56) ANTUNES, Ricardo. *Adeus ao trabalho?* Ensaio sobre as metamorfoses e a centralidade do mundo do trabalho. 16. ed. São Paulo: Cortez, 2015.

(57) BRAGA, Ruy. *A vingança de* Braverman: o infotaylorismo como contratempo. In: ANTUNES, Ricardo; BRAGA, Ruy (org.). *Infoproletários: degradação real do trabalho virtual*. São Paulo: Boitempo, 2009.

Ao apresentar críticas as teses do fim do trabalho[58], Antunes descreve como o trabalho ainda é central mesmo no intermédio de novas tecnologias[59]. Com isso, o autor deixa claro como o trabalho não deixou de existir com o surgimento de novas tecnologias na linha da produção. Trata-se, portanto, de uma metamorfose no mundo do trabalho que evidenciou o potencial contraditório das novas tecnologias quando incorporadas ao mundo do trabalho, haja vista a redução "[...] do operariado industrial e fabril; de outro, aumenta o subproletariado, o trabalho precário e o assalariamento no setor de serviços"[60].

O que se notou com o transcurso do tempo é que estas mudanças no mundo do trabalho apontadas por Antunes impactaram diretamente no modo de extração do valor trabalho no início do século XXI.

Por essa razão, Antunes aponta que "[...] não há uma tendência generalizante e uníssona, quando se pensa no mundo do trabalho. Há, isto sim, como procuramos indicar, uma processualidade contraditória e multiforme. Complexificou-se, fragmentou-se e heterogeneizou-se ainda mais a *classe-que-vive-do-trabalho*"[61]. O referido autor trouxe importante contribuição em demonstrar a capacidade de analisar a classe trabalhadora a partir de um prisma heterogêneo, o que possibilitou uma expansão na dimensão da compreensão do que é a classe trabalhadora no Brasil, haja vista que esta classe não se limita somente aos trabalhadores formais assalariados. Há trabalhadores também no trabalho informal e por conta própria, permeado por aplicativos ou não. O elemento que caracteriza o trabalho, é, portanto, a existência de alguém obtendo mais-valor a partir do sobretrabalho de outrem.

Com isso, a dimensão de uma nova morfologia é justamente a capacidade de transformação de seres sociais em trabalhadores, submetidos ao julgo do processo de exploração do modo de produção capitalista por meio do constante avanço tecnológico. Isto nos leva a compreensão de que o surgimento de uma nova forma de trabalhar contém os elementos não apenas do trabalho, mas também do processo econômico de transformação do trabalho em mercadoria.

Quanto ao trabalho no início deste século XXI, destaca-se a visão de Ruy Braga que, ao criticar a tese do fim do trabalho e analisar a conjuntura do trabalho no início dos anos 2000, logrou êxito em demonstrar o papel contraditório das tecnologias informacionais[62]. O autor buscou desmistificar o potencial emancipatório das novas formas de trabalho, como no caso do teletrabalho, ao demonstrar como os mecanismos empregados degradam ainda mais as condições de trabalho. Ao realizar o estudo dos teleoperadores (teletrabalho), Braga demonstra como as inovações no mundo do trabalho, ao invés de proporcionar melhores condições de trabalho no ambiente funcional para os trabalhadores e trabalhadoras, acabam intensificando a exploração da força de trabalho, por meio de péssimas condições de trabalho[63].

No contexto histórico em que realiza o seu estudo, Braga identifica como a organização econômica, a partir de uma empresa pulverizada pelas tecnologias informacionais da época, fez surgir uma verdadeira indústria que realiza a sua produção a partir de bens imateriais[64]. Trata-se, portanto, de uma atividade que realiza trabalho imaterial, produzindo bens a partir de serviços, conhecimento ou comunicação.

Com isso, é possível perceber, a partir de Braga, a formação do infotaylorismo, ou seja, a relação material de trabalho permeado por novas tecnologias do século XXI, mas com as mesmas condições de trabalho do século XIX. Por essa razão, o autor aponta a noção de que as novas tecnologias estão promovendo na verdade condições degradantes de trabalho.

Na sua construção, Braga se inspira na categoria do trabalho degradante desenvolvida por Braverman[65] Isto porque ao se deparar com os mecanismos empregados no teletrabalho a partir de sua pesquisa de

(58) Entre os autores que defenderam o fim do trabalho a partir do implemento gradativo de novas tecnologias na linha de produção encontram-se: GORZ, André. *Adeus ao proletariado*: para além do socialismo. Rio de Janeiro: Forense Universitária, 1982; OFFE, Claus. *Trabalho como categoria sociológica fundamental?* Trabalho e sociedade, v. 1. Rio de Janeiro, Tempo Brasileiro, 1989; HABERMAS, Jürgen. *O discurso filosófico da modernidade*. 2. ed. São Paulo: Martins Fontes, 2002.

(59) ANTUNES, Ricardo. *Op. cit.*

(60) *Idem*, p. 62.

(61) ANTUNES, Ricardo. *Op. cit.*, p. 75.

(62) BRAGA, Ruy. A vingança de Braverman: o infotaylorismo como contratempo. In: ANTUNES, Ricardo; BRAGA, Ruy. (org.) *Infoproletários: degradação real do trabalho virtual*. São Paulo: Boitempo, 2009.

(63) *Idem*, p. 70.

(64) BRAGA, Ruy. *Op. cit.*, p. 61.

(65) BRAVERMAN, Harry. *Trabalho e capital monopolista*: a degradação do trabalho no século XX. Rio de janeiro: Zahar, 1981.

campo, Braga pôde identificar como a tecnologia informacional é utilizada para otimizar o tempo e com isso obter mais sobretrabalho, porém isso tem repercussões negativas na saúde dos trabalhadores e trabalhadoras, que comumente são acometidos por "[...] aumento da fadiga física, da postura automatizada, dos contratos de trabalho em tempo parcial, do desinteresse pela função, da vertigem oriunda da multiplicidade das chamadas, Lesões por Esforço Repetitivo (LERs) etc."[(66)].

A crítica apontada por Braga, apesar de contextualizada, haja vista o aprimoramento tecnológico e o surgimento de novas profissões permeadas por tecnologias, pode ser fonte inspiradora para a compreensão das relações materiais de serviços atualmente. Isto porque é notório o surgimento de novos mecanismos de contratação e intermediação de força de trabalho, por meio de plataformas digitais, mas sem que o trabalhador e a trabalhadora sejam vistos como tais.

O proletariado que emerge neste final da segunda década do século XXI é marcado pela mercadorização[(67)] da mercadoria trabalho. Isto significa dizer que, além de empregar sua força de trabalho, este novo perfil de trabalhador e trabalhadora assume os riscos do negócio ao ser o responsável pelos custos advindos da prestação de serviço, bem como pela relação direta com aquele que busca o serviço. Assim, cada vez mais se pulveriza uma relação de trabalho na qual o vínculo entre as partes não é o clássico previsto nos arts. 2º e 3º da CLT. Este cenário dificulta ainda mais o acesso a direitos oriundo do mundo do trabalho.

Não há dúvidas de que o trabalho ainda é elemento central na nova sociabilidade burguesa permeada por tecnologias avançadas, no entanto o processo de intensificação do trabalho e de degradação das condições de trabalho se aprofundaram diante da precariedade do trabalho prestado. Nota-se não apenas as péssimas condições impostas, mas também um intenso ritmo de trabalho, uma redução de direitos e garantias relacionadas ao mundo do trabalho, bem como uma extrema redução no valor do trabalho (que não assume mais a forma salário).

Neste cenário, a extensão dos valores constitucionais atrelados ao trabalho digno como direito fundamental, em especial em períodos de aprofundamento da crise estrutural do capital, encontra obstáculo nos processos expropriatórios das leis ordinárias.

A nova configuração do trabalho e do capital mundial tem proporcionado uma nova forma de exploração da força de trabalho que, aliada as novas tecnologias e a constante expropriação de direitos trabalhistas e previdenciários, causa uma intensificação da alienação e do estranhamento da referida classe, bem como impede a concretização do trabalho digno no plano material das relações de trabalho na contemporaneidade.

5. CONCLUSÃO

A prestação de trabalho ainda é central na sociabilidade contemporânea permeada pelo emprego de novas tecnologias. Mas, a sua estrutura, organização e dinâmica são distintas e demonstram como a tecnologia atualmente tem sido empregada para assegurar novas formas de explorar a força de trabalho e assegurar a continuidade da expansão do capital em um cenário no qual os índices da taxa de lucro estão reduzidos.

O fenômeno jurídico não tem sido capaz de acompanhar o constante processo de alteração. Como se viu, há o surgimento de uma nova forma de exploração da força de trabalho, o que demonstra o surgimento de uma nova concepção de teoria valor-trabalho, mas sem que haja a proteção social necessária para assegurar um trabalho digno nessa nova dinâmica do capital e do trabalho permeado por novas tecnologias. Não bastasse isso, a expropriação de direitos secundários tem intensificado o processo de degradação do trabalho por meio da redução de proteção social.

A dificuldade de compreender um fenômeno em constante mudança, como são as relações que envolvem a disputa de classes na sociabilidade atual, não é tarefa fácil. No intuito de encontrar a essência das relações sociais de trabalho atual, buscou-se, por meio deste artigo, responder o questionamento acerca da materialidade do direito fundamental ao trabalho digno em um contexto de crise estrutural e de desmantelamento das conquistas sociais dos trabalhadores e trabalhadoras.

Desta forma, buscou-se examinar a estreita relação entre a categoria direito e o capital, em especial como o

(66) BRAGA, Ruy. A vingança de Braverman: o infotaylorismo como contratempo. In: ANTUNES, Ricardo; BRAGA, Ruy. (org.) *Infoproletários: degradação real do trabalho virtual*. São Paulo: Boitempo, 2009. p. 71.

(67) O emprego do termo mercadorização no contexto empregado busca transmitir a concepção teórica, a partir da dimensão de que o trabalho assume a feição de mercadoria, ou seja, de que vivemos uma nova dimensão de consumo da força de trabalho, não apenas pautada no trabalho formal, mas o surgimento de trabalhadores empregadores de si mesmo, responsáveis por assumir os custos do trabalho (responsabilidade atribuída ao empregador), bem como o de trabalhar. É o caso de inúmeros motoristas por aplicativo, que além de desempenharem a função, são os responsáveis por custear a manutenção do veículo, abastecê-lo e entre outras medidas de conservação para desempenhar a função de motorista.

fenômeno jurídico tem sido impactado pelos recentes processos de expansão do capital. Não compreender esta estreita relação pode comprometer a dimensão da realidade das relações sociais e levar a concepção de que a perspectiva formal do universo jurídico é elemento necessário para a concretização do trabalho digno. Ao se desmitificar o universo jurídico e perceber a influência dos interesses econômicos sobre os sociais, é possível compreender o real tratamento dados aos direitos sociais e como, apesar da existência de valores, há entraves para a concretização da norma que assegure o acesso ao direito fundamental ao trabalho digno.

Isto porque, se os direitos sociais foram fundamentais para o processo de acumulação do capital no passado, atualmente são vistos como vilões do "progresso" econômico, representando custos que oneram o capital e impossibilitam o seu processo de acumulação. O capital dos dias de hoje utiliza da forma estatal para impor à sociedade um padrão de proteção social menor.

Assim, notou-se como a importância da categoria expropriação tem sido utilizada para assegurar a diminuição dos custos do capital. As contrarreformas trabalhistas são manifestação concreta do processo de diminuição da proteção social para atender ao designo do capital. Tanto o Estado como os capitalistas acreditam que a supressão de direitos sociais poderia representar uma retomada da acumulação do capital. No entanto, além de não ser medida efetiva do ponto de vista econômico, atrelado a este movimento é possível notar como o trabalho tem se tornado degradante, impulsionando o crescimento dos índices de adoecimento pelo trabalho.

Neste cenário, além do contínuo processo de desmantelamento do trabalho formal, percebe-se também como o Direito não tem proporcionado proteção para as novas formas de trabalho permeada por novas tecnologias. Acredita-se que a resistência para assegurar a proteção necessária para a classe trabalhadora que emerge no final da segunda década do século XXI reside tanto no exacerbado formalismo do Direito do Trabalho, que assegura a proteção apenas ao trabalho formal (relações de emprego), bem como na crise estrutural que determina a expansão do capital por áreas até então intocadas (como é o caso dos direitos socias).

Por essa razão, concretização do trabalho digno como direito fundamental exige uma [re]construção dos valores axiológicos do sistema, no sentido de concretizar os valores constitucionais em detrimento do contido na legislação ordinária trabalhista, bem como uma atuação revolucionária, haja vista a necessidade de rompimento com os valores econômicos que impossibilitam a concretização dos valores atrelados a dignidade do trabalho, na eterna disputa entre capital e trabalho.

O efeito da expropriação é devastador nas relações de trabalho, em especial em um direito do trabalho cuja expansão interpretativa estava se aproximando do ideal do *Direito fundamental ao trabalho digno*. Inclusive, após dois anos de contrarreforma é possível notar o pouco avanço econômico no país. Por essa razão, não é possível analisar o fenômeno jurídico de redução de proteção social de modo isolado, sem que seja levado em consideração os aspectos econômicos que interferem no mundo do trabalho.

Desta forma, acredita-se que para a implementação do direito fundamental ao trabalho digno seja necessária uma reavaliação do papel contínuo de práticas predatórias de acumulação do capital. Neste ponto, se torna necessário a compreensão das novas formas de extração e exploração da força de trabalho nos dias atuais a fim de revelar o processo alienante e fetichista pelo qual trabalhadores e trabalhadoras passam nestas duas décadas iniciais do século XXI, o que exige a devida proteção social para que o quadro de adoecimento por meio do trabalho não se agrave.

REFERÊNCIAS

ALVES, Giovanni. *Trabalho e subjetividade*: o espírito do Toyotismo na era do capitalismo manipulatório. São Paulo: Boitempo, 2011.

ANTUNES, Ricardo. *Adeus ao trabalho?* Ensaio sobre as metamorfoses e a centralidade do mundo do trabalho. 16. ed. São Paulo: Cortez, 2015.

BRAGA, Ruy. A vingança de Braverman: o infotaylorismo como contratempo. In: ANTUNES, Ricardo; BRAGA, Ruy (org.). *Infoproletários*: degradação real do trabalho virtual. São Paulo: Boitempo, 2009.

BRASIL. *Câmara dos Deputados. Projeto de Lei n. 6.787/2016.* Altera o Decreto-lei n. 5.452, de 1º maio de 1943 – Consolidação das Leis do Trabalho, e a Lei n. 6.019, de 3 de janeiro de 1974, para dispor sobre eleições de representantes dos trabalhadores no local de trabalho sobre trabalho temporário e dá outras providências. Disponível em: <https://www.camara.leg.br/proposicoesWeb/fichadetramitacao?idProposicao=2122076>. Acesso em: 27 nov. 2019.

BRAVERMAN, Harry. *Trabalho e capital monopolista*: a degradação do trabalho no século XX. Rio de Janeiro: Zahar, 1981.

CHESNAIS. François. Mundialização: o capital financeiro no comando. *Revista Outubro*. São Paulo. 02/2001. Ed. 05. p. 07-28. Disponível em: <http://outubrorevista.com.br/wp-content/uploads/2015/02/Revista-Outubro-Edic%CC%-A7a%CC%83o-5-Artigo-02.pdf>. Acesso em: 18 nov. 2019.

______. *A mundialização do capital*. São Paulo: Xamã, 1996.

DIAS, Valéria de Oliveira. *A dimensão socioambiental do direito fundamental ao trabalho digno*: uma análise a partir do assédio organizacional nos bancos do Distrito Federal. São Paulo: LTr, 2020 (no prelo).

DELGADO, Gabriela Neves. *Direito fundamental ao trabalho digno*. São Paulo: LTr, 2006.

FONTES, Virgínia. *O Brasil e o capital imperialismo*: teoria e história. 2. ed. Rio de Janeiro: EPSJV/Editora UFRJ, 2010.

HARVEY, David. *O novo imperialismo*. São Paulo: Edições Loyola, 2004.

MARX, Karl. *O capital*: crítica da economia política. Livro III: o processo global da produção capitalista. São Paulo: Boitempo, 2017.

______. *Manuscritos econômico-filosóficos*. São Paulo: Boitempo, 2010.

MÉSZÁROS, István. *A crise estrutural do capital*. 2. ed. São Paulo: Boitempo, 2011.

MOTA, Ana Elizabete. Expropriações contemporâneas: hipóteses e reflexões. In: BOSCHETTI, Ivanete. *Expropriação e direitos no capitalismo*. São Paulo: Cortez, 2018.

PACHUKANIS, Evguiéni B. *Teoria geral do direito e marxismo*. São Paulo: Boitempo editorial, 2016. E-book Kindle.

OIT – Organização Internacional do Trabalho. Kit de ferramentas para integrar o emprego e o trabalho digno. Genebra: Bureau Internacional do Trabalho, 2007. Disponível em: <https://www.ilo.org/wcmsp5/groups/public/---europe/---ro-geneva/---ilo-lisbon/docume-nts/genericdocum-ent/wcms_666203.pdf>. Acesso em: 20 nov. 2019.

SARLET, Ingo Wolfgang. *Dignidade da pessoa humana e direitos fundamentais na Constituição Federal de 1988*. 3. ed. Porto Alegre: Livraria do Advogado, 2004.

Capítulo 5

As Metamorfoses do Trabalho Digno na 4ª Revolução Industrial

Maria Cristina Irigoyen Peduzzi(1)

Lara Parreira Borges Maciel de Oliveira(2)

Resumo: A dignidade da pessoa humana é condição a ser reconhecida na vida em comunidade e juridicamente pela Constituição da República. Através do reconhecimento dessa condição como necessária a todo indivíduo, o trabalho constitucionalmente protegido também ganha essa qualificação. Entretanto, as antigas proteções jurídicas já não são capazes de atender às novas demandas da 4ª Revolução Industrial e às inovações dos novos modos de produção através das plataformas virtuais, do trabalho remoto e da economia *on demand*. Na busca pelo equilíbrio entre o trabalho digno e o valor social da livre-iniciativa, o Direito Constitucional passa a ser a baliza normativa necessária para que as transformações tecnológicas avancem sem que seja suprimida a dignidade no e pelo trabalho.

Palavras-chave: Trabalho digno. 4ª Revolução Industrial. Plataformas virtuais. Livre iniciativa. Tecnologia.

Abstract: The dignity of the human person is a condition to be recognized in community life and legally by the Constitution of the Republic. By recognizing the condition of dignity as necessary for every individual, constitutionally protected work also gains this qualification. However, the old legal protections are no longer able to meet the new demands of the 4th Industrial Revolution and the innovations of new modes of production through virtual platforms and remote work. In the search for the balance between decent work and the social value of free enterprise, Constitutional Law becomes the necessary normative beacon for technological changes to advance without the suppression of dignity in and through work.

Keywords: Decent work. 4th Industrial Revolution. Virtual platforms. Free enterprise. Technology.

1. INTRODUÇÃO

A revolução tecnológica vem transformando de forma rápida e surpreendente as relações de trabalho e as formas de organização e gestão da produção, tornando obsoletas as legislações produzidas nos contextos do fordismo, taylorismo e toyotismo.

Na tentativa de garantir segurança jurídica e regulamentação ao trabalho que é realizado por meio de plataformas virtuais e empresas de tecnologia, o Direito do Trabalho encontra como demanda urgente sua reinvenção, para que não perca sua eficácia.

Essa demanda para o Direito do Trabalho é ainda mais desafiadora por estar inserta em uma moldura constitucional de primazia da dignidade da pessoa humana, como pilar do Estado Democrático de Direito Brasileiro.

Assim, o conceito de trabalho digno passa por diversas metamorfoses à medida que as próprias formas de produzir são transformadas. A única constante em meio a tantas mudanças é o princípio da dignidade da pessoa humana, interpretado no atual momento histórico a partir do reconhecimento de cada ser humano por parte da comunidade.

---

(1) Ministra Presidente do Tribunal Superior do Trabalho e do Conselho Superior da Justiça do Trabalho (TST/CSJT). Bacharel e Mestre em Direito, Estado e Constituição pela Universidade de Brasília (UnB). Presidente Honorária da Academia Brasileira de Direito do Trabalho. Ex-Conselheira do CNJ.

(2) Assessora de Ministra do Tribunal Superior do Trabalho. Bacharel e Mestre em Direito, Estado e Constituição pela Universidade de Brasília (UnB). Pesquisadora integrante do Grupo de Pesquisa Trabalho, Constituição e Cidadania (UnB/CNPq).

2. A DIGNIDADE DA PESSOA HUMANA E O TRABALHO NA 4ª REVOLUÇÃO INDUSTRIAL: DIÁLOGOS ENTRE A PROTEÇÃO E AS TRANSFORMAÇÕES TECNOLÓGICAS

Zygmund Bauman apresenta a ideia de que os direitos humanos precisam de um reconhecimento comunitário para serem efetivamente garantidos.(3) Nesse sentido, ele explica:

> É da natureza dos 'direitos humanos' que, embora se destinem ao gozo em separado (significam, afinal, o direito a ter a diferença reconhecida e a continuar diferente sem temor a reprimendas ou punição), tenham que ser obtidos através de uma luta coletiva, e só possam ser garantidos coletivamente.(4)

Dentre os direitos humanos, o principal deles é a dignidade da pessoa humana. No âmbito nacional, estão positivados no texto constitucional na forma de direitos fundamentais.

É importante destacar que o direito constitucional contemporâneo tem o princípio da dignidade da pessoa humana como norteador dos direitos humanos e da valorização do cidadão.(5)

A dignidade humana é definida por Jürgen Habermas como "aquela 'intangibilidade' que só pode ter um significado nas relações interpessoais de reconhecimento recíproco e no relacionamento igualitário entre as pessoas".(6) Para o filósofo alemão, a dignidade não é algo inato ao ser humano, mas depende do reconhecimento que advém da vida em sociedade, das relações sociais.(7)

Essa concepção da dignidade pode ser considerada compatível com a premissa do direito como integridade defendida por Ronald Dworkin. Isso porque o direito como integridade é norteado pela noção de igual consideração e respeito, ou seja, pela necessidade de um reconhecimento da igualdade do outro em um nível comunitário.(8)

A dignidade é reconhecida em concreto por meio do exercício da cidadania em uma concepção hegeliana, como explica Sarlet:

> Uma noção de dignidade centrada na ideia de eticidade (instância que sintetiza o concreto e o universal, assim como o individual e o comunitário), de tal sorte que o ser humano não nasce digno – já que Hegel refuta uma concepção estritamente ontológica da dignidade –, mas torna-se digno a partir do momento em que assume sua condição de cidadão.(9)

Considerando essa definição de dignidade humana é possível compreender a sua positivação constitucional como fundamento da República brasileira. Caso a dignidade humana fosse puramente inata e não dependesse do reconhecimento social, a Constituição teria palavras inúteis. Assim, o constitucionalismo alça a dignidade da pessoa humana ao patamar de direito fundamental a ser reconhecido e efetivado por meio da cidadania.

> A ideia de cidadania, assim, inaugura um aspecto fundamental envolvendo a dignidade da pessoa humana: vincula seu conceito às bases de um constitucionalismo que se reconstrói com base na participação popular em torno dos direitos. Ao mesmo tempo, mostra que a ideia de dignidade da pessoa humana, ao se ligar ao constitucionalismo e à ideia de cidadania, perde, de pouco em pouco, essa noção de um valor *a priori* e passa a poder ser visto como uma construção histórica que está ligada ao próprio desenvolvimento do constitucionalismo.(10)

A dignidade da pessoa humana materializa-se por meio da atribuição de direitos ao indivíduo através da ordem constitucional.(11) Para fazer uma leitura ade-

---

(3) BAUMAN, Zygmunt. *Comunidade*: a busca por segurança no mundo atual. Trad.: Plínio Dentizien. Rio de Janeiro: Zahar, 2003. p. 71.

(4) *Idem, ibidem*.

(5) PEDUZZI, Maria Cristina Irigoyen. *O princípio da dignidade da pessoa humana na perspectiva do direito como integridade*. São Paulo: LTr, 2009. p. 33.

(6) HABERMAS, Jürgen. *O futuro da natureza humana*. Tradução: Karina Jannini. São Paulo: Martins Fontes, 2010. p. 47.

(7) *Idem, ibidem*.

(8) PEDUZZI, Maria Cristina Irigoyen. *O princípio da dignidade da pessoa humana na perspectiva do direito como integridade*. São Paulo: LTr, 2009. p. 62.

(9) SARLET, Ingo Wolfgang. *Dignidade da pessoa humana e direitos fundamentais na Constituição Federal de 1988*. 5. ed. Porto Alegre: Livraria do Advogado, 2007. p. 37.

(10) PEDUZZI, Maria Cristina Irigoyen. *O princípio da dignidade da pessoa humana na perspectiva do direito como integridade*. *Op. cit.*, p. 22.

(11) *Idem*, p. 23.

quada do princípio da dignidade da pessoa humana, é necessário compreender que "a própria Constituição e seus direitos fundamentais foram sendo interpretados ao longo dos diversos paradigmas constitucionais, em especial, o Estado de Direito, o Estado Social e o Estado Democrático de Direito".(12)

A Constituição de 1988 coloca como pilar do Estado Democrático de Direito brasileiro a dignidade da pessoa humana em seu primeiro artigo, inciso III, e logo em seguida acrescenta como fundamentos da República os valores sociais do trabalho e da livre-iniciativa no inciso IV.

No Estado Democrático de Direito em que se funda a República Federativa do Brasil, o princípio da dignidade da pessoa humana deve ser compreendido, "simultaneamente, no seu aspecto limitativo de ações do Estado e da própria comunidade e como implementador de direitos que estabeleceu".(13)

Desse modo, é possível observar a importância que o poder constituinte originário conferiu à dignidade e ao trabalho, alçando ambos à condição de fundamentos da República brasileira.

Além disso, a Carta de 1988 fundou a ordem econômica na valorização do trabalho por meio da redação do *caput* do art. 170, e na observância da busca pelo pleno emprego (art. 170, VIII, da CR/88).

O Constituinte decidiu positivar de forma expressa a dignidade humana e vinculá-la ao valor social do trabalho em diversos dispositivos do texto constitucional, produzindo uma coerência sistemática em torno do trabalho digno.

No conceito constitucional de trabalho digno, verificam-se de forma mais concreta a proteção contra a automação (art. 7º, XXVII, da CR/88); a não discriminação entre o trabalho técnico, manual ou intelectual (art. 7º, XXXII, da CR); e a proteção ao trabalho avulso em igualdade de condições com o trabalho com vínculo (art. 7º, XXXIV, CR/88), como direitos que buscam resguardar o trabalho frente às demandas das inovações tecnológicas.

As revoluções tecnológicas produzem como consequência inevitável no curto e médio prazo um certo índice de desemprego em razão da substituição de mão de obra humana por máquinas e tecnologias, sem o tempo hábil para que esses trabalhadores consigam requalificar-se para se reposicionarem no mercado de trabalho. Em todos os momentos históricos marcados pelas mais diversas revoluções industriais, a sociedade passou por isso e sentiu os efeitos da tecnologia na modernização das formas de se produzir e trabalhar.

Ao tratar do desemprego, Louis Pinto define-o como um fato que "isola os indivíduos por um tempo indefinido, e faz desmoronar as expectativas: além da diminuição da renda, invalida as aspirações sobre o futuro, que anula ou desvaloriza grande parte das possibilidades criadas com a situação profissional anterior".(14)

O Prof. Harari, que está na vitrine, analisa que, no entanto, "seria loucura bloquear a automação em campos como o do transporte e o da saúde só para proteger empregos humanos. Afinal, o que deveríamos proteger são os humanos – não os empregos"(15).

Assim, o grande desafio que as revoluções industriais impõem é a busca pelo equilíbrio entre a proteção ao trabalho daqueles que ainda não aperfeiçoaram sua qualificação técnica para um padrão mais avançado e o desenvolvimento de novas tecnologias promovidas pela livre-iniciativa.

Em uma moldura jurídico-constitucional de proteção ao trabalho em condições dignas, surgem os novos modos de produção e trabalho da 4ª Revolução Industrial. As transformações do sistema produtivo alteram completamente a forma como o trabalho até então era realizado e reconhecido e promovem mudanças no conceito de condições dignas.

Nesse contexto de profundas metamorfoses, o Direito Constitucional e o Direito do Trabalho precisam passar por uma releitura de forma a garantir vida digna ainda que os modos de produzir e de lidar com o trabalho sejam alterados.

3. A 4ª REVOLUÇÃO INDUSTRIAL E NOVOS MODOS DE PRODUÇÃO E ORGANIZAÇÃO DO TRABALHO

Desde os primórdios, o trabalho humano vem sofrendo transformações. A cada período histórico, o ser humano é capaz de aperfeiçoar seus instrumentos de trabalho e desenvolver novas formas de criar e transformar a realidade em que vive.

(12) PEDUZZI, Maria Cristina Irigoyen. *O princípio da dignidade da pessoa humana na perspectiva do direito como integridade. Op. cit.*, p. 24.

(13) *Idem*, p. 32.

(14) PINTO, Louis. Carreiras destruídas. In: BOURDIEU, Pierre et al (coord.). *A miséria do mundo*. Petrópolis: Editora Vozes, 2012. p. 467.

(15) HARARI, Yuval Noah. *21 lições para o século 21*. Tradução: Paulo Geiger. São Paulo: Companhia das Letras. 2018. 6ª reimpressão, p. 46.

Para Nelson Mannrich, primeiro os animais foram substituídos pela máquina e hoje os homens estão sendo substituídos pela tecnologia, ao ponto de que até "os dispositivos eletrônicos estão substituindo a inteligência do homem".[16]

Adrián Signes explica que o ludismo foi um movimento que demonstrou a reação dos trabalhadores ao medo de serem substituídos pelas máquinas e perderem seus empregos.[17] Nos dias atuais, os trabalhadores ainda vivem o dilema de serem substituídos por tecnologias mais baratas e ágeis, e, por isso, perderem suas funções e renda.[18]

A economia passa a ter um caráter disruptivo, ou seja, torna obsoletas várias práticas consolidadas de trabalho e cria novas formas de negócio.[19]

A 3ª Revolução Industrial, denominada Revolução Técnico-Científico-Informacional e iniciada na década de 1950, foi marcada pelo uso da internet e demais tecnologias digitais desenvolvidas inicialmente para fins militares e depois socializadas para os mais diversos meios produtivos.[20]

Em 1987, o filósofo austro-francês André Gorz escreveu sobre o fim do proletariado no bojo da 3ª Revolução Industrial, por enxergar nesse contexto histórico a tecnologia produzida na Segunda Guerra Mundial sendo utilizada pelos agentes privados para substituir o trabalho humano.

Fortemente impressionado pela força avassaladora da tecnologia, André Gorz escreveu obra intitulada "Adeus ao proletariado" por estar convencido de que a 3ª Revolução Industrial colocaria fim ao trabalho humano assalariado. Nesse sentido, elaborou:

> A abolição do trabalho é um processo em curso e que parece acelerar-se. Para cada um dos três principais países industrializados da Europa Ocidental, institutos independentes de previsão econômica estimaram que a automação irá suprimir, no espaço de dez anos, entre quatro e cinco milhões de empregos, a menos que haja uma revisão profunda da duração do trabalho, das finalidades da atividade e de sua natureza.[21]

No fim do século XX, André Gorz observava na automação o fim do emprego, na medida em que o crescimento promovido pelo avanço da tecnologia extinguia sistematicamente postos de trabalho.[22]

A 3ª Revolução Industrial foi concluída e superada pela 4ª Revolução Industrial. Como se pode observar nessas décadas de transição entre uma revolução e a outra, o trabalho humano não foi extinto, a automação não foi capaz de dispensar integralmente os assalariados, não houve um definitivo "adeus ao proletariado".

Essa mesma constatação é feita pelo historiador Yuval Noah Harari, ao afirmar que "os temores de que a automação causará desemprego massivo remontam ao século XIX, e até agora nunca se materializaram".[23] Entretanto, ele faz uma ressalva:

> Desde o início da Revolução Industrial, para cada emprego perdido para uma máquina pelo menos um novo emprego foi criado, e o padrão de vida médio subiu consideravelmente. Mas há boas razões para pensar que desta vez é diferente, e que o aprendizado de máquina será um fator real que mudará o jogo.[24]

Atualmente, mais de 30 anos após as análises de André Gorz e já no contexto da 4ª Revolução Industrial, surge a mesma preocupação com as novas tecnologias, o trabalho via plataformas virtuais e as mudanças promovidas na forma de gestão e organização do trabalho. Será o fim do trabalho? O desemprego irá crescer com a extinção de postos de trabalho pelo uso da tecnologia? Como se define trabalho digno na realidade da 4ª Revolução Industrial?

O planeta todo vem passando por transformações no mundo do trabalho em virtude da Quarta Revolução Industrial, o que tem gerado a substituição de mão de

(16) MANNRICH, Nelson. Futuro do Direito do Trabalho, no Brasil e no Mundo. In: *Revista LTr*, v. 81, n. 11, nov. 2017, p. 1287-1300, p. 1292.

(17) SIGNES, Adrián Todolí. *El trabajo em la era de la economia colaborativa*: la classificación jurídica de trabajadores y autónomos y los efectos de la reputación online em la economia de las plataformas virtuales. Valência: Tirant Lo Blanch, 2017. p. 18.

(18) *Idem, ibidem*.

(19) MANNRICH, Nelson. *Futuro do direito do trabalho, no Brasil e no Mundo. Op. cit.*, p. 1292.

(20) SOUSA, Rafaela. Terceira Revolução Industrial; *Brasil Escola*. Disponível em: <https://brasilescola.uol.com.br/geografia/terceira-revolucao-industrial.htm>. Acesso em: 4 dez. 2019.

(21) GORZ, André. *Adeus ao Proletariado – para além do socialismo*. Rio de Janeiro: Forense-Universitária, 1987, p. 11.

(22) *Idem*, p. 161.

(23) HARARI, Yuval Noah. *21 lições para o século 21. Op. cit.*, p. 40.

(24) *Idem, ibidem*.

obra humana por máquinas, levando ao crescimento do desemprego a nível global.[25] Segundo o Relatório do Fórum Econômico Mundial de 2016, até 2020 serão extintos 7,1 milhões de empregos.[26] As maiores habilidades exigidas no mercado de trabalho serão a criatividade, a capacidade de interação social e a competência com os números e o desenvolvimento de tecnologia, que serão exigências para os 2,1 milhões de empregos que serão criados.[27] Observa-se, assim, uma mudança no perfil profissional dos trabalhadores para atender às novas exigências da 4ª Revolução Industrial.

Partindo de uma visão mais otimista, Ricardo Antunes defende que não é o fim do proletariado como proclamado por André Gorz, mas apenas se verifica uma transformação nos modos em que o trabalho é executado.[28] Nesse sentido, explica:

> Os trabalhadores hoje, se não são idênticos aos trabalhadores de meados do século passado, tampouco estão em vias de desaparição como, com diferenciações entre eles, defendem autores como Gorz, Offe, Habermas, e mais recentemente, Dominique Méda, Jeremy Rifkin, entre tantos outros.[29]

Ricardo Antunes entende que hoje os trabalhadores formam "uma classe mais heterogênea, mais complexificada e mais fragmentada", mas não estão em vias de extinção.[30] O que houve foi apenas uma mudança nas características de como o trabalho se coloca na vida das pessoas e não o seu fim propriamente dito.

O Professor Yuval Noah Harari questiona a propósito dos meios de preparação para enfrentar um mundo em transformações sem precedentes e com tantas incertezas:

> – De que tipo de habilidades ele ou ela vai precisar para conseguir um emprego, compreender o que está acontecendo a sua volta e percorrer o labirinto da vida?[31]
>
> ... não temos resposta para essas perguntas. (...) uma vez tendo a tecnologia nos capacitado a projetar e construir corpos, cérebros e mentes, não podemos mais ter certeza de nada – inclusive coisas que antes pareciam ser fixas e eternas.[32]

Segundo a jurista espanhola Henar Cuesta, o que se observa das pesquisas é que os trabalhos menos sujeitos aos impactos da 4ª Revolução Industrial são aqueles que demandam maior qualificação, formação continuada por toda a vida laboral e tempo de estudo acadêmico, razão pela qual não estão sujeitos a serem realizados por máquinas e softwares, requerendo ainda a mão de obra humana.[33]

A 4ª Revolução Industrial exige trabalhadores com qualificação multidisciplinar, em constante aperfeiçoamento e aprendizado, com habilidades nas áreas de engenharia, matemática, artes, tecnologia e ciências, além de possuírem a habilidade de se amoldarem às necessidades e às mudanças das demandas do mercado.[34]

Em 15 anos, a contar de 2015, a previsão é de que 5 milhões de vagas de emprego sejam extintas, apesar de a evolução tecnológica e a mudança dos meios de produção poderem gerar US$ 14,2 bilhões na economia mundial[35], segundo a Consultora Accenture.[36]

Até atividades tipicamente intelectuais, mas marcadas pela repetitividade serão realizadas por máquinas e, em profissões tradicionais nos setores de vendas,

(25) RONCATI, João; SILVA, Mhileizer T. A.; MADEIRA, Felipe. *O desafio dos empregos na Quarta Revolução Industrial (Capítulo 3)*. In: Coord. Elcio B Silva, Maria L. R. p. D. Scoton, Eduardo M. Dias, Sérgio L. Pereira. *Automação e sociedade*: quarta revolução industrial, um olhar para o Brasil. Rio de Janeiro: Brasport, 2018. p. 212.

(26) *Idem*, p. 213.

(27) *Idem, ibidem*.

(28) ANTUNES, Ricardo. *Os sentidos do trabalho*: ensaio sobre a afirmação e negação do trabalho. 2. ed. São Paulo: Editora Boitempo, 2009. p. 194.

(29) *Idem, ibidem*.

(30) *Idem*, p. 199.

(31) HARARI, Yuval Noah. *21 lições para o século 21. Op. cit.*, p. 319.

(32) *Idem*, p. 319 e 320.

(33) CUESTA, Henar Álvarez. *El futuro del trabajo vs. El trabajo del futuro. Implicaciones laborales de la industria 4.0.* Coruña: Editorail Colex, 2017. p. 121.

(34) *Idem*, p. 123-125.

(35) RONCATI, João; SILVA, Mhileizer T. A.; MADEIRA, Felipe. *O desafio dos empregos na Quarta Revolução Industrial (Capítulo 3). Op. cit.*, p. 213.

(36) BRASIL, Notícia G1. *O que é a 4ª Revolução Industrial e como ela deve afetar nossas vidas.* Publicada em 22.10.2016. Disponível em: <http://g1.globo.com/economia/negocios/noticia/2016/10/o-que-e-a-4a-revolucao-industrial-e-como-ela-deve-afetar-nossas-vidas.html>. Acesso em: 11 jun. 2019.

transportes, administração, os trabalhadores serão substituídos por softwares e robôs.[37]

A criatividade e as habilidades de interação social serão as principais características a serem valorizadas nos novos postos de trabalho.[38]

Assim, num mundo em que, Yuval Noah Harari adverte, "a longo prazo, nenhuma atividade permanecerá totalmente imune à automação"[39], "a perda de muitos trabalhos tradicionais, da arte aos serviços de saúde, será parcialmente compensada pela criação de novos trabalhos humanos"[40], pelo que "em vez de os humanos competirem com a IA, poderiam concentrar-se nos serviços à IA e na sua alavancagem"[41].

Segundo estudo do Fórum Econômico Mundial realizado em 2016, a boa notícia é que muitos empregos em vez de serem extintos serão apenas deslocados para outras atividades.[42]

O inevitável, preconiza Yuval Noah Harari, é que esses novos empregos, "provavelmente exigirão altos níveis de especialização, e não resolverão, portanto, os problemas dos trabalhadores não qualificados que estão desempregados".[43]

Ainda não há uma orientação clara a nível mundial de como os países irão organizar políticas públicas para suavizar essa transição sem gerar um caos de desemprego, ou mesmo garantir uma igualdade de gênero no mundo do trabalho, uma vez que as atividades que envolvem tecnologia e as profissões de engenharia terão destaque e são as que possuem um menor percentual de mulheres atuando.[44]

Nelson Manrrich elenca atividades descritas por Christophe Degreyse e outros estudiosos como aquelas que irão desaparecer com as novas tecnologias e as que possuem baixo risco de serem substituídas pela automação. Dentre as atividades em que humanos serão substituídos por máquinas e pela tecnologia podem ser citadas: "trabalhos de escritório (secretárias, auxiliares, administrativos); vendas e comércio em geral, transporte e logística, setores da indústria de manufatura e construção civil tradicional, alguns serviços financeiros, de tradução e consultoria".[45]

Por sua vez, dentre as atividades que apresentam baixo risco de serem automatizadas, há dois grupos: um grupo de tarefas de alto nível e outro de baixo nível; entre as tarefas de alto nível estão a análise de dados, a engenharia e a construção de dados, software, networking, inteligência artificial, negócios digitais, e-commerce; já entre as tarefas de baixo nível encontram-se a alimentação de dados, dirigir por aplicativo como Uber, reparos domésticos e cuidado de animais.[46]

Os empregados estão sendo substituídos por trabalhadores autônomos independentes em um processo em que o vínculo de emprego cada vez mais se torna obsoleto e se perde para dar lugar a um modelo de contratação em que plataformas na internet conectam os trabalhadores a consumidores, sem um vínculo formal ou qualquer estabilidade.[47]

Os novos modos de produção demandados pela 4ª Revolução Industrial criaram um tipo de trabalhador denominado "nômade", que se caracteriza pelas habilidades de trabalhar com todo tipo de pessoa, em diversas habilidades e funções, em qualquer lugar e independentemente do tempo em que é feita a demanda.[48]

Um exemplo é a página da internet *iStockphoto* que coloca em contato fotógrafos profissionais e amadores com consumidores de fotografias e permite assim a compra e venda das imagens.[49]

---

(37) RONCATI, João; SILVA, Mhileizer T. A.; MADEIRA, Felipe. *O desafio dos empregos na Quarta Revolução Industrial (Capítulo 3). Op. cit.*, p. 214.

(38) *Idem*, p. 215.

(39) HARARI, Yuval Noah. *21 lições para o século 21. Op. cit.*, p. 47.

(40) *Idem*, p. 51.

(41) *Idem, ibidem.*

(42) RONCATI, João; SILVA, Mhileizer T. A.; MADEIRA, Felipe. *O desafio dos empregos na Quarta Revolução Industrial (Capítulo 3). Op. cit.*, p. 216-217.

(43) HARARI, Yuval Noah. *21 lições para o século 21. Op. cit.*, p. 52.

(44) RONCATI, João; SILVA, Mhileizer T. A.; MADEIRA, Felipe. *O desafio dos empregos na Quarta Revolução Industrial (Capítulo 3). Op. cit.*, p. 218-219.

(45) MANNRICH, Nelson. *Futuro do direito do trabalho, no Brasil e no Mundo. Op. cit.*, p. 1295.

(46) *Idem, ibidem.*

(47) SIGNES, Adrián Todolí. *El trabajo em la era de la economia colaborativa*: la classificación jurídica de trabajadores y autónomos y los efectos de la reputación online em la economia de las plataformas virtuales. Valência: Tirant Lo Blanch, 2017. p. 19-20.

(48) CUESTA, Henar Álvarez. *El futuro del trabajo vs. El trabajo del futuro. Implicaciones laborales de la industria 4.0.* Coruña: Editorail Colex, 2017. p. 129.

(49) SIGNES, Adrián Todolí. *El trabajo em la era de la economia colaborativa:* la classificación jurídica de trabajadores y autónomos y los efectos de la reputación online em la economia de las plataformas virtuales. *Op. cit.*, p. 20.

O novo modelo econômico é denominado de *on demand economy* ou economia sob demanda, que se define pela oferta via internet de serviços pelos mais diversos trabalhadores sem vínculo de emprego ou contrato de trabalho formal aos mais diversos tipos de consumidores ou tomadores de serviços.(50) Coloca-se o consumidor em contato direto com o prestador do serviço, como particulares em igualdade de condições para negociar e contratar através de uma plataforma virtual.(51)

Dentre os modos de organização da economia sob demanda, podem ser citadas: a) *crowdsourcing on-line*; b) *crowdsourcing off-line*; c) *crowdsourcing* genérico; e d) *crowdsourcing* específico.(52)

Adrián Signes define o *crowdsourcing* como a transferência de "uma prestação de um serviço, tradicionalmente realizado por um trabalhador, para uma descentralização para um grupo indefinido e, normalmente, grande de pessoas na forma de uma convocação pública" (tradução livre).(53) A plataforma na web que lança a demanda e a conecta com a oferta acaba por ganhar um percentual do valor contratado entre o consumidor e o prestador de serviços, isso vale tanto para serviços puramente virtuais, quanto para atividades que precisam ser realizadas presencialmente.(54)

Outro ponto que gera dificuldade para o trabalhador no sistema de *crowdsourcing* é que os serviços que possuem demanda e oferta a nível global geram uma concorrência complexa para os trabalhadores que vivem em países com leis trabalhistas mais rígidas, ao passo que serviços com demanda e oferta apenas a nível local apresentam menor concorrência para os trabalhadores.(55)

Crowdwork on-line é aquele em que uma plataforma on-line coloca oferta em publicidade para que a procura/demanda a encontre; os donos da plataforma estabelecem termos de responsabilidade tanto para os prestadores de serviços, quanto para os consumidores, para regular o trabalho que não é prestado em um local físico específico, mas no ciberespaço.(56) O *crowdwork on-line* gera a remuneração do trabalho por "peça ou tarefa", uma vez que não importa o tempo gasto na execução do serviço, remunera-se o resultado.(57)

Existe também a possibilidade de o *crowdwork* ser disposto na forma de concurso, ou seja, o consumidor ou a empresa fazem uma chamada pública e irá remunerar apenas aquele que oferecer o serviço ou produto primeiro que os demais.(58)

O modelo de *crowdwork* utiliza-se de plataformas cibernéticas para colocar em contato as empresas com os prestadores de serviços, sem que as empresas precisem contratar empregados e pagar por tempo à disposição não produtivo.(59) Adrián Signes entende que a flexibilidade é levada ao extremo nessa forma de organização do trabalho.(60)

Um exemplo de *crowdsourcing on-line* é a Amazon Mechanical Turk, em que a Amazon não estabelece vínculo de emprego com os prestadores de serviços e ainda pode descadastrar o prestador que não cumprir alguns requisitos estabelecidos com base em avaliações das empresas ou pessoas que demandaram o serviço sem que haja uma reciprocidade para que o prestador de serviço possa avaliar o demandante de sua tarefa e sem que ele tenha condições de ser ressarcido pelos gastos que já empenhou na tarefa.(61)

Assim, a plataforma exerce controle sobre os trabalhadores, mas não se responsabiliza de nenhuma forma por garantir uma proteção ao trabalho desses prestadores de serviços na relação com o tomador do serviço ou tarefa.(62) Adrián Signes entende que esse tipo de organização do trabalho gera um desnível muito grande entre o trabalhador e o consumidor, retirando todas

(50) SIGNES, Adrián Todolí. *El trabajo em la era de la economia colaborativa:* la classificación jurídica de trabajadores y autónomos y los efectos de la reputación online em la economia de las plataformas virtuales. *Op. cit.*, p. 20-21.

(51) *Idem*, p. 21-22.

(52) *Idem*, p. 22.

(53) *Idem, ibidem.*

(54) *Idem, ibidem.*

(55) *Idem*, p. 23.

(56) *Idem*, p. 24.

(57) *Idem*, p. 25.

(58) *Idem, ibidem.*

(59) *Idem*, p. 28.

(60) *Idem, ibidem.*

(61) *Idem*, p. 29.

(62) *Idem, ibidem.*

as proteções e garantias de um trabalho e deixando-o sem nenhuma regulamentação.[63]

O maior problema dessa forma de organizar o trabalho é que o tomador não precisa remunerar o serviço, tampouco devolver a peça ou tarefa se considerar que o trabalho não foi satisfatório, o que deixa o trabalhador em uma situação completamente vulnerável e desprotegida, além de conferir muito poder ao tomador/consumidor.[64]

Por sua vez, o *crowdsourcing off-line* se caracteriza pelo trabalho que é realizado em uma plataforma física, mesmo sendo ofertado de modo virtual.[65]

Observa-se como os modos de produzir mudaram desde o advento da 1ª Revolução Industrial. O trabalho que era necessariamente presencial no estabelecimento do empregador (de forma mais generalizada na fábrica) e mediante um vínculo formal de emprego hoje passou a ser ofertado virtualmente, realizado em qualquer lugar e remunerado apenas seu resultado final sem qualquer necessidade de vínculo empregatício.

4. O TRABALHO EM PLATAFORMAS VIRTUAIS: PONTOS POSITIVOS E NEGATIVOS

Para responder às novas formas de organização do trabalho, as normas jurídicas produzidas com base nos modelos de produção fordista, taylorista e toyotista mostram-se insuficientes e incapazes de garantir regulação compatível com as necessidades da 4ª Revolução Industrial.

Como Nelson Mannrich explica, o Direito do Trabalho encontra-se em crise em razão das mudanças na organização do trabalho por meio do aumento da terceirização, o surgimento do teletrabalho e a necessidade de jornadas mais flexíveis.[66]

O trabalho na 4ª Revolução Industrial não se realiza mais necessariamente no estabelecimento do tomador de serviços, mas principalmente pelo uso de tecnologias em espaços diversos, priorizando-se o virtual em vez de ligações físicas.[67]

Nelson Manrrich prevê que o direito do trabalho irá sofrer adaptações para se amoldar às novas formas de organização do trabalho e às alterações nos elementos que compõem a relação de emprego. Além de um viés mais próximo ao Direito Civil, o Direito do Trabalho adquiriria perspectivas da análise econômica do Direito.[68] A subordinação teria como agente regulador o consumidor e não mais o empregador exclusivamente; os horários rígidos da jornada seriam substituídos por exigências de produtividade.[69]

Adrián Signes externa a preocupação em não se conseguir garantir proteção às novas formas de trabalho advindas com a 4ª Revolução Industrial e entende que o mais efetivo seria a proteção daquele que trabalha em vez de um foco demasiado na forma do trabalho ou no modo de constituição da empresa que intermedeia o trabalho.[70]

O jurista espanhol acredita que uma proposta de normatização nunca dará conta de responder a todas as inovações que a realidade possa trazer e elenca algumas razões que demonstram os obstáculos que uma proposta legislativa encontra nesse contexto: 1) a dificuldade de se classificar e enquadrar as formas de trabalho e as novas relações de trabalho; 2) a incapacidade de uma legislação elencar todos os tipos de atividades, serviços e produtos que podem ser realizados pelos trabalhadores; 3) o excesso de proteção que algumas normas poderiam gerar ao abarcar trabalhadores que não estão em condição de hipossuficiência ou vulnerabilidade que demandem esse tipo de regulação.[71]

Adrián Signes defende que a nova legislação trabalhista deve proteger aqueles trabalhadores que estão em condição de vulnerabilidade diante da impossibilidade de negociar condições de trabalho por não terem margem para alterar cláusulas de um contrato de adesão.[72] Para o jurista espanhol, o problema é que hoje temos uma legislação trabalhista incompatível com os

(63) SIGNES, Adrián Todolí. *El trabajo em la era de la economia colaborativa:* la classificación jurídica de trabajadores y autónomos y los efectos de la reputación online em la economia de las plataformas virtuales. *Op. cit.*, p. 30.

(64) *Idem, ibidem.*

(65) *Idem, ibidem.*

(66) MANNRICH, Nelson. *Futuro do direito do trabalho, no Brasil e no Mundo. Op. cit.*, p. 1289.

(67) *Idem*, p. 1290.

(68) *Idem*, p. 1296.

(69) *Idem*, p. 1297.

(70) SIGNES, Adrián Todolí. *El trabajo em la era de la economia colaborativa:* la classificación jurídica de trabajadores y autónomos y los efectos de la reputación online em la economia de las plataformas virtuales. *Op. cit.*, p. 41-42.

(71) *Idem*, p. 42-43.

(72) *Idem*, p. 44.

novos modos de produção, o que acaba deixando os trabalhadores sem a devida proteção jurídica.[73]

A jurista espanhola Henar Cuesta explica que o problema do trabalho via plataformas virtuais é que aquele prestador de serviços que está oferecendo seu trabalho pela primeira vez não tem ainda nenhuma avaliação de cliente e não há como se prever a qualidade da peça ou serviço que ele irá oferecer, o que dificulta uma previsão para o consumidor.[74] Além disso, não se tem um controle sobre o tempo gasto na realização do trabalho, o que impede o estabelecimento de um salário mínimo.[75]

Considerando a incerteza em todos os aspectos que envolvem o trabalho via plataforma virtual, a doutrina criou a denominação de "precariado colaborativo ou tecnológico" ou "e-precariado" para designar os trabalhadores que prestam serviços nesse novo modelo de produção da *gig-economy*.[76] Nessa nova forma de organização do trabalho, o prestador de serviços muitas vezes é considerado um autônomo, colaborador ou microempreendedor que acaba em um regime de *self-exploitation* (auto-exploração).[77]

Adrián Signes entende que hoje os trabalhadores estão sem poder de negociação perante as plataformas virtuais que divulgam seus serviços, pois só podem aderir integralmente ou negar totalmente sua aceitação, não há possibilidade de alterar nenhuma cláusula.[78] Para o jurista espanhol, a flexibilidade desse novo modo de produção transfere os riscos da atividade para o trabalhador que fica refém da plataforma virtual que disponibiliza seu serviço para os consumidores, deixando o trabalhador sem margem de negociação.[79]

No sistema da economia colaborativa, foram perdidas as referências de salário mínimo e de jornada de trabalho, uma vez que se demanda o resultado, não importando quanto tempo é gasto na execução do serviço ou da peça/tarefa.[80]

As plataformas virtuais também reúnem diversos prestadores de serviços sempre disponíveis para cada trabalho demandado, o que acaba por reduzir o valor que os clientes se dispõem a remunerar, gerando, assim, uma subvalorização econômica de serviços/peças/tarefas, além de não haver qualquer controle sobre as condições de saúde, higiene, segurança e ergonomia em que o trabalho é realizado.[81] Isso faz com que a doutrina enxergue várias vantagens para o tomador de serviços, o qual consegue que sua demanda seja atendida por meio de um trabalho prestado em curto espaço de tempo, a baixo valor e sem ter de se responsabilizar pelas condições em que o serviço é realizado, o que caracteriza uma espécie de "*dumping* digital".[82]

Outra questão que o trabalho via plataforma virtual gera é uma flexibilidade em relação à jornada.

O trabalhador não possui jornada definida, tampouco previsão que o ajude a organizar seu tempo de serviço, de forma que acaba por não separar seus horários de lazer e de dedicação à vida privada do tempo de trabalho, ficando 24 horas por dia disponível para a plataforma virtual, se assim o desejar.[83]

Por outro lado, há aqueles que defendem que essa maior flexibilidade permite uma maior disponibilidade para atender às demandas pessoais e familiares do trabalhador e teria, por isso, um aspecto positivo, na medida em que permite que disponha de seu tempo e o organize como lhe aprouver.[84]

Nesse ponto, cumpre fazer uma retrospectiva histórica para entender de onde surgiu a necessidade de uma regulamentação da jornada de trabalho no contexto da 1ª Revolução Industrial.

A limitação de jornada criada após a 1ª Revolução Industrial teve o papel de garantir maiores oportunidades de emprego, na medida em que limitava o número de horas que cada trabalhador poderia dedicar-se a uma

(73) SIGNES, Adrián Todolí. *El trabajo em la era de la economia colaborativa:* la classificación jurídica de trabajadores y autónomos y los efectos de la reputación online em la economia de las plataformas virtuales. *Op. cit.*, p. 45.

(74) CUESTA, Henar Álvarez. *El futuro del trabajo vs. El trabajo del futuro. Implicaciones laborales de la industria 4.0. Op. cit.*, p. 99-100.

(75) *Idem*, p. 99.

(76) *Idem*, p. 103-104.

(77) *Idem*, p. 104-105.

(78) SIGNES, Adrián Todolí. *El trabajo em la era de la economia colaborativa:* la classificación jurídica de trabajadores y autónomos y los efectos de la reputación online em la economia de las plataformas virtuales. *Op. cit.*, p. 33.

(79) *Idem, ibidem.*

(80) *Idem*, p. 34.

(81) CUESTA, Henar Álvarez. *El futuro del trabajo vs. El trabajo del futuro. Implicaciones laborales de la industria 4.0. Op. cit.*, p. 109.

(82) *Idem, ibidem.*

(83) *Idem*, p. 110-111.

(84) *Idem*, p. 111.

empresa, criando novas vagas para que o serviço continuasse a ser prestado além de sua jornada remunerada.[(85)]

Com a 4ª Revolução Industrial, retorna-se ao dilema da ausência de limitação de jornada da 1ª Revolução Industrial e ao problema do desemprego em massa de milhares de trabalhadores e à necessidade de realizarem várias atividades para diversos tomadores com o objetivo de garantir uma renda mínima para sua sobrevivência e o sustento de sua família.[(86)] Além de gerar um problema de desemprego, a ausência de limitação de jornada acaba por gerar adoecimento dos trabalhadores, que será arcado por toda a sociedade[(87)] tanto via sistema público de saúde, quanto por uma sobrecarga no sistema previdenciário.

Entretanto, na atual realidade da 4ª Revolução Industrial a ausência de jornada fixa também pode ser vista sob o prisma da liberdade do trabalhador poder gerir seu tempo e organizar suas atividades entre a vida profissional e os interesses particulares, sem a rigidez de ter seu tempo totalmente controlado pelo empregador ou tomador do serviço. Na medida em que existe uma jornada fixa estabelecida pelo tomador do serviço ou empregador, o trabalhador tem todo o seu tempo já pré-dividido em horas de trabalho e horas de descanso, sem margem para organizar suas atividades de forma a atender às particularidades de sua vida.

Outra questão envolvendo a jornada e a remuneração consiste no fato de que as plataformas virtuais não garantem a constância da demanda pelo serviço do trabalhador, assim ele não tem a garantia de que no dia seguinte terá trabalho, tampouco remuneração pelo seu serviço, vivendo em permanente inconstância, sem rotina, o que dificulta a organização de sua vida e de seus gastos, refletindo em uma baixa no consumo que irá afetar as demais empresas que oferecem produtos e serviços no mercado.[(88)]

O jurista espanhol Adrián Signes elenca razões pelas quais a ausência de uma parte do salário que seja fixa pode gerar problemas de eficiência econômica para a sociedade como um todo. Dentre essas razões estão: 1) a dificuldade de o trabalhador administrar uma baixa na entrada de receita se comparado a uma empresa, o que reduz o seu consumo que tem efeito cascata no aquecimento do mercado; 2) a contenção de gastos pelo trabalhador e o receio de pegar crédito no mercado financeiro diante da incerteza do valor que irá receber por seu trabalho; 3) o trabalhador precisa se especializar na tarefa ou serviço que irá oferecer e não tem as mesmas condições de diversificar os tipos de trabalho que pode realizar para diluir o risco de sua atividade como uma empresa é capaz de fazer.[(89)] Por isso, Adrián Signes entende que a realidade desses trabalhadores autônomos ou microempresários mais se assemelha a de um empregado subordinado do que a de um empresário de médio porte, o que demanda proteção jurídica ao trabalho desses autônomos e microempreendedores de forma especial.[(90)]

No novo sistema produtivo da 4ª Revolução Industrial, não há remuneração do tempo à disposição, tampouco há uma preocupação de as plataformas virtuais melhorarem as condições de trabalho dos autônomos ou microempresários, uma vez que não se responsabilizam por isso, o que afeta a produtividade e os investimentos em aperfeiçoamento do trabalho.[(91)]

Por outro lado, garante-se uma maior autonomia criativa por parte dos autônomos e microempresários para organizar a forma como produzem ou prestam serviços. Retira-se, assim, a rigidez de um sistema produtivo imposto pelo empregador ou tomador do serviço que muitas vezes não tem plena ciência ou domínio das etapas da fabricação do produto ou desenvolvimento do serviço, e transfere-se ao prestador essa prerrogativa, por ser o agente mais apto a determinar o melhor modo de aperfeiçoar as formas de trabalho.

Mais uma peculiaridade deste sistema de trabalho é a exigência de exclusividade por parte de uma plataforma virtual impedindo o trabalhador de divulgar sua reputação em outros espaços em que possa oferecer seu trabalho ou serviço.[(92)] Como explica Henar Cuesta, não há uma "portabilidade" da reputação do prestador de serviços de uma plataforma virtual para outra.[(93)]

---

(85) SIGNES, Adrián Todolí. *El trabajo em la era de la economia* colaborativa: la classificación jurídica de trabajadores y autónomos y los efectos de la reputación online em la economia de las plataformas virtuales. *Op. cit.*, p. 35.

(86) *Idem, ibidem.*

(87) *Idem*, p. 36.

(88) *Idem*, p. 35.

(89) *Idem*, p. 38.

(90) *Idem*, p. 39.

(91) *Idem*, p. 37.

(92) CUESTA, Henar Álvarez. *El futuro del trabajo vs. El trabajo del futuro. Implicaciones laborales de la industria 4.0. Op. cit.*, p. 113.

(93) *Idem*, p. 114.

No modelo de *crowdwork*, o controle de qualidade do trabalho é feito pelo próprio consumidor daquele serviço/tarefa/peça, que poderá rejeitar o resultado e não remunerar o trabalhador por isso.[94] Essa recusa em aceitar o resultado do trabalho acarreta para o trabalhador uma avaliação tão negativa que pode implicar a sua exclusão da plataforma virtual sem qualquer tipo de indenização ou aviso prévio, ou mesmo na dificuldade de conseguir novos trabalhos nesse meio digital.[95]

Além desses pontos, é importante ressaltar que as pessoas que não sabem operar instrumentos tecnológicos estão automaticamente excluídas do mercado de trabalho proporcionado pelas plataformas virtuais e aplicativos.[96]

Outro recorte que é feito trata da presença majoritária de mulheres em condições de trabalho mais precárias, sem regulação de jornada e com funções intermediárias ou menos qualificadas, inclusive em países mais desenvolvidos, como é o caso da Grã-Bretanha.[97]

Um aspecto considerado positivo do uso das plataformas virtuais é a possibilidade de levar oportunidades de emprego a pessoas pobres e em situação de vulnerabilidade em razão do baixo custo operacional.[98] Em regra, esses trabalhadores são pessoas jovens. Na Espanha, o recorte etário mostra que a maioria dos trabalhadores que se habilita em plataformas virtuais possui menos de 35 anos de idade.[99]

A depender do tipo de plataforma virtual utilizada para colocar clientes e trabalhadores em contato, é possível observar nas novas formas de produção e organização do trabalho algumas vantagens que o modelo tradicional da relação de emprego regida pela CLT não é capaz de proporcionar.

Tanto os Estados Unidos, quanto a Grã-Bretanha criaram uma categoria intermediária entre o trabalhador autônomo e o empregado para oferecer algumas garantias aos trabalhadores que prestam serviços por meio de plataformas virtuais.[100]

Dentre as vantagens que podem ser elencadas encontramos o maior acesso à oferta de trabalho remunerado. Isso porque o trabalhador tem através da plataforma virtual contato com uma diversidade de demandas por seu serviço, sem o ônus de ter que passar por diversas entrevistas ou mesmo distribuir seu currículo em vários estabelecimentos empresariais.

Outro benefício do trabalho via plataforma virtual é a possibilidade de maior remuneração, uma vez que permite ao trabalhador gerenciar o volume de produção a que se deseja submeter para assim aumentar sua renda.

Além disso, a forma como o trabalho é organizado via plataformas virtuais permite que o trabalhador tenha maior autonomia para recusar um serviço específico, uma vez que está ausente a subordinação jurídica em relação ao processo produtivo. Ou seja, o trabalhador tem liberdade para não se submeter a todo tipo de demanda que surge, podendo escolher em quais demandas deseja investir seu tempo e suas habilidades e quais serviços deseja realizar. Ao passo que em uma relação de emprego formal, o empregado está subordinado juridicamente ao empregador, tendo o dever de prestar todo tipo de serviço demandado que se encontre no escopo daquele contrato de emprego. O empregado sujeita-se a prestar todos os serviços a que estiver contratualmente obrigado, não havendo margem para recusar uma tarefa nos estritos termos da legalidade.

Mais um préstimo do trabalho intermediado por uma plataforma virtual é a garantia de maior liberdade para organizar o processo produtivo, bem como a distribuição do tempo que o trabalhador pode dedicar-se à sua vida pessoal. Nesse modo de organização do trabalho, não há uma ingerência por parte do tomador do serviço nos métodos de produção, ou mesmo na organização do tempo de trabalho. A preocupação do consumidor daquele serviço ou produto reside unicamente no resultado. Assim, o trabalhador acaba dispondo de liberdade para gerir sua vida com mais autonomia e independência, sem se subordinar ao controle rígido típico de uma relação de emprego.

Assim, é possível constatar vantagens e desvantagens advindas das novas condições de trabalho da 4ª Revolução Industrial. Cada vantagem ou desvantagem irá depender muito da peculiaridade do serviço ou tarefa realizada, da capacidade de negociação do trabalhador, bem como do nível de instrução e especialização do prestador de serviços.

(94) CUESTA, Henar Álvarez. *El futuro del trabajo vs. El trabajo del futuro. Implicaciones laborales de la industria 4.0. Op. cit.*, p. 115.
(95) *Idem*, p. 115-116.
(96) *Idem*, p. 117.
(97) *Idem, ibidem.*
(98) *Idem*, p. 119.
(99) *Idem, ibidem.*
(100) *Idem*, p. 91.

Não cabe fazer uma afirmação genérica e peremptória sobre um caráter unívoco da 4ª Revolução Industrial. Cabe aos estudiosos do Direito analisar as novas formas de produção e reconhecer seus avanços e retrocessos para a organização do trabalho e buscar meios para regular cada peculiaridade das inovações que surgem a cada novo momento.

5. ANÁLISE DE CASO: APLICATIVO DE TRANSPORTE UBER

A economia colaborativa que se baseia no uso de uma plataforma virtual para colocar em contato prestadores de serviços com respectivos clientes tem gerado muitos casos judiciais em todo o mundo.(101)

A primeira questão que se coloca é se a plataforma virtual é uma empresa de tecnologia ou uma empresa de um serviço específico.

Para a legislação espanhola, se a plataforma apenas colocar em contato os prestadores de serviços com os consumidores sem estabelecer qualquer condição ou interferência na forma da prestação do serviço ou da organização do trabalho, o trabalhador será um mero autônomo sem qualquer vínculo com a plataforma virtual e esta será considerada apenas uma empresa de tecnologia.(102) Por sua vez, se a plataforma interferir no modo de produção e na organização do trabalho, restará configurado o vínculo de trabalho com a empresa.(103)

Dentre as mais diversas plataformas existentes na realidade contemporânea a nível global, pode-se citar o aplicativo de transporte conhecido como Uber.

O Advogado Geral do Tribunal de Justiça da União Europeia entende que o tipo de relação existente entre o aplicativo Uber e os seus motoristas não é de mera plataforma virtual que disponibiliza o serviço de transporte a consumidores interessados e, para justificar, elenca os seguintes motivos: 1) o Uber estabelece condições para o motorista cadastrar-se no aplicativo; 2) remunera o transporte realizado a clientes do aplicativo; 3) faz um controle de qualidade sobre o serviço prestado através de avaliações que os clientes registram no aplicativo sobre cada motorista; 4) fixa o valor da corrida de acordo com determinados contextos e localidades.(104)

Para o Advogado Geral, não se trata de uma mera plataforma que divulga um serviço, mas de um aplicativo que organiza o trabalho, sua forma de prestação, remuneração e faz toda uma gestão dos prestadores do serviço.(105)

De igual modo, a Corte Distrital dos Estados Unidos entendeu que o Uber intervém na prestação de serviços a ponto de descaracterizar sua qualificação como mera empresa de tecnologia.(106)

Além da discussão sobre a espécie em que se enquadra, o aplicativo de transporte Uber passou a ser um exemplo de plataforma que parece ter encontrado um equilíbrio para garantir que serão ouvidas tanto a voz do prestador de serviços, quanto a do consumidor.

No modelo do aplicativo Uber, tanto o motorista avalia o passageiro, quanto o passageiro avalia o motorista, para que o aplicativo possa descredenciar da plataforma tanto um motorista ruim, quanto um passageiro intolerável. Não há, assim, a preponderância do consumidor sobre o trabalhador, tampouco um massacre do trabalhador por uma avaliação unilateral. Verifica-se um certo equilíbrio de forças, diverso do que se observa em outras plataformas da Amazon, por exemplo.

O Uber passou de aplicativo proibido a plataforma de transporte mais utilizada no Reino Unido nos últimos anos. Em setembro de 2017, a agência reguladora *Transport of London* cassou a licença concedida ao Uber para o transporte privado de passageiros, por motivos de segurança pública, em razão da forma como o aplicativo dificultava o acesso de autoridades estatais ao *software* e à sua forma de operação em relação aos motoristas.(107) O problema surgiu pela judicialização do conflito entre o aplicativo Uber e o transporte de passageiros por táxi movido pela própria agência *Transport of London*.(108)

A questão toda cingia-se a demonstrar que os motoristas de Uber não atendiam aos mesmos requisitos e exigências que os motoristas de táxi precisam cumprir

---

(101) CUESTA, Henar Álvarez. *El futuro del trabajo vs. El trabajo del futuro. Implicaciones laborales de la industria 4.0. Op. cit.*, p. 79 e 84.

(102) *Idem*, p. 88.

(103) *Idem, ibidem.*

(104) *Idem*, p. 82.

(105) *Idem, ibidem.*

(106) *Idem*, p. 82-83.

(107) BRASIL. *Consultor Jurídico*. Uber é proibido em Londres por inaptidão para o transporte de passageiros. Notícia divulgada em 22 de setembro de 2017. Disponível em: <https://www.conjur.com.br/2017-set-22/uber-proibido-londres-inaptidao-transporte>. Acesso em: 6 jun. 2019.

(108) *Idem, ibidem.*

segundo a legislação local, o que gera uma desvantagem competitiva e até um desnível de tratamento legal a agentes que realizam a mesma atividade.[(109)]

Em 2018, o aplicativo Uber conseguiu uma licença de 15 meses para funcionar legalmente em Londres, após ter atendido às exigências da agência *Transport of London*.[(110)]

Outra questão seria o tipo de relação de trabalho existente entre os motoristas e o aplicativo Uber, a qual foi solucionada pela Inglaterra em julho de 2016 reconhecendo vínculo de emprego entre eles.[(111)]

Em 2017, o Tribunal de Justiça da União Europeia entendeu que o aplicativo Uber não é uma mera plataforma tecnológica que viabiliza o contato entre motoristas e passageiros, mas é uma empresa de transportes que precisa que seus motoristas tenham licença similar a de um motorista de táxi, para evitar a concorrência desleal com taxistas.[(112)]

No Brasil, no começo de 2017, um juiz da 33ª Vara do Trabalho de Minas Gerais reconheceu vínculo de emprego entre um motorista e o aplicativo Uber[(113)].

Entretanto, o Eg. TRT da 3ª Região reformou a sentença para afastar o vínculo de emprego ante a inexistência de subordinação jurídica e pessoalidade na relação entre o motorista e o aplicativo Uber.[(114)] A Corte da 3ª Região entendeu que a **pessoalidade** estava descaracterizada na relação entre motorista-passageiro, o que seria suficiente para afastar esse elemento fático-jurídico da relação de emprego. Além disso, ressaltou que para cada veículo seria possível cadastrar mais de um motorista: um principal e um auxiliar, podendo qualquer dos dois realizar o serviço de transporte via aplicativo. Afastou a **subordinação** ao acatar a tese de que o cadastramento do motorista na plataforma mediante apresentação de documentos seria para cumprir finalidade de segurança dos passageiros e não para controle de uma relação empregatícia; além do que o motorista tinha plena liberdade para recusar passageiros ou mesmo desligar o aplicativo para não receber mais demandas de corridas, sem que isso implicasse qualquer sanção. Também entendeu que a subordinação não estaria caracterizada nas orientações sobre como os passageiros deveriam ser tratados, uma vez que nenhuma delas tinha caráter obrigatório ou sanção correspondente caso fosse descumprida. Desse modo, concluiu pela inexistência de vínculo de emprego entre o aplicativo Uber e o motorista reclamante.

Depois dessa decisão, foram proferidos outros julgados advindos de outras demandas pelo Eg. TRT da 3ª Região afastando o vínculo de emprego entre o aplicativo Uber e o motorista, por reconhecer que não estava presente a subordinação, elemento fático-jurídico necessário.[(115)]

O Eg. TRT da 2ª Região também proferiu decisões descaracterizando o vínculo de emprego por **ausência de subordinação** e por verificar que era uma relação de trabalho marcada pela **autonomia do motorista**.[(116)]

No mesmo sentido, foi o entendimento proferido pela **C. 8ª Turma do Tribunal Superior do Trabalho** em janeiro do presente ano (2019), ao negar provimento ao Agravo de Instrumento, mantendo o entendimento de que não há vínculo de emprego em razão da **autonomia na prestação dos serviços pelo motorista via aplicativo Uber**. Veja-se:

> AGRAVO DE INSTRUMENTO EM RECURSO DE REVISTA. **MOTORISTA DE APLICATIVO. AUTONOMIA NA PRESTAÇÃO DOS SERVIÇOS. VÍNCULO EMPREGATÍCIO NÃO CONFIGURADO. O Tribunal Regional consignou que os elementos dos autos demonstram autonomia do reclamante na prestação dos serviços, especialmente pela ausência de prova robusta acerca da subordinação jurídica.** Ademais, restando incontroverso nos autos que, "pelos serviços prestados aos usuários, o **motorista do UBER**, como o reclamante aufere 75% do total bruto arrecadado como remuneração, enquanto que a quantia equivalente a

(109) BRASIL. *Consultor Jurídico*. Uber é proibido em Londres por inaptidão para o transporte de passageiros. Notícia divulgada em 22 de setembro de 2017. Disponível em: <https://www.conjur.com.br/2017-set-22/uber-proibido-londres-inaptidao-transporte>. Acesso em: 6 jun. 2019.

(110) BRASIL. *Estadão*. Após nove meses, Uber consegue licença para operar em Londres. Notícia publicada em: 26 jun. 2018. Disponível em: <https://link.estadao.com.br/noticias/empresas,uber-consegue-licenca-para-operar-em-londres,70002369958>. Acesso em: 6 jun. 2019.

(111) BRASIL. *Consultor Jurídico*. Uber é proibido em Londres por inaptidão para o transporte de passageiros. *Op. cit.*

(112) BRASIL, El país. União Europeia endurece regulação do serviço do Uber. Publicado em 20/12/2017. Disponível em: <https://brasil.elpais.com/brasil/2017/12/20/economia/1513755526_225314.html>. Acesso em: 6 jun. 2019.

(113) Processo RTOrd n. 0011359-34.2016.5.03.0112 – sentença proferida em 13 de fevereiro de 2017.

(114) BRASIL. *Consultor Jurídico*. TRT reforma decisão da "uberização" e desconhece vínculo de emprego. Notícia divulgada em 26 de maio de 2017. Disponível em: <https://www.conjur.com.br/2017-mai-26/trt-reforma-decisao-uberizacao-desconhece-vinculo-emprego>. Acesso em: 6 jun. 2019.

(115) Podem ser citados os seguintes processos: RO-10789-32.2017.5.03.0106; RO-11421-33.2017.5.03.0179; RO-10586-27.2017.5.03.0185.

(116) Podem ser mencionados os seguintes julgados: RO-1001240-51.2017.5.02.0027; RO-10010851-13.2017.5.02.0071.

25% era destinada à reclamada (petição inicial – item 27 – id. 47af69d), como pagamento pelo fornecimento do aplicativo", ressaltou o Tribunal Regional que, "pelo critério utilizado na divisão dos valores arrecadados, a situação se aproxima mais de um regime de parceria, mediante o qual **o reclamante utilizava a plataforma digital disponibilizada pela reclamada, em troca da destinação de um percentual relevante,** calculado sobre a quantia efetivamente auferida com os serviços prestados". Óbice da Súmula n. 126 do TST. Incólumes os arts. 1º, III e IV, da Constituição Federal e 2º, 3º e 6º, parágrafo único, da CLT. Agravo de instrumento conhecido e não provido. (AIRR – 11199-47.2017.5.03.0185, Relatora Ministra: Dora Maria da Costa, Data de Julgamento: 18.12.2018, 8ª Turma, Data de Publicação: DEJT 31.01.2019 – grifos acrescidos)

Assim, no caso do aplicativo Uber, a jurisprudência brasileira tem se firmado no sentido de não reconhecer o vínculo de emprego entre a plataforma virtual e o prestador de serviços.

6. A REFORMA TRABALHISTA E A 4ª REVOLUÇÃO INDUSTRIAL

Adrián Signes explica que os trabalhadores na 4ª Revolução Industrial caracterizam sua relação com os tomadores de seus serviços pela ausência de subordinação e por sua autonomia, o que os diferenciaria de empregados tradicionais.(117) Nessa nova forma de organização do trabalho, não há mais um controle dos procedimentos, mas o foco é o resultado do trabalho.(118)

A reforma trabalhista pela qual o Brasil passou foi em certa medida tímida se comparada à revolução tecnológica pela qual as relações de trabalho têm passado nos últimos anos.

Pelos institutos positivados pelas Leis ns. 13.429/2017 e 13.467/2017, é possível observar que o legislador brasileiro regulamentou regimes e condições de trabalho há muito tempo já consolidadas no mundo da vida, mas que no ordenamento jurídico brasileiro ainda não estavam detalhadamente normatizadas, como é o caso do teletrabalho.

Entretanto, naquilo que ainda está em desenvolvimento em relação às novas formas de gestão e organização dos serviços, principalmente o trabalho via plataformas virtuais, a reforma trabalhista não procedeu a uma normatização jurídica prospectiva.

Alguns dos institutos implementados ou alterados pela Reforma Trabalhista que buscaram adequar a legislação brasileira à revolução tecnológica pela qual as relações de trabalho passam são: teletrabalho (arts. 75-A a 75-E da CLT), trabalho autônomo (art. 442-B da CLT), trabalho intermitente (art. 243 da CLT), terceirização (art. 4º-A da Lei n. 6.019/1974), ampliação do prazo do contrato de trabalho temporário (Lei n. 6.019/1974), flexibilização do intervalo intrajornada (art. 611-A, III, da CLT) e retirada da exigência de autorização ministerial para prorrogação de jornada em condição insalubre quando houver negociação coletiva (art. 611-A, XIII, da CLT) ou regime 12x36 (art. 60, parágrafo único, da CLT).

7. CONCLUSÃO

As novas formas de organização do trabalho tornaram obsoletas diversas habilidades profissionais e alavancaram tantas outras capacidades como essenciais, assim a criatividade, a desenvoltura para lidar com a tecnologia, a matemática, as ciências, as artes. A tecnologia substitui diariamente diversos profissionais e acaba por extinguir diversos postos de trabalho formais.

A tecnologia, que na 3ª Revolução Industrial substituía primordialmente a mão de obra humana que produzia bens materiais tangíveis, a partir da 4ª Revolução Industrial avança ainda mais para garantir que a inteligência artificial consiga realizar serviços e atividades imateriais, diminuindo de forma mais eficiente a necessidade de seres humanos no processo produtivo.

O Professor Yuval Noah Harari explica que os seres humanos possuem habilidades físicas e intelectuais; as primeiras revoluções industriais colocaram as máquinas para substituir o trabalho humano físico e atualmente a Revolução 4.0 tem usado a inteligência artificial para realizar o trabalho humano intelectual.(119)

No mundo todo, os governos buscam regulamentar as inovadoras formas de gestão do trabalho, muitas vezes utilizando-se de legislações produzidas em modelos de produção típicos do século XX com o objetivo de preservar a dignidade da pessoa humana, mas sem qualquer controle para impedir a extinção de milhares de postos de trabalho.

A grande questão que se coloca é como os países irão lidar no médio e longo prazo com o problema social que os desempregados geram por serem forças

(117) SIGNES, Adrián Todolí. *El trabajo em la era de la economia colaborativa*: la classificación jurídica de trabajadores y autónomos y los efectos de la reputación online em la economia de las plataformas virtuales. *Op. cit.*, p. 31.

(118) *Idem, ibidem.*

(119) HARARI, Yuval Noah. *21 lições para o século 21*. *Op. cit.*, p. 41.

inativas na economia que não possuem condições de se reposicionarem no mercado de trabalho, tampouco de fomentar o consumo.

Uma das propostas para solucionar a extinção de milhares de empregos ao redor do mundo é o estabelecimento de uma renda básica mínima a partir da taxação de robôs e inteligência artificial, com o objetivo de se garantir a subsistência daqueles de quem não se exige mais trabalho.(120)

Nesse sentido, a jurista espanhola Henar Cuesta coloca como solução para os problemas do desemprego e da pobreza criados pelos novos modos de produção da 4ª Revolução Industrial a renda mínima universal, para garantir uma quantia pecuniária que proporcione a sobrevivência, o poder de negociação para realizar tarefas remuneradas e a vida digna daqueles que não possuem capacidade para lidar com as novas tecnologias e meios digitais, ou não têm condições para se aperfeiçoar, tendo em vista que o trabalho que sabem realizar passou a ser produzido por máquinas com inteligência artificial.(121) A fonte para financiar essa renda mínima universal poderia vir da cotização ou tributação de robôs que tiraram o emprego dessas pessoas.(122)

Nesse sentido, o historiador Yuval Noah Harari preconiza que o desemprego oriundo da extinção de postos de trabalho pela atual revolução tecnológica pode ser solucionado tanto pela renda básica universal, quanto pelo que ele chama de "serviços básicos universais", que consistiriam em serviços de saúde, educação, transporte oferecidos pelo Estado de forma igual a todos os indivíduos com o objetivo de garantir sua sobrevivência digna.(123)

Para Harari, mais do que preservar empregos formais de profissões que conhecemos hoje, é essencial garantir a manutenção de ocupações que não podem ser substituídas pela tecnologia – como o cuidado de bebês e idosos, a dedicação a rituais religiosos, entre outras tarefas que hoje não são reconhecidas formalmente como profissões – de forma a preservar o sentido de existir para cada ser humano.(124) Nesse sentido, o historiador explica:

> Para lidar com as rupturas tecnológicas e econômicas inéditas do século XXI, precisamos desenvolver novos modelos sociais e econômicos o quanto antes. Esses modelos deveriam ser orientados pelo princípio de que é preciso proteger humanos e não os empregos. Muitos empregos são uma faina pouco recompensadora, que não vale a pena salvar.(125)

O grande desafio do Brasil e dos demais países é criar normas jurídicas capazes de responder às novas formas de organização do trabalho, sem que se iniba com isso as inovações tecnológicas e a modernização própria dos novos modos de produção, mas ao mesmo tempo garanta a recolocação digna no mercado de trabalho daqueles que tiveram seus postos substituídos pelas máquinas.

A questão é complexa. As mudanças são velozes. O investimento em educação, em tecnologia, em capacitação dos trabalhadores para atender às novas demandas são alternativas capazes de dignificar o homem e de inseri-lo no mercado, que o Professor Harari considera possível de se caracterizar "pela cooperação, e não pela competição, entre humanos e IA"(126).

Já para as profissões e empregos que são e serão extintos nos próximos anos e décadas, estarão presentes alternativas que talvez nos dias de hoje ainda não podemos imaginar. Por fim, o professor Harari conclui:

> Se conseguirmos combinar uma rede de segurança econômica universal com comunidades fortes e ocupações dotadas de sentido, perder nossos empregos para os algoritmos pode na verdade mostrar-se uma bênção.(127)

Mais do que empregos formais ou profissões tradicionais, os seres humanos precisam de trabalho digno e este pode ser encontrado nas mais diversas ocupações e tarefas que requerem o que nenhum algoritmo ou tecnologia consegue produzir: humanidade. O trabalho ainda sofrerá incontáveis metamorfoses, a única constante a ser almejada nessa caminhada de transformações é a dignidade humana, sem a qual a vida perde todo e qualquer sentido e beleza.

---

(120) RONCATI, João; SILVA, Mhileizer T. A.; MADEIRA, Felipe. *O desafio dos empregos na Quarta Revolução Industrial (Capítulo 3). Op. cit.*, p. 219.

(121) CUESTA, Henar Álvarez. *El futuro del trabajo vs. El trabajo del futuro. Implicaciones laborales de la industria 4.0. Op. cit.*, p. 134-135.

(122) *Idem*, p. 138-139.

(123) HARARI, Yuval Noah. *21 lições para o século 21. Op. cit.*, p. 62.

(124) *Idem*, p. 62 e 68.

(125) *Idem*, p. 62.

(126) *Idem*, p. 52.

(127) *Idem*, p. 68.

REFERÊNCIAS

ANTUNES, Ricardo. *Os sentidos do trabalho*: ensaio sobre a afirmação e negação do trabalho. 2. ed. São Paulo: Editora Boitempo, 2009.

BAUMAN, Zygmunt. *Comunidade*: a busca por segurança no mundo atual. Trad.: Plínio Dentizien. Rio de Janeiro: Zahar, 2003.

BRASIL. *Consultor Jurídico*. Uber é proibido em Londres por inaptidão para o transporte de passageiros. Notícia divulgada em 22 de setembro de 2017. Disponível em: <https://www.conjur.com.br/2017-set-22/uber-proibido-londres-inaptidao-transporte>. Acesso em: 6 jun. 2019.

BRASIL. *Consultor Jurídico*. TRT reforma decisão da "uberização" e desconhece vínculo de emprego. Notícia divulgada em 26 de maio de 2017. Disponível em: <https://www.conjur.com.br/2017-mai-26/trt-reforma-decisao-uberizacao-desconhece-vinculo-emprego>. Acesso em: 6 jun. 2019.

BRASIL. *El país*. União Europeia endurece regulação do serviço do Uber. Publicado em 20 dez. 2017. Disponível em: <https://brasil.elpais.com/brasil/2017/12/20/economia/1513755526_225314.html>. Acesso em: 6 jun. 2019.

BRASIL. *Estadão*. Após nove meses, Uber consegue licença para operar em Londres. Notícia publicada em: 26 jun. 2018. Disponível em: <https://link.estadao.com.br/noticias/empresas,uber-consegue-licenca-para-operar-em-londres,70002369958>. Acesso em: 6 jun. 2019.

BRASIL. *Notícia G1*. O que é a 4ª Revolução Industrial e como ela deve afetar nossas vidas. Publicada em: 22 out. 2016. Disponível em: <http://g1.globo.com/economia/negocios/noticia/2016/10/o-que-e-a-4a-revolucao-industrial-e-como-ela-deve-afetar-nossas-vidas.html>. Acesso em: 11 jun. 2019.

CUESTA, Henar Álvarez. *El futuro del trabajo vs. El trabajo del futuro. Implicaciones laborales de la industria 4.0*. Coruña: Editorail Colex, 2017.

GORZ, André. *Adeus ao Proletariado – para além do socialismo*. Rio de Janeiro: Forense-Universitária, 1987.

HABERMAS, Jürgen. *O futuro da natureza humana*. Tradução: Karina Jannini. São Paulo: Martins Fontes, 2010.

HARARI, Yuval Noah. *21 lições para o século 21*. Tradução: Paulo Geiger. São Paulo: Companhia das Letras, 2018. 6ª reimpressão.

MANNRICH, Nelson. Futuro do direito do trabalho, no Brasil e no Mundo. In: *Revista LTr*, v. 81, n. 11, novembro de 2017, p. 1287-1300.

PEDUZZI, Maria Cristina Irigoyen. *O princípio da dignidade da pessoa humana na perspectiva do direito como integridade*. São Paulo: LTr, 2009.

PINTO, Louis. Carreiras destruídas. In: BOURDIEU, Pierre et al (coord.). *A miséria do mundo*. Petrópolis: Editora Vozes, 2012.

RONCATI, João; SILVA, Mhileizer T. A.; MADEIRA, Felipe. O Desafio dos Empregos na Quarta Revolução Industrial (Capítulo 3). In: Coord. Elcio B Silva, Maria L. R. p. D. Scoton, Eduardo M. Dias, Sérgio L. Pereira. *Automação e sociedade*: quarta revolução industrial, um olhar para o Brasil. Rio de Janeiro: Brasport, 2018.

SARLET, Ingo Wolfgang. *Dignidade da pessoa humana e direitos fundamentais na Constituição Federal de 1988*. 5. ed. Porto Alegre: Livraria do Advogado, 2007.

SIGNES, Adrián Todolí. *El trabajo en la era de la economia colaborativa*: la classificación jurídica de trabajadores y autónomos y los efectos de la reputación online en la economia de las plataformas virtuales. Valência: Tirant Lo Blanch, 2017.

SOUSA, Rafaela. Terceira Revolução Industrial. *Brasil Escola*. Disponível em: <https://brasilescola.uol.com.br/geografia/terceira-revolucao-industrial.htm>. Acesso em: 4 dez. 2019.

Capítulo 6

Caminhos para o Novo Direito do Trabalho: Desmistificando Falácias

Luiz Philippe Vieira de Mello Filho[(1)]
Renata Queiroz Dutra[(2)]

Resumo: Esse artigo reúne reflexões sobre as transformações no mundo do trabalho, impulsionadas pelas novas revoluções tecnológicas, e seus impactos na oferta de empregos e nas condições laborais, de modo a desafiar o direito do trabalho. Compreendendo ser imprescindível situar os impactos da tecnologia a partir dos usos que dela são feitos em cada momento histórico, a discussão considera o avanço do neoliberalismo, das políticas de austeridade e o novo lugar conferido ao direito do trabalho por essa racionalidade, e lastreia-se na relação entre reformas neoliberais e nível de emprego, pretendendo desmistificar algumas premissas e formular possibilidades reconstrutivas capazes de dialogar com os marcos do direito fundamental ao trabalho digno.

Palavras-chave: Quarta Revolução Tecnológica. Neoliberalismo. Desemprego. Trabalho Digno.

Abstract: This paper presents reflections on the changes in labor world, stimulated by the new technological revolutions and its impact on the job offers and work conditions, in order to challenge Labor Law. As it is crucial to situate the impacts of technology taking in consideration the uses made of it in each historical moment, this discussion considers the advances of neoliberalism, policies of austerity and the new place attributed to labor law by these ideas. It also considers the relation between neoliberal reforms and the level of employment, aiming to demystify some premises and formulate new possibilities able to dialogue with the fundamental labor laws for decent work.

Keywords: Forth Technological Revolution. Neoliberalism. Unemployment. Decent Work.

> *"Será preciso reafirmar em el futuro la idea de que el único titular de derechos es el hombre y que el Capital, que no es sino 'las cosas', tiene como destino satisfacer sus necessidades; los hombres tenemos derecho a las cosas y al Capital y el mínimo de este derecho habrá de ser nuestras necesidades"*
>
> (Mario De La Cueva, Prólogo da III Edição de *Derecho Mexicano Del Trabajo*, 1949)

1. INTRODUÇÃO

O objetivo desse artigo é refletir sobre como as transformações no mundo do trabalho, impulsionadas pelas novas revoluções tecnológicas, impactam a oferta de empregos e as condições laborais, de modo a desafiar o direito do trabalho e, sobretudo, a perspectiva axiológica do direito fundamental ao trabalho digno.

Iniciaremos esse percurso refletindo sobre a relação entre trabalho e reestruturações produtivas, a partir de adventos tecnológicos, de modo a procurar nas experiências reais extraídas da história, e não em suposições

(1) Ministro do Tribunal Superior do Trabalho e Ex-Diretor da ENAMAT.

(2) Doutora e Mestra em Direito, Estado e Constituição pela Universidade de Brasília (UnB). Professora Adjunta da Faculdade de Direito da UnB. Pesquisadora integrante dos Grupos de Pesquisa Transformações do Trabalho, Democracia e Proteção Social (UFBA/CNPq); Trabalho, Precarização e Resistência (UFBA/CNPq) e Trabalho, Constituição e Cidadania (UnB/CNPq).

hipotéticas, possibilidades de projeção para o contexto atual, sobretudo no que toca à 4ª Revolução Tecnológica.

Compreendendo ser imprescindível situar os impactos da tecnologia a partir dos usos que dela são feitos em cada momento histórico, a discussão necessariamente toca o avanço do neoliberalismo, das políticas de austeridade e o novo lugar conferido ao direito do trabalho por essa racionalidade[(3)]. Analisaremos, nessa perspectiva, a relação entre as reformas neoliberais e o nível de emprego, pretendendo desmistificar algumas premissas.

Por fim, sem creditar falácias, nos propomos a pensar, sim, um novo papel para o direito do trabalho em face do contexto atual do capitalismo. Essa reformulação, todavia, embora deva dialogar com a realidade das relações de produção, não é determinada de forma unívoca e inexorável pelas razões do mercado. Por essa razão, serão formuladas possibilidades reconstrutivas capazes de dialogar com os marcos do direito fundamental ao trabalho digno[(4)].

O ensaio se encerra pela apresentação de considerações finais, pretendendo colocar no horizonte exatamente aquilo que vem sendo diuturnamente negado pela razão neoliberal: a existência de alternativas, notadamente alternativas que se voltem para a dignidade humana e para o reforço dos pactos democráticos e civilizatórios.

2. O TRABALHO NA HISTÓRIA: AVANÇOS TECNOLÓGICOS E ADAPTAÇÕES

A história do capitalismo e, sobretudo, do modelo de trabalho livre e assalariado por ele engendrado, remonta à Revolução Industrial. Esse advento, além de implicar a modificação dos padrões de produção, multiplicando os resultados por meio da produção em massa, também implicou a formação de uma classe assalariada e a imposição, a esse grupo social, de um novo ritmo de trabalho e de vida: o ritmo da máquina. A velocidade produtiva passa a ser ditada pela fábrica e seu ritmo, como pontua Selma Venco[(5)], logo passa a ser o ritmo da vida: a industrialização modificou a relação do homem com o tempo, alterando o ritmo da vida e da sociabilidade ao apresentar como novo capataz o apito da fábrica e seu movimento desumano.

No desenvolvimento do capitalismo, a Revolução industrial se situa como apenas um primeiro marco de transformação tecnológica com impactos sobre a força de trabalho. Sucedem esse momento da criação da máquina a vapor, a segunda revolução industrial, marcada pela utilização da energia elétrica, dos combustíveis minerais e dos recursos hidrelétricos; e a terceira revolução industrial, situada no final da década de 1970 e identificada com a informática, a robótica e o desenvolvimento das telecomunicações. Mais recentemente, fala-se de uma quarta revolução tecnológica, que remonta ao momento presente, com a radicalização das conquistas da revolução anterior e possibilidades de transformação dos modos de viver e trabalhar ainda mais intensas.

Todas essas revoluções têm em comum o fato de terem sido forjadas no bojo da lógica do sistema produtivo capitalista e de terem, em sua implantação, imposto transformações nas relações de trabalho que aprofundavam aquela que é a característica permanente sistema econômico vigente: a exploração do trabalho. Também é comum a esses eventos históricos terem sido recebidos com preocupação pela sociedade – sobretudo pela grande massa que vive do seu próprio trabalho – e, igualmente, foi comum a manipulação dessa fragilidade social em torno das novas técnicas em favor da atribuição de significados profundos, ameaçadores e até mesmo fatalistas às novas realidades tecnológicas, muitas vezes apresentadas como moeda de troca imperativa em relação às novas formas de regulação pública do trabalho. Vejamos.

Começando pela primeira Revolução Industrial, é interessante pensar a "confusão" histórica muitas vezes estabelecida entre a produção industrial e as condições degradantes da classe trabalhadora nessa fase histórica, tratada não de forma materialista como constatação de como efetivamente se deram os fatos nessa experiência histórica, mas como experiência inexorável, que não poderia ter se concretizado em modelos distintos.

Há uma narrativa histórica dominante que identifica que as primeiras mobilizações de trabalhadores contra a exploração do seu labor direcionaram contra a máquina suas insatisfações: o movimento ludista ficou conhecido historicamente enquanto ato de resistência obreira materializado na destruição dos instrumentos inanimados que supostamente recrudesceriam suas condições de vida e trabalho.

A narrativa é capciosa. Primeiro, porque coloca os trabalhadores e suas mobilizações em posição regres-

(3) DARDOT, Pierre; LAVAL, Christian. *A nova razão do mundo*: ensaio sobre a sociedade neoliberal. São Paulo: Boitempo, 2016.

(4) DELGADO, Gabriela Neves. *Direito fundamental ao trabalho digno*. São Paulo: LTr, 2015.

(5) VENCO, Selma Borghi. *As engrenagens do telemarketing*: vida e trabalho na contemporaneidade. Campinas, SP: Arte Escrita, 2009. p. 81-89.

siva: supostamente, lutavam contra o inexorável avanço tecnológico, numa batalha inútil e pouco afeita aos progressos alavancados pela nova tecnologia para o bem-estar geral; segundo, porque falseia a amplitude desse movimento e a consistência de suas pautas, imputando aos trabalhadores uma certa infantilidade de leitura da conjuntura socioeconômica.

A leitura atenta de Eric Hobsbawm, em sentido oposto, vai demonstrar a existência de duas vertentes de movimentos de quebras de máquinas no alvorecer da classe operária inglesa(6).

De acordo com Hobsbawm, para um primeiro tipo, inexistia hostilidade específica contra o maquinário. Primeiro, porque a prática de destruição de máquinas como forma de pressionar o patronato não se iniciara na indústria, mas já se dirigia contra o maquinário agrícola muito antes. Segundo, o autor destaca que a prática não era voltada apenas às máquinas, mas a tudo aquilo que o empregador possuía, como matérias-primas, produtos acabados ou mesmo sua propriedade privada. Por fim, as reivindicações desse grupo não se dirigiam ao fim do uso das máquinas, mas, notadamente, à melhoria dos salários e de outras condições de trabalho, fazendo uso da estratégia radical de enfrentamento como mecanismo de pressão contra empregadores – estratégia que Hobsbawm denomina de uma espécie de "negociação coletiva através da arruaça". Tal estratégia ainda veio a ser utilizada por tecelões e mineiros, com pautas variadas e estranhas à hostilidade contra máquinas(7).

O segundo tipo, já situado durante o período de avanço da Revolução Industrial, é historicamente narrado como de efetiva hostilidade dos trabalhadores às máquinas, sobretudo àquelas que substituíam força de trabalho humana. Mesmo com relação a esse segundo momento, vale a pontuação de Hobsbawm:

> Contudo, três observações devem ser feitas. Primeiro, esta hostilidade não era nem tão indiscriminada nem tão específica como se tem presumido muitas vezes. Segundo, com exceções locais ou regionais, ela foi surpreendentemente fraca na prática. Finalmente, ela de maneira alguma se restringiu aos trabalhadores, mas foi partilhada pela grande massa da opinião pública, inclusive muitos industriais(8).

Explica Hobsbawm que a hostilidade se desdobrava em preocupações com manutenção do emprego, do padrão de vida, dos salários, mas também com valores como liberdade e dignidade. Em síntese, se dirigiam os luddistas contra o papel que as máquinas ocupavam no enredo mais complexo de transformação total das relações sociais de produção. E ressalva o historiador inglês: "Inversamente, quando a mudança não trazia absolutamente desvantagem aos trabalhadores, não encontramos nenhuma hostilidade especial contra as máquinas"(9).

Portanto, a luta não se dava propriamente contra a máquina ou contra o progresso técnico, mas **pelo** trabalho. Nesse sentido, as preocupações que aconteceram em 1810 não eram muito diferentes daquelas de 1960, como pontua Hobsbawm(10).

Relevante observar, nessa esteira, que, enquanto o capitalismo oferecia como bloco inseparável os adventos da tecnologia e da intensificação/degradação do trabalho, os trabalhadores, sem necessariamente recusar o aspecto tecnológico, insurgiam-se contra o atrelamento impositivo dessas duas realidades contraditórias. E, por vezes, o fizeram destruindo máquinas.

É importante observar que, muito embora a Revolução Industrial tenha produzido, muito rapidamente, um incremento da capacidade de produzir e gerar riquezas sem precedentes, o que marca essa fase histórica para a classe trabalhadora é justamente o processo de degradação, precariedade e miséria que o incremento tecnológico colocado a serviço desse modelo exploratório, sem peias, ocasionou. As tecnologias da revolução industrial precisaram da acoplagem de outras tecnologias sociais, como o Direito do Trabalho e a regulação estatal, para que não engendrassem a destruição da força de trabalho humana. Nesse sentido, aponta a construção de Karl Polanyi e a própria narrativa histórica do direito do trabalho, que se apresentou, sobremaneira, como um instrumento de conservação social face as ebulições sociais que a miséria, a desigualdade e a superexploração ativaram nesse período.

(6) HOBSBAWM, Eric. J. *Os trabalhadores*: estudo sobre a história do operariado. Tradução de Marina Leão Teixeira Viriato de Medeiros. São Paulo: Paz e Terra, 2000. p. 21-24.

(7) *Idem*, p. 21-24.

(8) *Idem*, p. 23.

(9) *Idem*, p. 24.

(10) *Ibidem*.

A passagem histórica específica do luddismo, como sinaliza o Hobsbawm, encontra laivos de repetição em outros momentos históricos do capitalismo, sendo atravessados, todos eles, por uma conveniente confusão entre o que seriam os efeitos da tecnologia a serviço de uma agenda político-ideológica e o que seria a tecnologia propriamente dita.

Evidentemente, os avanços tecnológicos margeiam a história da humanidade, de forma mais ou menos intensa em cada contexto e modo de produção, e, sobretudo no capitalismo, tem íntima relação com os cenários de crise: a inventividade fomenta a superação das crises cíclicas e coloca no horizonte novas formas de produzir e acumular. Como pondera Aglietta, os modos de acumulação e de regulação se acoplam e reacoplam, impingindo mudanças nos modos de trabalhar e viver, a cada tensionamento crítico do capitalismo[11]. Isso aconteceu na transição do fordismo para o pós-fordismo e, como observa Antunes, tende a aparecer no momento contemporâneo, como uma reestruturação produtiva dentro da reestruturação produtiva em curso[12]. É dizer: a mudança nos modos de acumulação, que envolvem destacadamente as modificações tecnológicas, tendem a provocar ajustes na esfera da regulação, ainda que tais ajustes não decorram da tecnologia intrinsecamente, mas de um modo de funcionar específico do modo capitalista de produção.

Se a primeira revolução industrial foi marcada pela máquina a vapor e por seus profundos impactos sobretudo na indústria têxtil, a ela se seguiu a segunda Revolução Industrial, que marca o início do século XX e se atrela tanto ao uso de novas fontes de energia, como o petróleo, a energia hidráulica e a energia elétrica, quanto à adoção de novos padrões de gestão maximizadores da eficiência da força de trabalho, do qual o Taylorismo é expoente.

O expediente do avanço tecnológico nesse segundo grande marco, alavancado sobretudo pela indústria automobilística, se associa, diante da ampliação das possibilidades de produzir e formar mercados de consumo, a uma estrutura de gestão do trabalho apta a atender aos dois propósitos: aumentar profundamente a produtividade, por meio da administração científica do trabalho e da busca da maior eficiência possível em termos de divisão do trabalho, controle do tempo e dos movimentos (o que fora feito sem preocupação com a saúde e o bem-estar dos trabalhadores engajados nesse processo) e de um modelo de proteção social apto a assegurar a duplicidade da condição de trabalhadores e consumidores à grande maioria da sociedade.

O avanço tecnológico acima descrito e sua voracidade destrutiva de outras formas de produzir e viver que não se rendessem ao novo e alienado ritmo também foram alvo da crítica social e obreira, da qual o célebre "Tempos Modernos" de Charles Chaplin é expressão: mais que uma crítica às esteiras, parafusos e engrenagens, o que se discutia ali era a aptidão do grande capital para, sob a égide das novas tecnologias, converter trabalhadores em apertadores de parafusos, movidos pelas engrenagens no ritmo das esteiras...

Por outro lado, a Terceira Revolução industrial, que marca a década de 1970, atrelada ao desenvolvimento de padrões de alta tecnologia com largo emprego da robótica, da microeletrônica, da informática e das telecomunicações, altamente reforçadas pelo desenvolvimento da *internet*[13], além da superação do modelo fordista/taylorista, com desenvolvimento de um novo padrão de gestão compatível com a acumulação flexível – o padrão toyotista –, teve como perspectiva ampla a mecanização dos processos produtivos, com a consequente redução de postos de trabalho.

Entre a efetiva redução dos postos de trabalho naquelas atividades e localidades alcançadas pelos avanços tecnológicos e o pânico geral produzido na sociedade quanto ao "fim do trabalho" há uma distância que só pode ser compreendida por meio de um forte agente ideológico, denominado por Delgado de "tentativa de desconstrução do primado do trabalho e do emprego no capitalismo contemporâneo"[14].

Analisando os impactos dessa Terceira Revolução Industrial nas percepções sociais sobre o trabalho e sobretudo no contingenciamento do campo juslaboral entre a década de 1980 e 1990, observa o autor que a chamada terceira revolução tecnológica se associou ao processo de reestruturação empresarial pós-fordista e também à generalização da concorrência capitalista, inclusive em nível internacional (como consectário do

(11) AGLIETTA, Michel. *Regulation y crisis del capitalismo*: la experiencia de los Estados Unidos. Madrid, Espanha: Siglo XXI Editores, 1991.

(12) ANTUNES, Ricardo. *O privilégio da servidão:* o novo proletariado de serviços na era digital. São Paulo: Boitempo, 2018.

(13) DELGADO, Mauricio Godinho. *Capitalismo, trabalho e emprego:* entre o paradigma da destruição e os caminhos de reconstrução. 1. ed. São Paulo: LTr, 2006.

(14) *Idem.*

processo de globalização) e a uma "matriz intelectual apologética" do fim do emprego[15].

Delgado pondera, contudo, que, embora profundas e extensas, as revoluções tecnológicas não foram absolutas. É que, embora devastadoras em relação a algumas funções e profissões, o atingimento do conjunto das atividades laborais é heterogêneo, havendo atividades que não são diretamente afetadas e atividades que absorvem as tecnologias sendo potencializadas, ou mesmo novos setores de trabalho que são criados a partir do surgimento de necessidades sociais até então desconhecidas[16].

Também é destacado o aumento dos mercados de consumo a partir do aumento geral da produtividade e da consequente queda do valor das mercadorias:

> (...) tais avanços, ao mesmo tempo em que potenciam a produtividade do trabalho, potenciam também a própria produção e, com isso, provocam importante diminuição no preço das mercadorias; por reflexo lógico, imediatamente tendem a incrementar, de modo exponencial, o mercado de consumo dos mesmos bens[17].

O autor aponta que processo similar já havia sido observado ao longo da segunda revolução industrial e que então se repetia no advento da terceira revolução industrial[18].

Na mesma linha e ao contrário dos prognósticos alarmistas, Antunes também sustenta a persistência da centralidade do trabalho e o faz observando empiricamente os efeitos das transformações tecnológicas. Para o autor, algumas delas, de fato, fizeram com que o trabalho mudasse de lugar: deslocando-se de postos submetidos à mecanização e às novas tecnologias para novos postos criados justamente pelo avanço tecnológico ou até mesmo redistribuídos para os sujeitos-consumidores[19].

Antunes exemplifica com, por exemplo, a redução do número de postos de atendimento bancário, que foram suprimidos, mas, em seu lugar, deram azo à ampliação dos setores de Tecnologia da Informação dos mesmos empreendimentos, que igualmente passaram a recrutar o trabalho dos consumidores, nos postos de autoatendimento e internet-banking, para fazer o serviço antes imputado a um trabalhador bancário, redesenhando o acesso ao sistema financeiro[20].

Todavia, chama atenção o sociólogo para a importância de compreender o fenômeno da redução de postos de trabalho a partir de uma perspectiva global das relações de trabalho, que contemplem os arranjos norte-sul da distribuição internacional do trabalho, em que, muitas vezes, a redução de postos formais de trabalho no norte se alia a uma ampliação de mercados – notadamente precários e superexplorados – no sul. Também pontua a importância de leituras que acomodem, igualmente, uma compreensão ampliada de trabalho, do modo como ele é imposto socialmente aos trabalhadores-consumidores pelo sistema capitalista em sua conformação atual[21].

Diante dessa percepção, demonstra a dificuldade de sustentar, com dados empíricos, os prognósticos alarmistas quanto ao fim do trabalho (ou mesmo quanto à sua redução drástica) que vinham sendo feitos desde o final da década de 1970: os autores que já o faziam, com referência à Terceira Revolução Industrial, como Dominique Meda, Claus Off, Jeremy Rifkin, André Gorz, Kurz, entre outros, viram desmanchar suas previsões diante da evidência concreta da persistência do trabalho, ademais intensificado e precarizado, sem que, contudo, o capitalismo lograsse eliminá-lo[22].

Mais recentemente, a chamada quarta revolução industrial se caracteriza pelo manejo de redes inteligentes aptas a programar e interconectar processos produtivos inteiros, com a construção das chamadas fábricas inteligentes, que envolvem inteligência artificial, Internet das Coisas, nanotecnologia, biotecnologia, dentre outros recursos que radicalizam os avanços da terceira revolução industrial, numa velocidade alarmante[23]. Novamente, as perspectivas de eliminação do trabalho vivo voltam a rondar.

Ricardo Antunes, ao conceituar a chamada Revolução 4.0, efetivamente assimila seu potencial de eli-

---

(15) DELGADO, Mauricio Godinho. *Capitalismo, trabalho e emprego:* entre o paradigma da destruição e os caminhos de reconstrução. 1. ed. São Paulo: LTr, 2006. p. 35-36.

(16) *Idem.*

(17) *Idem*, p. 38.

(18) *Idem.*

(19) ANTUNES, Ricardo. *Adeus ao trabalho?* Ensaio sobre as metamorfoses e a centralidade no mundo do trabalho. São Paulo: Editora Cortez, 2010.

(20) *Idem.*

(21) ANTUNES, Ricardo. *O privilégio da servidão:* o novo proletariado de serviços na era digital. São Paulo: Boitempo, 2018.

(22) ANTUNES, Ricardo. *Os sentidos do trabalho:* ensaio sobre a afirmação e a negação do trabalho. São Paulo: Editora Boitempo, 1999.

(23) SCHWAB, Klaus. *The fourth industrial Revolution.* World Economic Forum: Cologny/Geneva, Switzerland, 2016.

minação de postos de trabalho, sem perder de vista a imperatividade de construção de limites e alternativas que não se confundam com a precarização do trabalho:

> Tudo isso se coaduna com a denominada indústria 4.0. Essa propositura nasceu na Alemanha, em 2011, concebida para gerar um novo e profundo salto tecnológico no mundo produtivo, estruturado a partir das novas TICS [Tecnologias de Informação e Comunicação] que se desenvolvem celeremente. Ela significará a intensificação de processos produtivos automatizados, em toda a cadeia geradora de valor, de modo que a logística empresarial seja toda controlada digitalmente.
>
> Sua principal consequência para o mundo do trabalho será a ampliação do trabalho morto, tendo o maquinário digital – a "internet das coisas" – como dominante e condutor de todo o processo fabril, e a consequente redução do trabalho vivo, através da substituição das atividades tradicionais e mais manuais por ferramentas automatizadas e robotizadas, sob o comando informacional-digital.
>
> [...]
>
> Como consequência dessa nova empresa flexível e digital, os intermitentes globais tendem a se expandir ainda mais, ao tempo que o processo tecnológico-organizacional-informacional eliminará de forma crescente uma quantidade incalculável de força de trabalho, que se tornará supérflua e sobrante, sem empregos, sem seguridade social e sem nenhuma perspectiva de futuro[24].

Para o autor, que desacredita a possibilidade de eliminação do trabalho humano pela tecnologia, essa revolução efetivamente se diferencia das anteriores, na medida que tem um potencial ostensivo de eliminação de postos de trabalho e que hegemoniza o agir informacional-digital no mundo produtivo, com amplas possibilidades de aprofundar as desigualdades norte-sul[25].

Entretanto, Antunes antecipa que o receituário empresarial tende a assimilar essas transformações como um caminho inexorável para o fomento de formas de trabalho desprotegidas, como o "empreendedorismo", que supostamente serviriam a atenuar e humanizar os impactos da revolução 4.0. Em sentido contrário, Antunes observa que a acoplagem atual da acumulação capitalista sinaliza para o crescimento do setor de serviços, no qual poderiam ser revistas formas de assimilação protegida do trabalho[26].

Portanto, a aceleração das transformações e sua tendência à forte priorização do trabalho morto em detrimento do trabalho vivo, ainda que não possa ser assimilada como ameaça intangível do fim do trabalho, muito menos possa servir de justificativa ao barateamento ou precarização da força de trabalho ativa, insta a pensar, ainda que setorialmente, acerca da necessidade de alternativas, colocadas pelas esferas política, social e jurídica às novas facetas do fenômeno produtivo. Também não se pode perder de vista que as transformações do trabalho podem fazê-lo mudar de lugar, abrindo novos nichos sobre os quais a proteção social deva incidir.

Confundir os padrões de produção exploratórios (ou expoliatórios) com o avanço tecnológico que lhes dá guarida, reputando-os indissociáveis, pode ser uma estratégia discursiva voltada a tornar situações de desigualdade e dominação mais palatáveis à opinião pública que se beneficia, em alguma medida, dos avanços tecnológicos.

Refletindo sobre a relação entre os avanços tecnológicos e a dimensão ideológica, Marcuse, de forma crítica, alertara para a imbricação entre técnica e ciência e as estruturas econômicas e de poder nas quais as primeiras são forjadas:

> O conceito de razão técnica é talvez também em si mesmo ideologia. Não só a sua aplicação, mas já a própria técnica é dominação metódica, científica, calculada e calculante (sobre a natureza e sobre o homem). Determinados fins e interesses da dominação não sou outorgados à técnica apenas "posteriormente" e a partir de fora – inserem-se na própria construção do aparelho técnico; a técnica é, em cada caso, um projeto histórico-social; nele se projecta o que uma sociedade e os interesses nela dominantes pensam fazer com os homens e com as coisas. Um tal fim de dominação é "material" e, neste sentido, pertence à própria razão técnica.[27]

(24) ANTUNES, Ricardo. O *privilégio da servidão:* o novo proletariado de serviços na era digital. São Paulo: Bo tempo, 2018. p. 37-38.

(25) *Ibidem.*

(26) ANTUNES, Ricardo. O *privilégio da servidão:* o novo proletariado de serviços na era digital. São Paulo: Bo tempo, 2018. p. 37-38.

(27) MARCUSE *apud* HABERMAS, Jurgen. *Técnica e Ciência como ideologia*. Lisboa-PT: Edições 70, 1968. p. 47.

Advertia o autor para a interpenetração entre a racionalidade de dominação e a instrumentalidade técnica que se forja em seu bojo, apontando sobretudo para a legitimação extraída do progresso técnico científico pelas forças produtivas institucionalizadas.

Habermas apresentava divergência em relação a essa perspectiva, a partir da compreensão de separação entre as esferas sistêmicas e o mundo da vida, o qual seria presidido pelo agir comunicativo, daí porque não acompanhava Marcuse no sentido da impossibilidade de desatrelar economia e técnica e ciência(28). O autor chega a sustentar a substituição do valor trabalho pela ciência, que se tornaria a maior força produtiva(29).

Para Antunes, por outro lado, o trabalho continua sendo limite e base material do saber científicos, que pode interagir, modificar e proporcionar alterações no trabalho vivo, sem nunca, todavia, poder descartá-lo definitivamente(30). Daí porque o sociólogo brasileiro sugere uma compreensão ampliada de trabalho, que contemple suas novas interações e interfaces, que não lhe retiram centralidade em relação ao tecido social.

Se é verdade que o tema gera dissensos importantes na literatura, também é verdade que, a partir de uma ou de outra posição, bem como a partir de uma compreensão histórica comprometida com a assimilação dos movimentos e contradições dos atores sociais, é possível perceber que **os questionamentos aos avanços tecnológicos, centrados nos efeitos que seus usos ou que sua própria essência produz para os que vivem do trabalho, demandam ajustes e adaptações**, bem como demandam a incidência, como de resto deve haver em relação a todo movimento do capital, de contramovimentos que preservem a vida, o meio ambiente e até mesmo a concorrência(31).

Assim, é esse, e não o simplismo de entregar à tecnologia as respostas para as complexidades sociais, o caminho árduo a ser percorrido pelo direito do trabalho.

3. DESENVOLVIMENTO E EMPREGO: A AUSÊNCIA DE CORRELAÇÃO ENTRE PROTEÇÃO SOCIAL E NÍVEL DE EMPREGO

A dimensão ideológica de matriz neoliberal, que se atrela como uma racionalidade ao sistema produtivo em sua atual conformação, condiciona e limita os usos possíveis da tecnologia, assentando-se, pois numa perspectiva fatalista de fim do trabalho, apontada como tendência inexorável do futuro e, como tal, imperativo a reformatar o papel do direito do trabalho na sociedade, descaracterizando seu alinhamento protetivo.

A perspectiva falseada do fim do trabalho, nessa linha, se associa a outra premissa questionável: a de que, diante do desemprego, a conduta macroeconômica adequada é o rebaixamento das condições de trabalho e de sua tutela jurídica, sob o pretexto de que haveria uma relação direta entre o nível de proteção social e o desemprego. Assim, para os teóricos neoliberais, cujo pensamento se hegemonizou na sociedade presente e é repetido midiaticamente à exaustão, rebaixar o direito do trabalho seria condição *sine qua non* para garantir postos de trabalho. Filgueiras observa que a premissa da teoria econômica neoclássica de que a redução do custo da força de trabalho produziria ampliação da oferta de empregos, a partir das dinâmicas de livre mercado, tem sido reproduzida como um mantra pela razão neoliberal, de modo a constituir-se praticamente como um senso comum(32).

Portanto, diante de um cenário de redução dos postos de trabalho em razão do avanço tecnológico, sobretudo quando essa redução aparenta ter dimensões estruturais, para além de demonstrar historicamente a inadequação de uma perspectiva fatalista em relação aos efeitos da tecnologia, faz-se necessário refutar o simplismo de que a solução é o barateamento/informalização da contratação trabalhista e, por consequência, a precarização das relações de trabalho.

Inicialmente, impera resgatar um limite ético para o debate, representado pela célebre frase de Carnelutti,

(28) Acompanhamos Ricardo Antunes na crítica a esse posicionamento, uma vez que a conclusão quanto à perda da centralidade do trabalho, em favor da centralidade do agir comunicativo, pela separação que promove entre trabalho e subjetividade para o ser social demonstra fragilidade (ANTUNES, Ricardo. *Os sentidos do trabalho:* ensaio sobre a afirmação e a negação do trabalho. São Paulo: Editora Boitempo, 1999. p. 156-157).

(29) ANTUNES, Ricardo. *Adeus ao trabalho?* Ensaio sobre as metamorfoses e a centralidade no mundo do trabalho. São Paulo: Editora Cortez, 2010. p. 175.

(30) *Idem*, p. 176.

(31) POLANYI, Karl. *A grande transformação*: as origens de nossa época. Rio de Janeiro: Elsevier, 2011.

(32) FILGUEIRAS, Vitor Araújo. As promessas da reforma trabalhista: combate ao desemprego e redução da informalidade. In: KREIN, José Dari; OLIVEIRA, Roberto Véras; FILGUEIRAS, Vitor Araújo (Orgs.). *Reforma trabalhista no Brasil:* promessas e realidade. Campinas, SP: Curt Nimuendajú, 2019. p. 13-52.

que compreende o direito como limite ético da economia. Assim, antes de enfrentar qualquer racionalidade econômica, é importante firmar o direito como sistema autônomo em relação ao sistema econômico, que se afirmou historicamente no intuito de impor, a esse mesmo sistema, limites que não possui intrinsecamente e que são essenciais à preservação da vida humana e do convívio social, na esteira das reflexões também construídas por Karl Polanyi[33].

Daí porque, para além das dificuldades éticas e civilizatórias presentes em uma racionalidade que entrega ao livre mercado a tutela de relações sociais que implicam, ao fim e ao cabo, a própria conservação e definição das condições de vida da maior parte da população, é importante pensar os limites lógicos dessa própria racionalidade.

Primeiro, é importante considerar que ao associar, numa simplicação, a redução dos custos do trabalho com a ampliação do mercado de trabalho, ignoram-se variáveis importantes do campo econômico, como pontua Filgueiras:

> (...) a) por mais que se cortem custos do trabalho, pode não haver demanda por mais produtos e, portanto, não ocorrerem contratações; b) cortes podem ou não aumentar o lucro (as vendas podem cair com a redução da demanda); c) mesmo que o lucro cresça, este pode ou não virar investimento (se a demanda não aumenta, qual a razão para investir?); d) cortes de direitos podem piorar a situação pois os trabalhadores tendem a consumir parcela proporcionalmente maior dos seus ganhos, de modo que a transferência de renda para os empresários pode reduzir a demanda agregada da economia e a própria produção e o emprego[34].

A partir dessas ponderações, conclui o autor que o cerne da questão é perceber que "o nível de emprego é determinado por decisões de investimento tomadas fora do mercado de trabalho"[35], de modo que o custo do trabalho pode ser pouco relevante para o desfecho da questão, já que consiste em uma, entre diversas variáveis.

Ademais, é pouco razoável desconsiderar os impactos do rebaixamento dos salários e da redução do poder de consumo da maioria trabalhadora na demanda colocada no mercado e, por consequência, na rentabilidade das transações comerciais no mercado de consumo local.

Para além de tais formulações teóricas, os dados empíricos das reformas trabalhistas recentemente realizadas no Brasil e no mundo infirmam reiteradamente o mantra neoclássico, que curiosamente não recua diante das falhas de suas promessas, mas continua a alimentar-se do desespero decorrente da crise econômica para renová-las, com desfaçatez.

Em 2015, a Organização Internacional do Trabalho (OIT), publicou um estudo sobre os impactos das reformas trabalhistas no nível do emprego. Os pesquisadores analisaram a relação entre proteção ao trabalho, desemprego, taxa de ocupação e participação. Foram analisados, numa primeira base de dados, 63 países, entre os anos de 1993 a 2013, e, numa segunda investigação, 111 países, no período de 2008 a 2014[36]. As conclusões do estudo corroboram o quanto afirmado por economistas que refutam o campo ortodoxo, como Filgueiras, na medida em que, em termos estatísticos, não resulta comprovada a relação entre rigidez da legislação trabalhista e nível de emprego. Muito pelo contrário, o estudo produzido é relevante para demonstrar que a adoção de medidas de flexibilização trabalhista produz resultados muitas vezes opostos (ampliar o mercado de trabalho ou aprofundar o desemprego) entre países desenvolvidos e países subdesenvolvidos, bem como em momentos de crise ou em momentos de prosperidade econômica[37]. Ou seja, não há relação direta entre as duas variáveis, reforçando-se a conclusão de que a recuperação em relação a momentos de crise depende de variáveis com as apontadas por Filgueiras (crescimento, investimento, demanda)

---

(33) POLANYI, Karl. *A grande transformação*: as origens de nossa época. Rio de Janeiro: Elsevier, 2011.

(34) FILGUEIRAS, Vitor Araújo. As promessas da reforma trabalhista: combate ao desemprego e redução da informalidade. In: KREIN, José Dari; OLIVEIRA, Roberto Véras; FILGUEIRAS, Vitor Araújo (Orgs.). *Reforma trabalhista no Brasil:* promessas e realidade. Campinas, SP: Curt Nimuendajú, 2019. p. 21.

(35) *Idem*, p. 22.

(36) ADASCALITEI, D., MORANO C. P. *Labour market reforms since the crisis*: Drivers and consequences, ILO, Research Department Working Paper No. 5. 2015. Disponível em: <http://www.ilo.org/global/research/publications/working-papers/WCMS_414588/lang--en/index.htm. Acesso em: 22 nov. 2019.

(37) *Idem*.

ao passo que o recuo ou avanço na proteção laboral se qualificam como escolha ética e civilizatória.

Há evidências, igualmente, de que em países em que houve drásticas reformas trabalhistas, não só o desemprego não diminuiu como as formas de inserção precárias têm levado milhões de trabalhadores, jovens principalmente, a uma situação de desespero diante da falta de perspectivas de futuro e de sobrevivência digna. Cabe destacar, nesse cenário, a Espanha, com altos índices de desemprego (18% em geral e 43% entre os jovens), desde a reforma trabalhista feita em 2012, que foi responsável por significativo rebaixamento salarial, inclusive para postos de trabalho mais qualificados, criando uma instabilidade permanente[38].

O próprio caso brasileiro, com a reforma trabalhista de 2017, corrobora esse cenário:

> O desemprego aberto no trimestre imediatamente anterior à vigência da reforma, terminado em outubro de 2017, atingia 12.740 milhões de pessoas, ou 12,2% da população economicamente ativa, contra 12.984 milhões (12,3%) no trimestre encerrado em maio de 2019. O desemprego total em outubro de 2017 contemplava 26,554 milhões de pessoas (23,8%) contra 28.524 milhões em maio e 2019 (25%) na série histórica da PNAD[39].

Portanto, a promessa formulada quando da aprovação de uma Reforma Trabalhista flagrantemente regressiva de direitos não se cumpriu, evidenciando que não há soluções econômicas simples para problemas complexos, e que o papel do direito não se confunde com o impulsionamento econômico, notadamente quando esse projeto de impulsionamento colide com as garantias constitucionais fundamentais dedicadas às pessoas que vivem do seu trabalho.

Vitor Filgueiras avalia que o cenário do desemprego atual no Brasil não pode ser lido de forma dissociada de duas características históricas da dinâmica econômica brasileira: primeiro, a baixa propensão do empresariado nacional ao investimento, ainda que em momentos de alta lucratividade, que reverbera na concentração de renda em detrimento do incremento das atividades econômicas, e que acaba por concentrar no estado o ônus do investimento; e a estrutura econômica na qual há maior importância do mercado interno do que das exportações na composição do PIB. Para Filgueiras, a essas duas características ainda se aliam a inserção subalterna na ordem internacional e o baixo crescimento da produção diante da financeirização[40].

Portanto, imputar ao direito do trabalho a responsabilidade pelas crises econômicas, que, aliás, repetem-se ciclicamente no capitalismo, ou mesmo tentar imputar a ele a solução para as referidas crises, revela-se como estratégia oportunista de, valendo-se do desalento de uma população fragilizada pela crise, pelo desemprego e pela pauperização, forjar um consentimento em relação à renúncia de condições dignas de trabalho historicamente conquistadas, em troca da promessa vazia de qualquer inserção social, que, ao cabo, sequer se concretiza. Assim, persiste o drama do desemprego, rebaixam-se salários, aprofundam-se desigualdades e se afastam, ainda mais, de perspectivas de retomada do crescimento econômico.

O desfecho falacioso da fábula neoliberal da criação de empregos se repete no Brasil, na Espanha e se comprova também pelos estudos da Organização Internacional do Trabalho em mais de cem países. Diante de tantas evidências, as questões que restam são: qual o limite do poder da ideologia neoliberal de sustentar uma crença tão devotada em uma promessa que diuturnamente demonstra não ter respaldo na realidade? Ao campo juslaboral, além da contestação intransigente dessa racionalidade, que tipo de proposta programática é possível levantar?

4. O CONTRAMOVIMENTO HUMANÍSTICO DO DIREITO DO TRABALHO NA ERA DA QUARTA REVOLUÇÃO TECNOLÓGICA: A BUSCA DO DIREITO FUNDAMENTAL AO TRABALHO DIGNO

Feita a reflexão crítica a respeito dos sentidos dos avanços tecnológicos para o mundo do trabalho e dos ardis do discurso neoliberal, que muito frequentemente se confundem, de forma proposital, para potenciali-

(38) DRUCK, Maria da Graça; JESUS, Selma Cristina S.; DUTRA, Renata. Q. A contrarreforma neoliberal e a terceirização: a precarização como regra. *Cadernos do CRH (UFBA)*, v. 32, p. 289-305, 2019.

(39) FILGUEIRAS, Vitor Araújo. As promessas da reforma trabalhista: combate ao desemprego e redução da informalidade. In: KREIN, José Dari; OLIVEIRA, Roberto Véras; FILGUEIRAS, Vitor Araújo (Orgs.). *Reforma trabalhista no Brasil:* promessas e realidade. Campinas, SP: Curt Nimuendajú, 2019. p.35.

(40) FILGUEIRAS, Vitor Araújo. As promessas da reforma trabalhista: combate ao desemprego e redução da informalidade. In: KREIN, José Dari; OLIVEIRA, Roberto Véras; FILGUEIRAS, Vitor Araújo (Orgs.). *Reforma trabalhista no Brasil:* promessas e realidade. Campinas, SP: Curt Nimuendajú, 2019. p. 25-37.

zar o segundo, cabe pensar qual o lugar da regulação do trabalho e, em especial, do direito do trabalho, nesse cenário.

Se a tecnologia não tem efeitos determinantes intrínsecos, mas coloca à disposição da sociedade técnicas e saberes que podem ser utilizados a partir de perspectivas ideológicas distintas, o primeiro ponto relevante é apartar do debate sobre tecnologia e trabalho o imperativo neoliberal. Não apenas porque falacioso e incapaz de resolver os problemas de desemprego estrutural que podem vir a ser causados, setorialmente, pela indústria 4.0, mas sobretudo porque não há abrigo para essa racionalidade sob a égide da Constituição de 1988.

4.1. O direito fundamental ao trabalho digno

Qualquer interpretação do direito do trabalho, sob a vigência da Constituição de 1988, há que tomá-la como premissa. Assim sendo, é a partir do paradigma ali adotado, que se ancora no modelo do Estado Democrático de Direito, e na concepção de trabalho que pode ser extraída daquele texto constitucional – que não é outra, senão a de trabalho digno[41]– que se desenvolvem as reflexões propostas nesse artigo.

O paradigma do Estado Democrático de Direito, assentado nos pilares da dignidade da pessoa humana, da sociedade civil democrática e inclusiva e da sociedade política democrática e inclusiva, desponta no cenário dos paradigmas de Estado Constitucional como alternativa que incorpora e supera as vicissitudes do Estado Social – notadamente os contingenciamentos da liberdade que haviam sido engendrados por alguns modelos – sem abrir mão do compromisso estabelecido com a ideia de proteção social e de construção da igualdade material alcançada quando da superação do paradigma do Estado Liberal[42].

O paradigma adotado pela Constituição de 1988, portanto, se volta à administração da tensão constante entre liberdade e igualdade, comprometendo-se com uma tessitura de proteção e inserção social que não abdique da cidadania ativa, do protagonismo da sociedade civil e das esferas autônomas de resolução de conflitos e de produção de normatividades plurais.

Essa perspectiva democrática pressupõe a centralidade da pessoa humana na ordem jurídica e o compromisso maior com a garantia da sua dignidade, assentada como fundamento da República Federativa no Brasil no art. 1º, IV. O que significa rejeitar perspectivas que instrumentalizem ou compreendam o ser humano como meio, delimitando seu valor ético enquanto fim em si mesmo, a ser resguardado pela ordem jurídica a partir do princípio da segurança[43].

Desse modo, a dignidade da pessoa humana se coloca constitucionalmente, a um só tempo, como limite à atuação do Estado e também como sua tarefa: a diretriz da proteção da pessoa humana inibe ações estatais ou adoções de opções políticas que deslegitimem ou vulnerem as diversas dimensões da dignidade das pessoas, como também impõe que o Estado se comprometa com a articulação de políticas públicas e diretrizes que implementem positivamente essa dignidade.

Quando pensada a partir do trabalho, na relevante contribuição de Gabriela Neves Delgado, o princípio da dignidade da pessoa humana se desdobra nas ideias de indisponibilidade dos direitos trabalhistas e também num dever constitucional de proteção ao trabalho digno imputado ao Estado[44].

É dizer: trata-se de tarefa dinâmica e permanente do Estado reinterpretar o direito do trabalho, a partir das diferentes realidades econômicas, mas sempre de modo a assegurar o valor ético do trabalho em detrimento de ilações do mercado ou de argumentos pragmáticos/estratégicos: não há guarida, numa Constituição que se desenha para a proteção do direito fundamental ao trabalho digno, para discursos que ofendam o patamar civilizatório mínimo ou que arquitetem estratégias de desenvolvimento econômico que passem pelo sacrifício permanente ou provisório das pessoas humanas que trabalham.

Essas diretrizes apontariam tanto para a universalização do direito do trabalho – ainda que se admitam níveis de proteção diversos para os sujeitos alcançados – com garantia da observância do denominado patamar civilizatório mínimo, que, na lição de Mauricio Godinho Delgado, é construído a partir das normas internacionais de proteção ao trabalho (a chamada "Carta Internacional do Trabalho"), dos direitos constitucionais trabalhistas (aí incluídos o art. 7º e também os direitos coletivos insertos nos arts. 8º a 11) e os direitos estabelecidos na CLT com relação a temas de indisponi-

(41) DELGADO, Gabriela Neves. *Direito fundamental ao trabalho digno.* São Paulo: LTr, 2015.

(42) *Idem.*

(43) *Idem.*

(44) *Idem.*

bilidade absoluta, como as normas de identificação no trabalho e de saúde e segurança[45].

Para tanto, cabe não apenas reconhecer a centralidade do trabalho na sociedade salarial[46], como também alargar, numa perspectiva atenta à dignidade da pessoa humana, o conceito de trabalho, cujos valores são preservados pelo art. 1º, IV, da Carta Constitucional de 1988. Reconhecer o trabalho não apenas como fonte de subsistência, mas como fonte de dignidade, integração social e desenvolvimento do sujeito que labora é dar eficácia máxima a esse direito fundamental, que indubitavelmente alcança a subjetividade e o patrimônio imaterial dos que trabalham.

Gabriela Neves Delgado, ao fornecer os contornos teóricos do direito fundamental ao trabalho digno, se debruçou sobre essa tarefa nos seguintes termos:

> O trabalho deve ser compreendido em sua significação ética, ou seja, em qualquer época e cultura o homem deve afirmar e consolidar, na universalidade do tempo e do espaço, considerada qualquer hipótese e circunstância, sua condição de ser humano. Além disso, por meio do trabalho, o homem deve realizar-se e revelar-se em sua identidade social. (...). Mas a identidade social do homem somente será assegurada se o seu labor for digno. A explicação deve ser compreendida por meio da contradição permanente que se desenvolve na sociedade civil: ao mesmo tempo que o trabalho possibilita a construção da identidade social do homem, pode também destruir a sua existência, caso não existam condições mínimas para o seu exercício[47].

Assim, a construção jurídica constitucional orienta direitos e deveres de proteção, bem como uma profundidade protetiva que abrange as dimensões material e imaterial do trabalho, assim como suas perspectivas individual e coletiva.

4.2. Novos horizontes para o Direito do Trabalho

O desafio colocado no horizonte, por conseguinte, consiste em resistir ao esgarçamento do tecido constitucional imposto pela racionalidade neoliberal e pelo conjunto de medidas ideopolíticas que a acompanham, invadindo as instituições do Estado – inclusive do poder judiciário – e introduzindo na normatividade infraconstitucional perspectivas disruptivas em relação ao sistema protetivo desenhado.

E esse desafio, para ser concretizado, pressupõe que o direito do trabalho seja capaz de se reinventar à luz das novas realidades impostas pelos avanços tecnológicos, bem como de se redimir face ao aprofundamento das desigualdades sociais e, portanto, das suas próprias contradições, no sentido de alargar a proteção social para alcançar sujeitos historicamente excluídos da realidade protetiva do ramo juslaboral e aos quais se igualam, cada vez mais, trabalhadores vulnerados pela crise e pelo desemprego: não basta, portanto, o devir da adaptação ao novo, para evitar a perda, é preciso pensar em avanços, a fim de que as categorias historicamente excluídas não sirvam de paradigma para o rebaixamento dos novos excluídos pela Revolução 4.0.

É preciso que a abertura para o novo se oriente em prol da preocupação permanente com a inclusão, refutando os recorrentes discursos que reputam inexorável o funcionamento econômico excludente.

Nesse sentido, cabem algumas formulações propositivas, para que essa tecnologia social tão útil à conservação do sistema capitalista de produção – o direito do trabalho – possa cumprir a missão histórica já desempenhada em outras passagens da vida do capitalismo e, assim, possa contribuir com o processo civilizatório que ora é atravessado por novo contexto técnico.

Nessa linha, adaptação não se confunde com recuo da proteção, reconhecimento artificial da autonomia da vontade, fomento ao falso "empreendedorismo" (investimento do suor de quem não tem recurso outro com que empreender em favor da economia do capital de quem concentra renda sem fazer investimento produtivo na economia nacional) ou com o fatalismo cínico de que qualquer trabalho já cumpriria uma função social, ante à alternativa do desemprego (aceitação de condicionamento que faz com que se chegue ao cenário, tão bem retratado pelo título da obra de Ricardo Antunes, no sentido de que a servidão, sob as piores condições, já seria um privilégio ante o fim do trabalho[48]).

Se o contexto atual se depara com a dificuldade de garantia de postos de trabalho em determinados segmentos, face a substituição da força de trabalho vivo pelo trabalho morto contido nas inteligências artificiais, que o direito do trabalho se dirija à consecução

(45) DELGADO, Mauricio Godinho. *Curso de direito do trabalho.* 18. ed. São Paulo: LTr, 2019.

(46) CASTEL, Robert. *As metamorfoses da questão social.* Rio de Janeiro: Vozes, 1998.

(47) DELGADO, Gabriela Neves. *Direito fundamental ao trabalho digno.* São Paulo: LTr, 2006. p. 235-236.

(48) ANTUNES, Ricardo. *O privilégio da servidão:* o novo proletariado de serviços na era digital. São Paulo: Boitempo, 2018.

desse objeto por meio dos instrumentos clássicos de que dispõe para tanto, e não oferendo sua autodestruição como sacrifício: os limites de jornada não apenas se apresentam historicamente como medida de preservação da saúde das pessoas que trabalham, ao garantir a limitação do desgaste físico e ao assegurar a preservação do descanso recompositor das forças do corpo humano, mas também se prestam a finalidades **sociais** (garantindo a vida comunitária, familiar e associativa dos trabalhadores), **políticas** (assegurando limites na conexão ao trabalho que possam fazer frente ao processo de alienação e que permitam ao sujeito-trabalhador também o tempo para a formação e o exercício da cidadania ativa) e, sobretudo, **econômicas,** eis que a limitação de jornada sempre operou como estratégia hábil a assegurar o nível de emprego[(49)].

Desse modo, ao revés da permissividade de jornadas extenuantes de até doze horas diárias e da banalização dos sistemas de compensação de jornadas, aprofundando processos de exploração e concentrando muito trabalho em poucos sujeitos, a adaptação do direito do trabalho ao novo desenho da Quarta Revolução Industrial passa por jornadas de trabalho menores, controladas, a fim de que mais pessoas acessem o emprego – e por consequência, o consumo, gerando demanda para a economia – bem como para combater os próprios efeitos danosos que a permanente conexão tecnológica, atrelada aos valores da "sociedade do cansaço"[(50)] – tem produzido sobre a saúde psíquica dos sujeitos, onerando os sistemas previdenciários.

Esse contramovimento do direito do trabalho poderia, ademais, se fazer acompanhar da limitação de usos da tecnologia que impedissem a desconexão com o trabalho: assim, em linha oposta ao que se observou na regulamentação promovida pela Lei n. 13.467/2017 em relação ao teletrabalho, cabe sim ao direito do trabalho reconhecer novas formas de trabalho que se materializam a partir das redes informatizadas – como aliás fez o art. 6º da CLT ao reconhecer a subordinação por tais meios, e o art. 76-A da CLT ao reconhecer a persistência do vínculo de emprego ainda que o sujeito labore a domicílio, conectando-se ao empregador por meios informáticos –, como cabe também estabelecer os limites de jornada e o sistema de repousos considerando e regulando a capacidade de esses mesmos meios telemáticos turbarem as pausas necessárias à preservação da saúde mental e da socialização dos trabalhadores.

Pode caber ao direito do trabalho a importante função contra hegemônica de limitar tecnologias que estão direcionadas ao aumento da exploração para, resguardando o tempo livre, fomentar usos culturais, artísticos e recreativos que os avanços tecnológicos também podem propiciar. Nesse sentido, as possibilidades contraditórias da tecnologia podem ser inibidas ou fomentadas, a partir de critérios éticos e constitucionais, pelo conjunto da normatização trabalhista.

Igualmente, em diálogo com o Direito Previdenciário, é relevante pensar que o aumento da expectativa de vida da população produz não apenas ônus previdenciários, como também revelam indicadores positivos de qualidade de vida e representam a ampliação do mercado consumidor para novas faixas. Assim, ao revés da razão neoliberal que fomenta o desmanche das políticas de seguridade social e encara negativamente o envelhecimento populacional, a redução de idades mínimas para aposentadoria poderia figurar como uma forma de permitir à população se beneficiar dos avanços tecnológicos reduzindo o tempo de trabalho e assegurando postos de trabalho para os mais jovens. Afinal, como bem afirma Laura Carvalho, "a proteção aos mais vulneráveis sempre pode caber no orçamento, mas o genocídio jamais caberá na civilização"[(51)].

De outra mão, se um dos efeitos perversos e disruptivos das tecnologias consiste na sua capacidade de desviar-se da regulação trabalhista, disfarçando ou reconfigurando os gatilhos clássicos de configuração da relação empregatícia – pressuposto pra a incidência máxima da proteção ao trabalho –, ao direito do trabalho compete reler as novas realidades, reconfigurando também seus conceitos e pressupostos. Como aponta Nicolli, rever o conceito de subordinação, para alargá-lo, é premente.

Essa percepção deve ser temperada, a um, pelo fato de que a subordinação, diante das transformações da esfera produtiva, passa a significar muito mais a integração do trabalho prestado na estrutura do tomador de serviços[(52)]; a dois, pelo fato de ainda ostentar potencial inclusivo e emancipatório em face da desfiliação promovida pela falsa autonomia.

---

(49) DELGADO, Mauricio Godinho. *Curso de direito do trabalho.* 18. ed. São Paulo: LTr, 2019.

(50) HAN, Byung-Chul. *Sociedade do cansaço.* Tradução de Enio Paulo Giachini. Petrópolis, RJ: Vozes, 2017.

(51) CARVALHO, Laura. *Valsa brasileira*: do boom ao caos econômico. São Paulo: Ed. Todavia, 2018. p. 160.

(52) NICOLI, Pedro Augusto Gravatá. *Fundamentos de direito internacional social:* sujeito trabalhador, precariedade e proteção global *às* relações de trabalho. São Paulo: LTr, 2016. p. 46.

Assim, refuta Nicolli a contestação da ideia de subordinação jurídica como promessa vazia de aprofundamento da liberdade:

> A celebração acrítica das formas de autonomia fora do contrato, sob os horizontes presentes, pode sofrer do esvaziamento que o momento de emergência da liberdade e do sujeito sofreu quando de sua constituição moderna. Se a contemporaneidade se vale da individualização desenfreada, a perda dos laços coletivos e institucionais, das trajetórias, de uma vida puramente biográfica, sujeito e contrato podem contribuir para processos emancipatórios. A subordinação, aí, encarada como critério em novas interpretações, ampliadas, que engajem a responsabilidade da contraparte, reequilibrando um sistema oportunista, que, mais uma vez, parece querer se valer da liberdade como pura forma para tornar o homem menos livre[53].

Nesse sentido, a capacidade de compreender, diante do metamorfoseamento das relações sociais de produção, novas dimensões do fenômeno subordinativo e de, a partir e para além dele, conceber novas formas de proteção, deve se somar ao resgate de uma compreensão crítica das novas promessas de autonomia e liberdade, de todo vazias de representação na realidade concreta das relações de trabalho pautadas na tecnologia e profundamente precarizadas:

> O trajeto percorrido no construir-se do trabalho e dos trabalhadores diante da opressão social revelam que, quanto mais afastados do reconhecimento como valor e como sujeito, mais a reificação tem espaço de legitimação. E se é certo que a fórmula do trabalho subordinado abriga, em larga escala, práticas de sujeição e opressão, a autonomia fora do direito, nos horizontes do capitalismo industrial e de suas estratégias, está ainda muito distante de ser uma alternativa de ampliação das possibilidades de emancipação e igualdade. É preciso transformar, não há dúvida. Mas a transformação deve certamente se dar na continuidade do projeto ético do sujeito, como substancialmente igual, antes de ilusoriamente autônomo[54].

Portanto, as releituras do conceito de subordinação podem animar o desvelamento de cadeias produtivas em que relações de trabalho são mascaradas por artifícios contratuais e intermediações, invocando a imputação de responsabilidade aos centros de poder e acumulação correspondentes. Os trabalhadores precários do sul global, se devidamente integrados às cadeias de produção centrais, certamente modificariam os índices de desemprego atualmente considerados.

Na mesma linha, compreender, na esteira do proposto por Supiot, o chamado controle por programação[55], utilizando-se os altos níveis de controle proporcionados pelas tecnologias (a exemplo dos motoristas de aplicativos, cujos trajetos, tempo de percurso, tempo de pausa, valores recebidos por pausa, avaliação dos passageiros e, mais recentemente, até mesmo a velocidade e os áudios dos diálogos estabelecidos com os passageiros nos veículos) para facilitar instruções probatórias na Justiça do Trabalho e a certificação de direitos trabalhistas.

Por fim, diante da característica contraditoriamente fragmentadora e individualista das modernas tecnologias comunicacionais – as quais, ao passo que ligam os indivíduos numa velocidade e com capacidade de transmissão de dados sem precedentes, isolam cada vez mais os sujeitos em suas realidades virtuais, limitando a riqueza do convívio e das construções coletivas – cabe ao direito do trabalho, como forma de resgatar e fortalecer os sujeitos de direitos trabalhistas, democratizar e promover, de forma radical, a agregação de trabalhadores, facilitando que vínculos de solidariedade tecidos, ainda que à margem das estruturas formais do sindicalismo e de seus critérios já antiquados, como o critério da organização por categoria, sejam reconhecidos e empoderados como legítimos para a construção e reconstrução do ramo juslaboral.

Os caminhos possíveis (e compatíveis com o direito fundamental ao trabalho digno) para a sobrevivência do direito do trabalho, passam ao largo das perspectivas de rendição ou de recuo protetivo. Do contrário, a lição da história ensina que o direito do trabalho enfrenta crises ao se fortalecer, mobiliza o funcionamento do capital ao limitá-lo e somente justifica sua existência ao se fundar, humanisticamente, na proteção da vida.

---

(53) NICOLI, Pedro Augusto Gravatá. *Fundamentos de direito internacional social:* sujeito trabalhador, precariedade e proteção global *às* relações de trabalho. São Paulo: LTr, 2016. p. 49.

(54) *Ibdem.*

(55) SUPIOT, Alain. *apud* CARELLI, Rodrigo. O caso Uber e o controle por programação: de carona para o Século XIX. In: LEME; RODRIGUES, CHAVES JR. *Tecnologias disruptivas e exploração do trabalho humano.* São Paulo: LTr, 2017. p. 130-146.

5. CONCLUSÃO

O percurso trilhado nesse artigo buscou colher as lições da história para empreender uma avaliação fidedigna da atual conjuntura das relações de trabalho, bem como das modificações que se anunciam a partir das tecnologias que integram a chamada 4ª Revolução Tecnológica.

Sem perder de vista centralidade do trabalho e a impossibilidade de sua eliminação absoluta pelo capital, a revisão histórica demonstra como, embora as diversas revoluções tecnológicas sempre tenham implicado profundas mudanças nos modos de trabalhar e viver, seus sentidos não podem ser compreendidos de forma apartada dos arranjos de poder e ideologia presentes em cada momento histórico.

Assim, o uso emprestado à tecnologia em cada momento histórico não pode ser reconhecido como única forma possível sem compreender-se o papel decisivo que a regulação opera sobre a apropriação da técnica e para sua exploração.

A mesma inexorabilidade não pode ser emprestada ao movimento atual do capital, como pretende o neoliberalismo, com suas agendas tão imperativas como falaciosas, que condenam o direito do trabalho ao fim ou à absoluta desconstrução, em troca da promessa – diuturnamente descumprida – de que a barbárie social e o abandono do projeto constitucional para a concretização do trabalho digno aumentariam o nível de emprego.

Nessa senda, o desafio do direito do trabalho é realizar seu papel histórico de por limites ao movimento autodestrutivo do capital, sem ceder a fatalismos e reconstruindo-se, com mais força, para enfrentar, por meio dos seus institutos típicos e comprometidos com a dignidade humana, as setoriais eliminações de postos de trabalho, ao tempo que volta o seu olhar para acobertar realidades precárias e não tecnológicas de trabalho, em direção às quais precisava e ainda precisa se lançar.

REFERÊNCIAS

ADASCALITEI, D., MORANO C. P. *Labour market reforms since the crisis*: drivers and consequences, ILO, Research Department Working Paper No. 5. 2015. Disponível em: <http://www.ilo.org/global/research/publications/working-papers/WCMS_414588/lang--en/index.htm>. Acesso em: 22 nov. 2019.

AGLIETTA, Michel. *Regulation y crisis del capitalismo*: la experiencia de los Estados Unidos. Madrid, Espanha: Siglo XXI Editores, 1991.

ANTUNES, Ricardo. *Os sentidos do trabalho:* ensaio sobre a afirmação e a negação do trabalho. São Paulo: Editora Boitempo, 1999.

______. *Adeus ao trabalho?* Ensaio sobre as metamorfoses e a centralidade no mundo do trabalho. São Paulo: Editora Cortez, 2010.

______. *O privilégio da servidão:* o novo proletariado de serviços na era digital. São Paulo: Boitempo, 2018.

CARELLI, Rodrigo. O caso Uber e o controle por programação: de carona para o Século XIX. In: LEME; RODRIGUES, CHAVES JR. *Tecnologias disruptivas e exploração do trabalho humano.* São Paulo: LTr, 2017.

CARVALHO, Laura. *Valsa brasileira*: do boom ao caos econômico. São Paulo: Todavia, 2018.

CASTEL, Robert. *As metamorfoses da questão social.* Rio de Janeiro: Vozes, 1998.

DARDOT, Pierre; LAVAL, Christian. *A nova razão do mundo*: ensaio sobre a sociedade neoliberal. São Paulo: Boitempo, 2016.

DE LA CUEVA, Mario. *Direito mexicano do trabalho.* 3. ed. México: Porrúa, 1949 (Prólogo).

DELGADO, Gabriela Neves. *Direito fundamental ao trabalho digno.* São Paulo: LTr, 2015.

DELGADO, Mauricio Godinho. *Capitalismo, trabalho e emprego:* entre o paradigma da destruição e os caminhos de reconstrução. 1. ed. São Paulo: LTr, 2006.

______. *Curso de direito do trabalho.* 18. ed. São Paulo: LTr, 2019.

DRUCK, Maria da Graça; JESUS, Selma Cristina S.; DUTRA, Renata. Q. A contrarreforma neoliberal e a terceirização: a precarização como regra. *Cadernos do CRH (UFBA),* v. 32, p. 289-305, 2019.

FILGUEIRAS, Vitor Araújo. As promessas da reforma trabalhista: combate ao desemprego e redução da informalidade. In: KREIN, José Dari; OLIVEIRA, Roberto Véras; FILGUEIRAS, Vitor Araújo (Orgs.). *Reforma trabalhista no Brasil:* promessas e realidade. Campinas, SP: Curt Nimuendajú, 2019.

HABERMAS, Jurgen. *Técnica e ciência como ideologia.* Lisboa-PT: Edições 70, 1968.

HAN, Byung-Chul. *Sociedade do cansaço.* Tradução de Enio Paulo Giachini. Petrópolis, RJ: Vozes, 2017.

HOBSBAWM, Eric. J. *Os trabalhadores*: estudo sobre a história do operariado. Tradução de Marina Leão Teixeira Viriato de Medeiros. São Paulo: Paz e Terra, 2000.

NICOLI, Pedro Augusto Gravatá. *Fundamentos de direito internacional social:* sujeito trabalhador, precariedade e proteção global *às* relações de trabalho. São Paulo: LTr, 2016.

POLANYI, Karl. *A grande transformação*: as origens de nossa época. Rio de Janeiro: Elsevier, 2011.

SCHWAB, Klaus. *The fourth industrial revolution.* World Economic Forum: Cologny/Geneva, Switzerland, 2016.

VENCO, Selma Borghi. *As engrenagens do telemarketing*: vida e trabalho na contemporaneidade. Campinas, SP: Arte Escrita, 2009.

CAPÍTULO 7

Os Desafios para a Garantia de Trabalho Digno nas Relações de Trabalho na Era Digital

PEDRO PAULO TEIXEIRA MANUS[1]

RUTH OLIVIER MOREIRA MANUS BOTTO[2]

Resumo: O Direito do Trabalho é uma área do conhecimento que está em constante mudança. Os impactos da economia no trabalho são constantes e é preciso que haja sempre um intercâmbio de informações, buscando adequar o mundo do trabalho às novas realidades, sem que isso signifique um prejuízo aos direitos dos trabalhadores. As mudanças decorrentes da era digital são ainda mais intensas e demandam ainda mais atenção por parte dos estudiosos do Direito do Trabalho – tanto na área interna quanto internacional –, para que não corramos o risco de viver sob a égide de regras trabalhistas descoladas da realidade e, consequentemente, ineficazes.

Palavras-chave: Direito do trabalho. Globalização. Era digital. Subordinação jurídica. Subordinação estrutural.

Abstract: Labor law is a constantly changing area of knowledge. The impacts of the economy on labor are direct and violent and it is very important to foster permanent exchange of information, seeking to adapt the world of labor to the new realities, without affecting the rights of workers. The challenges arising from the digital age are even more intense and require even closer attention from labor law scholars – both domestically and internationally – so that we do not run the risk of living under the aegis of detached from reality and, consequently, ineffective, labor rules.

Keywords: Labor law. Globalization. Digital age. Legal subordination. Structural subordination.

1. INTRODUÇÃO

Como sabemos, a luta dos trabalhadores é uma constante, espalhada pelo mundo, que nos acompanha há alguns séculos. A batalha por melhores condições de trabalho, por avenças mais justas e por salários mais dignos ocorre em todos os continentes, enfrentando barreiras que se inovam o tempo todo.

Os esforços levados a efeito pelos trabalhadores ao redor do globo, bem como os esforços de suas entidades representativas, assim como os órgãos estatais que se ocupam da questão do trabalho permitiram que chegássemos aos dias de hoje – na grande maioria dos países- com uma legislação protetiva do contrato de trabalho, que reconhece o direito ao emprego, a uma remuneração digna, bem como a condições humanas de trabalho.

No entanto, verificamos que estamos vivendo um processo intenso de rápidas mudanças naquilo que diz respeito às formas de trabalho. A chamada "era digital" demanda uma nova visão acerca das relações laborais e, consequentemente, da tutela jurídica das mesmas.

Sem dedicarmos uma atenção muito especial a esta temática, dificilmente conseguiremos evoluir nas formas existentes de proteção laboral, tampouco na garantia de um trabalho digno – seja ele emprego ou

(1) Professor Titular de Direito do Trabalho da PUC-SP. Doutor e Livre-docente em Direito do Trabalho pela PUC-SP. Mestre em Direito do Trabalho pela USP. Ministro aposentado do Tribunal Superior do Trabalho. Diretor da Faculdade de Direito da PUC-SP. Advogado.

(2) Doutoranda em Direito Internacional pela Universidade de Lisboa. Mestre em Direito do Trabalho pela PUC-SP. Pós-Graduada em Processo do Trabalho pela PUC-SP. Cogeae em Direito Europeu pela Universidade de Lisboa e em Direito Coletivo do Trabalho pela Università di Roma Tor Vergata. Advogada.

não – aos indivíduos dos tempos atuais. Essa adequação é absolutamente fundamental, sob pena de vivermos sob o manto de uma legislação obsoleta.

Assim, dividimos este estudo em duas fases: a perspectiva internacional, observando os aspectos da globalização econômica e seus principais efeitos no mundo do trabalho e a perspectiva interna, observando o cenário atual e as normas que recaem sobre as diversas formas de prestação de serviço no Brasil.

2. PERSPECTIVA INTERNACIONAL

Não há dúvida alguma acerca do fato de que todos nós estamos inseridos, atualmente, numa sociedade globalizada. Todavia, há dúvidas no que diz respeito à globalização em si, especialmente no que tange ao seu alcance e à sua relação com o conceito de justiça social.

O Dicionário Houaiss da Língua Portuguesa[(3)] define globalização como:

> (i) processo pelo qual a vida social e cultural nos diversos países é cada vez mais afetada por influências internacionais em razão de injunções políticas e económicas;
>
> (ii) intercâmbio econômico e cultural entre diversos países, devido à informatização, ao desenvolvimento dos meios de comunicação e transporte, à ação neocolonialista de empresas transnacionais e à pressão política no sentido da abdicação de medidas protecionistas;
>
> (iii) espécie de mercado financeiro mundial criado a partir da união dos mercados de diferentes países e da quebra das fronteiras entre esses mercados.

O que se sabe, antes de tudo, é que a globalização tornou-se não apenas um vocábulo, mas um tema extremamente recorrente nas últimas décadas[(4)]. A análise desse assunto – que frequentemente é feita de forma leviana e pouco aprofundada – nos permite compreender melhor o cenário no qual vivemos, bem como criar perspectivas para tempos futuros, especialmente no que tange às questões relativas ao trabalho.

Com a intensificação do processo de globalização e a consequente intensificação do fluxo de mercadorias entre os Estados, o produto nacional passa a competir com o produto estrangeiro de forma cada vez mais acentuada e direta[(5)], demandando, com urgência, um novo tipo de tratamento para o mercado interno.

Enquanto a entrada do produto estrangeiro era fato que ocorria de forma pontual e esporádica, o Estado conseguia, de certa forma, monopolizar a proteção trabalhista, na medida em que caso optasse por ampliar a gama ou a intensidade da proteção dos trabalhadores, sabia que a mudança iria onerar todas as empresas nacionais, encarecendo o produto interno de uma forma geral.[(6)]

Ou seja, numa perspectiva global, o Estado tinha a consciência de que a medida não impactaria diretamente na concorrência interna, uma vez que todos os produtores teriam que arcar com a mesma mudança, resguardadas as peculiaridades relativas ao porte de cada empresa, viabilizando uma mudança na legislação laboral que afetasse o comércio interno de uma forma homogênea.

Todavia, atualmente, o cenário é outro, havendo uma intensa atividade de trocas comerciais internacionais, o que acarreta em impactos sensíveis na economia interna e na gestão da situação dos trabalhadores. Alain Supiot[(7)] assim afirma:

---

(3) HOUAISS, Antônio e VILAR, Mauro de Salles. *Dicionário Houaiss da Língua Portuguesa*, tomo II, 2003. p. 1891.

(4) "O termo globalização ganhou destaque no mundo acadêmico depois de ter sido cunhado e utilizado por jornalistas e ganhar familiaridade na opinião pública. Uma consulta aos títulos dos periódicos indexados pela Literatura Econômica (*EconLit*) mostra uma progressão notável do uso do termo, mas apenas no período mais recente. Entre 1980 e 1984, o termo *globalização* (em inglês) não constou do título de nenhuma das publicações indexadas pelo *EconLit*. Nos cinco anos seguintes ele apareceu 27 vezes, subindo para 129 entre 1990 e 1994 e para 442 entre 1995 e 1999. Muito embora isso possa ser atribuído também ao próprio crescimento de número de publicações indexadas pelo *EconLit*, a comparação com outros termos mostra que tal componente é muito parcial. Quanto ao termo *global*, que qualifica várias abordagens, a evolução não foi muito diferente do que ocorreu com o termo globalização." FURTADO, João. Globalização das empresas e desnacionalização, p. 13 In: LACERDA, Antônio Corrêa de. (org) *Desnacionalização*: mitos, riscos e desafios, 2000.

(5) "Do lado dos efeitos perversos (da globalização) têm sido avançadas a assimetrização (agravamento das desigualdades, em termos sociais e regionais – como também, em termos sectoriais), o excesso de concentração do poder econômico (sobretudo, nos setores em que se registam externalidades em cadeia), a instabilidade sócio-económica resultante dos ajustamentos estruturais provocados pela globalização e o desrespeito pelos valores sócio-culturais locais e/ou regionais" REBELO DE SOUSA, António. De um novo conceito de desenvolvimento no quadro da economia internacional, 2009, p. 109.

(6) "Antes o Estado-Nação possuía a autoridade soberana e o monopólio da sua política interna e externa. Atualmente, depara com atores que procuram intervir nas resoluções, participar nos benefícios (...) encontrando dificuldades para satisfazer as necessidades de seus súbditos e conviver com outros poderes políticos." MARTINS, Manoel Gonçalves. *Desafios das relações internacionais*, 2016. p. 124.

(7) SUPIOT, Alain. *Crítica do direito do trabalho*, 2016. p. XVII do prefácio à edição.

> Há uma questão (...) que se tornou, em poucos anos, uma preocupação essencial do Direito do Trabalho: a da abertura das fronteiras e a dos efeitos desestabilizadores da liberalização das trocas sobre a ordem social edificada no quadro dos Estados. (...) Na Europa, como nos Estados Unidos, a "globalização" da economia conduziu a relativizar o lugar do Direito no domínio das transformações do trabalho e do emprego.

Observa-se que, quanto mais latente é a entrada do produto importado, mais evidentes ficam as discrepâncias relativas à proteção trabalhista entre os Estados[8]. A complexidade da questão é acentuada quando colocamos, em meio a todo esse cenário de mudança, a chamada "revolução digital".

Essas mudanças, associadas a uma competitividade comercial cada vez mais intensa, resultam num cenário de instabilidade, no qual verificamos milhões de trabalhadores sendo explorados ao redor do mundo, sobretudo nos países emergentes, ao passo que verificamos os países desenvolvidos frequentemente utilizarem a temática da proteção trabalhista para fins protecionistas.

Nessa perspectiva, é fundamental ressaltarmos a extrema relevância da existência de um corpo normativo internacional consistente, que permita que os trabalhadores estejam protegidos por normas basilares, apesar da intensidade do comércio e da competitividade internacional, assim como das novas formas de prestação de serviço que surgem num mundo digital.

Continuarmos mergulhados na suposta supremacia da legislação interna dos Estados é um risco que se torna mais evidente conforme decorre o tempo, dada a intensificação das interferências entre regimes jurídicos e sistemas econômicos de diferentes Estados.

É fundamental reconhecermos que num mundo não apenas globalizado, mas também extremamente instável em termos políticos e sociais, a normativa internacional passa a ser a mais preciosa das garantias jurídicas do bem-estar do indivíduo, bem como representa a melhor forma de harmonizar legislações diferentes, frutos de sistemas diversos, mas que precisam conviver intensamente.

Todavia, sabemos que a construção deste sistema jurídico global é um desafio enorme para todas as nações e, em especial, para os organismos internacionais. A tentativa de coadunar normas entre Estados absolutamente diferentes – seja em termos históricos, culturais, sociais, políticos, econômicos ou religiosos – é uma missão tão difícil quanto urgente.

Verificamos assim, que existe todo um processo necessário para mudarmos a maneira como lidamos com os direitos trabalhistas ao redor do mundo. É preciso entender e aceitar que uma série de mudanças ocorreram e que, se não nos adequarmos ao novo cenário, teremos uma proteção ineficaz e obsoleta.

De toda forma, continua sendo fundamental o debate acerca das formas como o direito interno lida com a questão do trabalho – e de seus diferentes formatos – na era digital. A promoção do trabalho digno até pode ser encabeçada pela Organização Internacional do Trabalho, mas é fundamental que os Estados estejam dispostos a enfrentar os desafios atuais, buscando sempre a maneira mais eficaz de proteger o trabalhador.

3. PERSPECTIVA INTERNA

Quando da elaboração do conceito de contrato individual de trabalho, já anteriormente ao advento da Consolidação das Leis do Trabalho, e depois, com sua reafirmação pela sistematização dos direitos reconhecidos, tínhamos um contingente de empregados entre nós, que já àquela altura conviviam com tantos outros trabalhadores que não estavam ao abrigo das garantias que o legislador reconhecia aos protagonistas da relação de emprego.

Ao lado dos empregados detentores de garantias constitucionais e legais que os protegiam na relação mantida com os empregadores, encontrava-se um contingente de trabalhadores não empregados à mingua da proteção necessária. E o legislador brasileiro sempre tributou ao empregador os custos trabalhistas do contrato de trabalho, mas também os custos sociais, o que torna a cada dia mais pesado o custo do trabalho do empregado.

Este fato estimulou muitas empresas a buscar novas formas de trabalho, sem os custos do emprego, assim como deixar em muitos casos de reconhecer os direitos de seus empregados, como forma de diminuir o custo da mão de obra e obter melhores condições de competição no mercado com as demais empresas.

---

(8) "Historiquement, les lois sociales nationales ont été justifiées à la fois pour garantir une certaine symétrie dans les relations employeurs--employés et pour éviter que le processus concurrentiel n'aboutisse à um alignement sur les pratiques les plus défavorables aux salariés. Les règles sociales n'étaient pas interpretées comme un obstacle à la concurrence, nationale ou internationale, mais comme une condition préalable à as généralisation." SIROEN, Jean-Marc. *Developpement economique er developpement social*. L'incidence d'une clause sociale, 1996. p. 1.

O resultado prático desta situação foi a busca pelas empresas da prestação de serviços pelo trabalhador autônomo, a fim de baratear o custo da mão de obra. E, na medida em que a automação foi ganhando espaço, tanto na indústria quanto no comércio, nos serviços e demais atividades produtivas, passou a aumentar o número de prestadores de serviços sem contrato de trabalho reconhecido pelo tomador de serviço.

A era digital produz condições de trabalho bastante diversas daquelas tradicionais, em que sempre se ativou o empregado, reclamando uma resposta do Direito do Trabalho que seja adequada às várias realidades do mundo do trabalho.

O conceito de empregado na Consolidação das Leis do Trabalho exige a presença da subordinação hierárquica do prestador de serviços ao tomador de serviços, resultando que são as condições em que o trabalho é desenvolvido que determinam se estamos ou não diante de um contrato individual de trabalho, em oposição do trabalho autônomo.

Para que se configure o contrato de trabalho pode não haver dependência econômica do empregado ao empregador, mas é essencial a existência da *subordinação jurídica*, que se dá em relação à pessoa do empregado, pois este será sempre a pessoa física, sob pena de não se estar à frente de um contrato de trabalho.

Diante do poder de comando do empregador, passou-se a limitar a possibilidade de alterações contratuais válidas, já que se reconheceu, por igual, a limitação da livre manifestação de vontade do empregado na vigência do contrato de trabalho, assim considerado o modelo clássico de contrato de trabalho.

Tal modelo contratual e sua interpretação passaram a ser aplicados às relações de trabalho subordinado nas variadas atividades, a despeito das transformações que o mundo experimentou, e sem considerar as modificações ocorridas no panorama empresarial, a evolução da escolarização dos empregados, e seu acesso a todas as informações.

Mas situações diversas necessitam enquadramentos jurídicos igualmente diversos, sob pena de evidente divórcio entre a realidade e a tentativa de solução jurídica, com absoluta impossibilidade de harmonização dos interesses dos atores sociais, ocasionando a falência da pretendida proteção, pela sua inadequação à realidade a que se destina.

Assistimos nestes tempos uma constante inquietação de setores ligados aos trabalhadores, aos empregadores e ao governo, no que respeita a posturas inadequadas no enquadramento jurídico das relações decorrentes do trabalho. Uns tentam ignorar o ordenamento jurídico, buscando estabelecer regras que agridem o Direito do Trabalho, aumentando o lucro por meios inidôneos e que visivelmente prejudicam os empregados.

Como reação a tais procedimentos irregulares outros tentam enquadrar todo tipo de prestação de serviços no modelo clássico do contrato individual de trabalho, o que também não se harmoniza com as regras estabelecidas pelo Direito do Trabalho, causando insegurança, o que é a antítese de sua a finalidade.

O tradicional contrato individual de trabalho, disciplinado pela CLT, tem inteira aplicação às relações de trabalho que se desenvolvem na indústria, no comércio, na agricultura, no setor de serviços e demais atividades que guardam as mesmas características básicas do modo convencional de prestação de serviço subordinado.

Assistimos, todavia, mudanças nas estruturas empresariais, que continuam em franca evolução, produzindo novos modelos de trabalho, que não se enquadram no modelo tradicional de que falamos.

Na era digital o valor que importa é o conhecimento, em detrimento das formas tradicionais de trabalho. Assim, o Direito do Trabalho deve reconhecer tais mudanças e apresentar soluções jurídicas próprias para cada nova realidade contratual, pela impossibilidade do modelo tradicional atender as novas exigências.

Amauri Mascaro Nascimento[(9)], a propósito desta nova realidade, afirma que é necessário conceber um sistema contratual diferenciado, pois o modelo anterior atendia a um tipo de trabalho a tempo integral, no estabelecimento do empregador, e sob sua fiscalização. Afirma que não há fundamento fático nem jurídico para aplicar a realidades diversas um modelo contratual inadequado. É preciso que o direito se atualize, disciplinando corretamente as novas realidades.

Prossegue o autor com o elenco de novas atividades que ensejam situações contratuais distintas daquela tradicional, em que o trabalho é prestado no estabelecimento do empregador e de forma permanente, como o trabalho nas ruas, no estabelecimento de um terceiro, o trabalho a distância, o trabalho de consultoria, o trabalho no terceiro setor, o trabalho em atividade artística, o trabalho científico, o trabalho esportivo, o trabalho hospitalar, o trabalho em instituições financei-

(9) NASCIMENTO, Amauri Mascaro. *Direito contemporâneo do trabalho*, 2011. p. 412.

ras, o trabalho prestado num determinado local cujo destinatário situa-se em outra parte do mundo, além do trabalho eventual, autônomo e avulso, enfim, a evolução social e a globalização causam uma constante mutação no mundo do trabalho.

Afirma, afinal, que não há como pretender enquadrar esta multiplicidade de relações de trabalho num único modelo de contrato individual, pois este se destina a uma situação flagrantemente diversa das demais. E em abono a tal constatação, traz o professor interessante panorama de outros países, demonstrando o tratamento diverso atualmente, o que igualmente no Brasil começa a ocorrer, mas com previsíveis resistências. Afirma que diante da realidade múltipla não cabe falar em um único contrato de trabalho, mas o correto é referir-se a contratos de trabalho no plural, dada a diversidade de situações entre nós e nos outros países[(10)].

Refere-se ao tradicional contrato de emprego a tempo pleno e duração indeterminada; aos contratos especiais em razão da duração, da jornada, ou da profissão; aos contratos flexíveis de emprego; aos contratos de formação profissional; e aos contratos de trabalho sem vínculo de emprego.

Enquanto os variados modelos de contrato de trabalho com vínculo de subordinação, não obstante diversos entre si, guardam maior proximidade com o contrato individual de trabalho tradicional, rompe com o modelo tradicional o contrato de trabalho sem vínculo de emprego.

O art. 2º da Consolidação das Leis do Trabalho considera empregador a empresa, individual ou coletiva, que assumindo os riscos da atividade econômica, admite, assalaria e dirige a prestação pessoal de serviços. E o art. 3º do mesmo diploma afirma que se considera empregado toda pessoa física que prestar serviços de natureza não eventual a empregador, sob a dependência deste e mediante salário.

As características que compõem o contrato individual de trabalho resultam da conjugação dos elementos descritos pelos dois dispositivos legais acima transcritos, pois o contrato existe uma vez que se caracterize a relação de emprego, à luz do art. 442 da Consolidação das Leis do Trabalho. E a relação de emprego se verifica quando estão presentes os elementos em questão.

Significa dizer, portanto, que só há contrato de trabalho quando uma pessoa física for admitida para prestar serviços a outra pessoa física ou jurídica, de forma contínua e não eventual, a título oneroso e, ainda, que a prestação seja dirigida pelo tomador de serviços, gerando subordinação do empregado ao empregador.

Doutrina e a jurisprudência hoje compreendem a subordinação que caracteriza o contrato de trabalho como a "subordinação jurídica", em oposição à dependência econômica, que pode ou não ocorrer no contrato e trabalho.

Reconhecem a doutrina nacional e estrangeira que as modificações no modo de produção foram determinando mudanças no modo de prestar serviços, no local desta prestação e no próprio vínculo que se estabelece entre prestador e tomador de serviços. E, diante deste processo evolutivo que a realidade nos oferece, cumpre ao ordenamento jurídico adequar-se às novas situações, oferecendo diferentes figuras jurídicas compatíveis com os distintos modos de prestação de serviços.

É importante lembrar que o Direito não molda o comportamento da sociedade, mas, ao contrário, ele deve ser o espelho desta mesma sociedade, em um dado momento histórico, para que as pessoas cumpram a lei como expressão do comportamento social desejado. A lei não tem o poder de mudar as relações entre os sujeitos e, se assim pretender, está fadada ao seu próprio descumprimento. Ao contrário, quando a sociedade altera seus valores, cumpre ao legislador alterar o comando legal, adequando-o a estes novos valores, para que a nova disciplina legal, que passe a refletir os anseios e o comportamento médio da sociedade, alcance sucesso na regulação da vida social.

Assim, podemos afirmar que a distinção fundamental entre o trabalho do empregado e do prestador de serviços autônomos reside na existência obrigatória de subordinação jurídica quando se trata de contrato de trabalho, e na autonomia na prestação quando se trata de prestador de serviços autônomos, como a própria denominação está a indicar.

Porém, na medida em que as relações econômicas vão se sofisticando, tornando mais complexa a estrutura empresarial, a subordinação hierárquica do empregado em relação ao empregador igualmente sofre constantes modificações e, quanto mais especializada for a atividade do empregado mais tênue se torna a subordinação em relação ao empregador, mas ainda assim sua presença é essencial para a caracterização do contrato de trabalho.

Ausente qualquer um dos requisitos que configuram o contrato de trabalho, este não se configura. Se o trabalho não for prestado por pessoa física não há a

(10) NASCIMENTO, Amauri Mascaro. *Direito contemporâneo do trabalho*, 2011. p. 413.

figura do empregado. Se o trabalho não for remunerado não há contrato de trabalho. Se não houver continuidade na prestação trata-se de trabalho eventual e não de contrato de trabalho. E, afinal, se não houver subordinação hierárquica do prestador ao tomador de serviços, não se caracteriza o contrato de trabalho.

A evolução das relações econômicas e a globalização, que provocam o estreitamento das fronteiras e acirram a competição entre as várias empresas, produzem modificações no processo produtivo e refletem nas formas de prestação de serviços, alterando os contornos do contrato de trabalho. E assim ingressamos na chamada era digital, em que as relações de trabalho vão ganhando outros contornos, distanciando do tradicional contrato de trabalho.

É preciso analisar estas mudanças no plano econômico e organizacional, e seus reflexos nas relações de trabalho, a fim de constatar se estamos diante de um contrato de trabalho ou de outra figura jurídica semelhante, mas distinta. Lembremos, como já referido, que só há contrato individual de trabalho quando estão presentes todos os requisitos que o caracterizam.

Não obstante, na medida em que evoluem as relações entre prestadores e tomadores de serviço e por força da evolução tecnológica, algumas destas características vão se modificando e ganhando características distintas.

Assim, a relação que se estabelece entre os prestadores e tomadores de serviços vai sofrendo modificações, quer em razão do local em que referidos serviços são prestados, quer em razão da maior ou menor complexidade da atividade exercida pelo prestador de serviços.

Daí decorre que é possível estabelecer gradação na intensidade da subordinação existente nesta relação entre prestador e tomador e serviços, o que pode indicar a existência de contrato individual de trabalho – com grau mais ou menos acentuado de subordinação jurídica – ou inexistência de contrato individual de trabalho – por se tratar de outro tipo de contrato, afim ao contrato e trabalho, mas dele distinto.

Caso não haja nenhuma ingerência do empregador na prestação de serviços, mas apenas na apropriação por este do produto de trabalho do prestador, estaremos diante de outra figura jurídica, distinta do contrato de trabalho, pois para sua caracterização é essencial a subordinação jurídica.

Isto porque ou o prestador de serviços coloca sua força de trabalho a serviço do tomador e, neste caso, submete-se às regras empresariais, com maior ou menor intensidade, ou apenas vende o produto de seu trabalho, que se harmonizará com a atividade empresarial.

No primeiro exemplo acima, como já vimos à exaustão, estaremos diante de contrato de trabalho e, no segundo, estaremos diante de trabalho autônomo, não se cogitando de subordinação estrutural, mas de mero vínculo com a estrutura empresarial.

Há de se distinguir entre o *vínculo estrutural*, que todos que concorrem direta ou indiretamente para a atividade empresarial têm, sem que se caracterize contrato de trabalho, do fenômeno da subordinação jurídica, que é próprio do contrato de trabalho.

Na doutrina portuguesa afirma Pedro Romano Martinez[(11)] que para distinguir a condição do empregado do prestador autônomo de serviços a subordinação técnico-jurídica, que caracteriza o contrato de trabalho compõe-se de três elementos, a saber, *alienabilidade do produto de seu trabalho*, *dever de obediência* e *sujeição ao poder disciplinar*. É a presença destes três elementos que permite distinguir o trabalho subordinado do trabalho independente.

Arremata o autor que numa situação de trabalho autônomo o prestador de serviços não aliena sua atividade (sua força de trabalho), pois trabalha por sua conta e poderá, de acordo com o avençado, alienar o resultado do seu trabalho, o que é diverso.

Há unanimidade na doutrina nacional e estrangeira com respeito à subordinação jurídica, como elemento essencial à configuração do contrato individual de trabalho. Discute-se, contudo, dentro do tema da subordinação, como a mesma se revela nas diferentes atividades desenvolvidas pelos empregados aos empregadores, a fim de configurar-se o contrato de trabalho.

De igual modo revela a jurisprudência brasileira entendimento uniforme no sentido de que é necessária a demonstração da subordinação hierárquica, ainda que atenuada, para reconhecer a existência de contrato de trabalho.

Constata-se que ainda atualmente a figura clássica da subordinação direta, é característica essencial ao contrato de trabalho e se expressa pelo exercício do poder de comando do empregador, com as ordens diretas do empregador ao empregado. Portanto, só há contrato de trabalho quando o trabalho envolve prestação com subordinação hierárquica, nada tendo a ver com o simples fato de o produto do trabalho ser apropriado pela empresa.

(11) MARTINEZ, Pedro Romano. *Direito do trabalho*, 2010. p. 169.

Mas, diante do considerável avanço tecnológico que experimentamos e das mudanças na vida em sociedade, criou-se a figura da subordinação objetiva, com o abrandamento do poder de comando do empregador, mas que exige a inserção do empregado na atividade empresarial, caracterizando-se o vínculo de subordinação e, portanto, a existência do contrato de trabalho.

Ocorre que o desenvolvimento das relações empresariais criou outras tantas situações de trabalho que, embora paralelas ao contrato de trabalho, com ele não se confundem.

Assim, o representante comercial autônomo, cuja atividade é regulamentada pela Lei n. 4.886, de 09.12.1965; o transporte de cargas, regulamentado pela Lei n. 11.442, de 05.01.2007, são exemplos de atividades profissionais desenvolvidas por pessoas físicas de forma contínua e que mantêm vínculo com os tomadores de serviços, mas que não se caracterizam como empregados que mantêm contratos de trabalho, exatamente porque ausente a subordinação.

Em ambos os exemplos o tomador de serviços se apropria do produto do trabalho, mas o prestador de serviços não coloca seu tempo de trabalho à disposição do tomador, o que é essencial para configuração do contrato individual de trabalho.

Assim, não possuiu fundamento a ideia de que a subordinação se dá em relação ao produto do trabalho para configurar o vínculo de emprego. Isso porque todo trabalho de que venha a se apropriar o tomador de serviços insere-se na estrutura empresarial, pois será obrigatoriamente útil a este tomador. Nenhuma empresa compra produto desnecessário ou alheio a sua atividade, pois não faz sentido. Eis porque a tese da mera subordinação estrutural padece de fundamento real para a configuração do vínculo de emprego.

Resulta claro neste período de transformação social que atravessamos a necessidade de acomodação das relações entre prestadores e tomadores de serviços, já que há um recrudescimento das posições assumidas tanto pelos trabalhadores e tomadores de serviços, quanto pelos doutrinadores e pela jurisprudência.

Tal postura tem ensejado o surgimento de posições antagônicas, com a defesa da inexistência de contrato de trabalho quando este realmente existe, e, de outra parte, com o reconhecimento da figura do empregado quando não estão presentes os requisitos para tanto necessários, como reação às tentativas de descumprimento da lei.

Este choque de posições, que é compreensível num momento de transição em que os interesses contrários vêm à tona, provoca um clima de instabilidade para trabalhadores e tomadores de serviços, pela circunstância de que esta instabilidade não lhes permite pensar e planejar o futuro com tranquilidade e segurança.

Como já referido, a trajetória do contrato individual de trabalho entre nós obedeceu uma trajetória de evolução, no que diz respeito à proteção e aos benefícios reconhecidos aos empregados, o que acarretou um aumento de custo a ser suportado pelos empregadores.

E, por outro lado, todos os trabalhadores à margem do contrato individual de trabalho têm uma situação profissional e pessoal indigna, na medida em que não possuem o reconhecimento dos direitos sociais que a Constituição Federal assegura a todos os trabalhadores.

A Constituição Federal em seu art. 1º, IV, declara como fundamento do Estado Democrático de Direito *"os valores sociais do trabalho e da livre-iniciativa"*, o que significa o reconhecimento da relevância social de todo tipo de trabalho entre nós, independentemente das características específicas de que se reveste determinado tipo de trabalho, desde que seja lícito.

E em decorrência deste princípio constitucional do valor social do trabalho segue-se a exigência do respeito à dignidade do trabalhador, a despeito do tipo de trabalho que desenvolva. Assim, quer se trate de empregado, quer se trate de trabalhador autônomo, nosso ordenamento jurídico exige o respeito às condições dignas de trabalho, requisito essencial para que se cumpra o mandamento constitucional.

O art. 5º, III, da Constituição Federal afirma que ninguém será submetido a tortura nem a tratamento desumano ou degradante, o que significa que as condições de trabalho dignas que o art. 7º da Carta Constitucional elenca, além de outros, são direitos de todos os trabalhadores, e não só dos empregados.

Eis a razão pela qual a evolução no tratamento das relações entre os prestadores e os tomadores de serviços só evoluirá a contento quando se tiver como norte o respeito à dignidade da pessoa de todo e qualquer prestador de serviços, independentemente do tipo de contrato que estabeleça com o tomador de seus serviços.

4. CONCLUSÃO

Verifica-se, assim, que ainda estamos, tanto na perspectiva internacional quanto na perspectiva interna, num cenário de atraso no que tange às novas formas de trabalho, bem como às tutelas que elas demandam. Tanto a ênfase excessiva no direito interno, quanto a insistência em afirmar que o vínculo empregatício tradicional é a única forma de tutelar o trabalhador.

E a dignidade humana no âmbito do trabalho se preserva na medida em que se garanta aos trabalhadores um emprego decente, em condições ambientais adequadas, com jornada de trabalho de duração razoável, que lhe permita desenvolver seu trabalho a contento, mas conviver com sua família, e com remuneração que permita fazer frente às necessidades básicas de vida.

O futuro se anuncia no mundo do trabalho com uma modificação nas condições de trabalho, reduzindo o número de empregados e o consequente aumento do número de trabalhadores autônomos, situação fruto dos fenômenos da automação e da globalização, que exigem este modelo de relação de trabalho para a sobrevivência das empresas.

E para que se garanta o respeito à dignidade do trabalhador é essencial que o empregador respeite as regras legais, mas que os Estados passem a assumir a função de que têm se furtado ao longo de muitas décadas, que é assegurar o respeito aos direitos sociais a todos os trabalhadores do país, a fim de que mesmo sem um contrato individual de trabalho o trabalhador tenha direito a uma vida digna.

Da mesma forma, espera-se que toda a comunidade internacional reconheça a importância do fortalecimento das organizações internacionais responsáveis pela tutela das questões laborais, em especial a OIT, bem como confiram às suas normas a atenção e dedicação que elas merecem, garantindo assim, também, que o Direito Internacional do Trabalho ganhe força na era digital.

REFERÊNCIAS

HOUAISS, Antônio e VILAR, Mauro de Salles. *Dicionário Houaiss da Língua Portuguesa*, tomo II. Lisboa: Temas e Debates, 2003.

MARTINEZ, Pedro Romano. *Direito do trabalho*. Coimbra: Almedina, 2010.

MARTINS, Manuel Gonçalves. *Desafios das relações internacionais*. Lisboa: Chiado, 2016.

NASCIMENTO, Amauri Mascaro. *Direito contemporâneo do trabalho*. São Paulo: Saraiva, 2011.

REBELO DE SOUSA, António. *De um novo conceito de desenvolvimento no quadro da economia internacional*. Lisboa: Universidade Técnica de Lisboa – Instituto superior de ciências sociais e políticas, 2009.

SIROEN, Jean-Marc. Developpement economique et develeppement social – l'incidence d'une clause sociale. *Cahiers du CERESA*, 1996, Vol.7. Paris: Centre d'Etudes et de Recherche sur la Dynamique des Organisations (CERDO), 1996.

SUPIOT, Alain. *Crítica do direito do trabalho*. Lisboa: Fundação Calouste Gulbenkian, 2016.

PARTE II

Direito fundamental ao trabalho digno no Universo dos Algoritmos e das plataformas digitais

Capítulo 8

Algoritmos: Caminhos ou Descaminhos para o Trabalho Digno

Alberto Luiz Bresciani de Fontan Pereira[1]

Resumo: O artigo analisa o avanço tecnológico produzido pela Indústria 4.0 ou Quarta Revolução Industrial, destacando visões pessimistas e positivas a respeito de seus efeitos imprevisíveis sobre a subsistência e desaparecimento de empregos em setores específicos, com base em fatores históricos e pesquisas atuais. Reportando-se aos pilares constitucionais da dignidade da pessoa humana, do trabalho enquanto valor social e promessa de proteção contra a automação, propõe a construção de regras de Direito do Trabalho que resguardem os trabalhadores e o trabalho digno, com a fixação de limites éticos e prestígio de entidades sindicais.

Palavras-chave: Indústria 4.0. Impactos sociais. Trabalho digno. Novas regras trabalhistas. Limites éticos.

Abstract: The article analyzes the technological advancement produced by Industry 4.0 or the Fourth Industrial Revolution, highlighting pessimistic and positive views about its unpredictable effects on jobs subsistence and disappearance, based on historical factors and current researchs. Referring to the constitutional pillars of the dignity of the human person, of work as a social value and the promise of protection against automation, it proposes the construction of labor law rules that safeguard workers and worthy work, with the establishment of ethical and social limits and prestige of trade unions.

Keywords: Industry 4.0. Social impacts. Decent work. New labor rules. Ethical limits.

1. INTRODUÇÃO

O menino semi-humano visita o Museu do Homem e se espanta com a representação de mineradores, como, muito antes, aconteceria diante de uma vitrine de história natural, na qual bisões empalhados pastassem. Pergunta à sua tutora artificial que tipo de ferramenta é aquela que as figuras arremessam contra as pedras. A voz eletrônica, enquanto consulta seus dados e simulando atenção, responde: "é uma picareta".

"Nada é permanente, exceto a mudança." Neste momento em que sou lido, tudo reforça e confirma a sentença de Heráclito. A impermanência é o signo que governa já não apenas o presente líquido, tão bem concebido por Bauman, esse complexo de relações, vínculos, interações e sentimentos que não se definem, escorrem por entre os dedos, não se apreendem e não compreendemos, mas também um futuro cujas perspectivas são as mais instáveis e mutantes possíveis. Embarcamos em uma viagem – mesmo o veículo nos é desconhecido – e, pelas janelas, que mesclam o real e o virtual, observamos pessoas, paisagens, tempos, lugares muitas vezes inatingíveis e inapreensíveis pelo que os nossos cérebros limitados aprenderam até agora. Nessa cápsula, que segue sem freios, vemos indivíduos prósperos (androides?), habitantes de bolhas onde insetos (robóticos?) pousam sobre plantas (geneticamente modificadas?), perfeitas e distantes. Encontramos, agora, com assombro, aquelas pessoas que duelam com pobreza inimaginável, abandonadas por todos em um mundo cinzento de rasgos, sombras, vapor, rios mortos, carcaças sobre o pó e ausência de perspectivas.

A inteligência artificial está mudando o mundo diante de nossos olhos. Levamos sistemas assim movidos nos bolsos e os usamos nos pulsos. Veículos já podem dirigir-se a si próprios, os sistemas de diagnóstico determinam o que está nos afligindo e os algoritmos de

(1) Ministro do Tribunal Superior do Trabalho (TST).

avaliação de risco decidem cada vez mais se seremos encarcerados ou postos em liberdade tão logo sejamos acusados de um crime.[(2)]

Entre 2013 e 2014, o escritor e crítico literário Nelson de Oliveira organizou coletâneas, às quais denominou *Hiperconexões*. Nelas, convocava poetas (sim, poetas) a pensarem sobre o que ele, Nelson, divisava como o pós-humano. Em introdução, registrava que "em cada um de nós a inteligência reflete sobre si mesma". E continuava: "Mas sua jornada está muito longe de chegar ao final. Neste exato momento, a inteligência, sempre maleável e inquieta, ensaia um salto qualitativo sem precedentes". "Do natural para o artificial", dizia, "da carne para o silício. Do humano para o pós-humano (na falta de um termo melhor)."[(3)]

O embate a que se entregam a tecnologia e o trabalho volta à discussão, agora em passos rapidíssimos, muito diversos do ritmo até então conhecido. Desde sempre, ocupações, profissões e empregos foram extintos pela invenção de ferramentas, de máquinas, que alavancaram não só a evolução dos cérebros de espécies humanoides, mas também o progresso a que chegou o *Homo sapiens*, implementando meios de produção e mercado. O elemento novo está na aceleração do bólide que nos leva: e o que o conduz é inteligência artificial, a acumulação de dados, algoritmos. São as equações da Indústria 4.0 ou da Quarta Revolução Industrial.

Esse é o fenômeno que precisa ser constatado, assimilado, refreado, domesticado.

As tecnologias digitais prometem associar-se a meios físicos de produção, mas é visível que a realidade pode não ser tão promissora e o que se vê é o avassalador crescimento da inteligência artificial, cada vez mais sábia, feroz, conquistadora e supressora no piso fabril.

"Robôs e computadores substituirão o trabalho em meia jornada dentro dos próximos vinte anos", "robôs excluirão o trabalho dos seres humanos por volta de 2045". Parecem manchetes da imprensa amarela, mas são previsões de cientistas bem formados[(4)]. Alguém afiançará, com convencimento absoluto, que tudo isso virá para o bem?

Ian McEwan, escritor britânico, em um de seus livros mais recentes, *Máquinas como eu*, constrói ficção para um tempo em que a inteligência artificial já seria definitiva:

> ... uma nova fábrica de automóveis havia começado a produzir nas vizinhanças de Newcastle. Fabricava três vezes mais que a planta substituída – com um sexto da força de trabalho. Dezoito vezes mais eficiente, tremendamente mais lucrativa. Nenhum ramo de negócios era capaz de resistir. Não era apenas no chão da fábrica que se perdiam empregos para as máquinas. Contadores, funcionários dos departamentos médicos, de vendas, de logística, de recursos humanos, de planejamento. E agora, poetas de haiku. Tudo no caldeirão. Muito em breve a maioria das pessoas teria de repensar o propósito de suas vidas. Nada de trabalho. Pescaria? Luta livre? Aprender latim?[(5)]

Não existem respostas certas para as questões que surgem. Uma Esfinge robótica oferece sua fome a quem a provoca. A ciência, no entanto, é movida por desafios e se, por um lado, alguma fúria tecnológica toma forma epidêmica, de outro, ainda e também ciências, o direito, a sociologia e a filosofia devem postar-se pela salvaguarda do que é humano e ético, do emprego, do trabalho digno. E é – enfatizo – o que deve prevalecer.

O trabalho não desaparecerá. Nenhuma dúvida. Os humanos comandarão? Os humanos serão comandados? A única perspectiva aceitável é a primeira. Os homens devem permanecer no protagonismo, incumbindo àqueles que se aplicam às ciências humanas encontrar caminhos sustentáveis para os trabalhadores e para a sociedade.

Em uníssono com o avanço tecnológico, caminham a globalização e as modificações climáticas, cenário que impõe as mais aprofundadas reflexões e providências. Esta é a disputa a que os algoritmos nos convidam e que não devem vencer.

2. A DIGNIDADE DA PESSOA HUMANA – VALOR INDISPENSÁVEL

Um dos fundamentos da República Federativa do Brasil ainda é "a dignidade da pessoa humana" (Cons-

(2) RASO, Filipo *et al*. *Artificial intelligence and human rights*: opportunities and risks. Berkman Klein Center for internet and society at Harvard University. Disponível em: <https://papers.ssrn.com/sol3/papers.cfm?abstract_id=3259344>. Acesso em: 10 nov. 2019.

(3) *Hiperconexões*. São Paulo: Editora Patuá, 2014. p. 9-10.

(4) FREEMAN, Richard B. *Who owns the robots rules the world – the deeper threat of robotization*, Harvard Magazine. Disponível em: <https://harvardmagazine.com/2016/05/who-owns-the-robots-rules-the-world>. Acesso em: 23 set. 2019. p. 1.

(5) McEWAN, Ian. *Máquinas como eu*. Trad. DAUSTER, Jorio. São Paulo: Companhia das Letras, 2019. p. 183.

tituição Federal, art. 1º, inciso III). O conceito atravessa os tempos. De uma concepção primeira, que autorizava diferentes graus de dignidade, outorgados a pessoas que se admitiam justamente desiguais (um pensamento ultrapassado?), passando pela visão que a entendia como ínsita ao ser humano, o valor migrou para normas positivadas. Ingo Wolfgang Sarlet registra:

> De qualquer sorte, vinculada à noção de liberdade e de direitos inerentes à natureza (racional) humana, a dignidade passou a ser gradativamente reconhecida e tutelada pelo direito positivo, tanto constitucional quanto internacional, assumindo, no que parece existir considerável dose de consenso, a condição parâmetro de legitimidade do Estado e do Direito, espécie de valor-fonte (Miguel Reale) e "ponto de Arquimedes" do Estado Constitucional (Haverkate), muitas vezes mesmo sem que tenha havido previsão expressa quanto ao seu reconhecimento como valor e princípio fundamental, como precisamente bem ilustra a evolução constitucional brasileira, onde apenas em 1988 a dignidade da pessoa humana veio a ser expressamente referida – e com o merecido destaque – no texto constitucional.[6]

Trata-se, para além do rol de direitos e garantias fundamentais, de vetor fundamental na gênese das regras e das normas jurídicas e, ainda mais, na sua interpretação. Coloca-se como primeiro dos princípios que a Constituição alberga, atuando como a base de muitos de seus preceitos e aceitando visões múltiplas, desde a definição de que todo ser humano a merece até a conclusão de que o direito deve comprometer-se com a sua oferta e garantia.

O homem não pode ser visto como coisa, mas como um fim em si (Kant). Cada ser humano é pessoa (o que parece ser óbvio) e corresponde a outro, que o espelha e justifica, assim fazendo jus à atenção do ordenamento jurídico. Como destaca José Afonso da Silva, "nem mesmo um comportamento indigno priva a pessoa dos direitos fundamentais que lhe são inerentes, ressalvada a incidência de penalidades constitucionalmente autorizadas".[7]

O homem não pode ser assimilado à coisa. Se é princípio e fim, não será submetido à máquina, com ela confundido, por ela subjugado ou substituído. A tecnologia desenvolvida pelo prazer da tecnologia não convence, não é digna de prosperar. Mesmo por força do que comanda o princípio da dignidade da pessoa humana, profundamente arraigado na Constituição Federal, limites físicos e éticos precisam ser definidos para o avanço tecnológico e para a recusa de processos que levem ao desemprego, ao estímulo das desigualdades e, sem nenhum excesso na expressão, ao adoecimento da civilização.

3. SALVAGUARDA DOS VALORES SOCIAIS DO TRABALHO

Segue-se, sob os vértices protetores da Constituição Federal, também como fundamento da República brasileira, a referência aos "valores sociais do trabalho" (Constituição Federal, art. 1º, IV). Aqui, inovou o legislador constitucional. Intimamente interligado a outros princípios consagrados pelo Texto, o inciso se adianta como garantidor de avanços no regramento protetivo dos trabalhadores e de inibidor de diferenças que a nossa história pouco cuidou de extirpar. Dignidade humana está também no enaltecimento do trabalho e na permanente lembrança da importância e do papel dos trabalhadores na construção de uma sociedade justa e segura.

Com a pertinência de hábito, Cláudio Mascarenhas Brandão leciona:

> É por meio do trabalho que o homem atinge a sua plenitude, realiza a sua própria existência, socializa-se, exercita todas as suas potencialidades (materiais, morais e espirituais). A partir dessas premissas, Leonardo Raupp Bocorny, após destacar a importância de que goza o trabalho nos aspectos social, econômico e político, o que justificaria as garantias jurídicas outorgadas pela Constituição, afirma ser mecanismo fundamental para conter a exclusão social e, ao ter a sua valorização elevada ao patamar constitucional, determina que o desenvolvimento seja orientado no sentido de combater os abusos cometidos no passado, para possibilitar a construção de uma sociedade mais justa e fraterna, com condições de trabalho mais humanas e satisfazer um anseio democrático, por representar o que há de mais importante em termos de harmonia e convivência social. Pode-se, sem receio, afirmar que o valor social do trabalho representa a projeção

(6) *Comentários à Constituição do Brasil*. CANOTILHO, J. J; MENDES, Gilmar Ferreira; SARLET, Ingo Wofgang; STRECK, Lenio Luiz; LEONCY, Léo Ferreira (Org.). São Paulo: Saraiva, 2018. p. 122.

(7) *Comentário contextual à Constituição*. São Paulo: Malheiros Editores, 2014. p. 38.

do princípio da proteção à dignidade do homem na condição de trabalhador.[8]

O momento é inóspito para o cânone. A recente e atual Revolução Industrial, a quarta, parece decidida à exclusão, ao descaso para com a proteção do trabalho e dos trabalhadores, descuidando-se de padrões de extrema obviedade em termos sociais e de imperativos necessários à segurança e à estabilidade.

Arremata José Afonso da Silva, reportando-se a Jesús González Pérez:

> Não é concebível uma vida com dignidade entre a fome, a miséria e a incultura'; 'a liberdade humana com frequência se debilita quando o homem cai na extrema necessidade', pois 'a igualdade e dignidade da pessoa exigem que se chegue a uma situação social mais humana e mais justa. Resulta escandaloso o fato das excessivas desigualdades econômicas e sociais que se dão entre os membros ou os povos de uma mesma família humana. São contrárias à justiça social, à equidade, à dignidade da pessoa humana e à paz social e internacional.[9]

No Brasil, por razões que a história conhece e identifica, o trabalho, em sociedade que perdura na lembrança escravocrata, já foi visto como imposição degradante. Nesse enredo de incertezas no qual mergulhamos, o trabalho torna-se um bem precioso, agora a poucos prometido, não pelo fato de serem maiores entre castas, mas porque privilegiados na trama vaga de plataformas digitais.

4. PROTEÇÃO EM FACE DA AUTOMAÇÃO

Muito bem evoluiu, ainda uma vez, a Constituição Federal, quando estabeleceu, como direito dos trabalhadores, no art. 7º, XXVII, a "proteção em face da automação". Conquanto a regra, em princípio, pudesse ser vista como medida de proteção contra a extinção de postos de trabalho, uma barreira à exclusão, o horizonte que encontra, após seu trigésimo primeiro aniversário (neste momento), cobre-a de especial relevo.

Por tudo o que exposto, esse propósito inicial corre, agora, o risco de grave atrito com o avanço tecnológico e com a voracidade do paradigma que prolifera no mundo contemporâneo. Ganha, portanto, relevância, a recomendar que novas ferramentas e novos instrumentos jurídicos sejam concebidos, de forma a impedir que a tecnologia, a máquina e o lucro se tornem algozes do homem.

5. TRABALHO DIGNO E DECENTE

A Organização Internacional do Trabalho, como não poderia deixar de ser, promove esforços para proteger o trabalho digno e decente. Documento daquele órgão internacional explica:

> O conceito de trabalho digno resume as aspirações de homens e mulheres no domínio profissional e abrange vários elementos: oportunidades para realizar um trabalho produtivo com uma remuneração justa; segurança no local de trabalho e proteção social para as famílias; melhores perspectivas de desenvolvimento pessoal e integração social; liberdade para expressar as suas preocupações; organização e participação nas decisões que afetam as suas vidas; e igualdade de oportunidades e de tratamento.
>
> Dito de uma forma mais resumida, atualmente o principal objetivo da OIT consiste em promover oportunidades para que mulheres e homens possam ter acesso a um trabalho digno e produtivo, em condições de liberdade, equidade e dignidade. Para que este objetivo se efetive, a OIT desenvolveu uma Agenda assente nos quatro objetivos estratégicos da Organização: a criação de emprego; a garantia dos direitos no trabalho; a extensão da proteção social; e a promoção do diálogo social.[10]

A Organização Internacional do Trabalho, no doc. GB/wp/sdg/1, de março de 2001, defende que o trabalho decente deve ser oferecido não só a trabalhadores com vínculo empregatício, mas também aos ditos informais, e o compreende como "aquele desenvolvido em ocupação produtiva, justamente remunerada e que se exerce em condições de liberdade, equidade, seguridade e respeito à dignidade da pessoa humana".

6. INDÚSTRIA 4.0 – A QUARTA REVOLUÇÃO INDUSTRIAL

Os impactos do que se convencionou chamar de Indústria 4.0 ou Quarta Revolução Industrial, no mun-

(8) *Comentários à Constituição do Brasil, op. cit.*, p. 130.

(9) *Op. cit.*, p. 39.

(10) *Trabalho digno.* Organização Internacional do Trabalho. Disponível em: <https://www.ilo.org/lisbon/temas/WCMS_650867/lang--pt/index.htm>. Acesso em: 10 nov. 2019. p. 1.

do, nas relações humanas e, por óbvio, no trabalho e em sua regulação objetiva, estão em pauta. Um cenário que traz estranhamento, por semelhar-se à ficção científica, muito mais composto por perspectivas do que por fatos já acontecidos, tal a dinâmica em que proliferam os recursos tecnológicos. Toda reflexão passa, assim, por algum exercício de probabilidades e de quase predição. Estamos diante de Revolução que não é apenas tecnológica, mas social, política e econômica.

A Revolução Industrial do século XVIII imprimiu mudanças significativas nos protocolos sociais, transportando os homens do campo à cidade, remetendo a força dos braços à potência das engrenagens. Ao lado do progresso científico significativo, que, indiscutivelmente, trouxe benefícios à humanidade, a exploração do homem pelo homem – o decreto irrevogável de Hobbes –, também adquiriu novas e violentas feições, gerando o efeito positivo da idealização das primeiras regras de Direito do Trabalho.

O enredo contemporâneo, no entanto, é diverso, não apenas pelo decurso e pela diferente estética do momento, mas porque as mutações no sistema produtivo acontecem em cadência sem precedentes. A migração relativamente vagarosa, da máquina a vapor, passando pela produção sob o conforto da eletricidade, para a primitiva automação da indústria, não têm paralelo com o que se anuncia aos auspícios da inteligência artificial e fenômenos a ela associados.

O empenho de governos e do capital na perspectiva desse mundo novo não encontra eco em pesquisas mais sólidas, que protejam o ser humano, esta espécie de contradições, já há tanto empenhada em remodelar o mundo, destruir a natureza e permitir a extinção de espécies em massa (o Antropoceno de Paul Crutzen). Nesse contexto, emerge, ainda, a globalização. O Direito do Trabalho é surpreendido e se vê ameaçado e combatido desde o mais superficial até o mais profundo dos segmentos de seu DNA.

A expressão "Indústria 4.0" surge em 2011, na Feira Anual de Hanover, na Alemanha, batizando a política de competitividade da indústria alemã: "Indústria 4.0 – uma associação de representações de negócios, políticas e acadêmicas". O conceito recebeu o apoio do governo alemão e passa a compor o *High-Tech Strategy 2020 for Germany*. Iguais iniciativas ocorrem, simultaneamente, nos Estados Unidos, na China, na Coreia do Sul e em outros pontos do Globo. No Brasil, em junho de 2017, foi criado, pelo Ministério da Indústria, Comércio Exterior e Serviços, o Grupo de Trabalho para a Indústria 4.0 (GTI 4.0), destinado a conceber o projeto de implementação da indústria inteligente no país.[11]

Trata-se de novo modelo, no qual a tecnologia reestrutura toda a economia, por meio da rede mundial de computadores hipertrofiada, e modifica a cadeia produtiva, renovando os procedimentos adotados por fabricantes e consumidores. As corporações adotam diferente fenótipo, mundos caem, ressurgem, são reconectados em padrões absolutamente originais. Seus efeitos já chegaram, ainda que nos neguemos a percebê-los ou que setores específicos simulem distração. Em verdade, já não desconfiamos. Sabemos.

Que não se desacredite haver efetiva revolução, uma tal revolução que instiga cogitar-se sobre a possibilidade de ainda tentar-se compreender o que seria a humanidade.

7. ALICERCES DA INDÚSTRIA 4.0 OU QUARTA REVOLUÇÃO INDUSTRIAL

Conceitos inovadores estão na base da Indústria 4.0. A animar as *smart factories*, unem-se a *Internet of Things* (IoT) e a *Internet of Services* (IoS), onipresentes, que permitirão a conexão de qualquer objeto à rede mundial de computadores, aos *Cyber-Physical Systems* (CPS), geração de programas integrados, capazes de, autonomamente, desencadear e controlar ações que implementem melhorias no processo produtivo, com aproveitamento da inteligência artificial (a aprendizagem automática da máquina), robótica, nanomateriais, nanossensores e *big data*. Prescreve-se a combinação dos mundos físico, digital e biológico, com resultados imponderáveis. Os veículos autônomos são realidade, assim como a biotecnologia e a computação quântica.

Sob o ponto de vista da renovação e preservação ambiental, há intuições positivas:

> A convergência dos mundos físico, digital e biológico, que está no cerne da Quarta Revolução Industrial, oferece oportunidades significativas para que o mundo obtenha enormes ganhos em eficiência e utilização de recursos. Conforme mostrado pelo Projeto *MainStream*, uma iniciativa do Fórum Mundial para acelerar a transição para a economia circular, a promessa não é apenas de que indivíduos, organizações e governos possam causar menor impacto ao mundo natu-

(11) NESELLO, Bruna Zanandréa. A indústria 4.0 e a modernização das relações de trabalho. *Revista Fórum Justiça do Trabalho*, ano 36, n. 426, Belo Horizonte: Editora Forum, 2019. p. 92-93.

ral, mas recai também sobre o grande potencial que têm para restaurar e regenerar o nosso ambiente natural, por meio da utilização de tecnologias e projetos de sistemas inteligentes.[(12)]

Mas, é importante realçar: tudo sofre mudanças e definições estão abertas.

A inteligência artificial descreve os processos de trabalho de máquinas que exigiriam inteligência se executadas por seres humanos. O termo "inteligência artificial" significa, portanto, "investigar o comportamento inteligente de solução de problemas, para criar sistemas inteligentes de computador". Importante frisar que há dois modelos de inteligência artificial: a "inteligência artificial fraca: o computador é apenas um instrumento para investigar processos cognitivos, o computador simula a inteligência"; e a "inteligência artificial forte: os processos no computador são processos intelectuais de auto-aprendizado". Os computadores podem "entender" e são capazes de otimizar seu próprio comportamento com base em seu comportamento anterior e em sua experiência.[(13)]

8. IMPACTOS SOCIAIS

Klaus Schwab enfatiza que mudanças econômicas, sociais e culturais atingirão proporções fenomenais e pondera:

> Em todas essas áreas, um dos maiores impactos surgirá a partir de uma única força: o empoderamento – como os governos se relacionam com os seus cidadãos; como as empresas se relacionam com seus empregados, acionistas e clientes; ou como as superpotências se relacionam com os países menores. A ruptura que a quarta revolução industrial causará aos atuais modelos políticos, econômicos e sociais exigirá que os atores capacitados reconheçam que eles são parte de um sistema de poderes distribuídos que requer formas mais colaborativas de interação para que possa prosperar.[(14)]

De acordo com o metabolismo da história, profissões desaparecem. Outras surgem. Na Idade Média, sessenta e cinco por cento da população trabalhadora se dedicava à agricultura. Hoje, na Europa, apenas três por cento da população tem igual ocupação, sem prejuízo, no entanto, do crescimento do agronegócio. Aqueles empregos foram redistribuídos à indústria e, depois, à prestação de serviços.

John Maynard Keynes, há muito, mostrava-se preocupado com o desemprego, de vez que os métodos de economia de trabalho já suplantavam a perspectiva de novos usos para a força de trabalho. O advento da Indústria 4.0 certamente tornará vulcânico esse quadro, fazendo obsoletas a maioria das ocupações tal como as conhecemos. Nela, empresas substituem o trabalho por capital. De acordo com a natureza da economia administrada em cada país e segundo pesquisas empreendidas, calcula-se que, proporcionalmente, para sete milhões de empregos suprimidos, apenas dois milhões seriam criados. Países como o Brasil, muito provavelmente, padecerão pela falta de qualificação de seus nacionais. As adaptações e requalificações dos trabalhadores demandarão energia e projetos firmes dos governos.

É ainda Schwab quem escreve:

> Para começarmos a compreender isso, precisamos entender os dois efeitos concorrentes que a tecnologia exerce sobre os empregos. Primeiro, há um efeito destrutivo que ocorre quando as rupturas alimentadas pela tecnologia e a automação substituem o trabalho por capital, forçando os trabalhadores a ficar desempregados ou realocar suas habilidades em outros lugares. Em segundo lugar, o efeito destrutivo vem acompanhado por um efeito capitalizador, em que a demanda por novos bens e serviços aumenta e leva à criação de novas profissões, empresas e até mesmo indústrias.[(15)]

O *Oxford Martin Programme on Technology* prediz que profissões como operadores de *telemarketing*, contadores, avaliadores de seguros, árbitros e juízes desportivos, recepcionistas de restaurantes e cafés, corretores de imóveis, trabalhadores do campo, entregadores e mensageiros, por exemplo, têm altas chances de desaparecimento, enquanto seguem em sentido inverso assistentes sociais, coreógrafos, médicos e cirurgiões, psicólogos, gerentes de recursos humanos,

---

(12) SCHWAB, Klaus, *A quarta revolução industrial*. São Paulo: Edipro, 2019. p. 69.

(13) WISSKIRCHEN, Gerlind *et al. Artificial intelligence and robotics and their impact on the workplace*. International Bar Association, IBA Global Employment Institute. Disponível em: <https://www.ibanet.org/Article/NewDetail.aspx?ArticleUid=012a3473-007f-4519-827c-7da56d7e3509>. Acesso em: 10 nov. 2019. p. 10.

(14) *A quarta revolução industrial*. São Paulo: Edipro, 2019. p. 35.

(15) *Op. cit.*, p. 42.

analistas de sistemas, antropólogos e arqueólogos, engenheiros navais e gerentes de vendas.[16]

Os chamados setores de colarinho azul e de colarinho branco serão afetados igualmente. Quanto mais rápido o processo de divisão do trabalho e mais etapas individuais de trabalho ou processo puderem ser descritas em detalhes e digitalizadas, mais cedo os trabalhadores serão substituídos por algoritmos inteligentes. Um terço dos trabalhos atuais, que exigem bacharelado, poderá ser realizado por máquinas ou *softwares* inteligentes no futuro. Deve-se sublinhar, nesse sentido, que nenhum trabalho será perdido abruptamente e remédios ainda podem curar.[17]

Estima-se que o capital internacional e as empresas por ele financiadas ocuparão os países em desenvolvimento. As empresas se localizarão onde puderem encontrar trabalhadores altamente qualificados, para monitorar e gerar inteligência artificial. Profetas do primeiro mundo apontam "perdedores" da Quarta Revolução Industrial. Países do BRICS (Brasil, Rússia, Índia, China e África do Sul) foram uma esperança para a economia global, devido ao aumento da extração de matérias-primas e à terceirização de várias filiais ocidentais da indústria para países de baixo custo de mão de obra. No entanto, atualmente, a demanda por matérias-primas é baixa e Brasil e Rússia tornaram-se menos atrativos. Com o desenvolvimento técnico dos robôs, empresas que produzem em países de baixo custo de mão de obra devolvem seus setores de produção para os seus países de origem. Países em desenvolvimento da América Central e do Sul não se beneficiarão com essa tendência do mercado. Esses países, claramente, não estão equipados para enfrentar a onda de automação e digitalização devido à falta de educação de grande parte da população e falta de investimento em infraestrutura (digital).[18]

Os "vencedores" da Quarta Revolução Industrial, acredita-se, serão os mesmos vencedores da evolução digital (China, Índia, Singapura, Hong Kong, Taiwan, Coreia do Sul, e os países escandinavos). Os países desenvolvidos ocidentais lucram com a realocação dos setores produtivos das empresas quando a produção robótica se torna mais barata do que a humana naqueles países de baixo custo. Os líderes do mercado digital mundial estão sediados no Vale do Silício, na Califórnia, Estados Unidos. O aumento da automação e digitalização é preocupação global que, à falta de possibilidades financeiras em muitos países em desenvolvimento, será e fortemente focado nos países desenvolvidos ocidentais e no sudeste asiático. Esses países serão considerados os vencedores da Indústria 4.0 por seu avanço tecnológico.[19]

Nos setores de baixa e média qualificação, principalmente, vários milhões de empregos em todo o mundo estão sob mira e não é certo que venham a ser reagrupados em outras áreas. Pode não haver oportunidades de emprego em setores diferentes para esses trabalhadores sem treinamento. Por força da introdução de máquinas cada vez mais hábeis e de sistemas inteligentes, os seres humanos se tornariam irrelevantes para os processos de trabalho. Isso propicia – como a temida mudança para o desemprego e a diferença entre ricos e pobres – conflitos sociais. Soluções por parte de entidades sindicais, legisladores nacionais e empresas são necessárias para gerenciar os problemas que virão. Exemplifique-se com a distinção entre plataforma e negócio real ou a definição de certos critérios para distinguir entre trabalhadores sob demanda e trabalhadores tradicionais no setor de serviços.

Tomara possa a maior parte dos empregos ser transferida para áreas de trabalho distintas, sob as novas referências.

No passado, grande parte da população atrelava-se ao setor primário (produção de matérias-primas, como agricultura e mineração). Durante a Primeira Revolução Industrial, a população trabalhadora migrou para o setor secundário (manufatura). Desde as Guerras Mundiais e até hoje, no entanto, há clara preferência para o setor terciário (de serviços).[20]

Percebe-se que as apostas convergem para empregos que demandem talentos cognitivos, criativos e habilidades sociais ou com capacidade de rápida escolha de soluções para questões complexas e que uma parte do planeta já se encontra na dianteira.

---

(16) SCHWAB, Klaus, *Op. cit.*, p. 45.

(17) WISSKIRCHEN, Gerlind *et al.* ***Artificial intelligence and robotics and their impact on the workplace.*** International Bar Association, IBA Global Employment Institute. Disponível em: <https://www.ibanet.org/Article/NewDetail.aspx?ArticleUid=012a3473-007f-4519-827c-7da56d7e3509>. Acesso em: 10 nov. 2019. p. 14.

(18) *Idem.*

(19) *Idem*, p. 17 a 19.

(20) *Idem*, p. 116 a 119.

Tenha-se em mente o envelhecimento da população e que as feições da Indústria 4.0 tendem a conduzir, inegavelmente, à avassaladora destruição de empregos de características mais conservadoras (ainda que outros venham a surgir e ser necessários).

Preocupações também recaem na questão de gênero e isonomia, pois, se, de um lado, trabalhos habitualmente dependentes de força e destinados a homens tendem a perecer, também aqueles empregos preferencialmente ocupados por mulheres estão ameaçados, comprometendo a realidade, que não é apenas brasileira, de famílias chefiadas por mulheres, que dependem de sua remuneração para a subsistência.

A economia sofrerá metamorfose, decodificando o vínculo com o trabalho. Conjectura-se que as demandas e ofertas de trabalho poderão ser lançadas em nuvem (*crowdworkers*), disponibilizando-se a trabalhadores e interessados em qualquer lugar do mundo. Uma ruptura com o modelo em que interagem patrão e empregado, um rompimento com o conceito de subordinação, com o ambiente tempo-lugar.

Um cenário futurista mais otimista, divisado por alguns, acena para a possibilidade de trabalhadores oferecerem, mais facilmente, seus trabalhos, sem intermediários; melhor utilização do tempo e do espaço; estímulo ao trabalho autônomo e ao empreendedorismo; maior controle do tempo dedicado ao lazer, com certa hibridação entre horas de trabalho e de descanso.

Não só estão ameaçados os empregos, mas também a feição dos próprios contratos de trabalho, cada vez menos afeitos à indeterminação, o que obriga os trabalhadores à constante movimentação de um emprego a outro, de um posto a outro, exigindo capacidade de adaptação e, sobretudo, hercúleo equilíbrio emocional. Este aspecto é preocupante e, ainda uma vez, soa o alarme para os governos, convidados à oferta de padrões que protejam os níveis de empregabilidade e de segurança para os desempregados.

A exaltação com que as mudanças tomam corpo não deixa dúvidas quanto à atual perplexidade de governos, instituições de educação, corporações e sindicatos, ante a necessidade de rápida intervenção no quadro que se forma. E a responsabilidade é, necessariamente, da sociedade, vista da forma mais abrangente possível.

9. PROTEÇÃO TRABALHISTA

É evidente que o desemprego, no mundo, é estrutural, fruto do desenvolvimento tecnológico, da concorrência internacional e da consequente remodelação dos padrões de produção. Certa ótica anuncia o fim do emprego e do trabalho. Mauricio Godinho Delgado, com sua acuidade, anota:

> A referida matriz intelectual, que acredita na derruição estrutural do trabalho e do emprego na presente fase do sistema socioeconômico vigorante tem evidenciado notável prestígio em grande parte dos governos ocidentais nos últimos anos, induzindo à formulação de políticas públicas reformistas na área regulatória do trabalho e do emprego. Surge aqui outro fator que acaba por influenciar, direta ou indiretamente, a dinâmica da equação emprego/desemprego. Trata-se das modificações jurídicas implementadas na configuração institucional do mercado de trabalho e das normas que regulam suas elações integrantes (ou modificações normativas trabalhistas).[21]

Saltos tecnológicos nem sempre representam ganhos efetivos para a grande massa de trabalhadores. Concomitantemente à perda de postos, aos remanescentes passa-se a demandar menor permanência no local de trabalho, gerando queda de renda, já desencadeada, no Brasil, pela edição da Lei n. 13.467/2017 e por diplomas que prometem segui-la.

Contrapõe-se ao prognóstico pessimista um futuro de prodígios, como antes dito. A partir de instâncias supranacionais, o impacto é aquilatado como positivo e Estados se comprometeriam a aproveitar "as oportunidades criadas por aplicativos e tecnologias emergentes". Mas, por lado outro, é preocupante a previsão de desaparecimento do trabalho. A "robotização da economia" e a "economia colaborativa" espalhariam o vírus da morte do trabalhador subordinado, que, extinto, levaria consigo não apenas seus direitos, mas também os direitos individuais e coletivos então suprimidos[22].

A digitalização e automação dos serviços é fenômeno global e afeta, brutalmente, o Direito do Trabalho. Seria desejável que leis futuras, garantidas a nível internacional e em padrões uniformes, não percam de vista o desenvolvimento tecnológico, sem descuidar do tra-

(21) *Capitalismo, trabalho e emprego – entre o paradigma da destruição e os caminhos da reconstrução.* São Paulo: LTr, 2017. p. 36-37.

(22) CUESTA, Henar Álvarez. *El futuro del trabajo vs. El trabajo del futuro – implicacionaes laborales de la indústria 4.0.* La Coruña: Editorial Colex, 2017. p. 19.

balho digno, segundo os padrões estabelecidos pela Organização Internacional do Trabalho.[23]

Comemorar a automação cai muito bem para as empresas, mas reduzir a uma única pessoa o desatar, a vigilância e o encerramento de processo de produção, com o afastamento de tantas outras da fábrica, não parece cenário propício ao equilíbrio social e à guarda da dignidade da pessoa humana. No exemplo concebido, não resultam benefícios quer para os desempregados, quer para o remanescente empregado, que, submetido a padrões flexibilizados de jornada e intervalos, muito certamente terá seus ganhos reduzidos.

A possibilidade de teletrabalho, introduzida pela reforma trabalhista brasileira, pode beneficiar parcela de trabalhadores, mas, no presente, conduz à proliferação de funções que dispensam a presença física do trabalhador no local de trabalho, envolvendo atividades que requerem qualificação especial e habilidades para inserção em um sistema de *big data*.

Tudo isso não se fará, por exemplo, sem que se regule tempo para desconexão, um novo enfoque para controle de jornada, a oferta de empregos sem quebra de isonomia, a efetiva garantia de educação aos nacionais de um país (aqui, um destaque para o Brasil, já de pronto posto em risco), com especializações para todos os tentáculos tecnológicos do novo Leviatã que se ergue – concessões qualificadas não só por conteúdos, mas, sobretudo, por métodos que, exatamente, levem em conta, os novos padrões tecnológicos e diferentes aptidões ou inclinações vocacionais. Sem o foco na formação das pessoas (incluídos os mais velhos e os trabalhadores com deficiências), o desequilíbrio e a potencial ruína das estruturas sociais serão logo visíveis.

Em tal universo, confinar o trabalhador à sua casa ou tornar horários de trabalho mais flexíveis não representam, por si, o melhor dos mundos. A experiência demonstra que o isolamento do trabalhador que se ativa em domicílio traz prejuízos radicais à saúde, sem mencionar a pulverização do espírito de classe, que tanto resguardou a classe trabalhadora desde a Primeira Revolução Industrial.

Na mesma toada, seguem o estímulo ao trabalho autônomo e a desconstrução do que se compreende por trabalho subordinado. Alastra-se o fenômeno da terceirização, a precarizar o trabalho e fragilizar a classe trabalhadora em seu conjunto. O descontrolado avanço tecnológico, longe de condenar a manutenção de normas que resguardem a saúde do trabalhador, exigirá o seu aperfeiçoamento, para abranger as novas modalidades de trabalho, não permitindo que a máquina seja protagonista, ao lado do ser humano longinquamente coadjuvante.

O enfraquecimento da classe trabalhadora, pela destituição de direitos mínimos, previstos e garantidos em Lei, torna preocupantes os termos em que virão estabelecidas as negociações coletivas para o futuro. Por tal razão, impõe-se ao sindicato repensar suas praxes de atuação e arregimentação de associados.

Se o trabalho muda, necessárias são também as mudanças no direito, a esta quadra já transformado em mercadoria e alvo de negociações internacionais, em descompasso com a sua índole de reflexo da sabedoria dos comuns e de ferramenta garantidora de progressos civilizatórios.

10. CONCLUSÃO

Os humores incontroláveis dos mares que navegamos nos fazem vacilantes. A falta de segurança, de endereços, de intimidade (sempre à disposição de *hackers*) nos abalam como se um cavalo de Troia feito de *bytes* nos invadisse o mais íntimo – sujeitos indefinidos, angústias demolidoras. Incêndios, secas, assassinatos, migrações, erros biotecnológicos condenam vidas, roubam empregos das almas que sobrevivem. Tempo e lugar prometem apagar-se na base que sustenta o trabalho como conhecido. Somos convidados a habitar casas pelas quais pagamos e pagaremos, mas nas quais seremos inquilinos. Um vazio, uma espada de Dâmocles pende.

Nelson de Oliveira profetizava:

> O pós-humano é inevitável.
>
> Seiscentos e cinquenta milhões de anos de evolução nos dizem que não somos o ponto final da história da inteligência.
>
> Somos apenas a ponte para algo mais enigmático.
>
> E terrível.
>
> Mais uma espantosa ponte numa aventura sem começo ou fim. Num universo esférico feito apenas de pontes.

(23) WISSKIRCHEN, Gerlind *et al*. *Artificial intelligence and robotics and their impact on the workplace*. International Bar Association, IBA Global Employment Institute. Disponível em: <https://www.ibanet.org/Article/NewDetail.aspx?ArticleUid=012a3473-007f-4519-827c-7da56d7e3509>. Acesso em: 10 nov. 2019. p. 116-119.

Estaremos, efetivamente, condenados à substituição, a sermos tutelados pela máquina? Ou seremos como ciborgues, que, na poética de Adriane Garcia, "Não se chatearão/Não se sentirão explorados/Não chorarão a morte das mães/Não plantarão abandonos/Não se suicidarão/Tendo deletado o aplicativo/Excêntrico/*Touch screen*/Onde se lia/Amor"?[24]

O homem precisa de sonhos, precisa sentir-se seguro, com trabalho que lhe garanta a subsistência de forma digna. Não se pode permitir que os sonhos sejam programados por algoritmos e que o trabalhador qualifique-se por códigos de barras, sequioso de um exoesqueleto que o equipare a androides.

Ainda há chance de se emboscar o tempo e corrigir erros. Não podemos deitar âncoras na omissão, na apatia, como se tudo já se houvesse cumprido. Nesse quadro, em que o abismo entre ricos e pobres, entre seres humanos discriminados e entregues a nichos se amplia, a responsabilidade de todos nós pela redigitação do mundo é imperativa.

Não há possibilidade de se construir um panorama seguro para o que os voos tecnológicos decorrentes da chamada Quarta Revolução Industrial trarão para a composição da sociedade como um todo e, em especial, para o mundo do trabalho. Estudos urgentes se fazem necessários de modo a que se preservem a dignidade da pessoa humana e, em especial, do trabalhador.

À luz do "darwinismo tecnológico", é garantido o desaparecimento de muitas das profissões e de postos de trabalho, sendo necessária a requalificação dos trabalhadores.

São trabalhos que tendem a desaparecer aqueles que demandem essencialmente rotinas extremas, como caixas, balconistas, ou que requeiram intervenção manual ou de força. A dispensa de trabalhadores como resultado da digitalização pode resultar, exatamente, da impossibilidade de reconfiguração de seus conhecimentos, pela absoluta falta de habilidade para tanto. Daí a necessidade de leis que os protejam, para além da oferta de readaptação. Em tal ponto, resta razoável a consulta a sindicatos e governos responsáveis. Em casos especiais, como, por exemplo, os dos advogados e médicos, não se antecipa supressão, mas, certamente, a diminuição do número de indivíduos necessários a determinada organização ou especialidade. Lamentavelmente, esse quadro tende a avolumar a distância entre ricos e pobres.

É importante que estudos detalhados e urgentes identifiquem as atividades que estejam condenadas pela Quarta Revolução Industrial e estabeleçam parâmetros capazes de prevenir que milhões de homens e de mulheres permaneçam lançados à desocupação e à extrema pobreza. Lembremo-nos de que todas as Revoluções Industriais precedentes levaram à perda de empregos. Também é importante rememorar que as circunstâncias em que aconteceram eram muito mais simples do que estas oferecidas pelo presente: o chamado desemprego tecnológico.

Apesar de todos os benefícios que podem advír da evolução tecnológica – e isto é inegável –, o fato é que danos se mostram prováveis, com a deterioração das condições de trabalho, com a confusão entre a vida profissional e a vida privada e, obviamente, com aceleração da fúria capitalista, capaz de ampliar riquezas ao custo da redução de salários.

Não nos enganemos. Este futuro já chegou. O trabalho intermitente, há pouco regulado no Brasil, é prova suficiente da precarização que se anuncia. Por mais esta razão, é necessário que se acredite e que se reabilite o Direito do Trabalho, tão aviltado nos tempos que seguem. É fundamental que limites éticos sejam muito bem pensados e estabelecidos por normas jurídicas, quer no âmbito nacional, quer no ambiente supranacional, aí certamente envolvida a Organização Internacional do Trabalho e outras instituições capazes de oferecer soluções hábeis.

Também é razoável compreender a necessidade de fortalecimento dos atores sociais coletivos. Se, em outros momentos, a união sindical representou o resguardo e o progresso para a classe trabalhadora, agora, quando novas formas de trabalho e mesmo de subordinação passam a figurar na antecena, ainda mais se reforça essa premência.

Em paralelo à questão tecnológica, o mundo sofre mudanças ambientais desastrosas, que somente podem tornar mais rigoroso o futuro que nos aguarda. É forçoso que se respeite a premissa de que o homem é fim em si mesmo e não o instrumento da máquina. A evolução tecnológica, não neguemos, trará benefícios formidáveis para a humanidade, mas estes benefícios não podem comprometer os ganhos civilizatórios até então conquistados.

Dentro do espectro da dignidade da pessoa humana e da valorização social do trabalho, pilares da República, ainda que soe redundante, não é admissível abandonar-se a figura do trabalho digno como sustentáculo de

(24) *Hiperconexões*. São Paulo: Editora Patuá, 2014. p. 15.

uma sociedade equilibrada e, sob todos os aspectos, justa e segura. Com responsabilidade, sensibilidade e, sobretudo, respeito aos valores que sustentam a República brasileira, conforme inscritos na Constituição Federal, impor-se-á extensa revisão das normas de Direito do Trabalho, com resguardo de seus princípios fundamentais e garantias suficientes para os trabalhadores. O universo refeito deve contemplar proteção ampla, sem exclusões, remodelando os mecanismos existentes, recusada a ideia simplista do fim do trabalho.

A prometida proteção contra a automação há de sair do texto e contemplar oportunidades para que se realize trabalho produtivo, com remunerações justas, segurança no local de trabalho, proteção social para trabalhadores e suas famílias, desenvolvimento social, igualdade de oportunidades e de tratamento, além, e, sobretudo, de organização e participação nas decisões que afetem suas vidas, com plena liberdade de expressão – como preconiza a Organização Internacional do Trabalho.

O trajeto da história há de contemplar melhores dias, de modo que o veículo no qual todos embarcamos nos garanta segurança, conforto individual e coletivo, e jamais alcance terras de desolação, desesperança e sofrimento. Para além do trabalho, do emprego, o conjunto de vetores que nos alvejam põe em risco a própria existência da espécie humana. Nenhuma máquina superará a consciência e a mágica potencialidade de erros e acertos de nossas escolhas. Os algoritmos são uma realidade cortante. Para os homens, que prevaleça o domínio da história, a titularidade do destino da humanidade.

REFERÊNCIAS

BRANDÃO, Cláudio Mascarenhas. *Comentários à Constituição do Brasil*. (Org.) CANOTILHO, J. J; MENDES, Gilmar Ferreira; SARLET, Ingo Wofgang; STRECK, Lenio Luiz; LEONCY, Léo Ferreira. São Paulo: Saraiva, 2018.

CUESTA, Henar Álvarez. *El futuro del trabajo vs. El trabajo del futuro – implicacionaes laborales de la indústria 4.0*. La Coruña: Editorial Colex, 2017.

DELGADO, Mauricio Godinho. *Capitalismo, trabalho e emprego – entre o paradigma da destruição e os caminhos da reconstrução*. São Paulo: LTr, 2017.

FREEMAN, Richard B. *Who owns the robots rules the world – the deeper threat of robotization*, Harvard Magazine. Disponível em: <https://harvardmagazine.com/2016/05/who-owns-the-robots-rules-the-world>. Acesso em: 23 set. 2019.

GARCIA, Adriane. *Hiperconexões*. (Org.) Nelson de Oliveira. São Paulo: Editora Patuá, 2014.

NESELLO, Bruna Zanandréa. A indústria 4.0 e a modernização das relações de trabalho. *Revista Fórum Justiça do Trabalho*, ano 36, n. 426, Belo Horizonte: Editora Forum, 2019.

McEWAN, Ian. *Máquinas como eu*. Trad. DAUSTER, Jorio. São Paulo: Companhia das Letras, 2019.

OLIVEIRA, Nelson de. *Hiperconexões*. (Org.) Nelson de Oliveira. São Paulo: Editora Patuá, 2014.

ORGANIZAÇÃO INTERNACIONAL DO TRABALHO. *Trabalho digno*. Disponível em: <https://www.ilo.org/lisbon/temas/WCMS_650867/lang--pt/index.htm>. Acesso em: 10 nov. 20.

RASO, Filipo; HILIGOSS, Hannah; KRISHNAMURTHY, Vivek; BAVITZ, Christopher; KIM, Levin. *Artificial intelligence and human rights*: opportunities and risks, Berkman Klein Center for internet and society at Harvard University. Disponível em: <https://papers.ssrn.com/sol3/papers.cfm?abstract_id=3259344>. Acesso em: 10 nov. 2019.

SARLET, Ingo Wolfgang. *Comentários à Constituição do Brasil*. (Org.) CANOTILHO, J. J; MENDES, Gilmar Ferreira; SARLET, Ingo Wofgang; STRECK, Lenio Luiz; LEONCY, Léo Ferreira. São Paulo: Saraiva, 2018.

SCHWAB, Klaus. *A quarta revolução industrial*. São Paulo: Edipro, 2019.

SILVA, José Afonso da. *Comentário contextual à Constituição*, São Paulo: Malheiros Editores, 2014.

WISSKIRCHEN, Gerlind; BIACABE, Blandine Thibault; BORMANN, Ulrich; MUNTZ, Annemarie; NIEHAUS, Gunda; SOLER, Guillermo Jiménez; VON BRAUCHITSCH, Beatrice. *Artificial intelligence and robotics and their impact on the workplace*. International Bar Association, IBA Global Employment Institute. Disponível em: <https://www.ibanet.org/Article/NewDetail.aspx?ArticleUid=012a3473-007f-4519-827c-7da56d7e3509>. Acesso em: 10 nov. 2019.

Capítulo 9

Capitalismo de Plataforma e a Impossibilidade do Trabalho Digno

Ricardo Festi(1)

Resumo: O texto busca problematizar os impactos da assim chamada Quarta Revolução Industrial, em particular o surgimento das plataformas digitais de transporte urbano, sobre o trabalho. Na primeira parte, mobiliza-se autores do campo da sociologia do trabalho que se debruçaram sobre a questão da automação e da revolução digital. Desta forma, ressalta-se que a singularidade da atual revolução tecnológica reside na revolução digital, que se apresenta como um novo meio que permite aprofundar o longo processo de automatização, estendendo-o, dessa forma, para a indústria de serviços. Numa segunda parte do texto, após problematizar a economia de plataforma e a função de controle dos algoritmos, analisa-se os debates no meio jurídico e político sobre a regulação dos serviços e a desregulação das relações de trabalho nesse ramo econômico. Toma-se, como exemplos, as discussões ocorridas na França, nos EUA e no Brasil.

Palavras-chave: Sociologia do trabalho. Trabalho de plataforma. Mundo do trabalho

Abstract: The text seeks to problematize the impacts of the so-called Fourth Industrial Revolution, in particular the emergence of digital urban transport platforms, on work. In the first part, we mobilize authors from the field of sociology of work who have addressed the issue of automation and the digital revolution. Thus, it is noteworthy that the uniqueness of the current technological revolution lies in the digital revolution, which presents itself as a new medium that allows deepening the long process of automation, thus extending it to the service industry. In a second part of the text, after problematizing the platform economy and the control function of the algorithms, we analyze the debates in the legal and political environment about the regulation of services and the deregulation of labor relations in this economic field. Examples are the discussions that took place in France, the USA and Brazil.

Keywords: Sociology of work. Platform work. World of work.

1. INTRODUÇÃO

Desde meados de 2010, está em curso em escala global um novo processo de revolucionamento do mundo do trabalho. Diferentemente de outras revoluções tecnológicas do passado, esta tem a singularidade de, pela primeira vez, atingir ao mesmo tempo todos os ramos da economia capitalista. O que permite isso são os *meios* e os *suportes* criados nas últimas décadas, em particular aqueles que possibilitam a propagação da tecnologia digital. Assim, a revolução digital está na dianteira da então chamada Quarta Revolução Industrial, o que tem conduzido "a uma mudança de paradigmas sem precedentes no domínio da economia e do social, nos negócios e no plano individual"(2). Nesse contexto, as plataformas digitais têm sido vanguarda das mais importantes inovações no que diz respeito às formas de gestão empresarial, às tecnologias de automação, aos litígios comerciais e trabalhistas e às relações de emprego.

Neste texto, buscamos pontuar questões que possam elucidar o objeto escolhido. Num primeiro momento, mobilizamos autores clássicos e contemporâneos da sociologia do trabalho para caracterizar

(1) Professor Adjunto do Departamento de Sociologia da Universidade de Brasília (UnB). Doutor em Sociologia pela Universidade Estadual de Campinas (UNICAMP), com estágio de pesquisa na École des Hautes Études en Sciences Sociales, em Paris.

(2) SCHWAB, Klaus. *La quatrième révolution industrielle*, Malakoff: Dunod, 2017. p. 13. Tradução nossa.

o longo processo de automatização industrial e de revolução digital. Em seguida, definimos e conceituamos as plataformas digitais no contexto da crise estrutural do capital, da desagregação dos direitos trabalhistas e da precarização do trabalho. Para isso, privilegiamos a análise das plataformas digitais de transporte de pessoas e mercadorias. Dessa forma, apresentamos uma breve descrição analítica dos debates no meio jurídico e legislativo sobre a regulação desses serviços e da desregulação das relações de trabalho nesse ramo, tomando como exemplos as disputas ocorridas no Brasil, na França e nos EUA. Concluímos, ao final, que a economia de plataforma tem impulsionado e intensificado novas e velhas formas de precarização do trabalho, impossibilitando o trabalho digno.

As reflexões que aqui apresentamos são partes de uma pesquisa em andamento acerca da emergência das plataformas digitais e os seus impactos sobre o trabalho e a sociedade. Trata-se de um estudo que compõe uma pesquisa coletiva iniciado, em 2019, no Grupo de Pesquisa Mundo do Trabalho e suas Metamorfoses (GPMT), dirigido pelo Prof. Ricardo Antunes, em colaboração com o Ministério Público do Trabalho da 15ª Região (Campinas)[3].

2. COMO DEFINIR O ATUAL PROCESSO DE REVOLUÇÃO DIGITAL?[4]

Nos anos de 1950 e 1960, na França, a sociologia do trabalho surgiu tendo como um de seus objetos de preocupação os impactos da automação industrial sobre o trabalho e a sociedade. O seu primeiro e mais importante estudo foi dirigido por Pierre Naville, entre os anos de 1957 e 1959. Ele se debruçou sobre vários ramos industriais, realizando uma vasta investigação empírica que deu origem, alguns anos mais tarde, ao seu livro *Vers l'automation?: problèmes du travail et de l'automation*.

Já no início dos anos 1960, Naville[5] visualizava que a automação industrial estenderia o seu alcance até abranger, direta ou indiretamente, o conjunto do sistema industrial. Ele compreendia que estavam surgindo, lado a lado, dois automatismos relativos, isto é, o sistema de automação industrial e o sistema humano. Ou seja, o autor francês vislumbrava que aquela incipiente revolução produzida pelas máquinas automatizadas levaria a um processo de autonomia do mundo industrial (e das máquinas) em relação aos seres humanos. Não havendo um caminho previamente definido, essas transformações produziriam, evidentemente, consequências tanto negativas quanto positivas.

Segundo observou Pierre Rolle, um colaborador de Naville:

> [...] a sociedade das máquinas, livre das limitações impostas pela sua germinação com os organismos humanos, será dividida, conectada e estendida aos autômatos planetários, numa espontaneidade dinâmica até então desconhecida. Quanto à sociedade dos homens, terá que praticar o domínio que adquiriu de si mesma, seja para expandir a liberdade de seus membros, seja para combatê-la. De qualquer forma, o ambiente comum a estes dois desenvolvimentos independentes um do outro será necessariamente o signo.[6]

A reflexão de Naville sobre a automação industrial levou-o a concluir que esse processo produziria a dissolução do assalariado, possibilitando uma autonomia quase total das máquinas. Segundo o argumento do autor, ao iniciar o processo de automação, as máquinas tornam-se suscetíveis de funcionar e de se reproduzir sem intervenção humana, pois a base da automação é a autonomia, e esta concerne tanto às máquinas evoluídas quanto aos homens. Nesse sentido, seria:

> lógico imaginar também que a 'máquina' do futuro, à base de sistemas de comunicações, tornar-se-á independente dos homens que a criaram e assumirá, muito rapidamente, não apenas a sua própria manutenção, como também a sua reprodução material e cognitiva.[7]

---

(3) Trata-se do projeto de pesquisa "Trabalho, tecnologia e impactos sociais: o advento da indústria 4.0". O seu eixo central é compreender os impactos sociais que serão decorrentes da implantação da chamada Indústria 4.0 no Brasil. Ele busca contemplar diversos ramos produtivos como a indústria, os serviços e a agroindústria, assim como os novos ramos e setores, como é o caso das plataformas digitais.

(4) Esta seção do texto foi desenvolvida no artigo intitulado "Contribuições críticas da sociologia do trabalho sobre a automação", publicado no livro *Trabalho, tecnologia e impactos sociais da indústria 4.0* (prelo).

(5) NAVILLE, Pierre. *Vers l'automatisme social ?*: machines, informatique, autonomie et liberte. Paris: Syllepse, 2016.

(6) PIERRE ROLLE. L'automatisme ou les spontanéités construites, In: BURNIER, Michel; CÉLÉRIER, Sylvie; SPURK, Jan (Eds.). *Des sociologues face à Pierre Naville ou L'archipel des savoirs*. Paris, Montréal: Éd. l'Harmattan, 1997. p. 216. Tradução nossa.

(7) BURNIER, Michel. Naville et l'avenir de la société industrielle, In: BURNIER, Michel; GRAPPE-NAHOUM, Véronique (Eds.). *Pierre Naville: La passion de l'avenir. Dernier Cahier (1988-1993)*, Paris: M. Nadeau, 2010. p. 201. Tradução nossa.

Ainda segundo Naville, existiria uma separação entre os sistemas de operadores produtivos materiais e os operadores humanos, cada um trabalhando de acordo com a própria informação que recolheu e elaborou. "O sistema operacional geral (homens, máquinas e equipamentos) representa, assim, uma simbiose técnica funcional, no sentido cibernético, e como dissemos, uma linguagem."[8] Assim, estaríamos:

> às vésperas de um momento em que a ciência será capaz de dar um conteúdo a este 'pensamento do pensamento' [...] que se expressa na autonomia do signo: um conteúdo industrial, técnico e social. O universo das comunicações dominará o das produções como uma sociedade que domina a sociedade. O automatismo está ligado à autonomia, e a autonomia é um princípio de duplicação.[9]

Portanto, a partir deste ponto de vista, o autor francês ressaltava a possibilidade de ver os grupos técnicos adquirirem na sociedade, ao lado dos grupos humanos, um lugar até então reservado exclusivamente a estes. Nossa hipótese é que essa aposta de Naville está mais próxima de se concretizar hoje com a revolução digital do que em sua época. As projeções que fazem os vários autores sobre a Quarta Revolução Industrial recolocam o pensamento do sociólogo francês em evidência. Assim, as suas conclusões podem ser um importante instrumental para os estudos sobre o trabalho contemporâneo.

Muito antes desses estudos sobre a implementação da automação industrial na França, Karl Marx apresentou em *O Capital*, no capítulo sobre a maquinaria e a grande indústria, uma reflexão sobre as potencialidades do seu desenvolvimento. Evidentemente que o autor alemão não viu florescer em sua época a fábrica automática ou o autômato mecânico, que expressariam as suas primeiras formas somente em meados do século XX e a sua integridade no início deste novo milênio. Porém, seguindo a lógica imanente do desenvolvimento do maquinário como parte da técnica do modo capitalista de produção, Marx[10] ressaltou que:

> a partir do momento em que a máquina de trabalho executa todos os movimentos necessários ao processamento da matéria-prima sem precisar da ajuda do homem, mas apenas de sua assistência, temos um sistema automático de maquinaria, capaz de ser continuamente melhorado em seus detalhes.[11]

Segundo Naville[12], um aspecto importante da automação está em *quem governa o processo de produção*. Nesse sentido, ela não se resume a um conjunto de fábricas automáticas, nem tampouco é uma inversão entre sujeito e objeto na produção. A automação é a gestão das máquinas por um "cérebro mecânico", em substituição aos antigos ofícios realizados pelos operários, tais como controle, supervisão, ajustes etc. O peso do trabalho, portanto, tende a se transferir das *atividades neuromusculares* para as *neurossensoriais*, diminuindo os esforços físicos e aumentando as tensões relacionadas à vigilância e à supervisão.

Outro autor francês que se debruçou a estudar o processo de automatização industrial foi Benjamin Coriat[13]. Os seus trabalhos se concentraram sobretudo nas décadas de 1980 e 1990, quando ocorreu a implementação da robótica e da informática, resultando em um novo salto tecnológico da produção industrial. Nesse caso, as pesquisas de Coriat, diferentemente das realizadas pela sociologia do trabalho dos anos 1950 e 1960, acabaram por captar um estágio amadurecido da automação – ou intermediário, olhando-se a partir da perspectiva de hoje –, quando algumas de suas tendências verificadas nas décadas anteriores se efetivaram.

De acordo com Coriat[14], o que permite que a *automação* seja algo completamente novo não são as suas séries repetidas automaticamente por uma máquina, algo que já existia no período da mecanização, mas os *suportes* e os *meios* utilizados para automatizar as fábricas industriais. Nessa lógica, a partir dos anos 1960 e, principalmente, ao longo dos anos 1970, o desenvolvimento da *informática* e da *eletrônica* permitiram aumentar o domínio da aplicação da automação.

---

(8) NAVILLE. *Vers l'automatisme social ?* : machines, informatique, autonomie et liberté, p. 276. Tradução nossa.

(9) *Ibidem*, p. 277. Tradução nossa.

(10) MARX, Karl. *O capital*: crítica da economia política; Livro I – O processo de produção do capital. São Paulo: Boitempo, 2013.

(11) *Ibidem*, p. 455.

(12) NAVILLE. *Vers l'automatisme social ?* : machines, informatique, autonomie et liberté.

(13) CORIAT, Benjamin. *L'atelier et le robot: essai sur le fordisme et la production de masse à l'âge de l'électronique*, Paris: Christian Bourgois Editeur, 1990; CORIAT, Benjamin. *A revolução dos robôs*: o impacto socioeconômico da automação. São Paulo: Busca Vida, 1989; CORIAT, Benjamin. *La robotique*, Paris: Éditions La Découverte/Maspero, 1983.

(14) CORIAT. *L'atelier et le robot*; CORIAT. *A revolução dos robôs*: o impacto socioeconômico da automação. CORIAT. *La robotique*.

Ao colocar um acento sobre os *suportes* e os *meios* para compreender a automatização, Coriat[15] distinguiu a *indústria de processo contínuo* – ou *de propriedade* – e a *indústria de série* – ou *de forma*. A primeira é regida por uma cadeia de operações físico-químicas, como é o caso da indústria química. Na segunda, as operações têm como objetivo moldar novas formas, como é o caso da automobilística. Para cada tipo há um problema específico na aplicação do maquinário. Por suas particularidades, a automação desenvolveu-se primeiramente na indústria de processo contínuo. Foi só com a invenção dos *robôs*, na década de 1970, que a automação se estendeu às fábricas de séries – realizando tarefas de usinagem, pintura, solda, moldagem, fundição, manutenção e montagem.

Seguindo o raciocínio de Coriat[16], poderíamos compreender que a Quarta Revolução Industrial inaugura novos *meios* e *suportes*, principalmente aqueles criados com a *revolução digital*, que possibilitam um novo salto na automação. Entre as diversas tecnologias anunciadas, talvez a mais importante seja justamente a Internet 5G. Esse *suporte*, por exemplo, possibilitará a conexão entre os diversos *meios*, tais como a Inteligência Artificial, a Impressora 3D, o Big Data, entre muitos outros.

Poderíamos também acrescentar um terceiro tipo de processo que a Quarta Revolução Industrial abrangerá com maior plenitude, ou seja, a *indústria de serviços*. Se a indústria de série ou de forma necessitou do desenvolvimento da robótica e da eletrônica para se automatizar e produzir uma verdadeira revolução (regressiva) nas relações de trabalho, a indústria de serviços precisou do *meio digital* para o seu salto de qualidade, permitindo a abertura de novos ramos na economia jamais imaginados e explorados. É nesse novo segmento que se encontram as *plataformas digitais*, tais como Uber, Airbnb, iFood, Deliveroo etc.

Mas se os *suportes* e os *meios* são centrais para a caracterização da automação, o fundamental para compreender o seu papel na ordem societal, de acordo com Coriat[17], está em seus *objetivos estratégicos*. É nesse aspecto que o autor compreende que a automação não produz uma revolução na forma de produção, senão um aprofundamento de um curso que já vinha sendo tomado pelo taylorismo-fordismo. Segundo ele, esse modelo de produção não foi dissipado da automação industrial. Pelo contrário, o seu objetivo estaria mais presente do que nunca na produção automatizada, isto é, no *controle*. O que caiu, portanto, foi o paradigma taylorista-fordista, que estipulava que a eficácia e a produtividade dependiam centralmente de um trabalho fragmentado e distribuído ao longo da linha de montagem, no qual se move a um ritmo rígido. Portanto, o objetivo da automação "é conseguir arrancar das mãos dos operários a atividade estratégica de ajuste e controle da máquina, para fazê-la efetuar automaticamente as operações, depois de haver sido corretamente programada"[18].

A expansão e a intensificação da automação para a indústria de serviços, por meio da revolução digital, acabaram por impulsionar um novo proletariado, como adverte Antunes[19] em seu último livro sobre o tema:

> [...] estamos presenciando o advento e a expansão monumental do novo proletariado da era digital, cujos trabalhos, mais ou menos intermitentes, mais ou menos constantes, ganharam novo impulso com as tecnologias da informação e comunicação, que conectam, pelos celulares, as mais distintas modalidades de trabalho. Portanto, em vez do fim do trabalho na era digital, estamos vivenciando o crescimento exponencial do novo proletariado de serviços, uma variante global do que se pode denominar escravidão digital.[20]

Ao contrário da visão difundida por aqueles que veem nas múltiplas economias de plataforma o ressurgimento da economia solidária – ou, numa denominação recente, da economia colaborativa –, o que assistimos nesse processo de "uberização" ou de "plataformização" é a reprodução do que há de mais tradicional na economia capitalista[21]. Elas recolocam os trabalhadores – de uma maneira ainda mais acentuada do que os processos do passado – em concorrência contínua, negando-lhes o acesso e o compartilhamen-

(15) CORIAT. *L'atelier et le robot*.

(16) *Ibidem*.

(17) CORIAT. *A revolução dos robôs*: o impacto socioeconômico da automação. CORIAT. *L'atelier et le robot*.

(18) CORIAT, Benjamin. *El taller y el robot*: ensayos sobre el fordismo y la producción en masa en la era de la electrónica. 3. ed. México: Siglo Veintiuno, 1996. p. 41. Tradução nossa.

(19) ANTUNES, Ricardo. *O privilégio da servidão*: o novo proletariado de serviços na era digital. São Paulo: Boitempo, 2018.

(20) *Ibidem*, p. 30.

(21) AMELLAL, Karim. *La révolution de la servitude*: pourquoi l'ubérisation est l'ennemie du progrès social. Paris: Editions Demopolis, 2018.

to do seu "bem comum" mais valioso, isto é, o *algoritmo*. Assim, mantém-se o princípio sagrado da propriedade privada e do segredo empresarial, fazendo cair por terra a ideologia sobre os "colaboradores" e sobre a falsa autonomia proporcionada por essas plataformas.

No entanto, diferentemente das formas tradicionais do capitalismo, as plataformas digitais produziram novas configurações de *controle*, muito mais eficazes e precisas, que são capazes de intervir e de orientar o comportamento de seus "colaboradores" e "clientes". Graças à quantidade absurda de dados que os seus usuários fornecessem a esses aplicativos e, também, à enorme capacidade de cálculo proporcionado pelo mundo informacional-digital, os algoritmos tornaram-se instrumentos de poder(22).

3. COMO DEFINIR AS PLATAFORMAS DIGITAIS?

Na introdução de um livro publicado em 2019, na França(23), Abdelnour entende que as "plataformas digitais constituem não apenas uma inovação técnica, mas também um novo espaço para modificar as regras do jogo em relação ao trabalho e ao emprego"(24). O emblemático desse processo é que, por elas representarem uma nova tecnologia e um novo ramo da economia capitalista, atuam conscientemente buscando as brechas e as margens da legislação vigente, adentrando, em alguns casos, na ilegalidade. Por exemplo, a maioria das empresas da economia de plataforma não seriam rentáveis se seguissem à risca as legislações vigentes da maioria dos países. Portanto, o crescimento desse setor veio acompanhado de um aumento da precarização do trabalho, por inúmeros novos casos de litígios e por pressões para mudar as regras comerciais e sociais.

Esse processo de ultraprecarização do trabalho é denominado, por vários autores, de *uberização*, entre eles Abilio. Segundo a pesquisadora:

> a definição de uberização do trabalho se refere a uma nova forma de gestão, organização e controle do trabalho que se afirma como tendência global no mundo do trabalho. [...] O elemento central catalisado pelas plataformas são as *novas formas de dispersar o trabalho sem perder o controle sobre ele*. [...] Tal processo atualmente consolida o trabalhador como um autogerente-subordinado que já não é contratado, mas se engaja no trabalho via a adesão às plataformas.(25)

No mesmo sentido argumenta Abdelnour(26). Para ela, os trabalhadores das plataformas digitais:

> assumem o risco vinculado à sua atividade (investimento, clientela, risco físico), embora não muito autônomo na organização de seu trabalho (processo calibrado, preços fixados pelas plataformas, controlado por esta assim como pelos consumidores). As plataformas constituem, neste caso, *um novo espaço de exteriorização dos trabalhadores*.(27)

Assim, assistimos ao nascimento de novas formas de gestão da economia e do trabalho que indicam um aprofundamento das técnicas já desenvolvidas no modelo de produção flexível. Nessa nova etapa do "capitalismo de plataforma", por exemplo, a *exteriorização* do trabalho é levada ao seu extremo. As tarefas são atomizadas e cada trabalhador é tido como uma "unidade produtiva". São os tempos da *gig economy* e do *crowsdsourcing*.

Portanto, se na etapa anterior – caracterizada pela adoção do modelo de produção flexível(28) e da obstinação pelo método do *just in time* – a exteriorização das atividades de uma empresa ocorria com a transferência de partes do processo produtivo para uma empresa terceira ou quarta, hoje, na economia de plataforma, a exteriorização ocorre com a "transferência de trabalho, custos e responsabilidades para uma multidão de usuário-trabalhadores"(29). É por conta disso que:

---

(22) *Ibidem*.

(23) O livro é o resultado de diversos estudos realizados no seio de um coletivo de pesquisadores sobre os novos trabalhadores de aplicativo. Os pesquisadores são membros do Capla (capitalisme de plateforme), coordenado por Sarah Abdelnour. O projeto busca analisar as práticas de trabalho, o *status* do emprego, os níveis de proteção social, assim como as suas consequências sobre as profissões e as repercussões sobre a vida privada e doméstica dos trabalhadores. Cf. ABDELNOUR, Sarah; MÉDA, Dominique. *Les nouveaux travailleurs des applis*. Paris: Presses universitaires de France/Humensis – laviedesidees.fr, 2019.

(24) *Ibidem*, p. 6. Tradução nossa.

(25) ABILIO, Ludmila C. Uberização: do empreendedorismo para o autogerenciamento subordinado. *Psicoperspectivas*: individuo y sociedade, v. 18, n. 3, 2019, p. 2. Grifos nossos.

(26) ABDELNOUR; MÉDA. *Les nouveaux travailleurs des applis*.

(27) *Ibidem*, p. 7. Grifos nossos.

(28) HARVEY, David. *Condição pós-moderna*: uma pesquisa sobre as origens da mudança cultural. 16. ed. São Paulo: Ed. Loyola, 2007.

(29) ABILIO. *Uberização*: do empreendedorismo para o autogerenciamento subordinado, p. 4.

o *crowdsourcing* e o trabalho amador são elementos centrais e entrelaçados desse processo de informalização do trabalho. A uberização conta permanentemente com o engajamento, as estratégias e o autogerenciamento subordinado dos próprios trabalhadores.[30]

No campo do discurso ideológico, as plataformas digitais de transporte humano e de mercadorias, como a Uber e o iFood, propagam a ideia de que as suas empresas estariam aportando para o desenvolvimento de uma economia colaborativa (*economie du partage* ou *sharing economy*). Este é o discurso propagado também por empresas como a Airbnb e a Blablacar por estarem supostamente mobilizando espaços vazios (nas casas ou nos carros) para serem compartilhados com aqueles que necessitam ou desejam (hospedagem ou carona). Com isso, suas mediações entre demandantes e ofertantes proporcionaria uma renda extra para alguns e serviços baratos para outros.

A falácia do discurso da "economia colaborativa" se evidencia quando deixamos de analisar as microrrelações e passamos a refletir desde a perspectiva da totalidade. Sob este ângulo, empresas como Airbnb têm contribuído para a desprofissionalização do ramo hoteleiro e para um aumento assustador dos valores dos aluguéis residenciais nas grandes cidades – já que tem se tornado mais vantajoso aos rentistas disponibilizarem seus imóveis nesses aplicativos de hospedagens.

Outro aspecto importante que evidencia a falsidade desse discurso da "economia colaborativa" está no fato de que essas plataformas digitais têm como elemento fundamental de sua existência o incentivo à concorrência entre os trabalhadores. Para isso, atomizam as relações e individualizam ao máximo as tarefas ou os serviços. Por exemplo, raramente há um espaço físico ou um local de encontro proporcionado pela empresa, onde as experiências do trabalho poderiam ser compartilhadas e novas formas de sociabilidade poderiam ser estabelecidas.

Os negócios das plataformas digitais apresentam muitas vantagens econômicas – desde a sua criação ao seu desenvolvimento – se comparadas às tradicionais empresas industriais ou de serviços. O que existe de novo e singular nas firmas do tipo Uber e Airbnb é o fato de que os seus valores não residem em ativos físicos como fábricas, frota de veículos ou rede de hotéis. Elas são essencialmente digitais. Portanto, o seu principal ativo é a massa de interação (ou transação) gerada por seus aplicativos. Este elemento facilita tanto a sua inserção global, transpondo rapidamente as fronteiras dos Estado-Nações, quanto a sua relação com o mercado financeiro. Esses fatos as tornam hoje, portanto, o tipo de empresa mais identificada à gramática neoliberal.

No entanto, para que uma plataforma digital tenha esse potencial – e que nos permita falar em um capitalismo de plataforma – são necessárias duas condições fundamentais. A primeira é que a plataforma deve ter a capacidade de *replicação em escala global*. Ela não serve para a economia de plataforma se for um negócio local ou mesmo nacional[31]. A segunda condição é que a automatização ocorra ao máximo possível em seus mecanismos, isto é, da inscrição do usuário no serviço, passando pela geolocalização, a faturação, a avaliação do serviço e do trabalhador, até a sua gestão (dos passageiros, dos motoristas, dos hospedes etc.).[32]

Como bem caracterizou Amellal sobre a "uberização" da economia, as plataformas digitais representam a economia da pobreza, pois elas se proliferaram num contexto de crise estrutural do capital, empobrecimento da maioria da população, desvalorização relativa dos salários e aumento da desigualdade social e de renda. "Os pobres constituem o motor da economia do compartilhamento, porque sem eles não há nada a compartilhar. No fundo, a economia do compartilhamento é uma economia... da pobreza"[33], sustenta o autor. Assim, na avaliação de Dean Baker – um dos primeiros a apontar a bolha imobiliária nos EUA –, a assim chamada "economia do compartilhamento", longe de aportar para o bem-estar social, contribuirá para o aumento das desigualdades, da dependência e da precariedade dos trabalhadores mais frágeis e, ao final, minará a economia em seu conjunto.[34]

No entanto, na atual etapa do capitalismo neoliberal, coube ao Estado impor um novo disciplinamen-

(30) ABILIO. *Uberização*: do empreendedorismo para o autogerenciamento subordinado, p. 4..

(31) Alguns compreendem que a *plataformização da economia* é um dos mais importantes fenômenos da economia capitalista do século XXI. Especialistas projetam que ela será a próxima grande irrupção na economia por demanda. Segundo estudo feito pela consultoria UDC, em 2018, 80% das empresas que estão implicadas no mundo digital têm sua própria plataforma. Cf. AMELLAL. *La révolution de la servitude*.

(32) *Ibidem*.

(33) *Ibidem*, p. 76. Tradução nossa.

(34) BAKER *apud* AMELLAL. *La révolution de la servitude*.

to social, uma nova gramática[35], por meio de técnicas e dispositivos disciplinares, isto é, "de sistemas de coação, tanto econômicos como sociais, cuja função era obrigar os indivíduos a governar a si mesmos sob a pressão da competição, segundo os princípios do cálculo maximizador e uma lógica de valorização de capital"[36]. Portanto, um dos efeitos mais profundos do neoliberalismo se deu sobre a subjetividade dos indivíduos, em particular da classe trabalhadora, desarticulando a sua tradicional identidade de classe. Dessa forma, a nova gramática neoliberal mostrou-se eficaz ao capital ao impor uma conduta baseada na ilusão da autonomia e da liberdade, da escolha individual em meio a selvageria da concorrência capitalista. Neste "novo mundo" da liberdade, os "atores" precisam ser ativos, calculistas, à espreita de novas oportunidades.

No entanto, a estratégia neoliberal de disciplinamento pressupõe também a organização de um quadro jurídico e econômico que permita estabilidade para que os atores atuem no "jogo" da concorrência. Ela consiste, então:

> em criar o maior número possível de situações de mercado, isto é, organizar por diversos meios (privatização, criação de concorrência dos serviços públicos, "mercadorização" de escola e hospital, solvência pela dívida privada) a "obrigação de escolher" para que os indivíduos aceitem a situação de mercado tal como lhes é imposta como "realidade", isto é, como única "regra do jogo", e assim incorporarem a necessidade de realizar um cálculo de interesse individual se não quiserem perder "no jogo" e, mais ainda, se quiserem valorizar seu capital pessoal num universo em que a acumulação parece ser a lei geral da vida.[37]

4. AS DISPUTAS JURÍDICO-POLÍTICAS PELA REGULAÇÃO DOS SERVIÇOS E PELA DESREGULAÇÃO DO TRABALHO

No estudo de Nasom-Tissandier e Sweeney[38], sobre os litígios envolvendo as plataformas digitais na França, as autoras identificaram duas questões fundamentais referentes ao debate jurídico. A primeira se relaciona com os litígios comerciais acerca das responsabilidades dessas empresas sobre os serviços oferecidos. Em sua grande maioria, elas buscam formas de não se responsabilizarem, afirmando-se como simples intermediárias "neutras" nas relações entre o cliente e o trabalhador. Além disso, tentam se classificar como empresas digitais e não dos ramos de serviços que prestam (transporte, entregas etc.). Como consequência, no caso da União Europeia, as plataformas procuram não se submeterem "às obrigações jurídicas inerentes à prestação principal, que recai apenas sobre os prestadores", submetendo-se, então, somente às obrigações jurídicas do direito digital[39].

A segunda questão importante concerne ao *status* social daqueles que oferecem os seus serviços nessas empresas. O embate jurídico-político ocorre em definir se esses trabalhadores deveriam ser enquadrados como assalariados das plataformas – estabelecendo-se, dessa forma, uma relação de emprego entre eles – ou como auto-empreendedores ou mesmo independentes[40]. O fato é que "o modelo econômico das plataformas digitais implica em recorrer somente aos trabalhadores independentes, excluídos das legislações nacionais do trabalho"[41].

No que diz respeito aos litígios de plataformas digitais, a Uber está entre as empresas campeãs[42]. Na Europa, por exemplo, ela persiste em se livrar dos encargos e obrigações impostas pelas legislações locais ou nacionais se classificando como uma empresa de serviço

(35) DARDOT, Pierre; LAVAL, Christian. *A nova razão do mundo*: ensaio sobre a sociedade neoliberal. 1. ed. São Paulo: Boitempo, 2016.

(36) *Ibidem*, p. 193.

(37) *Ibidem*, p. 217.

(38) ABDELNOUR; MÉDA. *Les nouveaux travailleurs des applis*.

(39) *Ibidem*, p. 75. Tradução nossa.

(40) Esta segunda questão coloca um desafio ao modelo tradicional do Direito do Trabalho, fundado no conceito clássico de subordinação. Para um melhor debate sobre isso, ver ABRAMIDES, Natália Marques. *Relações de trabalho em plataformas digitais*: desafios ao modelo tradicional do direito do trabalho. Rio de Janeiro: Lumen Juris, 2019.

(41) NASSOM-TISSANDIER, Hélène; SWEENEY, Morgan. Les plateformes numériques de transport face au contentieux, In: ABDELNOUR, Sarah; MÉDA, Dominique (Eds.). *Les nouveaux travailleurs des applis*. Paris: Presses universitaires de France/Humensis – laviedesidees.fr, 2019. p. 82.

(42) Enquanto fechávamos este texto, a filial da Uber em Londres foi proíba de atuar na cidade pelo órgão que controla o transporte público da capital britânica. O motivo da decisão foi que a empresa apresentou várias "falhas" que teriam colocado em risco a segurança dos passageiros. A empresa, evidentemente, recorreu da sentença. Cf. *Londres proíbe Uber de operar nas suas ruas. Economia. El País Brasil*. Disponível em: <https://brasil.elpais.com/brasil/2019/11/25/economia/1574676876_162836.html>. Acesso em: 25 nov. 2019.

digital. O objetivo disso é se submeter às regras do comércio eletrônico, que lhe possibilitaria menores taxas e maior autonomia de ação frente às imposições das autoridades nacionais, como é o caso da necessidade de autorização prévia para atuar no país[43].

Porém, esta manobra da Uber foi barrada na Europa após algumas importantes decisões judiciais que a enquadraram como uma empresa de transporte. Na Espanha, por exemplo, a Corte de Justiça afirmou de maneira categórica que a Uber deve ser considerada como indissociavelmente ligada a um serviço de transporte e que este serviço não se resume a uma simples intermediação entre partes diferentes. Portanto, a Corte considerou que o Estado Espanhol pode submeter a atividade da Uber em seu território nacional à exigência de uma autorização prévia[44].

Na França, a Corte de Apelações de Paris igualmente refutou a ideia de "neutralidade" da empresa frente às obrigações que recaem sobre os motoristas de aplicativos. Portanto, ela a impeliu a criar regras claras e eficazes sobre os deveres de seus motoristas – especialmente a proibição de parar, estacionar ou rodar sobre vias abertas à circulação pública com o propósito de conseguir clientes sem o título de uma autorização reservada aos taxistas[45].

Outra estratégia adotada por essas empresas é conhecida como "otimização fiscal", isto é, a utilização de manobras jurídicas e contábeis para pagar menos impostos. Em 2016, por exemplo, o Airbnb na França ganhou uma cifra de € 130 milhões, mas pagou em impostos apenas € 92.944. A Uber, que lucrou € 20 milhões, em 2015, pagou para a França míseros € 120.987 para o seu Tesouro Público[46]. Esses valores equivalem ao montante de impostos pagos por um pequeno comércio local e não ao que deveria contribuir empresas transnacionais multibilionárias. A maneira encontrada para contornar a legislação e pagar menos impostos foi, em primeiro lugar, instalar as suas sedes em países que cobram taxas menores (como a Irlanda e a Holanda), mantendo naqueles em que têm os seus serviços apenas escritórios de marketing, comunicação, assistência técnica etc. A segunda manobra, como já apontamos, foi enquadrar as suas empresas no ramo do comércio digital.

Outro aspecto da estratégia para reduzir ao máximo os custos das plataformas digitais – apresentado como a grande vantagem do empreendimento – está na facilidade que encontraram para exteriorizar as atividades, flexibilizar as relações de trabalho e descomprometer-se das obrigações trabalhistas com os seus empregados. Porém, também nesse aspecto, empresas como a Uber têm sofrido revés, em diversos países, por meio de ações movidas na justiça ou por propostas de leis aprovadas em câmaras legislativas. Vejamos os exemplos dos EUA e do Brasil.

A maior derrota das plataformas digitais de transportes urbanos, em particular a Uber e a Lyft, ocorreu no Estado da Califórnia, nos EUA, em meados de 2019. Lá, o Legislativo estadual aprovou um projeto que considera os motoristas de aplicativos funcionários das empresas, e não meros prestadores de serviços independentes. A nova lei, proposta pela deputada Lorena González, tomou como base uma sentença da Suprema Corte da Califórnia, de abril de 2018, contra um serviço de entrega em domicílio. Esta considerou que os entregadores são, por definição, funcionários, salvo exceções.

Intitulado de Dynamex, a sentença foi "reconhecidamente um marco no combate à fraude na utilização da figura do trabalho autônomo (*independent contractor*) para esconder verdadeiras relações de emprego"[47]. Conforme a nova lei, qualquer indivíduo que fornece trabalho ou serviços em troca de remuneração tem o *status* de empregado e não de trabalhador independente, a menos que a empresa contratante demonstre todas as seguintes condições:

> A pessoa está livre do controle e da direção da entidade contratante em relação à execução do trabalho, tanto em relação ao disposto no contrato quanto de fato;
>
> A pessoa executa trabalho que está fora do curso normal dos negócios da entidade contratante;
>
> A pessoa habitualmente atua em atividade comercial, ocupação ou negócio estabelecido e independente da mesma natureza que o trabalho a ser executado.[48]

---

(43) A taxa média cobrada de imposto a uma empresa digital na União Europeia é de 9%, enquanto uma empresa tradicional paga uma taxa média de 20%.

(44) NASSOM-TISSANDIER; SWEENEY. *Les plateformes numériques de transport face au contentieux*, p. 80.

(45) *Ibidem*, p. 81.

(46) AMELLAL. *La révolution de la servitude*.

(47) CARELLI, Rodrigo. É aprovada na Califórnia lei que considera empregados os trabalhadores de aplicativos. *JOTA Info*, 2019.

(48) *Ibidem*.

Outra derrota importante da Uber nos EUA ocorreu em Nova Jersey. O Estado solicitou que a empresa restituísse US$ 649 milhões (além de US$ 119 milhões em juros) por vários anos de impostos não pagos, entre 2014 e 2018, referentes aos direitos de seus empregados (seguro-desemprego e de invalidez). Ele considerou que a empresa classificou erroneamente seus trabalhadores como prestadores de serviços independentes e não como empregados. Obviamente que a Uber reagiu e questionou na justiça a cobrança, pois, se este revés se consolida em todo os Estados Unidos, o seu negócio, baseado na *gig economy*, estará fadado ao fracasso(49).

No Brasil, as disputas sobre o *status* dos trabalhadores de aplicativos de mobilidade urbana ainda são objetos de discórdias e disputas nos tribunais e na formulação de leis. No entanto, no contexto de reformas trabalhistas que buscam regredir e retirar os direitos dos trabalhadores, aumentando ainda mais a flexibilização e a precarização das relações de trabalho, a tendência é que os motoristas da Uber sejam enquadrados como "independentes" e forçados a se pejotizarem.

Desde 2018, os motoristas de aplicativos de transporte privado de passageiros são segurados obrigatório do Regime Geral de Previdência Social. Em maio de 2019, o Decreto n. 9.792 regulamentou a legislação que tratava desse tema, exigindo dos motoristas a inscrição junto à Previdência Social na categoria de contribuinte individual ou de Microempreendedor Individual (MEI)(50). No entanto, a responsabilidade da inscrição e do pagamento das contribuições não recai sobre as empresas, mas sobre os próprios motoristas. Conforme art. 3º:

> a comprovação da inscrição perante as empresas responsáveis por aplicativos ou por outras plataformas digitais de transporte remunerado privado individual de passageiros é de responsabilidade do motorista e caberá ao INSS fornecer os respectivos comprovantes, preferencialmente por meio de seus canais eletrônicos de atendimento.(51)

Num outro campo de disputa, no Superior Tribunal de Justiça (STJ), uma decisão emblemática ganhou as manchetes da grande mídia nacional. Esta envolvia uma ação movida por um motorista de aplicativo contra a Uber, que acusava a empresa de desligá-lo do aplicativo sem o seu consentimento. Dessa forma, ele demandava a reativação imediata de sua conta na Uber e o ressarcimento de danos materiais e morais. O processo chegou até a terceira instância, após um impasse sobre qual justiça – civil ou trabalhista – teria competência para julgar a questão. No entanto, o Ministro Moura Ribeiro, relator do processo no STJ, que deveria apenas ter julgado qual seria a esfera competente para resolver a disputa jurídica, foi além do solicitado e resolveu opinar sobre o *status* do trabalhador, defendendo a tese de que não haveria um vínculo empregatício entre este e a plataforma digital. Em seu voto, afirma que:

> A empresa Uber atua no mercado através de um aplicativo de celular responsável por fazer a aproximação entre os motoristas parceiros e seus clientes, os passageiros.
>
> Os motoristas de aplicativo não mantém relação hierárquica com a empresa Uber porque seus serviços são prestados de forma eventual, sem horários pré-estabelecidos e não recebem salário fixo, o que descaracteriza o vínculo empregatício entre as partes.
>
> Afastada a relação de emprego, tem-se que o sistema de transporte privado individual, a partir de provedores de rede de compartilhamento, detém natureza de cunho civil.(52)

O argumento do Ministro é fraco, além de transgredir a sua competência. Rodrigo Carelli, professor da UFRJ e Procurador do Ministério Público do Trabalho, rebate-o com a citação a seguir:

> a empresa faz bem mais que ser detentora do aplicativo: ela tem em verdade toda uma infraestrutura de telecomunicações e alto poder de processamento com servidores potentes de armazenamento de dados que fazem ser possível sua atividade econômica – o serviço de transporte –, além de garantir meios materiais de execução, como pontos de apoio em aeroportos. A empresa monitora cada etapa da execução do serviço, em controle tanto da corrida, do motorista e do

(49) Cf. Uber é multada em US$ 649 mi por dizer que motoristas não são funcionários – 15.11.2019. *Mercado – Folha*. Disponível em: <https://www1.folha.uol.com.br/mercado/2019/11/uber-e-multada-em-us-649-mi-por-dizer-que-motoristas-nao-sao-funcionarios.shtml>. Acesso em: 15 nov. 2019.

(50) A contribuição como MEI foi regulamentada em Resolução de 8 de agosto de 2018, quando Presidente da República incluiu os motoristas de aplicativos na lista de ocupações que estão autorizadas a aderir ao MEI.

(51) BRASIL. Decreto n. 9.792, de 14 de maio de 2019. Dispõe sobre a exigência de inscrição do motorista de transporte remunerado privado individual de passageiros como contribuinte individual do Regime Geral de Previdência Social.

(52) STJ. Conflito de Competência n. 164.544 – MG. Relator: Ministro Moura Ribeiro. DJ. 28 de agosto de 2019. JusBrasil, 2019. Disponível em: <https://www.jusbrasil.com.br/diarios/documentos/752154457/andamento-do-processo-n-164544-conflito-de-competencia-03-09-2019-do-stj?ref=feed. Acesso em: 16 dez. 2019.

passageiro. A empresa impõe modelo de prestação de serviços de transporte, punindo os motoristas que não cumprirem as suas regras e seus padrões mínimos de qualidade. A Uber, inclusive, impõe o preço do serviço. O trabalhador não sabe nem mesmo o endereço para onde deverá levar o passageiro antes de aceitar realizar a corrida, nem fica com os contatos do cliente.[53]

Em sentido oposto à decisão do STJ e com argumentos parecidos ao de Carelli foi a sentença do Tribunal Regional do Trabalho da 3ª Região (TRT3), de Minas Gerais, por sua 11ª Turma. Ela reconhece que o motorista da Uber é empregado da empresa[54] sob a tese de que ele não toma as suas próprias decisões e nem se auto-organiza:

> [...] o motorista é, de fato, subordinado aos comandos eletrônicos da empresa, disparados em uma conotação de ordem pessoal, de forma indireta, sendo feitos por algoritmos, exatamente para buscar afastar a aplicação da legislação trabalhista e a incidência do art. 9º da CLT, bem como a previsão do art. 6º da CLT, segundo o qual "*os meios telemáticos e informatizados de comando, controle e supervisão se equiparam, para fins de subordinação jurídica, aos meios pessoais e diretos de comando, controle e supervisão do trabalho alheio.*[55]

Enquanto fechávamos este texto, a Justiça do Trabalho em São Paulo reconheceu, no dia 6 de dezembro de 2019, a existência de vínculo empregatício entre a plataforma Loggi e os seus entregadores[56]. Tratou-se de um parecer histórico porque foi "a primeira decisão judicial em ação civil pública, ou seja, que verifica a questão do ponto de vista macro, e não individual"[57], afirmou Carelli para o Blog do Sakamoto. Entre as obrigações impostas a empresas, estão:

- Reconhecer a relação empregatícia com os seus entregadores;
- Efetuar o pagamento adicional de periculosidade;
- Abster-se de contratar ou manter trabalhadores contratados como autônomos, "por meio de contratos de prestação de serviço, de parceria ou qualquer outra forma de contratação civil ou comercial, quando presentes os requisitos da relação de emprego";
- Abster-se de instituir prêmios por produção, taxa de entrega ou comissão como forma de pagamento de salários ou remuneração;
- Dispor um imóvel destinada ao estacionamento dos veículos e com dependências confortáveis para que os entregadores possam aguardar as ordens de serviço;
- Garantir apólice de seguro para os trabalhadores;
- "Considerar como jornada de trabalho de todos os condutores profissionais o período à disposição a partir do *login* [...], computando o tempo à disposição no aguardo de chamadas pela plataforma digital, o tempo da coleta das mercadorias e o tempo de entrega na condução efetiva do veículo";
- Período mínimo de 11 horas consecutivas para descanso entre duas jornadas de trabalho e descanso semanal de 24 horas consecutivas.[58]

5. CONCLUSÃO

Evidentemente que estamos em meio a um longo processo de embate jurídico-político entre empresas do mundo digital – que rapidamente têm se tornado multibilionárias – e as instituições de proteção do trabalho.

(53) CARELLI, Rodrigo. *O terraplanismo jurídico, a Uber e o STJ*: o caráter anticientífico da decisão sobre a competência da Justiça do Trabalho.

(54) BRASIL. Justiça do Trabalho. Tribunal Regional do Trabalho (3ª Região). Recurso Ordinário Trabalhista – Processo n. 0010806-62.2017.5.03.0011 (RO). Recorrente: Eustáquio da Paixão Dias. Recorrida: Uber do Brasil Tecnologia Ltda. Relator: Luiz Antônio de Paula Iennaco. Belo Horizonte, 17 de julho de 2019. Disponível em: <https://www.conjur.com.br/dl/justica-minas-reconhece-vinculo.pdf>. Acesso em: 16 dez. 2019.

(55) ORSINI, Adriana Goulart; LEME, Ana Carolina. TRT3 reconhece que motorista da Uber é empregado. *JOTA Info*, 2019.

(56) BRASIL. Justiça do Trabalho. Tribunal Regional do Trabalho (2ª Região). Sentença Ordinária Trabalhista – Processo n. 1000446-88.2018.5.02.0061 (RO). Recorrente: Ministério Público do Trabalho. Recorrido: Abril Comunicações S.A. Relator: Wilson Ricardo Buquetti Pirotta Juiz Prolator da Sentença: Eduardo José Matiota. São Paulo, 20 de agosto de 2019. Disponível em: <https://www.conjur.com.br/dl/trt-determina-reintegracao-mil.pdf>. Acesso em: 16 dez. 2019.

(57) CARELLI *apud* SAKAMOTO, Leonardo. *Justiça reconhece vínculo entre app e motoboys em decisão coletiva inédita*. Blog do Sakamoto. Disponível em: <https://blogdosakamoto.blogosfera.uol.com.br/2019/12/06/em-decisao-inedita-justica-reconhece-vinculo-entre-app-e-motoboys/>. Acesso em: 6 dez. 2019.

(58) BRASIL. Justiça do Trabalho. Tribunal Regional do Trabalho (2ª Região). Ação Civil Pública Cível – n. 1001629-26.2017.5.02.0386. Autor: Ministério Público do Trabalho. Réu: TVSBT Canal 4 de São Paulo S/A. Juíza do Trabalho: Juliana Baldini de Macedo. Osasco, 4 de novembro de 2019. Disponível em: <https://www.migalhas.com.br/arquivos/2019/11/BCD862C667341C_sentenca11-11-19-mptsbtEDITADO.pdf>. Acesso em: 16 dez. 2019.

Como defendeu Amellal[59] em seu livro, a *uberização* tem se mostrado inimiga do progresso social – em particular daquele que tinha como modelo o Estado providência e a legislação protetiva do trabalhador. Assim, num contexto de reformas regressivas na legislação trabalhista, a expansão da economia de plataforma tem acentuado e intensificado a precarização do trabalho.

Ao reconhecer que existe uma relação empregatícia entre a plataforma Loggi e os seus entregadores, a sentença da Juíza Lavia Menendez garante as condições necessárias para que a empresa respeite os direitos dos trabalhadores assegurados em leis. Sua posição se sustenta sob o argumento do *Direito fundamental ao trabalho digno*. Segundo Delgado, existem três grandes eixos jurídicos no Brasil que assegurariam o patamar civilizatório mínimo do direito fundamental ao trabalho digno, todos positivados pelo Direito do Trabalho. Entre eles, estão aqueles de amplitude universal, tais como os que:

> [...] asseguram, especialmente, o direito à remuneração que promova a existência digna do próprio trabalhador e de sua família; o direito à segurança e à higiene no trabalho; a proteção ao trabalho e ao emprego; o direito a períodos de descanso e ao lazer; o direito à limitação razoável das horas de trabalho, tanto diárias como semanais; o direito à remuneração dos feriados; o direito de greve e o direito de os trabalhadores organizarem sindicatos e de se filiarem ou não a ele.[60]

Como é possível concluir, confrontando a citação acima com a realidade vivida pelos trabalhadores das plataformas digitais de transportes urbanos, os direitos que deveriam ser assegurados a eles são sistematicamente desrespeitados pelas empresas por meio de manobras jurídicas e fiscais. Ao mesmo tempo, elas buscam difundir a tese de que as suas atividades são "neutras", isentando-se das obrigações legais e éticas, e que o trabalho em plataforma proporcionaria "liberdade" aos seus prestadores associados.

No admirável novo mundo da economia de plataforma, construído alinhado à imagem positiva da hipermodernidade da Internet 5G, da automação de ponta e da revolução digital, não haverá um espaço para um Direito do Trabalho. É por conta disso que as plataformas digitais, tais como são constituídas hoje, apresentam-se como um novo modelo de gestão do trabalho nos tempos do capitalismo hiperflexível e neoliberal. Neste modelo, a gestão é realizada pelo algoritmo, elemento chave para o último grande salto na automação do conjunto da economia, englobando a indústria de serviços.

REFERÊNCIAS

ABDELNOUR, Sarah; MÉDA, Dominique. *Les nouveaux travailleurs des applis*. Paris: Presses universitaires de France/Humensis – laviedesidees.fr, 2019.

ABILIO, Ludmila C. Uberização: do empreendedorismo para o autogerenciamento subordinado. *Psicoperspectivas: individuo y sociedade*, v. 18, n. 3, 2019.

ABRAMIDES, Natália Marques. *Relações de trabalho em plataformas digitais*: desafios ao modelo tradicional do direito do trabalho. Rio de Janeiro: Lumen Juris, 2019.

AMELLAL, Karim. *La révolution de la servitude*: pourquoi l'ubérisation est l'ennemie du progrès social. Paris: Editions Demopolis, 2018.

ANTUNES, Ricardo. *O privilégio da servidão*: o novo proletariado de serviços na era digital. São Paulo: Boitempo, 2018.

BRASIL. Decreto n. 9.792, de 14 de maio de 2019. Disponível em: <https://www2.camara.leg.br/legin/fed/decret/2019/decreto-9792-14-maio-2019-788105-publicacaooriginal-157912-pe.html>. Acesso em: 10 out. 2019.

BRASIL. Justiça do Trabalho. Tribunal Regional do Trabalho (3ª Região). Recurso Ordinário Trabalhista – Processo n. 0010806-62.2017.5.03.0011 (RO). Recorrente: Eustáquio da Paixão Dias. Recorrida: Uber do Brasil Tecnologia Ltda. Relator: Luiz Antônio De Paula Iennaco. Belo Horizonte, 17 de julho de 2019. Disponível em: <https://www.conjur.com.br/dl/justica-minas-reconhece-vinculo.pdf>. Acesso em: 16 dez. 2019.

BRASIL. Justiça do Trabalho. Tribunal Regional do Trabalho (2ª Região). Sentença Ordinária Trabalhista – Processo n. 1000446-88.2018.5.02.0061 (RO). Recorrente: Ministério Público do Trabalho. Recorrido: Abril Comunicações S.A. Relator: Wilson Ricardo Buquetti Pirotta Juiz Prolator da Sentença: Eduardo José Matiota. São Paulo, 20 de agosto de 2019. Disponível em: <https://www.conjur.com.br/dl/trt-determina-reintegracao-mil.pdf>. Acesso em: 16 dez. 2019.

BRASIL. Justiça do Trabalho. Tribunal Regional do Trabalho (2ª Região). Ação Civil Pública Cível – n. 1001629-26.2017.5.02.0386. Autor: Ministério Público do Trabalho. Réu: TVSBT Canal 4 de São Paulo S/A. Juíza do Trabalho: Juliana Baldini de Macedo. Osasco, 4 de novembro de 2019. Disponível em: <https://www.migalhas.com.br/arquivos/2019/11/BCD862C667341C_sentenca11-11-19-mptsbtEDITADO.pdf>. Acesso em: 16 dez. 2019.

BURNIER, Michel. Naville et l'avenir de la société industrielle. In: BURNIER, Michel; GRAPPE-NAHOUM, Véronique (Eds.). *Pierre Naville*: la passion de l'avenir. Dernier Cahier (1988-1993). Paris: M. Nadeau, 2010.

(59) AMELLAL. *La révolution de la servitude*.

(60) DELGADO, Gabriela Neves. *Direito fundamental ao trabalho digno*. São Paulo: LTr, 2006. p. 215.

CARELLI, Rodrigo. É aprovada na Califórnia lei que considera empregados os trabalhadores de aplicativos. *JOTA Info*, 2019. Disponível em: <https://www.jota.info/paywall?redirect_to=//www.jota.info/opiniao-e-analise/artigos/e-aprovada-na-california-lei-que-considera-empregados-os-trabalhadores-de-aplicativos-20092019>. Acesso em: 25 dez. 2018.

CARELLI, Rodrigo. *O terraplanismo jurídico, a Uber e o STJ*: o caráter anticientífico da decisão sobre a competência da Justiça do Trabalho. Disponível em: <https://rodrigocarelli.org/2019/09/11/o-terraplanismo-juridico-a-uber-e-o-stj-o-carater-anticientifico-da-decisao-sobre-a-competencia-da-justica-do-trabalho/>. Acesso em: 25 dez. 2018.

CORIAT, Benjamin. *A revolução dos robôs*: o impacto socioeconômico da automação. São Paulo: Busca Vida, 1989.

______. *El taller y el robot*: ensayos sobre el fordismo y la producción en masa en la era de la electrónica. Trad. Rosa Ana Domínguez Cruz. 3. ed. México: Siglo Veintiuno, 1996.

______. *La robotique*. Paris: Éditions La Découverte/Maspero, 1983. (Collection Repères, 12).

______. *L'atelier et le robot*: essai sur le fordisme et la production de masse à l'âge de l'électronique. Paris: Christian Bourgois Editeur, 1990.

DARDOT, Pierre; LAVAL, Christian. *A nova razão do mundo*: ensaio sobre a sociedade neoliberal. 1. ed. São Paulo: Boitempo, 2016.

DELGADO, Gabriela Neves. *Direito fundamental ao trabalho digno*. São Paulo: LTr, 2006.

HARVEY, David. *Condição pós-moderna*: uma pesquisa sobre as origens da mudança cultural. 16. ed. São Paulo: Ed. Loyola, 2007. (Temas de atualidade, 2).

MARX, Karl. *O capital*: crítica da economia política; Livro I – O processo de produção do capital. Trad. Rubens Enderle. São Paulo: Boitempo, 2013. (Marx & Engels).

NASSOM-TISSANDIER, Hélène; SWEENEY, Morgan. Les plateformes numériques de transport face au contentieux. In: ABDELNOUR, Sarah; MÉDA, Dominique (Eds.). *Les nouveaux-travailleurs des applis*. Paris: Presses universitaires de France/Humensis – laviedesidees.fr, 2019.

NAVILLE, Pierre. *Vers l'automatisme social ?*: machines, informatique, autonomie et liberté. Paris: Syllepse, 2016. (Mille Marxismes).

ORSINI, Adriana Goulart; LEME, Ana Carolina. TRT3 reconhece que motorista da Uber é empregado – JOTA Info. *JOTA Info*, 2019. Disponível em: <https://www.jota.info/opiniao-e-analise/artigos/trt3-reconhece-que-motorista-da-uber-e-empregado-16082019>. Acesso em: 25 nov. 2019.

PIERRE ROLLE. L'automatisme ou les spontanéités construites. In: BURNIER, Michel; CÉLÉRIER, Sylvie; SPURK, Jan (Eds.). *Des sociologues face à Pierre Naville ou L'archipel des savoirs*. Paris, Montréal: Éd. l'Harmattan, 1997. (Logiques sociales). Disponível em: <http://catalogue.bnf.fr/ark:/12148/cb361703955>. Acesso em: 31 maio 2016.

SAKAMOTO, Leonardo. *Justiça reconhece vínculo entre app e motoboys em decisão coletiva inédita*. Blog do Sakamoto. Disponível em: <https://blogdosakamoto.blogosfera.uol.com.br/2019/12/06/em-decisao-inedita-justica-reconhece-vinculo-entre-app-e-motoboys/>. Acesso em: 6 dez. 2019.

SCHWAB, Klaus. *La quatrième révolution industrielle*. Malakoff: Dunod, 2017.

STJ. Conflito de Competência n. 164.544 – MG. Relator: Ministro Moura Ribeiro. DJ. 28 de agosto de 2019. JusBrasil, 2019. Disponível em: <https://www.jusbrasil.com.br/diarios/documentos/752154457/andamento-do-processo-n-164544-conflito-de-competencia-03-09-2019-do-stj?ref=feed>. Acesso em: 16 dez. 2019

Londres proíbe Uber de operar nas suas ruas. Economia. EL PAÍS Brasil. Disponível em: <https://brasil.elpais.com/brasil/2019/11/25/economia/1574676876_162836.html>. Acesso em: 25 nov. 2019.

Uber é multada em US$ 649 mi por dizer que motoristas não são funcionários – 15.11.2019 – Mercado – Folha. Disponível em: <https://www1.folha.uol.com.br/mercado/2019/11/uber-e-multada-em-us-649-mi-por-dizer-que-motoristas-nao-sao-funcionarios.shtml>. Acesso em: 15 nov. 2019.

CAPÍTULO 10

Sistemas Produtivos, Direito do Trabalho e Contratação de Pessoas Via Plataformas Digitais: Análise de Momentos de Afirmação e de Negação do Direito Fundamental ao Trabalho Digno

AMAURI CESAR ALVES(1)

Resumo: O artigo tem por objetivo analisar como se dá a contratação de trabalho nos principais sistemas produtivos desenvolvidos desde o início do século XX até os dias atuais e como essa pactuação se relaciona com o Direito fundamental ao trabalho digno. O artigo parte de um problema concreto, que é identificar se a contratação de pessoas via plataformas na Economia da Tecnologia Digital representa ou não ruptura com o sistema protetivo do Direito do Trabalho e com o Direito fundamental ao trabalho digno. A hipótese é que os novos modelos produtivos desenvolvidos no século XXI não permitem a construção de relações jurídicas que respeitem o Direito fundamental ao trabalho digno. A construção teórica parte não só da doutrina jurídica, mas também das contribuições da Administração de Empresas, da Economia, da Tecnologia da Informação, da Sociologia do Trabalho e da Engenharia. A metodologia utilizada é jurídico-sociológica.

Palavras-chave: Sistemas Produtivos. Direito fundamental ao trabalho digno. Contratação de Pessoas. Plataformas Digitais.

Abstract: The article aims to analyze how the hiring of labor in the main productive systems developed from the beginning of the twentieth century to the present day and how this agreement relates to the Fundamental Right to Decent Work. The article starts with a concrete problem, which is identify if hiring people via platforms in the Digital Technology Economy represents or not a break with the protective system of labor law and the fundamental right to decent work. The hypothesis is that the new productive models developed in the 21st century do not allow the construction of legal relations that respect the Fundamental Right to Decent Work. The theoretical construction starts not only from legal doctrine, but also from the contributions of Business Administration, Economics, Information Technology, Sociology of Labor and Engineering. The methodology used is legal-sociological.

Keywords: Productive Systems. Fundamental Right to Decent Work. Hiring People. Digital Platforms.

1. INTRODUÇÃO

O presente artigo pretende analisar como se dá a contratação de trabalho nos sistemas produtivos Taylorista, Fordista e Toyotista, bem como quer estabelecer as diferenças entre a pactuação laborativa nesses modelos e nas novas relações desenvolvidas na Economia da Tecnologia Digital. As análises referentes à pactuação de trabalho serão desenvolvidas para revelar se cada modelo estudado permite afirmar ou negar o que se compreende como Direito Fundamental ao Trabalho digno.

O artigo parte, então, de um problema concreto, que é identificar se a contratação de pessoas via plataformas na Economia da Tecnologia Digital representa ou não ruptura com o sistema protetivo justrabalhista e

(1) Doutor, Mestre e Bacharel em Direito pela Pontifícia Universidade Católica de Minas Gerais (PUC Minas). Professor da Graduação e do Mestrado em Direito da Universidade Federal de Ouro Preto (UFOP). Coordenador do Grupo de Estudos de Direito do Trabalho (GEDIT/CNPq) da UFOP. Avaliador de Cursos de Graduação do INEP. Pesquisador integrante do Grupo de Pesquisa Trabalho, Constituição e Cidadania (UnB/CNPq).

com o Direito Fundamental ao Trabalho Digno, o que se fará tendo por referência a doutrina de Gabriela Neves Delgado sobre este tema.

A hipótese é que os novos modelos produtivos desenvolvidos no século XXI, ao contrário dos demais, não permitem, estruturalmente, a construção de relações jurídicas que respeitem o *Direito fundamental ao trabalho digno*. Para confirmar ou não a hipótese, o estudo pretende identificar as características básicas do Direito Fundamental ao Trabalho Digno e da contratação de pessoas na Economia da Tecnologia Digital.

A construção teórica parte não só da doutrina jurídica, e em especial do Direito do Trabalho, mas também e em alguns pontos principalmente, das contribuições da Administração de Empresas, da Economia, da Tecnologia da Informação, da Sociologia do Trabalho e da Engenharia.

Para que seja possível concretizar o que está proposto, o artigo se estrutura em dois itens. O primeiro repassa as construções teóricas em torno dos principais sistemas produtivos do século XX em sua relação com o Estado, com o Direito do Trabalho e com o *Direito fundamental ao trabalho digno*. Ao final desse item será possível afirmar se o taylorismo, o fordismo e o toyotismo são modelos que fomentam e suportam as ideias básicas consolidadas em torno do *Direito fundamental ao trabalho digno*. O segundo item estuda as novas estratégias produtivas no que diz respeito especificamente à contratação de pessoas. Afirme-se, desde já, que há uma escolha pela utilização do termo "contratação de pessoas" em detrimento da clássica e consolidada expressão "contratação de trabalho". Importante antecipar que tal denominação não deve gerar confusão em torno do tema da terceirização. Fato é que as plataformas digitais, para negar direitos trabalhistas, optaram por negar também que sejam contratantes de trabalho. Já não negam simplesmente, como outros modelos em outros tempos, o vínculo empregatício. Negam a própria relação de trabalho. Por isso a escolha no segundo item e em todo o texto.

Ao final do presente artigo será possível responder ao problema que norteia a pesquisa, que é saber se a contratação de pessoas via plataformas digitais, nessa nova Economia da Tecnologia Digital, representa ou não ruptura com o sistema protetivo justrabalhista e com o Direito Fundamental ao Trabalho Digno.

2. SISTEMAS PRODUTIVOS E SUA RELAÇÃO COM O ESTADO, COM O DIREITO DO TRABALHO E COM O DIREITO FUNDAMENTAL AO TRABALHO DIGNO

Historicamente, a Administração de Empresas construiu e consolidou sistemas ou modelos produtivos que melhor organizassem a força de trabalho, sempre com o objetivo de redução de custos e ampliação de lucros. A Sociologia do Trabalho estuda, compreende e explica como tais modelos produtivos impactam o trabalho e a classe-que-vive-do-trabalho. Normalmente em um terceiro momento o Direito do Trabalho apreende tais sistemas produtivos e sofre seus impactos pela via da regulação heterônoma estatal e da jurisprudência. Há, então, íntima relação entre Administração de Empresas e Direito do Trabalho, com importante mediação, para melhor compreensão, das ferramentas da Sociologia. Necessário compreender como essa relação se dá atualmente, especificamente em relação à contratação de trabalho via plataformas digitais. Antes, porém, será interessante traçar um panorama mais amplo da relação capital-trabalho, em perspectiva histórica, política, jurídica e sociológica, especificamente no que concerne ao *Direito fundamental ao trabalho digno*. O propósito aqui é tentar compreender se modelos produtivos específicos permitem ou rechaçam, em tese, a ideia de trabalho digno, o que se fará com base na obra de Gabriela Neves Delgado.(2)

2.1. Direito Fundamental ao Trabalho Digno

A ideia básica de Direito Fundamental ao Trabalho Digno parece combinar direito fundamental ao trabalho com dignidade da pessoa humana(3). Nesse sentido pouco faz o capital ou o empregador quando apenas permite ao homem trabalhar e produzir. Na mesma linha não deve o Estado determinar que o trabalhador escolha entre ter trabalho e ter direitos. Cumpre sua função o capital quando além de proporcionar trabalho, que é necessário para gerar lucros, o faz reconhecendo no homem que trabalha a sua dignidade de pessoa. O

(2) DELGADO, Gabriela Neves. *Direito fundamental ao trabalho digno*. São Paulo: LTr, 2006.

(3) "O que se percebe, em última análise, é que onde não houver respeito pela vida e pela integridade física e moral do ser humano, onde as condições mínimas para uma existência digna não forem asseguradas, onde não houver limitação do poder, enfim, onde a liberdade e a autonomia, a igualdade (em direitos e dignidade) e os direitos fundamentais não forem reconhecidos e minimamente assegurados, não haverá espaço para a dignidade da pessoa humana e esta (a pessoa), por sua vez, poderá não passar de mero objeto de arbítrio e injustiças." SARLET, Ingo Wolfgang. *Dignidade da pessoa humana e direitos fundamentais na Constituição Federal de 1988*. Porto Alegre: Livraria do Advogado, 2010. p. 67-68.

Estado, por sua vez, está constitucionalmente vinculado à concretização não só do direito ao trabalho, mas, também e principalmente do direito ao trabalho digno e protegido.

A ideia de que é papel do contratante e do Estado reconhecer no homem que trabalha a sua dignidade enquanto pessoa é bem anterior à noção atual de *Direito fundamental ao trabalho digno*. Já se depreende da Encíclica *Rerum Novarum*, do Papa Leão XIII, em 1891, exemplificativamente. Lembrar isso nesse século XXI é (infelizmente) importante para que não se confunda dignidade humana com socialismo ou comunismo. Nas palavras do Papa:

> Quanto aos ricos e aos patrões, não devem tratar o operário como escravo, mas respeitar nele a dignidade do homem, realçada ainda pela do Cristão. O trabalho do corpo, pelo testemunho comum da razão e da filosofia cristã, longe de ser um objecto de vergonha, honra o homem, porque lhe fornece um nobre meio de sustentar a sua vida. O que é vergonhoso e desumano é usar dos homens como de vis instrumentos de lucro, e não os estimar senão na proporção do vigor dos seus braços. (...) Proíbe também aos patrões que imponham aos seus subordinados um trabalho superior às suas forças ou em desarmonia com a sua idade ou o seu sexo.[4]

Não se pretende aqui uma exortação ou louvação da encíclica papal, mas apenas o necessário registro histórico dos termos principais: vedação ao tratamento degradante (escravo); trabalho como algo honrado; exploração desumana como ensejadora de vergonha que recai sobre o explorador; proibição de trabalho superior às forças do trabalhador ou em desarmonia com sua idade ou sexo.

Objetivamente e para os fins do presente estudo são importantes as lições de Gabriela Neves Delgado sobre o trabalho digno:

> Se o trabalho é um direito fundamental, deve pautar-se na dignidade da pessoa humana. Por isso, quando a Constituição Federal de 1988 refere-se ao direito ao trabalho, *implicitamente* já está compreendido que o trabalho valorizado constitucionalmente é o trabalho digno. Primeiro, devido ao nexo lógico existente entre direitos fundamentais (direito fundamental ao trabalho, por exemplo) e o fundamento nuclear do Estado Democrático de Direito que é a dignidade da pessoa humana. Segundo, porque apenas o trabalho exercido em condições dignas é que é instrumento capaz de construir a identidade social do trabalhador.[5]

Relevante aqui pensar nas principais características que conferem dignidade ao trabalho, para que seja possível alcançar o objetivo de identificar ou não sua coerência com sistemas produtivos específicos. Especificamente para os fins do presente artigo consideram-se seis as características principais do direito fundamental ao trabalho digno: 1. a vedação à coisificação do trabalhador; 2. a inserção (mínima) do trabalhador na riqueza gerada pelo capitalismo; 3. a efetivação de direitos trabalhistas mínimos; 4. o respeito à integridade física e moral do trabalhador; 5. a garantia de contraprestação pecuniária mínima por uma jornada razoável e controlada e 6. respeito aos direitos fundamentais previstos constitucionalmente. Tais características podem ser inferidas das lições de Gabriela Neves Delgado, em sua obra "Direito Fundamental ao Trabalho Digno". Leciona a autora que é vedada a coisificação da pessoa que trabalha, pois "o ser humano jamais poderá ser utilizado como objeto ou meio para a realização do querer alheio."[6] Outra característica que permite identificar trabalho digno é sua possibilidade de inserção do trabalhador na "riqueza social, provendo sua vida das necessidades materiais e espirituais".[7] Objetivamente pode ser considerado digno o trabalho que permite acesso efetivo aos direitos trabalhistas mínimos "alçados à qualidade de indisponibilidade absoluta"[8]. Também em perspectiva objetiva é necessário para que haja trabalho digno que o contratante respeite a "integridade física e moral do trabalhador" e lhe garanta "contraprestação pecuniária mínima"[9]. Em síntese, é possível dizer que "a condição de dignidade no trabalho se afirma por meio da declaração, afirma-

---

(4) IGREJA CATÓLICA. Papa (1878-1903: Leão XIII). *Carta encíclica de Sua Santidade o Papa Leão XIII "Rerum Novarum" sobre a condição dos operários*. 1891. Disponível em: <http://w2.vatican.va/content/leo-xiii/pt/encyclicals/documents/hf_l-xiii_enc_15051891_rerum-novarum.html>. Acesso em: 9 out. 2019.

(5) DELGADO, Gabriela Neves. *Direito fundamental ao trabalho digno*. São Paulo: LTr, 2006. p. 209.

(6) *Idem*, p. 206.

(7) *Idem, ibidem*.

(8) *Idem*, p. 207.

(9) *Idem, ibidem*.

ção e concretização dos direitos fundamentais", e que, portanto, "as múltiplas possibilidades de trabalho humano digno se constroem na dinâmica histórica com suporte constitucional."(10)

Possível então ensaiar um conceito de *direito fundamental ao trabalho digno* que se afirme pelo menos para os restritos fins do presente artigo, que se constrói em torno do ser humano que vive do trabalho e com base na obra de Gabriela Neves Delgado: direito assegurado a toda e qualquer pessoa que trabalha, que deve ser vista e reconhecida enquanto tal e não como mero instrumento de realização de lucros, que deve ser tratada pelo Estado e pelo contratante com respeito à sua integridade física e moral, que deve ter acesso a direitos previstos em normas autônomas ou heterônomas que lhe garantam contraprestação pecuniária mínima por jornada razoável e controlada, bem como a capacidade plena e efetiva de fruição de direitos constitucionais.

Diante do exposto o presente artigo buscará identificar (ou não) a ocorrência das características do trabalho digno aqui listadas nos modelos produtivos principais verificados nos séculos XX e XXI: taylorismo, fordismo, toyotismo e economia da tecnologia digital.

2.2. Taylorismo-fordismo e trabalho digno

De início, a Administração de Empresas e a Economia registram modelos produtivos históricos utilizados a partir do início do século XX, que revolucionaram a gestão de pessoas. O marco parece ser o taylorismo. É que antes dele a produção era normalmente fragmentada, sem uma preocupação científica em sua organização, com a concentração do saber-fazer em torno do trabalhador ou de uma gerência pouco técnica, que usava mais a força do que a razão.

Para mudar o panorama da organização da produção Frederick Winslow Taylor (1856-1915) propôs técnicas, controle e métodos científicos para moldar da melhor forma possível o processo produtivo. Taylor observou indústrias diversas e pensou em modos universalizáveis de organização do trabalho. Em síntese propôs a análise científica do trabalho, com o estudo do movimento e ritmo "ótimos" que deveriam ser exigidos de cada trabalhador. Caberia à gerência técnica, e não mais necessariamente despótica, o controle das tarefas confiadas aos operários, o que resultaria em redução da "vadiagem no trabalho"(11) e consequentemente em aumento da eficiência. Essa estratégia exitosa teve outros ganhos para além do lucro, pois gerou o que a Sociologia do Trabalho depois identificou como despersonalização do trabalho e do trabalhador, ou seja, o operário não mais detinha a técnica e o saber-fazer, que eram transferidos para a gerência.

A Administração de Empresas percebe o taylorismo como uma primeira iniciativa de administração científica, que tinha seu maior mérito em estabelecer a divisão do trabalho e o aumento da especialização como estratégia de gestão, o que deveria reduzir a quantidade de tempo e de esforço exigidos de cada trabalhador no processo produtivo, com ganhos significativos em eficiência.(12) Gareth R. Jones e Jennifer M. George explicam:

> O núcleo de seu sistema de gestão consistia em decompor o processo de produção em suas várias partes, melhorando a eficiência de cada uma delas. Em sua essência, Taylor estava tentando fazer para as unidades de trabalho o que Whitney tinha feito para os materiais: padronizá-las e torná-las intercambiáveis. Os padrões de trabalho que ele aplicou a várias atividades, desde o uso de pás na movimentação de carvão até as máquinas de precisão, representavam o ritmo de trabalho que um bom trabalhador deveria realizar.(13)

Percebe-se a importância da eficiência, que deveria decorrer da ciência e não da experimentação pessoal ou da iniciativa de cada trabalhador. Frederick Taylor desenvolveu princípios para otimização da produção, com ênfase em planejamento, seleção ou preparo, controle, execução e singularização das funções, em

---

(10) DELGADO, Mauricio Godinho; DELGADO, Gabriela Neves. *Constituição da República e direitos fundamentais:* dignidade da pessoa humana, justiça social e direito do trabalho. 4. ed. São Paulo: LTr, 2017. p. 69.

(11) "Contudo, o trabalhador vem ao serviço, no dia seguinte, e em vez de empregar todo o seu esforço para produzir a maior soma possível de trabalho, quase sempre procura fazer menos do que pode realmente – e produz muito menos do que é capaz; na maior parte dos casos, não mais do que um terço ou metade dum dia de trabalho, é eficientemente preenchido. E, de fato, se ele se interessasse por produzir maior quantidade, seria perseguido por seus companheiros de oficina, com mais veemência, do que se tivesse revelado um *traidor* no jogo. Trabalhar menos, isto é, trabalhar deliberadamente devagar, de modo a evitar a realização de toda a tarefa diária, fazer cera, *soldering*, como se diz neste país, *handing it out*, como se chama na Inglaterra, *can caen*, como é designado na Escócia, é o que está generalizando nas indústrias e, principalmente, em grande escala, nas empresas de construção." (TAYLOR, Frederick Winslow. *Princípios de administração científica*. 7. ed. São Paulo: Atlas, 1989. p. 34).

(12) JONES, Gareth R.; GEORGE, Jennifer M. *Administração contemporânea*. 4. ed. Tradução de Maria Lúcia G. L. Rosa. São Paulo: McGraw-Hill, 2008.

(13) HOPP, Wallace J.; SPEARMAN, Mark L. *A ciência da fábrica*. 3. ed. Tradução de Paulo Norberto Migliavacca. Porto Alegre: Bookman, 2013. p. 27.

sua clássica obra de 1911.[14] Anteriormente, conforme Antonio Cesar Amaru Maximiano, Taylor identificava quatro princípios da administração científica, em uma perspectiva um tanto diversa da posterior: "seleção e treinamento de pessoal; salários altos e custos baixos de produção; identificação da melhor maneira de executar tarefas e cooperação entre administração e trabalhadores"[15].

No taylorismo, o trabalhador não deve deter a técnica ou o saber-fazer. As decisões estratégicas cabem à gerência, que deve planejar o trabalho de cada operário, que por sua vez deve ser selecionado e preparado tecnicamente para o desempenho das suas tarefas cotidianas. O trabalhador deveria ser fiscalizado no cumprimento das tarefas, mas também incentivado com salários maiores do que aqueles praticados à época, o que também garantiria uma melhor adesão do operário aos novos métodos. O sistema produtivo taylorista privilegia a organização científica, que prevê o uso do cronômetro para controle minucioso de tempos[16] e adaptação do trabalhador ao ritmo da produção, e não o contrário, como antes. O empregado não dita mais os ritmos, que são impostos pela gerência, que controla não só trabalho e trabalhadores, mas também conhecimento.

Maria da Graça Druck critica o taylorismo, na perspectiva da classe operária, por propiciar a expropriação do conhecimento dos trabalhadores. Entende a autora da Sociologia do Trabalho que "o taylorismo – enquanto prática gerencial do capital – é necessário para complementar, no plano da subjetividade, o papel desempenhado pela maquinaria, isto é, torna-se fundamental para consolidar a subsunção real do trabalho ao capital."[17]

Taylor distinguia empregados entre os que devem organizar, pensar (gerência) e aqueles que só executam ordens (operários), com uma hierarquia rígida marcada pela prevalência da técnica gerencial. O trabalhador não precisa ser qualificado, pois não detém o saber-fazer e nem necessariamente a técnica. Para além da gerência científica, o taylorismo trouxe impactos também na "cultura do trabalho". Maria da Graça Druck leciona:

> O taylorismo vinha se constituindo, desde a virada do século, numa nova "cultura do trabalho" que, para ter sucesso enquanto uma "ciência do trabalho", contrapunha Taylor, exigia uma postura e práticas novas tanto de patrões como de empregados; exigia também um "espírito" essencialmente cooperativo, sem conflitos e, principalmente, sem resistências à nova administração por parte dos trabalhadores e dos sindicatos.[18]

Ocorre que nunca foi fácil obter dos trabalhadores uma cooperação sem resistência. Na prática, somente com o desenvolvimento e adaptações realizadas em torno de um novo modelo produtivo, o fordismo, foi possível conquistar tal espírito.

No início do século XX o industrial estadunidense Henri Ford (1863-1947) foi influenciado pelas ideias de Taylor e propôs estratégias práticas de sua aplicação na recém-criada indústria automobilística. Pode-se pensar no fordismo, então, como uma evolução prática do taylorismo, marcada pela superespecialização das tarefas, pelo crescimento da produção em massa, de bens homogêneos.

Hopp e Spearman destacam que Ford inovou por criar uma linha de montagem móvel, responsável por "tornar possível a produção em massa e em alta veloci-

(14) Repassando os argumentos anteriores, ver-se-á que os resultados decorreram principalmente de: 1) substituição do critério individual do operário por uma ciência; 2) seleção e aperfeiçoamento científico do trabalhador, que é estudado, instruído, treinado e, pode-se dizer, experimentado, em vez de escolher ele os processos e aperfeiçoar-se por acaso; 3) cooperação íntima da administração com os trabalhadores, de modo que façam juntos o trabalho, de acordo com leis científicas desenvolvidas, em lugar de deixar a solução de cada problema, individualmente, a critério do operário. Com a aplicação desses novos princípios, em lugar do antigo escorço individual, e com a divisão equânime, entre a direção e os trabalhadores, das partes de cada tarefa diária, a administração encarrega-se das atribuições para as quais está mais bem aparelhada e os operários das restantes. TAYLOR, Frederick Winslow. *Princípios de administração científica*. 7. ed. São Paulo: Atlas, 1989. p. 107.

(15) MAXIMIANO, Antonio Cesar Amaru. *Teoria geral da administração*: da revolução urbana à revolução digital. 6. ed. São Paulo: Atlas, 2010. p. 56.

(16) Este modelo impuso el control patronal cómo norma general de la actividad laboral. Instauró una "organización científica del trabajo", basada en la cadena de montaje, el cronómetro, la parcelación de las tareas y la meticulosa adaptación del esfuerzo laboral a los ritmos de producción. Taylor nunca ocultó su intención de sofocar la resistencia de los obreros, reduciendo su comprensión de las tareas realizadas. Estableció un sistema que dislocó las especialidades y concentró los conocimientos en la gerencia. Para potenciar la valorización del capital brutalizó la fuerza de trabajo. (KATZ, Claudio. Discusiones sobre el control patronal. *Cadernos EBAPE.BR*, v. 12, n. 4, Opinión, Rio de Janeiro, oct/dic. 2014. p. 866–882. DOI: <http://dx.doi.org/10.1590/1679-395139682>.)

(17) DRUCK, Maria da Graça. Globalização e reestruturação produtiva: o fordismo e/ou o japonismo. *Revista de Economia Política*. v. 2, n. 19 (74) abril/junho 1999. p. 31-48. p. 34.

(18) *Idem*, p. 31-48. p. 35.

dade de produtos mecânicos complexos".[19] A inovação consistia em abandonar a "prática de operários especializados montarem subconjuntos e ficarem rodeando um chassi estático para completarem a montagem"[20], até então consolidada. "Em vez disso, ele inventou uma maneira de trazer o produto até o trabalhador em um fluxo contínuo, sem paradas."[21] Mas as novidades produtivas fordistas geraram críticas e sátiras, além de insatisfação nos trabalhadores. Jones e George comentam que a rotatividade de empregados na fábrica da Ford era enorme: "300 ou 400% ao ano, à medida que os trabalhadores saíam porque não conseguiam lidar com o estresse induzido pelo trabalho."[22] A necessidade de fixar o trabalhador na fábrica por mais tempo iria gerar uma outra revolução importante do fordismo, que foi a conhecida prática dos 5 dólares por dia, ideia que será desenvolvida adiante e que foi importante para ganhar o "espírito" do trabalhador.

Antonio Cesar Amaru Maximiano sustenta que a produção em massa de Ford se sustenta em dois princípios: (1) peças e componentes padronizados e intercambiáveis e (2) especialização do trabalhador. O primeiro se baseia em máquinas especializadas, sistema universal de fabricação e calibragem, controle da qualidade, simplificação das peças e do processo produtivo. O segundo se concentra em uma única tarefa ou pequeno número de tarefas para cada trabalhador, posição fixa dentro de uma sequência de tarefas, deslocamento das peças (e do trabalho) até o trabalhador e manutenção das peças no posto de trabalho.[23]

Harry Braverman, em "Trabalho e Capital Monopolista", relata que quando em 1903 foi criada a Ford Motor Company "fabricar automóveis era função reservada a profissionais que obtiveram sua formação nas oficinas de bicicletas e viaturas de Michigan e Ohio"[24], ou seja, função altamente qualificada, necessidade que se desfaz com a nova linha de produção fordista. A inovação provocou uma aceleração inédita na produção de automóveis. "Em três meses, o tempo de montagem do Modelo T havia sido reduzido a um décimo do tempo anteriormente necessário..."[25] A evolução foi de tal monta que em 1925 a Ford "produzia tantos carros por dia quantos haviam sido fabricados num ano inteiro, no princípio da fabricação do Modelo T."[26]

Inobstante o aumento da produção alcançado não era fácil manter trabalhadores na fábrica na primeira década do século XX, como visto. A já citada rotatividade da mão de obra decorria principalmente da repulsa do trabalhador ao novo modelo, conforme também relata Harry Braverman:

> Nesta reação inicial contra a linha de montagem percebemos a repulsa natural do trabalhador contra a nova espécie de trabalho. O que torna possível perceber isso claramente é o fato de que Ford, como pioneiro do novo modelo de produção, estava competindo com modos anteriores de organização do trabalho que ainda caracterizavam o restante da indústria automobilística e outras indústrias nesse campo. Nesse microcosmo há uma ilustração da regra de que a classe trabalhadora está progressivamente submetida ao modo capitalista de produção, e às formas sucessivas que ele assume, apenas à medida que o modo capitalista de produção conquista e destrói todas as demais formas de organização do trabalho, e com elas, todas as alternativas para a população trabalhadora. À medida que Ford, pela vantagem concorrencial que adquiria, forçava a linha de montagem ao restante da indústria automobilística, no mesmo grau os trabalhadores eram obrigados a submeter-se a ela pelo desaparecimento de outras formas de trabalho naquela indústria.[27]

Essa análise de Braverman, embora se refira ao início do século XX e tenha sido desenvolvida no início

(19) HOPP, Wallace J.; SPEARMAN, Mark L. *A ciência da fábrica*. 3. ed. Tradução de Paulo Norberto Migliavacca. Porto Alegre: Bookman, 2013. p. 25.

(20) *Idem, ibidem*.

(21) *Idem, ibidem*.

(22) JONES, Gareth R.; GEORGE, Jennifer M. *Administração contemporânea*. 4. ed. Tradução de Maria Lúcia G. L. Rosa. São Paulo: McGraw-Hill, 2008. p. 47.

(23) MAXIMIANO, Antonio Cesar Amaru. *Teoria geral da administração*: da revolução urbana à revolução digital. 6. ed. São Paulo: Atlas, 2010. p. 56.

(24) BRAVERMAN, Harry. *Trabalho e capital monopolista:* a degradação do trabalho no século XX. 3. ed. Tradução de Nathanael C. Caixeiro. Rio de Janeiro: Guanabara, 1987. p. 130.

(25) *Idem, ibidem*.

(26) *Idem*, p. 130-131.

(27) *Idem*, p. 133.

dos anos 1970, é importante para a compreensão do fenômeno produtivo pós-fordista e mesmo para o novo cenário do trabalho mediado pela tecnologia da informação e comunicação. É que novas formas de produzir, quando exitosas, tendem a ser absorventes, forçando o trabalhador a se adaptar, sob pena de ficar desempregado.

Andressa de Freitas Ribeiro trata do fordismo como novo modo de organização que não rompe com o taylorismo, sendo continuidade e intensificação do sistema produtivo anterior:

> Com Ford, a grande novidade técnica e em termos de organização da produção no chão de fábrica foi a introdução da esteira rolante, que ao fazer o trabalho chegar ao trabalhador numa posição fixa, conseguiu dramáticos ganhos de produtividade. A implementação do fordismo não significou apenas um novo modo de organização racional do trabalho e da produção, mas também a constituição de um novo modo de vida. Do mesmo modo que os princípios do taylorismo caminhavam em direção ao controle do trabalho, também o fordismo tinha como seu fundamento o controle do processo de trabalho. Mais do que uma ruptura, o fordismo representou a continuidade e intensificação do processo de controle da força de trabalho viva que já havia iniciado com o taylorismo.[28]

Sobre o novo modo de vida proporcionado pelo fordismo pode-se destacar a evolução provocada no consumo. A produção em larga escala, permitida pela organização científica do trabalho e pela linha de produção fordista, gerou necessidade de criação de mercado consumidor. Para tanto Ford praticava salários acima da média nacional estadunidense de então, com sua política de 5 dólares por dia de trabalho. Essa política salarial não decorre de boa-vontade, mas, sim, da necessidade de manter trabalhadores envolvidos em um processo produtivo opressor e repulsivo. De qualquer modo, quanto mais pessoas inseridas no mercado de consumo melhor para a indústria, e tal avanço nas vendas só seria possível em larga escala se os trabalhadores fossem razoavelmente remunerados. O aumento da produtividade gerou aumento do consumo, que por sua vez possibilitou aumento na arrecadação tributária, da renda e da riqueza nos Estados Unidos da América, com a concentração maior de renda (e poder) no capitalismo industrial. Sobre a importância do salário e dos direitos sociais no sistema fordista, aponta Erika Batista:

> O modelo de produção em massa fordista foi combinado com as técnicas de "administração científica" tayloristas, ao passo que foram ampliados diversos direitos sociais, o que suavizou temporariamente o conflito inerente à relação capital-trabalho até a crise de seu padrão de acumulação acompanhando a leitura de Braga (1995, p. 96). O Estado arrecadava os impostos e assegurava certos direitos trabalhistas, o patronato se comprometia com o pagamento dos altos salários inspirados no modelo produtivo de Ford – os *five dollars a day* – e os trabalhadores "suportavam" as formas fordistas-tayloristas de exploração do trabalho.[29]

Houve então certa acomodação da classe trabalhadora, de modo geral, em torno da expansão salarial e normativa, potencializada depois pelo *Welfare State* da segunda metade do século XX. O Estado "assegurou as conquistas da classe operária, ao mesmo tempo em que servia de centro dinâmico de acumulação do capital (keynesianismo)"[30], em que o Direito do Trabalho, no mundo, se desenvolve exercendo função conservadora. O Estado, com seu poder normativo, garante a reprodução do capital e a perpetuação do poder econômico nas mãos de poucos, diante de trabalhadores que normalmente (ressalvadas exceções pontuais) se mostravam satisfeitos com sua inserção (mínima) no atrativo mercado de consumo.

Márcio Túlio Viana estabelece relação entre os modelos produtivos taylorista e fordista e o Direito do Trabalho:

> Com Taylor e Ford, o trabalho se dividiu até o limite do possível e os últimos resíduos do saber operário foram se transferindo da oficina para a gerência. Com isso, algumas formas de resistência, fundadas naquele conhecimento, se inviabi-

(28) RIBEIRO, Andressa de Freitas. Taylorismo, fordismo e Toyotismo. *Lutas Sociais*. São Paulo, v. 19, n. 35, p. 65-79, jul./dez. 2015, p. 68.

(29) BATISTA, Erika. A dialética da reestruturação produtiva: a processualidade entre fordismo, taylorismo e toyotismo. *Aurora*, Marília, v. 7, n. 2, p. 17-34, jan.-jun., 2014. p. 23-24.

(30) SANTOS, Vinicius Correia. Da era fordista ao desemprego estrutural da força de trabalho: mudanças na organização da produção e do trabalho e seus reflexos. Artigo submetido ao VI Colóquio Internacional Marx e Engels nas seções de comunicações do Grupo Temático 9 – Trabalho e produção no capitalismo contemporâneo, no ano de 2009. Disponível em: <https://www2.unifap.br/glauberpereira/files/2015/12/Artigo-TGA-IV.pdf>.

> lizaram – como a de trabalhar lentamente, a pretexto de que era esse o único modo de fazê-lo.
>
> O disciplinamento se tornou menos físico, pois a máquina passou a acumular duas funções: além de operária, transformando a matéria-prima, tornou-se gerente, moldando o operário. Já não lhe impunha apenas cheiros e barulhos, mas a sua própria cadência.
>
> Mas se a racionalização da fábrica dificultou a resistência individual, fez recrudescer a coletiva. O capital – já agora, monopolista – reunia multidões cada vez maiores. E como o próprio trabalho era uniforme, todos se sentiam mais unidos nos sofrimentos e nos sonhos. Com isso, o operário comum, que antes vinha a reboque do movimento sindical, tornou-se linha de frente.
>
> (...)
>
> Produtos, máquinas e fábricas estáveis garantiam uma produção homogênea, em grandes lotes, o que por sua vez permitia uma economia de escala. Mas se a produção era em massa, também assim eram os trabalhadores, os sindicatos e o próprio Direito do Trabalho. A lógica era transformar cada trabalhador em empregado, e cada empregado em consumidor, realimentando o processo. Como disse um líder sindical italiano, o círculo era virtuoso – especialmente nos países de ponta.[31]

Percebe-se a confluência de fatores que levaram ao desenvolvimento do capitalismo monopolista e do Direito do Trabalho e que resultaram em um sistema normativo protetivo forte, com regras imperativas e indisponíveis, salários em níveis razoáveis e liberdade sindical com efetividade da representação, principalmente nos países de capitalismo central.

Aqui a subordinação é clássica, ou seja, permite perceber facilmente o controle patronal quanto ao modo da prestação laborativa, na linha doutrinária do Prof. Mauricio Godinho Delgado.[32] A fábrica era grande e verticalizada. O sindicato pretendia imitá-la. O Direito do Trabalho também se pretendia amplo e absorvente, da mesma forma que quem vende não faz objeção à origem de quem compra, pois o consumo também deve ser sempre ampliado. "A lógica era transformar cada trabalhador em empregado, e cada empregado em consumidor, realimentando o processo"[33], como ensina mais uma vez Márcio Túlio Viana:

> Interações como essas também aconteciam com as formas com que se apresentava o Direito e os modos de ser da fábrica. Se, por exemplo, o trabalho era parcelado e ao mesmo tempo homogêneo, também era assim o Direito: detalhista, uniforme, abrangente, fosse basicamente através da lei, como no nosso modelo, fosse por via da convenção coletiva.
>
> Quanto ao sindicato, também nesse aspecto replicava a fábrica. Na medida em que o empresário levantava as suas paredes, os trabalhadores iam construindo as deles. Cada organização correspondendo à outra. Revelando um pouco as interações do mundo, tanto o sindicato como a fábrica, tanto o direito como o Estado se mostravam grandes, ambiciosos, absorventes.[34]

O Professor Márcio Túlio Viana (em texto premiado nacionalmente e que merece ser lido na íntegra) desenvolve a ideia de Estado grande em sua relação com o sistema produtivo taylorista-fordista e com o Direito do Trabalho:

> O Estado dos tempos de Ford respondia aos seus anseios, pois se de um lado dava infraestrutura, com obras de todo tipo, de outro garantia o consumo, com políticas de bem-estar, tudo segundo as lições de John Maynard Keynes.
>
> Naqueles tempos, o mundo se dividia em pedaços bem visíveis – o Primeiro, o Segundo e o Terceiro – e a própria vida tinha muito de previsível. Se houvesse uma guerra, seria entre EUA e URSS. Se fosse prendada, a mulher teria sempre um marido. Um anel de doutor significava boa casa, casimira inglesa e viagens à Europa.
>
> E também os operários seguiam – ao seu modo – esse modelo. Repetindo gestos, em jornada inteira, e sem trocar de patrão, suas vidas eram tão uniformes como os uniformes que vestiam.

(31) VIANA, Márcio Túlio. Terceirização e sindicato: um enfoque para além do direito. *Revista do Tribunal Regional do Trabalho da 3ª Região*. Belo Horizonte, 37 (67), 117-144, jan./jun.2003. p. 123.

(32) DELGADO, Mauricio Godinho. *Curso de direito do trabalho*. 18. ed. São Paulo: LTr, 2019.

(33) VIANA, Márcio Túlio. Terceirização e sindicato: um enfoque para além do direito. *Revista do Tribunal Regional do Trabalho da 3ª Região*. Belo Horizonte, 37 (67), 117-144, jan./jun.2003. p. 123.

(34) VIANA, Márcio Túlio. Sindicato e trabalhador: a flexibilidade através do sujeito. In: PORTO, Lorena Vasconcelos; PEREIRA, Ricardo José Macêdo de Britto. *Temas de direito sindical*: homenagem a José Cláudio Monteiro de Brito Filho. São Paulo: LTr, 2011. p. 39-40.

> Tinham o destino traçado pela história de seus pais, e assim seria também com os seus filhos.
>
> Aliás, tudo se articulava. Se os produtos eram previsíveis, pouco mutantes, também o trabalho era contínuo, estável, e a própria lei era rígida, abrangente. Fábrica e sindicato reuniam trabalhadores em massa. Um correspondia ao outro.
>
> E também em massa eram a produção, o consumo e a própria norma trabalhista. Integrando-se ao sistema, como uma coisa dele, o Direito do Trabalho o legitimava, e quase se podia ver um através do outro.[35]

O Estado também pretendia ser grande, como visto na lição de Márcio Túlio Viana, cuidando de prover não só segurança e administração da justiça. A ideia era a de Estado de Bem-Estar Social, que garantisse, pelo menos nos países de capitalismo central, padrões mínimos de vida digna, para que o cidadão pudesse se inserir nesse novo capitalismo voltado ao consumo. Direitos sociais foram amplamente garantidos na Europa ocidental, principalmente relacionados à saúde, educação, moradia, lazer, descanso, aposentadoria. A respeito do *Welfare State,* Mauricio Godinho Delgado e Lorena Vasconcelos Porto elencam nove características principais, aqui listadas em síntese: democracia multidimensional; direitos civis e políticos em perspectiva ampla, inclusiva e antidiscriminatória; garantia de direitos individuais, sociais e coletivos; institucionalização de atores sociais e movimentos sociais; equilíbrio nos meios de comunicação de massa; relevante participação das mulheres na sociedade civil e na política; participação do Estado na sociedade e na economia; política tributária marcada pela solidariedade; sistema capitalista sustentável e responsivo.[36]

Aqui o destaque é para a participação do Estado na sociedade e na economia, que dentre outros fatores possibilitou não somente a "garantia da universalidade das políticas públicas assecuratórias dos direitos sociais à população, como também de garantia de ocorrência de um desenvolvimento sustentável no plano do sistema econômico capitalista"[37]. Em tal perspectiva destaca-se a estrutura de Direito do Trabalho com normas imperativas, consagradoras de direitos indisponíveis, de caráter protetivo do empregado e tendente a uma (tímida) distribuição de renda no sistema capitalista.

A ideia de trabalho digno não é aprioristicamente contraditória com os pilares do sistema produtivo taylorista-fordista, principalmente ao inserir (minimamente) o trabalhador na riqueza gerada pelo capitalismo. Como regra geral que comporta exceções (empregadores, atividades econômicas, regiões, países) verifica-se efetivação de direitos trabalhistas mínimos que por sua vez se constroem tendo por base contraprestação pecuniária razoável por trabalho em jornadas também razoáveis. Enfim, as práticas tayloristas-fordistas, como regra geral, não impedem o exercício de direitos fundamentais do trabalhador na sua relação com o capital, sendo possível inferir até mesmo a sua promoção em diversos casos concretos. Observe-se, por fim, que há aqui uma constatação sobre o sistema em si e não especificamente sobre empregadores, atividades econômicas, regiões ou países. É perceptível que nem todos os empregadores que se se inseriram e se inserem no sistema produtivo taylorista-fordista exploram trabalho respeitando a dignidade do trabalhador. O que se afirma aqui é que o sistema em sua essência não é contrário à ideia de trabalho digno.

2.3. Toyotismo e trabalho digno

Embora o Estado de Bem-Estar Social tenha cumprido relevante papel como exitoso controle civilizatório do capitalismo, não ficou imune a críticas. Na segunda metade do século XX essa estrutura de Bem-Estar Social começa a se romper ao redor do mundo e dá lugar a uma nova compreensão sobre o papel do Estado. Concomitantemente a Administração de Empresas propõe outro modelo produtivo, que por sua vez influencia o Direito do Trabalho, só que agora negativamente. Essa reestruturação produtiva ficou conhecida como pós-fordista ou toyotista.

Os analistas dos sistemas produtivos costumam estabelecer como marco do desenvolvimento do toyotismo a crise do petróleo de 1974, que causou retração no mercado de consumo internacional e uma crise global do capitalismo industrial. Além disso registrou-se importante decréscimo na produtividade do sistema

(35) VIANA, Márcio Túlio. A proteção social do trabalhador no mundo globalizado – o direito do trabalho no limiar do século XXI. *Revista LTr,* São Paulo, v. 63, p. 885-896, 1999.

(36) DELGADO, Mauricio Godinho; PORTO, Lorena Vasconcelos. O estado de bem-estar social (*Welfare State*) no capitalismo contemporâneo. In: DELGADO, Mauricio Godinho; PORTO, Lorena Vasconcelos (Org). *Welfare State*: os grandes desafios do estado de bem-estar social. São Paulo: LTr, 2019. p. 34.

(37) *Idem.*

fordista no mesmo momento.[38] Do ponto de vista político é referência a ascensão do neoliberalismo, capitaneado por Margaret Tatcher na Inglaterra e por Ronald Reagan nos Estados Unidos da América. Ambos os líderes direitistas marcaram um novo papel do Estado na sociedade, que não deveria mais sustentar a estrutura de bem-estar social até então mantida. A ideia era a de desregulamentação, privatização e capitalismo com pouca interferência estatal, dentre elas a que diz respeito à regulamentação trabalhista.

Sobre o cerne do presente estudo o novo modelo produtivo toyotista tem por base o uso maciço da informatização, da robótica e das telecomunicações, inovações em franco desenvolvimento no final da segunda metade do século XX. O modelo é de especialização flexível, que tem como características principais a redução dos custos de produção e de salários, a redução do tamanho das fábricas, o processo tecnológico desconcentrado, a produção conforme demanda específica, a polivalência e multifuncionalidade do trabalhador, a redução das chefias presenciais, a dessalarização, a terceirização, a individualização do trabalhador e a dessindicalização. Uma das preocupações dos líderes neoliberais e dos gestores toyotistas era enfraquecer os sindicatos e a luta coletiva por melhores contratos. A propaganda em torno do novo sistema impõe a ideia toyotista de "proteja seu empregador para proteger seu emprego". Em diversos momentos e lugares a ideia é, então, proteger o empregador, pois sem ele ninguém teria emprego e consequentemente sequer haveria direitos trabalhistas, pois estes decorrem necessariamente da relação empregatícia. O sistema passa a adotar e principalmente a impor conceitos de fábrica mínima, Estado mínimo e Direito do Trabalho mínimo.

A Administração de Empresas não trata o toyotismo como ruptura drástica com modelos anteriores (taylorista e fordista), mas muito mais como uma evolução baseada nas ideias dos precursores. Antonio Cesar Amaru Maximiano destaca os dois princípios básicos do sistema Toyota de produção, ou toyotismo: eliminação de desperdícios e fabricação com qualidade. No que concerne ao trabalho e ao trabalhador a eliminação de desperdícios e a exigência de qualidade faz com que o operário tenha que se dedicar ao máximo às suas tarefas, que devem ser desenvolvidas com extrema responsabilidade. Exige-se produzir com um menor número de empregados diretos, que desempenham múltiplas funções e que são premiados ou punidos em razão da qualidade do trabalho, que é individualmente mensurado, avaliado e remunerado.

Ricardo Antunes e Giovanni Alves criticam a captura da subjetividade do trabalhador pelo toyotismo, que é algo diferente do que buscaram fazer as estruturas taylorista e fordista anteriormente.[39] Há permanência da lógica de racionalização do trabalho, decorrente das formulações científicas de Taylor postas em prática e desenvolvidas por Ford, mas com uma outra estratégia de envolvimento do trabalhador:

> Se o fordismo expropriou e transferiu o savoir-faire do operário para a esfera da gerência científica, para os níveis de elaboração, o toyotismo tende a re-transferi-lo para a força de trabalho, mas o faz visando a apropriar-se crescentemente da sua dimensão intelectual, das suas capacidades cognitivas, procurando envolver mais forte e intensamente a subjetividade operária. Os trabalhos em equipes, os círculos de controle, as sugestões oriundas do chão da fábrica, são recolhidos e apropriados pelo capital nessa fase de reestruturação produtiva. Suas ideias são absorvidas pelas empresas, após uma análise e comprovação de sua exequibilidade e vantagem (lucrativa) para o capital.[40]

Não há mais a necessidade de chefias onipresentes e ostensivas, de controle de tempos e movimentos previstos e estanques, ou mesmo da linha de produção fordista. O trabalhador, mesmo no chão-de-fábrica, é

---

(38) RIBEIRO, Andressa de Freitas. Taylorismo, fordismo e toyotismo. *Lutas sociais*. São Paulo, v. 19, n. 35, p. 65-79, jul./dez. 2015.

(39) "Apesar de o toyotismo pertencer à mesma lógica de racionalização do trabalho do taylorismo/fordismo, o que implica considerá-lo uma continuidade com respeito a ambos, ele tenderia, em contrapartida, a surgir como um controle do elemento subjetivo da produção capitalista que estaria posto no interior de uma nova subsunção real do trabalho ao capital – o que seria uma descontinuidade com relação ao taylorismo/fordismo. Na verdade, a introdução da maquinaria complexa, das novas máquinas informatizadas que se tornam inteligentes, ou seja, o surgimento de uma nova base técnica do sistema sociometabólico do capital, que propicia um novo salto da subsunção real do trabalho ao capital, exige, como pressuposto formal ineliminável, os princípios do toyotismo, no qual a captura da subjetividade operária é uma das precondições do próprio desenvolvimento da nova materialidade do capital. As novas tecnologias microeletrônicas na produção, capazes de promover um novo salto na produtividade do trabalho, exigiriam, como pressuposto formal, o novo envolvimento do trabalho vivo na produção capitalista." ANTUNES, Ricardo; ALVES, Giovanni. As mutações no mundo do trabalho na era da mundialização do capital. *Educação e Sociedade*. Campinas, v. 25, n. 87, p. 335-351, maio/ago. 2004. p. 346.

(40) ANTUNES, Ricardo; ALVES, Giovanni. As mutações no mundo do trabalho na era da mundialização do capital. *Educação e Sociedade*. Campinas, v. 25, n. 87, p. 335-351, maio/ago. 2004. p. 346-347.

incentivado a pensar, rever processos, otimizar estruturas. Mesmo o operário industrial no sistema toyotista não está preso à linha, mas desenvolve seu trabalho em ilhas, em equipes. Não desenvolve passivamente uma única tarefa a jornada inteira. Faz múltiplas funções e deve ser "proativo". Ao invés dos chefes, líderes que não estão em posição hierárquica diferente dos liderados. Ao invés da subordinação clássica, a estrutural.[41] Ao invés de relógio de ponto, metas que devem ser cumpridas em um dado tempo. Ao invés de um salário fixo atrativo, remuneração variável conforme produção.

O discurso do patrão é muitas vezes reproduzido pelo operário quase naturalmente. E isso hoje é simples de se verificar na prática. Falas como "nossa empresa", "nossos lucros", "nossas estratégias" são ouvidas mesmo no discurso daqueles que não têm funções gerenciais. Dizer-se "empregado" é quase aviltante. Prefere-se "colaborador" ou quase sempre "funcionário". Dizer que recebe "salário" é sinônimo de operário desqualificado. Prefere-se "vencimentos", "benefícios". Controle de jornada ou cartões de ponto são desnecessários. Prefere-se o "esforço", a "abnegação" e principalmente a "dedicação" à "nossa empresa". É como se fossem ambos, empregado e empregador, um só espírito voltado ao sucesso empresarial. Há uma falsa igualdade, que só funciona (se é que funciona) no discurso.

O Direito do Trabalho também se transforma, embora capital e Estado não prometam ou busquem a sua extinção. Convive ao mesmo tempo com normas imperativas e flexíveis, com direitos disponíveis e indisponíveis, com normatização autônoma e heterônoma, com contratação formal (CTPS) ou informal (PJ e outros) a depender do país, do momento econômico, dos níveis de emprego e desemprego, da vontade patronal, da estratégia de gestão, dentre outros fatores.

Não obstante essa realidade produtiva, é possível afirmar sem que se pretenda generalizar, que a ideia de trabalho digno não é contraditória, também, com os pilares do sistema produtivo toyotista. O trabalhador não é necessariamente desvalorizado enquanto pessoa, pois tem atuação minimamente respeitada no cumprimento das suas tarefas e no desenvolvimento das suas ideias. Ainda que reduza o patamar civilizatório mínimo justrabalhista, o sistema toyotista não o nega e não pretende a sua destruição. Também como regra geral que permite exceções, não rompe com a ideia de contraprestação mínima por jornada razoável e permite que o trabalhador se insira no mercado de consumo em razão da sua atuação profissional. Em síntese, as práticas toyotistas vistas de modo geral não impedem o exercício de direitos fundamentais do trabalhador na sua relação com o capital. Há aqui, então, constatação sobre o sistema em si e não especificamente sobre empregadores, atividades econômicas, regiões ou países. É perceptível que nem todos os empregadores que se inseriram e se inserem no sistema produtivo toyotista exploram trabalho respeitando a dignidade do trabalhador. O que se afirma aqui é que o sistema em sua essência não é contrário ao valor fundamental do trabalho digno.

3. NOVAS ESTRATÉGIAS PRODUTIVAS E CONTRATAÇÃO DE PESSOAS VIA PLATAFORMAS DIGITAIS

O pior ainda estava por vir na vida da classe trabalhadora. Agora é possível e quase necessário em algumas atividades despir-se até da condição de trabalhador para se obter ocupação e sobrevivência. O sistema valoriza quem é ou diz ser "empreendedor", ainda que "empreendedor de si mesmo", conforme Ricardo Antunes.[42] É o novo cenário da contratação de pessoas via plataformas, possibilitado pela economia da tecnologia digital. O título do presente item pode causar certo estranhamento, uma vez que a expressão usual indicaria como melhor epíteto "contratação de trabalho via plataformas digitais", o que estaria até mesmo em consonância com os textos que já há sobre o tema. Mas aqui houve opção pela expressão "contratação de pessoas via plataformas digitais". Não se confunda, é bom também esclarecer, com terceirização, nos seus termos históricos ou atuais. Fato é que as plataformas digitais, para negar direitos trabalhistas, optaram por negar também que sejam contratantes de trabalho. Já não negam simplesmente, como outros modelos em outros tempos, o vínculo empregatício. Negam a própria relação de trabalho. Assim, talvez seja melhor mesmo dizer "contratação de pessoas". Não para aderir ou para concordar com a estratégia do capital, mas para sinalizar os abusos que são praticados contra os trabalhadores nesse novo sistema produtivo que se desenvolve no século XXI.

(41) "Estrutural é, finalmente, a subordinação que se expressa pela inserção do trabalhador na dinâmica do tomador de seus serviços, independentemente de receber (ou não) suas ordens diretas, mas acolhendo, estruturalmente, sua dinâmica de organização e funcionamento." DELGADO, Mauricio Godinho. *Curso de direito do trabalho*. 18. ed. São Paulo: LTr, 2019. p. 352-353.

(42) ANTUNES, Ricardo. *O privilégio da servidão*: o novo proletário de serviços na era digital. São Paulo: Boitempo, 2018.

3.1. Novo sistema produtivo no século XXI: Indústria 4.0, Economia do Compartilhamento, *Gig Economy*, Economia da Tecnologia Digital

De início é importante destacar que não há, pelo menos por enquanto, rupturas drásticas com os sistemas produtivos anteriormente estudados. Há sociedades empresárias que se estruturam em bases tayloristas-fordistas, da mesma forma que há tantas outras que se baseiam no sistema toyotista de produção. Além desses sistemas produtivos anteriormente estudados há muitos que são propostos e estruturados pela Administração de Empresas, pela Economia, pela Engenharia de Produção, pela Sociologia do Trabalho, dentre outros ramos do conhecimento. Há experiências que mesclam princípios e estruturas de modelos diferentes, formando algo "sui generis" para produzir e para gerenciar mão de obra. E há, enfim, outras tantas estruturas empresariais que não têm sequer ideia do que sejam sistemas ou modelos produtivos, vivendo suas experiências cotidianas com pouca técnica e sem preocupações científicas na organização da produção e do trabalho. Então não seria razoável supor que uma nova forma produtiva, marcada aqui pela tecnologia digital, rompesse com outros modelos produtivos do dia para a noite, ou mesmo de uma década para outra. Da mesma forma não seria razoável imaginar uma adesão integral ao novo modelo produtivo, pelo menos no curto prazo. O que há é a convivência entre os diversos sistemas, mas com a prevalência de um sobre o outro ao longo do tempo, até que se possa identificar hegemonia e marcar um período no tempo como sendo próprio de um dado modelo produtivo.

Com relação ao modelo produtivo que se desenvolve no século XXI, se é que se pode assim considerar, não recebeu uma denominação definitiva, razão pela qual o presente estudo escolhe uma, não sem antes apresentar outras possibilidades. A escolha aqui, como visto, é por "economia da tecnologia digital", mas são frequentes também "Indústria 4.0" "economia do compartilhamento" e "Gig Economy", dentre muitas outras.[(43)] Conceitos e características desse novo modelo serão analisados a partir dessas terminologias.

De início a ideia de Indústria 4.0, que parece ser a mais ampla no contexto que se pretende aqui apresentar, que é o da contratação de pessoas por meio de plataformas digitais. No âmbito da Administração de Empresas, Adriano Pereira e Eugênio de Oliveira Simonetto compreendem a Indústria 4.0 como a 4ª Revolução Industrial, que estaria em desenvolvimento no século XXI e que tem por base a internet. Os autores explicam:

> Trata-se de uma revolução dos processos de manufatura, tendo por base, entre outras tecnologias, os Sistemas CiberFísicos e a Internet das Coisas. Os CPS são equipamentos com capacidade de integrar seu corpo físico ao mundo virtual, com capacidade de representar seu estado a partir da coleta de informações em tempo real, e tomar decisões autônomas. A Internet das Coisas, por sua vez, faz uso da disponibilidade cada vez maior de infraestrutura de comunicação para formar grandes redes, conectando os mais diversos objetos de nosso cotidiano, como os CPS. A partir da Indústria 4.0, maiores complexidades poderão ser tratadas em processos produtivos, obtendo produtos personalizados a preços competitivos.[(44)]

Percebe-se então desde já a relevância das tecnologias da informação e comunicação para ampliar as possibilidades dos processos produtivos, principalmente pela utilização da internet. Pereira e Simonetto, com base na obra precursora sobre o assunto,[(45)] indicam os nove pilares tecnológicos da Indústria 4.0, aqui trazidos em síntese: 1. Big Data. 2. Robôs Autônomos. 3. Simulação. 4. Integração de sistemas. 5. Internet das Coisas Industrial. 6. Segurança cibernética. 7. Nuvem. 8. Fabricação de aditivos. 9. Realidade aumentada.[(46)] É certo que nem todos os pilares aqui indicados sustentam a contratação de pessoas via plataformas digitais, mas a identificação destes é relevante para a compreensão do fenômeno.

(43) "... consumo colaborativo (*collaborative consumption*), economia em rede (*mesch economy*), plataformas igual-para-igual (*peer-to-peer plataforms*), (...) economia da viração, serviços de *concierge*, ou – um termo cada vez mais usado – economia sob demanda (*on-demand economy*). SLEE, Tom. *Uberização*: a nova onda do trabalho precarizado. São Paulo: Editora Elefante, 2017. p. 24.

(44) PEREIRA, Adriano; SIMONETTO, Eugênio de Oliveira. Indústria 4.0: conceitos e perspectivas para o Brasil. *Revista da Universidade Vale do Rio Verde*, v. 16, n. 1, jan./jul. 2018. p. 8.

(45) RÜßMANN, M.; LORENZ, M.; GERBERT, p.; WALDNER, M.; JUSTUS, J.; ENGEL, P.; HARNISCH, M. Industry 4.0: The future of productivity and growth. In: Manufacturing industries. Boston Consulting Group, v. 9, 2015. *Apud* PEREIRA, Adriano; SIMONETTO, Eugênio de Oliveira. Indústria 4.0: conceitos e perspectivas para o Brasil. *Revista da Universidade Vale do Rio Verde*, v. 16, n. 1, jan./jul. 2018.

(46) *Idem, ibidem.*

Na área da Engenharia, a Indústria 4.0 também é identificada como 4ª Revolução Industrial, denominada também Revolução da Conectividade, ideia que bem identifica a contratação de trabalhadores via plataformas. Em âmbito industrial compreende-se como "revolução habilitada pela aplicação generalizada de tecnologias avançadas no nível da produção para trazer novos valores e serviços para os clientes e para a própria organização."[(47)] Na mesma grande área, especificamente no âmbito da Engenharia Mecânica, Pedro Miguel Nogueira Coelho, em Dissertação de Mestrado na Universidade de Coimbra, explica de modo simples e direto:

> O termo "Indústria 4.0"; "smart factory"; "intelegent factory"; "factory of the future" são termos que descrevem uma visão do que será uma fábrica no futuro. Nesta visão as fábricas serão muito mais inteligentes, flexíveis, dinâmicas e ágeis. Outra definição para "Smart factory" é uma fábrica que faz produtos inteligentes, em equipamentos inteligentes, em cadeias de abastecimento inteligentes.[(48)]

Aqui a ênfase é em uma nova indústria, inteligente, não só automatizada, mas marcada pela flexibilidade e agilidade. A ideia de flexibilidade e agilidade é ampliada nesse novo momento se comparado com a fábrica flexível do toyotismo, que em si já previa uma produção sob demanda, mas não com a rapidez e a especialização do novo modelo.

Na perspectiva da Economia, David Kupfer leciona que se trata de desenvolvimento de fábricas inteligentes, baseadas na tecnologia da informação e comunicação, com base em um "elenco de técnicas que dependem do uso coordenado de informação, automação, computação, software, sensoriamento e conexão em rede".[(49)] André Gonçalves Zipperer, com base na obra de Erik Brynjolfsson e Andrew Mcafee explica que a quarta revolução "é caracterizada por uma internet ubíqua e móvel, sensores menores e mais baratos, pela inteligência artificial e aprendizagem automática (ou aprendizado da máquina)"[(50)], o que é imprescindível nesse novo cenário de contratação de pessoas via plataformas.

Outra expressão muito utilizada para marcar esse novo modelo produtivo, que aqui é enfatizado pela possibilidade da contratação de pessoas via plataformas digitais, é "economia do compartilhamento". A obra referencial sobre o tema, aqui, é "Uberização: a nova onda do trabalho precarizado", de Tom Slee, que ao mesmo tempo adota o termo e o critica, pois no atual mercado não há mais a ideia inicial de compartilhar. "É uma onda de novos negócios que usam a internet para conectar consumidores com provedores de serviço para trocas no mundo físico, como aluguéis imobiliários de curta duração, viagens de carro ou tarefas domésticas."[(51)] No início a ideia era apenas unir pessoas via plataformas digitais. Alguém que não pudesse ir ao supermercado fazer compras poderia pedir esse serviço a um "vizinho" que fosse fazê-lo. Ou duas pessoas que tivessem o mesmo itinerário poderiam compartilhar a viagem de carro. De início, lembra Tom Slee, não havia dinheiro envolvido na troca. O compartilhamento era gracioso: vizinhos ajudando vizinhos.[(52)] O problema é que o que de início era colaborativo se tornou um imenso mercado global e as contradições entre compartilhar e lucrar se tornaram evidentes, como destaca Tom Slee:

> Existe uma contradição em torno do nome "Economia do Compartilhamento" (*sharing economy*). Nós pensamos no compartilhar como uma interação social, entre iguais, sem caráter comercial. O conceito de "compartilhamento" sugere trocas que não envolvem dinheiro, ou que são ao menos motivadas por generosidade, pelo desejo de dar ou de ajudar. "Economia" sugere trocas de mercado – a autocentrada troca de dinheiro por bens ou serviços. (...) Não há dúvida de que a palavra "compartilhamento" foi esticada para além dos limites razoáveis à medida que a "economia do compartilhamento" cresceu e se transformou..."[(53)]

(47) SANTOS, Beatrice P. *et. al*. Indústria 4.0: desafios e oportunidades. *Revista Produção e Desenvolvimento*, v. 4, n. 1, p. 111-124, 2018. Disponível em: <http://revistas.cefet-rj.br/index.php/producaoedesenvolvimento>.

(48) COELHO, Pedro Miguel Nogueira. Rumo à Indústria 4.0. Dissertação (Mestrado). Universidade de Coimbra. Departamento de Engenharia e Gestão Industrial. Coimbra, 2016. Disponível em: <https://estudogeral.sib.uc.pt/bitstream/10316/36992/1/Tese%20Pedro%20Coelho%20Rumo%20%C3%A0%20Industria%204.0.pdf>. Acesso em: 17 out. 2019.

(49) KUPFER, David. Indústria 4.0 Brasil. *Valor Econômico*. 08.08.2016. Disponível em: <https://valor.globo.com/opiniao/coluna/industria-4-0-brasil.ghtml>.

(50) BRYNJOLFFSON, Erik; MCAFEE, Andrew. *Apud* ZIPPERER, André Gonçalves. *A intermediação de trabalho via plataformas digitais*: repensando o Direito do Trabalho a partir das novas realidades do século XXI. São Paulo: LTr, 2019.

(51) SLEE, Tom. *Uberização*: a nova onda do trabalho precarizado. São Paulo: Editora Elefante, 2017. p. 21.

(52) *Idem.*

(53) *Ibidem*, p. 24.

O que acontece na contratação de pessoas via plataformas digitais é tudo menos compartilhamento. Há organização dos fatores de produção por alguém que lucra com a exploração de trabalho. Lucro privado e jamais compartilhado, razão pela qual não cabe o uso da expressão "economia do compartilhamento".

Importante na análise da contratação de pessoas via plataformas digitais a compreensão do que seja "Gig Economy", tema que já encontra referências na produção doutrinária do Direito do Trabalho brasileiro. Pode-se dizer que a ideia de "Gig Economy" estaria inserida naquela anterior, de economia do compartilhamento, posto que ambas se desenvolvem em torno de plataformas digitais. A expressão "Gig Economy" é normalmente compreendida como economia do "bico", no sentido de trabalho informal, precarizado. A origem do termo, entretanto, é um pouco diferente, como explica, contextualiza e conceitua Francisco de Assis Barbosa Junior:

> O termo "gig" tem sua origem no Jazz, sendo utilizado para definir um determinado compromisso firmado com músicos para uma apresentação específica. Tal fato torna mais clara a essência desta "economia", a qual pode ser entendida como um mercado de trabalho que envolve, de um lado, trabalhadores com contrato de trabalho por tempo certo e (em princípio) sem vínculo empregatício, e, de outro, empresas, que os contratam para realização de tarefas específicas, não havendo submissão às regras trabalhistas dos trabalhadores ditos comuns, a exemplo das relacionadas com o limite de horas de labor.(54)

Além dessas características básicas há na "Gig Economy" a inserção de ferramentas tecnológicas para a contratação de trabalho ou de pessoas. "As plataformas da *gig economy* são definidas como plataformas digitais, baseadas em serviços *on-demand* as quais permitem arranjos de trabalho flexíveis."(55) Não há problemas, aprioristicamente, com trabalho por tempo determinado, de curta duração, ou mesmo em tempo parcial, vez que contam com (mínima) proteção normativa estatal. O que torna a "Gig Economy" precarizante em termos trabalhistas é o afastamento de toda a proteção conferida pelo Direito do Trabalho para a grande maioria dos trabalhadores, que passam a viver, nesse modelo, à margem do sistema.

O economista José Roberto Rodrigues Afonso apresenta o que entende ser uma revolução precarizante que pode bem identificar a "Gig Economy" no Brasil e em todo o mundo:

> Dois são os grandes fenômenos esperados da revolução já em curso. Em primeiro lugar, haverá desemprego maciço provocado pela automação, o que já atrai muita atenção e preocupação há algum tempo no exterior. Tido como inevitável, se discutem cada vez mais paliativos – simbólica a proposta do imposto sobre robôs. Em segundo lugar, menos comentados, também são esperados arranjos mais flexíveis de trabalho para lidar com ocupações que ainda venham a ser criadas pelas novas tecnologias, cuja inovação e mobilidade não demandam empregados fixos. É um cenário terrível para o emprego: os que tendem a ficar imunes ao desemprego, por outro lado, não deverão ter emprego tradicional. Não devem se tornar informais e ilegais se leis e políticas públicas bem regularem o trabalho sem carteira.(56)

É a já conhecida precarização das condições e das relações capital-trabalho, entendida "como esforço patronal e estatal combinado tendente a promover desregulamentação trabalhista, flexibilização de direitos e redução do alcance e da estrutura de proteção do Direito do Trabalho no Brasil."(57) No que diz respeito à contratação de pessoas via plataformas digitais há desemprego daqueles que antes trabalhavam formalmente e foram trocados por informais, bem como a precarização do trabalho daqueles que conseguem manter-se ocupados, embora empobrecidos e sem direitos.

A escolha do presente artigo é definir a contratação de pessoas via plataformas digitais como fenômeno inserido em um novo sistema produtivo marcado pela "economia da tecnologia digital". A sugestão de denominação também está na obra de Tom Slee, embora não traga o autor conceituação ou estruturação em torno dela. É possível, entretanto, em um contexto de relação capital-trabalho, dizer que a economia da

(54) BARBOSA JUNIOR, Francisco de Assis. *Gig Economy e Contrato de Emprego:* aplicabilidade da legislação trabalhista aos vínculos de trabalho na nova economia. São Paulo: LTr, 2019. p. 25-26.

(55) *Idem*, p. 27.

(56) AFONSO, José R. R. Trabalho independente, reforma independente. *Conjuntura Econômica* (Rio de Janeiro), v. 72, p. 18-21, 2018. p. 42.

(57) ALVES, Amauri Cesar; CASTRO, Thiago Henrique Lopes de. Reforma Trabalhista e movimentos de reestruturação, precarização e redução do Direito do Trabalho no Brasil. *Revista Direito das Relações Sociais e Trabalhistas.* v. 4, p. 130-156, 2018. p. 151.

tecnologia digital é sistema produtivo ou de gestão de mão de obra em que a exploração de trabalho (ou da pessoa) é possível pela mediação da tecnologia digital, sobretudo aplicativos acessados via telefone celular. Nesse modelo de exploração de trabalho (ou de pessoas) a plataforma digital permite que alguém que precisa de força produtiva ou saber-fazer encontre fácil e rapidamente uma pessoa disposta a realizar a tarefa necessária. É uma relação trilateral ou triangular, pois há necessariamente três pessoas envolvidas: a plataforma digital, o trabalhador e aquele que tem interesse em se valer do trabalho. O barateamento dos custos da tecnologia, sua proliferação e a melhoria das conexões via internet são essenciais para o desenvolvimento do novo sistema produtivo. Na relação trilateral dois ganham e um perde: a plataforma ganha mais do que o interessado por trabalho, que se apropria dele por preço módico (e por isso também ganha um pouco), enquanto o trabalhador perde, pois trabalha muito e recebe pouco. Nesse contexto o trabalhador é quase sempre vulnerável, pois normalmente quem vende trabalho está em situação de inferioridade contratual agravada por fatores de risco laboral ou pela condição pessoal o que poderá resultar em lesão em sua esfera patrimonial ou existencial.(58) O modelo rápido, fácil e barato só funciona para os que dele enriquecem por permitir a fruição de trabalho sem direitos trabalhistas. Por fim há a busca incessante da plataforma (e em alguma medida também dos interessados por trabalho) de que o Estado se afaste totalmente da relação, não se inserindo para taxar, impor obrigações ou fixar quaisquer limites ou condições.

A economia da tecnologia digital, na perspectiva da relação capital-trabalho, é um novo sistema produtivo que promete unir interesses contrapostos, mas que na prática resulta em mera precarização do trabalho. Há, então, algumas características importantes: 1. relação triangular; 2. mediada pela tecnologia aplicada aos *smartphones*; 3. exploração de trabalho pela plataforma; 4. proveito do trabalho pelo interessado e pela plataforma; 5. trabalhador vulnerável; 6. preço baixo do trabalho; 7. busca por total ausência estatal do contexto da relação, com destaque para a desregulamentação da exploração de trabalho.

3.2. A contratação de pessoas via plataformas digitais e a ruptura com o sistema protetivo justrabalhista e com o Direito Fundamental ao Trabalho Digno

É possível, hoje, com bastante facilidade, contratar pessoas sem pagar por seus direitos trabalhistas. A nova lógica capitalista é simples e funciona de duas maneiras: "não contrato trabalho, logo, não sou empregador" ou ainda, "contrato trabalho, mas estou dispensado pelo Estado da contratação de empregados". Quaisquer que sejam a lógica e a estratégia, o resultado é a ruptura com o sistema protetivo justrabalhista.

Antes de analisar a perspectiva jurídica da ruptura com a proteção trabalhista, vale aqui brevemente destacar o fenômeno da economia da tecnologia digital em contexto materialmente ampliado, mas em síntese. A fábrica, agora 4.0, é flexível e inteligente, com controle difuso, marcado por subordinação algorítmica (subordinação por algoritmos).(59) Produção e consumo são *on-demand*, *on-line* e ágeis, preferencialmente mediados por plataformas digitais, em que a referência da tecnologia é a onipresente internet. Em relação aos trabalhadores, os que estão no topo do conhecimento tecnológico são bem remunerados e podem impor sua vontade em um bom contrato, ao contrário da imensa base do sistema, que não necessariamente tem qualificação profissional e que quase sempre convive com contratos precários e baixíssima contraprestação. A renda não se concentra mais na indústria e nem necessariamente no mercado financeiro. O caminho parece ser a concentração de riqueza nas mãos dos poucos detentores de imensos volumes de informação. O modo de resistência da classe trabalhadora também pode se modificar. Pode ser que a insatisfação dos trabalhadores não seja mais demonstrada nos moldes do sistema juslaboral (greve,

(58) ALVES, Amauri Cesar. Direito, trabalho e vulnerabilidade. *Revista da Faculdade de Direito UFPR*, Curitiba, PR, Brasil, v. 64, n. 2, p. 111-139, maio/ago. 2019. ISSN 2236-7284. Disponível em: <https://revistas.ufpr.br/direito/article/view/63907>. Acesso em: 17 out. 2019. DOI: <http://dx.doi.org/10.5380/rfdufpr.v64i2.63907>.

(59) "Os algoritmos, portanto, atuam na governança de informações e induzem comportamentos na era informatizada. No campo do direito do trabalho, ao sistematizar informações e dados para ordenar a vida e o labor humano, os algoritmos expressam o poder empregatício." MALHEIROS, Maria Clara Leoncy. *O Caso Uber*: os desafios para o Direito do Trabalho frente a uma nova forma de subordinação. Monografia (Bacharelado em Direito) – Universidade Federal do Rio de Janeiro, Rio de Janeiro, 2017. p. 48.

"O algoritmo, cujos ingredientes podem ser modificados a cada momento por sua reprogramação (inputs), garante que os resultados finais esperados (outputs) sejam alcançados, sem necessidade de dar ordens diretas àqueles que realizam o trabalho." OITAVEN, Juliana Carreiro Corbal; CARELLI, Rodrigo de Lacerda; CASAGRANDE, Cássio Luís. *Empresa de transporte, plataformas digitais e relação de emprego:* um estudo do trabalho subordinado sob aplicativos. Brasília: Ministério Público do Trabalho, 2018. p. 33.

negociação coletiva, ações individuais trabalhistas), mas, sim, por meio de uma revolta social decorrente da ruptura com esse modelo de proteção. Mas com relação a isso só o tempo dirá.

Possível então ensaiar um conceito de *contratação de pessoas na economia da tecnologia digital* que se afirme pelo menos para os restritos fins do presente artigo: relação triangular, medida pela tecnologia aplicada aos *smartphones*, que permite a exploração de trabalho pela plataforma, com proveito tanto para ela quanto para o interessado no trabalho e em prejuízo do trabalhador vulnerável, que é forçado a oferecer trabalho por longas jornadas a preço baixo, o que se torna possível em razão de ações e omissões combinadas de capital e Estado para a desregulamentação trabalhista.

Sobre a contratação de pessoas via plataformas digitais já foram vistas as suas características básicas(60) e agora é possível relacioná-las à ruptura com o sistema protetivo justrabalhista e com o Direito Fundamental ao Trabalho Digno.

A relação triangular é mediada pelas plataformas e viabilizada pela ausência estatal na regulamentação específica ou até mesmo pelo seu incentivo a formas contratuais precárias. Essa relação resulta em baixíssima remuneração, atrelada a excesso de trabalho, virtual ou presencial, pois há vinculação direta entre quantidade de trabalho e contraprestação. Há ainda imprevisibilidade não só quanto ao pagamento por trabalho, mas também sobre se haverá trabalho a cada dia.

Não é difícil identificar a total aversão do novo sistema à ideia de direito fundamental ao trabalho digno, o que se verá, mais uma vez, com base nos seis critérios aqui fixados para a identificação do instituto.(61)

De início a vedação à coisificação do trabalhador. A relação triangular mediada pelas plataformas digitais despersonifica o prestador de trabalho. A plataforma não se identifica como contratante de trabalho, da mesma forma que aquele que se aproveita do trabalho não se reconhece como tal e nenhum dos dois vê qualquer relação jurídica com quem trabalha, que não passa de um instrumento.

Os baixos padrões de pagamento que são impostos pela plataforma e bem aceitos por aquele que se aproveita do trabalho impedem que o trabalhador se insira na riqueza gerada pelo capitalismo. O trabalhador é forçado pelas contingências a trabalhar muitas horas para receber valores abaixo do razoável e nada mais.

Como visto, capital e Estados tendem a se harmonizar nesse novo contexto para gerar cada vez mais possibilidades "lícitas" de contratação sem direitos trabalhistas mínimos, o que gera precarização da relação capital-trabalho em níveis alarmantes. Essa atuação estatal pode se dar tanto no plano legislativo, com novas leis precarizantes, quanto na atuação do Poder Judiciário, que tende, atualmente, a negar vínculo empregatício nas ações movidas pelos trabalhadores em face das plataformas.

Tendo que trabalhar muitas horas para ganhar abaixo do razoável, o trabalhador tem sua integridade física posta em risco em diversas situações fáticas, o que quase sempre o torna vulnerável. Assim, embora não seja generalizável, é possível afirmar que em diversas situações fáticas não há respeito à integridade física e moral do trabalhador.

Já visto exaustivamente que o novo sistema de contratação de trabalho na economia da tecnologia digital não garante contraprestação pecuniária mínima e exige jornadas exaustivas e sem controle, que é responsabilidade pessoal daquele que trabalha.

Por fim, não há respeito aos direitos fundamentais previstos constitucionalmente nesse novo cenário do capitalismo marcado pela contratação de trabalho na economia da tecnologia digital, mesmo porque não deve haver polo contratante contra quem se exija a realização dos direitos em perspectiva horizontal e nos termos aqui demonstrados. Mesmo quando bem identificado o contratante, o Poder Judiciário tende, majoritariamente, a excluir qualquer responsabilidade sua em relação a direitos fundamentais.

Possível, em síntese conclusiva dos sistemas produtivos, traçar um Quadro comparativo:

(60) 1. relação triangular; 2. mediada pela tecnologia aplicada aos *smartphones*; 3. exploração de trabalho pela plataforma; 4. proveito do trabalho pelo interessado e pela plataforma; 5. trabalhador vulnerável; 6. preço baixo do trabalho; 7. busca por total ausência estatal do contexto da relação, com destaque para a desregulamentação da exploração de trabalho.

(61) 1. a vedação à coisificação do trabalhador; 2. a inserção (mínima) do trabalhador na riqueza gerada pelo capitalismo; 3. a efetivação de direitos trabalhistas mínimos; 4. o respeito à integridade física e moral do trabalhador; 5. a garantia de contraprestação pecuniária mínima por uma jornada razoável e controlada e 6. respeito aos direitos fundamentais previstos constitucionalmente.

Quadro 1 – Sistemas Produtivos, Estado, Direito do Trabalho e Direito Fundamental ao Trabalho Digno

	Taylorismo-Fordismo	**Toyotismo**	**Economia da Tecnologia Digital**
"Fábrica"	Grande e verticalizada.	Pequena e terceirizada.	Flexível e inteligente.
Controle	Concentrado. Gerência e máquina. Tempos e movimentos. Subordinação clássica.	Difuso. Responsabilização pessoal do trabalhador. Subordinação estrutural.	Difuso. Subordinação algorítmica.
Tarefas	Singularização, especialização, individualização.	Polivalência, trabalho em equipe.	Polivalência individualizada.
Produção e Consumo	Em massa, bens homogêneos.	Demanda específica, bens heterogêneos.	*On-demand, on-line*, via Plataformas virtuais.
Tecnologia produtiva	Linha de produção, mecanizada.	Informatização, robótica.	Internet.
Qualificação profissional	Desnecessária.	Necessária.	Necessária, no topo. Desnecessária, na base.
Concentração de renda	Indústria.	Sistema Financeiro.	Informação.
Remuneração	Padronizada. Razoável. Salário.	Singularizada. Produtividade. Razoável. "Dessalarização".	Singularizada. Produtividade. Baixíssima.
Resistência	Coletiva. Sindical. Frequente.	Individual. Excepcional.	Revolucionária.
Estado	Grande. Interventor. Bem-Estar Social.	Mínimo. Neoliberal.	Mínimo. Ultraliberal.
Direito do Trabalho	Amplo, absorvente, detalhista, uniforme. Normas imperativas, direitos indisponíveis. Contratação formal (CPTS).	Restrito. Normas imperativas e flexíveis, direitos disponíveis e indisponíveis. Formalidade ou informalidade (PJ).	Trabalho informal, sob demanda. "Bico". Regulamentação estatal da precarização.
Emprego	Razoavelmente estável, por tempo indeterminado.	Instável, por tempo determinado.	Instável, imprevisível, intermitente, de curta duração.
Direito Fundamental ao Trabalho Digno	Inserção (mínima) do trabalhador na riqueza gerada pelo capitalismo. Efetivação de direitos trabalhistas mínimos. Garantia de contraprestação pecuniária mínima por uma jornada razoável e controlada. Respeito aos direitos fundamentais.	Vedação à coisificação do trabalhador, como regra geral que permite exceções. Inserção (mínima) do trabalhador na riqueza gerada pelo capitalismo. Efetivação de direitos trabalhistas mínimos. Respeito aos direitos fundamentais previstos constitucionalmente, como regra geral que permite exceções.	Não há, como regra geral que permite exceções.

Fonte: elaborado pelo autor.

Percebe-se que houve uma evolução tecnológica proporcional à involução de direitos e respeito ao trabalhador. O quadro permite, em cada linha, verificar que o toyotismo parece ser, para o trabalhador, um momento de perda de direitos, mas mantido o básico, e que a tecnologia da economia digital pretende romper com o que restava de proteção. Parece ter havido uma apropriação, por Estado e capital, do pior que o toyotismo produziu nesse novo modelo de contratação de trabalho na economia da tecnologia digital.

A contratação de trabalhadores pelas plataformas na economia da tecnologia digital parece buscar um equilíbrio nefasto: quanto menor o custo do trabalho mais pessoas aderem às plataformas, que consequentemente mais lucram com o serviço prestado. Se direitos trabalhistas forem respeitados, o custo do trabalho aumenta, consequentemente o preço do serviço oferecido pelas plataformas e menor tende a ser o lucro. Assim, o fiel da balança equilibrada é o trabalho barato, desprotegido, precarizado.

4. CONCLUSÃO

Os novos modelos produtivos desenvolvidos no século XXI, com destaque para o que aqui se referiu como economia da tecnologia digital, ao contrário dos demais, não permitem, até agora, de modo geral e estruturalmente, a construção de relações jurídicas que respeitem o *Direito fundamental ao trabalho digno*. Tal conclusão é possível ao se estabelecer as características básicas do Direito Fundamental ao Trabalho Digno e da contratação de pessoas na economia da tecnologia digital.

Consideram-se seis características do trabalho digno, extraídas das lições de Gabriela Neves Delgado, em sua obra "Direito Fundamental ao Trabalho Digno": 1. a vedação à coisificação do trabalhador; 2. a inserção (mínima) do trabalhador na riqueza gerada pelo capitalismo; 3. a efetivação de direitos trabalhistas mínimos; 4. o respeito à integridade física e moral do trabalhador; 5. a garantia de contraprestação pecuniária mínima por uma jornada razoável e controlada e 6. respeito aos direitos fundamentais previstos constitucionalmente.

A ideia de trabalho digno não é contraditória com os pilares do sistema produtivo taylorista-fordista, principalmente ao inserir (minimamente) o trabalhador na riqueza gerada pelo capitalismo, o que se dá a partir da efetivação de direitos trabalhistas mínimos que por sua vez se constroem tendo por base contraprestação pecuniária razoável por trabalho em jornadas também razoáveis. A ideia de trabalho digno não é aprioristicamente contraditória com os pilares do sistema produtivo toyotista, embora pontual e excepcionalmente se verifiquem experiências em sentido contrário.

A economia da tecnologia digital, na perspectiva da relação capital-trabalho, é um novo sistema produtivo que promete unir interesses contrapostos, mas que na prática resulta em mera precarização do trabalho. Há, então, algumas características importantes: 1. relação triangular; 2. mediada pela tecnologia aplicada aos *smartphones*; 3. exploração de trabalho pela plataforma; 4. proveito do trabalho pelo interessado e pela plataforma; 5. trabalhador vulnerável; 6. preço baixo do trabalho; 7. busca por total ausência estatal do contexto da relação, com destaque para a desregulamentação da exploração de trabalho.

Foi possível então ensaiar um conceito de contratação de pessoas na economia da tecnologia digital que se afirme pelo menos para os restritos fins do presente artigo: relação triangular, medida pela tecnologia aplicada aos *smartphones*, que permite a exploração de trabalho pela plataforma, com proveito tanto para ela quanto para o interessado no trabalho e em prejuízo do trabalhador vulnerável, que é forçado a oferecer trabalho por longas jornadas a preço baixo, o que se torna possível em razão de ações e omissões combinadas de capital e Estado para a desregulamentação trabalhista.

REFERÊNCIAS

AFONSO, José R. R. Trabalho independente, reforma independente. *Conjuntura Economica* (Rio de Janeiro), v. 72, p. 18-21, 2018. p. 42.

ALVES, Amauri Cesar. Direito, trabalho e vulnerabilidade. *Revista da Faculdade de Direito UFPR*, Curitiba, PR, Brasil, v. 64, n. 2, p. 111-139, maio/ago. 2019. ISSN 2236-7284. Disponível em: <https://revistas.ufpr.br/direito/article/view/63907>. Acesso em: 17 out. 2019. DOI: <http://dx.doi.org/10.5380/rfdufpr.v64i2.63907>.

______; CASTRO, Thiago Henrique Lopes de. Reforma trabalhista e movimentos de reestruturação, precarização e redução do direito do trabalho no Brasil. *Revista Direito das Relações Sociais e Trabalhistas*, v. 4, p. 130-156, 2018. p. 151.

ANTUNES, Ricardo; ALVES, Giovanni. As mutações no mundo do trabalho na era da mundialização do capital. *Educação e Sociedade*, Campinas, v. 25, n. 87, p. 335-351, maio/ago. 2004.

ANTUNES, Ricardo. *O privilégio da servidão*: o novo proletário de serviços na era digital. São Paulo: Boitempo, 2018.

BARBOSA JUNIOR, Francisco de Assis. *Gig economy e contrato de emprego:* aplicabilidade da legislação trabalhista aos vínculos de trabalho na nova economia. São Paulo: LTr, 2019.

BATISTA, Erika. A dialética da reestruturação produtiva: a processualidade entre fordismo, taylorismo e toyotismo. *Aurora*, Marília, v. 7, n. 2, p. 17-34, jan.-jun., 2014.

BRAVERMAN, Harry. *Trabalho e capital monopolista:* a degradação do trabalho no século XX. 3. ed. Tradução de Nathanael C. Caixeiro. Rio de Janeiro: Guanabara, 1987.

BRYNJOLFFSON, Erik; MCAFEE, Andrew. *Apud* ZIPPERER, André Gonçalves. *A intermediação de trabalho via plataformas digitais*: repensando o Direito do Trabalho a partir das novas realidades do século XXI. São Paulo: LTr, 2019.

COELHO, Pedro Miguel Nogueira. *Rumo à Indústria 4.0.* Dissertação (Mestrado). Universidade de Coimbra. Departamento de Engenharia e Gestão Industrial. Coimbra, 2016.

DELGADO, Gabriela Neves. *Direito fundamental ao trabalho digno.* São Paulo: LTr, 2006.

DELGADO, Mauricio Godinho. *Curso de direito do trabalho.* 18. ed. São Paulo: LTr, 2019.

DELGADO, Mauricio Godinho; DELGADO, Gabriela Neves. *Constituição da República e direitos fundamentais:* dignidade da pessoa humana, justiça social e direito do trabalho. 4. ed. São Paulo: LTr, 2017.

DELGADO, Mauricio Godinho; PORTO, Lorena Vasconcelos (Org). *Welfare State*: os grandes desafios do estado de bem-estar social. São Paulo: LTr, 2019.

DRUCK, Maria da Graça. Globalização e reestruturação produtiva: o fordismo e/ou o japonismo. *Revista de Economia Política*. v. 2, n. 19 (74) abril/junho 1999.

HOPP, Wallace J.; SPEARMAN, Mark L. *A ciência da fábrica*. 3. ed. Tradução de Paulo Norberto Migliavacca. Porto Alegre: Bookman, 2013.

IGREJA CATÓLICA. Papa (1878-1903: Leão XIII). *Carta encíclica de Sua Santidade o Papa Leão XIII "Rerum Novarum" sobre a condição dos operários*. 1891. Disponível em: <http://w2.vatican.va/content/leo-xiii/pt/encyclicals/documents/hf_l-xiii_enc_15051891_rerum-novarum.html>. Acesso em: 9 out. 2019.

JONES, Gareth R.; GEORGE, Jennifer M. *Administração contemporânea*. 4. ed. Tradução de Maria Lúcia G. L. Rosa. São Paulo: McGraw-Hill, 2008.

KATZ, Claudio. Discusiones sobre el control patronal. *Cadernos EBAPE.BR*, v. 12, n. 4, Opinión, Rio de Janeiro, oct/dic. 2014. p. 866–882. DOI: http://dx.doi.org/10.1590/1679-395139682

KUPFER, David. Indústria 4.0 Brasil. *Valor Econômico*. 08.08.2016. Disponível em: <https://valor.globo.com/opiniao/coluna/industria-4-0-brasil.ghtml>.

MAXIMIANO, Antonio Cesar Amaru. *Teoria geral da administração*: da revolução urbana à revolução digital. 6. ed. São Paulo: Atlas, 2010.

PEREIRA, Adriano; SIMONETTO, Eugênio de Oliveira. Indústria 4.0: conceitos e perspectivas para o Brasil. *Revista da Universidade Vale do Rio Verde*, v. 16, n. 1, jan./jul. 2018.

RIBEIRO, Andressa de Freitas. Taylorismo, fordismo e toyotismo. *Lutas Sociais*, São Paulo, v. 19, n. 35, p. 65-79, jul./dez. 2015.

RÜßMANN, M.; LORENZ, M.; GERBERT, P.; WALDNER, M.; JUSTUS, J.; ENGEL, P.; HARNISCH, M. Industry 4.0: The future of productivity and growth in manufacturing industries. Boston Consulting Group, v. 9, 2015. Apud PEREIRA, Adriano; SIMONETTO, Eugênio de Oliveira. Indústria 4.0: conceitos e perspectivas para o Brasil. *Revista da Universidade Vale do Rio Verde*, v. 16, n. 1, jan./jul. 2018.

SANTOS, Beatrice P. *et. al*. Indústria 4.0: desafios e oportunidades. *Revista Produção e Desenvolvimento*, v. 4, n.1, p. 111-124, 2018.

SANTOS, Vinicius Correia. *Da era fordista ao desemprego estrutural da força de trabalho*: mudanças na organização da produção e do trabalho e seus reflexos. Artigo submetido ao VI Colóquio Internacional Marx e Engels nas seções de comunicações do Grupo Temático 9 – Trabalho e produção no capitalismo contemporâneo, no ano de 2009. Disponível em: <https://www2.unifap.br/glauberpereira/files/2015/12/Artigo-TGA-IV.pdf>.

SARLET, Ingo Wolfgang. *Dignidade da pessoa humana e direitos fundamentais na Constituição Federal de 1988*. Porto Alegre: Livraria do Advogado, 2010.

SLEE, Tom. *Uberização*: a nova onda do trabalho precarizado. São Paulo: Editora Elefante, 2017.

TAYLOR, Frederick Winslow. *Princípios de administração científica*. 7. ed. São Paulo: Atlas, 1989.

VIANA, Márcio Túlio. A proteção social do trabalhador no mundo globalizado – O Direito do trabalho no limiar do século XXI. *Revista LTr*, São Paulo, v. 63, p. 885-896, 1999.

VIANA, Márcio Túlio. Sindicato e Trabalhador: a flexibilidade através do sujeito. In. PORTO, Lorena Vasconcelos, PEREIRA, Ricardo José Macêdo de Britto. *Temas de Direito Sindical*: homenagem a José Cláudio Monteiro de Brito Filho. São Paulo: LTr, 2011.

VIANA, Márcio Túlio. Terceirização e sindicato: um enfoque para além do direito. *Revista do Tribunal Regional do Trabalho da 3ª Região*. Belo Horizonte, 37 (67), 117-144, jan./jun.2003. p. 123.

Capítulo 11

O Trabalho Realizado por Plataformas Digitais: Readequação do Conceito de Subordinação na Linha de Análise do Direito Fundamental ao Trabalho Digno

Ricardo José Macedo de Britto Pereira[(1)]

Resumo: O texto se ocupa das novas modalidades de trabalho por plataformas digitais e dos debates em torno da existência de vínculo empregatício dos prestadores de serviços. O conceito tradicional de subordinação jurídica não oferece parâmetros seguros para o enquadramento dessas novas modalidades de relação trabalho. O objetivo é realizar a revisão e readequação do conceito de subordinação, levando-se em conta fatores complementares. Ou seja, não apenas como o trabalho é prestado, mas também como os frutos e riscos são distribuídos. A linha de análise é o Direito fundamental ao trabalho digno. A partir da evolução histórica do contrato de trabalho, pretende-se rechaçar condições de trabalho equivalentes ao trabalho pré-moderno, como aquele que naturaliza a exploração e converte a pessoa humana em mercadoria.

Palavras-chave: Plataforma digitais. Subordinação. Trabalho digno.

Abstract: The text deals with the new modalities of working by digital platforms and the debates about the existence of employment bond of the service providers. The traditional concept of legal subordination does not offer certain parameters for the framing of these new modalities of labor relations. The objective is to review and readjust the concept of subordination, considering complementary factors. That is, not only the way the work is performed, but also how the fruits and risks are distributed. The line of analysis is the fundamental right to decent work. From the historical evolution of the labor contract, it is intended to reject working conditions equivalent to pre-modern work, such as that which naturalizes exploitation and converts the human person into a commodity.

Keywords: Digital platform. Subordination. Decent work.

1. INTRODUÇÃO

O presente artigo trata das novas modalidades de trabalho por plataformas digitais e da readequação do conceito de subordinação, como elemento caracterizador da relação de emprego. O tema é objeto de intensa controvérsia e os tribunais se dividem acerca da natureza do trabalho de quem presta serviços de transporte por aplicativos, como o Uber. O texto será dividido nos seguintes tópicos: conceito de subordinação e seus limites; o conceito de *ajenidad* no direito espanhol; o caso Dynamex e a Lei AB-5 na California; e novos horizontes para o conceito de subordinação.

Defende-se neste estudo que o critério da subordinação, na sua concepção tradicional, não é suficiente para o enquadramento de novas relações de trabalho, como ocorre no trabalho por meio de plataformas digitais. O exame de outros fatores se impõe como decorrência do direito fundamental ao trabalho digno.

---

(1) Colíder do Grupo de Pesquisa Trabalho, Constituição e Cidadania da Faculdade de Direito da Universidade de Brasília (UnB). Estágio pós-doutoral pela ILR – Universidade de Cornell (NY). Doutor pela Universidade Complutense de Madri. Professor Titular e Coordenador Acadêmico do Mestrado em Direito das Relações Sociais e Trabalhistas. Colíder do Grupo de Pesquisa do Centro Universitário do Distrito Federal, UDF-Brasília. Master of Law pela Universidade de Syracuse (NY). Mestre pela UnB. Subprocurador Geral Aposentado do Ministério Público do Trabalho.

2. CONCEITO DE SUBORDINAÇÃO E SEUS LIMITES

Neste tópico, será examinada a evolução histórica do contrato de trabalho e a consolidação do Direito do Trabalho, como sistema de proteção que expressa o direito fundamental trabalho digno. Em seguida, será abordado o fundamento econômico que dá respaldo ao poder empregatício sobre a atividade do empregado.

2.1. Liberdade e igualdade como fundamento da subordinação jurídica e objetiva

O trabalho livre rompe com padrões de prestação de serviços correspondentes à sociedade pré-moderna, estratificada e fechada. Por muito tempo, o trabalho resultou de imposição para assegurar regalias dos que ocupavam posições privilegiadas na sociedade. A submissão dos prestadores de serviços decorria de pura relação de poder, no interesse do beneficiário do trabalho, sem qualquer preocupação com o trabalhador. A desigualdade social decorria da própria estrutura hierárquica prevalecente e não constituía problema a ser superado.(2)

O advento da modernidade modifica essa estrutura e é analisado, no plano teórico, como a passagem de uma sociedade rigidamente estruturada, baseada no *status*, para uma sociedade regida por contratos.(3)

A passagem do *status* ao contrato significa a ruptura com a ideia de que a pessoa humana submete-se a uma ordem objetiva, que fixa antecipadamente a posição de cada uma. Passa-se a defender a capacidade de cada uma para decidir e definir a sua situação na sociedade, mediante o exercício da vontade individual.(4)

A força obrigatória das obrigações contraídas passou a ser extraída dos próprios contratos. O fundamento de seu cumprimento residia no fato de que os indivíduos só poderiam estar vinculados às obrigações voluntariamente criadas, na medida determinada pelo livre exercício da vontade de cada um. A justificação do conteúdo decorria da impossibilidade da vontade de um sobrepor-se a do outro, tendo em vista a igualdade formal dos contratantes. O contrato, como mecanismo de convergência de liberdades individuais, "revela-se então como a realização de um princípio de justiça".(5)

No âmbito trabalhista, em substituição ao fechado sistema corporativo, o trabalhador passou a ser livre para definir, mediante contrato, as condições da prestação do trabalho, que convergia com a igual liberdade do beneficiário dos serviços. Nos países de tradição romanista, a forma contratual da relação de trabalho resultou da combinação da velha categoria da *locatio* do Direito Romano com a objetivação da força de trabalho, e sua separação da pessoa do trabalhador. A atividade, não a pessoa, constituía o bem em torno do qual se vinculavam livremente os contratantes. O trabalhador, como proprietário de seu trabalho, junto aos demais bens que integravam o seu patrimônio, podia determinar, livremente, a maneira de negociar o que se encontrava sob seu domínio. A regulação do trabalho, dessa forma, era feita pelos sujeitos nele envolvidos, com exclusividade, em consonância com a autonomia de cada um.(6)

Embora a construção fosse muito consistente no plano teórico, baseada na suposta liberdade e igualdade contratuais, na prática ele encobria e legitimava relações extremamente desiguais de poder.(7)

Como consequência, o Direito do Trabalho estabeleceu um mínimo a ser observado, por meio de normas estatais de ordem pública, além da possibilidade de se prever normas coletivas com a participação dos sindicatos dos trabalhadores e os empregadores ou seus representantes.

O contrato de trabalho disciplina a colocação voluntária pelo empregado de sua atividade à disposição do empregador para este alcançar a finalidade do empreendimento, devendo observar o disposto na legisla-

---

(2) VENEZIANI, Bruno. La evolución del contrato de trabajo. (Bob HEPPLE) *La formación del Derecho del trabajo en Europa. Análisis comparado de la evolución de nueve países hasta el año de 1945.* Madrid: MTSS, 1994. p. 79.

(3) A expressão "do *status* ao contrato" foi consagrada por Henry Maine para simbolizar a evolução social que parte de uma sociedade composta por grupos de famílias, baseada no poder patriarcal, em direção a uma ordem social em que as relações originam-se de livres acordos entre os indivíduos. Cfr. FEAVER, George. *From status to contract. A biografhy of Sir Henry Maine 1822*-1888. London: Longmans, 1968. p. 49 e ss.

(4) BORRAJO DACRUZ, Efrén. *Introducción al derecho del trabajo.* 9. ed. Madrid: Tecnos, 1996. p. 50.

(5) SUPIOT, Alain. *Crítica del derecho del trabajo.* Madrid: MTAS, 1996. p. 140.

(6) SUPIOT. *Op. cit.*, p. 30. VENEZIANI. *Op. cit.*, p. 82.

(7) SANTOS, Boaventura de Sousa ressalta que "a contratualização liberal não reconhece o conflito e a luta como elementos estruturais do contrato... Sob a aparência de contrato, a nova contratualização propicia a renovada emergência do *status*, ou seja, dos princípios pré-modernos de ordenação hierárquica pelos quais as relações sociais são condicionadas pela posição na hierarquia social das partes". *Reinventar la democracia.* Sequitur, Madrid, 1999. p. 14.

ção e nos instrumentos coletivos. O contrato, portanto, autoriza o exercício de poder do empregador, de acordo com as finalidades do empreendimento, sobre a atividade do empregado. A subordinação é justamente a contrapartida do poder reconhecido ao empregador. Como expressão de uma relação jurídica moderna, não é a pessoa do trabalhador que se submete ao poderio empregatício, mas sua atividade, ou seja, subordinação objetiva e não subjetiva[(8)]. Além disso, a subordinação resulta da previsão jurídica de sua existência e não de outra natureza, como o poder de fato, o econômico ou o técnico.

A subordinação jurídica se consagra como critério decisivo para a configuração do vínculo empregatício, considerando a insuficiência de outras modalidades de subordinação, como a econômica e técnica. De fato, caso prevalecessem estas últimas, não seria possível o reconhecimento do vínculo com empregados de alto poder aquisitivo ou de elevada capacidade técnica, embora suas atividades fossem determinadas e controlada pelo empregador.

As constantes transformações no modo de produção de bens e serviços pressionam o conceito tradicional de subordinação jurídica e a resposta é a sua revisão e a ampliação para alcançar situações em que o poder do beneficiário dos serviços não desaparece, porém passa a ser exercido por diferentes técnicas e instrumentos. Novas modalidades de prestação de serviços, como o trabalho por meio de plataformas digitais, situam-se em zonas de obscuridade, desencadeando intenso debate acerca da caracterização da subordinação, com divisão nos tribunais trabalhistas acerca do reconhecimento ou não do vínculo empregatício.

A delimitação mais precisa dessa fronteira passa a ser determinante da aplicação do sistema de proteção ao prestador do trabalho, uma vez identificados os elementos caracterizadores da relação de emprego, especialmente a subordinação do trabalhador. Há uma presunção de que o trabalho exercido com regularidade a pessoa determinada, enquadra-se como relação de emprego. Caso contrário, corre-se sério risco de se colocar o trabalho humano como objeto para a exploração alheia, em total desacordo com o direito fundamental ao trabalho digno.

A ideia de que o trabalho não é mercadoria passou a ser essencial para a afirmação da *dignidade humana*, inserida em várias Constituições. Esse conceito foi fortemente influenciado pela doutrina kantiana, que diferenciou o que possui preço, e é substituível, do que está acima de todo preço e, por não ser substituível, possui dignidade.[(9)] O "valor interno absoluto" de cada ser humano é atributo da "pessoa aparelhada com identidade moral e autorresponsabilidade, dotada de razão prática e capacidade de autodeterminação".[(10)] Separa-se, assim, o âmbito das relações mercantis, de intercâmbio patrimonial, consoante atos de disposição, da esfera dos direitos que tutelam a dignidade humana, não disponível e não negociável.

A noção de dignidade humana foi incorporada ao movimento trabalhista na metade do século XIX e associada à ideia de justiça, o que permitiu que ela extrapolasse do campo do pensamento para a prática jurídica.[(11)]

Com propriedade, coloca Gabriela Neves Delgado:

> O trabalho deve ser compreendido em sua significação ética, ou seja, em qualquer época e cultura o homem deve afirmar e consolidar, na universalidade do tempo e do espaço, considerada qualquer hipótese e circunstância, sua condição de ser humano. Além disso, por meio do trabalho, o homem também deve realizar-se e revelar-se em sua identidade social.[(12)]

A narrativa das empresas que oferecem as plataformas digitais para a prestação de serviços é que elas simplesmente aproximam prestadores de serviços e consumidores, nessa nova realidade de economia de compartilhamento (*sharing economy*). Já para os defensores da relação de emprego, esses trabalhadores são subordinados, pois seguem rigorosamente as determinações das empresas e sujeitam-se a seu controle, sem qualquer possibilidade de definir como o trabalho será prestado. A rentabilidade para cobrir os custos da

(8) Na crítica de BORRAJO DACRUZ, fez-se a substituição do trabalhador pelo trabalho como fator de produção "e, posteriormente, sua incorporação à empresa onde "se integram ou intercambiam fatores desumanizados, redutíveis a números e que se expressam exclusivamente em dinheiro. Um desses fatores será o 'trabalho', não o trabalhador: este é livre e presta livremente seus serviços, cujas condições serão objeto de contratação". Cfr. *Op. cit.*, p. 64/5.

(9) KANT, Immanuel. *Fundamentação da metafísica dos costumes*. Lisboa: Edições 70, 1991. p. 81.

(10) HABERLE, Peter. A dignidade humana como fundamento da comunidade estatal. *Dimensões da dignidade. Ensaios de filosofia do direito e direito constitucional*. SARLET, Ingo Wolfgang (Org.). Porto Alegre: Livraria do Advogado, 2005. p. 117.

(11) HABERLE, Peter. *Ibidem*, p. 118.

(12) DELGADO, Gabriela Neves. *Direito fundamental ao trabalho digno*. São Paulo: LTr, 2006. p. 236.

prestação dos serviços demanda jornada de trabalho exaustiva, muitas vezes sem o repouso semanal. Além disso, os riscos são assumidos exclusivamente pelo trabalhador, quando deveriam recair nas empresas que oferecem os serviços.

2.2. Fundamento econômico do poder dos empregadores nas relações de trabalho

O conceito de subordinação funciona como um mecanismo eficiente de sustentação do capitalismo moderno. Ele opera o nexo entre a liberdade de empreendimento e o trabalho socialmente valioso. A liberdade de empreendimento no sistema capitalista significa que o empreendedor tem assegurada a apropriação dos frutos colhidos. Por outro lado, o empreendedor assume com exclusividade o risco da atividade econômica. Em caso de prejuízo, ele terá que suportá-lo, sem possibilidade de transferi-lo aos empregados. Em outras palavras, os empresários terão liberdade para definir as estratégias para o seu negócio alcançar resultados positivos. O Estado não pode eliminar essa liberdade. Até porque se o Estado determinasse o rumo dos empreendimentos, ele ia querer se apropriar de parte do resultado positivo, assim como teria que arcar com o resultado negativo. O empregado, por sua vez, é submetido a esse poderio, mas se insere num sistema de proteção que estabelece patamares mínimos capazes de assegurar o trabalho digno.

Portanto, numa perspectiva econômica, a possibilidade de dirigir o empreendimento para que o resultado do negócio seja positivo acarreta o poder de definir e controlar a atividade prestada pelos empregados, como elemento do empreendimento.

Enquanto o fundamento econômico aporta razões para a compreensão do poder do empregador e da subordinação, ele não tem sido aplicado em situações concretas para sanar dúvidas quando as relações se situam em zonas de obscuridade, em que a subordinação jurídica não seja capaz de oferecer parâmetro seguro. O afastamento da dependência econômica como elemento exclusivo para essa definição não significa a impossibilidade de sua aplicação como critério complementar. A livre vontade do trabalhador de exercer uma atividade autônoma reside em princípio na possibilidade de levar adiante um negócio, com perspectiva de obter melhores rendimentos. A atividade prestada com regularidade por uma pessoa, sem qualquer possibilidade de se enquadrar como uma real atividade econômico-lucrativa, e que é colocada a margem da relação de emprego, e, consequentemente, na zona de desproteção social, equipara-se ao trabalho pré-moderno.

3. O CONCEITO DE "AJENIDAD" NO ESTATUTO DOS TRABALHADORES DA ESPANHA

O art. 1º do Estatuto dos Trabalhadores da Espanha, ao definir o seu âmbito de aplicação, diz que a lei é aplicada aos trabalhadores que prestem serviços de forma voluntária e remunerada por conta alheia e se inserem no âmbito da organização e direção de outra pessoa física ou jurídica, que se denomina empregador ou empresário.

Observa-se que o trabalho por conta alheia, como caracterizador da relação empregatícia, figura ao lado do elemento direção, de modo que o Estatuto dos Trabalhadores da Espanha incorporou um importante elemento para identificar a existência de vínculo empregatício.

Não há uniformidade em relação às posições doutrinárias que tratam do conceito de *ajenidad*. A rigor, o conceito de *ajenidad* significa que o trabalhador não é afetado pelos resultados favoráveis ou desfavoráveis de sua atividade, que é prestada em troca de um salário. Pode-se vincular essa consequência ao fato de o trabalhador não ser o proprietário da organização em que presta seus serviços. Por tal razão é que ele não se apropria da utilidade patrimonial resultante de seu trabalho nem dos riscos da atividade econômica. O certo é que *ajenidad* não se refere à forma como o serviço é prestado para produzir bens e serviços, mas como os resultados positivos e negativos são distribuídos ou suportados.[13]

Assim como no Brasil, na Espanha a doutrina majoritária entende que a *ajenidad* não é suficiente para definir a figura do empregado, sendo a dependência, que se vincula ao modo como a atividade é prestada pelo trabalhador, o elemento central. No entanto, é inquestionável que se dá atenção ao destino e a apropriação da atividade prestada. Miguel Rodríguez-Piñero y Bravo-Ferrer coloca a ênfase na dependência como elemento prevalecente na identificação do contrato de trabalho, mas critica que a dependência tem sido tratada muito mais para delimitar o conceito de trabalhador e nem tanto do ponto de vista de sua "evolução

(13) POSADA-MARTINEZ, Elias Gonzales. *El derecho del trabajo. Una reflexión sobre su evolución histórica.* Valladolid, Universidad de Valladolid, 1996. p. 16.

dinâmica". As mais diversas formas de trabalho, e sobretudo as mais recentes, adotam margens de liberdade e autonomia, diferenciadas das relações ordinárias e mais tradicionais, trazendo problemas para aplicação do conceito de dependência.[14]

Segundo o autor, o poder do empregador, no aspecto econômico antecede e está fora do contrato de trabalho. São poderes derivados da liberdade de empreendimento e da propriedade dos meios de produção. A liberdade do trabalho assegurada pelo contrato permitirá que o trabalhador se insira nesse "território alheio", aceitando o poder empregatício. O contrato de trabalho estabelece a sujeição do empregado ao poder do empregador, reforçando a possibilidade de seu exercício. Os limites serão dados pelas normas estatais e instrumentos coletivos, sem retirar ou questionar o poder do empregador[15].

Apesar de problemática a aplicação da subordinação em geral, gerando dúvidas em relação às específicas e novas modalidades de trabalho, o Direito do Trabalho visa conferir proteção à pessoa humana se comparado ao Direito Civil ou Comercial, que se dirigem ao negócio das coisas. Essa diferenciação é justamente para assegurar que os trabalhadores não sejam tratados como mercadorias[16].

Este parece ser o ponto central da discussão. A negativa da relação de emprego pode converter o trabalhador em instrumento de exploração pelo trabalho, negando a sua dignidade.

4. O CASO DYNAMEX E A LEI AB-5 DA CALIFORNIA

Nos Estados Unidos, assim como no Brasil e Espanha, a diferença entre empregado e contratante independente é relevante. O reconhecimento como empregado dá ensejo a uma série de direitos previstos na legislação, aos quais os contratantes independentes não fazem jus.

O critério mais comum para identificar se o trabalhador é um empregado ou um contratante independente é o teste do controle. Este teste, originário do *common law*, é utilizado, por exemplo, para verificar se o empregador responde perante terceiros pelos atos dos empregados (*vicarous liability*). A responsabilidade do empregador se condiciona a seu poder de exercer efetivo controle sobre as atividades do empregado. O serviço de imposto de renda norte-americano utiliza o teste do controle para exigir o pagamento do seguro-desemprego, seguro social e *medicare* do empregador. O tomador dos serviços não recolherá essas parcelas se o trabalhador for um contratante independente. No teste do controle, são levadas em consideração diversas modalidades de controle, como o de comportamento, de treinamento e o que decorre do tipo de relação, como, por exemplo, se a função do trabalhador é essencial para o desenvolvimento do empreendimento. Além disso, o teste do controle também se destina a constatar a extensão do controle sobre aspectos da atividade, se o trabalhador possui outra atividade ou negócio, se a atividade é supervisionada ou não, quais as habilidades requeridas para o trabalho, quem fornece os instrumentos de trabalho e como é feito o pagamento da remuneração. Vários desses pontos podem dar margem a controvérsias, de modo que o aspecto que mais é levado em conta é a possibilidade de o empregador dar ordens e direcionar a atividade do empregado[17].

Nos últimos tempos, vem crescendo a relevância da dependência econômica do trabalhador como elemento adicional para verificar o controle do empregador. Neste aspecto, é considerado também se o trabalhador possui capacidade para realizar as suas atividades fora do âmbito do tomador de serviços que o contrata[18].

Atualmente, muito se comenta sobre o denominado teste ABC (*three-part test*), aplicado no caso Dynamex julgado pelo Judiciário da California e posteriormente convertido em lei. O caso Dynamex, apreciado pela Suprema Corte da California, nos Estados Unidos da América, envolveu a empresa denominada Dynamex Operations West, que opera a entrega de documentos. Os motoristas responsáveis pelas entregas ajuizaram a ação coletiva uma década antes da decisão da Suprema Corte daquele estado. Para fazer as entregas, os motoristas vestiam o uniforme com a logomarca da empre-

(14) BRAVO-FERRER, Miguel Rodríguez-Piñero y. Contrato de trabajo y autonomía del trabajador. In: *Trabajo subordinado y trabajo autónomo en la delimitación de fronteras del Derecho del Trabajo. Estudios en homenaje al professor José Cabremas Bazán*. Ed. Prep. Cruz Villalón, Jesus. Madrid: Tecnos, 1999. p. 21-38.

(15) *Ibidem*.

(16) *Ibidem*.

(17) BALES, Richard A.; HIRSCH, Jeffrey M.; and SECUNDA, Paul M. Secunda. Understanding Employment Law. (Lexis Nexis, 2007). Melvyn Dubofsky, Joseph McCartin. American Labor. A documentary collection. (Palgrave Macmillan, 2004).

(18) *Op. cit*.

sa, mas tinham que usar seus próprios veículos e arcar com as despesas necessárias para as entregas. A Suprema Corte confirmou a condição de empregados desses motoristas.

O denominado teste ABC, utilizado no caso Dynamex para se chegar à conclusão da existência de vínculo empregatício, é um desdobramento do teste do controle e consiste em verificar se: a) o trabalhador é livre de controle e direção pelo contratante dos serviços, tanto no contrato quanto na execução das atividades; b) o trabalhador desenvolve o seu trabalho fora da usual lógica de contratação utilizada pelo empreendedor; e c) o trabalhador costuma se engajar em negócios, ocupação ou comércio com a mesma natureza da realizada pela entidade contratante.

A Lei AB-5[(19)] foi aprovada pelo Poder Legislativo do Estado da California, sancionada pelo Governador, após o julgamento do caso Dynamex pela Suprema Corte daquele estado, e publicada em 19.09.2019. A lei faz a diferenciação entre empregado e contratante independente, mencionando o caso Dynamex e o teste ABC ali adotado. Há uma presunção de que a pessoa que presta serviços por remuneração é empregada e não contratante independente, a menos que o tomador dos serviços prove que a realização do trabalho seja livre de direção e controle por parte da empresa contratante, que a pessoa contratada esteja fora do curso do negócio praticado pela empresa contratada, e que o prestador dos serviços esteja usualmente engajado em negócios, ocupação ou empreendimento de forma independente similares aos oferecidos à contratante. Segundo a lei, se por força de estatuto especial não for possível aplicar o teste ABC, permanece aplicável o critério estabelecido pela Suprema Corte da California no caso S.G.Borello & Sons, Inc. v. Departament of Industrial Relations, de 1989[(20)], no qual se discutiu se trabalhadores nas plantações e colheitas de pepinos, que figuravam formalmente como fazendeiros parceiros, eram empregados. Caso esses trabalhadores fossem considerados contratantes independentes, como previsto no contrato, eles não seriam beneficiados com compensações trabalhistas previstas em lei. A suprema corte identificou o controle da atividade pelos produtores e que os trabalhadores detinham a condição de empregado, e não de empresários independentes.

A decisão menciona a falta de capacidade financeira dos trabalhadores para investir na colheita e destaca que o que está em questão é a aplicação da Lei de Compensação por Danos sofridos por empregados e, portanto, é importante saber qual a classe de pessoas que o legislador quis proteger, bem como o seu poder de barganha na relação estabelecida. A suprema corte deixa claro que os danos sofridos por trabalhadores não devem ser suportados pela sociedade, sendo fundamental a assunção do custo pelo empregador para inibir práticas contra o trabalho seguro.

Ponto também relevante dessa decisão (Borello) é o fato de a Suprema Corte da California ressaltar a importância do teste de controle, reconhecendo, ao mesmo tempo, que ele não dá conta das variadas formas de trabalho que podem ser executadas por empregados. Sendo assim, a corte aceita examinar critérios auxiliares para definir a existência da relação de emprego no caso concreto.

A Lei AB-5 ressalta que a descaracterização de relações de emprego para dar espaço a figura do contratante independente tem gerado impacto significativo no achatamento da classe média e na desigualdade remuneratória.

Percebe-se da atual tendência na California, uma convergência dos três poderes no sentido de ampliar o campo de aplicação do Direito do Trabalho, especialmente como ponto relevante para o desenvolvimento econômico.

Na Alemanha também é possível identificar o mesmo movimento. O denominado trabalhador *freelance* (Freier Mitarbeiter) assume com exclusividade o risco de seu negócio. Portanto, o grau de dependência é o fator relevante para identificar o empregado e está relacionado com as instruções que ele deve cumprir, as estipulações de horário de trabalho, o local de trabalho e a natureza dos serviços objeto do contrato de emprego. Além disso, a integração do empregado no empreendimento é um fator relevante quando o dever de cumprir instruções não é tão amplo. Dessa forma, há trabalhadores que aparentam ser empresários independentes, mas a sua integração no empreendimento permite a classificação como empregados[(21)].

Há um conjunto de fatores que indicam a existência de relação de emprego, como a integração do traba-

(19) An act to amend Section 3351 of, and to add Section 2750.3 to, the Labor Code, and to amend Sections 606.5 and 621 of the Unemployment Insurance Code, relating to employment, and making an appropriation therefor.

(20) S.G. Borello & Sons Inc. v. Department of industrial relations (1989) 48 Cal. 3d 341.

(21) KIRCHNER, Jens; KREMP, Pascal R.; and MAGOTSCH, Michael. *Key aspects of german employment and labor law*, 2. Ed. Springer – Verlag Gmbh Germany, 2018.

lho numa estrutura hierárquica; o dever de se reportar a outros empregados, além do empresário ou diretor; o cumprimento de jornadas de trabalho; o comparecimento regular ao trabalho; a prestação de serviços nas dependências do empregador; o pagamento de salário; o direito a férias; o fornecimento de ferramentas e equipamentos; a existência de registros dos trabalhadores e a proibição de outra atividade além da exercida na empresa.

5. NOVOS HORIZONTES PARA O CONCEITO DE SUBORDINAÇÃO

É fato que conceitos rígidos não dão conta da dinâmica das relações sociais. Por isso é importante revisitar os conceitos, buscando resgatar sua vitalidade para responder problemas presentes e futuros. Doutrinadores vêm trabalhando para ampliar o conceito de subordinação, no intuito de abarcar situações em que ela não se apresenta muito clara. Fala-se em subordinação estrutural[22] e integrativa[23], entre outras.

A ampliação da subordinação é justamente a consideração de outros fatores quando a sua noção tradicional não é suficiente para o enquadramento das novas relações.

O sistema de direito correspondente ao *civil law* trabalha com abstrações, com teorias e com textos, muitas vezes distanciando-se do caso concreto. A tendência de abstração se amplia na medida em que o processo segue adiante. A discussão conceitual sobre a subordinação geralmente retira o espaço para outras questões relevantes. Por exemplo, quais as consequências sociais de se admitir um número significativo de trabalhadores a margem de qualquer proteção social? Quais os reflexos em se permitir o trabalho ilimitado, com jornadas que podem ultrapassar doze horas, sem repouso, na vida desses trabalhadores e da população que utiliza esse serviço? É possível assegurar uma concorrência leal com outros serviços de transporte que possuem regulamentação mais estrita? Perde-se ou ganha-se arrecadação?

O que deveria ser oferecido pelo Estado, um transporte público eficiente a custo acessível para a população, acaba sendo realizado por meio dessa nova economia do biscate (*gig economy*).

A questão central do presente texto é: pode um trabalhador ser enquadrado como autônomo sem que ele tenha reais condições de tocar um empreendimento? Qual é a perspectiva em termos empresariais de um motorista de aplicativo, como o Uber? Ele detém capacidade para colocar o seu negócio? Contratar pessoas para trabalhar em seu empreendimento?

O trabalho por plataformas cria um passivo para o trabalhador, que recebe uma quantia para pagar contas imediatas, adiando o pagamento dos custos pelo desgaste do veículo.

Importante sentença em ação civil pública ajuizada pelo Ministério Público do Trabalho[24] reconheceu a relação de emprego em atividades prestadas por aplicativo. A decisão baseou-se na subordinação estrutural. Destaca-se o seguinte trecho:

> (...) As plataformas como Airbnb, Booking e Mercado Livre atuam como mero buscador. Essa modalidade tem sido denominada "couchsurfing" (hospedagem de pessoas na casa de outras pessoas). Nessa relação o aplicativo não dita o modo do contrato entre as pessoas, não estabelece o tempo, o meio, o valor de pagamento. O aplicativo é um intermediário.
>
> Diversa é a situação daquele trabalhador que coloca sua força de trabalho a serviço do aplicativo. Este não fixa o preço, forma de pagamento, logística, prazos, não define as condições da oferta do bem. Nesse caso, quem oferece o serviço e define suas condições é o aplicativo. Os clientes são do aplicativo, não dos entregadores. A relação do cliente se dá com o aplicativo, não com o entregador, visto que todos os entregadores fazem o mesmo serviço. O cliente não escolhe o entregador, mas pelo serviço ofertado pelo aplicativo, feito por qualquer entregador. O "bem" ofertado pela plataforma é um só: o serviço de entrega, sem distinção de preço ou qualidade. O aplicativo não é apenas o meio da realização da transação, mas seu próprio realizador, idealizador, vendedor, empreendedor. Ele estipula as regras e o prestador de serviços e o cliente final a elas aderem como num contrato de adesão: não se negocia preço ou modo de confecção ou realização.

O trabalho barato, que leva à exploração, é incompatível com o respeito à dignidade humana. Se o trabalhador recebe remuneração modesta para o exercício de uma atividade regular, ele necessariamente deve ser enquadrado como empregado, já que não é um verdadeiro empresário ou autônomo.

Essa é uma posição defendida em economias liberais, que faz todo o sentido para se alcançar e preservar

---

(22) DELGADO, Mauricio Godinho. *Curso de direito do trabalho.* 18. ed. São Paulo: LTr, 2019.

(23) PORTO, Lorena Vasconcelos. *A subordinação no contrato de trabalho.* São Paulo: LTr, 2009.

(24) Ação Civil Pública n. 1001058-88.2018.5.02.0008. 8ª Vara do Trabalho de São Paulo. Autor: Ministério Público do Trabalho: PRT da 2ª Região. Réus: LOGGI Tecnologia Ltda. e L4B Logística. Decisão 06.12.2019.

o desenvolvimento sustentável. Sem trabalho digno em todos os espaços da sociedade fica praticamente inviável trilhar essa rota.

A proposta, portanto, é que a capacidade econômica do trabalhador seja levada em consideração como critério complementar para o reconhecimento da relação de emprego, nos casos fronteiriços, como é o trabalho por plataformas. Uma aplicação tradicional do elemento subordinação, que negue o vínculo empregatício, acaba se distanciando do direito fundamental ao trabalho digno.

6. CONCLUSÃO

Novas formas de relação de trabalho trazem desafios para o Direito do Trabalho e exigem a revisão e adequação de conceitos. O trabalho realizado por meio de plataformas é uma modalidade de prestação de serviços que dá ensejo a muitas discussões jurídicas em torno da existência ou não de vínculo empregatício.

A evolução do contrato de trabalho oferece subsídios para eliminar situações equiparáveis ao trabalho pré-moderno. O trabalho regulado por meio de normas de ordem pública e instrumentos coletivos é relevante não apenas para a consolidação do direito fundamental ao trabalho digno, mas também para a sobrevivência do modelo capitalista de produção. O fundamento econômico do poder do empregador que o autoriza a dirigir e controlar a atividade dos empregados no seu empreendimento deve ser levado em conta, numa análise invertida, como critério complementar para verificar a existência de vínculo empregatício. Nas hipóteses em que a subordinação jurídica não oferece uma resposta segura sobre problemas dessa ordem, é fundamental verificar a capacidade do trabalhador para exercer a sua atividade de forma independente, como verdadeiro autônomo ou empresário.

Embora esses critérios tenham sido rechaçados como elemento exclusivo no passado, a sua aplicação vem sendo observada em alguns ordenamentos jurídicos, para enfrentar o enquadramento das novas formas de trabalho, como o trabalho por plataformas. Exemplo bastante significativo é a decisão da Suprema Corte do Estado da California, no caso Dynamex, e a Lei AB-5 aprovada e sancionada em seguida. Isso mostra a preocupação em alargar a proteção social para dar sustentabilidade à economia capitalista.

O conceito de *ajenidad* do Direito do Trabalho espanhol também é relevante como critério complementar. A identificação do vínculo empregatício não se limita a verificar apenas como a atividade é prestada, mas se o resultado e o risco são apropriados ou não por quem a executa.

A presunção favorável à existência do vínculo empregatício tem sido afastada com frequência, sob a equivocada percepção de que o Direito do Trabalho trava o desenvolvimento econômico. O estudo comparativo, especialmente o norte-americano, indica, ao contrário, que o Direito do Trabalho é condição para o desenvolvimento sustentável do país.

REFERÊNCIAS

BALES, Richard A.; HIRSCH, Jeffrey M.; and SECUNDA, Paul M. Secunda. Understanding Employment Law. (Lexis Nexis, 2007). Melvyn Dubofsky, Joseph McCartin. American Labor. *A documentary collection*. (Palgrave Macmillan, 2004).

BORRAJO DACRUZ, Efrén. *Introducción al Derecho del trabajo*. 9. ed. Madrid: Tecnos, 1996.

BRAVO-FERRER, Miguel Rodríguez-Piñero y. Contrato de trabajo y autonomía del trabajador. In: *Trabajo subordinado y trabajo autónomo en la delimitación de fronteras del Derecho del Trabajo. Estudios en homenaje al professor José Cabremas Bazán*. Ed. Prep. Cruz Villalón, Jesus. Madrid: Tecnos, 1999.

DELGADO, Gabriela Neves. *Direito fundamental ao trabalho digno*. São Paulo: LTr, 2006.

DELGADO, Mauricio Godinho. *Curso de direito do trabalho*. 18. ed. São Paulo: LTr, 2019.

HABERLE, Peter. A dignidade humana como fundamento da comunidade estatal. *Dimensões da Dignidade. Ensaios de Filosofia do Direito e Direito Constitucional*. SARLET, Ingo Wolfgang (Org.). Porto Alegre: Livraria do Advogado, 2005.

KANT, Immanuel. *Fundamentação da metafísica dos costumes*. Lisboa: Edições 70, 1991.

KIRCHNER, Jens; KREMP, Pascal R.; and MAGOTSCH, Michael. *Key aspects of german employment and labor law*. 2. ed. Springer: Verlag Gmbh Germany, 2018.

PORTO, Lorena Vasconcelos. *A subordinação no contrato de trabalho*. São Paulo: LTr, 2009.

POSADA-MARTINEZ, Elias Gonzales. *El derecho del trabajo. Una reflexión sobre su evolución histórica*. Valladolid: Universidad de Valladolid, 1996.

SANTOS, Boaventura de Sousa. *Reinventar la democracia*. Madrid: Sequitur, 1999.

SUPIOT, Alain. *Crítica del derecho del trabajo*. Madrid: MTAS, 1996.

VENEZIANI, Bruno. La evolución del contrato de trabajo. (Bob HEPPLE) *La formación del derecho del trabajo en europa. Análisis comparado de la evolución de nueve países hasta el año de 1945*. Madrid: MTSS, 1994.

Capítulo 12

A Tutela Jurídica do *Crowdwork* e do Trabalho *On-demand* no Direito Brasileiro: O Direito Fundamental ao Trabalho Digno como Matriz Epicentral do Direito do Trabalho

Cláudio Jannotti da Rocha(1)

Lorena Vasconcelos Porto(2)

Helena Emerick Abaurre(3)

Resumo: O mundo e o ser humano sempre estiveram, estão e sempre estarão em constantes transformações: vivemos uma realidade dinâmica na qual a única constante é a mudança. Atualmente, essa situação para muitos é intitulada de era da pós-verdade, inserida no bojo da hipermodernidade. E, como o trabalho é a atividade que o homem mais realiza ao longo de sua trajetória, sendo indissociável do seu próprio ser – para Hegel seria o que interliga o sujeito ao mundo – é essencial a reflexão sobre o labor humano, que, por sua vez, está sujeito àquelas transformações e, ao mesmo tempo, também as sujeita, sendo ora causa e ora efeito. Sabe-se que o objeto nuclear do Direito do Trabalho é a relação de emprego, composta pela existência dos elementos fáticos-jurídicos previstos nos arts. 2º e 3º da CLT. Entre eles, destaca-se a subordinação, por muitos denominada de pedra de toque. Pensar o Direito do Trabalho somente com base nas 1ª, 2ª e 3ª Revoluções Industriais revela-se dissonante dos moldes do trabalho na contemporaneidade. Atualmente, a sociedade vivencia a 4ª Revolução Industrial, pautada pela Indústria 4.0. Esta, por sua vez, é caracterizada pela cyberização, algoritmos, plataformas, robotização, inteligência artificial, discriminação genética e até mesmo implementação de chips em trabalhadores. Nesse contexto, o labor ganha novos contornos, fazendo emergir duas modalidades de trabalho por meio de plataformas: o crowdwork e o trabalho on-demand. Isso ocasiona alteração na própria ontologia e na morfologia da relação de emprego tradicional regulamentada pelo Direito do Trabalho. Diante dessa nova conjuntura, elenca-se como problemática epicentral: qual a função do Direito do Trabalho diante da realidade brasileira que consegue misturar, em uma mesma empresa, todas as quatro Revoluções Industriais? Qual o papel dos tribunais e dos intérpretes trabalhistas brasileiros? Para responder a tais questionamentos, utiliza-se a metodologia qualitativa, na perspectiva dedutiva, consubstanciada na doutrina e na jurisprudência. A hipótese a ser testada será a utilização da dependência econômica como elemento principal para a caracterização do vínculo empregatício.

---

(1) Professor Adjunto do Curso de Direito da Universidade Federal do Espírito Santo (UFES). Pós-Doutorando em Direito na Universidade Federal da Bahia (UFBA). Doutor em Direito e Processo do Trabalho pela Pontifícia Universidade Católica de Minas Gerais (PUC MINAS). Coordenador do Grupo de Pesquisa Trabalho, Seguridade Social e Processo: diálogos e críticas (UFES/CNPq). Pesquisador integrante dos Grupos de Pesquisa Trabalho, Constituição e Cidadania (UnB/CNPq) e Relações de Trabalho na Contemporaneidade (UFBA/CNPq). Membro da RENAPEDTS e da RETRABALHO. Membro do Instituto de Ciências Jurídicas e Sociais (ICJS). Pesquisador. Autor de livros e artigos publicados no Brasil e no Exterior. Advogado.

(2) Procuradora do Trabalho. Doutora em Autonomia Individual e Autonomia Coletiva pela Universidade de Roma II. Mestre em Direito do Trabalho pela Pontifícia Universidade Católica de Minas Gerais (PUC MINAS). Especialista em Direito do Trabalho e Previdência Social pela Universidade de Roma II. Professora Convidada do Mestrado em Direito do Trabalho da *Universidad Externado de Colombia*, em Bogotá, e da Pós-Graduação em Direito e Processo do Trabalho da Universidade Presbiteriana Mackenzie. Membro do Instituto de Ciências Jurídicas e Sociais (ICJS). Pesquisadora. Autora de livros e artigos publicados no Brasil e no Exterior.

(3) Graduanda do Curso de Direito da Universidade Federal do Espírito Santo (UFES). Pesquisadora integrante do Grupo de Pesquisa Trabalho, Seguridade Social e Processo: diálogos e críticas (UFES/CNPq).

Palavras-chave: Direito do Trabalho. Crowdwork. Indústria 4.0. Trabalho on-demand. Dependência.

Abstract: The world and the human being have always been, are and always will be in constant transformation: we live a dynamic reality in which the only constant is change. This situation for many today is called the post-truth era, embedded in the bulge of hypermodernity. And, as work is the activity that man performs most along his trajectory, being inseparable from his own being – for Hegel would be what interconnects the subject to the world – it is essential to reflect on human labour, which, in turn, is subject to these transformations and, at the same time, also subject them, being both cause and effect. It is known that the core object of Labour Law is the employment relationship, composed by the existence of the factual-legal elements provided for in arts. 2nd and 3rd of the CLT. Among them, there is the subordination, called by many as touchstone. Thinking about Labour Law only on the basis of the 1st, 2nd and 3rd Industrial Revolutions turns out to be in disagreement with contemporary work patterns. Currently, society is experiencing the 4th Industrial Revolution, based on Industry 4.0. This, in turn, is characterized by cyberization, algorithms, platforms, robotization, artificial intelligence, genetic discrimination and even implementation of chips in workers. In this context, labour gains new contours, giving rise to two working modalities through platforms: crowdwork and work on-demand. This causes a change in the ontology itself and in the morphology of the traditional employment relationship regulated by Labour Law. In view of this new conjuncture, the following are epicentral problems: what is the function of Labour Law in face of the Brazilian reality that can mix, in one company, all four industrial revolutions? What is the role of the Brazilian labour courts and interpreters? To answer such questions, we use the qualitative methodology, from the deductive perspective, embodied in doctrine and jurisprudence. The hypothesis to be tested will be the use of economic dependence as the main element to characterize the employment relationship.

Keywords: Labour Law. Crowdwork. Industry 4.0. Work on-demand; Dependence.

> "Eu vejo o futuro repetir o passado.
> Eu vejo um museu de grandes novidades.
> O tempo não para".
> (Cazuza. O Tempo Não Para.)

1. INTRODUÇÃO

A necessidade é uma constante na vida humana. Mais do que os sentimentos e do que as relações interpessoais, é ela que determina o modo de ser e de agir dos indivíduos em sociedade, o que, por seu turno, enseja as transformações. Não obstante, do homem pré-histórico neandertal ao *Homo sapiens*, a forma pela qual o ser humano satisfaz as suas necessidades em muito foi alterada. Se nos primórdios da civilização, na busca pela sobrevivência, a prática coletora e o nomadismo permitiram ao homem viver da caça e da pesca, quando são introduzidas práticas consumeristas, passa-se a utilizar a mão de obra do próprio ser humano para a satisfação, não só das necessidades, mas majoritariamente dos desejos de outros igualmente humanos, o que se torna, infelizmente, a premissa básica do labor.

Séculos (de evolução ou de retrocesso) nos levam até o presente momento da vivência da 4ª Revolução Industrial, fazendo com o que o trabalho morto ganhe cada vez mais espaço, diminuindo a importância do labor vivo no mundo do trabalho. E assim, mesmo que de maneira paulatina e até mesmo disfarçada de supostos avanços, o homem vai perdendo lugar no mercado para a máquina que ele mesmo criou: a máquina, criada para potencializar a humanidade, começa a apresentar indícios de deturpação. Neste cenário, indaga-se: o trabalho hoje em dia é uma atividade exclusivamente humana? Qual o futuro do trabalho? Como será o mundo do trabalho em tempos em que o trabalho vivo perde cada vez mais espaço para o trabalho morto?

Sabe-se que na sociedade hipermoderna a satisfação humana alcançada por meio do consumo é a mola propulsora da *gig economy* e da *uberização*. Isso significa dizer que a economia é baseada em serviços cada vez mais personalizados, em busca de uma maior adequação da produção às especificidades desejadas pela clientela. Se antes bastava produzir para vender, hoje em dia é necessário que o produto seja parecido com o cliente, sendo possível ao próprio cliente personalizar o bem. O cliente precisa se reconhecer no produto e, a partir dele, pertencer a determinado nicho de amizade, afinal, consumir é pertencer a um grupo. Se antes trabalhava-se e, a partir do salário, estimava-se o consumo, atualmente consome-se, endivida-se e calcula-se o tanto que será necessário trabalhar para pagar aqueles débitos contraídos.

O ritmo em que as tecnologias são desenvolvidas e absorvidas nas modalidades do labor humano é desenfreado na mesma medida em que o consumo o é. É a prática consumerista que dita o caminhar da economia, assim como um maestro de uma orquestra sinfônica. Tanto é assim que os celulares, tablets, computadores, carros são lançados em novos modelos anualmente e as pessoas que não os compram ficam defasadas na seara pessoal e profissional, sendo prejudicadas no consumo, na inserção e manutenção do emprego. E, assim, exige-se que o Direito do Trabalho e os seus intérpretes também acompanhem as mudanças, sendo que, no presente artigo, destaca-se como o modo de consumo atual se materializa nas formas contratuais precárias veiculadas pelo *crowdwork* e o trabalho *on-demand*.

Diante desse cenário, surgem questionamentos cujas respostas outrora pensadas com base nas três Revoluções Industriais anteriores necessitam ser ajustadas aos ditames da economia disruptiva, característica do mercado 4.0. Elenca-se, por conseguinte, enquanto problemática nuclear, qual é a função do Direito do Trabalho, na figura de seus órgãos jurisdicionais e intérpretes justrabalhistas, diante das novas modalidades empregatícias trazidas pela 4ª Revolução, ao lado das figuras já existentes advindas do taylorismo, fordismo e toyotismo?

É sabido que a relação de emprego – tipificada nos arts. 2º e 3º da Consolidação das Leis do Trabalho de 1943[(4)] – é a chave de acesso às garantias previstas aos trabalhadores pelo ordenamento jurídico brasileiro. Entretanto, atualmente vêm sendo criadas novas modalidades de labor – constituindo assim uma real miscigenação trabalhista – que almejam o afastamento da incidência dos direitos laborais constitucionais e infraconstitucionais, o que, por consequência, expõe a população economicamente ativa brasileira à situação de ainda maior vulnerabilidade e precariedade, ensejando, assim, uma verdadeira estratificação e segregação social advinda do mercado de trabalho. É o que se percebe com o intermitente, teletrabalhador, terceirizado, hipersuficiente, autônomo contínuo e exclusivo, hipóteses introduzidas ou ampliadas pela reforma trabalhista.

A partir desta premissa, analisaremos primeiramente o modo pelo qual a Indústria 4.0 se apresenta diante do mercado de trabalho, principalmente por meio do *modus operandi* do *crowdwork* e do trabalho *on-demand*. Avançando nessa pesquisa, serão tecidas considerações acerca do desafio que é proposto ao ordenamento jurídico laboral pátrio, trazendo à baila a devida interpretação que deve ser ofertada às novas formatações contratuais para que a relação de emprego tradicional continue sendo o epicentro do Direito do Trabalho e do Estado Democrático de Direito brasileiro.

Em seguida, tendo a realidade brasileira como pano de fundo para a análise crítica, será debatido como as modalidades laborais em voga buscam, pela operacionalização das plataformas digitais, a fragmentação da relação de emprego – e os efeitos dessa fragmentação no viver em sociedade. Do mesmo modo, serão analisados os requisitos fáticos-jurídicos do vínculo empregatício, os quais não estão afastados das formas contratuais firmadas na economia do bico, sendo concedida à dependência papel fundamental para a identificação daquela relação jurídica.

2. A INDÚSTRIA 4.0

O mundo do trabalho atualmente vivencia uma verdadeira miscigenação laboral, misturando a relação de emprego tradicional (constituída faticamente na 1ª Revolução Industrial e regulamentada na época da 2ª Revolução Industrial, com o taylorismo e o fordismo), que foi alterada na 3ª Revolução Industrial, com o toyotismo, ensejando assim o teletrabalho e a terceirização, o que está sendo transmutado pela Revolução 4.0, que vem a passos largos alterando a visão que se tem acerca do labor humano, redesenhando o mercado e levantando bandeiras a respeito das novas modalidades de trabalho.

Pode-se citar como exemplo a gigante Amazon, atualmente o maior empregador dos Estados Unidos, onde mantem cerca de 250 mil trabalhadores e 600 mil em todo o mundo. Tal empresa utiliza todas as técnicas de administração e contratação de trabalhadores desenvolvidas desde a 1ª Revolução Industrial até os dias atuais: o militarismo (uniformização e regulamentos impostos aos empregados), o taylorismo (medição do tempo médio para cada tarefa), o fordismo (esteiras rolantes em seus galpões), o toyotismo (terceirização do serviço de entrega) e uberização (serviço de entrega com uso de aplicativos de motoristas).[(5)]

Desse modo, muito embora a Indústria 4.0 seja marcada pela introdução do *crowdwork* e do trabalho *on-demand*, não representa somente essas modalidades de trabalho, mas sim a mistura delas com a relação de emprego tradicional, teletrabalhador, terceirizado, hipersuficiente e até mesmo com o trabalho análogo

---

(4) BRASIL. Decreto-lei n. 5.452, de 1º de maio de 1943. Aprova a Consolidação das Leis do Trabalho. Brasília, DF: Presidente da República.

(5) CASAGRANDE, Cássio. *O direito do trabalho dos Flintstones aos Jetsons*. Disponível em: <https://www.jota.info/opiniao-e-analise/colunas/o-mundo-fora-dos-autos/o-direito-do-trabalho-dos-flintstones-aos-jetsons-02092019>. Acesso em: 1º nov. 2019.

ao de escravo (que, mesmo sendo uma prática ilícita, infelizmente, nos correntes dias ainda é utilizado por diversas empresas).

A tecnologia, por alguns conhecida como maquinismo, desde a invenção da roda, passando pela difusão da máquina à vapor e pela criação da rede mundial de computadores (*World Wide Web*), acompanhou o homem, tratando-se de uma suposta e constante aliada ao labor humano. O que se pode afirmar é: sendo as máquinas instrumentos, foram criadas para melhorar o processo produtivo, o trabalho do ser humano e a vida das pessoas, porém a forma como foram utilizadas e instaladas nas indústrias nem sempre foi benéfica ao homem, porquanto o trabalhador passou a ser cada vez mais explorado em busca do almejado lucro empresarial. Como bem sintetizou Christian Lous Lange, citado por Valerio De Stefano, "Technology is a useful servant but a dangerous master".[6]

A Primeira, Segunda e Terceira Revoluções Industriais se caracterizaram respectivamente, pela mecanização do processo produtivo, pela produção em massa e pela automação dos processos. A Quarta Revolução Industrial, por sua vez, tem como marco característico a interconectividade dos processos autônomos proporcionados pelas tecnologias cibernéticas em convergência, algumas delas especialmente relevantes para o presente artigo: as Nuvens de Dados, *Big Data* e *Data Analytics*.

O diferencial da Indústria 4.0, – nascida em 2011, na Alemanha, enquanto estratégia do governo para o desenvolvimento de alta tecnologia direcionada à manufatura do país – é que ela deu início ao processo de digitalização da operação industrial, tendo como seus vetores a produção customizada e a inovação de bens, hipótese intitulada de empresa inteligente. Mediante a fusão das tecnologias física, biológica e digital, gerou-se a possibilidade de a atividade econômica ser intermediada por plataformas digitais, por artifício das quais são atribuídas ao obreiro desde micro tarefas até atividades complexas, segundo as ordens do chamado "chefe algoritmo".

De acordo com a lição de Valerio De Stefano, as mudanças trazidas nesta era são de longo-alcance e múltiplas, de modo que o questionamento levantado pela comunidade acadêmica não é se aquelas são intrinsecamente boas ou ruins, mas como elas impactam o mundo juslaboral e como o uso das inovações tecnológicas é regulamentado pelo ordenamento jurídico-trabalhista.

Sem dúvida, a introdução das plataformas digitais, das formas de automação, da inteligência artificial e a superutilização dos algoritmos contribuem para a reestruturação de uma nova hierarquia das modalidades de trabalho, que começa no topo da administração empresarial e decresce ao encontro de ofícios cada vez menos remunerados, desprovidos de empoderamento e estabilidade – contexto no qual se enquadra o labor nas plataformas digitais – e ainda há a estratificação em declive até as formas de trabalho sem qualquer tipo de remuneração e o trabalho análogo ao de escravo.

Nesse contexto, constatam-se violações às próprias Convenções fundamentais da OIT nas formas de trabalho por meio de plataformas digitais. A Organização Internacional do Trabalho (OIT) adotou, na 86ª Conferência Internacional do Trabalho realizada em Genebra, em junho de 1998, a Declaração sobre os Princípios e Direitos Fundamentais no Trabalho, tendo elencado 8 (oito) Convenções Internacionais Fundamentais, que devem ser cumpridas por todos os países-membros da OIT, independentemente de as terem ou não ratificado. Tais Convenções tratam de quatro temas essenciais da OIT, isto é: liberdade sindical e efetivo reconhecimento do direito de negociação coletiva (Convenções ns. 87 e 98); eliminação de todas as formas de trabalho forçado ou compulsório (Convenções ns. 29 e 105); efetiva abolição do trabalho infantil (Convenções ns. 138 e 182); e eliminação da discriminação em matéria de emprego e ocupação (Convenções ns. 100 e 111).[7]

A título de exemplo, pode-se citar a conduta antissindical praticada pela Uber, através do aumento dos preços das corridas, para desmobilizar a paralisação mundial de trabalhadores, pelo aumento das tarifas e condições mais seguras, no dia da abertura de seu capital na Bolsa de Nova York.[8] Do mesmo modo, pode-se citar a exploração de imigrantes indocumentados, inclusive de menores de 18 (dezoito) anos, em condições degradantes de trabalho por meio de aplicativos

---

(6) DE STEFANO, Valerio. Introduction: automation, artificial intelligence, and labour protection. In: ROCHA, Cláudio Jannotti da.; PORTO, Lorena Vasconcelos; ALVARENGA, Rúbia Zanotelli de. (coord.). *O direito e o processo do trabalho no século XXI – Direito Internacional do Trabalho*. V. 1. Belo Horizonte: Editora Virtualis, 2019.

(7) ALVARENGA, Rúbia Zanotelli de. *A declaração de princípios e direitos fundamentais no trabalho de 1998 e as convenções fundamentais da OIT comentadas*. São Paulo: LTr, 2018. p. 13- 14.

(8) FOLHA DE SÃO PAULO. *Preços de corrida em SP sobem em dia de paralisação global de motoristas de Uber*. Disponível em: <https://www1.folha.uol.com.br/mercado/2019/05/precos-de-corrida-em-sp-sobem-em-dia-de-paralisacao-global-de-motoristas-de-uber.shtml>. Acesso em: 1º nov. 2019.

de entregas de comida.[9] Nesse ponto, basta um giro em uma grande cidade brasileira para ver adolescentes em bicicletas e patinetes fazendo entregas de comida por meio de tais aplicativos. Recorda-se que o trabalho em ruas e outros logradouros públicos está na Lista das Piores Formas de Trabalho Infantil (Lista TIP), da Convenção n. 182 da OIT, tendo sido aprovada, no Brasil, pelo Decreto n. 6.481/2008, sendo, portanto, vedado a menores de 18 (dezoito) anos. Por fim, constatou-se também a discriminação em razão de gênero, em prejuízo do trabalho das mulheres nas plataformas digitais.[10] Isso sem falar nos inúmeros acidentes de trabalho, inclusive fatais, que vitimam esses trabalhadores, notadamente os que fazem entregas de comidas e mercadorias diversas por meio dos aplicativos, no Brasil e em diversos países do mundo.[11] Menciona-se, ainda, que enormes contingentes desses trabalhadores, embora laborem em jornadas exaustivas, sequer alcançam o salário mínimo.[12]

A Revolução 4.0, ao mesmo tempo que inova em instrumentos, inteligências e oferece maior produtividade ao modelo capitalista, pois usa a tônica da liberdade, fomenta a economia disruptiva e levanta o estandarte de que aquelas modalidades não tradicionais de emprego oferecem liberdade, e de que a tecnologia possibilita ofícios múltiplos, adaptáveis às rotinas dos trabalhadores. O que ocorre, porém, é que a falta de regulamentação dessas práticas laborais, na verdade, abre espaço para o domínio de uma verdadeira exploração de mão de obra, sob os novos contornos dos aplicativos de mobilidade.

Assim, cria-se um falacioso discurso de que é necessário reconfigurar e fortalecer as regulamentações promovidas pelo ordenamento juslaboral já existente, de maneira a adequá-las à última onda da automação e aos novos sistemas de gerência e monitoramento que sustentam os valores da velocidade, da fluidez e da curta duração dos contratos que guiam a nova era industrial. É como se mudando a forma, também fosse possível mudar o conteúdo daquele liame. Não, não, forma e conteúdo não se misturam, até porque aquela é acessória e este é o principal. Pode-se mudar a forma, mas o conteúdo sempre será o mesmo: o trabalho que interessa ao sistema capitalista é o dominado, dependente e subordinado, aquele em que o produto final não fica e não pertence a quem o realizou, mas sim é transferido para quem investe e assume os riscos do negócio jurídico.

Com base nessa premissa, consideramos fundamental pensar como os elementos fáticos-jurídicos base da relação de emprego se fazem presentes no mercado 4.0. A classificação dos trabalhadores junto às plataformas como autônomos e a sua consequente exclusão do sistema de proteção laboral, somado ao acentuado controle pelo algoritmo, levanta questões políticas, sociais e legais que, embora inseridas em um contexto econômico revolutivo macro, necessitam ser regulamentadas, a fim de que não sejam sinônimo de uma legitimada aceitação passiva das formas contratuais precárias comuns à "economia do bico".

Entre as modalidades laborais abraçadas pela *gig economy* destacam-se duas que serão analisadas de maneira pormenorizada: o *crowdwork* e o trabalho *on--demand*.

2.1. Do *crowdwork*

O *crowdwork* é uma modalidade de trabalho sustentada pela Indústria 4.0 cuja denominação é oriunda do termo em inglês relacionado à prestação de serviços entre pessoas que têm algum interesse em comum ou podem colaborar entre si. Essa forma contratual é definida pela descentralização de trabalho anteriormente executado por um trabalhador, constituindo-se de três elementos: as empresas ou indivíduos que solicitam o serviço; os obreiros prestadores do serviço solicitado; e as plataformas digitais que conectam essas duas partes.[13]

Trata-se do neotaylorismo ou taylorismo do século XXI, em que a produção é fragmentada em micro tarefas em uma espécie de "linha de montagem virtual".

---

(9) THE NEW YORK TIMES. *Food-Delivery Couriers Exploit Desperate Migrants*. In: France. Disponível em: <https://www.nytimes.com/2019/06/16/business/uber-eats-deliveroo-glovo-migrants.html?register=email&auth=register-email>. Acesso em: 1º nov. 2019.

(10) *A uberização do trabalho é pior pra elas*. Disponível em: <https://apublica.org/2019/05/a-uberizacao-do-trabalho-e-pior-pra-elas/>. Acesso em: 1º nov. 2019.

(11) THE VERGE. *Deaths and injuries don't slow Uber Eats' rapid expansion*. In: México. Disponível em: <https://www.theverge.com/2019/7/3/20679004/uber-eats-mexico-delivery-courier-death-injury-insurance-expansion>. Acesso em: 1º nov. 2019.

(12) EXAME. *Motoristas de Uber terão "salário mínimo" em Nova York*. Disponível em: <https://exame.abril.com.br/tecnologia/motoristas-de-uber-terao-salario-minimo-em-nova-york/>. Acesso em: 1º nov. 2019.

(13) SÍGNES, Adrían Todolí. O mercado de trabalho no século XXI: *on-demand economy, crowdsourcing* e outras formas de descentralização produtiva que atomizam o mercado de trabalho. Tradução de Ana Carolina Reis Paes Leme e Carolina Rodrigues Carslade. In: LEME, A.C.R.P.; RODRIGUES, B.A; JÚNIOR, J. E. R. C. (Coord.). *Tecnologias disruptivas e a exploração do trabalho humano*. São Paulo: LTr, 2017. p. 31.

Nesse novo modelo, não importa a jornada de trabalho, já que o preço é fixado por tarefa. O controle dos trabalhadores é feito no início da contratação, pois não se admitem os que não preencham determinados requisitos, e, posteriormente, por meio das avaliações recebidas pelas tarefas executadas.(14)

Pode se dar na variedade de *crowdwork on-line*, no qual todas as tarefas são realizadas por meio das plataformas digitais, exclusivamente, ou pelo *crowdwork off-line*, que envolve a intermediação física entre trabalhador e cliente. Em ambas as categorias, a natureza das atividades executadas junto às plataformas é diversa, podendo variar desde as ditas "micro tarefas", que são atividades parceladas impassíveis de serem realizadas por artifícios dotados de inteligência artificial, até demandas maiores como o desenvolvimento de um projeto.(15)

Conforme lecionam José Roberto Freire Pimenta, Lorena Vasconcelos Porto e Cláudio Jannotti da Rocha:

> O *crowdwork* é o trabalho executado por meio de plataformas on-line que colocam em contato com um número indefinido de organizações, empresas e indivíduos através de internet, permitindo conectar clientes e trabalhadores em âmbito global. A natureza das tarefas executadas em plataformas *crowdwork* pode variar consideravelmente, envolvendo muitas vezes "micro tarefas, isto é, atividades extremamente parceladas que ainda exigem algum tipo de julgamento que não pode ser feito pela inteligência artificial (por exemplo, marcar fotos, valorizar as emoções, adequar um site ou texto ou completar pesquisas). Em outros casos, pode envolver trabalhos maiores, como a criação de um logotipo, o desenvolvimento de um site ou o projeto inicial de uma campanha de marketing.(16)

No que tange especificamente àquela primeira modalidade, vale dizer que é exigido que o trabalhador se submeta a grande estado de pressão consistente na sua conexão permanente à plataforma, sem a garantia de remuneração. Ora, de acordo com a necessidade de observância da cláusula de satisfação do cliente, o pagamento só lhe será acessível caso a atividade realizada seja valorada positivamente pelo solicitante do serviço.

2.2. Do trabalho *on-demand*

O trabalho *on-demand*, por sua vez, pode ser interpretado como o trabalho "à chamada" ou "a pedido", e difere-se do *crowdwork* na medida em que envolve a execução de labores tradicionais, como o de transporte, limpeza, ou de escritório, demandados por meio de aplicativos gerenciados por empresas.(17)

Pois bem, os contratos de trabalho *on-demand* são marcados pela curta duração e pela não criação de vínculos, de tal feita que são internacionalmente apelidados de *zero-hours contracts*, pois carecem do estabelecimento de uma jornada de trabalho fixa, de modo que a remuneração do trabalhador é definida em função do serviço realizado. Ademais, o obreiro deve estar disponível para prestar a sua atividade quando chamado pela empresa proprietária do aplicativo.

Conforme lecionam José Roberto Freire Pimenta, Lorena Vasconcelos Porto e Cláudio Jannotti da Rocha:

> No trabalho *on-demand*, tarefas relacionadas a atividades tradicionais, como transporte e limpeza, mas também a trabalhos administrativos, são oferecidas e atribuídas a certo trabalhador por meio de aplicativos. As empresas responsáveis por esses últimos normalmente intervêm no estabelecimento de padrões mínimos de qualidade de serviço e na seleção e gerenciamento da mão de obra. Essas formas de trabalho estão crescendo consideravelmente. Em 2016, um estudo da Universidade de Hertfordshire e da UNI Global estimou que quase 5 milhões de trabalhadores do Reino Unido e 8 milhões de trabalhadores da Alemanha trabalharam para empresas na "economia de bico". Tal crescimento também é claramente reconhecível nos Estados Unidos e no Brasil.(18)

Pela simples descrição dessa modalidade de trabalho restam evidentes as desvantagens que elas apresen-

---

(14) FONSECA, Vanessa Patriota da. Uberização: pseudoautonomia e precarização do trabalho. In: ROCHA, Cláudio Jannotti da; PORTO, Lorena Vasconcelos; ALVARENGA, Rúbia Zanotelli de (coord.). *O direito e o processo do trabalho no século XXI – Direito Material do Trabalho*. V. 2. Belo Horizonte: Editora Virtualis, 2019. p. 591

(15) DE STEFANO, Valerio. The gig economy and labor regulation: an international and comparative approach. *Revista Direito das Relações Sociais e Trabalhistas*, v.4, n.2, Brasília, Centro Universitário do Distrito Federal – UDF, p. 68-79, mai.-ago./2018, p. 68.

(16) PIMENTA, José Roberto Freire; ROCHA, Cláudio Jannotti da; PORTO, Lorena Vasconcelos. *A dependência econômica e a subordinação jurídica como critérios identificadores da relação de emprego*. Belo Horizonte: Editora Virtualis, 2019. p. 43.

(17) DE STEFANO, Valerio. The gig economy and labor regulation: an international and comparative approach. *Revista Direito das Relações Sociais e Trabalhistas*, v.4, n.2, Brasília, Centro Universitário do Distrito Federal – UDF, p. 68-79, maio-ago./2018, p. 68.

(18) PIMENTA, José Roberto Freire; ROCHA, Cláudio Jannotti da; PORTO, Lorena Vasconcelos. *A dependência econômica e a subordinação jurídica como critérios identificadores da relação de emprego*. Belo Horizonte: Editora Virtualis, 2019. p. 43.

tam, visto que não é oferecida ao obreiro a estabilidade remuneratória, e tampouco lhe é pago o tempo em que está à disposição e aguarda as chamadas do tomador de serviços. Essas formas peculiares de labor revelam-se extremamente precárias, porquanto inserem o obreiro em uma situação de fragilidade e desproteção.

É verdadeiramente ignorado no momento da remuneração o fato de que o obreiro permaneceu em estado contínuo de tensão, ansiedade e stress no aguardo da atribuição de uma tarefa. Seria esse estado compatível com o lema de liberdade erguido pelas plataformas? O discurso falacioso das plataformas digitais que enaltece a mobilidade, e de que essa ilusória mobilidade permite maior conciliação da vida pessoal, familiar, com o trabalho, que é flexível representa, *in vero,* o engessamento e o dano ao projeto de vida do trabalhador. Na maior parte das vezes *flexibilidade não rima com liberdade*: o *any time and any place* não deveria se tornar o *everytime and everywhere.*

Para o "chefe algoritmo" – que se revela o supervisor dos obreiros partícipes dessas novas formas contratuais – o melhor trabalhador é aquele que está sempre conectado, que está sempre à espreita para que lhe sejam atribuídas novas tarefas, de modo que lhe é exigida a permanente disponibilidade e lhe é retirado o direito à desconexão. O que impera, na *gig economy*, é a cultura do *always connected.*

3. O DIREITO DO TRABALHO BRASILEIRO FRENTE ÀS NOVAS MODALIDADES DE LABOR

O Direito do Trabalho brasileiro enfrenta grandes desafios para a regulamentação das novas modalidades de trabalho trazidas pela Indústria 4.0, principalmente no que tange ao intermitente e ao teletrabalho. Como se adaptar o ordenamento juslaboral pátrio ao modo de funcionamento das plataformas digitais já não fosse por si só tarefa hercúlea, a realidade brasileira apresenta aspectos que a tornam ainda mais dificultosa, haja vista que mistura características das quatro Revoluções Industriais, e também da prática laboral que as antecedeu. A nova onda evolutiva não é fenômeno isolado: o Brasil – em consonância com a natureza de seu povo – tem a miscigenação trabalhista como bandeira do seu mercado de trabalho nacional.

Ao mesmo tempo que a pátria abriga andares de *shared offices* nos arranha-céus da capital de São Paulo, na mesma cidade nos deparamos com situações de trabalho análogo ao escravo nas indústrias têxteis, por exemplo. Assim, na perspectiva do sistema capitalista, observa-se que as empresas de modo geral buscam evitar a incidência da proteção oferecida pelo ordenamento jurídico trabalhista brasileiro, visando à redução dos seus encargos econômicos. Almeja-se o lucro em detrimento ao bem-estar físico, mental e social do trabalhador.

Ao mesmo tempo, embora as novas tecnologias tenham modificado, na aparência, a forma concreta das relações de trabalho, o seu conteúdo, isto é, a superexploração dos trabalhadores, para se maximizarem os lucros empresariais, sem a garantia dos direitos trabalhistas basilares, permanece o mesmo. Basta compararmos os seguintes trechos, sendo o primeiro deles relativo aos primórdios da Revolução Industrial e os demais extraídos do mundo atual:

> Mais desagradáveis ainda do que o próprio advento da fábrica foram as condições humanas que esse advento acarretou. O trabalho, por exemplo, era habitual e, às vezes, começava aos quatro anos de idade; o horário de trabalho se estendia do amanhecer ao anoitecer, e abusos de toda natureza eram por demais frequentes. Uma comissão parlamentar designada em 1832 para examinar tais condições, obteve o seguinte depoimento do administrador de uma fábrica: 'P: A que horas da manhã, com tempo bom, essas moças chegam à fábrica? R: Com tempo bom, durante cerca de seis semanas, chegam às três da manhã e saem às dez ou dez e meia da noite. P: Que intervalos existem durante essas dezenove horas de trabalho para alimentação e descanso? R: Quinze minutos, respectivamente para almoço, lanche e jantar. P: Algum desses intervalos é utilizado para a limpeza das máquinas? R: Quase sempre as moças são obrigadas a fazer o que chama de 'pausa seca'; às vezes a limpeza toma todo o intervalo do almoço ou do lanche. P: Não há dificuldades para acordar essas jovens depois de um trabalho exaustivo como esse? R: Há sim; de madrugada, é preciso sacudi-las para que acordem. P: Tem havido acidentes com elas em consequência desse trabalho? R: Sim, minha filha mais velha esmagou o dedo na engrenagem. P: Perdeu o dedo? R: Teve que ser cortado na segunda falange. P: Ela recebeu pagamento durante o acidente? R: No dia em que aconteceu o acidente, o pagamento foi suspenso.[19]
>
> Nobre passa de 12 a 18 horas por dia, de segunda a segunda, atrás de um volante. É a única maneira de faturar 6 mil reais por mês. Do total, ele repassa de 20% a 35% para o aplicativo, a depender da corrida. Uma outra parte substancial paga a manu-

(19) HEILBRONER, H. *A formação da sociedade econômica*. Rio de Janeiro: Zahar, s.d. p. 108-109.

tenção do automóvel próprio e o consumo da gasolina. No fim das contas, Nobre leva para casa cerca de 2,5 mil reais, caso consiga trabalhar no ritmo descrito acima. Se ficar doente ou tiver qualquer outro contratempo e não trabalhar, não ganha.[20]

Dormir na rua e pedalar 12 horas por dia: a rotina dos entregadores de aplicativos. (...) Os entregadores, no entanto, não moram nesses bairros. Vivem principalmente na periferia ou em cidades da Grande São Paulo. Para chegar ao trabalho, percorrem até 30 km – às vezes, pedalando. (...) Por isso, os ciclistas ouvidos pela reportagem relataram fazer jornadas de mais de 12 horas diárias, trabalhar muitas vezes sem folgas e até dormir na rua para emendar um horário de pico no outro, sem voltar para casa. Em média, eles conseguem uma renda mensal de R$ 2 mil, segundo relatos. (...) Todos os dias, ele pedala os 30 km que separam sua casa do bairro de Pinheiros. "Isso é só na ida, parça", afirma. Contando ida, volta e entregas, ele percorre por volta de 80 km diários, diz.[21]

Mortes e lesões não diminuem a rápida expansão do Uber Eats no México. Nos últimos seis meses, cinco entregadores do Uber Eats no México morreram em acidentes e dezenas de outros ficaram feridos. A apólice de seguro do Uber deveria ajudar – mas não o fez. (...) Trabalhadores de entrega de comida foram mortos além do México. Na Filadélfia, Brooklyn, Sydney, Costa Rica, Argentina e Espanha, entregadores foram mortos enquanto trabalhavam para aplicativos como Uber Eats, Glovo, Caviar e Rappi. (...) Acidentes não fatais também foram comuns para os entregadores do Uber Eats no México: braços, clavículas, narizes quebrados e quase amputações. Lesões não são o único risco de andar pelas cidades mexicanas a qualquer hora; os trabalhadores do Uber Eats tiveram suas motocicletas e bicicletas destruídas em acidentes e foram assaltados a mão armada ao fazer entregas.[22]

Seguindo a expressão popular, de suposta autoria do filósofo chinês Confúcio – "uma imagem vale mais que mil palavras", podemos também comparar as fotos abaixo e delas extrair a similaridade nas condições de superexploração, inclusive no que tange ao trabalho envolvendo mulheres e crianças:

Inglaterra – século XIX: Argentina – 2019:

(23)

(24)

(20) CARTA CAPITAL. *Apps são os maiores empregadores, mas precarização dá o tom nos trabalhos*. Disponível em: <https://www.cartacapital.com.br/economia/proletariado-digital-apps-promovem-trabalhos-precarios-a-brasileiros/>. Acesso em: 1º nov. 2019.

(21) BBC BRASIL. *Dormir na rua e pedalar 12 horas por dia*: a rotina dos entregadores de aplicativos. Disponível em: <https://www.bbc.com/portuguese/brasil-48304340>. Acesso em: 1º nov. 2019.

(22) THE VERGE. *Deaths and injuries don't slow Uber Eats' rapid expansion*. In: México. Disponível em: <https://www.theverge.com/2019/7/3/20679004/uber-eats-mexico-delivery-courier-death-injury-insurance-expansion>. Acesso em: 1º nov. 2019. Tradução nossa.

(23) ANNANERD. *Revolução industrial*. Disponível em: <https://annanerd.com.br/revolucao-industrial/>. Acesso em: 1º nov. 2019.

(24) FORUM. *Crise na Argentina*: foto de mãe fazendo entregas com bebê viraliza. Disponível em: <https://revistaforum.com.br/global/crise-na-argentina-foto-de-mae-fazendo-entregas-com-bebe-viraliza/>. Acesso em: 1º nov. 2019.

Como já dizia Cazuza, "Eu vejo o futuro repetir o passado. Eu vejo um museu de grandes novidades". Não custa lembrar que nos primórdios da Revolução Industrial havia a intensa exploração do trabalho de mulheres e crianças (denominadas "meias-forças de trabalho dóceis"), pois aceitavam salários menores e ofereciam menor resistência à exploração ilimitada, o que ocasionava, como consequência, o rebaixamento do salário masculino adulto.

Percebe-se, portanto, que os trabalhadores das plataformas digitais estão submetidos às mesmas condições de exploração extrema e sem peias existentes nos primórdios da Revolução Industrial: informalidade, jornadas exaustivas, trabalho infantil, remuneração insuficiente, desrespeito às exigências mínimas de saúde, higiene e segurança no trabalho, ocorrência frequente de acidentes de trabalho com morte e mutilações. Tais condições de superexploração impulsionaram a própria criação do Direito do Trabalho, primeiramente pelas normas coletivas e posteriormente pela legislação.

Nesse contexto, a função que se apresenta como dever do Direito do Trabalho e dos tribunais e intérpretes trabalhistas brasileiros é a de caracterizar a relação de emprego tipificada nos arts. 2º e 3º da CLT nas novas modalidades de labor oriundas da Revolução 4.0, a fim de reduzir a situação de extrema vulnerabilidade e precariedade a que os trabalhadores das plataformas digitais estão expostos.

Ora, se analisada a formação do Direito do Trabalho, observa-se que ela se deu, em larga medida, em função da tomada de consciência de que o preço advindo do sinalagma trabalho-salário não poderia ser definido em função das leis de mercado, isto é, de acordo com a mão invisível de Adam Smith que determina a oferta e a procura de serviços e bens, mas sim ser estabelecido em sede de contratação coletiva e com respeito às diretrizes fixadas pelo Poder Público, quais sejam, por exemplo, o salário mínimo nacional.

O uso da tecnologia nas modalidades contratuais não se perfaz um problema por si só, mas se molda benéfico ou prejudicial à população economicamente ativa pelo modo como aquela é implementada e regulamentada. Desta feita, percebe-se que o trabalho *on-demand,* da maneira como vem sendo realizado no Brasil e outros países do mundo, representa verdadeiro retrocesso ao permitir que a remuneração do trabalhador volte a ser determinada pelas leis de mercado, em total descompasso com as noções preliminares que instituíram o Direito do Trabalho. Afinal, conforme firmado na Declaração de Filadélfia de 1944, enquanto princípio fundamental da Organização Internacional do Trabalho, o trabalho humano não é uma mercadoria.

Nesse ponto, é importante ressaltar que, ao consagrar a dignidade como fundamento, a Constituição Federal de 1988 traz o ser humano como finalidade precípua da atividade estatal e centro convergente de direitos. Esse entendimento deve orientar as relações de trabalho e o seu respectivo ramo jurídico: o Direito do Trabalho. Como esclarece Gabriela Neves Delgado:

> Se o trabalho é um direito fundamental, deve pautar-se na dignidade da pessoa humana. Por isso, quando a Constituição Federal de 1988 refere-se ao direito ao trabalho, implicitamente já está compreendido que o trabalho valorizado pelo texto constitucional é o trabalho digno. Primeiro, devido ao nexo lógico existente entre direitos fundamentais e o sustentáculo do Estado Democrático de Direito, que é a dignidade do ser humano. Segundo, porque apenas o trabalho exercido em condições dignas é instrumento capaz de viabilizar a emancipação do trabalhador, além de sua identidade social e coletiva[(25)].

O trabalho não é apenas fonte de subsistência, mas meio por excelência de realização pessoal e de integração comunitária, social e política, o que somente ocorre quando é exercido com dignidade. Desse modo, ao assegurar o direito fundamental ao trabalho, a Constituição Federal de 1988 está se referindo, necessariamente, ao trabalho digno, excluindo todas as formas de degradação e coisificação do ser humano.

As formas contratuais veiculadas pelas plataformas digitais são estruturadas de modo que os trabalhadores ganham a sua remuneração de maneira efêmera e utilitarista, sem perspectiva de construção de um patrimônio fixo, o que irradia efeitos em toda a esfera da vida do obreiro. A sua rotina, relacionamentos, práticas de lazer e alimentação serão delineados a partir das tarefas realizadas junto às plataformas e da remuneração por elas ofertada, ainda que seja esta por vezes mínima e insuficiente. Tudo se torna efêmero para esses trabalhadores.

Vemos, pois, que o trabalho organizado por meio das plataformas digitais, na lição de Emmanuel Dockès, deve estar amplamente sujeito ao Direito do Trabalho. Por sua originalidade, ele testará o Direito Laboral, convocando-o a mostrar que ele é capaz de proteger esses trabalha-

---

(25) DELGADO, Gabriela Neves. *Estado democrático de direito e direito fundamental ao trabalho digno. Trabalho e justiça social*: um tributo a Mauricio Godinho Delgado (coord.). Daniela Muradas Reis, Roberta Dantas de Mello, Solange Barbosa de Castro Coura. São Paulo: LTr, 2013. p. 254.

dores, de evitar a criação de trabalhadores de segunda categoria mais fracos e menos protegidos que os empregados habituais, mas também a mostrar que ele é capaz de permitir que essas novas organizações de trabalho sobrevivam daquilo que têm de positivo, de libertador, em especial a liberdade que elas concedem aos trabalhadores na fixação de seus horários de trabalho. "Proteger, sem aumentar as submissões, o Direito do Trabalho é capaz de fazê-lo? Parece-nos que sim, embora algumas adaptações possam ser necessárias marginalmente".[(26)]

Nesse sentido, é necessário que, frente à onda crescente de tentar afastar a incidência da relação de emprego, o processo do trabalho, na sua perspectiva constitucionalizada, assuma a função primordial de ser a onda contrária que impulsiona uma tomada de consciência global, a fim de que esses trabalhadores possam ser beneficiados por uma jurisprudência em consonância com a necessidade de proteção, que os qualifique como empregados, conforme é defendido nos tópicos seguintes.

4. A FRAGMENTAÇÃO DA RELAÇÃO DE EMPREGO NAS MODALIDADES DE TRABALHO TRAZIDAS PELA REVOLUÇÃO 4.0

A *gig economy*, alimentada pelo labor sob demanda, tem muitos tons de cinza que necessitam ser tonificados pelo Direito do Trabalho. Por vezes a economia do bico é vista pela perspectiva da mobilidade, da flexibilidade, ou até mesmo da liberdade que seria oferecida ao obreiro, quando, na realidade, a sua real faceta é a da tentativa de fragmentação da relação de emprego consubstanciada no *hope labour*. Os trabalhadores registrados nas plataformas digitais, em sua maioria, não escolheram voluntariamente deixar o ambiente profissional clássico idealizado pelo legislador celetista; em uma situação de recessão econômica e de desemprego[(27)], as novas modalidades de trabalho surgiram como a última esperança do ganho do salário necessário ao sustento próprio.

Na era do *Big Data*, a ascensão da economia baseada em serviços tem como requisito para a sua operacionalidade um contingente populacional tão economicamente frágil que está disposto a se submeter às modalidades não convencionais de emprego, desprovidas de proteção laboral e previdenciária, para ter acesso à remuneração, ainda que irrisória.

É no seio desse ideário que empresas como a Uber obtém lastro para o uso de técnicas de gamificação e sistemas de bônus e de incentivos em forma de brindes condicionados ao cumprimento de objetivos que, em determinadas circunstâncias, se perfazem em verdadeiro incentivo à ilegalidade. Deve ser levado em consideração, por exemplo, que o cumprimento de tais metas por um entregador a serviço do UberEats[(28)] irá lhe exigir, no mínimo, o deslocamento na velocidade acima da permitida pelas vias urbanas, além da prática do "corredor" em horários de pico do trânsito.

Por meio da adaptação de aspectos de *videogames*, as plataformas buscam promover, ardilosamente, o engajamento subjetivo do trabalhador, inclusive injetando o sentimento concorrencial, de tal feita que este não vê o outro obreiro operando na plataforma como um colega submetido à ordem do mesmo tomador, mas sim como um concorrente que deve ser ultrapassado, como se ali não estivessem ambos sujeitos a uma mesma relação empregatícia.

As plataformas digitais, nesse caminhar, sustentam o discurso de que apenas conectam fornecedores e consumidores, de tal feita que têm como seu estandarte a máxima de que são empresas que operam sem empregados, o que, na realidade, não passa de uma falácia envernizada pela retórica. E, como toda boa retórica, alcança o convencimento daqueles cidadãos que se encontram em situação de vulnerabilidade social, e, portanto, abrem mão das garantias de uma relação de emprego formal em troca de uma ideia cinzenta de mobilidade e liberdade sugerida pelo trabalho por meio dos aplicativos.

---

(26) DOCKÈS, Emmanuel. *Os empregados das plataformas*. No prelo.

(27) A Associação Brasileira On-line to Off-line (ABO2O), defensora dos interesses coletivos das empresas proprietárias das plataformas digitais, utiliza o argumento de que absorveu em seu quadro de "parceiros" um grande contingente de desempregados, para afastar a incidência de qualquer vínculo empregatício. Disponível em: <https://g1.globo.com/sp/sao-paulo/noticia/2019/06/27/autonomo-ou-empregado-motoboys-dividem-opinioes-sobre-trabalho-com-aplicativos-de-entrega-em-sp.ghtml>. Acesso em: 2 set. 2019.

(28) Foi verificado aumento no índice de acidentes fatais envolvendo motociclistas em São Paulo, sendo 366 mortes apenas em 2018. Nas palavras dos entregadores, "a necessidade de faturar supera o perigo de correr entre os carros". Disponível em: <https://g1.globo.com/sp/sao-paulo/noticia/2019/02/22/acidentes-fatais-com-motociclistas-aumentam-quase-18-em-um-ano-em-sp.ghtml>. A relação entre o aumento de acidentes e as plataformas digitais é tamanha que, tendo em vista a segurança dos trabalhadores e da população em geral, foi negociado pela Prefeitura de São Paulo e pelas empresas Loggi e iFood o compromisso destas não mais oferecerem bonificações em razão do maior número de entregas. A UberEats, contudo, questiona a relação do aumento do índice de acidentes com a dinâmica operacional dos aplicativos. <https://g1.globo.com/sp/sao-paulo/noticia/2019/07/18/duas-empresas-de-entregas-por-aplicativo-anunciam-fim-de-bonus-para-motociclistas.ghtml>. Acesso em: 2 set. 2019.

Observa-se o intento de afastar a relação de emprego no caso de rescisão contratual entre as plataformas e os trabalhadores. Nesses casos não é seguido o rito minimamente democrático previsto pela CLT que inclui o aviso prévio: o trabalhador tão somente recebe uma notificação de seu desligamento, sem a possibilidade de recorrer dessa decisão. O encerramento das atividades do trabalhador junto à plataforma se dá de maneira pouco democrática, pela massa de *reviews* realizada pela clientela do aplicativo que, caso seja entendida pelo algoritmo como não suficientemente válida à manutenção do obreiro no quadro de "parceiros", enseja o desligamento.

A tentativa a todo o custo de fragmentar a relação de emprego traz a sensação de *déjà-vu*. Parece que estamos vivendo novamente as circunstâncias da 1ª Revolução Industrial: a crise financeira, social, é tamanha que as massas recorrem desesperadamente ao trabalho – agora junto às plataformas – por mais que seja precário, para garantir um salário irrisório, assim como ocorreu nos séculos XVIII e XIX, quando as pessoas saíram do campo e foram para a cidade criando um verdadeiro contingente populacional desesperado, à disposição das grandes indústrias dizendo: *por favor, estou aqui, me explore, não me deixe morrer de fome ou de doença*. Igualmente, naquele momento histórico via-se o trabalho fabril como meio de libertação daquela condição de pobreza: vendia-se a ideia da inserção laboral sob a tônica de que aquela atividade libertaria o obreiro das mazelas, mas, o que aconteceu – e continua acontecendo – na realidade, é a degradação, materializada em acidentes, mortes e mutilações. Tudo em torno da mesma palavra: a liberdade.

Se nos idos de 1800 atraíam-se mulheres e crianças enquanto mão de obra barata, hoje, na 4ª Revolução, os adolescentes[29], jovens adultos, são os explorados: lhes é injetado o sentimento de autogestão, de empreendedorismo, em busca de uma liberdade de moldes, no mínimo, questionáveis. Há a desconstrução do sentimento mais salutar e construtivo que nutre o Direito do Trabalho, a solidariedade, que perde seu lugar para um desejo de protagonismo, de visibilidade, de concorrência, de eliminação do próximo.

Válido aqui se faz resgatar a lição de Foucault, que já identificava a visibilidade como uma armadilha: nós acreditamos em nos autogerir, em deter o poder sobre nós mesmos, à luz da tal *autonomia da vontade*. Mas, na verdade, são as estruturas de poder que condicionam as nossas ações, imperceptivelmente, como ensina o filósofo:

> Nossa sociedade não é de espetáculos, mas de vigilâncias: sob a superfície das imagens, investem-se os corpos em profundidade; atrás da grande abstração de troca, processa-se o treinamento minucioso e concreto das forças úteis; os circuitos da comunicação são os suportes de uma acumulação e centralização do saber; o jogo de sinais define os pontos e apoios do poder; a totalidade do indivíduo não é amputada, reprimida, alterada por nossa ordem social, mas o indivíduo é cuidadosamente fabricado, segundo uma tática das forças e dos corpos.[30]

E, para ser exercido, esse poder deve ser dotado de instrumentos capazes de realizar uma vigilância permanente, onipresente, capaz de tudo ver, e tudo regulamentar, mas com a condição de se tornar ela mesma invisível. Esse poder que tem a capacidade de se invisibilizar é o algoritmo.

Além de todos os questionamentos em relação à tutela das novas modalidades contratuais e à morfologia da relação de emprego em tempos de Revolução 4.0, questionamos, se a fragmentação dessa última não apresenta uma tendência à fragmentação utilitarista da própria vida do ser humano?

Conforme já pincelado, se antes se trabalhava para comer, e, após, para o consumo de bens, hoje consome-se, contraem-se dívidas e, após, se trabalha para quitar as aquisições já feitas. Se antes priorizava-se o tempo de dedicação à família, ao bem-estar físico, social, aos relacionamentos, hoje se trabalha exaustivamente e, após, se usufrui do tempo remanescente para aquelas interações tão importantes. Se antes se residia em uma cidade e se buscava prestar serviços nas vagas de emprego ali disponíveis, hoje algumas modalidades de labor não têm limites territoriais para o seu exercício. Basta analisar os serviços de entrega, por exemplo, que têm os seus picos de concentração de demandas nos horários das refeições. A que horas esses entregadores irão se alimentar, descansar? Não se sabe exatamente, mas se sabe que é a hora que o algoritmo permitir e demandar: a rotina é fragmentada, pautada pela efemeridade. A degradação a que se submetem os trabalhadores das plataformas não se justifica por outra razão que não seja o ganho da contraprestação pecuniária, na maioria das vezes na exa-

(29) Muito embora tenha-se uma suposta exigência de maioridade para a prestação de serviços na plataforma, o que se vê, de fato, são muitos menores fazendo entregas em cima de bicicletas e patinetes.

(30) FOUCAULT, Michel. *Vigiar e punir*: nascimento da prisão. Tradução de Raquel Ramalhete. Petrópolis: Vozes, 1987. p. 240.

ta medida de sua necessidade, do tamanho de sua dívida. Trata-se de uma lógica desprovida de identidade no labor, de pertencimento, mas pautada na efemeridade.

Parece estar sendo fragmentado o próprio valor social do trabalho em si, que passa a ser visto com normalidade sob a ótica utilitarista. Será que não estamos caminhando para a *"uberização da sociedade"*? Indaga-se, no bojo da economia disruptiva, se não está sendo construída, aos poucos, uma sociedade pautada pela disrupção. Ora, a uberização é um gênero capaz de irradiar efeitos para toda a esfera social. Será que na mente do trabalhador não é recorrente o seguinte questionamento: se não é preciso ter vínculo com nenhum empregador para que eu possa trabalhar, talvez também não precise criar vínculos com o lugar que moro, com quem escolho para me relacionar?

A efemeridade que caracteriza a prestação de serviços nas modalidades do *crowdwork* e do trabalho *on-demand* tem a capacidade de se alastrar como rastilho de pólvora para todos os outros segmentos da vida humana. Será que não estamos vivendo a faísca que dá início a um incêndio, isto é, a crise não somente das relações de trabalho, mas do viver em sociedade como um todo? Será que o que era visto há alguns anos como distopia, hoje não se mostra, na realidade, uma previsão?

Diante de tamanha precarização, a atividade jurisdicional dos órgãos juslaborais brasileiros deve ter como objetivo a qualificação da maior parte possível desses trabalhadores como assalariados[31], nos termos previstos pelos artigos 2º, 3º e 6º, parágrafo único, da CLT, o que lhes permitirá serem beneficiados das garantias trabalhistas e previdenciárias previstas pelo ordenamento brasileiro. O interesse por essas proteções parece óbvio, pois elas permitirão evitar que esses trabalhadores se tornem "uma espécie de subempregados, mal pagos e superexplorados". [32]

5. DOS ELEMENTOS DA RELAÇÃO DE EMPREGO NO *CROWDWORK* E NO TRABALHO *ON-DEMAND*

A Indústria 4.0 trouxe, sob a ótica dos pesquisadores juslaborais, junto com a onda de inovações tecnológicas, uma maré que busca a todo custo evitar, justamente pelo *modus operandi* do labor sob demanda, a caracterização da relação de emprego, e por consequente, a incidência da legislação trabalhista.

Não obstante, as modalidades do *crowdworking* e, sobretudo, do trabalho *on-demand,* ainda que revestidas de particularidades, apresentam elementos característicos da relação de emprego tradicional tipificada nos arts. 2º e 3º da Consolidação das Leis do Trabalho. Ora, pelo art. 442 do mesmo diploma, o contrato de trabalho é o acordo tácito ou expresso, correspondente à relação de emprego, e, portanto, pode estar presente mesmo quando as partes dele não trataram ou quando aparentam cuidar de outra coisa. Essa presença se dá justamente pela primazia da realidade sobre a forma: o que importa para a tutela jurídica não é a forma pela qual é revestida a prestação de serviços, mas sim o deslinde dos fatos.

Do ponto de vista técnico nunca foi tão fácil regular o trabalho: as plataformas digitais têm registrada toda a interação do obreiro com o aplicativo em dados absorvidos pelas *nuvens*, de modo que os requisitos para a constituição do vínculo empregatício não são passíveis de serem afastados, bastando serem observados os aspectos da rotina dos trabalhadores inseridos nas práticas contratuais em análise. Nesse sentido, conforme observa Emmanuel Dockès ao analisar a decisão da Corte de Cassação francesa de 28 de novembro de 2018, no caso Take Eat Easy:

> No caso dos trabalhadores das plataformas, a dependência geralmente é forte, porque a clientela passa pela plataforma e é essa plataforma que, em seguida, organiza e distribui o trabalho. Mas essa dependência não é total, não sendo exigida exclusividade dos trabalhadores. A submissão também é forte: na maioria das vezes verdadeiras especificações devem ser respeitadas pelos trabalhadores, que podem ser modificadas pela plataforma e uma avaliação dos trabalhadores é realizada pelo retorno dos clientes, o que é um modo de controle particularmente eficaz. Mas essa submissão também não é total, uma vez que os trabalhadores têm grande liber-

(31) Para o Ministério Público do Trabalho e para a Fiscalização do Trabalho, o vínculo empregatício entre as empresas que atuam por meio de aplicativos em dispositivos móveis e os trabalhadores é incontroverso, ainda que as gigantes da economia baseada em serviços tentem ocultá-lo. A Auditoria-Fiscal do Trabalho já multou a Loggi em 2 milhões de reais, em 2017. O MPT em São Paulo ajuizou ações civis públicas em face da iFood e da Loggi. Disponível em: <https://g1.globo.com/sp/sao-paulo/noticia/2019/06/27/mpt-sp-entra-na-justica-contra-aplicativos-de-entrega-orgao-diz-que-empresas-atuam-na-ilegalidade-junto-aos-motoboys.ghtml>. O MPT no Rio de Janeiro ajuizou ação civil pública em face da Cabify. Disponível em: <https://www.jota.info/tributos-e-empresas/trabalho/cabify-pode-ser-obrigada-a-estabelecer-vinculo-de-trabalho-com-motoristas-17102019>. O MPT em São Paulo ajuizou ação cautelar em face da Uber, na qual foi concedida liminar, para se obterem as informações e dados necessários que não foram devidamente fornecidos pela empresa em sede de inquérito civil. Há investigações do MPT em face das demais empresas proprietárias de aplicativos.

(32) DOCKÈS, Emmanuel. *Os empregados das plataformas.* No prelo.

dade na fixação de seu horário de trabalho. Por fim, a plataforma se autoriza desconectar certos trabalhadores, principalmente aqueles que são mal avaliados ou que não cumpriram algumas das exigências da plataforma, o que é uma medida tomada após condutas consideradas faltosas, em outras palavras, uma sanção disciplinar. Esse composto de dependência, de submissão e de sanções é prova suficiente de subordinação e, portanto, da qualificação de empregado. Além disso, a Corte de Cassação não considerou necessário mencionar todos esses elementos no caso Take Eat Easy. Ela se contentou em ressaltar a existência de um sistema de geolocalização, que permite o controle, e a presença de um poder sancionador, o que era suficiente a seus olhos para provar a subordinação.(33)

5.1. Pessoalidade, onerosidade e habitualidade

Os contratos firmados na era da 4ª Revolução Industrial podem ser dotados de pessoalidade, onerosidade, habitualidade e dependência econômica, sendo que esse último elemento, por sua dimensão, será analisado separadamente.

A primeira dessas características é observada na medida em que as plataformas de intermediação de mão de obra exigem que os trabalhadores que nelas se registram preencham uma série de requisitos para que sejam admitidos na realização das tarefas. Ademais, esses trabalhadores devem prestar o serviço pessoalmente, isto é, não podem se fazer substituir por outras pessoas, sob pena de sua exclusão da plataforma.

No trabalho *on-demand* por meio de aplicativos se torna ainda mais fácil a verificação do caráter *intuitu personae* na prestação dos serviços, uma vez que ficam à disposição dos clientes os perfis dos obreiros e a massa de *reviews* que lhes são correspondentes, sendo facultado ao consumidor ao final de cada serviço avaliar o modo que a atividade foi desenvolvida por aquele trabalhador em particular.

A onerosidade, por sua vez, sedimenta os pactos mercadológicos em questão na medida em que o recebimento da contraprestação pecuniária paga pelos sistemas tecnológicos constitui o ânimo da atividade desempenhada pelo obreiro que, quando não presta esses serviços para obter o seu único ou principal meio de sustento, o faz para fins de complementação de renda. Não há identificação subjetiva com o labor, pelo contrário, é a efemeridade e a necessidade financeira que alimentam as formas contratuais precárias em análise.

Antes de examinar a presença do elemento da dependência econômica, nos cabe demonstrar que também nos contratos de trabalho "uberizados" vige o princípio da continuidade da relação de emprego, que se revela presente no próprio funcionamento do algoritmo. Ora, quanto mais o obreiro aceita e realiza as tarefas que lhe são atribuídas, mais ele é convocado pelo aplicativo. Nessa lógica, inclusive lhe são oferecidos bônus pelo cumprimento de metas estabelecidas pelas empresas, o que revela a lógica de permanência que permeia os novos pactos do mercado 4.0.

Incorrem em erro aqueles que alegam que não há habitualidade nas modalidades de labor da *gig economy,* por serem caracterizadas pela prestação de serviços de curta duração. Ora, a habitualidade não é determinada pelo lapso temporal que delimita a tarefa executada, mas sim se mostra evidente pelo contínuo registro dos trabalhadores nas plataformas, em um estado de permanente conexão e disposição para aceitar as chamadas do aplicativo.

Por fim, nos cabe delinear considerações acerca da caracterização do liame empregatício pela subordinação jurídica e pela dependência econômica.

5.2. Da caracterização do vínculo empregatício pela subordinação jurídica e pela dependência econômica

No que tange especificamente ao requisito da dependência, este merece ser analisado de modo pormenorizado, vez que é o elemento caracterizador primordial, a pedra de toque, da relação empregatícia. Da leitura do texto legal, em particular do art. 3º, *caput*, da CLT(34), que menciona a "dependência" de forma genérica, pode-se concluir que essa última abrange tanto a dependência econômica, quanto a subordinação jurídica, que representam a chave de acesso aos direitos trabalhistas e previdenciários em sua integralidade.(35)

(33) DOCKÈS, Emmanuel. *Os empregados das plataformas*. No prelo.

(34) Art. 3º Considera-se empregado toda pessoa física que prestar serviços de natureza não eventual a empregador, sob a dependência deste e mediante salário.

(35) PIMENTA, José Roberto Freire; ROCHA, Cláudio Jannotti da; PORTO, Lorena Vasconcelos. *A dependência econômica e a subordinação jurídica como critérios identificadores da relação de emprego.* Belo Horizonte: Editora Virtualis, 2019. p. 32.

Observa-se que é justamente a dependência econômica que se relaciona com a própria razão que levou à criação do Direito do Trabalho: a hipossuficiência do trabalhador, que, desprovido dos meios de produção, encontra na remuneração advinda do trabalho a única forma de assegurar o seu sustento. É a dependência econômica do obreiro do trabalho que ele realiza perante um empregador que o torna empregado. A subordinação é uma racionalidade, um direcionamento dado à dependência.

Apesar da máxima propaganda promovida pelas plataformas de que o trabalho *on-demand* proporciona aos trabalhadores serem os seus próprios chefes, na condição de autônomos[36] – o que já demonstramos não passar de uma falácia –, assevera-se que a noção legal de subordinação mantém a sua relevância nas modalidades de labor em análise.

O exercício do poder diretivo – enquanto ato correspondente à subordinação jurídica – é verificado ao se observar o controle da empresa proprietária do aplicativo sobre o próprio posicionamento geográfico do trabalhador, e é reforçado, ademais, pelo fato de que a continuidade da prestação de serviços junto à plataforma não é determinada pelo trabalhador, mas sim pelas avaliações e retornos dos clientes, o que constitui método de controle característico da subordinação. Como observa Renan Bernardi Kalil:

> A subordinação no capitalismo de plataforma é caracterizada pelo controle por sanções e premiações (ou *sticks and carrots*), em que os trabalhadores que seguem a programação estabelecida pelo algoritmo são recompensados, ao passo que a inobservância pode levá-los à punição e à exclusão da plataforma. Uma das características da organização do trabalho no novo modelo, que é a constante insegurança econômica dos trabalhadores, facilita o controle das atividades e leva a um cenário de mobilização total, em que a mão de obra deve estar permanentemente disponível. Outro fator que compõe o controle por programação (ou por algoritmos) no capitalismo de plataforma é a avaliação da consecução dos objetivos, em que as atividades dos trabalhadores são examinadas qualitativa e quantitativamente.[37]

Desse modo, o próprio preço do serviço, que é determinado unilateralmente pela empresa proprietária do aplicativo, é utilizado como forma de garantir a constante mobilização e disponibilidade dos trabalhadores para permanecerem conectados e aceitarem as demandas ("preço dinâmico"). Os valores baixos das tarifas garantem também que os trabalhadores laborem longas jornadas e sem dias de folga para alcançarem a remuneração mínima necessária à sua sobrevivência. É o que acontece com a remuneração paga por produtividade de uma forma geral, como observado de forma perspicaz por Márcio Túlio Viana:

> Outro efeito pouco visível do salário é o seu uso como instrumento do poder diretivo. É o que acontece quando o empregador paga não por tempo, mas por produção, ou mesmo quando promete prêmios ou gratificações complementares. É curioso observar, nesse caso, como até na prestação do empregador pode estar embutida uma nova prestação do empregado – ou mais exatamente um comando implícito para a intensificação do seu trabalho. E – o que é mais curioso – esse comando parte do próprio empre-

---

(36) O Parlamento da Califórnia aprovou a Lei AB-5, na qual positivou o chamado 'ABC Test" consagrado pela Corte Suprema de Justiça do Estado da Califórnia no Caso Dynamex – Dynamex Operations West, Inc. v. Superior Court, 4 Cal. 5th 903 (2018). Nos termos da lei californiana, presume-se a existência de vínculo de emprego no caso de fornecimento de trabalho ou serviços em troca de remuneração, devendo a empresa contratante demonstrar a coexistência das seguintes condições para que o obreiro não seja considerado empregado: A. O trabalhador deve estar livre de controle e direção da entidade contratante em relação ao desempenho no trabalho, tanto no aspecto formal (termos do contrato), quanto no aspecto material (relação de fato); B. O trabalhador deve desempenhar um trabalho que esteja fora do negócio principal da entidade contratante; C. O trabalhador deve estar habitualmente engajado em um negócio, ocupação ou comércio da mesma natureza do trabalho desempenhado (CARELLI, 2019). Percebe-se que os critérios A, B e C relacionam-se, respectivamente, com a subordinação e o princípio da primazia da realidade; a inserção do trabalho na atividade-fim do tomador de serviços, e a dependência econômica do trabalhador. Em sentido contrário, está a decisão monocrática do Superior Tribunal de Justiça brasileiro, que entendeu pela não existência de relação de emprego entre um motorista e o aplicativo Uber, no Conflito de Competência n. 164.544-MG. Além de invadir a competência constitucional da Justiça do Trabalho, a quem cabe decidir pela configuração ou não de uma relação de emprego, o STJ ignorou que, ainda que se tratasse de relação de trabalho em sentido lato, a competência seria da Justiça Laboral, nos termos do art. 114, I, da CF/88. O STJ ignorou, ainda, regras processuais basilares de que a competência se define pela causa de pedir e pedido, entrando desnecessariamente no mérito da ação, na qual ainda não havia sido produzida prova alguma pelas partes, nem exercidos o contraditório e a ampla defesa. Por todos os ângulos que se examine, a decisão do STJ é de uma imprecisão técnica tremenda, o que levou Rodrigo Carelli a apontar o seu caráter anticientífico, que beira ao "terraplanismo jurídico".

(37) KALIL, Renan Bernardi. *Capitalismo de plataforma e direito do trabalho*: *crowdwork* e trabalho sob demanda por meio de aplicativos. 367f. Doutorado – Faculdade de Direito, Universidade de São Paulo, São Paulo, 2019.

gado, pois é ele quem se obriga a produzir mais, para receber mais, ou para não ganhar menos. E é o salário que realiza essa pequena mágica, acelerando o ritmo, agitando o corpo, aumentando a atenção e quase sempre produzindo o stress. Isso nos mostra que embora, para o empregador, o salário pareça apenas um custo, na verdade pode ser também uma renda. E a mesma coisa acontece, inversamente, com o empregado. Em vez de ser apenas o preço (mal pago) da subordinação, torna-se um veículo para viabilizá-la. É como se fosse um Cavalo de Tróia... (sem grifos no original).[38]

Nesse caminhar, percebe-se que, quando a empresa é que decide o preço do serviço e o percentual da remuneração que será repassado ao trabalhador, em correspondência à realização de determinada tarefa e às características desta – havendo ainda, em algumas hipóteses, a imposição de cláusulas de satisfação –, já não persiste a configuração de trabalho autônomo: há a submissão do trabalhador aos ditames do algoritmo.

Entre os mecanismos que submetem os motoristas de aplicativos a um constante estado de pressão, há, inclusive, o monitoramento do estilo de direção pelo algoritmo, que contabiliza os índices de frenagem e aceleração do automóvel, e a avaliação individual dos usuários: "O condutor com nota média inferior a 4,7 (ou 94%) pode perder, por uma semana, o direito de atuar."[39]

Ademais, conforme ressaltado por Sayonara Grillo Coutinho Leonardo da Silva, na análise das relações de trabalho por meio de plataformas digitais, deve-se aplicar o disposto no parágrafo único do art. 6º da CLT, que equiparou, aos meios pessoais e diretos de comando, controle e supervisão do trabalho alheio, os meios telemáticos e informatizados de comando, controle e supervisão, os quais revelam a subordinação algorítmica[40].

Pois bem, a possibilidade de desconexão arbitrária de trabalhadores pelas plataformas, aliada às formas de submissão delineadas, compõe prova suficiente de que há, nas novas modalidades de labor, a subordinação jurídica. Ademais, para auxiliar no correto enquadramento dessas relações de trabalho, deve ser aplicado também o critério da dependência econômica, que se faz presente quando a remuneração percebida é o principal meio de vida do trabalhador e há a absorção predominante do tempo disponível do obreiro pelo empregador.

> Para fins de reconhecimento da relação de emprego, o critério da dependência econômica deve ser utilizado ao lado daquele da subordinação jurídica. Não é necessária, portanto, a presença concomitante dos dois critérios, bastando que um deles se faça presente para que se reconheça a existência da relação empregatícia.[41]

Conforme guia o raciocínio de Emmanuel Dockès, o fato de já não estarmos mais submetidos ao tempo dos toques de relógio que pontuavam a entrada e saída dos operários da fábrica não significa que não haja meios de controle da jornada de trabalho pelos tomadores de serviços, pelo contrário: a flexibilidade de horário tem sido frequentemente utilizada pelos empregadores para obter maior subordinação, uma espécie de trabalho sob demanda que fomenta a *hiperconexão*. Esta, por sua vez, se revela um novo tipo de escravatura que chega a ser quase voluntário; não mais alimentado pelo temor às sanções físicas, mas sim pelo *Fear of Missing Out*. Ora, aquele que é dependente economicamente do labor junto às plataformas se obriga a ficar conectado diuturnamente por receio de perder uma oportunidade de ser remunerado. Conforme ensina Márcio Túlio Viana, embora o obreiro seja formalmente livre, no plano material vive tamanha situação de constrição econômica que o obriga a se subordinar a outro.[42]

Por fim, assevera-se que deve ser tido como guia na análise das novas relações de trabalho o princípio da *primazia da realidade sobre a forma*: por mais que, ao se

(38) VIANA, Márcio Túlio. *Salário. Curso de direito do trabalho*: estudos em memória de Célio Goyatá. (coord.) Alice Monteiro de Barros. v. 2. 3. ed. São Paulo: LTr, 1997.

(39) TOZI, Fábio. *As novas tecnologias da informação como suporte à ação territorial das empresas de transporte por aplicativo no Brasil*. Disponível em: <https://ufmg.br/comunicacao/assessoria-de-imprensa/release/professor-do-igc-ufmg-investiga-a-expansao-dos-aplicativos-de-transporte-1>. Acesso em: 1º nov. 2019.

(40) SILVA, Sayonara Grillo Coutinho Leonardo da. Apresentação. In: PIMENTA, José Roberto Freire; ROCHA, Cláudio Jannotti da; PORTO, Lorena Vasconcelos. *A dependência econômica e a subordinação jurídica como critérios identificadores da relação de emprego*. Belo Horizonte: Editora Virtualis, 2019. p. 17.

(41) PIMENTA, José Roberto Freire; ROCHA, Cláudio Jannotti da; PORTO, Lorena Vasconcelos. *A dependência econômica e a subordinação jurídica como critérios identificadores da relação de emprego*. Belo Horizonte: Editora Virtualis, 2019. p. 32.

(42) VIANA, Márcio Túlio. Prefácio. In: PIMENTA, José Roberto Freire; ROCHA, Cláudio Jannotti da; PORTO, Lorena Vasconcelos. *A dependência econômica e a subordinação jurídica como critérios identificadores da relação de emprego*. Belo Horizonte: Editora Virtualis, 2019. p. 11.

cadastrarem junto às plataformas, os obreiros pactuem com a sua caracterização como autônomos, e tenham o sentimento de autogestão e empreendedorismo falaciosamente injetados, a essência e o modo pelo qual prestam seus serviços revelam presente na realidade empírica a verdadeira relação de emprego tutelada pelo Direito do Trabalho.

6. CONCLUSÃO

Se no passado foram reivindicados direitos e a normatização do labor em razão dos salários miseráveis, das condições insalubres e perigosas e das jornadas extenuantes vividas nas indústrias dos séculos XVIII e XIX, hoje, o ser humano recorre às novas modalidades de trabalho acreditando que irá ao encontro de sua liberdade, quando, na realidade, vive novamente a sua exploração. É literalmente um *déjà vu,* afinal a jornada também é extenuante, preferem-se os jovens, pregam-se uma liberdade e igualdade que não existem de fato, os salários são irrisórios e o índice de acidentes de trabalho é altíssimo.

Fato é que o maior desafio do Direito do Trabalho nos correntes dias é justamente como lidar com as modalidades estratificadas de relações de trabalho, ao lado da relação de emprego tradicional, uma verdadeira miscigenação trabalhista, que conduz a sociedade brasileira para uma verdadeira miséria, carnificina laboral com mortes e mutilações de inúmeros trabalhadores, abismo social e colapso econômico.

O intérprete do Direito do Trabalho deve, no caso concreto, sempre almejar analisar a relação de trabalho a partir dos elementos fático-jurídicos da relação de emprego legalmente previstos, principalmente no que tange à subordinação e, quando não encontrada, deverá verificar a existência da dependência econômica do trabalhador. As relações estratificadas devem sempre advir de uma ideia ou plano secundário, e não primário, afinal correspondem à exceção, e não à regra. É a relação de emprego que fomenta a inclusão social, distribuição de renda, melhoria da condição socioeconômica e reconhece a dignidade do trabalhador: é principalmente onde o Direito do Trabalho reside.

Portanto, na análise das relações de trabalho por meio de plataformas digitais, embora haja uma formalização do trabalhador como autônomo ou outra forma contratual precária, deve ser verificada a presença dos elementos fáticos jurídicos da relação de emprego, à luz do princípio da primazia da realidade sobre a forma. Caso presentes tais requisitos, com fulcro no art. 9º da CLT, deverá ser declarado o vínculo empregatício do trabalhador com a empresa proprietária da plataforma e, assim, atraídos todos os direitos estabelecidos na Constituição da República, nos tratados internacionais ratificados e nas normas legais, que aglutinados constituem o patamar mínimo civilizatório(43).

REFERÊNCIAS

ALVARENGA, Rúbia Zanotelli de. *A declaração de princípios e direitos fundamentais no trabalho de 1998 e as convenções fundamentais da OIT comentadas*. São Paulo: LTr, 2018.

BBC BRASIL. *Dormir na rua e pedalar 12 horas por dia*: a rotina dos entregadores de aplicativos. Disponível em: <https://www.bbc.com/portuguese/brasil-48304340>. Acesso em: 1º nov. 2019.

BRASIL. Decreto-lei n. 5.452, de 1º de maio de 1943. Aprova a Consolidação das Leis do Trabalho. Brasília, DF: Presidente da República.

CARELLI, Rodrigo de Lacerda. *Aprovada na Califórnia lei que considera empregados os trabalhadores de aplicativos*. Disponível em: <https://www.jota.info/opiniao-e-analise/artigos/e-aprovada-na-california-lei-que-considera-empregados-os-trabalhadores-de-aplicativos-20092019>. Acesso em: 1º nov. 2019.

______. *O terraplanismo jurídico, a Uber e o STJ*: o caráter anticientífico da decisão sobre a competência da Justiça do Trabalho. Disponível em: <https://rodrigocarelli.org/2019/09/11/o-terraplanismo-juridico-a-uber-e-o-stj-o-carater-anticientifico-da-decisao-sobre-a-competencia-da-justica-do-trabalho/>. Acesso em: 1º nov. 2019.

CARTA CAPITAL. *Apps são os maiores empregadores, mas precarização dá o tom nos trabalhos*. Disponível em: <https://www.cartacapital.com.br/economia/proletariado-digital-apps-promovem-trabalhos-precarios-a-brasileiros/>. Acesso em: 1º nov. 2019.

CASAGRANDE, Cássio. *O direito do trabalho dos Flintstones aos Jetsons*. Disponível em: <https://www.jota.info/opiniao-e-analise/colunas/o-mundo-fora-dos-autos/o-direito-do-trabalho-dos-flintstones-aos-jetsons-02092019>. Acesso em: 1º nov. 2019.

DELGADO, Gabriela Neves. *Estado democrático de direito e direito fundamental ao trabalho digno. Trabalho e justiça social*: um tributo a Mauricio Godinho Delgado. (coord.) Daniela Muradas Reis, Roberta Dantas de Mello, Solange Barbosa de Castro Coura. São Paulo: LTr, 2013.

(43) DELGADO, Mauricio Godinho; DELGADO, Gabriela Neves. As normas internacionais de direitos humanos e a Lei da Reforma Trabalhista. In: ROCHA, Cláudio Jannotti da; LUDOVICO, Giuseppe; PORTO, Lorena Vasconcelos; BORSIO, Marcelo; ALVARENGA, Rúbia Zanotelli de. *Direito Internacional do Trabalho*: aplicabilidade e eficácia dos instrumentos internacionais de proteção ao trabalhador. São Paulo: LTr, 2019.

DELGADO, Mauricio Godinho. *Curso de direito do trabalho.* 18. ed. São Paulo: LTr, 2019.

DELGADO, Mauricio Godinho; DELGADO, Gabriela Neves. As Normas Internacionais de Direitos Humanos e a Lei da Reforma Trabalhista. In: ROCHA, Cláudio Jannotti da; LUDOVICO, Giuseppe; PORTO, Lorena Vasconcelos; BORSIO, Marcelo; ALVARENGA, Rúbia Zanotelli de. *Direito Internacional do Trabalho*: aplicabilidade e eficácia dos instrumentos internacionais de proteção ao trabalhador. São Paulo: LTr, 2019.

DE STEFANO, Valerio. Introduction: automation, artificial intelligence, and labour protection. In: ROCHA, Cláudio Jannotti da.; PORTO, Lorena Vasconcelos; ALVARENGA, Rúbia Zanotelli de. (coord.). *O direito e o processo do trabalho no século XXI – Direito Internacional do Trabalho.* V. 1. Belo Horizonte: Editora Virtualis, 2019.

DE STEFANO, Valerio. The gig economy and labor regulation: an international and comparative approach. *Revista Direito das Relações Sociais e Trabalhistas*, v. 4, n. 2, Brasília, Centro Universitário do Distrito Federal – UDF, p. 68-79, maio-ago./2018.

DOCKÈS, Emmanuel. *Os empregados das plataformas.* No prelo.

EXAME. *Motoristas de Uber terão "salário mínimo" em Nova York.* Disponível em: <https://exame.abril.com.br/tecnologia/motoristas-de-uber-terao-salario-minimo-em-nova-york/>. Acesso em: 1º nov. 2019.

FOLHA DE SÃO PAULO. *Preços de corrida em SP sobem em dia de paralisação global de motoristas de Uber.* Disponível em <https://www1.folha.uol.com.br/mercado/2019/05/precos-de-corrida-em-sp-sobem-em-dia-de-paralisacao-global-de-motoristas-de-uber.shtml>. Acesso em: 1º nov. 2019.

FONSECA, Vanessa Patriota da. Uberização: pseudoautonomia e precarização do trabalho. In: ROCHA, Cláudio Jannotti da.; PORTO, Lorena Vasconcelos; ALVARENGA, Rúbia Zanotelli de. (coord.). *O direito e o processo do trabalho no século XXI – Direito Material do Trabalho.* V. 2. Belo Horizonte: Editora Virtualis, 2019.

FOUCAULT, Michel. *Vigiar e punir*: nascimento da prisão. Tradução de Raquel Ramalhete. Petrópolis, Vozes, 1987.

G1-SP. MPT-SP entra na Justiça contra aplicativos de entrega; órgão diz que empresas atuam na ilegalidade junto aos motoboys. Disponível em: <https://g1.globo.com/sp/sao-paulo/noticia/2019/06/27/mpt-sp-entra-na-justica-contra-aplicativos-de-entrega-orgao-diz-que-empresas-atuam-na-ilegalidade-junto-aos-motoboys.ghtml>. Acesso em: 1º nov. 2019.

HEILBRONER, H. *A formação da sociedade econômica.* Rio de Janeiro: Zahar, s.d.

KALIL, Renan Bernardi. *Capitalismo de plataforma e direito do trabalho*: *crowdwork* e trabalho sob demanda por meio de aplicativos. 367f. Doutorado – Faculdade de Direito, Universidade de São Paulo, São Paulo, 2019.

LEAL AMADO, João; COELHO MOREIRA, Teresa. *A lei portuguesa sobre o transporte de passageiros a partir de plataforma eletrónica: sujeitos, relações e presunções.* Labour & Law Issues, [S.l.], v. 5, n. 1, p. 47-81, lug. 2019. ISSN 2421-2695. Disponível em: <https://labourlaw.unibo.it/article/view/9629/9410>. Acesso em: 19 jul. 2019. doi: <https://doi.org/10.6092/issn.2421-2695/9629>.

OYAMA, Érico. *Cabify pode ser obrigada a estabelecer vínculo de emprego com motoristas.* Disponível em: <https://www.jota.info/tributos-e-empresas/trabalho/cabify-pode-ser-obrigada-a-estabelecer-vinculo-de-trabalho-com-motoristas-17102019>. Acesso em: 1º nov. 2019.

ORGANIZAÇÃO INTERNACIONAL DO TRABALHO. *Constituição da Organização Internacional do Trabalho (OIT) e seu Anexo (Declaração de Filadélfia).* Disponível em: <https://www.ilo.org/wcmsp5/groups/public/---americas/---ro-lima/---ilo-brasilia/documents/genericdocument/wcms_336957.pdf>. Acesso em: 28 ago. 2019.

PIMENTA, José Roberto Freire; ROCHA, Cláudio Jannotti da; PORTO, Lorena Vasconcelos. *A dependência econômica e a subordinação jurídica como critérios identificadores da relação de emprego.* Belo Horizonte: Editora Virtualis, 2019.

PÚBLICA. *A uberização do trabalho é pior pra elas.* Disponível em: <https://apublica.org/2019/05/a-uberizacao-do-trabalho-e-pior-pra-elas/>. Acesso em: 1º nov. 2019.

ROCHA, Cláudio Jannotti da; PORTO, Lorena Vasconcelos; ALVARENGA, Rúbia Zanotelli de. *O direito e o processo do trabalho no século XXI – Direito Internacional do Trabalho.* V. 1. Belo Horizonte: Editora Virtualis, 2019.

SÍGNES, Adrían Todolí. O mercado de trabalho no século XXI: *on-demand economy, crowdsourcing* e outras formas de descentralização produtiva que atomizam o mercado de trabalho. Tradução de Ana Carolina Reis Paes Leme e Carolina Rodrigues Carslade. In: LEME, A. C. R. P.; RODRIGUES, B. A; JÚNIOR, J. E. R. C. (Coord.). *Tecnologias disruptivas e a exploração do trabalho humano.* São Paulo: LTr, 2017.

THE NEW YORK TIMES. *Food-delivery couriers exploit desperate migrants in France.* Disponível em: <https://www.nytimes.com/2019/06/16/business/uber-eats-deliveroo-glovo-migrants.html?register=email&auth=register-email>. Acesso em: 1º nov. 2019.

THE VERGE. *Deaths and injuries don't slow Uber Eats' rapid expansion in Mexico.* Disponível em: <https://www.theverge.com/2019/7/3/20679004/uber-eats-mexico-delivery-courier-death-injury-insurance-expansion>. Acesso em: 1º nov. 2019.

TOZI, Fábio. *As novas tecnologias da informação como suporte à ação territorial das empresas de transporte por aplicativo no Brasil.* Disponível em: <https://ufmg.br/comunicacao/assessoria-de-imprensa/release/professor-do-igc-ufmg-investiga-a-expansao-dos-aplicativos-de-transporte-1>. Acesso em: 1º nov. 2019.

VIANA, Márcio Túlio. *Salário. Curso de direito do trabalho: estudos em memória de Célio Goyatá.* (coord.) Alice Monteiro de Barros. v. 2. 3. ed. São Paulo: LTr, 1997.

Capítulo 13

Tempus Atque Dignitas: Jornada Laboral no Século XXI sob os Paradigmas Teóricos do Trabalho Digno e Cooperativo Internacional do Trabalho Decente

FERNANDO CARMONA PEDROSO(1)

SILVIO BELTRAMELLI NETO(2)

Resumo: Pretende-se fazer frente ao seguinte problema de pesquisa: o que nos revelam os estudos sociológicos e os dados estatísticos sobre as relações de trabalho no século XXI, no que toca à gestão fática e jurídica da jornada laboral? Investiga-se o tempo dedicado ao trabalho assalariado, na era de revolução informacional, sob o prisma das alterações na morfologia do trabalho e sua influência no tratamento jurídico do tema, à luz dos indicadores dos mercados de trabalho europeus e latino-americanos, com ênfase para a situação brasileira. Dois paradigmas de análise são utilizados, de forma conjugada: a categoria teórica do Trabalho Digno e a concepção de Trabalho Decente segundo a OIT. Conclui-se que o exame mais acurado do atual processo de transformação morfológica das relações laborais e da configuração dos mercados nacionais de trabalho inspirados pela flexibilização de jornadas laborais e de normas correlatas revelam precarização e intensificação do tempo dedicado pelas pessoas que vivem da venda de sua força de trabalho que a conseguem alienar, *pari passu* com o agravamento do desemprego estrutural e das formas de subocupação e de labor informal, formas essas que ostentam a mesma radicalidade e maior desproteção na subtração do tempo social do indivíduo em favor da produção. O estudo empregou a metodologia de abordagem dedutiva e a metodologia procedimental bibliográfica e estatística.

Palavras-chave: Jornada de Trabalho. Século XXI. Trabalho Digno. Trabalho Decente. Precarização.

Abstract: This article aims to address the following research problem: What do sociological studies and statistical data on labor relations in the 21st century reveal to us regarding the factual and legal management of working time? The time devoted to wage labor in the era of informational revolution is investigated from the perspective of changes in the morphology of labor and its influence on the legal treatment of that subject, in light of the indicators of European and Latin American labor markets, with emphasis on for the Brazilian situation. Two paradigms of analysis are used together: the theoretical category of Decent Work and the concept of Decent Work according to the ILO. It is concluded that the most accurate examination of the current process of morphological transformation of labor relations and the configuration of national labor markets inspired by the flexibilization of working time and related norms reveal precariousness and intensification of the time devoted by people who depend on the sale of their labor power ***pari passu*** with the aggravation of structural unemployment and forms of under-occupation and informal labor, forms that exhibit the same radicality and greater unprotection in the subtraction of the individual's social time in favor of production. The study used the deductive approach methodology and the bibliographic and statistical procedural methodology.

Keywords: Working Time. 21th Century. Dignified Work. Decent Work. Precariousness.

(1) *Advogado. Pós-graduando em Economia do Trabalho e Sindicalismo pelo Centro de Estudos Sindicais e de Economia do Trabalho da Universidade Estadual de Campinas (CESIT/UNICAMP).* Graduado pela Faculdade de Direito da Pontifícia Universidade Católica de Campinas (PUC--Campinas).

(2) Professor Titular da Pontifícia Universidade Católica de Campinas (PUC-Campinas), Centro de Ciências Humanas e Sociais Aplicadas, Faculdade de Direito, vinculado ao Programa de Pós-Graduação *Strictu Senso* em Direito. Integrante da linha de pesquisa "Cooperação Internacional e Direitos Humanos" e do Grupo de Pesquisa "Direito num Mundo Globalizado" (PUC Campinas/CNPq). Membro do Ministério Público do Trabalho.

"Peço-te o prazer legítimo
E o movimento preciso
Tempo tempo tempo tempo
Quando o tempo for propício
Tempo tempo tempo tempo
De modo que o meu espírito
Ganhe um brilho definido
Tempo tempo tempo tempo
E eu espalhe benefícios
Tempo tempo tempo tempo"
(Oração ao Tempo – Caetano Veloso)

1. INTRODUÇÃO

No contexto de um modo societal capitalista, para além de elemento central do desenvolvimento da existência humana em sua individualidade e em seu ímpeto de sociabilidade, o tempo revela-se instituto basilar de operacionalidade das relações produtivas.

Nesta perspectiva, transformações societais e reestruturações dos modos de produção motivam, inexoravelmente, mudanças no tratamento do tempo de trabalho.

O presente estudo intenta perscrutar o tempo dedicado ao trabalho remunerado, na era de revolução informacional, sob o prisma das alterações morfológicas do trabalho (já inferidas pela sociologia do trabalho) e sua influência no tratamento jurídico do tema, confrontando os achados com panoramas de mercados de trabalho europeus e latino-americanos, no último caso com ênfase para a situação brasileira. Para tanto, dois paradigmas de análise serão utilizados, de forma conjugada: a categoria do Trabalho Digno, de cunho eminentemente teórico, e a concepção de Trabalho Decente segundo a OIT, de intento especialmente operativo de políticas públicas nacionais.

As reflexões trazidas à lume empregam metodologia de abordagem dedutiva e, procedimentalmente, empregam os métodos conjugadas de exame bibliográfico e de dados estatísticos.

Ao fim e ao cabo, pretende-se fazer frente ao seguinte problema de pesquisa: o que nos revelam os estudos sociológicos e os dados estatísticos sobre as relações de trabalho no século XXI, no que toca à gestão fática e jurídica da jornada laboral?

2. PARADIGMAS DA ANÁLISE: TRABALHO DIGNO E TRABALHO DECENTE

Gabriela Delgado, partindo sobretudo da valorização social do trabalho reconhecida pela Constituição Federal brasileira, alude ao Trabalho Digno como uma categoria concomitantemente axiológica e jurídica, por ensejar um valor e um direito fundamental, categoria tal que, por sua vez, enseja proteção normativa assecuratória do respeito à integridade física e moral e da contraprestação pecuniária mínima a trabalhadoras e trabalhadores[3]. Nesta perspectiva os direitos humanos implicam necessária e reciprocamente a proteção do Trabalho Digno.[4]

Em sintonia caminha a concepção de Trabalho Decente – adotada pela OIT em 1999, como referência para sua atuação frente aos desafios da mediação global da tensão capital-trabalho, no século XXI –, que se perfaz em um trabalho produtivo com remuneração justa; segurança no local de trabalho e proteção social às famílias; melhores perspectivas de desenvolvimento pessoal e integração social; liberdade para expressar as suas preocupações; organização e participação nas decisões que afetam as suas vidas; e igualdade de oportunidades e de tratamento.[5] Tal definição não é, sistematicamente, repetida pela própria OIT, que prefere tratar o Traba-

(3) DELGADO, Gabriela Neves. *Direito fundamental ao trabalho digno*. 2. ed. São Paulo: 2015. p. 207-209.

(4) DELGADO, Gabriela Neves. A centralidade do trabalho digno na vida pós-moderna. *Revista Brasileira de Estudos Políticos*, Belo Horizonte, v. 95, p. 271-301, jul. 2007. p. 278-279.

(5) ILO. *Decent Work*. 2019. Disponível em: <https://www.ilo.org/global/topics/decent-work/lang--en/index.htm>. Acesso em: 30 nov. 2019.

lho Decente como uma concepção conceitualmente flexível, por ter que estar apta a abarcar as vicissitudes de cada país, mostrando, pois, que sua adoção abraça intento de pôr em marcha ações de cooperação internacional orientada à dinamização de políticas públicas nacionais, a partir de quatro objetivos estratégicos precisamente determinados: proteção dos direitos humanos nas relações de trabalho, geração de empregos com qualidade, ampliação da proteção social conferida pelo Estado e observância do diálogo social[(6)].

Tratando o tema em questão, sob a ótica do Trabalho Digno, a limitação da jornada de trabalho é condição de preservação do espaço da vida dedicado ao exercício e à expansão das liberdades e dos valores atinentes à dignidade da pessoa humana. Se o trabalho, em seu sentido original (não mercadorizado), é elemento constitutivo da vida humana, não é menos verdade que o tempo não trabalhado, igualmente (e sobremaneira em maior medida), constitui fator de dignidade da existência, na medida em que permite uma série de outras atividades individuais e sociais condicionantes do desenvolvimento da personalidade.

Já nas trincheiras do Trabalho Decente, o limite do tempo entregue ao processo produtivo implica, ao mesmo tempo, cumprimento das normas jurídicas consagradoras de direitos humanos aos quais alude seu primeiro objetivo estratégico e implemento de qualidade ao posto laboral, tomada a partir da preservação de um ambiente seguro em termos de saúde física e mental, ambos associado a uma contraprestação condigna.

Desde uma proposta de conjugação destas ideias, este estudo parte do primado segundo o qual as concepções de Trabalho Digno e Trabalho Decente[(7)] ficam raízes no conceito pretensamente universalista da dignidade humana, acarretando, bem, por isso, a aceitação de que a busca pela implementação desses patamares civilizatórios na seara laboral guarda estreita relação com a inviolabilidade dos direitos humanos, posto seu caráter de interdependência, sob pena de sua não concretização.[(8)]

Do mesmo modo, é premissa das reflexões seguintes a tomada das normas de nacionais e internacionais de limitação da jornada de trabalho e de preservação da fruição de todos os tipos de intervalos como normas de direitos humanos, porquanto preservam o tempo social não alienado à produção em decorrência da venda da força de trabalho.

3. JORNADA DE TRABALHO: ELEMENTO ESTRUTURAL DA DINÂMICA CAPITALISTA

A conhecida história de afirmação dos direitos humanos trabalhistas mostra que a limitação da jornada de trabalho foi um dos primeiros objetos de ação regulatória do Estado, como não poderia ser diferente, porquanto o tempo necessário para a produção se tratar do elemento determinante não apenas para a própria produção, mas sobretudo para o estabelecimento do preço dos insumos, da mão-de-obra e das mercadorias produzidas[(9)].

Sob a ótica do trabalhador, José Antônio Ribeiro de Oliveira Silva leciona que a jornada de trabalho corresponde ao tempo de "vida ativa" do trabalhador, enquanto o período residual representa sua "vida contemplativa", sobre a qual, frisa, possui a mesma magnitude para o desenvolvimento humano que a primeira[(10)]. Isso porque, somente quando não está trabalhando, é que o homem pode engajar-se na fortificação de seus vínculos sociais e familiares, refinar seu raciocínio político e comunitário, enriquecer-se culturalmente e, também, profissionalmente, através do estudo. Ademais, adverte o autor que a regulamentação da jornada de trabalho cumpre também a função de salvaguardar suficiente

---

(6) OIT. CONFERENCIA INTERNACIONAL DEL TRABAJO. *Memoria del Director General*: trabajo decente (1999). Ginebra: OIT, 1999. Disponível em: <http://www.ilo.org/public/spanish/standards/relm/ilc/ilc87/rep-i.htm>. Acesso em: 8 ago. 2019. Para uma análise sobre a construção proposital de um conceito flexível de Trabalho Decente *vis-à-vis* a precisão de seus objetivos estratégicos, revelando o caráter cooperativo promocional da ideia, sem retirar-lhe a possibilidade de vir a ser tomado com uma categoria jurídica justiciável, *vide* BELTRAMELLI NETO, Silvio; VOLTANI, Julia de C. Investigação histórica do conteúdo da concepção de Trabalho Decente no âmbito da OIT e uma análise de sua justiciabilidade. *Revista de Direito Internacional*, v. 16, n. 1, jun. 2019, p. 166-185.

(7) Trabalho Digno e Trabalho Decente aparecem, neste texto, sempre em letras maiúsculas, porquanto são expressões aqui tomadas como verdadeiras noções jurídicas estabelecidas, no primeiro caso, em campo definido do pensamento científico e, no segundo, da governança global praticada a partir das deliberações tripartites da OIT.

(8) ROSENFIELD, Cinara L.; PAULI, Jandir. Para além da dicotomia entre trabalho decente e trabalho digno: reconhecimento e direitos humanos. *Caderno Crh*, Salvador, v. 25, n. 65, p. 319-329, jul. 2012. p. 326.

(9) MARX, Karl. *O capital*: crítica da economia política. Livro I: o processo de produção do capital. Trad. Rubens Enderle. 16. ed. São Paulo: Boitempo, 2013. p. 305.

(10) SILVA, José Antônio Ribeiro de Oliveira. *A flexibilização da jornada de trabalho e a violação do direito à saúde do trabalhador:* uma análise comparativa dos sistemas jurídicos brasileiro e espanhol. São Paulo: LTr, 2013. p. 26-27.

repouso até a execução da próxima jornada, preservando outros dois bens fundamentais: a saúde e a segurança. Assim, lembra que, atualmente, a sobrecarga laboral tem sido o principal fator de causalidade dos elevados índices de acidentes de trabalho e doenças ocupacionais.[11]

No Brasil, segundo dados do Observatório de Segurança e Saúde no Trabalho (fruto de iniciativa conjunta do Ministério Público do Trabalho e da OIT), dentro do recorte de formalidade, ou seja, contemplando apenas trabalhadoras e trabalhadores que se submetem às normas nacionais de segurança e saúde do trabalho, apurou-se a ocorrência de um acidente de trabalho a cada 49 segundos e uma morte no trabalho a cada 3 horas, 43 minutos e 42 segundos[12].

Consternada com a proximidade entre a justa regulamentação da jornada e a busca pelo Trabalho Decente, a OIT confeccionou um dossiê avaliando as consequências de uma distribuição imponderada do tempo da pessoa que vive da venda da força do trabalho, pelo qual se pode concluir que: horas insuficientes ou imprevisíveis podem gerar problemas de insuficiência de renda; horas excessivas criam riscos para a segurança e saúde de trabalhadoras e trabalhadores e podem levar a conflitos de equilíbrio entre trabalho e a vida pessoal; horas imprevisíveis – ou seja, de programação determinada alheiamente à pessoa que trabalha – podem também levar ao conflito entre trabalho e vida pessoal e provocar insegurança financeira; e, finalmente, certos padrões de jornada podem obstar a interação entre sindicatos e trabalhadoras e trabalhadores, dificultando a representatividade e a reivindicação coletivas.

Por derradeiro, o direito ao trabalho criativo ou lazer também tutela um interesse social, haja vista que a realocação do total de trabalho a ser desempenhado por um número maior de pessoas que vivem da venda da sua força laboral é arma eficiente no combate ao desemprego, a partir do processo conhecido como *working share*.[13]

Lado outro, o patronal, não se olvida da relevância do controle de jornada. Afinal, é pela aquisição e alienação do tempo de quem trabalha que aquele que emprega o empenhará em atividade produtiva orientada ao lucro.

Pioneiro na compreensão desse processo, Marx identificou a força de trabalho como uma mercadoria que, na relação laboral, é submetida a um negócio de compra e venda que concede ao empregador a prerrogativa jurídica de dela dispor por determinado período de tempo, retribuindo ao seu detentor uma quantia pecuniária pelo uso[14].

Todavia, assevera-se que tal mercadoria possui natureza ímpar, já que seu valor oscila nos limites da capacidade produtiva de quem trabalha. Portanto, quanto mais disponível a mercadoria "tempo de trabalho" para fruição patronal, mais lucrativo seu emprego. Em decorrência, o adquirente da mercadoria "tempo de trabalho" jamais a contratará pelo seu valor real de impacto na produção, mas por preço inferior ao equivalente da capacidade produtiva involucrada na força de labuta empenhada durante o tempo contratado. Fosse de outro modo, não haveria lucro.

Assim, é possível traçar uma cisão na jornada, identificando-se, de um lado, o tempo em que o empregado trabalha o suficiente para produzir o valor equivalente à sua remuneração, e, de outro, o tempo de mais-trabalho, em que todo valor adicional produzido (mais-valia) destinar-se-á ao incremento de patrimônio do capitalista.[15] Dessa forma, o mais rentável ao capital é encurtar ao máximo a primeira parcela, fazendo com que quem trabalha produza mais em menor tempo possível, aumentando a produtividade. Em outras palavras, há que se adotar providências de aumento de eficiência e/ou de intensidade do labor. Concomitantemente, sob a razão econômica, deve-se estender a duração da jornada ao máximo que puder, elastecendo o tempo de "mais-trabalho" com o fito de incorporar o excedente de valor gerado.

Segundo Basso, se Marx supôs, não arbitrariamente, que as duas partes da jornada de trabalho eram divididas em proporções iguais, a realidade vem sofrendo profunda transformação. Atualmente, com o avanço do ritmo laboral desencadeado por máquinas equipamentos de trabalho, turbinados pela alta tecnologia,

(11) *Ibidem* p. 26-27.

(12) SMARTLAB. *Observatório de Segurança e Saúde no Trabalho.* Disponível em: <https://smartlabbr.org/sst>. Acesso em: 11 jul. 2019.

(13) BORSARI, Pietro. Determinantes institucionais da jornada de trabalho: uma introdução ao debate. *Carta Social e do Trabalho*. Campinas, v. 34, p. 23-32, dez. 2016. p. 25.

(14) MARX, Karl. *O capital:* crítica da economia política. Livro I: o processo de produção do capital. Trad. Rubens Enderle. 16. ed. São Paulo: Boitempo, 2013. p. 308.

(15) BASSO, Pietro. *Tempos Modernos, Jornadas Antigas:* vidas de trabalho no início do século XXI. Trad. Patrícia Villen. Campinas: Editora da Unicamp, 2018. p. 334.

fatalmente, a parcela da jornada de trabalho não remunerada é imensamente superior à paga, mesmo o limite legal total de jornada tendo diminuído, em um passado recente, em certas localidades[16].

Ainda que alguns advoguem a teoria de que o lucro é um prêmio pela inovação, inteligência ou coragem do capitalista, tal jamais foi comprovado[17]. O mercado de consumo é tão somente onde o lucro é materializado, mas é o sobretrabalho que financia o capital. No setor industrial, *e.g.*, demonstrou-se que de 75% a 80% do tempo de trabalho é não remunerado.[18]

Consignada a centralidade do controle e emprego do tempo de trabalho para os sujeitos do vínculo laboral, resta clarividente a pertinência de um direito humano à sua justa repartição, a qual, por sua vez, será o fator de desequilíbrio entre a construção de uma sociedade pautada no Trabalho Digno, respeitando os limites do homem e a diversidade da experiência humana, ou erigida sob a valência de um trabalho plena e integralmente mercantilizado e, por conseguinte, completamente objetificador da existência pessoal.

4. O TEMPO DE TRABALHO REMUNERADO NA ERA DIGITAL: NOVAS ROUPAGENS, VELHAS AGRURAS

O movimento de reestruturação produtiva do capital, impactado e impulsionado pela revolução informacional, que tem seus contornos tratados sob o signo de diferentes designações, como "Quarta Revolução Industrial", "Indústria 4.0" ou "Gig economy", remete a transformações em curso da morfologia do trabalho ante o desenvolvimento tecnológico.

Imprescindível ressaltar que, a partir de Keynes, passando por Samuelson e Habermas, uma diversidade de autores sustentou que o avanço da técnica levaria à redução da jornada de trabalho[19]. Nesse caminho, acreditou-se que o progresso científico levaria a uma fonte inumana de mais-valia, abrindo espaço para uma diminuição do trabalho humano.[20] Entretanto, suas formulações vão de encontro à centralidade do domínio do tempo na lógica da acumulação privada, elucidada no tópico anterior.

Nesse diapasão, cabe averiguar se, em tão pouco, a explosão tecnológica tem ensejado a criação de postos de trabalho mais dignos e, nesse sentido, mais independentes da lei da máxima exploração da força humana.

A retórica científica usada em favor do empreendedorismo permitiu às empresas que fossem gerenciadas por investidores ocultos, a pressionarem pela maior concentração patrimonial possível[21]. Consequentemente, destruiu mais postos de trabalho do que criou, acirrando a competição entre trabalhadoras e trabalhadores pela produtividade e reduzindo o custo da mão de obra. O quadro não é alvissareiro.

A OCDE prevê que 50% a 70% das atividades serão automatizadas no período de 20 anos, mesmo crendo que somente 9% dos empregos estão ameaçados. Enquanto isso, para a OIT, 56% dos empregos correm risco de automatização.[22] Ademais, atualmente, trabalhadoras e trabalhadores buscam amalgamar conhecimentos próprios de sua área com o conhecimento informático, o que aumenta a disputa entre si, provocando perda da identidade de classe[23]. Ao mesmo tempo, a tecnologia ocupou as tarefas tangenciais dos empregos formais, concentrando-os exatamente no núcleo tecnológico da produção e possibilitando uma redução da mão-de-obra.[24] Enfim, a variação constante dos instrumentos de trabalho, ao mesmo tempo em que demanda, desestimula o aprendizado em novas técnicas, que podem ser descartadas a qualquer momento pelo advento de uma nova tecnologia.[25]

---

(16) BASSO, *Op. cit.*, p. 342.

(17) *Ibidem*, p. 332.

(18) *Ibidem*, p. 341.

(19) BASSO, *Op. cit.*, p. 315.

(20) SOARES, José de Lima. Tempo de trabalho a luta pela redução da jornada e a centralidade da teoria do valor-trabalho. *Opsis: Revista do Departamento de História e Ciências Sociais*, Catalão, v. 13, n. 2, p. 248-272, 2013. p. 255.

(21) LÚCIO, Clemente Ganz. O novo mundo do trabalho é flexível, precário e inseguro. *Carta Social e do Trabalho*, Campinas, v. 38, n. 1, p. 01-11, dez. 2018. Disponível em: <http://www.cesit.net.br/wp-content/uploads/2019/05/Carta-Social-e-do-Trabalho-38.pdf>. Acesso em: 11 jun. 2019, p. 01.

(22) BIAVASCHI, Magda; TEIXEIRA, Marilane Oliveira. A reforma trabalhista brasileira na dinâmica da economia e seus impactos na regulação pública do trabalho: em diálogo comparado com a reforma em andamento na Argentina. *Século XXI – Revista de Ciências Sociais*, v. 8, n. 2, p. 477–518, 2018, p. 492.

(23) HUWS, Ursula. The making of a cybertariat? Virtual work In: a real world. *Socialist Register*, v. 37, n. 37, 2009, p. 1-23.

(24) *Ibidem*, p. 12-13.

(25) *Ibidem*, p. 12.

Nessa vereda, campos férteis de observação são os das operárias e operários das Centrais de Telecomunicação e Atendimento (CTA), assim como os dos insertos no regime de teletrabalho, por comporem, ambos, a vanguarda do controle informacional sobre o trabalho típico. Em especial, o primeiro grupo representa um novo arquétipo da classe trabalhadora, paulatinamente informatizado e fragmentado, num cenário de precarização das condições de trabalho e redução salarial, com a intensificação do ritmo e estresse laborais[(26)], através da mobilização constante das forças produtivas, entabulando objetivos sucessivos que impliquem em grande dispêndio de esforço num curto intervalo de tempo.[(27)]

A propósito da proliferação digital sobre o trabalho típico, traz-se à baila a situação da companhia estadunidense de entregas *Amazon*, sobre a qual fora divulgado que funcionários são demandados a percorrer um depósito do tamanho de um campo de futebol e colocar sobre uma esteira determinado produto para envio, em questão de segundos, perfazendo maratonas extenuantes ao final do expediente.[(28)] Lá, trabalhadoras e trabalhadores são monitorados por softwares, que classificam as performances, sendo dispensado cerca de 10% de seus empregados mais "mal avaliados" ao final de cada ciclo anual.[(29)] Ainda, empregadas e empregados mais qualificados comumente se ativam mesmo após a meia noite e são cobrados por respostas imediatas, através de mensagens e teleconferências, seguindo a filosofia da empresa denominada "darwinismo proposital".[(30)] As consequências para o tempo de trabalho são drásticas e atingem as esferas física, psíquica e social.

Com rotinas de 85 horas de trabalho semanais, sem férias ou finais de semana, ex-funcionários admitiram que é comum ver pessoas chorando durante o expediente, em razão do excesso de pressão. Além da rotina alucinante, funcionárias e funcionários também são incentivados a avaliar e delatar uns aos outros para seus superiores, através das redes sociais internas.[(31)] Uma mulher que tratou um câncer na tireoide foi admoestada por seus chefes após seu retorno às atividades, porque seus colegas teriam "realizado muito" durante sua ausência. Outra funcionária compareceu a uma viagem de negócios um dia após abortar seus filhos gêmeos e também foi criticada pela iniciativa familiar.[(32)] Enquanto isso, em um depósito em Minnesota, trabalhadores imigrantes africanos protestaram pela não concessão de intervalos, sobretudo com vistas à prática de oração.[(33)]

O teletrabalho se mostra outro sintoma de que a informatização do trabalho veio para permear a maior quantidade de trabalho vivo possível, a despeito da importância dos limites à essa expropriação para a consecução do trabalho digno. Eloquente exemplo dessa percepção é regulação do instituto recém-incorporada à CLT, excluindo-o do controle de jornada laboral e, por conseguinte, de seus limites constitucionais. Deste modo, quem se subordinar ao regime de teletrabalho não terá direito ao recebimento de horas extras, mas apenas ao valor remuneratório básico contratado, independente da duração da jornada, sujeitando-se ao risco de hiperconexão, com supressão direito ao livre desenvolvimento com dignidade[(34)]. Observe-se, pois, que a tecnologia devora postos de emprego ao mesmo passo que escraviza os homens no trabalho.[(35)]

Há, demais disso e atualmente, consensos impostos como imperativos éticos naturais da conquista meritocrática, no campo laboral acerca do emprego do tempo de trabalho. É que se vive em uma era em que, diz-se,

---

(26) BRAGA, Ruy. Uma sociologia da condição proletária. *Tempo Social: Revista de sociologia da USP*, São Paulo, v. 18, n. 1, p. 133-152, jun. 2006. p. 133-134.

(27) *Ibidem*, p. 145.

(28) BBC. Amazon workers launch protests on Prime Day. In: *BBC News*. 2019. Disponível em: <https://www.bbc.com/news/business-48990482>. Acesso em: 15 jul. 2019.

(29) SUTTO, Giovanna. Amazon demite funcionários via software que mede produtividade. In: *Infomoney*. Disponível em: <https://www.infomoney.com.br/negocios/grandes-empresas/noticia/8264444/amazon-demite-funcionarios-via-software-que-mede-produtividade-sem-analise-humana>. Acesso em: 21 jun. 2019.

(30) KANTOR, Jodi; STREITFELD, David. Inside Amazon: Wrestling Big Ideas. In: a Bruising Workplace. In: *The New York Times*. New York, 15 ago. 2015. Disponível em: <https://www.nytimes.com/2015/08/16/technology/inside-amazon-wrestling-big-ideas-in-a-bruising-workplace.html?partner=rss&emc=rss&_r=1>. Acesso em: 20 jul. 2019.

(31) *Ibidem*.

(32) *Ibidem*.

(33) SUTTO, *Op. cit.*

(34) FINCATO, Denise Pires; LEMONJE, Julise Carolina. A telemática como instrumento de labor: teletrabalho e hiperconexão. *Revista da Faculdade de Direito* – UFPR, Curitiba, v. 64, n. 01, p. 119-136, abr. 2019. p. 124.

(35) SOUTO MAIOR, *Op. cit.*, p. 296.

a informação é tão crucial que é preciso que qualquer pessoa empenhe todo seu tempo em estar sempre atualizada em relação ao mundo, como condição de competitividade e manutenção no mercado de trabalho, o que, em termos práticos, significa trabalho em sobrejornada não remunerado[(36)].

O mesmo avanço informacional permitiu que companhias transferissem aos consumidores atividades antes executadas por seus funcionários, como em uma compra *on-line* ou em aplicativos de hospedagem, programação de viagens e requisição de serviços, em que o cliente é responsável pelo registro de todos os dados, juntada de documentos, programação do itinerário, pagamento etc.[(37)] É o fenômeno hodierno da execução de atividade laboral de fato, dentro de uma relação de consumo de direito.

Não obstante, não é só pelas alterações nas formas tradicionais de emprego que a informatização ressignifica o trabalho no século XXI. Com o sucesso dos *smartphones*, despontou a prestação de serviços contratada, pontualmente, por aplicativos, a qual distancia a humanidade ainda mais da implementação de um padrão global de Trabalho Digno.

No Brasil, se empresas como Uber, Loggi, Rappi e Ifood fossem reconhecidas como empregadores formais, seriam os maiores do país. Estima-se que haja 5,5 milhões de pessoas no país trabalhando por aplicativos[(38)]. Infelizmente, sobram demonstrações de como seu sucesso econômico vai ao encontro da derrocada da dignidade do trabalhador, como visto na *Amazon*.

Em 8 de maio de 2019, quando a Uber abriu seu capital na Bolsa de Valores de Nova York, motoristas deflagraram greve ao redor do globo. A multinacional faturou US$ 8,1 bilhões vendendo ações, o que não se converteu na concessão de qualquer direito aos motoristas que exigiam maior garantia de segurança pela empresa e diminuição do desconto nas corridas.[(39)]

A ausência de normas de saúde e segurança do trabalho reflete em cansaço e imprudência de motoristas. Essas trabalhadoras e trabalhadores, cuja média salarial gira em R$ 2,1 mil mensais[(40)], não possuem auxílio previdenciário para o caso de enfermidades ou lesão, hipótese em que haverá privação de renda e isenção de responsabilidade ou custeio patronal ou estatal.

Em condições ainda mais alarmantes se encontram os motoboys. Assevera-se que os ciclistas ocupam a posição mais fragilizada nessa geração de trabalho precarizado, posto que muito mais baratos e inseguros[(41)]. Exemplo disso, é o caso do entregador de bicicleta Thiago de Jesus que, em 06 de julho de 2019, após sofrer com fortes dores de cabeça e o frio, veio a desmaiar e convulsionar na calçada enquanto levava uma garrafa de vinho para um grupo de jovens, em um bairro nobre da cidade de São Paulo. Seus familiares reportaram a prática de uma jornada de 12 horas diárias, sem finais de semana, madrugada adentro.[(42)]. Quando outros motoboys tentaram contatar a Rappi para o envio de socorro, foram solicitados por uma atendente para que dessem baixa no pedido em seu celular, pois só assim poderiam avisar aos próximos clientes que suas entregas atrasariam. Thiago faleceu naquela noite, vítima de um AVC.[(43)]

Neste contexto, observa-se que, ao invés da luta salarial, a nova batalha a ser travada pela classe que vive do trabalho é pela preservação de sua dignidade e de direitos humanos básicos – *v.g.* o de interromper a jornada para ir ao banheiro –, nesta quadra, em muitas oportunidades, qualificados pelos empregadores na categoria de privilégios.[(44)]

Sobre a sujeição dos direitos ao trabalho e à dignidade humana aos desígnios econômicos e mercadológicos, cabe salientar o posicionamento de Souto Maior: "O trabalho é da essência humana, no sentido de dever de valorização pessoal e de integração social (...) O direi-

---

(36) SOUTO MAIOR, *Op. cit.*, p. 296.

(37) HUWS, *Op. cit.*, p. 16.

(38) BALZA, Guilherme. Brasil já tem mais de 5 milhões trabalhando para aplicativos. In: *CBN*. Disponível em: <https://cbn.globoradio.globo.com/media/audio/262853/brasil-ja-tem-mais-de-5-milhoes-trabalhando-para-a.htm>. Acesso em: 22 jun. 2019.

(39) DOLCE, Julia. *A uberização do trabalho é pior pra elas*. Disponível em: <https://apublica.org/2019/05/a-uberizacao-do-trabalho-e-pior-pra--elas>/>. Acesso em: 19 jun. 2019.

(40) BALZA, *Op. cit.*

(41) *Ibidem.*

(42) IHU. *Entregador da Rappi que morreu após AVC trabalhava 12 horas por dia. 2019.* Disponível em: <http://www.ihu.unisinos.br/590839-entregador-da-rappi-que-morreu-apos-avc-trabalhava-12-horas-por-dia?fbclid=IwAR3LK5lum8viDk2KzjJ2TAcP-DcdH2VhRefP-wPfECB7raWwn-0q79lcQSDg>. Acesso em: 30 jul. 2019.

(43) *Ibidem.*

(44) BRAGA, Ruy. Uma sociologia da condição proletária. In: *Tempo Social: Revista de sociologia da USP*, São Paulo, v. 18, n. 1, p. 133-152, jun. 2006, p. 148-149.

to do trabalho, que regula o trabalho prestado por uma pessoa a outra, deve ter por base, portanto, o respeito à essência do trabalho, enquanto dever e direito."[(45)]

Outro direito fundamental fatalmente ameaçado sem a presença reguladora do Estado é a igualdade de gênero, ante o eminente risco de *gender gap*. Pesquisas apontaram que as mulheres recebem 7% de ganhos por hora a menos que os homens, na Uber, por supostamente dirigirem menos velozmente e pela influência da dupla jornada na rotina diária. Para as entregadoras ciclistas, o risco é maior: "Um dia eu e um amigo estávamos esperando no mesmo lugar e ele recebeu sete corridas seguidas enquanto eu só recebi duas", declarou Mikaela Evelyn dos Santos, 23 anos, entregadora por aplicativos.[(46)]

Diferente do postulado por aqueles que ignoraram a teoria da exploração do trabalho sob a lógica da acumulação privada, o desenvolvimento tecnológico não culminou na redução da expropriação temporal do trabalhador, tampouco contribuiu para dignificar o trabalho humano.

A pluralidade de violações a direitos humanos rechaça qualquer aproximação entre o tipo de labor gerado pelo movimento da informatização e o idealizado pelos órgãos internacionais de proteção ao trabalho. Por outro lado, a respeito, rememore-se Gabriela Delgado acerca da indisponibilidade absoluta de direitos humanos: "O reconhecimento do trabalho digno enquanto valor e direito fundamental implica a necessidade de viabilizá-lo, o que somente será possível caso assegurado aos trabalhadores o 'núcleo duro de direitos fundamentais'".[(47)] Nestes termos, a contraposição entre o fático e o jurídico aprofunda-se.

Pesquisas sobre a União Europeia apontaram uma tendência à elevação da intensidade do trabalho, desde 1980, tornando-se componente estrutural do trabalho europeu. 62% dos trabalhadores relatam lidar com prazos apertados (pelo menos um quarto do tempo); e 59% informam que trabalham em alta velocidade (pelo menos um quarto do tempo).[(48)] O maior risco físico segue sendo a prática de movimentos repetitivos, com 88% dos trabalhadores reportando que têm de empenhar os mesmos movimentos com a mão ou o braço em, pelo menos, um quarto da jornada.[(49)] Não obstante, as consequências psicológicas desse novo ritmo parecem ser as que mais ameaçam a saúde coletiva dos trabalhadores. Observou-se, em cortadores de cana que morreram por excesso de trabalho, que o ímpeto em se destacar pelo desempenho culminou no "desfecho fatal".[(50)]

Nessa senda, distúrbios neurológicos como a depressão e a ansiedade são tidos como as grandes enfermidades do século XXI, elevando a taxa de mortalidade em 40% a 60% e sendo os principais fatores de incapacidade para o trabalho.[(51)]

Sobre o apogeu desse novo paradigma imunológico, o filósofo Byung-Chul Han diagnostica que se vive em uma sociedade do cansaço, cuja pedra angular reside na concepção de que o estímulo ao desempenho é muito mais vantajoso que o controle e a proibição, no que tange aos interesses da produção.[(52)]

Nesse paradigma, os sujeitos acreditam serem empresários de si mesmos, naturalizando e tornando, artificialmente, endógena uma imposição retórica do capital, por essência exógena à condição humana. Em movimento autodestrutivo, na mesma psique e no mesmo corpo, liberdade e coação se confundem, bem como senhor e escravo, tendo por mola o culto ao poder e à vitória[(53)], mas sem qualquer relação com o pleno proveito econômico do resultado da atividade produtiva desempenhada sob tais condições.

O tempo e o ritmo vibram, hoje, no compasso da continuidade mecânica, a despeito de momentos de vida contemplativa. Nessa linha, o homem multitarefa, bradado pelo mercado, parece, de fato, significar retrocesso, na medida em que, em termos práticos,

---

(45) SOUTO MAIOR, *Op. cit.*, p. 102.

(46) DOLCE, *Op. cit.*

(47) DELGADO, *Op. cit.*, p. 295

(48) PARENT-THIRION, A. et al. *5th European working Conditions Survey*. Overview Report. Luxembourg: Publications Office of the European Union, 2012. p. 53.

(49) *Ibidem*, p. 46.

(50) DAL ROSSO, Sadi; CARDOSO, Ana Cláudia Moreira, Intensidade do trabalho: questões conceituais e metodológicas. In: *Sociedade e Estado*, v. 30, n. 3, p. 631-650, 2015, p. 641.

(51) WORLD HEALTH ORGANIZATION. *Mental health action plan 2013*-2020. p. 9-10. Disponível em: <https://apps.who.int/iris/bitstream/handle/10665/89966/9789241506021_eng.pdf;jsessionid=F540BDB397DF712F8E04AEE1887AE2A9?sequence=1>. Acesso em: 10 set. 2019.

(52) HAN, Byung-chul. *Sociedade do Cansaço*. Petrópolis: Editora Vozes, 2015. p. 23-25.

(53) *Ibidem*, p. 28-29 e 47.

faz tudo, mas de forma rasa, sem capacidade para direcionar ou manter o foco, resistindo ao tédio criativo. Na leitura de Han, trata-se de um sujeito com alta capacidade de reprodução, mas sem qualidade para inovar ou refletir o suficiente sobre uma tomada de posição negativa perante os aspectos indesejados ou nocivos da vida, abandonando sentimentos como a ira e o luto, aspectos, *inter alia*, fundamentais para o desenvolvimento existencial humano.(54) "O doping existe em uma sociedade do cansaço, pois até o desempenho, algo complexo, foi reduzido a uma função vital a ser condicionada".(55) Quando esse desempenho não é atingido, a pessoa afunda em culpa, ansiedade e depressão, cujos sintomas são semelhantes àqueles diagnosticados em muçulmanos, nos campos de concentração. Esse cansaço é individualizante, pois desenvolve sujeitos exauridos demais para reconhecer as dores entre si.(56)

Questiona-se, finalmente, porque tamanha elevação na intensidade e produtividade do trabalho não determinou a tão esperada e, em alguns lugares anunciada, redução dos limites legais de jornada. No Brasil, de 1988 a 2008, desde a última redução de jornada, a produtividade das empresas cresceu em 84%, ganhos que não foram repartidos nos salários.(57)

Em estudo de 2009, Cardoso aduz que dados da Confederação Nacional das Indústrias demonstram que o peso do salário nos custos da produção gira em torno de 22%. Com essas informações, calcula-se que uma redução em 9,9% da jornada, de 44h para 40h semanais, elevaria o custo total de produção em tão somente 1,99%, ou seja, número muito inferior aos ganhos em produtividade proporcionados pela tecnologia.(58)

Mais arrojada, Grazia advoga alteração radical e rápida, propondo de 30h a 32h de jornada semanal, para que uma redução mais tímida não se traduza em mais esforço demandado de quem se encontra empregado, portanto, sem mais contratações de funcionários. Outrossim, segundo tal proposta, é imperioso que seja vedado ao empregador efetivar compensação de horas extras ou flexibilização de jornada, ao modo de banco de horas, ou, ainda, que promova uma compressão salarial em virtude das contratações.(59)

Fato é que a luta pela implementação do Trabalho Digno e pela promoção do Trabalho Decente passa diretamente pela contenção dos impulsos da iniciativa privada no salteamento do tempo de vida trabalhador, haja vista que não existe plena realização do direito ao trabalho em patamares social e juridicamente aceitáveis, sem uma preservação holística dos direitos humanos de quem vive da venda da força de trabalho.

É possível, sim, associar o trabalho à instrumentalidade das forças de mercado, todavia, também o é em relação à sociabilidade de um povo e a moralidade de seus projetos. A vivência conflitiva entre valores éticos e econômicos derivam da própria essência do capitalismo, mas somente através do mútuo reconhecimento empático é possível vislumbrar uma eleição social democrática de valores que atinam à justiça social, em seus âmbitos jurídico, de solidariedade e contribuição social(60), posto que legislar não se trata, em essência, de nada mais do que uma eleição democrática (portanto inclusiva dos interesses a serem representados) de valores com supedâneo na moralidade de um povo.

5. A FLEXIBILIZAÇÃO DA JORNADA DE TRABALHO

Destaca Marcelo Proni(61), com fulcro em dados coletados do IBGE, PNAD, OIT e Índice de Gini, dentre outros, que, após uma época de conquistas de garantias sociais previstas na Constituição Federal de 1988 – distribuição de patrimônio e renda, diminuição da fome, melhoria da infraestrutura e condições de moradia, condições educacional e de saúde da população, e decréscimo do índice de desemprego formal –, houve, entre os anos de 2003 a 2014, um crescimento do que denomina "pobreza multidimensional", que começa com o estopim da crise econômica no Brasil e continua até

(54) HAN, Byung-chul. *Sociedade do Cansaço*. Petrópolis: Editora Vozes, 2015. p. 51 e ss.

(55) *Ibidem*, p. 70.

(56) *Ibidem*, p. 47 e 73.

(57) SOARES, *Op. cit.*, p. 254.

(58) CARDOSO, A. C. M. *Tempos de trabalho, tempos de não trabalho*: disputas em torno da jornada do trabalhador. São Paulo: Annablume, 2009.

(59) GRAZIA, Giuseppina. A redução da jornada de trabalho em tempos de desemprego e precarização sem limites. *Revista Emancipação*, Ponta Grossa, v. 6, n. 1, p. 97-117, 2006. p. 110-112.

(60) ROSEINFIELD, PAULI, *Op. cit.*, p. 326.

(61) PRONI, Marcelo Weishaupt. Observações sobre a questão social no Brasil. *Carta Social e do Trabalho*, Campinas, n. 36, p. 1-21, jul./dez. 2017, p. 05-10.

hoje, representando um retrocesso nestes parâmetros de controle da vulnerabilidade social.

Com a promulgação da Lei n. 13.429 (Lei da Terceirização) e da Lei n. 13.467 (Reforma Trabalhista), o Brasil optou pela flexibilização redutora das normas trabalhistas, com o alegado escopo de criar empregos e estimular o desenvolvimento social e econômico. Na contramão deste ideário, cabe lembrar que, como explanado anteriormente, uma das condições para implementação do Trabalho Digno e a promoção do Trabalho Decente é a de que se privilegie o acesso à realização de todos os direitos humanos, o que pode ser ilustrado pela observância dos índices supramencionados.

Nas palavras de João Leal Amado, a flexibilização redutora de direitos guarda gênese na crença de que a proteção decorrente do direito do trabalho causa mais problemas do que os soluciona, em virtude de sua rigidez, sendo, portanto, impreterível sua subordinação à variável da política econômica, ficando sujeito à produtividade da mão de obra, competitividades das empresas etc.(62)

Numa perspectiva holística, pode-se diagnosticar o movimento de flexibilização como o intento de pretensa modernização da legislação e da Justiça do Trabalho, conformando-se aos interesses da produção, com o culto ao "livre" encontro das vontades entre patrão e empregados, e a garantia da segurança jurídica, sob o pano do discurso da excessiva judicialização dos conflitos e de retirada de freios ao despedimento.(63)

Especificamente quanto ao tempo de trabalho, pertinente é a advertência de Tomaz e Neto: "A flexibilização aparece como um novo conceito de jornada de trabalho que não se enquadra no padrão de oito horas diárias exercidas de preferência em um mesmo local", conforme recomenda a OIT.(64)

4.1. A flexibilidade europeia

Idealizado por Alemanha, Comissão Europeia, Fundo Monetário Internacional e Banco Central Europeu, nas décadas de 60 e 70, a flexibilização faz parte de um contexto de políticas de austeridade como o novo lema dos governos ocidentais.(65)

Em seus primórdios, o movimento de flexibilização da legislação trabalhista foi mais veemente nos países de matriz anglo-saxã (EUA, Austrália, Canadá, Alemanha), ao passo que, na Europa continental, Japão e países nórdicos, sua adoção não teve o condão de descartar a rigidez legislativa. A consequência, para o primeiro grupo de países, foi um crescimento salarial baixo ou negativo e, para o segundo grupo, uma ascensão de produtividade com remuneração, mas um aumento da taxa de desemprego, que foi resgatada nos anos seguintes.(66)

Assim, com as Diretrizes Sobre o Emprego do Conselho Europeu, em 2008, os Estados se comprometeram a seguir o modelo de "flexissegurança" dos países nórdicos, que supostamente concilia proteção e flexibilidade.(67) O que ocorreu, na verdade, foi um combate à crise financeira provocada pela desregulamentação da economia e do trabalho, detectando-se uma falha no livre mercado. Aliás, sobre isso, a despeito das recomendações da OIT, os Estados adotaram a postura do FMI e do Banco Mundial de mitigar os custos decorrentes de políticas sociais.(68)

Nesta toada, a flexibilização acompanhou a evolução do neoliberalismo. Preserva-se a liberdade de mercado como fundamento das liberdades civis e um Estado absenteísta na promoção de direitos, mas vigoroso na redução de custos e repressão dos movimentos sociais.(69) Divergentemente, Huws entende não haver, no movimento histórico de agora, sequer resquícios

---

(62) AMADO, João Leal. O direito do trabalho, a crise e a crise do direito do trabalho. *Direito e Desenvolvimento*, João Pessoa, v. 4, n. 8, p. 163-186, jun. 2017. p. 164-165.

(63) BIAVASCHI, Magda Barros *et al.* O impacto de algumas reformas trabalhistas na regulação e nas instituições públicas do trabalho em diálogo comparado. In: KREIN, José Dari; GIMENEZ, Denis Maracci; SANTOS, Anselmo Luis dos. (Org.) *Dimensões críticas da reforma trabalhista no Brasil.* Campinas: Curt Nimuendajú, 2018. p. 211-241, p. 211.

(64) TOMAZ, Rodrigo Guilherme; NAJM NETO, Merhej. Flexibilização da jornada de trabalho: compensação de jornada – banco de horas. *Revista de Direitos Sociais, Seguridade e Previdência Social*, Brasília, v. 02, n. 01, p. 152-173, jun. 2016, p. 158.

(65) BARBARRUSA, Tomás Gutiérrez. El auge del empleo precario en Europa. Conceptos, indicadores y efectos de la crisis económica mundial. *Revista Internacional del Trabajo*, v. 135, n. 4, p. 515-549, 2016. p. 516.

(66) *Ibidem*, p. 516-517.

(67) *Ibidem*, p. 545.

(68) LEDESMA, Carlos. Reformas laborales y proyeto global de desregulación y flexibilización laboral. *Carta Social e do Trabalho.* Campinas, v. 35, p. 01-18, jun. 2017, p. 07-09.

(69) MARCONSIN, Cleier; FORTI, Valeria; MARCONSIN, Adauto F. Neoliberalismo e reestruturação produtiva: debatendo a flexibilização dos direitos trabalhistas no Brasil. *Serviço Social em Revista*, Londrina, v. 14, n. 02, p. 23-46, 2012, p. 25-26.

neoliberais de livre circulação de bens e capitais, pois o mercado é manejado por grandes companhias transnacionais, com apoio da OMC, as quais controlam os níveis de empregabilidade.[70]

Para o escopo desta reflexão, vale, ainda, um olhar para nações que se recuperavam de crises econômicas, em ordem a pensar o caso brasileiro, sem descurar, contudo, das suas vicissitudes históricas, políticas e econômicas.

Na Espanha, a Lei n. 35, de 2010, e a Lei n. 3, de 2012, reduziram a compensação do despedimento por justa causa; converteram o procedimento de demissão coletiva mais tangível; permitiram a alteração da jornada por iniciativa do empregador, com autorização em acordo coletivo; e fortificaram o poder patronal de alterar as condições de trabalho, suspender contratos e dirimir horas de trabalho, dentre outras medidas.[71]

Na Grécia, com as Leis ns. 3.863, de 2010, 3.899, de 2010, e 4.046, de 2012, suprimiu-se a compensação por rescisão unilateral de contrato com menos de um ano de duração, retirou-se a exigência de justificação do despedimento e diminuiu-se o aviso-patronal.[72]

Em Portugal, a Lei n. 23, de 25 de junho de 2012, obstinou a criação de empregos, aumentou a competitividade das empresas e elasteceu a produtividade, focando na redução dos custos empresariais e na ampliação dos poderes patronais de gestão da mão-de--obra.[73] Neste caso, a regulamentação do tempo de trabalho foi profundamente alterada, com a expansão das hipóteses de banco de horas pelas modalidades "banco de horas individual" e "banco de horas grupal", estatuídas nos arts. 208-A e 208-B do Código do Trabalho português. Eliminou-se o direito ao descanso compensatório por trabalho em sobrejornada e cortaram-se em 50% os adicionais pelas horas complementares. Suprimiu-se o descanso em feriados e decidiu-se pelo desconto das férias do empregado o correspondente aos dias em que o empregador admitir a "emenda" de feriados sem trabalho. Por fim, o limite máximo de gozo das férias foi encurtado.[74]

Todas as medidas legislativas com tal matiz flexibilizador foram receitadas pelo FMI como imprescindíveis à recuperação econômica e ao crescimento da empregabilidade. Em 2012, o órgão avaliou muito bem as reformas espanholas e replicou seu reforço[75], e, em seu informe "Ejemplos destacados de problemas del mercado laboral nacional", de 2014, assumiu o assessoramento aos governos grego e português.[76]

Os resultados nestes países europeus apontaram que, no curto prazo, as reformas tendem a agravar a situação, sem evidências de incremento estável dos empregos formais, tampouco da competitividade das empresas.[77]

Na Grécia, houve um aumento da taxa de desemprego que atingiu, em janeiro de 2013, 27,2%, um avanço de 26,3% em um ano. Em Portugal, dados da Comissão Europeia evidenciaram que as reformas exigiram maior esforço da população mais pobre, em comparação com as classes mais favorecidas. Conforme a pesquisa, os 20% mais pobres perderam entre 4,5% e 6,0% de seus rendimentos, já os 20% mais ricos decresceram suas receitas em 3%.[78]

Enfim, a Espanha foi denunciada, junto à Itália, à Comissão de Aplicação de Normas da 104ª Conferência da Organização Internacional do Trabalho, por desrespeito à Convenção Internacional da OIT n. 122 sobre a política de emprego (1964), em razão da grave situação de desemprego e o aumento da precariedade e da pobreza – em determinado ponto, a taxa de desempregados atingiu 24% da população (5,5 milhões de pessoas).

Se a não criação de empregos é fator essencial à análise deste quadro, não menos crucial é escapar da falácia da criação de postos de trabalho como indicativo de que as coisas caminham bem, sem qualquer exame detido das condições em que a força de trabalho é empregada nesses novos postos. Como preceitua o segundo objetivo estratégico da promoção do Trabalho

(70) HUWS, *Op. cit.*, p. 01.

(71) LEDESMA. *Op. cit.*, p. 09.

(72) *Ibidem*, p. 09.

(73) AMADO, *Op. cit.*, p. 168.

(74) *Ibidem*, p. 170-176.

(75) LEDESMA, *Op. cit.*, p. 10.

(76) IMF. *Ejemplos destacados de problemas del mercado laboral nacional.* p. 05-06. Disponível em: <https://www.imf.org/external/np/exr/facts/spa/pdf/labormarkets.pdf>. Acesso em: 15 jul. 2019.

(77) LEDESMA. *Op. cit.*, p. 07.

(78) EUROPEAN COMMISISSION (2011). *The Distributional Effects of Austerity Measures:* A Comparision of Six EU Countries. Social Situation Observatory – Income Distribution and Living Conditions. p. 21-22.

Decente, há que se gerar empregos de qualidade, em oposição ao trabalho em condições de precariedade.

Pesquisas indicam que os postos de trabalho hodiernamente criados são, em sua maioria, precários, o que também diz respeito, naturalmente, o controle do tempo de trabalho. Através de informações colhidas pela Eurostat, Barbarrusa aponta o crescimento da precarização do emprego em quase todos os países europeus que implementaram recentes reformas, mas em especial, na Espanha, Grécia e Portugal, onde houve menos controle.(79)

Ademais, trabalhos precários ou contingentes, abrigados sob leis que flexibilizam os sistemas de jornadas laborais, têm concedido ao empregador tamanho controle das condições de trabalho, mormente quanto à gestão do tempo de emprego da mão-de-obra, que a pessoa que vive da venda da força de trabalho perde a aptidão para organizar sua própria vida, ensejando maior dependência social e familiar.(80)

Por derradeiro, afirma-se que os países que flexibilizaram mais intensamente sua legislação são os que, via de regra, experimentam os maiores percentuais de desemprego e os menores crescimentos salariais (Grécia e Portugal)(81), afastando qualquer possibilidade de se atribuir ao movimento europeu de flexibilização a edificação de um padrão de promoção sistemática Trabalho Digno e de promoção do Trabalho Decente, sobretudo sob o prisma de uma melhor distribuição do tempo e dos proveitos econômicos.

4.2. A América Latina na trilha da jornada flexível de trabalho e a alarmante situação brasileira

A consolidação da política neoliberal na maioria dos países da América Latina, a crise dos governos desalinhados com os EUA (Cuba e Venezuela) e a volta dos governos conservadores em Brasil e Argentina incentivou o FMI e o Banco Mundial a instaurarem agenda da desregulamentação do trabalho.(82)

Começando em 2016, o órgão realizou missões técnicas no Panamá, El Salvador, Peru, Argentina (depois da eleição do presidente Mauricio Macri) e Brasil, nesse caso, dois meses após o movimento parlamentar que impôs desfecho ao governo de Dilma Rousseff.(83)

Em 2012, o México promulgou uma reforma legislativa que estimulou a terceirização e suprimiu direitos trabalhistas. O resultado foi a estabilização do desemprego, com retardo na criação de empregos protegidos em detrimento do trabalho de curta duração e ampliação do trabalho em microunidades, com menos de 05 empregados.(84)

Outrossim, o governo argentino de Macri promoveu uma série de medidas ditas de austeridade, requisitando o esforço da população para equilibrar as contas públicas, logo após ter pago uma quantia de 400 milhões de dólares ao FMI, para submeter-se ao mecanismo de supervisão e auditorias da entidade.(85)

Desde então, o conselho executivo do FMI elogiou as medidas argentinas, classificando-as como arrojadas e fundamentais à estabilização da política econômica, com sustentabilidade.(86) Sem embargo, no final de 2017, o país alcançou um número de 25,7% de pessoas abaixo da linha da pobreza e, em 2018, o desemprego chegou a 9,1% e a inflação anual a 26%.(87)

No Brasil, a flexibilização começa a ganhar espaço para implementação sistemática nos anos 1990, como contenção dos gastos imanentes aos direitos sociais propulsionados pela Magna Carta de 1988(88). Nesse caminho, afere-se uma tendência na sucessão de alterações normativas com esse escopo, que vão do período do governo José Sarney até os mandatos presidenciais de Lula, no quais, afirma-se, houve foco no pleno emprego, em detrimento de sua qualidade.(89)

Todavia, o crescimento econômico vertiginoso ocorrido na era Lula, sob a tutela da mesma rede de proteção acusada pelo desemprego no país, permite

(79) EUROPEAN COMMISISSION (2011). *The Distributional Effects of Austerity Measures:* A Comparision of Six EU Countries. Social Situation Observatory – Income Distribution and Living Conditions. p. 530.

(80) BARBARRUSA; *Op. cit.*, p. 519-521.

(81) *Ibidem*, p. 546.

(82) LEDESMA. *Op. cit.*, p. 13-15.

(83) *Ibidem*, p. 13-15.

(84) BIAVASCHI; TEIXEIRA, *Op. cit.*, p. 495.

(85) LEDESMA, *Op. cit.*, p. 13.

(86) IMF. *El Directorio Ejecutivo del FMI concluye la Consulta del Artículo IV con Argentina.* 2016. Disponível em: <https://www.imf.org/es/News/Articles/2016/11/10/PR16500-IMF-Executive-Board-Concludes-Article-Consultation-with-Argentina>. Acesso em: 11 maio 2019.

(87) BIAVASCHI; TEIXEIRA, *Op. cit.*, p. 495.

(88) MARCONSIN; FORTI; MARCONSIN. *Op. cit.*, p. 32.

(89) ANTUNES, Ricardo. *O privilégio da servidão:* o novo proletariado de serviços na era digital. São Paulo: Boitempo, 2018. p. 139.

anuir que a legislação pouco influi na empregabilidade, porquanto, em verdade, decorrente de fatores exclusivamente econômicos, o que já é conhecido dos estudiosos da economia do trabalho.(90)

De 2017 a 2019, período em que já se esperava certa superação da crise segundo as expectativas governamentais, a taxa de desocupação no Brasil comportou tímidas ascensões e descensos, permanecendo estável no patamar de cerca de 13 milhões de desempregados(91), o que demonstra ineficácia das medidas de promoção da empregabilidade.

Conforme o IBGE, a taxa nacional de subutilização do trabalho alcançou 28,5 milhões de pessoas no primeiro trimestre de 2019, recorde desde 2012. Esse grupo é composto pelos subocupados por insuficiência de horas trabalhadas, desocupados e a força de trabalho potencial – composta pelos que não estavam ocupados ou desocupados na semana de referência, mas possuíam potencial de se transformarem em força de trabalho.(92)

Outro recorde batido na série histórica da PNAD Contínua, iniciada em 2012, diz respeito ao número de trabalhadores informais, que alcançou 23,8 milhões de pessoas(93), demonstrando a tendência contrária à criação de empregos formais (prometidos pela lei da reforma trabalhista), protegidos e estáveis. Ademais, o total de pessoas em desalento, ou seja, que desistiram de procurar trabalho, chegou a impressionantes 4,8 milhões de pessoas, em julho de 2019.(94)

Esses números revelam a realidade do trabalho no Brasil, desmascarando uma falsa percepção de que o mercado seguiu estável pós-reforma. Em junho de 2018, o número total de pessoas fora da força de trabalho era de 65,6 milhões, maior número desde 2012, estando em 65,3 milhões nesse ano.(95)

Eis o resultado de uma reforma trabalhista que redesenhou profundamente a CLT, sobretudo no que toca a jornada de trabalho e outros pontos cruciais(96).

Eliminou-se a remuneração das horas *in itinere*, que determinavam o pagamento a empregadas e empregados pelo tempo de deslocamento em transporte fornecido pelo empregador, quando a atividade laboral era desempenhada em local de difícil acesso ou inacessível por transporte coletivo, desconstruindo um mecanismo que se prestava a incentivar a delimitação de jornada e incrementar a remuneração do trabalhador mais simples, mormente o rural(97).

Outra forma de buscar elevar as taxas de ocupação foi a legalização de formas precárias de emprego. A primeira delas é o trabalho em tempo parcial, antes limitado a 25 horas semanais, chega agora até possíveis 30 horas. Além disso, a supressão do § 4º, do art. 59, da CLT, permitiu a compensação de jornada nesse tipo de trabalho, se estipulada em até 26 horas semanais e máximo de 6 horas extras, chegando a 32 horas semanais.(98)

Instaurou-se a modalidade de trabalho intermitente, pelo qual o operário recebe somente pelas horas efetivamente trabalhadas, à decisão do patrão, podendo oscilar entre jornadas extenuantes e períodos sem trabalho, elevando a competição entre trabalhadores e a insegurança e vulnerabilidade sociais(99).

---

(90) FERREIRA, António Casimiro. A sociedade de austeridade: poder, medo e direito do trabalho de exceção. *Revista Crítica de Ciências Sociais*, n. 95, p. 119-136, 2011, p. 120.

(91) IBGE. *Desemprego fica estável, mas população subutilizada é a maior desde 2012*. 2019. Disponível em: <https://agenciadenoticias.ibge.gov.br/agencia-noticias/2012-agencia-de-noticias/noticias/24909-desemprego-fica-estavel-mas-populacao-subutilizada-e-a-maior-desde-2012>. Acesso em: 27 jul. 2019.

(92) IBGE. *Pesquisa Nacional por Amostra de Domicílios Contínua Divulgação Especial Medidas de Subutilização da Força de Trabalho no Brasil:* Medidas de Subutilização da Força de Trabalho PNAD Contínua – 3º Trimestre de 2016 Enfoque Regional. Disponível em: <https://censos.ibge.gov.br/media/com_mediaibge/arquivos/5d9e1a9a74443a8d5d75416da02f0432.docx.>. Acesso em: 22 jul. 2019.

(93) PNAD-C. *Desemprego cai para 11,6%, mas informalidade atinge nível recorde. 2018.* Disponível em: <https://agenciadenoticias.ibge.gov.br/agencia-noticias/2012-agencia-de-noticias/noticias/23465-desemprego-cai-para-11-6-mas-informalidade-atinge-nivel-recorde>. Acesso em: 8 mar. 2019.

(94) IBGE. *PNAD Contínua:* taxa de desocupação é de 12,7% e taxa de subutilização é de 25,0% no trimestre encerrado em março de 2019. 2019. Disponível em: <https://agenciadenoticias.ibge.gov.br/agencia-sala-de-imprensa/2013-agencia-de-noticias/releases/24284-pnad-continua-taxa-de-desocupacao-e-de-12-7-e-taxa-de-subutilizacao-e-de-25-0-no-trimestre-encerrado-em-marco-de-2019>. Acesso em: 27 jul. 2019.

(95) IBGE. 2019, *Op. cit.*

(96) TROVÃO, Cassiano José Bezerra Marques; ARAÚJO, Juliana Bacelar de. O mercado de trabalho após a reforma trabalhista de 2017. *Carta Social e do Trabalho*, Campinas, v. 38, n. 1, p. 32-45, dez. 2018. p. 35.

(97) PRONI, Thaíssa Tamarindo da Rocha Weishaupt. A reforma trabalhista e seus desdobramentos jurídicos. *Carta Social e do Trabalho*, Campinas, v. 38, n. 1, p. 46-57, dez. 2018. p. 49.

(98) *Ibidem*, p. 49.

(99) BIAVASCHI; TEIXEIRA, *op. cit.*, p. 487.

Os mesmos efeitos podem ser atribuídos ao contrato do autônomo com exclusividade, outra inovação da reforma. Ademais, tentativas semelhantes na Europa indicaram que os *mini-jobs* alemães e o contrato "zero-hora", no Reino Unido, estavam relacionados com o aumento da pobreza nas nações.[100]

Sobre a compensação de jornada, além do banco de horas anual, inovou-se com a compensação semestral, por intermédio de acordo individual escrito, e autorizou-se que a compensação mensal seja aquiescida por acordo tácito ou escrito. Ainda, com a edição do art. 59-B, da CLT, as horas extras habituais não mais descaracterizam a compensação de jornada. Em miúdos, facilitou-se a imposição de vontade patronal e das jornadas extenuantes.[101]

Seguindo, a novel redação do art. 59-A, *caput* e parágrafo único, da CLT definiu que a jornada 12x36 possa ter intervalos concedidos ou indenizados. Não suficiente, consideram-se compensados os feriados, prorrogações em trabalho noturno e descansos semanais remunerados.

Há mais. Doravante, os intervalos intrajornadas podem negociados entre empregador e empregada ou empregado e, acaso não fruídos, deverá ser pago adicional de 50% somente do período suprimido e não mais do período integral, como assinalava a jurisprudência nacional.

Por derradeiro, incluiu-se a jornada de trabalho no rol do art. 611-A, que consagra a prevalência do negociado sobre o legislado, ao passo que, conquanto o art. 611-B, XVII, proíba a transgressão ou redução dos direitos referentes à saúde e a segurança do trabalho, por negociação coletiva, o parágrafo único do mesmo dispositivo, em ilação verdadeiramente falsa em termos históricos, sociais e jurídicos, estabelece que "regras sobre duração do trabalho e intervalos não são consideradas como normas de saúde, higiene e segurança do trabalho".[102] Ora, uma disposição desse jaez, se mantida, arrefece qualquer possibilidade de se cogitar de um sistema legislativo e de políticas públicas consentâneo com as noções de Trabalho Digno e Trabalho Decente.

Sob a perspectiva da remuneração, o único extrato do mercado de trabalho que apresentou algum aumento nas contratações pós-reforma é o das atividades remuneradas em até um salário mínimo. Ou seja, verifica-se a expansão dos trabalhos mais precários e pior remunerados.[103]

Tendencialmente, é possível imaginar que, em não havendo inflexão neste estado de coisas, o mercado de trabalho brasileiro estará, no geral, fadado à divisão entre os que não conseguem trabalhar em quantidade de horas suficientes para viver com dignidade e os que labutam excessivamente, a ponto de colocar em risco sua própria existência.[104]

O grupo Santander é exemplo do sinal dos tempos. Em maio de 2019, a empresa lançou um chamado projeto social, em que disponibilizou consultorias gratuitas, todo sábado, por dois meses. Todavia, o banco, cujo lucro recorrente no primeiro trimestre desse ano foi de R$ 3,485 bilhões, não gastou nada com mão de obra, pois seus funcionários aceitaram a trabalhar sem remuneração, sendo que, na primeira semana do projeto, se "voluntariaram" mais de 1,2 mil empregados.[105] O cenário dito ideal passa, portanto, a ser aquele em que não se separa o trabalho formal do informal e a vida pessoal da profissional.[106]

5. CONCLUSÃO

A teoria acerca do Trabalho Digno reflete, no campo regulatório da tensão capital-trabalho, o que a teoria sobre a dignidade humana enquanto fundamento dos direitos humanos revela sobre o papel desses direitos para a preservação da existência humana plena e livre. Não há, pois, cogitar-se do Trabalho Digno sem a observância de condições fáticas que não agridam o corpo, a mente e a *voluntas* da pessoa que vive da venda da força de trabalho, tampouco dos direitos humanos aplicados às circunstâncias laborais.

Ainda no campo regulatório, mas agora na seara da governança global e da cooperação internacional voltada justamente para a mediação da exploração ca-

(100) BARBARRUSA; *op. cit.*, p. 545-546. MAEDA, Patrícia. *A era dos zero direitos:* trabalho decente, terceirização e contrato zero-hora. LTr, 2017.

(101) PRONI, T. 2018. *op. cit.*, p. 52.

(102) *Ibidem*, p. 52.

(103) TROVÃO; ARAÚJO. *Op. cit.*, p. 41-42.

(104) SOUTO MAIOR, *op. cit.*, p. 313.

(105) REUTERS. Santander Brasil abrirá agências para voluntariado de funcionários aos sábados. In: *Época Negócios.* Disponível em: <https://epocanegocios.globo.com/reuters/noticia/2019/05/santander-brasil-abrira-agencias-para-voluntariado-de-funcionarios-aos-sabados.html?utm_source=facebook Acesso em: 21 jun. 2019.

(106) BIAVASCHI; TEIXEIRA, *Op. cit.*, p. 488.

pitalista do labor humano, a OIT preceitua (com o que o Estado brasileiro já aquiesceu) que Trabalho Decente é aquele que oportuniza um trabalho produtivo com remuneração justa, condições seguras de trabalho, assistência social às famílias, melhores perspectivas de desenvolvimento pessoal e integração social, liberdade de expressão, diálogo social democrático e igualdade de oportunidades e de tratamento. Para tanto, a promoção do Trabalho Decente exige a perseguição por quatro objetivos estratégicos, dentre os quais, tem-se a proteção dos direitos humanos nas relações de trabalho e a geração de empregos com qualidade.

Tanto no horizonte teórico do Trabalho Digno quanto no horizonte regulatório internacional do Trabalho Decente, o tempo de emprego da força de trabalho é crucial para suas respectivas aspirações de implementação, porque o é para a própria dinâmica estrutural de existência do capitalismo. Assim revela a história da gênese do Direito do Trabalho enquanto sistema específico de normas, desencadeada com preocupação primeira justamente com a limitação da jornada de trabalho.

Deste modo, todas as disputas envolvendo o tempo de trabalho empregado na produção serão sensíveis para as repercussões econômicas e jurídicas do modo de produção capitalista. Sob a mesma ótica, toda reestruturação do modo de produção capitalista, como a vivenciada com o advento da revolução tecnológica digital do final do século XXI, impactará na regulação da jornada laboral. Todavia, como se pretendeu demonstrar, o que se alega ser um imperativo desta nova era, qual seja, a flexibilização de práticas e normas atinentes ao tempo de trabalho remunerado, é retórica que carrega exatamente a disputa ínsita ao modo societal capitalista acerca do tempo de emprego da mercadoria força de trabalho, aplicada aos novos paradigmas produtivos, com suas ferramentas tecnológicas apuradas.

O exame mais acurado das transformações morfológicas das relações laborais em curso e da configuração dos mercados nacionais de trabalho inspirados pelo mantra da flexibilização revelam precarização e intensificação do tempo dedicado pelas pessoas que vendem sua força de trabalho *pari passu* com o agravamento do desemprego estrutural e das formas de subocupação e de labor informal, formas essas as quais, como característica, ostentam a mesma radicalidade na subtração do tempo social do indivíduo em favor da produção, contudo, em um contexto de máxima desproteção jurídica e desamparo assistencial estatal em expansão.

Este estado de coisas conduz a um panorama de naturalização tal da concentração do tempo social de vida em favor do trabalho economicamente alienado, que já se pode entrever a cooptação máxima da subjetividade materializada pela intensificação, por iniciativa endógena (do próprio sujeito), desse mesmo processo de alienação, a desembocar na difusão estável de profundos agravos à saúde mental.

Tempo despendido para emprego da força de trabalho economicamente alienada é, na essência, tempo de vida, de existência e é neste sentido que leis e políticas públicas deveriam se orientar. Sem esta percepção, a categoria Trabalho Digno será, de saída, ontologicamente impensável, e a promoção do Trabalho Decente, desde sempre e para sempre, empiricamente falaciosa.

REFERÊNCIAS

AMADO, João Leal. O direito do trabalho, a crise e a crise do direito do trabalho. *Direito e Desenvolvimento*, João Pessoa, v. 4, n. 8, p. 163-186, jun. 2017.

ANTUNES, Ricardo. *O privilégio da servidão*: o novo proletariado de serviços na era digital. São Paulo: Boitempo, 2018.

BALZA, Guilherme. Brasil já tem mais de 5 milhões trabalhando para aplicativos. In: *CBN*. Disponível em: <https://cbn.globoradio.globo.com/media/audio/262853/brasil-ja-tem-mais-de-5-milhoes-trabalhando-para-a.htm>. Acesso em: 22 jun. 2019.

BARBARRUSA, Tomás Gutiérrez. El auge del empleo precario en Europa. Conceptos, indicadores y efectos de la crisis económica mundial. *Revista Internacional del Trabajo*, v. 135, n. 4, p. 515–549, 2016.

BASSO, Pietro. *Tempos modernos, jornadas antigas:* vidas de trabalho no início do século XXI. Trad. Patrícia Villen. Campinas: Editora da Unicamp, 2018.

BBC. *Amazon workers launch protests on Prime Day*. 2019. Disponível em: <https://www.bbc.com/news/business-48990482>. Acesso em: 15 jul. 2019.

BELTRAMELLI NETO, Silvio; VOLTANI, Julia de C. Investigação histórica do conteúdo da concepção de Trabalho Decente no âmbito da OIT e uma análise de sua justiciabilidade. *Revista de Direito Internacional*, v. 16, n. 1, jun. 2019, p. 166–185.

BIAVASCHI, Magda Barros et al. O impacto de algumas reformas trabalhistas na regulação e nas instituições públicas do trabalho em diálogo comparado. In: KREIN, José Dari; GIMENEZ, Denis Maracci; SANTOS, Anselmo Luis dos. (Org.) *Dimensões críticas da reforma trabalhista no Brasil.* Campinas: Curt Nimuendajú, 2018, p. 211-241.

BIAVASCHI; Magda; TEIXEIRA, Marilane Oliveira, A reforma trabalhista brasileira na dinâmica da economia e seus impactos na regulação pública do trabalho: em diálogo comparado com a reforma em andamento na Argentina, In: *Século XXI – Revista de Ciências Sociais*, v. 8, n. 2, p. 477–518, 2018.

BORSARI, Pietro. Determinantes institucionais da jornada de trabalho: uma introdução ao debate. In: *Carta Social e do Trabalho.* Campinas, v. 34, p. 23-32, dez. 2016.

BRAGA, Ruy. Uma sociologia da condição proletária. Tempo Social. *Revista de sociologia da USP*, São Paulo, v. 18, n. 1, p. 133-152, jun. 2006.

CARDOSO, A. C. M. *Tempos de trabalho, tempos de não trabalho*: disputas em torno da jornada do trabalhador. São Paulo: Annablume, 2009.

DELGADO, Gabriela Neves. A centralidade do trabalho digno na vida pós-moderna. *Revista Brasileira de Estudos Políticos*, Belo Horizonte, v. 95, p. 271-301, jul. 2007.

______. *Direito fundamental ao trabalho digno*. 2. ed. São Paulo: 2015.

DOLCE, Julia. *A uberização do trabalho é pior pra elas*. Disponível em: https://apublica.org/2019/05/a-uberizacao-do-trabalho-e-pior-pra-elas/>. Acesso em: 19 jun. 2019.

EUROPEAN COMMISSION (2011), *The distributional effects of austerity measures*: a comparision of six eu countries. social situation observatory – Income Distribution and Living Conditions.

FERREIRA, António Casimiro. A sociedade de austeridade: poder, medo e direito do trabalho de exceção. *Revista Crítica de Ciências Sociais*, n. 95, p. 119-136, 2011.

FINCATO, Denise Pires; LEMONJE, Julise Carolina. A telemática como instrumento de labor: teletrabalho e hiperconexão. *Revista da Faculdade de Direito – UFPR*, Curitiba, v. 64, n. 01, p. 119-136, abr. 2019.

GRAZIA, Giuseppina. A redução da jornada de trabalho em tempos de desemprego e precarização sem limites. *Revista Emancipação*, Ponta Grossa, v. 6, n. 1, p. 97-117, 2006.

HAN, Byung-chul. *Sociedade do Cansaço*. Petrópolis: Editora Vozes, 2015.

HUWS, Ursula. The making of a cybertariat? Virtual work in a real world. *Socialist Register*, v. 37, n. 37, 2009, p. 1-23.

IBGE. *Desemprego fica estável, mas população subutilizada é a maior desde 2012*. 2019. Disponível em: <https://agenciadenoticias.ibge.gov.br/agencia-noticias/2012-agencia-de-noticias/noticias/24909-desemprego-fica-estavel-mas-populacao-subutilizada-e-a-maior-desde-2012>. Acesso em: 27 jul. 2019.

______. *PNAD Contínua: taxa de desocupação é de 12,7% e taxa de subutilização é de 25,0% no trimestre encerrado em março de 2019*. 2019. Disponível em: <https://agenciadenoticias.ibge.gov.br/agencia-sala-de-imprensa/2013-agencia-de-noticias/releases/24284-pnad-continua-taxa-de-desocupacao-e-de-12-7-e-taxa-de-subutilizacao-e-de-25-0-no-trimestre-encerrado-em-marco-de-2019>. Acesso em: 27 jul. 2019.

______. *Pesquisa Nacional por Amostra de Domicílios Contínua Divulgação Especial Medidas de Subutilização da Força de Trabalho no Brasil*: Medidas de Subutilização da Força de Trabalho PNAD Contínua – 3º Trimestre de 2016. Enfoque Regional. Disponível em: <https://censos.ibge.gov.br/media/com_mediaibge/arquivos/5d9e1a9a74443a8d5d75416da02f0432.docx.>. Acesso em: 22 jul. 2019.

IHU. *Entregador da Rappi que morreu após AVC trabalhava 12 horas por dia. 2019*. Disponível em: <http://www.ihu.unisinos.br/590839-entregador-da-rappi-que-morreu-apos-avc-trabalhava-12-horas-por-dia?fbclid=IwAR3LK5lum8viDk2KzjJ2TAcP-DcdH2VhRefP-wPfECB7raWwn0q79lcQSDg>. Acesso em: 30 jul. 2019.

ILO. *Non-standard employment around the world: Understanding challenges, shaping prospects*. Geneva: International Labour Office, 2016.

IMF. *Ejemplos destacados de problemas del mercado laboral nacional*. Disponível em: <https://www.imf.org/external/np/exr/facts/spa/pdf/labormarkets.pdf>. Acesso em: 15 jul. 2019.

______. *El Directorio Ejecutivo del FMI concluye la Consulta del Artículo IV con Argentina*. 2016. Disponível em: <https://www.imf.org/es/News/Articles/2016/11/10/PR16500-IMF-Executive-Board-Concludes-Article-Consultation-with-Argentina>. Acesso em: 11 maio 2019.

KANTOR, Jodi; STREITFELD, David. Inside Amazon: Wrestling Big Ideas in a Bruising Workplace. In: *The New York Times*. New York, 15 ago. 2015. Disponível em: <https://www.nytimes.com/2015/08/16/technology/inside-amazon-wrestling-big-ideas-in-a-bruising-workplace.html?partner=rss&emc=rss&_r=1>. Acesso em: 20 jul. 2019.

LEDESMA, Carlos. Reformas laborales y proyeto global de desregulación y flexibilización laboral. In: *Carta Social e do Trabalho*. Campinas, v. 35, p. 01-18, jun. 2017.

LINDNER, Julia; RODRIGUES, Eduardo. Bolsonaro quer rever trabalho escravo: Para presidente, Constituição está confusa na definição e prejudica empregadores. In: *O Estado de S. Paulo;* 2019. Disponível em: <https://economia.estadao.com.br/noticias/geral,bolsonaro-diz-que-nao-esta-clara-a-diferenca-entre-trabalho-escravo-e-o-analogo-a-escravidao,70002947978>. Acesso em: 4 jul. 2019.

LÚCIO, Clemente Ganz. O novo mundo do trabalho é flexível, precário e inseguro. *Carta Social e do Trabalho*, Campinas, v. 38, n. 1, p. 01-11, dez. 2018.

MAEDA, Patrícia. *A era dos zero direitos:* trabalho decente, terceirização e contrato zero-hora. LTr, 2017.

MARCONSIN, Cleier; FORTI, Valeria; MARCONSIN, Adauto F. Neoliberalismo e reestruturação produtiva: debatendo a flexibilização dos direitos trabalhistas no Brasil. In: *Serviço Social em Revista*, Londrina, v. 14, n. 02, p. 23-46, 2012.

MARX, Karl. *O capital*: crítica da economia política. Livro I: o processo de produção do capital. Trad. Rubens Enderle. 16. ed. São Paulo: Boitempo, 2013.

OIT. CONFERENCIA INTERNACIONAL DEL TRABAJO. *Memoria del Director General: trabajo decente (1999)*. Ginebra: OIT, 1999. Disponível em: <http://www.ilo.org/public/spanish/standards/relm/ilc/ilc87/rep-i.htm>. Acesso em: 8 ago. 2019.

PARENT-THIRION, A. *et alii*. *5th European working Conditions Survey*. Overview Report. Luxembourg: Publications Office of the European Union, 2012.

PNAD – Pesquisa Nacional por Amostra de Domicílios. *Desemprego cai para 11,6%, mas informalidade atinge nível recorde*. 2018. Disponível em: <https://agenciadenoticias.ibge.gov.br/agencia-noticias/2012-agencia-de-noticias/noticias/23465-desemprego-cai-para-11-6-mas-informalidade-atinge-nivel-recorde>. Acesso em: 08 mar. 2019.

PRONI, Marcelo Weishaupt. Observações sobre a questão social no Brasil. *Carta Social e do Trabalho*, Campinas, n. 36, p. 1-21, jul./dez. 2017.

PRONI, Thaíssa Tamarindo da Rocha Weishaupt. A reforma trabalhista e seus desdobramentos jurídicos. *Carta Social e do Trabalho*, Campinas, v. 38, n. 1, p. 46-57, dez. 2018. p. 49.

REUTERS. Santander Brasil abrirá agências para voluntariado de funcionários aos sábados. In: *Época Negócios*. Disponível em: https://epocanegocios.globo.com/reuters/noticia/2019/05/santander-brasil-abrira-agencias-para-voluntariado-de-funcionarios-aos-sabados.html?utm_source=facebook Acesso em: 21 jun. 2019.

ROSENFIELD, Cinara L.; PAULI, Jandir. Para além da dicotomia entre trabalho decente e trabalho digno: reconhecimento e direitos humanos. *Caderno Crh*, Salvador, v. 25, n. 65, p. 319-329, jul. 2012

SILVA, José Antônio Ribeiro de Oliveira. *A flexibilização da jornada de trabalho e a violação do direito à saúde do trabalhador:* uma análise comparativa dos sistemas jurídicos brasileiro e espanhol. São Paulo: LTr, 2013. 264 p.

SMARTLAB. *Observatório de Segurança e Saúde no Trabalho*. Disponível em: <https://smartlabbr.org/sst>. Acesso em: 11 jul. 2019.

SOARES, José de Lima. Tempo de trabalho a luta pela redução da jornada e a centralidade da teoria do valor-trabalho. *Opsis: Revista do Departamento de História e Ciências Sociais*, Catalão, v. 13, n. 2, p. 248-272, 2013.

SOUTO MAIOR, Jorge Luiz. Do direito à desconexão do trabalho. In: *Revista do Tribunal Regional do Trabalho da 15ª Região*, Campinas, SP, n. 23, p. 296-313, jul./dez. 2003.

_______. *O direito do trabalho como instrumento de justiça social*. São Paulo: LTr, 2000.

SUTTO, Giovanna. Amazon demite funcionários via software que mede produtividade. In: *Infomoney*. Disponível em: <https://www.infomoney.com.br/negocios/grandes-empresas/noticia/8264444/amazon-demite-funcionarios-via-software-que-mede-produtividade-sem-analise-humana>. Acesso em: 21 jun. 2019.

TOMAZ, Rodrigo Guilherme; NETO, Merhej Najm. Flexibilização da jornada de trabalho: compensação de jornada – banco de horas. *Revista de Direitos Sociais, Seguridade e Previdência Social*, Brasília, v. 02, n. 01, p. 152-173, jun. 2016.

TROVÃO, Cassiano José Bezerra Marques; ARAÚJO, Juliana Bacelar de. O mercado de trabalho após a reforma trabalhista de 2017. *Carta Social e do Trabalho*, Campinas, v. 38, n. 1, p. 32-45, dez. 2018.

WORLD HEALTH ORGANIZATION. *Mental health action plan 2013 – 2020*. Disponível em: <https://apps.who.int/iris/bitstream/handle/10665/89966/9789241506021_eng.pdf;jsessionid=F540BDB397DF712F8E04AEE1887AE2A9?sequence=1>. Acesso em: 10 set. 2019.

Capítulo 14

O Direito Fundamental à Limitação de Jornada no Contrato de Trabalho Intermitente: Compromisso Constitucional com o Trabalho Digno

Maria Cecilia de Almeida Monteiro Lemos[(1)]

Resumo: Este estudo busca demonstrar a incompatibilidade do contrato de trabalho intermitente com o paradigma de trabalho digno adotado pela matriz constitucional de 1988. A desconstrução do conceito de jornada de trabalho pela possibilidade de manutenção do empregado contratado em eterna disponibilidade, à mercê dos interesses do empregador, viola o direito à limitação de jornada constitucionalizado. A regulação judicial dos abusos decorrentes do excesso de tempo de disponibilidade no contrato de trabalho intermitente é apresentada como uma necessidade decorrente do direito fundamental à limitação de jornada e do compromisso constitucional de defesa do trabalho digno.

Palavras-chave: Contrato de trabalho intermitente. Direito fundamental à limitação à jornada de trabalho. Trabalho digno.

Abstract: The study seeks to demonstrate the incompatibility of the intermittent work contract and the decent work paradigm adopted by the 1988 Constitution. The dismantle of the concept of workday and its replacement by the possibility of the mode of intermittent contract, maintaining the employee in permanent availability for goods of interest of the employer, violates the right to limitate the working hours according to the Constitution. The judicial regulation of abuses, resulting from the excessive time available in the intermittent work contract, is presented as a necessity arising from the fundamental right to limited working hours and the constitutional commitment to defend decent work.

Keywords: Intermittent employment contract. Fundamental right to limitation of working hours. Decent work.

1. INTRODUÇÃO

O presente estudo discorre sobre elementos da tese de doutorado desenvolvida sob orientação da Professora Doutora Gabriela Neves Delgado, no Programa de Pós-Graduação em Direito, Estado e Constituição, da Faculdade de Direito da Universidade de Brasília – Linha de Pesquisa Internacionalização, Trabalho e Sustentabilidade –, como consequência de um intenso trabalho de maturação acadêmica decorrente da participação da autora no Grupo de Pesquisa "Trabalho, Constituição e Cidadania", conectado com a proposta de defesa do trabalho digno.[(2)]

A abordagem adota a perspectiva de que as novas morfologias de trabalho admitidas pelo ordenamento jurídico brasileiro incluem contratos de trabalho flexíveis incompatíveis com o padrão de proteção ao trabalho estabelecido pela Constituição Federal de 1988, que reconheceu o valor social do trabalho e a dignidade humana como fundamentos da República e admitiu

(1) Professora Titular e Coordenadora Adjunta do Mestrado em Direito das Relações Sociais e Trabalhistas do UDF-Centro Universitário (UDF). Doutora em Direito, Estado e Constituição pela Universidade de Brasília (UnB) e Mestre em Direito das Relações Sociais pela Pontifícia Universidade Católica de São Paulo (PUC-SP). Especialista em Direito e Processo do Trabalho pela PUC-SP. Especialista em Direito Constitucional do Trabalho pela UnB. Pesquisadora integrante dos Grupos de Pesquisa Trabalho, Constituição e Cidadania (UnB/CNPq) e Direitos Humanos e Relações Sociais (UDF/CNPq). Assessora da Ministra do Tribunal Superior do Trabalho Delaíde Alves Miranda Arantes.

(2) LEMOS, Maria Cecília de Almeida Monteiro. *Dano existencial nas relações de trabalho intermitentes.* Tese de Doutorado. Brasília: Universidade de Brasília, 09.11.2018. A tese foi publicada pela LTr Editora, em 2020.

um plexo de direitos fundamentais estabelecidos pelo paradigma do Estado Democrático de Direito.

Aponta que dentre as nefastas novidades alardeadas com júbilo pelo mercado como alternativa para conter o desemprego e maximizar lucros destaca-se o contrato de trabalho intermitente, modalidade contratual que precariza as relações de emprego e viola direitos fundamentais constitucionalizados.(3)

O contrato de trabalho intermitente consiste em uma modalidade contratual essencial à implantação do projeto neoliberal de flexibilização dos direitos trabalhistas e previdenciários em curso no país, uma vez que atende aos interesses empresariais de redução de custos e de riscos do capital, corrói a consciência de classe e busca a otimização do modo de produção capitalista por intermédio de acumulação flexível.(4)

O estudo considera que, ao romper com a lógica estabelecida pelo contrato de trabalho clássico, subordinado, por tempo indeterminado e com jornada constitucional, o contrato de trabalho intermitente promove a precarização do emprego e se distancia do compromisso constitucional de promoção do trabalho digno.(5)

Para demonstrar suas afirmações, o estudo parte, no primeiro tópico, da elucidação do conceito de trabalho digno e da admissão do valor social do trabalho e da dignidade humana como fundamentos da República, na perspectiva do paradigma do Estado Democrático de Direito. Em seguida, discorre sobre o direito fundamental à limitação de jornada como uma conquista que integra o núcleo essencial de direitos fundamentais consagrados pela Constituição Federal de 1988.

No segundo tópico, o texto analisa a relação entre o direito fundamental à limitação de jornada, assegurado aos empregados típicos, e o direito à limitação do tempo de disponibilidade para os trabalhadores contratados pela modalidade intermitente, a partir da construção histórica do conceito de jornada de trabalho. Considera que, ao admitir que o trabalhador permaneça em constante *stand by*, aguardando chamado, o contrato de trabalho intermitente constitui uma terceira espécie de tempo – um tempo heterogêneo(6), "uma zona cinzenta que não se caracteriza nem como tempo de trabalho nem como tempo livre. Um tempo de espera, de angústia, no qual o trabalhador não se desconecta, não pode desenvolver planos, não tem certeza de futuro, nem de ocupação, nem de remuneração"(7).

Por submeter os trabalhadores às demandas do mercado, acionando o empregado intermitente de forma ilimitada, a qualquer dia e hora, a empresa desrespeita o direito fundamental à limitação de jornada e invade a esfera privada da vida do trabalhador, prejudicando o seu projeto de futuro e sua vida de relações, impedindo o trabalhador de vivenciar plenamente o seu tempo livre.

O estudo defende que o novo tipo de tempo criado pelo contrato de trabalho intermitente desafia o conceito de jornada de trabalho previsto nas normas internacionais de proteção ao trabalho, na Constituição e na própria CLT.

Por fim, em conclusão, considera que a regulação judicial dessa modalidade contratual pode assegurar uma interpretação coerente com os fundamentos constitucionais de defesa dos direitos fundamentais e do trabalho digno, de maneira a garantir aos empregados intermitentes o direito fundamental à limitação da jornada de trabalho.

2. TRABALHO DIGNO E LIMITAÇÃO DE JORNADA COMO DIREITOS FUNDAMENTAIS

Considerado o primeiro dos pilares de sustentação da Constituição de 1988, o Estado Democrático de Direito representa a superação dos paradigmas constitucionais anteriores – do Estado Liberal de Direito e do

(3) A ADIN n. 5.826 questiona a constitucionalidade do contrato de trabalho intermitente regulamentado pela Lei n. 13.467/2017. O Grupo de Pesquisa "Trabalho, Constituição e Cidadania", da Universidade de Brasília – UnB, foi admitido como *amicus curiae*, em 14 de setembro de 2018 pelo relator, Ministro Edson Fachin, em despacho exarado em 05.10.2018. Disponível em: <http://portal.stf.jus.br/processos/downloadPeca.asp?id=15338810034&ext=.pdf>. Acesso em: 26 out. 2018.

(4) Consolidação das Leis do Trabalho. Art. 443, § 3º, da CLT: Considera-se como intermitente o contrato de trabalho no qual a prestação de serviços, com subordinação, não é contínua, ocorrendo com alternância de períodos de prestação de serviços e de inatividade, determinados em horas, dias ou meses, independentemente do tipo de atividade do empregado e do empregador, exceto para os aeronautas, regidos por legislação própria. (Incluído pela Lei n. 13.467, de 2017). Disponível em: <http://www.planalto.gov.br/ccivil_03/decreto-lei/del5452.htm>. Acesso em: 2 dez. 2019.

(5) Essa conclusão integra a Tese de Doutorado da autora, *Dano existencial nas relações de trabalho intermitentes*, defendida na Universidade de Brasília, sob orientação da Professora Doutora Gabriela Neves Delgado Brasília, em 09.11.2018.

(6) SUPIOT, Alan. *Transformações do trabalho e futuro do direito do trabalho na Europa*. Coimbra: Coimbra Editora, 2003. p. 96 a 146.

(7) LEMOS, Maria Cecilia de Almeida Monteiro. *Dano existencial nas relações de trabalho intermitentes*. Tese de Doutorado. Brasília: Universidade de Brasília, 2018. p. 260.

Estado Social de Direito. Sua consolidação possibilitou o avanço e o aprofundamento das conquistas anteriormente alcançadas pelo constitucionalismo contemporâneo e promoveu inovações quantitativas e qualitativas essenciais à consagração dos direitos humanos, incluídos os direitos de caráter social, econômico, cultural e trabalhista.

A arquitetura do Estado Democrático de Direto é alicerçada em um tripé conceitual, que consiste na "pessoa humana, com sua dignidade; sociedade política, concebida como democrática e inclusiva; sociedade civil, também concebida como democrática e inclusiva"[(8)].

Compreender a matriz constitucional de 1988 e sua vinculação ao paradigma do Estado Democrático de Direito é essencial para estabelecer os limites à conformação do ordenamento jurídico infraconstitucional e para assegurar o respeito à lógica do sistema constitucional e aos seus princípios.

Mauricio Godinho Delgado e Gabriela Neves Delgado citam como exemplos de princípios gerais presentes na Constituição de 1988: o princípio da dignidade da pessoa humana; o da centralidade da pessoa humana na vida socioeconômica e na ordem jurídica; o da valorização do trabalho e do emprego; o da inviolabilidade do direito à vida; o do bem-estar individual e social; da justiça social; o da submissão da propriedade à sua função socioambiental; o da não discriminação; o da igualdade em sentido material; o da segurança; o da proporcionalidade e razoabilidade; o da vedação do retrocesso social[(9)].

Como reflexo da adoção do paradigma do Estado Democrático de Direito, a matriz constitucional de 1988 inclui, entre os fundamentos da República, o valor social do trabalho e a dignidade humana.

O trabalho consiste em valor essencial à pessoa humana e, na medida em que concretiza a identidade social e possibilita o autoconhecimento e socialização do indivíduo, "o trabalho se insere, originalmente, no mundo do 'ser', existindo antes mesmo da sua regulamentação jurídica. O trabalho pode revelar em si o valor da dignidade – ou não"[(10)].

O trabalho somente se viabiliza em sua "conotação ética"[(11)] e revestido de *dignidade*, se for assegurado como direito fundamental e protegido juridicamente pelo Estado.

No contexto de um sistema capitalista, que admite a exploração do trabalho alheio, o Estado Democrático de Direito só reconhece o trabalho como *direito* se for exercido de forma juridicamente controlada, constituindo-se em "vantagem protegida juridicamente".[(12)] Tal condição implica no não reconhecimento de formas de trabalho servis ou análogas às de escravo, consideradas apartadas do Direito e, portanto, ilegais[(13)].

Ao se referir à existência de diferentes tipos de trabalho, Boaventura de Sousa Santos, considera que, admiti-los "só é democrático na medida em que cria em cada um deles um patamar mínimo de inclusão. Ou seja, o polimorfismo do trabalho só é aceitável na medida em que o trabalho permanece como critério de inclusão."[(14)] Esse é o parâmetro que deve balizar o reconhecimento de novas formas de exploração do trabalho calcadas nas modificações de gestão e organização do modo de produção capitalista.

Entende-se como digno o trabalho que "não violará o homem enquanto fim em si mesmo, desde que prestado em condições dignas. O valor da dignidade deve ser o sustentáculo de qualquer trabalho humano".[(15)]

Essa perspectiva inclusiva do trabalho enquanto valor social e da dignidade humana como centro do ordenamento jurídico, foi apontada com ênfase em documentos internacionais de afirmação de direitos que, ainda hoje, são referência para os países ocidentais. Cabe lembrar que, desde maio de 1944, a denominada

(8) DELGADO, Mauricio Godinho; DELGADO, Gabriela Neves. *A reforma trabalhista no Brasil*: com os comentários à Lei n. 13.467/2017. 2. ed. São Paulo: LTr, 2018. p. 27.

(9) *Idem*, p. 31.

(10) MAIOR, Jorge Luiz Souto. *O direito do trabalho como instrumento de justiça social*. São Paulo: LTr, 2000. p. 27.

(11) Conforme expressão de Jorge Luiz Souto Maior, "conotação ética" do trabalho pressupõe a socialização do homem trabalhador, que reconhece a dignidade alheia e ao mesmo tempo em que requer o reconhecimento da sua própria dignidade, numa exigência de paridade e reciprocidade. MAIOR, Jorge Luiz Souto. *O direito do trabalho como instrumento de justiça social*. São Paulo: LTr, 2000. p. 104.

(12) DELGADO, Mauricio Godinho; DELGADO, Gabriela Neves. *Constituição da República e direitos fundamentais*. São Paulo: LTr, 2012. p. 64-65. (Grifos dos autores).

(13) *Idem*, mesma página.

(14) SANTOS, Boaventura de Sousa. *A gramática do tempo*: para uma nova cultura política. São Paulo: Cortez, 2006. p. 379.

(15) DELGADO, Gabriela Neves. *Direito fundamental ao trabalho digno*. São Paulo: LTr, 2006. p. 207.

"Declaração de Filadélfia" já considerava que "o trabalho não *é* uma mercadoria"[16].

O ordenamento jurídico internacional reconhece o direito ao trabalho digno, assim considerado a partir das premissas estabelecidas pelo art. 23, § 1º, da Declaração Universal dos Direitos Humanos, que em 1948 afirma: "Toda pessoa tem direito ao trabalho, à livre escolha de seu trabalho, à condições equitativas e satisfatórias de trabalho e à proteção contra o desemprego."[17]

Da mesma forma, o art. 6º do Protocolo adicional ao Pacto de San José da Costa Rica sobre Direitos Econômicos, Sociais e Culturais enfatiza que "Toda pessoa tem direito ao trabalho, o que inclui a oportunidade de obter os meios para levar uma vida digna e decorosa por meio do desempenho de uma atividade lícita, escolhida ou aceita."[18]

Nessa linha, a Constituição Federal de 1988, em consonância com as normas internacionais de proteção ao trabalho, alçou a pessoa humana ao centro do ordenamento jurídico e estabeleceu como objetivo o estabelecimento da paz universal e que tal paz somente poderia ser alcançada em bases edificadas sob a justiça social.

Além de vincular o trabalho à sua condição de exercício com dignidade, a Constituição Federal de 1988 estabeleceu um rol de direitos sociais, dentre os quais, um amplo leque de direitos trabalhistas, previstos no Capítulo II (Dos Direito e Garantias Fundamentais – Dos Direitos e Deveres Individuais e Coletivos), Título II, art. 7º, I a XXXIV.

Destaca-se o direito fundamental "à duração do trabalho normal não superior a oito horas diárias e quarenta e quatro semanais, facultada a compensação de horários e a redução da jornada, mediante acordo ou convenção coletiva de trabalho", previsto no art. 7º, XIII.

Com efeito, o direito constitucional à limitação de jornada de trabalho tem esteio nas normas internacionais de proteção ao trabalhador. Desde a sua primeira convenção, a Organização Internacional do Trabalho trata da limitação da jornada de trabalho. A Convenção sobre as Horas de Trabalho (Indústria), de 1919 (n. 1), especialmente direcionada ao setor manufatureiro, celebrou seu centenário em 2019, e foi pioneira ao estabelecer o princípio de "oito horas por dia e 48 horas por semana". Inúmeras convenções relacionadas ao tempo de trabalho a sucederam: a Convenção sobre as Horas de Trabalho (Comércio e Escritórios), de 1930 (n. 30), que estendeu a semana de trabalho de 48 horas aos trabalhadores do comércio e dos escritórios, a Convenção sobre as Quarenta Horas Semanais, de 1935 (n. 47), que estabeleceu o novo padrão de semana de trabalho de 40 horas, a Convenção do Descanso Semanal (Indústria), de 1921 (n. 14), e a Convenção do Descanso Semanal (Comércio e Escritórios), de 1957 (n. 106), ressaltam o princípio do descanso mínimo semanal de um dia, seguidas de convenções relacionadas ao trabalho noturno e às férias remuneradas.[19]

Na Recomendação para a Redução das Horas de Trabalho, de 1962 (n. 116), a OIT destaca a importância de se assegurar, na prática, a efetividade da norma regulatória da duração do trabalho que estabelece 40 horas semanais de trabalho como um "padrão social".[20]

A OIT considera que, ao se tratar da evolução dos limites da jornada de trabalho, "*é útil* também relembrar que a preocupação com a limitação da jornada não está restrita à legislação do trabalho, mas também tem sido caracterizada como um direito humano".[21]

A Declaração Universal dos Direitos Humanos menciona "o direito ao descanso e ao lazer que englobe uma 'limitação razoável' da jornada de trabalho", assim como o Pacto Internacional dos Direitos Econômico, Social e Cultural, "inclui os limites da jornada de trabalho como elementos do direito a condições de trabalho justas e favoráveis". Ademais, os limites da duração do trabalho estão inseridos, ainda, em instrumentos regionais de direitos humanos, como na "Carta Social Europeia Revisada 1996, na Carta dos Direitos Fundamentais da União Europeia e no Protocolo de San Salvador".[22]

---

(16) SUPIOT, Alan. *O espírito de Filadélfia*: a justiça social diante do mercado total. Porto Alegre: Sulina, 2014. p. 18.

(17) Declaração Universal dos Direitos Humanos. Disponível em: <http://www.dhnet.org.br/direitos/deconu/textos/integra.htm>. Acesso em: 28 out. 2018.

(18) Ratificado pelo Brasil pelo Decreto Legislativo n. 56, de 19.04.1995. Introduzido no direito interno brasileiro pelo Decreto n. 3.321, de 30.12.1999.

(19) LEE, Sangheon; MCCANN, Deirdre; MESSENGER. *Duração do trabalho em todo o mundo*: tendências de jornadas de trabalho, legislação e políticas numa perspectiva global. Secretaria Internacional do Trabalho. Brasília: OIT, 2009. p. 1. Disponível em: <http://www.ilo.org/wcmsp5/groups/public/---americas/---ro-lima/---ilo-brasilia/documents/publication/wcms_229714.pdf>. Acesso em: 11 ago. 2018.

(20) *Idem*, p. 21-22.

(21) *Idem*, p. 9. (Grifos acrescidos)

(22) *Idem*, p. 1.

A CLT – Consolidação das Leis do Trabalho, desde 1943, garantiu, no plano infraconstitucional, o direito à limitação à jornada de trabalho em seu Capítulo II, (Da Duração do Trabalho), Seção I (Disposição Preliminar), art. 58, "A duração normal do trabalho, para os empregados em qualquer atividade privada, não excederá de 8 (oito) horas diárias, desde que não seja fixado expressamente outro limite"[(23)].

O reconhecimento, pelo ordenamento jurídico pátrio, de formas de contratação que desconsiderem o tempo de disponibilidade do empregado em favor do empregador – o tempo de espera pelo chamado – como tempo que integra o conceito duração do trabalho, viola o direito fundamental à limitação de jornada e esvazia o conteúdo essencial do direito fundamental ao trabalho digno.

3. A DESCONSTRUÇÃO DO CONCEITO DE JORNADA DE TRABALHO PELA MODALIDADE DE CONTRATO DE TRABALHO INTERMITENTE

O desenvolvimento do sistema capitalista foi acompanhado pelo controle do tempo para possibilitar a intensificação do trabalho humano. Para Augusto César Leite de Carvalho, "o homem trocou a disponibilidade de todo o seu tempo útil pela certeza de qual parcela de seu tempo seria disponível e pela segurança de que assim seria financiado o seu tempo de *otium*, ou tempo sem trabalho".[(24)]

O controle do tempo tem uma relação direta com o lucro e, portanto, com o valor da mercadoria, sendo assim, as inovações do sistema de produção capitalista implicam em novas formas de exploração do tempo do trabalhador – de extração de mais-valor. As novas morfologias do trabalho exigem diferentes formas de controle do tempo de produção, tendo em vista as peculiaridades da organização do modo de produção capitalista, o que inclui os contratos flexíveis.

Sobre a relação entre tempo de trabalho e valor da mercadoria, Marx ensina que;

> No capitalismo o tempo de trabalho necessário é a fração da jornada de trabalho que é paga ao trabalhador – isto é, que corresponde ao valor da força de trabalho, dado pelo valor capaz de proporcionar sua produção e reprodução. Em contrapartida, o tempo de trabalho excedente, significa a fração da jornada de trabalho que o capitalista extrai a mais-valia; corresponde ao período que o trabalhador produz um novo valor cuja apropriação é feita pelo detentor dos meios de produção. É no tempo de trabalho excedente que ocorre a valorização do capital, por isso existe o interesse do capitalista no aumento daquele e assim, da jornada de trabalho. Devemos considerar também que a quantidade de trabalho, que determina o valor de uma mercadoria, é medida pelo tempo de duração desse trabalho, "[...] e o tempo de trabalho possui, por sua vez, sua unidade de medida nas determinadas frações de tempo, como hora, dia etc." (MARX, 1983, p. 47). Quanto maior é o tempo socialmente necessário para a produção de uma mercadoria, maior é o valor dessa mercadoria.[(25)]

A luta pela fixação de uma jornada de trabalho que permitisse aos trabalhadores vivenciar o lazer, o descanso e o convívio social é retratada numa antiga canção entoada pelo operariado inglês, que dizia "eight hours to work, eight hours to play; eight hours to sleep; eigth shillings a day"[(26)].

A preocupação com a duração do trabalho em razão dos excessos promovidos pelo sistema capitalista está presente desde os primórdios da Revolução Industrial. A Organização Internacional do Trabalho, além das convenções relacionadas ao tema, emitiu documento, cujo título reflete a perspectiva histórica de desenvolvimento do conceito: "Duração do trabalho em todo o mundo: tendências de jornadas de trabalho, legislação e políticas numa perspectiva global comparada".[(27)]

A primeira Convenção da Organização Internacional do Trabalho sobre as Horas de Trabalho na Indús-

---

(23) Consolidação das Leis do Trabalho. Decreto-Lei n. 5.452, de 1º de maio de 1943. Disponível em: <http://www.planalto.gov.br/ccivil_03/Decreto-Lei/Del5452compilado.htm>. Acesso em: 12 dez. 2019.

(24) CARVALHO, Augusto Cesar Leite de. *Direito do trabalho:* curso e discurso. 2. ed. São Paulo: LTr. p. 424.

(25) BRAGA, Alice Morais; CANOAS, José Walter Abreu. *O tempo de trabalho no capitalismo.* Disponível em: <http://www.estudosdotrabalho.org/anais6seminariodotrabalho/alicebragaejosecanoas.pdf>. Acesso em: 16 set. 2018.

(26) Tradução: "oito horas de trabalho; oito horas de lazer; oito horas para dormir; oito *shillings* como pagamento". In: MARTINEZ, Luciano. *Curso de direito do trabalho*: relações individuais, sindicais e coletivas de trabalho. São Paulo: Saraiva, 2010. p. 259.

(27) LEE, Sangheon; MCCANN, Deirdre; MESSENGER. *Duração do trabalho em todo o mundo*: tendências de jornadas de trabalho, legislação e políticas numa perspectiva global. Secretaria Internacional do Trabalho. Brasília: OIT, 2009. Disponível em: <http://www.ilo.org/wcmsp5/groups/public/---americas/---ro-lima/---ilo-brasilia/documents/publication/wcms_229714.pdf>. Acesso em: 17 jun. 2018.

tria – Convenção n. 1 – estabeleceu como princípio a busca de um padrão internacional de proteção, estabelecido em "oito horas de trabalho por dia e quarenta e oito semanais".

Em busca de explicar as variantes que envolvem o controle do tempo de trabalho, Mauricio Godinho Delgado explicita as diferenças existentes entre *duração do trabalho*, *jornada de trabalho* e *horário de trabalho*.[28]

O termo *duração do trabalho* tem sido compreendido pela doutrina como "*todo o período decorrente do contrato de trabalho, inclusive lapsos temporais relativos a repouso semanal, feriados e até mesmo férias*"[29]. Mauricio Godinho Delgado considera que a expressão tem sentido amplo, "não se restringindo estritamente ao período de disponibilidade do trabalhador perante se empregador, em virtude do contrato pactuado".[30]

A expressão *jornada de trabalho* possui um sentido mais restrito, compreendendo "o tempo em que o empregado tem de se colocar em disponibilidade perante o seu empregador, em decorrência do contrato"[31].

O conceito de *horário de trabalho* consiste no "espaço temporal entre o termo inicial e o termo final da jornada diária", configurando "à delimitação do início e fim da jornada e seus respectivos intervalos".[32]

Uma concepção mais ampla de jornada de trabalho – que inclui todo o tempo à disposição do empregador – corrobora a luta dos trabalhadores pelo direito à limitação de jornada de trabalho, que resultou no aperfeiçoamento das normas jurídicas de proteção ao trabalhador no que se refere ao controle de tempo de trabalho e no "alargamento do número de componentes da jornada, para além do tempo efetivamente trabalhado".[33]

A limitação de jornada de trabalho e a construção do conceito de duração de jornada decorrem de fatores de ordem histórica, política, econômica e fisiológica. Para além da luta dos trabalhadores pela redução de jornada, implica no reconhecimento, pelo sistema capitalista – que a tudo transforma em mercadoria – do valor econômico do lazer, pois o tempo livre do trabalhador é utilizado como tempo de consumo.[34]

Não obstante as razões do próprio sistema para estabelecer o controle do tempo de trabalho, o direito fundamental à limitação de jornada e o conceito de duração do trabalho como aquele que inclui o tempo de deslocamento e o tempo de disponibilidade foram desconstruídos pela Lei n. 13.467/2017 para atender ao projeto neoliberal.

Se a Constituição de 1988 estabeleceu o direito à limitação de jornada, expresso no art. 7º, XIII, as conquistas históricas que resultaram nessa limitação constitucional foram violadas pelo reconhecimento, por intermédio da Lei n. 13.467/2017, do contrato de trabalho intermitente no ordenamento jurídico brasileiro, que operou uma *mudança conceitual* do que se convencionou admitir até agora como *duração do trabalho*, para atender às necessidades do mercado.[35]

Nesse sentido, a Lei n. 13.467/2017 introduz uma série de mudanças que afetam o conceito do tempo de disponibilidade do empregado em relação ao empregador historicamente construído, admitindo que o trabalhador só permanece efetivamente subordinado ao empregador quando aceita a convocação e permitindo que o empregador pague apenas pelo tempo de execução do trabalho propriamente dito.

Referida lei altera o art. 4º da CLT, para tentar excluir, de forma expressa, alguns dos elementos que integravam historicamente o conceito de *duração de trabalho*, promovendo uma flexibilização/desregulamentação que repercutirá significativamente na remuneração do trabalho e no seu valor para a sociedade[36]. Em sua redação original, o art. 4º da CLT estabelecia:

> Art. 4º Considera-se como de serviço efetivo o período em que o empregado esteja à disposição do empregador, aguardando ou executando ordens, salvo disposição especial expressamente consignada.
>
> Parágrafo único. Computar-se-ão, na contagem de tempo de serviço, para efeito de indenização e estabilidade, os períodos em que o empregado estiver afastado do trabalho prestando serviço militar e por motivo de acidente do trabalho. (Incluído pela Lei n. 4.072, de 16.06.1962)

---

(28) DELGADO, Mauricio Godinho. *Jornada de trabalho e descansos trabalhistas*. 2. ed. São Paulo: LTr, 1998. p 23.

(29) *Idem*.

(30) *Idem*, p. 23.

(31) *Idem*. (Grifos do autor).

(32) *Idem*, p. 24.

(33) *Idem*, p. 25.

(34) ANTUNES, Ricardo. *Os sentidos do trabalho:* ensaio sobre a afirmação e a negação do trabalho. São Paulo: Editora Boitempo, 2009. p. 173-176.

(35) LEMOS, *op. cit.*, p. 184.

(36) *Idem*, p. 186.

Após a Lei n. 13.467/2017, a nova redação do art. 4º da CLT estabelece:

> Art. 4º Considera-se como de serviço efetivo o período em que o empregado esteja à disposição do empregador, aguardando ou executando ordens, salvo disposição especial expressamente consignada.
>
> § 1º Computar-se-ão, na contagem de tempo de serviço, para efeito de indenização e estabilidade, os períodos em que o empregado estiver afastado do trabalho prestando serviço militar e por motivo de acidente do trabalho.
>
> § 2º Por não se considerar tempo à disposição do empregador, não será computado como período extraordinário o que exceder a jornada normal, ainda que ultrapasse o limite de cinco minutos previsto no § 1º do art. 58 desta Consolidação, quando o empregado, por escolha própria, busca proteção pessoal, em caso de insegurança nas vias públicas ou más condições climáticas, bem como adentrar ou permanecer nas dependências da empresa para exercer atividades particulares, entre outras:
>
> I – práticas religiosas;
>
> II – descanso;
>
> III – lazer;
>
> IV – estudo;
>
> V – alimentação;
>
> VI – atividades de relacionamento social;
>
> VII – higiene pessoal;
>
> VIII – troca de roupa ou uniforme, quando não houver obrigatoriedade de realizar a troca na empresa. (NR)

A tentativa de implantar uma nova lógica no controle do tempo de trabalho, desenvolvida pelo projeto neoliberal utilitarista, permeia o processo de flexibilização da legislação trabalhista em todo o mundo. No Brasil, quando se trata da regulação da duração do trabalho no contrato de trabalho intermitente, essa lógica flexibilizante está explícita, uma vez que o § 5º, do art. 452-A, da CLT, passou a dispor expressamente que "§ 5º O período de inatividade não será considerado tempo à disposição do empregador, podendo o trabalhador prestar serviços a outros contratantes". No entanto, tal exclusão não é compatível com o paradigma constitucional de trabalho digno:

> A previsão legal de exclusão do tempo à disposição do empregador no contrato de trabalho intermitente intensifica a reificação do trabalhador, afastando a legislação brasileira infraconstitucional do paradigma de trabalho digno consignado na matriz constitucional de 1988. Desta forma, é inadmissível excluir o tempo de espera do chamado do tempo à disposição do empregador.[37]

Segundo Mauricio Godinho Delgado e Gabriela Neves Delgado:

> O contrato intermitente, nos moldes em que foi proposto pela Lei da Reforma Trabalhista – caso lidas, em sua literalidade, as regras impostas por esse diploma legal –, busca romper com dois direitos e garantias justrabalhistas importantes, que são da estrutura central do Direito do Trabalho: a noção de duração do trabalho (e de jornada) e a noção de salário. A noção de duração de trabalho envolve o tempo de disponibilidade do empregado em face de seu empregador, prestando serviços efetivos ou não (*caput* do art. 4º da CLT). A Lei n. 13.467/2017, entretanto, ladinamente, tenta criar conceito novo: a realidade do tempo à disposição do empregador, porém sem os efeitos jurídicos do tempo à disposição. [...] em conformidade com o Direito do Trabalho, que por preceitos da CLT (art.78, *caput* e parágrafo único) que por preceito constitucional (art. 7º, VII), é assegurado aos empregados que percebam remuneração variável, a garantia do salário nunca inferior ao mínimo legal – ou seja, o salário mínimo imperativo vigente no País durante a existência do respeito ao contrato de trabalho. Essa garantia constitucional, aliás, é reconhecida por diversos julgados do Supremo Tribunal Federal com respeito aos servidores celetistas da Administração Pública direta, autárquica e fundacional – ou seja, empregados estatais naturalmente regidos pela CLT (OJ n. 358, II, do TST)".[38]

---

(37) LEMOS, *op. cit.*, p. 187.

(38) Segundo Mauricio Godinho Delgado e Gabriela Neves Delgado: "O contrato intermitente, nos moldes em que foi proposto pela Lei da Reforma Trabalhista – caso lidas, em sua literalidade, as regras impostas por esse diploma legal –, busca romper com dois direitos e garantias justrabalhistas importantes, que são da estrutura central do Direito do Trabalho: a noção de duração do trabalho (e de jornada) e a noção de salário. A noção de duração de trabalho envolve o tempo de disponibilidade do empregado em face de seu empregador, prestando serviços efetivos ou não (*caput* do art. 4º da CLT). A Lei n. 13.467/2017, entretanto, ladinamente, tenta criar conceito novo: a realidade do tempo à disposição do empregador, porém sem os efeitos jurídicos do tempo à disposição. [...] em conformidade com o Direito do Trabalho, que por preceitos da CLT (art. 78, *caput* e parágrafo único) que por preceito constitucional (art. 7º, VII), é assegurado aos empregados que percebam remuneração variável, a garantia do salário nunca inferior ao mínimo legal – ou seja, o salário mínimo imperativo vigente no País durante a existência do respeito ao contrato de trabalho. Essa garantia constitucional, aliás, é reconhecida por diversos julgados do Supremo Tribunal

Enquanto aguarda o chamado, o trabalhador intermitente não se desconecta, pois "permanece intrinsecamente dependente dessa relação empregatícia, de modo que, ainda que não esteja executando ordens, estará o trabalhador traçando estratégias logísticas e pessoais, assim como programando sua rotina, a fim de atender ao comando de seu empregador"[(39)]

No trabalho intermitente, de acordo com André Martins de Almeida, a subordinação "se estende à esfera privada do trabalhador e, sobretudo, implica um esbatimento da fronteira entre tempo de trabalho/tempo de descanso, não sendo despropositada a afirmação de que haverá momentos que poderão ser caracterizados como *tempo de terceiro tipo*" [(40)]

Conforme preceitua o art. 452-A, § 1º, da CLT, o trabalhador intermitente poderá ser acionado a qualquer tempo e por qualquer meio eficaz, o que inclui mensagem de celular ou por alguma via da internet.

Esse estado de permanente conexão do trabalhador decorre da necessidade de sobrevivência, consiste em uma condição para se manter no mercado, de se mostrar disponível para não ser preterido em favor de outro concorrente, igualmente precarizado. Ademais, de acordo com o § 2º do referido artigo, no silêncio do empregado, presume-se a recusa ao trabalho. Assim, "o período de aguardo do chamamento caracteriza tempo à disposição, pois o trabalhador permanece na expectativa de ser acionado."[(41)]. Para conseguir trabalho, o empregado se sujeitará a aguardar por tempo ilimitado, extrapolando os limites constitucionais estabelecidos.

Para Mauricio Godinho Delgado e Gabriela Neves Delgado, "a noção de duração de trabalho envolve o tempo de disponibilidade do empregado em face de seu empregador, prestando serviços efetivos ou não (*caput* do art. 4º da CLT)". Os autores consideram que a Lei n. 13.467/2017, inova ao considerar que a duração do trabalho "sem os efeitos jurídicos do tempo à disposição", e rompe com a tradição normativa do Direito do Trabalho[(42)].

Pelo exposto, considera-se que "O *direto fundamental à limitação de jornada de trabalho* (compreendida como tempo de execução do trabalho e tempo de disponibilidade), não se coaduna com a indeterminação do número de horas de trabalho imposta ao trabalhador que se ativa na modalidade de contrato intermitente".[(43)]

A incerteza de jornada – compreendida como tempo de trabalho e tempo à disposição do empregador – viola a garantia constitucional prevista no art. 7º, XIII, que assegura a "duração do trabalho normal não superior a oito horas diárias e quarenta e quatro semanais"[(44)], na medida em que mantém o trabalhador permanentemente a espera de ordens do empregador, aproximando-o do sistema de servidão.[(45)]

Para Ricardo Antunes, a modalidade de contrato de trabalho intermitente, ao lado de outras formas de precarização, sujeita o trabalhador a uma nova lógica de exploração do tempo. De um lado, essas modalidades contratuais obrigam o trabalhador a manter uma eterna disponibilidade para o trabalho, acentuada pela adoção do trabalho *on-line* e dos "aplicativos", que ocultam os verdadeiros empregadores, grandes corporações globais. De outro, precarizam e subtraem cada vez mais os direitos vigentes. Segundo o autor, se essa lógica "não for radicalmente confrontada e obstada, os novos proletários dos serviços se encontrarão entre uma realidade triste e outra trágica: oscilarão entre o desemprego completo e, na melhor das hipóteses, a disponibilidade para tentar obter o privilégio da servidão".[(46)]

Federal com respeito aos servidores celetistas da Administração Pública direta, autárquica e fundacional – ou seja, empregados estatais naturalmente regidos pela CLT (OJ 358, II, do TST)". In: DELGADO, Mauricio Godinho; DELGADO, Gabriela Neves. *A reforma trabalhista no Brasil:* com os comentários à Lei n. 13.467/2017. São Paulo: LTr, 2017. p. 154 e 155.

(39) LEMOS, *op. cit.*, p. 187.

(40) MARTINS, André Almeida. O trabalho intermitente como instrumento de flexibilização da relação laboral: o regime do Código de Trabalho de 2009. In: *I Congresso Internacional de Ciências Jurídico-Empresariais.* Disponível em: <https://iconline.ipleiria.pt/bitstream/10400.8/772/1/artigo2.pdf>. Acesso em: 15 mar. 2018. Grifos acrescidos.

(41) LEMOS, *Op. cit.*, p. 187.

(42) DELGADO, Mauricio Godinho. DELGADO, Gabriela, Neves. *A reforma trabalhista no Brasil*: com comentários à Lei n. 13.467/2017. 2. ed. São Paulo: LTr. p. 162.

(43) LEMOS, *op. cit.*, p. 189.

(44) Constituição Federal de 1988. Art. 7º, XIII – duração do trabalho normal não superior a oito horas diárias e quarenta e quatro semanais, facultada a compensação de horários e a redução da jornada, mediante acordo ou convenção coletiva de trabalho. Disponível em: <http://www.planalto.gov.br/ccivil_03/constituicao/constituicaocompilado.htm>. Acesso em: 24 jun. 2018.

(45) LEMOS, *op. cit.*, p. 187.

(46) ANTUNES, Ricardo. *O privilégio da servidão*: o novo proletariado de serviços na era digital. São Paulo: Boitempo, 2018. p. 34.

A relevância do estudo dos impactos do contrato de trabalho intermitente na vida dos trabalhadores e na sociedade adquire importância na medida em que foram registradas, em setembro do ano de 2019, 12.169 admissões e 6.154 desligamentos, o que gerou um saldo positivo de 6.015 empregos, em um universo de 2.495 empresas contratantes. Somente 57 empregados celebraram mais de um contrato no referido período. O setor de Serviços realizou 3.029 contratações, seguido da Indústria da Transformação, com 1.043 trabalhadores contratados, e do Comércio, com 944 empregados na modalidade[47]. É um universo de trabalhadores que aumenta a cada dia, sujeitando indivíduos, antes protegidos pelo contrato de trabalho típico e pela limitação de jornada, à condição de inteira disponibilidade de tempo, à mercê dos interesses empresariais.

A nova concepção de tempo apresentada pelo contrato de trabalho intermitente intensifica a exploração do trabalhador ao mesmo tempo em que cria a ilusão de que ele tem liberdade para trabalhar no dia e na hora que quiser, para quem desejar. Na prática, o trabalho intermitente tem levado os trabalhadores a se submeterem a uma condição de inteira disponibilidade e imprevisibilidade em relação ao exercício do trabalho, o que impede o trabalhador em contrato intermitente de construir um projeto de vida e desenvolver plenamente sua vida de relações.

O empregado em contrato intermitente retorna ao regime de servidão, "é instrumentalizado por completo, ou aviltado em sua dignidade, se lhe falta autonomia, verdadeira autonomia, para contratar sua força de trabalho de outro modo, que não seja mediante o trabalho intermitente".[48]

Portanto, para enfrentar essas novas modalidades de exploração do tempo de trabalho e do tempo de vida, cada vez mais disseminadas, faz-se necessário, além de outras ações, assegurar *efetividade à previsão constitucional do art. 7º, XIII, da Constituição, que determina a limitação da jornada de trabalho como direito constitucional do trabalhador* – o que se contrapõe à proposta do contrato de trabalho intermitente, de jornada indeterminada, incerta, imprevisível.[49]

A indeterminação da jornada de trabalho – ou jornada móvel – já foi condenada pelo Ministério Público do Trabalho[50] também o Tribunal Superior do Trabalho[51], que reconheceu que tal modalidade contratual fere o princípio da alteridade, assim como os princípios da dignidade da pessoa humana (arts. 1º, III, e 170, *caput*), da valorização do trabalho e emprego (arts. 1º, IV, e 170, *caput* e VIII), da justiça social (art. 3º, I, II, III e IV, e 170, *caput*) e da subordinação da propriedade à sua função social (art. 170, III).

Os fundamentos de ordem constitucional validados anteriormente pelo Ministério Público do Trabalho e pelo Tribunal Superior do Trabalho, que rechaçaram essa modalidade de contratação, "permanecem plenamente válidos, restando evidente a inconstitucionalidade da jornada móvel instituída pela modalidade de contrato de trabalho intermitente".[52]

Se direitos e garantias fundamentais dos trabalhadores são considerados direitos individuais da pessoa humana, ao lado dos direitos sociais, referidos preceitos não são passíveis de modificações, por constituírem cláusulas pétreas, de acordo com o art. 60, § 4º, IV, da Constituição Federal.[53]

---

(47) Dados do CAGED. Disponíveis em: <http://trabalho.gov.br/noticias/7298-caged-brasil-criou-mais-de-157-mil-empregos-formais-em-setembro>. Acesso em: 5 dez. 2019.

(48) CARVALHO, Augusto César Leite de. *Princípios de Direito do Trabalho sob a perspectiva dos direitos humanos*. São Paulo: LTr, 2018. p. 39, *apud* LEMOS, *Op. cit.*, p. 148.

(49) LEMOS, *op. cit.*, p. 190.

(50) Trata-se do chamado "Caso *McDonald*" objeto de Ação Civil Pública (ACP) que tramitou no Tribunal Regional do Trabalho da 6ª Região, em Pernambuco, culminando com a assinatura de um Termo de Ajuste de Conduta (TAC), entre o MPT e a Empresa, a qual que se comprometeu em abster de contratações de trabalhadores nessa modalidade. In: *MPT notícias*. Disponível em: <http://portal.mpt.mp.br/wps/portal/portal_mpt/mpt/sala-imprensa/mpt-noticias/380af44a-f25f-4fb9-bf1e-1a5c0818b2d0/!ut/p/z0/jYzJDoIwFEV_BRcsm_eKoLhEYggSou6wG_MYi-lUoU-Pw9-IPGJfn5twDAjlQmh6qJqM6Tc3MZ7G68AjdeHvAJEqOawxOPN3FEXdCXMMexG9hLjhjGqY1iJ7MlSktO8iWPpJ0XWLS8SRzZb5hue-QV4-QV6HM_d0r8XtVtGEQAoui0qV4GsrY3Nk7UkFVWlmr7sdIT2TjPlu6MKhRNNv5V7-8ifz-DxQfoIVFG/>. Acesso em: 27 ago. 2018. O caso foi utilizado como exemplo na peça de pedido de ingresso como *amicus curia*e na ADI n. 5.826, interposta pelo Grupo de Pesquisa Trabalho, Constituição e Cidadania, da UnB, elaborada em conjunto pelos integrantes do Grupo. Disponível em: <http://portal.stf.jus.br/processos/detalhe.asp?incidente=5317595>. Acesso em: 5 out. 2018.

(51) BRASIL, Tribunal Superior do Trabalho. Processo: RR – 482- 28.2010.5.01.0071, Relator Ministro José Roberto Freire Pimenta, Data de Julgamento: 15.03.2017, 2ª Turma, Data de Publicação: DEJT 17.03.2017.

(52) LEMOS, *op. cit.*, p. 193.

(53) DELGADO, Mauricio Godinho; DELGADO, Gabriela Neves. *Constituição da República e Direitos Fundamentais:* dignidade da pessoa humana, justiça social e direito do trabalho. São Paulo: LTr, 2012. p. 47.

O contrato de trabalho intermitente regulado pela Lei n. 13.467/2017, ao implementar a jornada de trabalho móvel, impedindo a sua inserção na jornada clássica constitucional, sem assegurar qualquer garantia, *viola normas internacionais de proteção ao trabalho digno*, estabelecidas e Convenções e Recomendações da Organização Internacional do Trabalho, além de contrariar *princípios e regras constitucionais implícitas e explicitas.*

Relatório da Organização Internacional do Trabalho, em 2009, denominado "Duração do trabalho em todo mundo: tendências de jornadas de trabalho, legislação e políticas numa perspectiva global comparada", já apontava que "a terceirização, cumulada com o trabalho intermitente, sedimenta uma jornada de trabalho superior a 72 horas semanais, algo vedado pela ordem internacional, que sugere 40 horas semanais".[(54)]

Desta forma, o contrato de trabalho intermitente deverá assegurar ao empregado uma jornada de trabalho certa e determinada, uma vez que as normas jurídicas que regulam a jornada de trabalho são imperativas e de ordem pública e visam resguardar tanto o direito fundamental à limitação de jornada (art. 7º, XIII), como o *Direito fundamental ao trabalho digno.*

Assim, o trabalhador em contrato intermitente não poderá ficar à disposição do empregador por tempo superior ao limite de jornada de trabalho constitucional – considerado o conceito de jornada de trabalho que compreende o tempo de disponibilidade mais o tempo de trabalho efetivo. O trabalhador em contrato intermitente que se mantiver mais do que 8 horas diárias e 44 horas semanais à disposição do empregador é vítima de abuso de direito, podendo pleitear reparação.

Para Aloysio Correa da Veiga, além de obstar a estabilidade financeira do trabalhador, de forma a comprometer a quitação das despesas do quotidiano, uma vez que o indivíduo não sabe qual será a sua remuneração mensal, o contrato de trabalho intermitente ocasiona "a alteração dos ritmos de vida (alteração nos horários de trabalho, alternância de tempo de trabalho e não trabalho)", razão pela qual não se coaduna com "*as normas constitucionais legais, tratados e convenções internacionais protegem o limite da jornada* como forma de resguardar a saúde e o bem-estar dos trabalhadores".[(55)]

Desta forma, assim como as horas extras são admitidas – desde que respeitado o limite constitucional – e que a exigência abusiva de jornadas extraordinárias pode acarretar a condenação por abuso de direito[(56)], a sujeição do trabalhador a um tempo de disponibilidade indeterminado – acima do limite de jornada constitucionalmente admitido – também deve ser combatida pelos trabalhadores e pela a sociedade organizada, em conjunto com o Poder Judiciário.

Pelo exposto, quando se admite que o conceito historicamente construído de jornada de trabalho inclui o tempo à disposição de empregador, busca-se enfatizar os parâmetros jurisprudenciais constitucionalmente erigidos pelo Tribunal Superior do Trabalho[(57)], sedimentados no sentido da defesa do direito a um tempo livre para o empregado, parâmetros jurisprudenciais que não admitem jornadas de trabalho extenuantes e que condenam as empresas por violação do direito à limitação de jornada quando tal conduta interfere no projeto de vida e na vida de relações do trabalhador.

Para a construção de uma sociedade baseada nos valores fundantes do Estado Democrático de Direito, o trabalho, enquanto suporte de valor, deverá ser concebido como trabalho digno[(58)], e qualquer forma de contratação deverá ser adequada a essa perspectiva, incluindo o contrato de trabalho intermitente.

(54) VEIGA, Aloysio Correa da. Reforma Trabalhista e trabalho intermitente. In: TUPINAMBÁ, Carolina; GOMES, Fábio Rodrigues (Coord.). *A reforma trabalhista*: o impacto nas relações de trabalho. Belo Horizonte: Fórum, 2018. p. 48.

(55) *Idem*, p. 47. (Grifos acrescidos)

(56) A Tese de Doutorado desenvolvida pela autora, sob orientação da Professora Gabriela Neves Delgado, denominada "Dano existencial nas relações de trabalho intermitentes", analisou 141 Recursos de Revista – RRs, e 31 Agravos de Instrumento em Recurso de Revista – ARRs – julgados pelo Tribunal Superior do Trabalho de forma a estabelecer qual o padrão regulatório estabelecido por aquela Corte nas demandas que buscam, na Justiça do Trabalho, a indenização por dano existencial pelo excesso de jornada de trabalho – horas extras abusivas. In: LEMOS, Maria Cecilia de Almeida Monteiro. *Dano existencial nas relações de trabalho intermitentes.* Brasília: Universidade de Brasília, 2018.

(57) Na pesquisa realizada pela autora foram analisados processos que tramitaram nas oito Turmas do Tribunal Superior do Trabalho no período posterior à Emenda Constitucional n. 45/2004, quando foi reconhecida constitucionalmente a competência da Justiça do Trabalho para processar e julgar processos que envolvam pedidos relacionados às indenizações por dano moral, até 16.03.2018. O estudo dos processos selecionados se deu para estabelecer *qual o padrão regulatório estabelecido pelo Tribunal Superior do Trabalho nas demandas que buscam, na Justiça do Trabalho, a indenização por dano existencial.* A "jornada excessiva" e a jornada "exaustiva" são os principais motivos apontados pelos trabalhadores quando acionam a Justiça do Trabalho em busca de indenização por dano existencial, representando 91,49% dos casos analisados pela pesquisa realizada pela autora, entre os 141 processos relacionados a dano existencial. In: LEMOS, Maria Cecilia de Almeida Monteiro. *Dano existencial nas relações de trabalho intermitentes,* Brasília: Universidade de Brasília, 2018 p. 219, no prelo.

(58) DELGADO, Gabriela Neves. *Direito fundamental ao trabalho digno.* São Paulo. LTr, 2006. p. 111.

Assim, *o contrato de trabalho intermitente, se admitido no ordenamento jurídico pátrio, deverá respeitar os limites constitucionais relativos à jornada de trabalho,* sob pena de os abusos no uso do tempo de disponibilidade do trabalhador serem coibidos pela Justiça do Trabalho.

O estabelecimento de limitações aos abusos decorrentes do contrato intermitente pode constituir em uma grande contribuição da Justiça do Trabalho para conformação dessa nova modalidade contratual aos ditames da Constituição e das normas e tratados internacionais trabalhistas e de direitos humanos. Seguramente, o rompimento do conceito de trabalho digno implementado pelo contrato de trabalho intermitente exige do Poder Judiciário uma interpretação jurídica que assegure civilidade à nova figura instituída, com o respeito aos direitos fundamentais constitucionalizados.

Essa é a interpretação que mais se coaduna com os princípios constitucionais de proteção à dignidade humana, ao valor social do trabalho e ao direito constitucional de limitação de jornada de trabalho.

4. CONCLUSÃO

O desenvolvimento da teoria relacionada ao conceito de direito fundamental ao trabalho digno, ideal a ser alcançado a partir do paradigma do Estado Democrático de Direito – e o estudo da matriz constitucional de 1988, permitiram o reconhecimento da existência de um plexo de direitos fundamentais violados pela implementação da lógica do contrato de trabalho intermitente, instituído essencialmente para a satisfação dos interesses de mercado.

Destaca-se a violação ao *direito fundamental* à *limitação de jornada de trabalho* (compreendida como tempo de execução do trabalho e tempo de disponibilidade), perpetrada em razão da indeterminação do número de horas de trabalho impostas ao trabalhador que se ativa na modalidade de contrato intermitente.

Tal garantia, insculpida no art. 7º, XIII, da Constituição, que assegura a duração do trabalho normal não superior a oito horas diárias e quarenta e quatro semanais, encontra-se aviltada pelo contrato de trabalho intermitente, na medida em que a referida modalidade contratual mantém o trabalhador permanentemente a espera de ordens do empregador, aproximando-o do sistema de servidão.

A interpretação dos novos dispositivos legais que estabeleceram a modalidade de contrato de trabalho intermitente por intermédio da Lei n. 13.467/2017 deve guardar consonância com o preceito constitucional que assegura o direito fundamental à limitação de jornada.

Mais do que uma medida de tempo usada para calcular a contraprestação pecuniária justa pelo tempo de vida dispendido a serviço da empresa, a limitação de jornada assegura ao trabalhador o direito a uma vida privada protegida contra interferências patronais, um tempo em que o trabalhador exerce a sua liberdade.

Para conter os abusos cometidos em nome do mercado e da lucratividade, legitimados pelo discurso de modernidade que permeia as novas modalidade contratuais, o Estado, por intermédio do Poder Judiciário, deve assegurar mecanismos de defesa da integridade física e moral do trabalhador, garantindo a efetividade aos direitos constitucionalizados – em especial ao direito fundamental à limitação de jornada – em respeito ao paradigma de trabalho digno abraçado pela Constituição Federal de 1988.

REFERÊNCIAS

ANTUNES, Ricardo. *Os sentidos do trabalho:* ensaio sobre a afirmação e a negação do trabalho. São Paulo: Editora Boitempo, 2009.

BRAGA, Alice Morais; CANOAS, José Walter Abreu. *O tempo de trabalho no capitalismo.* Disponível em: <http://www.estudosdotrabalho.org/anais6seminariodotrabalho/alicebragaejosecanoas.pdf>. Acesso em: 16 set. 2018.

BRASIL. Tribunal Superior do Trabalho. Disponível em: <https://jurisprudencia.tst.jus.br/>. Acesso em: 12 dez. 2019.

CARVALHO, Augusto Cesar Leite de. *Direito do trabalho:* curso e discurso. 2. ed. São Paulo: LTr.

CONSOLIDAÇÃO DAS LEIS DO TRABALHO. Disponível em: <http://www.planalto.gov.br/ccivil_03/decreto-lei/del5452.htm>. Acesso em: 12 dez. 2019.

DECLARAÇÃO UNIVERSAL DOS DIREITOS HUMANOS. Disponível em: <http://www.dhnet.org.br/direitos/deconu/textos/integra.htm>. Acesso em: 28 out. 2018.

DELGADO, Gabriela Neves. *Direito fundamental ao trabalho digno.* São Paulo: LTr, 2006.

DELGADO, Mauricio Godinho. *Jornada de trabalho e descansos trabalhistas.* 2. ed. São Paulo: LTr, 1998.

DELGADO, Mauricio Godinho; DELGADO, Gabriela Neves. *A reforma trabalhista no Brasil*: com os comentários à Lei n. 13.467/2017. 2. ed. São Paulo: LTr, 2018.

______. *Constituição da República e direitos fundamentais.* São Paulo: LTr, 2012.

LEE, Sangheon; MCCANN, Deirdre; MESSENGER. *Duração do trabalho em todo o mundo*: tendências de jornadas de trabalho, legislação e políticas numa perspectiva global. Secretaria Internacional do Trabalho. Brasília: OIT, 2009. p. 1. Disponível em: <http://www.ilo.org/wcmsp5/groups/

public/---americas/---ro-lima/---ilo-brasilia/documents/publication/wcms_229714.pdf>. Acesso em: 11 ago. 2018.

LEMOS, Maria Cecilia de Almeida Monteiro. Dano existencial nas relações de trabalho intermitentes. *Tese de Doutorado em Direito, Estado e Constituição.* Brasília: Universidade de Brasília – UNB, 2018.

MAIOR, Jorge Luiz Souto. *O direito do trabalho como instrumento de justiça social.* São Paulo: LTr, 2000.

MARTINEZ, Luciano. *Curso de direito do trabalho*: relações individuais, sindicais e coletivas de trabalho. São Paulo: Saraiva, 2010.

MARTINS, André Almeida. O trabalho intermitente como instrumento de flexibilização da relação laboral: o regime do Código de Trabalho de 2009. *I Congresso Internacional de Ciências Jurídico-Empresariais.* Disponível: em <https://iconline.ipleiria.pt/bitstream/10400.8/772/1/artigo2.pdf>. Acesso em: 15 mar. 2018. Grifos acrescidos.

MINISTÉRIO PÚBLICO DO TRABALHO. Disponível em: <http://portal.mpt.mp.br/wps/portal/portal_mpt/mpt/sala-imprensa/mpt-noticias/380af44a-f25f-4fb9-bf1e-1a5c0818b2d0/!ut/p/z0/jYzJDoIwFEV_BRcsm_eKoLhEYgg-Sou6wG_MYiIUoU-Pw9-IPGJfn5twDAjIQmh6qJqM6Tc3MZ7G68AjdeHvAJEqOawxOPN3FEXdCXMMexG9hL-jhjGqY1iJ7MISktO8iWPpJ0XWLS8SRzZb5hueQV4-QV6HM_d0r8XtVtGEQAoui0qV4GsrY3Nk7UkFVWImr7sdIT2TjPlu-6MKhRNNv5V7-8ifz-DxQfoIVFG/>. Acesso em: 27 ago. 2018.

SANTOS, Boaventura de Sousa. *A gramática do tempo*: para uma nova cultura política. São Paulo: Cortez, 2006.

SUPIOT, Alan. *O espírito de Filadélfia*: a justiça social diante do mercado total. Porto Alegre: Sulina, 2014.

______. *Transformações do trabalho e futuro do direito do trabalho na Europa.* Coimbra: Coimbra Editora, 2003.

SUPREMO TRIBUNAL FEDERAL. Disponível em: <http://portal.stf.jus.br/processos/downloadPeca.asp?id=15338810034&ext=.pdf>. Acesso em: 26 out. 2018.

TUPINAMBÁ, Carolina; GOMES, Fábio Rodrigues (Coord.). *A reforma trabalhista*: o impacto nas relações de trabalho. Belo Horizonte: Fórum, 2018.

Capítulo 15

Precarização e Exploração do Tempo à Disposição dos Trabalhadores por Aplicativos: Um Debate Necessário sobre o Trabalho Digno

Rainanne Liberal Coutinho[(1)]

Resumo: Os trabalhadores por aplicativos, tais como Uber, Ifood etc., são um exemplo da precarização e flexibilização que marcam o trabalho no século XXI. Esses trabalhadores se aproximam da categoria "precariado" definida por Guy Standing, principalmente por estarem ausentes, para aqueles que laboram nas plataformas digitais, as sete garantias relacionadas ao trabalho. Especificamente esses trabalhadores têm o seu tempo à disposição explorado pelas plataformas digitais, uma vez que o período em que eles estão aguardando uma chamada não é remunerado – mas é útil aos aplicativos. É necessário, então, garantir aos trabalhadores por aplicativos o direito fundamental ao trabalho digno, para que as pessoas possam ser alçadas ao protagonismo das transformações tecnológicas típicas do século XXI.

Palavras-chave: Trabalhadores por aplicativos. Tempo à disposição. Trabalho digno. Precarização. Revolução 4.0.

Abstract: Digital platform workers, such as Uber, Ifood etc., are an example of the precariousness and flexibility that characterize labor in the 21st century. These workers come close to the "precarious" category defined by "Guy Standing", especially because those who are working on digital platforms are missing the seven job-related guarantees. Specifically, these workers have their time availability exploited by the digital platforms, as the time they are waiting for a call is unpaid – but useful to the applications. It is then necessary to guarantee digital platform workers the fundamental right to proper labor conditions therefore people can be raised to the 21st century protagonism typical technological transformations.

Keywords: Digital platform workers. Time availability. Decent work. Precariousness. Industry 4.0

1. INTRODUÇÃO

A precarização e a flexibilidade das relações trabalhistas são marcas do século XXI. A intensificação da exploração do trabalho tem diversas dimensões, mas este artigo se volta para uma específica: o tempo. Numa sociedade acelerada, de ritmo frenético, o tempo também se torna uma mercadoria – e, consequentemente, uma forma de reduzir os custos de produção. Assim, trabalhadores estão cada vez mais à disposição das empresas, sem que sejam remunerados adequadamente por esse tempo investido.

O *caput* do art. 4º da CLT[(2)] considera como *tempo de serviço efetivo* não só o tempo em que o empregado realizou, de fato, determinada tarefa, como também o tempo em que ele passou aguardando ordens. Ou seja, o tempo do empregado à disposição do empregador integra a jornada de trabalho, devendo ser remunerado. Ocorre que, na legislação brasileira, também é possível a remuneração por tarefa, que é muito similar à remuneração pelo tempo efetivamente trabalhado. Nesse caso, ignora-se o período que o trabalhador passou à disposição do empregador, sem prestação de trabalho efetivo. Entende-se que esse tipo de prestação

(1) Mestranda pela Universidade de Brasília (UnB) na linha de pesquisa Internacionalização, Trabalho e Sustentabilidade, da Faculdade de Direito. Pesquisadora integrante do Grupo de Pesquisa Trabalho, Constituição e Cidadania (UnB/CNPq). Bacharel em Direito pela UnB. Técnica em Regulação e Vigilância Sanitária da Agência Nacional de Vigilância Sanitária (Anvisa).

(2) Art. 4º, *caput*, da CLT: "Art. 4º Considera-se como de serviço efetivo o período em que o empregado esteja à disposição do empregador, aguardando ou executando ordens, salvo disposição especial expressamente consignada."

de trabalho é mais prejudicial ao trabalhador, uma vez que ele assume diversos riscos relacionados ao negócio, como a flutuação de demanda.(3)

Os debates acerca da exploração do tempo útil pelas empresas alcançam trabalhadores de diversas categorias precarizadas do século XXI, cada uma à sua maneira. O trabalhador intermitente, por exemplo, está constantemente à espera de uma chamada para o trabalho, pois é só assim que garante sua renda. No teletrabalho, o trabalhador não tem uma definição clara entre o tempo de trabalho e o tempo de lazer, uma vez que há uma confusão entre trabalho e vida pessoal. As discussões sobre a exploração do tempo também estão, de alguma forma, presentes no debate acerca do direito à desconexão, uma vez que o trabalhador não consegue se desvencilhar mentalmente da sua atividade laboral para ter um descanso efetivo.

Por uma questão de delimitação de objeto, esta pesquisa focará nos trabalhadores por aplicativo, dado o caráter tecnológico que também é típico do século XXI. Desde já, no entanto, alerta-se que as discussões aqui trazidas podem ser ampliadas para diversas categorias de trabalhadores, não estando restritas aos trabalhos em plataformas digitais.

O marco teórico utilizado nesta pesquisa é a categoria "precariado" utilizada por Guy Standing. Deve-se destacar que Guy Standing é um autor inglês que parte de uma perspectiva eurocêntrica nas suas análises, de modo que a sua abordagem não está isenta de críticas. Por exemplo, para Ruy Braga, autor brasileiro, o precariado não seria uma "nova classe perigosa", como estabelece Standing, mas uma classe que comporia o proletariado – uma espécie de proletariado-precarizado. O precariado, para Braga, teria surgido a partir da reestruturação produtiva ocorrida a partir dos anos de 1970; ao contrário, o precariado estaria presente no processo de industrialização e de desenvolvimento do capitalismo brasileiro, porque o desenvolvimento econômico somente ocorreria pela exploração desse setor. Diante dessas considerações, no entanto, optou-se por adotar as concepções de Standing principalmente em decorrência do seu debate sobre as sete garantias ausentes no precariado – que estão ausentes também para os trabalhadores por aplicativos –, bem como do seu estudo sobre a exploração do tempo dos trabalhadores do precariado.

Esta pesquisa tem três tópicos principais. No primeiro tópico, "2. Precarização do trabalho e plataformas digitais", é apresentado o conceito de precariado e sua aproximação com os trabalhadores em plataformas digitais, no contexto da Revolução 4.0. No tópico seguinte, "3. A exploração do tempo à disposição", o foco é a exploração do tempo à disposição dos trabalhadores por aplicativos, que é útil às plataformas, apesar de não remunerado. No último tópico, "4. Centralidade da pessoa: o trabalho digno", é afirmada a necessidade de se garantir o trabalho digno como forma de se promover a centralidade da pessoa humana ante às transformações tecnológicas.

2. PRECARIZAÇÃO DO TRABALHO E PLATAFORMAS DIGITAIS

O modelo de trabalho percebido no século XXI é fortemente influenciado pela reestruturação produtiva ocorrida a partir da década de 1970. Trinta anos antes desse período, o mundo (de uma perspectiva eurocêntrica, deve-se destacar) vivia o que se conheceu como "trinta anos gloriosos do capitalismo", iniciados a partir do fim da Segunda Guerra Mundial. Em 1944, a Declaração de Filadélfia havia afirmado que a paz somente poderia ser alcançada por meio da justiça social, uma vez que a segurança física e econômica da população seria caminho para a dignidade humana efetiva. Durante esse período, prosperaram proteções ao bem-estar social e ao trabalho digno.(4)

Contudo, o fim do padrão-ouro e os "choques do petróleo" (que levou ao aumento do preço dos barris), ocorridos nos anos de 1970, forçaram a uma redução dos custos do processo de produção. Economistas passaram a propagar a noção neoliberal de Estado Mínimo e livre mercado, que foram principalmente ouvidas nos Estados Unidos, com Ronald Reagan, e no Reino Unido, com Margaret Thatcher.(5) Nesse sentido, um dos custos a serem reduzidos passou a ser o valor do trabalho humano, afastando-se da ideia de que o trabalho não

(3) DELGADO, Mauricio Godinho. *Curso de direito do trabalho*. 16. ed. São Paulo: LTr, 2017. p. 980.

(4) EBERT, Paulo Roberto Lemgruber. A Constituição da OIT (1919) e a Declaração de Filadélfia (1944). In: ROCHA, Cláudio Janotti da; LUDOVICO, Giuseppe; PORTO, Lorena Vasconcelos; BORSIO, Marcelo; ALVARENGA, Rubia Zontelli (Coords.). *Direito internacional do trabalho*: aplicabilidade e eficácia dos instrumentos de proteção ao trabalhador. São Paulo: LTr, 2018. p. 303-304 & SUPIOT, Alain. *O espírito de Filadélfia*: a justiça social diante do mercado total. Porto Alegre: Sulina, 2014. p. 19-23.

(5) EBERT, Paulo Roberto Lemgruber. A Constituição da OIT (1919) e a Declaração de Filadélfia (1944). In: ROCHA, Cláudio Janotti da; LUDOVICO, Giuseppe; PORTO, Lorena Vasconcelos; BORSIO, Marcelo; ALVARENGA, Rubia Zontelli (Coords.). *Direito internacional do trabalho*: aplicabilidade e eficácia dos instrumentos de proteção ao trabalhador. São Paulo: LTr, 2018. p. 304.

era uma mercadoria. Motivados pelo enxugamento da fábrica e pela desconcentração produtiva, surgiram novas formas de trabalho, tais como o trabalho temporário, o trabalho em tempo parcial e a terceirização, ocorrendo ainda redução dos direitos trabalhistas dos assalariados clássicos. Precarização e flexibilidade passaram a ser a regra.[6]

Interessante notar como a precarização dos postos de trabalho aparece como consequência das flexibilidades adotadas pelas empresas: flexibilidade de salário, de vínculo empregatício, de metas, de espaço laboral etc.[7] Essa característica plástica com a qual passou-se a moldar as relações de trabalho tem utilidade para as empresas, como uma redução de custos para aumentar a competitividade. O trabalhador, por outro lado, é visto como alguém cujos direitos precisam ser sacrificados para que a economia volte a crescer.

Esse sacrifício que os trabalhadores precisaram fazer em nome da economia criou postos de trabalho precarizados, levando ao surgimento de uma classe heterogênea que Guy Standing definiu como o "precariado". Esses trabalhadores seriam diferentes da "classe trabalhadora" tradicional e do "proletariado", uma vez que não estariam em empregos estáveis, com horas definidas, ocupando, ao contrário, trabalhos inseguros, flexíveis e mal remunerados.[8]

Nota-se uma aproximação da categoria trazida por Guy Standing com os "empregos vulneráveis", um padrão de trabalho abordado pela Organização Internacional do Trabalho (OIT). Para a Organização, as pessoas que se encontram nos "vulnerable employment" geralmente se encontram em ocupações mal remuneradas, que exigem baixa qualificação, com menos probabilidade de conseguir um emprego formal e contar com proteção social digna, como um sistema adequado de seguridade social e saúde, por exemplo.[9]

Nesse sentido, Guy Standing levantou sete garantias relacionadas ao trabalho que estariam ausentes para as pessoas pertencentes ao precariado. No entanto, o autor ressalta que, sendo o precariado formado por um grupo de pessoas de interesse heterogêneo, a intensidade da ausência dessas garantias é variável, mas que, de alguma forma, os trabalhadores estão desprotegidos.[10]

A primeira dessas garantias – e talvez a mais simbólica em se tratando de indivíduos que não têm ocupações formais – seria a ausência de garantia ao mercado de trabalho e acesso ao pleno emprego. Como dito antes, o precariado não consegue ascender a empregos formais, juridicamente protegidos. Deve-se lembrar que a reestruturação produtiva da década de 1970 vem mitigando, cada vez mais, a noção de emprego formal, com carteira assinada, apostando em outras formas menos protegidas.

A segunda garantia deriva da primeira: como o precariado não ocupa postos formais de emprego, também não detém garantias de proteção contra dispensa arbitrária. Trazendo exemplos do Brasil, embora seja possível a dispensa sem justa causa, o empregado clássico tem direito a verbas rescisórias de valor maior do que o trabalhador dispensado com justa causa, como a multa de 40% sobre o valor depositado na sua conta vinculada ao Fundo de Garantia por Tempo de Serviço (FGTS)[11]. O trabalhador do precariado, no entanto, não tem essa mesma proteção, uma vez que seus vínculos empregatícios são fluidos.

O precariado também não tem segurança no emprego, na medida que não tem perspectivas de alcançar postos mais altos na carreira. Ora, se muitas vezes é difícil construir uma identidade para esse trabalhador em vulnerabilidade, quem dirá ter caminhos para buscar a ascensão social. O precariado está ausente de perspectivas de futuro. De igual modo, outra garantia faltante é a reprodução de habilidades, uma vez que, geralmente, ocupam atividades que exigem baixa formação. Dessa forma, não há muito incentivo para que eles ganhem outras habilidades e conhecimentos, de modo que, se o fazem, o retorno financeiro por isso, normalmente, é menor[12].

(6) ARAÚJO, Wanessa Mendes de. Reflexões sobre a Subordinação Jurídica na Era da Economia sob Demanda. In: LEME, Ana Carolina Reis Paes; RODRIGUES, Bruno Alves; CHAVES JÚNIOR, José Eduardo de Resende. *Tecnologias disruptivas e a exploração do trabalho humano*. São Paulo: LTr, 2017. p. 181.

(7) ANTUNES, Ricardo. *O privilégio da servidão*: o novo proletariado de serviços na era digital. São Paulo: Boitempo, 2018. p. 36.

(8) STANDING, Guy. *O precariado*: a nova classe perigosa. 1. ed. Belo Horizonte: Autêntica Editora, 2014. p. 22.

(9) ILO. Paid employment vs vunerable employment: a brief study of employment patterns by status. In: employment. Spotlight on work statistics, n. 3, jun/2018. Disponível em: <https://www.ilo.org/wcmsp5/groups/public/---dgreports/---stat/documents/publication/wcms_631497.pdf>. Acesso em: 3 nov. 2019.

(10) STANDING, Guy. *O precariado*: a nova classe perigosa. 1. ed. Belo Horizonte: Autêntica Editora, 2014. p. 27-28.

(11) Art. 18, § 1º, da Lei n. 8.036, de 11 de maio de 1990, que dispõe sobre o Fundo de Garantia do Tempo de Serviço.

(12) STANDING, Guy, *Op. cit.*, p. 186.

Há também uma insegurança no trabalho, não havendo uma proteção contra acidentes. Fazendo novamente o cotejo com o empregado clássico, nota-se que este detém alguns direitos caso ocorra algum acidente de trabalho, como um benefício previdenciário diferenciado e estabilidade de doze meses após o retorno ao trabalho.[13] É possível que o empregador ainda seja condenado, judicialmente, a pagar ao empregado uma indenização pelo ocorrido. No caso dos trabalhadores do precariado, muitas vezes o vínculo empregatício não está bem configurado – ou está propositadamente oculto –, de modo que não há um empregador que garanta medidas protetivas contra um acidente de trabalho ou a quem recorrer para uma indenização. É possível também que o trabalhador não esteja contribuindo para a previdência social, de modo que não irá receber qualquer auxílio ou pensão se lhe ocorrer algum infortúnio.

Nota-se que o precariado também não tem uma segurança de renda. A contrapartida financeira pelo seu trabalho é variável, frequentemente por tarefa, não sendo possível prever o quanto o trabalhador irá ganhar naquele mês – o que, sem dúvida, prejudicará o seu consumo. Ele também não detém garantias relacionadas a outros direitos remuneratórios que compõem a renda de um empregado clássico, tais como décimo terceiro salário, férias remuneradas, descanso semanal remunerado etc. Ou seja, além de falta de estabilidade de renda, ele também não tem acesso a direitos que são atribuídos aos empregados tradicionais.

Por fim, a sétima garantia trazida por Guy Standing é a ausência de representação. Frequentemente, o precariado encontra dificuldades de se organizar coletivamente ou para compor sindicatos, porque não há o reconhecimento de que aquele grupo de trabalhadores compõem uma categoria e não um grupo de trabalhadores autônomos. A ausência dessa garantia impacta todas as outras, uma vez que, geralmente, é por meio das negociações coletivas e pressões sindicais que os trabalhadores avançam no seu padrão protetivo. Estando ausente esse direito, o precariado perde uma chance de alcançar outros direitos.

Necessário notar como a precarização das relações trabalhistas é benéfica para o capital. Como dito anteriormente, é de interesse da empresa ter postos de trabalho flexíveis, o que, frequentemente, é sinônimo de precarizados. A perda de qualidade dos empregos clássicos, juntamente com a ameaça constante da automatização, é quase um artifício que o capital utiliza para que os trabalhadores aceitem condições de trabalho cada vez mais precárias. Virginia Fontes aponta bem essa dinâmica:

> Evidentemente, o desemprego é a ameaça maior para a população privada das condições de existência. Ele continua sendo a expressão mais clara do despotismo do capital, maneira de disciplinar as enormes massas de seres sociais, e deriva de dois processos principais: a permanência de expropriações, produzindo mais seres necessitados de vender força de trabalho em concorrência com os "empregados", e a introdução de maquinaria e tecnologia, que dispensa força de trabalho.[14]

Alain Supiot aponta, ainda, que um dos postulados da ideologia neoliberal é acreditar que "a insegurança econômica dos trabalhadores e sua exposição ao risco são motores de sua produtividade e da sua criatividade".[15] De modo perverso, a insegurança causada pela precarização dos trabalhadores é apropriada pelas empresas: o medo da perda daquele trabalho, ainda que precário, fará com que ele se torne mais propenso a aceitar menos proteção e a produzir mais, para se mostrar melhor do que a multidão de desempregados. Essa lógica de competição pode parecer boa para as empresas, mas não coaduna com a noção de trabalho digno, como será falado nos próximos tópicos.

Além disso, essa dinâmica de intensa exploração causa sofrimento mental aos trabalhadores. Do ponto de vista da Psicologia Social, o processo de precarização afeta a subjetividade do trabalhador, levando à intensificação do seu individualismo, dominação e alienação. Também leva à perda do caráter social da pessoa, como forma de mobilização coletiva e formação de bases de resistência.[16] O ser humano fica esvaziado do seu processo de construção de identidade, negando sentimentos próprios da sua humanidade, em um individualismo que desintegra o ser social.[17]

---

(13) Art. 118 da Lei n. 8.213, de 24 de julho de 1991, que dispõe sobre os Planos de Benefícios da Previdência Social.

(14) FONTES, Virgínia. Capitalismo em tempos de uberização: do emprego ao trabalho. *Marx e o Marxismo*, v. 5, n. 8, jan./jun./2017, p. 48.

(15) SUPIOT, Alain. *O espírito de Filadélfia*: a justiça social diante do mercado total. Porto Alegre: Sulina, 2014. p. 23.

(16) AQUINO, Cássio Adriano Braz de. O processo de precarização laboral e a produção subjetiva: um olhar desde a psicologia social. *O público e o privado*, n. 11. Jan/jun, 2008, p. 175.

(17) FRANCO, Tânia; DRUCK, Graça; SELIGMANN-SILVA, Edith. As novas relações de trabalho, o desgaste mental do trabalhador e os transtornos mentais no trabalho precarizado. *Revista Brasileira de Saúde Ocupacional*. V. 35, n. 122. São Paulo, jul-dez. 2010. Disponível em: <http://www.scielo.br/scielo.php?script=sci_arttext&pid=S0303-76572010000200006>. Acesso em: 2 nov. 2019.

Há ainda uma perda do sentido do trabalho, não só pelo desenvolvimento de transtornos psíquicos, tais como depressão e síndrome de *burnout*, mas também pelo desgaste mental ocasionado pela falta de estabilidade do trabalhador, que deve estar sempre disposto a se adaptar a essa flexibilidade e insegurança constante do seu posto de trabalho. Há, assim, uma violência psicológica na precarização do valor do trabalho, que empobrece a própria vida do trabalhador.(18)

Ainda no que tange ao sofrimento psicológico, Guy Standing aponta que o precariado sofre dos "quatro A": raiva (*anger*, em inglês), anomia, ansiedade e alienação. Para o autor, a raiva viria da frustração relacionada à tentativa falha de se buscar algo melhor, o que geraria também a anomia, ou seja, a indiferença decorrente do sentimento de derrota constante. O sofrimento causado pela falta de certeza relacionada ao trabalho causaria ansiedade, que viria coroada pela alienação acerca da sua situação precária, na medida em que o próprio trabalhador adota o discurso de flexibilidade da empresa.(19)

Importante notar ainda o quanto a precarização do trabalho é mais cruel para os trabalhadores mais pobres. Ou seja, a vulnerabilidade inerente ao trabalhador – que está relacionada à sua condição de hipossuficiência em relação ao empregador – é potencializada quando combinada com a vulnerabilidade social. Isso porque o trabalhador mais pobre, geralmente, não detém outras alternativas além daquele trabalho precário, tendo menos conhecimento acerca de mecanismos de suporte social, como aqueles para reivindicar seus direitos, por exemplo. Assim, o sofrimento, a violência psicológica e o desgaste mental sobre esses trabalhadores são maiores.(20)

Esse contexto de precarização das relações de trabalho e de desemprego é terreno fértil para a prosperidade das plataformas digitais. Isso porque os trabalhadores desempregados ou que tiveram seus direitos trabalhistas fragilizados viram, no trabalho por aplicativos, uma oportunidade de ocupação temporária ou de aumentar sua renda. As plataformas digitais estão inseridas, assim, na chamada *Gig Economy*, ou "economia de bicos", que denomina um mercado de trabalho no qual prevalecem contratos temporários ou sem vínculo permanente, geralmente com baixa proteção trabalhista.(21)

As plataformas digitais geralmente são aplicativos em que pessoas podem ofertar determinado serviço (como transporte privado, entregas de comida, manicure, aulas particulares etc.) e se conectar com um demandante. Nota-se que a relação é triangular, estando presente o fornecedor do serviço, o consumidor e a plataforma. O nível de envolvimento da empresa que opera o aplicativo gera algumas discussões, pois esta pessoa jurídica poderia estar apenas realizando essa intermediação entre oferta e procura ou, de fato, gerindo uma atividade econômica. Geralmente, as plataformas digitais dizem estar na primeira categoria, se desresponsabilizando de qualquer vínculo com o serviço prestado. Contudo, alguns estudos sobre o tema mostram que algumas plataformas estão, de fato, coordenando uma atividade empresarial.(22)

Importante destacar como o trabalho por plataformas está fortemente influenciado pela Quarta Revolução Industrial, também conhecida como Revolução 4.0. As transformações tecnológicas, principalmente pela popularização da internet e dos *smartphones*, têm possibilitado essa economia sob demanda, em que atividades profissionais são demandadas pela internet, para que alguém da "nuvem humana" se ofereça para realizá-la.(23) Esse modelo de negócio também é conhecido como *crowdwork* (ou uberização, como *é* mais comum no Brasil), nas quais as plataformas digitais se inserem.

Apesar da feição tecnológica, é necessário notar o contexto de precarização das relações trabalhistas no qual as plataformas digitais estão presentes. Assim, quando os aplicativos coordenam uma atividade econômica (e não apenas intermediam oferta e demanda), estão explorando, na verdade, o trabalho humano sem remunerá-lo adequadamente – seguindo, portanto, a tendência neoliberal de reduzir os custos de produção. Dessa forma, os aplicativos afirmam que os prestadores de serviço são empresários autônomos, não tendo vínculo empregatício, como forma de mascarar uma re-

---

(18) FRANCO, Tânia; DRUCK, Graça; SELIGMANN-SILVA, Edith. As novas relações de trabalho, o desgaste mental do trabalhador e os transtornos mentais no trabalho precarizado. *Revista Brasileira de Saúde Ocupacional*. V. 35, n. 122. São Paulo, jul-dez. 2010. Disponível em: <http://www.scielo.br/scielo.php?script=sci_arttext&pid=S0303-76572010000200006>. Acesso em: 2 nov. 2019.

(19) STANDING, Guy. *O precariado*: a nova classe perigosa. 1. ed. Belo Horizonte: Autêntica Editora, 2014. p. 41.

(20) FRANCO, Tânia; DRUCK, Graça; SELIGMANN-SILVA, Edith. *Op. cit.*

(21) Para mais informações acerca da *Gig Economy*, acessar artigo: BBC NEWS. What is the 'gig' economy? Publicada em 10 de fevereiro de 2017. Disponível em: <https://www.bbc.com/news/business-38930048>. Acesso em: 3 nov. 2019.

(22) TRILLO, Francisco. Trabalho decente y economia digitalizada. In: *Conferencia Nacional Tripartita*. El futuro del trabajo que queremos. Volumen II. 28 de marzo de 2017, Palacio de Zurbano, Madrid. OIT, Gobierno de España, Ministerio de Empleyo y Seguridad Social, 2017. p. 432-434.

(23) SCHWAB, Klaus. *A Quarta Revolução Industrial*. São Paulo: Edipro, 2016. p. 53-54.

lação de trabalho.[24] Francisco Trillo chama essa relação do sonho empresarial de explorar o trabalho humano sem que haja obrigações com quem desenvolve essa atividade.[25]

A autonomia e a ausência de subordinação são uma das técnicas utilizadas para afastar a relação de emprego. Além de uma forma de complementar a renda, as plataformas digitais apresentam outras vantagens para os trabalhadores, como liberdade e mobilidade, por exemplo, para se trabalhar a hora que quiser, como quiser, sem ter a figura de um chefe para dar ordens diretamente.[26] Contudo, como falado acima, a flexibilidade das relações de trabalho surge como uma característica para favorecer as empresas, não os trabalhadores.

Assim, é necessário enxergar com certa desconfiança essas promessas de liberdade, porque, o que se vê, normalmente, é a realização de uma nova forma de controle, por algoritmos. Dessa forma, os trabalhadores devem reagir aos comandos definidos pelo aplicativo, numa mobilização que envolve não somente seu corpo ou sua força de trabalho, mas todo o seu ser. É uma nova forma de aliança feudal, que implica que os trabalhadores não adotem mecanicamente as ordens da empresa, mas de fato se alinhem aos objetivos da organização.[27]

A Organização Internacional do Trabalho (OIT) dá especial destaque aos empregos vulneráveis aos quais estão sujeitos os trabalhadores por conta própria e aqueles que se submetem a trabalhos familiares não remunerados, por considerar que eles, geralmente, não desempenham suas atividades abarcados pelo que se considera "trabalho decente".[28] Percebe-se, então, que os trabalhadores por aplicativo encaixam-se na categoria de trabalhador vulnerável, uma vez que são "nanoempresários de si", para usar um termo trazido por Ludmila Abílio[29], estando afastados de qualquer proteção trabalhista.

Assim, nota-se que os trabalhadores por aplicativos se inserem na concepção de precariado, conforme definido por Guy Standing. É possível perceber, então, que eles estão desprovidos das sete garantias relacionadas ao trabalho. Os trabalhadores por aplicativo não têm vínculo de emprego com a plataforma, o que significa que não têm quaisquer direitos trabalhistas, nem proteção contra dispensa arbitrária, uma vez que a plataforma pode desconectá-lo sem maiores explicações. Eles não têm perspectivas de mobilidade social nem de reprodução de habilidades, uma vez que o trabalho realizado geralmente é repetitivo e monótono, exigindo baixa qualificação. Não há proteção contra acidentes de trabalho, uma vez que a plataforma digital se desresponsabiliza de quaisquer eventos que venham a ocorrer na prestação do serviço. Não há garantia de renda, porque o trabalho é remunerado por tarefa, em tarifa normalmente definida pelo aplicativo. Por fim, não há representação coletiva, uma vez que, além de o vínculo empregatício não estar bem caracterizado, o trabalho é essencialmente individualizado, uma atomização que impede que os trabalhadores tenham contato com seus semelhantes.

Os trabalhadores por aplicativo são a representação do trabalho no século XXI. Além da precarização herdada da restruturação produtiva ocorrida no final do século anterior, eles também estão inseridos nas transformações tecnológicas típicas da Revolução 4.0. Ao mesmo tempo, necessário considerar que o seu trabalho não está tão distante do que era realizado no século XIX, pois ainda subsiste uma parte hipossuficiente, vulnerável, vendendo sua força de trabalho para alguém que detêm poder econômico.

É nessa dualidade entre antigo e moderno que se encontram os trabalhadores por plataformas digitais. Pensando entre novo e velho, o próximo tópico irá discorrer sobre algo que está intrínseco às relações humanas: o tempo. Com foco nos trabalhadores que são objeto desta pesquisa, serão apresentadas algumas reflexões acerca do tempo que esses trabalhadores estão conectados esperando uma demanda. Trata-se

(24) FERNÁNDEZ, María Luz Rodriguéz. Clásicos y nuevos desafíos del trabajo em la Economía 4.0. In: *Conferencia Nacional Tripartita*. El futuro del trabajo que queremos. Volumen II. 28 de marzo de 2017, Palacio de Zurbano, Madrid. OIT, Gobierno de España, Ministerio de Empleyo y Seguridad Social, 2017. p. 288-290.

(25) TRILLO, Francisco, *Op. cit.*, p. 436.

(26) SCHWAB, Klaus. *A Quarta Revolução Industrial*. São Paulo: Edipro, 2016. p. 54.

(27) OITAVEN, Juliana Carreiro Corbal; CARELLI, Rodrigo de Lacerda; CASAGRANDE, Cássio Luís. *Empresas de transporte, plataformas digitais e a relação de emprego*: um estudo do trabalho subordinado sob aplicativos. Brasília: Ministério Público do Trabalho, 2018. p. 33-35.

(28) ILO. Vulnerable employment and poverty on the rise, Interview with ILO chief of Employment Trends Unit. Publicado em 26 de janeiro de 2010. Disponível em: <https://www.ilo.org/global/about-the-ilo/newsroom/features/WCMS_120470/lang--en/index.htm>. Acesso em: 3 nov. 2019.

(29) ABÍLIO, Ludmila Costhek. *Uberização do trabalho*: subsunção real da viração. Texto publicado em 22 de fevereiro de 2017. Disponível em <https://blogdaboitempo.com.br/2017/02/22/uberizacao-do-trabalho-subsuncao-real-da-viracao/>.

de um tempo de ócio ou de um tempo à disposição da plataforma?

3. A EXPLORAÇÃO DO TEMPO À DISPOSIÇÃO

É interessante como, no trabalho do século XXI, o tempo ganha uma dimensão particular, um valor próprio. Ainda não é como se o tempo fosse a moeda de troca da civilização, mas, sem dúvida, a percepção do tempo é de que ele está rareando. Esse é um fenômeno presenciado na sociedade em geral e que também atinge o mundo do trabalho.

O fato é que alguns teóricos defendem, como um fenômeno da modernidade, que há uma aceleração do ritmo social. Há uma impressão generalizada de que o tempo necessário para desenvolver suas atividades está ficando escasso. O motor econômico é, certamente, uma das causas, uma vez que o capitalismo impulsiona que os bens e serviços circulem com rapidez, para que possa haver, igualmente, circulação de capital. Ele não é, no entanto, o único responsável; há um motor cultural responsável por esse processo. Ocorre que as pessoas desejam ter uma vida rica em experiências, quase como se, ao se experimentar tudo, alcançassem a vida eterna.[30]

Há uma aparente contradição que, em pleno século XXI, as pessoas notem que o tempo pareça estar mais escasso. Uma das promessas das revoluções tecnológicas era que haveria mais tempo, justamente porque a duração para se realizar algumas atividades seria reduzida.[31] Assim como a promessa de que as novas tecnologias iriam reduzir o sofrimento no trabalho, com a possibilidade da economia digital[32], a multiplicação do tempo foi outro juramento que a Revolução 4.0 não conseguiu cumprir.

Na verdade, é possível pensar que a promessa do aumento do tempo de descanso não fosse viável de ser cumprida, uma vez que talvez não fosse esse o objetivo das revoluções tecnológicas, afinal. A industrialização, desde o século XVIII, forçou uma regulamentação maior do tempo, o que foi potencializado pela globalização. No mercado global, é necessário que as instituições funcionem 24 horas por dia, sete dias por semana. Nesse sentido, a noção biológica do tempo – em que se dorme quando está escuro e se acorda quando está claro – é incompatível com a flexibilidade necessitada pelas empresas.[33] Dessa forma, a consequência das Revoluções Industriais é uma exploração maior do tempo.

Concebendo que o tempo é um bem escasso, possível de ser utilizado como moeda de troca, não surpreende que os discursos de mobilidade e de flexibilidade adotados pelas plataformas digitais conquistem os trabalhadores. Virginia Fontes aponta que o trabalho exerce um papel contraditório na vida das pessoas: ele é imprescindível, pois garante a subsistência, mas, ao mesmo tempo, também ocupa o tempo destinado à vivência plena (lazer, tempo para a família etc.).[34] Dessa forma, as pessoas gostariam de não ter que trabalhar, mas, como isso não é viável, a ideia de trabalhar a hora que quiser é um atrativo. Há a ilusão de que, no trabalho autônomo, não havendo uma rigidez de horário, trabalhar-se-á menos. Considerando as altas jornadas enfrentadas pelos trabalhadores por aplicativo[35], isso não ocorre. Contudo, o ideal permanece.

O trabalho sob demanda operado pelas plataformas digitais revela uma realidade própria do século XXI: os trabalhadores à espera de uma chamada. Ricardo Antunes descreve essa dinâmica ao falar dos contratos "zero-hora", que, no Brasil, se aproximam ao contrato de trabalho intermitente, previsto no art. 443, § 3º, da CLT, incluído pela Reforma Trabalhista.[36] O trabalho por aplicativos guarda certa semelhança com os contratos zero-hora ou com o intermitente, uma vez que há a prestação de determinada atividade sem que haja um acordo prévio do tempo de trabalho. A fixação da quantidade de trabalho a ser realizada é determinada pelo contratante (o empregador ou a plataforma digital) de modo variável.

---

(30) ROSA, Hartmut. Aceleración social: consecuencias éticas y políticas de una sociedad de alta velocidad desincronizada. *Persona y Sociedad*, v. 25, n. 1, 2011. p. 18-25.

(31) *Ibidem*,. p. 20.

(32) ANTUNES, Ricardo. *O privilégio da servidão*: o novo proletariado de serviços na era digital. São Paulo: Boitempo, 2018. p. 19.

(33) STANDING, Guy. *O precariado*: a nova classe perigosa. 1. ed. Belo Horizonte: Autêntica Editora, 2014. p. 178.

(34) FONTES, Virgínia. Capitalismo em tempos de uberização: do emprego ao trabalho. *Marx e o Marxismo*, v. 5, n. 8, jan./jun. 2017. p. 53.

(35) OITAVEN, Juliana Carreiro Corbal; CARELLI, Rodrigo de Lacerda; CASAGRANDE, Cássio Luís. *Empresas de transporte, plataformas digitais e a relação de emprego*: um estudo do trabalho subordinado sob aplicativos. Brasília: Ministério Público do Trabalho, 2018. p. 36.

(36) Art. 443, § 3º, da CLT: "Considera-se como intermitente o contrato de trabalho no qual a prestação de serviços, com subordinação, não é contínua, ocorrendo com alternância de períodos de prestação de serviços e de inatividade, determinados em horas, dias ou meses, independentemente do tipo de atividade do empregado e do empregador, exceto para os aeronautas, regidos por legislação própria."

Assim, Ricardo Antunes caracteriza esse crescente proletariado de serviços como os novos "escravos digitais". São trabalhadores cuja jornada não está definida, que estão constantemente à espera de uma chamada, um convite para realizar determinada atividade. O trabalho é visto como uma dádiva, de modo que há uma sensação de bênção ao recebê-lo, mas é um privilégio em ser explorado, um privilégio da servidão.[37] A exploração (ou servidão), nesse sentido, vem da condição altamente precarizada na qual esse trabalho ocorre, na medida em que a remuneração também não está previamente definida, estando ausentes também diversos direitos e garantias relacionados ao trabalho.

Nesse sentido, há uma afinidade entre a ideia de "privilégio da servidão" de Ricardo Antunes e a contradição relacionada ao trabalho, ideia explorada por Virginia Fontes. O trabalho é uma dádiva, uma vez que ele é a principal fonte de renda de uma pessoa comum, mas ele carrega em si um sentimento negativo também, de exploração, de sofrimento mental, de frustração e uma certeza de se garantir somente a *sobrevivência*, não a *vivência* plena. Esse é um sentimento que se apresenta a todos os trabalhadores, mas está especialmente presente no precariado.

Enquanto estão à espera da dádiva, de uma chamada do aplicativo, o que os trabalhadores estão fazendo? Uma reportagem do Estadão, chamada emblematicamente de "12h por dia, 7 dias por semana, R$ 936: como é pedalar fazendo entregas por aplicativo"[38], mostra como é a rotina de trabalhadores que realizam entregas de comida por plataformas digitais. Como moram em locais distantes dos principais polos de entrega de comida, esses trabalhadores esperam o chamado do aplicativo em locais precários.[39] Normalmente, ocupam lugares públicos, tais como praças e estacionamentos, e, quando muito, os mobíliam com materiais retirados do lixo. Uma das suas reivindicações é ter um ponto de apoio onde se pudesse ir ao banheiro e beber água.

É típico da escravidão digital que se rompam os limites entre o tempo de trabalho o tempo de vida fora dele.[40] A *priori*, poder-se-ia considerar que, durante o tempo que o trabalhador por aplicativo não está realizando determinada atividade, haveria um descanso. Contudo, Guy Standing aponta que o precariado vive sobre um fenômeno denominado por ele de "arrocho do tempo", em que eles estão sob constante pressão para realização de novas tarefas (uma vez que não têm, entre outras garantias, a segurança de renda). Assim, não podem usufruir um tempo de qualidade para o ócio. O autor lembra que o ócio não é sinônimo de tempo em que não se participa do trabalho remunerado.[41]

Assim, os trabalhadores por aplicativos, durante o período em que não estão, efetivamente, prestando atividade (seja fazendo entregas, seja realizando corridas), não estão de fato exercendo seu ócio, porque eles não se desconectam da plataforma. Na verdade, eles estão na ansiedade da chamada, de modo que não podem exercitar um tempo de qualidade de descanso. Ademais, a reportagem mencionada anteriormente descreve como são os locais precários em que os trabalhadores ficam à espera da "dádiva do trabalho". Nesses momentos, então, os trabalhadores não estão à toa; eles estão à disposição da plataforma.

Na verdade, o tempo em que o trabalhador está conectado ao sistema, mas não está, efetivamente, prestando trabalho, é útil à plataforma. Pode-se pensar, exemplificativamente, no caso dos motoristas do aplicativo Uber. Já foi verificado que a plataforma tem interesse em manter grande número de motoristas conectados ao mesmo tempo, para que haja uma redução do tempo que um usuário espera por um carro. Há relatos, inclusive, de que a plataforma aconselha que o motorista não se desconecte da plataforma.[42] Dessa forma, pode-se parecer que o trabalhador está ocioso, contudo ele está prestando um serviço ao aplicativo (estar à disposição para receber uma chamada), que é complementar à atividade de realizar transportes de passageiros.

Como mencionado anteriormente, na remuneração por tarefa ou por tempo efetivamente trabalhado,

(37) ANTUNES, Ricardo. *O privilégio da servidão*: o novo proletariado de serviços na era digital. São Paulo: Boitempo, 2018. p. 30-34.

(38) *ESTADÃO*. 12h por dia, 7 dias por semana, R$ 936: como é pedalar fazendo entregas por aplicativo. Publicada em 15 de setembro de 2019. Disponível em: <https://www.estadao.com.br/infograficos/economia,12h-por-dia-7-dias-por-semana-r-936-como-e-pedalar-fazendo-entregas-por-aplicativo,1034668>. Acesso em: 4 nov 2019.

(39) A reportagem os caracteriza como "entregadores vampiros", uma vez que eles dormem durante o dia, em lugares mais isolados ("cavernas"), para que possam fazer entregas durante a noite. Também é comum que eles necessitem dormir na rua, uma vez que moram distantes dos polos de comida, não sendo viável retornar para a casa para descansar. A reportagem aponta que esses entregadores, normalmente, chegam na sexta e só retornam para casa no fim de domingo.

(40) ANTUNES, Ricardo. *O privilégio da servidão*: o novo proletariado de serviços na era digital. São Paulo: Boitempo, 2018. p. 37.

(41) STANDING, Guy. *O precariado*: a nova classe perigosa. 1. ed. Belo Horizonte: Autêntica Editora, 2014. p. 195.

(42) BABOIN, José Carlos de Carvalho. Trabalhadores sobre demanda: o caso Uber. *Rev. TST*, Brasília, v. 83, n. 1, jan./mar. 2017, p. 347-350.

há uma transferência dos riscos da atividade ao trabalhador, porque ele passa a responder por flutuações de demanda ou instabilidades diversas que impedem a prestação regular do serviço. Essa lógica é apropriada pelas plataformas digitais, de modo que também nelas a retribuição ao prestador de serviço é pela tarefa efetivamente realizada, independentemente do tempo gasto para realizá-la – ou, trazendo para o escopo desta pesquisa, do tempo que o trabalhador esperou para realizá-la.

Esta é a lógica da economia sob demanda, afinal: plataformas digitais que dispõem de um grande número de prestadores de serviços (a chamada "nuvem humana"), que estão à disposição de serem demandados, esperando uma requisição de um serviço do consumidor.[43] O trabalhador assume os custos inerentes à atividade, respondendo também pelos riscos da atividade, como a possibilidade de haver mais prestadores do que usuários em algum momento. A assunção dos riscos e custos é típica do empregador, mas as empresas de aplicativo que efetivamente fazem a coordenação de uma atividade econômica (e não apenas intermediação de mão de obra) os transferem aos trabalhadores. Há uma apropriação não-paga de um trabalho, resultando na intensificação da precarização pela ausência de direito.

O precariado não tem garantido nem o direito ao seu próprio tempo. Isso porque, para ele, o tempo é terciário: não há limite bem dividido entre o que seria tempo de trabalho e o tempo doméstico. Os trabalhadores do precariado são condicionados a realizar, cada vez mais, "trabalhos por tarefa"[44] Guy Standing aponta:

> Outro aspecto do arrocho do tempo é uma profunda desigualdade no controle sobre ele. Isso faz parte da total desigualdade de uma sociedade de mercado terciária, de certa forma porque o tempo é um recurso produtivo. **O precariado deve estar à disposição dos potenciais usuários do seu trabalho.** (...) **O uso do tempo em aparente ociosidade é um reflexo do mercado de empregos flexível. Ele quer que o precariado esteja de prontidão. A estruturação do tempo é tirada deles.**[45]

Os trabalhadores por aplicativos, enquanto pertencentes ao precariado, também devem lidar com a exploração do seu tempo. Assim, pode-se dizer que eles estão sujeitos ao tempo terciário, de modo que durante o período em que estão conectados à plataforma, há a realização de um trabalho por tarefa. As empresas-aplicativo e, mais do que elas, o próprio capital, exigem que eles estejam de prontidão para aquela tarefa. Supostamente há uma liberdade na fixação da jornada, mas deve-se lembrar constantemente que a flexibilidade vem atender ao interesse do mercado, não dos trabalhadores.

Nesse momento de teorização acerca das alterações nas estruturações sociais, uma reflexão deve ser feita: é essa a visão de futuro que se quer garantir aos trabalhadores? Um trabalho flexível e precarizado, cuja exploração ultrapassa a força de trabalho das pessoas, mas atinge também bens imateriais, como o seu próprio tempo, está em consonância com a noção de trabalho digno? Adianta-se que não. O próximo capítulo defenderá o necessário resgate aos conceitos de trabalho digno, para que as pessoas possam ser colocadas como protagonistas das transformações sociais.

4. CENTRALIDADE DA PESSOA: O TRABALHO DIGNO

Ao contrário do que a ideologia neoliberal e as escolhas políticas tomadas a partir da década de 1970 fazem supor, o caminho para o verdadeiro desenvolvimento socioeconômico passa pela valorização das pessoas. Fomentar a livre-iniciativa do mercado não é suficiente se os indivíduos não conseguirem alcançar sua liberdade plena, por meio da eliminação da pobreza.[46] É necessário pensar, portanto, na valorização das pessoas, que ocorre por meio da dignidade humana, enquanto fim de toda e qualquer política pública, opção legislativa ou avanço tecnológico.

No furor tecnológico, a ânsia de descoberta de novas tecnologias pode fazer com que cientistas e empresários esqueçam o valor fundamental da dignidade humana. Nesse sentido, a OIT elaborou um relatório, "Trabalho para um futuro mais brilhante", cuja principal recomendação é que a agenda econômica e inovadora

(43) SIGNES, Adrián Todolí. O mercado de trabalho no século XXI: *on-demandeconomy, crowdsourcing* e outras formas de descentralização produtiva que atomizam o mercado de trabalho. In: LEME, Ana Carolina Reis Paes; RODRIGUES, Bruno Alves; CHAVES JÚNIOR, José Eduardo de Resende. *Tecnologias disruptivas e a exploração do trabalho humano*. São Paulo: LTr, 2017. p. 30.

(44) STANDING, Guy. *O precariado*: a nova classe perigosa. 1. ed. Belo Horizonte: Autêntica Editora, 2014. p. 182-185.

(45) *Ibidem*, p. 196. Grifo próprio.

(46) BELTRAMELLI NETO, Silvio; VOLTANI, Júlia de Carvalho. Investigação histórica do conteúdo da concepção de Trabalho Decente no âmbito da OIT e uma análise de sua justiciabilidade. In: *Revista de Direito Internacional. UNICEUB*. V. 16, n. 1. 2019, p. 178.

seja centrada no ser humano, para que as pessoas não sejam exploradas pelas inovações tecnológicas.[47] Mesma lógica pode ser apropriada para os momentos de crises produtivas, cuja tendência é que o ser humano, principalmente os mais vulneráveis, sejam sacrificados, como mostra a experiência de reestruturação produtiva ocorridas a partir da década de 1970.

Dessa forma, não é que as tecnologias não tenham potencial para promover a dignidade dos trabalhadores ou a sua emancipação; apenas não foi feita uma opção política em que se valorizasse o ser humano como dotado de direitos intrínsecos, e não uma mercadoria, um custo para produção ou um meio para se atingir objetivos econômicos. Assim, o que se percebe no século XXI é que, a despeito da feição tecnológica, a lógica de exploração do trabalho humano continua a ser a mesma do século XIX, com a perda, cada vez mais, da razão social do trabalho.[48]

Escolhas que não valorizam o ser humano, seu trabalho e seus direitos não são o melhor caminho para se alcançar o pleno desenvolvimento socioeconômico. É possível tomar um rumo diferente do que se vem adotando a partir da reestruturação produtiva ocorrida no século passado, para se pensar no trabalhador como centro da atividade econômica. Ricardo Antunes, inclusive, sustenta que a precarização das relações de trabalho é intrínseca ao capitalismo, mas ela não é contínua ou estática. A precarização pode ser ampliada ou reduzida, a depender dos movimentos de organização, resistência e confrontação dos trabalhadores.[49]

Enquanto parte de uma sociedade capitalista, a valorização da pessoa passa pela afirmação das suas capacidades socioeconômicas.[50] Ou seja, como defendido anteriormente, é necessário que se combata a desigualdade social, para que o ser humano, tanto individual quanto coletivamente, possa alcançar uma vivência que permita o desenvolvimento pleno de suas potencialidades. Um dos caminhos é, portanto, o trabalho, porque é por meio dele que alguém promove seu sustento, garante sua capacidade de consumo e fortalece sua identidade pessoal e profissional.[51]

Poderia ser argumentado que os trabalhadores por aplicativo estão, então, alcançando sua vivência plena, uma vez que eles têm uma forma de garantir o seu sustento por meio da sua ocupação. Contudo, não é todo e qualquer trabalho que promove a valorização da pessoa e combate a desigualdade social, mas apenas o trabalho digno. Ou seja, aquele trabalho – entendido em sentido lato, não restrito ao emprego – que entenda o ser humano como um fim em si mesmo, não servindo como mercadoria ou instrumento para garantir o interesse de outro.[52] Como exposto por Gabriela Neves Delgado:

> A proteção jurídica do trabalhador e das relações de trabalho deve ser vista como fundamento para a viabilização do homem como fim em si mesmo, preservada sua identidade social e potencializada sua emancipação coletiva.[53]

O trabalho digno é um direito fundamental que sustenta o ordenamento jurídico brasileiro, estando presente na própria Constituição Federal (CF), que prevê que a ordem econômica deve se subordinar à proteção da dignidade do trabalhador. É fundamento do Estado brasileiro o valor social do trabalho e o valor social da livre-iniciativa.[54] De igual forma, o art. 170 da Constituição determina que a ordem econômica deve estar fundada na valorização do trabalho humano, de forma a promover a justiça social a todos por meio de uma existência digna.[55]

---

(47) COMISSÃO GLOBAL SOBRE O FUTURO DO TRABALHO. *Trabalho para um futuro mais brilhante*. Escritório Internacional do Trabalho. Genebra: OIT, 2019, p. 11.

(48) FRANCO, Tânia; DRUCK, Graça; SELIGMANN-SILVA, Edith. As novas relações de trabalho, o desgaste mental do trabalhador e os transtornos mentais no trabalho precarizado. *Revista Brasileira de Saúde Ocupacional*. v. 35, n. 122. São Paulo, jul.-dez. 2010. Disponível em: <http://www.scielo.br/scielo.php?script=sci_arttext&pid=S0303-76572010000200006>. Acesso em: 2 nov. 2019.

(49) ANTUNES, Ricardo. *O privilégio da servidão*: o novo proletariado de serviços na era digital. São Paulo: Boitempo, 2018. p. 59.

(50) DELGADO, Gabriela Neves. *Direito fundamental ao trabalho digno*. 2. ed. São Paulo: LTr, 2015. p. 196.

(51) FERNÁNDEZ, María Luz Rodriguéz. Clásicos y nuevos desafíos del trabajo em la Economía 4.0. In: *Conferencia Nacional Tripartita*. El futuro del trabajo que queremos. Volumen II. 28 de marzo de 2017, Palacio de Zurbano, Madrid. OIT, Gobierno de España, Ministerio de Empleyo y Seguridad Social, 2017, p. 279.

(52) DELGADO, Gabriela Neves. *Direito fundamental ao trabalho digno*. 2. ed. São Paulo: LTr, 2015. p. 183, 208.

(53) *Ibidem*, p. 193.

(54) Art. 1º, IV, da CF: "Art. 1º A República Federativa do Brasil, formada pela união indissolúvel dos Estados e Municípios e do Distrito Federal, constitui-se em Estado Democrático de Direito e tem como fundamentos: [...] IV – os valores sociais do trabalho e da livre-iniciativa;"

(55) Art. 170, *caput*, da CF: "A ordem econômica, fundada na valorização do trabalho humano e na livre-iniciativa, tem por fim assegurar a todos existência digna, conforme os ditames da justiça social, observados os seguintes princípios [...]."

A interpretação da expressão "valor social do trabalho" e da necessidade de assegurar a todos uma existência digna revela que não é qualquer ocupação que está protegida pelo ordenamento jurídico, mas apenas aquela que possa promover a dignidade da pessoa humana. Ou seja, não se pode pensar que é melhor que este trabalhador tenha alguma fonte de renda, ainda que precária, do que não ter como se sustentar em absoluto. Mesmo que essa lógica seja verdadeira a curto prazo, a opção constitucional feita em 1988 aponta que o trabalho deve promover condições para que as pessoas busquem ascensão social. Um trabalho que apenas promova uma fonte de renda precária, tais como dos trabalhadores por aplicativo, não está alinhado com os fundamentos da República Federativa do Brasil.

Também vai de encontro aos valores constitucionais argumentos que afirmam que é salutar que haja aplicativos para aquecer a economia brasileira, que necessitam, para tanto, de uma regulação trabalhista mais permissiva. Se este aplicativo está gerindo uma atividade econômica, então, por trás dele, há uma empresa buscando lucro por meio da exploração do trabalho humano. Ou seja, coordenando um aplicativo ou o seu algoritmo há, normalmente, uma pessoa jurídica que está se beneficiando do tempo não remunerado do trabalhador. Esta empresa deve estar subordinada ao valor social da livre-iniciativa, de modo que a ordem econômica da qual faz parte deve estar fundada na valorização do trabalho. Isso significa dizer que não pode haver uma atividade econômica que explore o trabalhador – e o seu tempo – como forma de reduzir os custos da produção.

Não é, portanto, o trabalhador que deve fazer sacrifícios ou ter seus direitos reduzidos, para que se possa reerguer a economia ou aumentar a geração de empregos. Uma lógica assim não está colocando todos os seres humanos como protagonistas e destinatários de todos os avanços econômicos. Ao contrário, conforme comentado por Supiot, essa lógica mostra uma inversão de valores, que coloca a ordem econômica como um fim em si mesma. Ou seja, o imperativo do mercado deve ser alcançado independente de qualquer consequência social, levando ao sacrifício de todas as pessoas, se necessário. Assim, a justiça social se submete à economia.[56] Essa inversão não coaduna com os valores presentes na Declaração de Filadélfia ou na Constituição Federal.

O trabalho digno é intrínseco à valorização da pessoa, uma vez que ele é promotor da dignidade humana. Como tal, certamente o trabalho digno, além de direito fundamental, é um direito humano, presente na Declaração Universal dos Direitos Humanos, de 1948, da Organização das Nações Unidas (ONU). No seu artigo XXIII está expresso que todo ser humano tem direito a um trabalho que ocorra em condições justas e razoáveis, com uma remuneração satisfatória que lhe assegure uma existência em consonância com a dignidade humana.[57]

No tocante ao tempo, deve-se destacar ainda o artigo XXIV da mesma Declaração, que dispõe que "Todo ser humano tem direito a repouso e lazer, inclusive a limitação razoável das horas de trabalho e a férias remuneradas periódicas."[58] Ou seja, é possível alegar que a exploração, não só da atividade (enquanto ação) dos trabalhadores por aplicativo, mas do seu tempo aguardando a chamada (enquanto uma não ação), é uma violação a um direito humano basilar, uma vez que este trabalhador não tem direito à livre disposição do seu tempo. Com isso, não há uma limitação da jornada, nem está se garantindo um tempo de repouso pleno – uma vez que, como visto, o precariado não consegue alcançar um ócio que lhe permita descansar.

O trabalho digno também passa pelo combate à violência. Nesse sentido, urge considerar que os trabalhadores por aplicativo estão sim em um ambiente de trabalho violento. Para a Convenção n. 190 da OIT, no entanto, as práticas, usuais ou isoladas, que causem dano psicológico ao trabalhador constituem também uma forma de violência, devendo, portanto, ser combatidas.[59] Como foi falado em tópicos anteriores, ambientes de intensa precarização e flexibilização, tais como os que laboram os trabalhadores por aplicativo, são propensos a causarem danos psicológicos. Essa é uma face da violência apropriada pelas empresas para geração de lucro, e institucionalizada pelo Estado, que não adota medidas para promoção de um trabalho digno.

Por fim, deve-se entender que o Direito do Trabalho tem missão precípua de promover o trabalho digno, por meio do alcance do patamar civilizatório mínimo e

---

(56) SUPIOT, Alain. O espírito de Filadélfia: a justiça social diante do mercado total. Porto Alegre: Sulina, 2014, p. 31.

(57) ONU, *Declaração Universal dos Direitos Humanos, 1948*. Adotada e proclamada pela Assembleia Geral das Nações Unidas (resolução 217 A III) em 10 de dezembro 1948. Disponível em: <https://nacoesunidas.org/wp-content/uploads/2018/10/DUDH.pdf>. p. 13.

(58) *Idem.*

(59) ILO. C190 – Violence and Harassment Convention, 2019. Adotada em 21 de junho de 2019. Disponível em: <https://www.ilo.org/dyn/normlex/en/f?p=1000:12100:0::NO::P12100_INSTRUMENT_ID,P12100_LANG_CODE:3999810,es:NO>. Acesso em: 14 nov 2019.

das suas funções progressistas e de busca de melhoria das condições de trabalho.[60] Assim, para resgatar a contradição trazida por Virginia Fontes, argumenta-se que o Direito do Trabalho, portanto, deve atuar para que o trabalho não seja somente uma fonte de renda, um fardo necessário que impossibilita que as pessoas possam gozar do restante do seu tempo. Ao contrário, o trabalho que esteja fundado na dignidade da pessoa humana permite que as pessoas melhorem sua condição social e se afirmem como integrantes da sociedade produtiva, o que contribui também para sua autoestima.

Sendo assim, é preciso dignificar o trabalho exercido pelo precariado, em especial pelos trabalhadores por aplicativos, que se encontram às margens de qualquer proteção social. Dessa forma, é necessário que este trabalho resgate as sete garantias trazidas por Guy Standing, como elemento para promover a dignidade humana. A afirmação do trabalho digno para os trabalhadores por aplicativos, portanto, visa combater sua classificação como um "trabalho vulnerável", conforme definido pela OIT, de modo que as pessoas possam alcançar a liberdade plena para, por exemplo, poder gerir o seu tempo.

5. CONCLUSÃO

A afirmação do trabalho digno passa por alguns desafios no trabalho do século XXI. Contudo, não é que a proteção ao trabalho esteja anacrônica ou que não seja mais adequada frente aos avanços tecnológicos ou à reestruturação produtiva ocorrida a partir da década de 1970. Na verdade, a valorização do trabalho é um dos fundamentos constitucionais, estando presente em diversas declarações internacionais de base. De fato, são os processos econômicos e as inovações tecnológicas que têm que se adaptar ao valor social da livre-iniciativa, pois só assim as pessoas são colocadas como protagonistas das transformações sociais, independente da sua vulnerabilidade.

Essa ideia vale para todos os trabalhadores, mas deve ser dado destaque, especialmente, aos trabalhadores por aplicativo. Eles fazem parte de uma nova classe heterogênea, definida por Guy Standing como o "precariado". Para eles, estão ausentes diversas garantias relacionadas ao trabalho, entre elas o direito ao usufruto do seu próprio tempo. Esses trabalhadores são remunerados exclusivamente pelas atividades que desempenham, passando muito tempo conectados ao aplicativo à espera de uma chamada. Ao mesmo tempo, a plataforma digital se beneficia desse tempo de disponibilidade dos trabalhadores, porque ter prestadores prontos para executar determinado serviço melhora sua reputação perante os usuários.

Os trabalhadores por aplicativo exercem, então, um típico trabalho do século XXI: precário. Essa precariedade é intensificada em uma realidade de alta taxa de desemprego, em que os trabalhadores, diante da ausência de perspectiva de ascensão social, não têm muita opção além de se submeterem às regras da plataforma digital. Não há como se falar, portanto, em autonomia e liberdade, uma vez que a necessidade básica de subsistência retira as possibilidades de escolha.

Mas a sociedade, o Estado e até mesmo os trabalhadores organizados coletivamente podem tomar uma decisão: *qual é o trabalho que se quer para o futuro?* Certamente não é um bom projeto político para a sociedade o incentivo a uma forma de trabalho que trate as pessoas como mercadorias ou custos para a produção, aumentando as desigualdades sociais ao mesmo tempo em que se retiram direitos dos trabalhadores. O caminho para uma sociedade cujo futuro seja positivo para as pessoas é aquele em que se valorize o trabalho como motor para a dignificação do ser humano.

Embora não seja fácil definir especificamente quais são as regras jurídicas que compõe o conceito de trabalho digno, casos concretos mostram o que não é um trabalho que traz dignidade. Assim, um trabalho que amplie as vulnerabilidades do trabalhador, ou que se aproveite do seu desespero pela sobrevivência, não é um trabalho digno. De igual forma, uma empresa que se baseia em uma remuneração por tarefa como forma de reduzir o custo de produção, concomitantemente incentive seus "colaboradores" a estarem mais tempo disponíveis ao trabalho, não está se pautando na valorização do trabalho.

Dessa forma, é necessária uma mudança de paradigma para entender como a exploração desses trabalhadores se revela como uma nova forma de violência, que deve ser combatida, conforme determinado pela Convenção n. 190 da OIT. Também devem ser combatidas as formas de trabalho vulnerável, pois a busca por uma sociedade verdadeiramente livre e justa passa pela eliminação de todas as formas de desigualdades sociais.

---

(60) DELGADO, Mauricio Godinho. Funções do Direito do Trabalho no Capitalismo e na Democracia. In: DELGADO, Mauricio Godinho; DELGADO, Gabriela Neves. *Constituição da República e direitos fundamentais*: dignidade da pessoa humana, justiça social e direito do trabalho. 4. ed. São Paulo: LTr, 2017. p. 81.

Ainda restam quase oitenta anos de século XXI, tempo suficiente para se buscar um ideal de sociedade. Essa sociedade será composta por pessoas miseráveis, em situação precária, que serão exploradas por grandes e lucrativas empresas, e ganharão apenas o suficiente para garantir sua sobrevivência para serem exploradas no dia seguinte? Ou essa sociedade será composta por pessoas que podem, por meio do seu direito fundamental ao trabalho digno, se afirmar como parte da sociedade e melhorar sua condição social? É tempo de decidir.

REFERÊNCIAS

ABÍLIO, Ludmila Costhek. *Uberização do trabalho*: subsunção real da viração. Texto publicado em 22 de fevereiro de 2017. Disponível em: <https://blogdaboitempo.com.br/2017/02/22/uberizacao-do-trabalho-subsuncao-real-da-viracao/>. Acesso em: 29 nov. 2019.

ANTUNES, Ricardo. *O privilégio da servidão*: o novo proletariado de serviços na era digital. São Paulo: Boitempo, 2018.

AQUINO, Cássio Adriano Braz de. O processo de precarização laboral e a produção subjetiva: um olhar desde a psicologia social. *O público e o privado*, n. 11. Jan/jun, 2008. p. 169-178.

ARAÚJO, Wanessa Mendes de. Reflexões sobre a Subordinação Jurídica na Era da Economia sob Demanda. In: LEME, Ana Carolina Reis Paes; RODRIGUES, Bruno Alves; CHAVES JÚNIOR, José Eduardo de Resende. *Tecnologias disruptivas e a exploração do trabalho humano*. São Paulo: LTr, 2017.

BABOIN, José Carlos de Carvalho. Trabalhadores sobre demanda: o caso Uber. *Rev. TST*, Brasília, v. 83, n. 1, jan/mar 2017. p. 330-362.

BRASIL. Constituição da República Federativa do Brasil de 1988. Promulgada em 5 de outubro de 1988.

______. Decreto-Lei n. 5.452, de 1º de maio de 1943. Aprova a Consolidação das Leis do Trabalho. Publicado em 9 de agosto de 1943.

______. Lei n. 8.036, de 11 de maio de 1990. Dispõe sobre o Fundo de Garantia do Tempo de Serviço e dá outras providências. Publicada em 14 de maio de 1990.

______. Lei n. 8.213, de 24 de julho de 1991. Dispõe sobre os Planos de Benefícios da Previdência Social e dá outras providências. Publicada em 25 de julho de 1991.

BELTRAMELLI NETO, Silvio; VOLTANI, Júlia de Carvalho. Investigação histórica do conteúdo da concepção de Trabalho Decente no âmbito da OIT e uma análise de sua justiciabilidade. In: *Revista de Direito Internacional. UNICEUB*. v. 16, n. 1. 2019, p. 178.

COMISSÃO GLOBAL SOBRE O FUTURO DO TRABALHO. *Trabalho para um futuro mais brilhante*. Escritório Internacional do Trabalho. Genebra: OIT, 2019.

DELGADO, Gabriela Neves. *Direito fundamental ao trabalho digno*. 2. ed. São Paulo: LTr, 2015.

DELGADO, Mauricio Godinho. *Curso de direito do trabalho*. 16. ed. São Paulo, LTr: 2017.

______. Funções do Direito do Trabalho no Capitalismo e na Democracia. In: DELGADO, Mauricio Godinho; DELGADO, Gabriela Neves. *Constituição da República e direitos fundamentais*: dignidade da pessoa humana, justiça social e direito do trabalho. 4. ed. São Paulo: LTr, 2017.

EBERT, Paulo Roberto Lemgruber. A Constituição da OIT (1919) e a Declaração de Filadélfia (1944). In: ROCHA, Cláudio Janotti da; LUDOVICO, Giuseppe; PORTO, Lorena Vasconcelos; BORSIO, Marcelo; ALVARENGA, Rubia Zontelli (Coords.). *Direito Internacional do Trabalho*: aplicabilidade e eficácia dos instrumentos de proteção ao trabalhador. São Paulo: LTr, 2018.

FERNÁNDEZ, María Luz Rodriguéz. Clásicos y nuevos desafíos del trabajo em la Economía 4.0. In: *Conferencia Nacional Tripartita*. El futuro del trabajo que queremos. Volumen II. 28 de marzo de 2017, Palacio de Zurbano, Madrid. OIT, Gobierno de España, Ministerio de Empleyo y Seguridad Social, 2017.

FONTES, Virgínia. Capitalismo em tempos de uberização: do emprego ao trabalho. *Marx e o Marxismo*, v. 5, n. 8, jan/jun/2017. p. 45-67.

FRANCO, Tânia; DRUCK, Graça; SELIGMANN-SILVA, Edith. As novas relações de trabalho, o desgaste mental do trabalhador e os transtornos mentais no trabalho precarizado. *Revista Brasileira de Saúde Ocupacional*. v. 35, n. 122. São Paulo, jul-dez. 2010. Disponível em: <http://www.scielo.br/scielo.php?script=sci_arttext&pid=S0303-76572010000200006>. Acesso em: 2 nov. 2019.

ILO. *Vulnerable employment and poverty on the rise*, Interview with ILO chief of Employment Trends Unit. Publicado em 26 de janeiro de 2010. Disponível em: <https://www.ilo.org/global/about-the-ilo/newsroom/features/WCMS_120470/lang--en/index.htm>. Acesso em: 3 nov. 2019.

______. Paid employment *vs* vunerable employment: a brief study of employment patterns by status in *employment. Spotlight on work statistics*, n. 3, jun/2018. Disponível em: <https://www.ilo.org/wcmsp5/groups/public/---dgreports/---stat/documents/publication/wcms_631497.pdf>. Acesso em: 3 nov. 2019.

______. C190 – Violence and Harassment Convention, 2019. Adotada em 21 de junho de 2019. Disponível em: <https://www.ilo.org/dyn/normlex/en/f?p=1000:12100:0::NO::P12100_INSTRUMENT_ID,P12100_LANG_CODE:3999810,es:NO>. Acesso em: 14 nov. 2019.

OITAVEN, Juliana Carreiro Corbal; CARELLI, Rodrigo de Lacerda; CASAGRANDE, Cássio Luís. *Empresas de transporte, plataformas digitais e a relação de emprego*: um estudo do trabalho subordinado sob aplicativos. Brasília: Ministério Público do Trabalho, 2018.

ONU, *Declaração Universal dos Direitos Humanos, 1948*. Adotada e proclamada pela Assembleia Geral das Nações Unidas (resolução 217 A III) em 10 de dezembro 1948. Disponível em: <https://nacoesunidas.org/wp-content/uploads/2018/10/DUDH.pdf>.

ROSA, Hartmut. Aceleración social: consecuencias éticas y políticas de una sociedad de alta velocidad desincronizada. *Persona y Sociedad*, v. 25, n. 1, 2011.

SCHWAB, Klaus. *A quarta revolução industrial*. São Paulo: Edipro, 2016.

SIGNES, Adrián Todolí. O Mercado de Trabalho no Século XXI: *on-demandeconomy, crowdsourcing* e outras formas de descentralização produtiva que atomizam o mercado de trabalho. In: LEME, Ana Carolina Reis Paes; RODRIGUES, Bruno Alves; CHAVES JÚNIOR, José Eduardo de Resende. *Tecnologias disruptivas e a exploração do trabalho humano*. São Paulo: LTr, 2017.

STANDING, Guy. *O precariado*: a nova classe perigosa. Belo Horizonte: Autêntica Editora, 2014.

SUPIOT, Alain. *O espírito de Filadélfia*: a justiça social diante do mercado total. Porto Alegre: Sulina, 2014.

TRILLO, Francisco. Trabalho decente y economia digitalizada. In: *Conferencia Nacional Tripartita*. El futuro del trabajo que queremos. Volumen II. 28 de marzo de 2017, Palacio de Zurbano, Madrid. OIT, Gobierno de España, Ministerio de Empleo y Seguridad Social, 2017. p. 425-443.

Capítulo 16

Desafios para o Trabalho Digno na Era Digital: Saúde e Segurança Ameaçadas pelo *APP*

Luciana Paula Conforti[1]

Resumo: O artigo trata da precarização do mercado de trabalho, sobretudo após a aprovação da Reforma Trabalhista pelo Congresso Nacional (Lei n. 13.467/2017), chamando a atenção para a necessidade da proteção da saúde e segurança dos trabalhadores por aplicativos, independentemente do reconhecimento do vínculo de emprego, face à existência de relação de trabalho entre os ciclo-entregadores, motoristas e ***motoboys*** e as empresas titulares das plataformas digitais. Defende-se a ressignificação dos elementos do contrato de trabalho, principalmente da subordinação, para considera-la estruturalmente e sob o prisma da dependência, abandonando-se concepções estranhas à era digital e o reconhecimento do direito à proteção do meio ambiente de trabalho saudável e seguro, como direito humano e fundamental, a ser observado pelo Estado e garantido pela Justiça do Trabalho, com o reconhecimento de direitos previstos no art. 7º da Constituição, além de outros que visem à melhoria da condição social desses trabalhadores, especialmente o direito fundamental ao trabalho digno.

Palavras-chave: Trabalho digno. Era digital. Saúde. Segurança.

Abstract: This article deals with the precariousness of the labor market, especially after the approval of the Labor Reform by the National Congress (Law 13.467/2017), drawing attention for the need to protect workers by applications' health and safety, regardless of the acknowledgment of the employment link, in view of the existence of a working relationship between cycle-delivery, drivers, motoboys and companies holding digital platforms. The resignification of the elements of the employment contract, particularly the subordination, is defended to consider it structurally and from the perspective of dependence, abandoning conceptions strange to the digital age and the recognition of the right to the protection of the healthy and safe work environment, as a human and fundamental right, to be observed by the State and guaranteed by the Labor Court, with the recognition of rights provided for in art. 7º of the Constitution, and others aimed at improving the social condition of these workers, mainly the fundamental right to decent work.

Keywords: Decent work. Digital age. Health. Safety.

1. INTRODUÇÃO

A explosão de aplicativos de *delivery* trouxe diversas mudanças no comércio, no consumo e também no mercado de trabalho. Até pouco tempo atrás, tais serviços eram distribuídos de modo já incorporado na rotina dos grandes centros, com a ocupação de *motoboys* no Brasil, cuja profissão é regulamentada e garante direitos trabalhistas previstos legalmente[2] Atualmente, no entanto, o trabalho é altamente precarizado e foi ampliado de forma avassaladora por todo o país[3]. Qualquer pessoa que atenda a condições mínimas e aceite as exigências das plataformas digitais, passa a trabalhar na atividade, à margem de qualquer regulação. O número de acidentes,

---

(1) Doutora em Direito, Estado e Constituição pela Universidade de Brasília (UnB). Pesquisadora integrante dos Grupos de Pesquisa Trabalho, Constituição e Cidadania (UnB-CNPq) e Trabalho Escravo Contemporâneo (UFRJ-CNPq). Juíza do Trabalho do TRT da 6ª Região (PE). Diretora de Formação e Cultura da ANAMATRA (2019-2021). Professora de Pós-Graduação.

(2) Como a Lei n. 12.997, de 18 de junho de 2014, que instituiu o adicional de periculosidade aos motociclistas profissionais, acrescentando ao art. 193 da CLT, o § 4º. Disponível em: <http://www.planalto.gov.br/ccivil_03/_Ato2011-2014/2014/Lei/L12997.htm>. Acesso em: 8 dez. 2019.

(3) Disponível em: <https://exame.abril.com.br/negocios/dino/aplicativos-de-delivery-mudam-habitos-de-consumo-e-aquecem-economia-de-pequenas-cidades/>. Acesso em: 7 dez. 2019.

as paralisações pela baixa remuneração e a total desproteção, entre outras situações, trazem diversas questões para reflexões, principalmente sobre os desafios para a garantia do direito ao trabalho digno e acerca das ameaças à saúde e segurança desses trabalhadores(4).

No dia 6 de julho de 2019, Thiago de Jesus Dias, 33 anos, entregador de mercadorias por aplicativo, sentiu-se mal durante o trabalho em São Paulo e faleceu, dias após, no hospital. Thiago trabalhava 12 horas por dia, foi vítima de acidente vascular cerebral e a sua morte causou indignação e chamou a atenção para os impactos da precarização do mercado de trabalho sobre a saúde e segurança dos trabalhadores. O caso revelou, ainda, desumanização, ausência de cuidado e de compromisso da empresa titular do aplicativo, que apenas se preocupou em "dar baixa" no pedido, a fim de comunicar aos demais clientes de que haveria atraso nas entregas(5).

Empresas que mantém plataformas digitais são consideradas as maiores contratantes, com a intermediação de milhões de postos de trabalho, mal remunerados. Os trabalhadores desempenham as suas atividades em jornadas de 12 até 18 horas por dia, geralmente como informais, intermitentes, supostos autônomos ou microempreendedores, por exigência das próprias contratantes, sem qualquer proteção social ou compromisso dessas empresas com a saúde e segurança dos contratados(6).

Destaca-se que essa desproteção dos trabalhadores não encontra amparo na Constituição, tampouco no Direito Internacional dos Direitos Humanos. Diante de tal quadro, incumbe ao Estado propiciar a proteção dos direitos humanos dos trabalhadores, efetuando a regulamentação de tais atividades, de acordo com o art. 1º, item 1 da Convenção Americana de Direitos Humanos, que impõe o respeito aos direitos e liberdades previstos na Convenção.

O mesmo diploma dispõe, em seu art. 2º, que:

> [...] se o exercício dos direitos e liberdades mencionados no art. 1º ainda não estiver garantido por disposições legislativas ou de outra natureza, os Estados Partes comprometem-se a adotar, de acordo com as suas normas constitucionais e com as disposições desta Convenção, as medidas legislativas ou de outra natureza que forem necessárias para tornar efetivos tais direitos e liberdades(7).

Entre os direitos e liberdades previstos na Convenção Americana de Direitos Humanos, destaca-se a proteção do direito à vida (art. 4º, 1), da integridade física, psíquica e moral (art. 5º, 1), da dignidade (art. 11, 1) e a proteção judicial (art. 25, 1).

Nesse contexto, impõe-se ao Poder Judiciário reparar lesões decorrentes da violação do Direito Internacional dos Direitos Humanos, como também deixar de aplicar as normas internas que contrariem essas disposições e a proteção constitucional, mediante controle de constitucionalidade e de convencionalidade nos casos concretos, para a garantia do direito ao trabalho digno e proteção da saúde e segurança dos trabalhadores.

2. TRABALHO POR APLICATIVOS: UM ALERTA SOBRE A SAÚDE E SEGURANÇA

Os entregadores que utilizam a bicicleta como ferramenta de trabalho, chegam a pedalar mais de 15 quilômetros (em alguns casos 30 quilômetros(8)) apenas para chegar às regiões onde iniciarão as entregas, segundo levantamento realizado pelo BBC News e recebem remuneração ínfima(9).

Houve notável crescimento do número de ciclo-entregadores nos grandes centros, o que traz preocupações com essa categoria de trabalhadores, cujas atividades não têm sido questionadas pela população, que se beneficia dos serviços, tampouco tais trabalhadores têm sido protegidos pelo Estado. A atividade não possui regulamentação própria, o que tem gerado incertezas sobre quais direitos são garantidos aos entregadores, já que trabalham sem registro de emprego, em tese, como autônomos ou parceiros(10).

---

(4) O presente artigo traz o aprofundamento de estudo preliminar sobre a matéria, publicado com o título "Trabalho na era digital: saúde e segurança ameaçadas pelo *app*". CONFORTI, Luciana Paula. In: *Entre o Tripalium e a Revolução 4.0:* saúde e segurança no trabalho. FREITAS, Ana Maria Aparecida de; FARIAS, Fábio André de; CALDAS, Laura Pedrosa (Orgs.). Belo Horizonte: RTM, 2019. p. 233-253.

(5) Disponível em: <https://www1.folha.uol.com.br/cotidiano/2019/07/oab-classifica-morte-de-entregador-do-rappi-de-desmonte-das-relacoes-de-trabalho.shtml>. Acesso em: 1º set. 2019.

(6) Disponível em: <https://www.cartacapital.com.br/economia/proletariado-digital-apps-promovem-trabalhos-precarios-a-brasileiros/>. Acesso em: 1º set. 2019.

(7) Disponível em: <https://www.cidh.oas.org/basicos/portugues/c.convencao_americana.htm>. Acesso em: 15 set. 2019.

(8) Disponível em: <https://epocanegocios.globo.com/Empresa/noticia/2019/05/dormir-na-rua-pedalar-30-km-e-trabalhar-12-horas-por-dia-rotina-dos-entregadores-de-aplicativos.html>. Acesso em: 16 set. 2019.

(9) Disponível em: <https://www.jornalcontabil.com.br/os-riscos-da-atividade-de-entregadores-de-aplicativos/>. Acesso em: 13 set. 2019.

(10) Disponível em: <http://www.justificando.com/2019/05/24/entregadores-de-aplicativos-estao-em-um-limbo-do-direito-do-trabalho/>. Acesso em: 13 set. 2019.

Como afirma Wallace Antonio Dias Silva:

> O ciclo-entregadores diariamente ficam sujeitos a acidentes, intempéries como sol e chuva, desgastes físicos e psíquicos, não possuindo locais próprios para se alimentar, se hidratar ou até mesmo para realizar necessidades físicas.
>
> Trata-se de uma profissão extremamente perigosa pelo simples fato de possuírem como principal instrumento de trabalho, além das próprias bicicletas, ruas movimentadas, na maioria dos casos sem ciclofaixas ou ciclovias, com constante risco de atropelamento e acidentes[(11)].

Em outros países, já houve o reconhecimento de vínculo de emprego entre ciclo-entregadores e a plataforma fornecedora dos serviços, como na Espanha, pela consideração da inexistência de autonomia dos trabalhadores, para incluí-los formalmente no sistema de Previdência Social. O mesmo ocorreu em processos julgados pela Corte de Amsterdã, que considerou a caracterização de poder diretivo da plataforma sobre os entregadores, em razão do controle digital realizado e, por conseguinte, a existência de relação de emprego entre as partes[(12)].

São Paulo conta com 30 mil entregadores ciclistas pelo *app*, a maioria na faixa entre 18 e 27 anos, devido ao alto índice de desemprego. O entregador Samuel Marques trabalha 12 horas por dia, 7 dias por semana e ganha, por mês, em torno de R$ 936,00 líquidos. Samuel sintetiza o perfil desses entregadores. Segundo entrevistas feitas com 270 ciclo-entregadores, 86% responderam que as entregas com bicicleta são sua única fonte de renda. Apesar do exposto, a pesquisa também revelou que há entregadores que trabalham para mais de uma empresa, podendo pegar entregas pela *iFood*, *Uber Eats* e *Rappi*. Outro ponto a ser destacado, é o de que também existem entregadores que realizam o trabalho como atividade extra ou, no caso de estudantes, apenas em finais de semana, sendo importante que cada caso seja devidamente analisado para a adequada proteção dos trabalhadores[(13)].

Assim, podem existir situações em que os entregadores trabalham para apenas uma empresa ou para várias; os que trabalham continuamente, tendo as entregas como única fonte de renda (a maioria) e os que executam as atividades apenas para reforço da renda ou para levantar alguma quantia, de acordo com os vários perfis e diferentes necessidades.

Concorda-se com Wallace Antonio Dias Silva, quando afirma que qualquer que seja o tipo de vínculo que venha a ser interpretado, é imprescindível que os trabalhadores sejam protegidos, especialmente no tocante ao acesso ao sistema de seguridade social. Sobre a necessidade de proteção dos trabalhadores, assevera o autor que:

> Deve surgir legislação que considere seus horários de trabalho, locais para refeição e descanso, gastos com compra e manutenção das bicicletas, além de todas normas mínimas, por sinal constitucionais, fundamentais, indisponíveis e de aplicação imediata, relacionadas à saúde, medicina e segurança do trabalho[(14)].

No caso dos motoristas por aplicativos, além de terem que trabalhar em jornadas extensas, há o repasse de 25 a 30% à empresa titular da plataforma digital e ainda têm que arcar, integralmente, com os custos de manutenção do veículo e com o combustível. Caso adoeçam ou sofram qualquer acidente, também ficarão sem trabalhar e receber[(15)].

De acordo com Ricardo Antunes, a *Uber* é "um exemplo mais do que emblemático" desse tipo de empresa:

> [...] trabalhadores e trabalhadoras com seus automóveis, isto é, com seus instrumentos de trabalho, arcam com suas despesas de seguridade, com os gastos de manutenção dos veículos, de alimentação, limpeza etc., enquanto o 'aplicativo' – na verdade, uma empresa privada global de assalariamento disfarçado sob a forma de trabalho desregulamentado – apropria-se do mais valor gerado pelo serviço dos motoristas, sem

---

(11) DIAS SILVA, Wallace Antonio. *Entregadores de aplicativos estão em um limbo do Direito do Trabalho*. Disponível em: <http://www.justificando.com/2019/05/24/entregadores-de-aplicativos-estao-em-um-limbo-do-direito-do-trabalho/>. Acesso em: 13 set. 2019.

(12) *Ibidem*.

(13) Disponível em: <https://www.estadao.com.br/infograficos/economia,12h-por-dia-7-dias-por-semana-r-936-como-e-pedalar-fazendo-entregas-por-aplicativo,1034668>. Acesso em: 15 set. 2019.

(14) DIAS SILVA, Wallace Antonio. Entregadores de aplicativos estão em um limbo do Direito do Trabalho. Disponível em: <http://www.justificando.com/2019/05/24/entregadores-de-aplicativos-estao-em-um-limbo-do-direito-do-trabalho/>. Acesso em: 13 set. 2019.

(15) Disponível em: <https://www.cartacapital.com.br/economia/proletariado-digital-apps-promovem-trabalhos-precarios-a-brasileiros/>. Acesso em: 1º set. 2019. Desde 2018, a *Uber* passou a cobrar taxas variáveis, de acordo com a quilometragem e o tempo das corridas. Disponível em: <https://www.otempo.com.br/economia/uber-extingue-taxa-fixa-cobrada-de-motoristas-1.1864398>. Acesso em: 14 set. 2019.

preocupações com deveres trabalhistas historicamente conquistados pela classe trabalhadora. Em pouco tempo, essa empresa se tornou global, com um número espetacularmente grande de motoristas que vivenciam as vicissitudes dessa modalidade de trabalho instável [...][(16)].

Nesse contexto, independentemente do sistema de seguridade social, entende-se que os entregadores e motoristas devem ser beneficiados com seguro saúde, seguro de vida e de acidentes pessoais, em acréscimo aos direitos previstos no art. 7º da Constituição.

3. PLATAFORMAS DIGITAIS E A "ECONOMIA DE BICO"

A "uberização" do trabalho ou "*gig economy*" vem sendo discutida há tempos, porém, houve o aprofundamento desse tipo de relação de trabalho com a crise econômica instalada no país em meados de 2014[(17)], com os altos índices de desemprego[(18)] e, sobretudo, a partir da aprovação da Reforma Trabalhista, em 2017, que possibilitou a terceirização sem limites de atividades, entre outras precarizações do trabalho, como o trabalho intermitente. Com efeito, a Lei n. 6.019, de 1974 foi alterada pela Lei n. 13.467, de 13 de julho de 2017, quando passou a prever expressamente em seu artigo 4-A, a possibilidade de terceirização de quaisquer atividades das empresas, inclusive de suas atividades principais ou atividades-fim.

No mesmo sentido, o Supremo Tribunal Federal entendeu, no julgamento do Recurso Extraordinário n. 958.252-MG, publicado em 13.09.2019, pela inconstitucionalidade dos incisos I, III, IV e VI da Súmula n. 331 do Tribunal Superior do Trabalho, que consolidou jurisprudência no sentido da impossibilidade de terceirização de atividade-fim do contratante[(19)]. No citado julgamento, o STF fixou a seguinte tese: "É lícita a terceirização ou qualquer outra forma de divisão do trabalho entre pessoas jurídicas distintas, independentemente do objeto social das empresas envolvidas, mantida a responsabilidade subsidiária da empresa contratante[(20)]."

As plataformas digitais se dizem inseridas na chamada economia de compartilhamento e segundo afirmam, possuem como atividade principal a intermediação da oferta de bens e de serviços por meio de transações pela rede mundial de computadores, encerrando as suas atividades imediatamente após o recebimento dos produtos ou da execução dos serviços[(21)]. As titulares das plataformas digitais sustentam, ainda, a liberdade de trabalho e a inexistência de vínculo de emprego com os entregadores, por considerá-los autônomos ou parceiros, sob o fundamento de que os serviços são executados como atividades extras, todavia, como foi exposto, muitos desses trabalhadores, realizam as entregas de forma contínua, por absoluta ausência de postos de trabalho.

Na verdade, adota-se a teoria de Valério De Stefano, que compreende a questão como "economia de bico". Segundo o autor, "A escolha do nome economia com-

---

(16) ANTUNES, Ricardo. *O privilégio da servidão*: o novo proletariado de serviços na era digital. São Paulo: Boitempo, 2018. p. 34-35.

(17) Disponível em: <https://epoca.globo.com/ideias/noticia/2016/04/como-o-brasil-entrou-sozinho-na-pior-crise-da-historia.html>. Acesso em: 2 set. 2019.

(18) Mais de 12 milhões de pessoas estão desempregadas e o trabalho informal tem sido considerado como respectivo fator de redução. Disponível em: <https://www.correiobraziliense.com.br/app/noticia/economia/2019/08/30/internas_economia,779944/taxa-volta-a-cair-mas-desemprego-atinge-12-6-milhoes-de-brasileiros.shtml>. Acesso em: 2 set. 2019.

(19) Os incisos da Súmula n. 331 do TST que foram declarados inconstitucionais pelo STF, possuem a seguinte redação: CONTRATO DE PRESTAÇÃO DE SERVIÇOS. LEGALIDADE (nova redação do item IV e inseridos os itens V e VI à redação) – Res. 174/2011, DEJT divulgado em 27, 30 e 31.05.2011

I – A contratação de trabalhadores por empresa interposta *é* ilegal, formando-se o vínculo diretamente com o tomador dos serviços, salvo no caso de trabalho temporário (Lei n. 6.019, de 03.01.1974).

(...)

III – Não forma vínculo de emprego com o tomador a contratação de serviços de vigilância (Lei n. 7.102, de 20.06.1983) e de conservação e limpeza, bem como a de serviços especializados ligados à atividade-meio do tomador, desde que inexistente a pessoalidade e a subordinação direta.

IV – O inadimplemento das obrigações trabalhistas, por parte do empregador, implica a responsabilidade subsidiária do tomador dos serviços quanto àquelas obrigações, desde que haja participado da relação processual e conste também do título executivo judicial.

(...)

VI – A responsabilidade subsidiária do tomador de serviços abrange todas as verbas decorrentes da condenação referentes ao período da prestação laboral.

(20) Disponível em: <http://portal.stf.jus.br/processos/downloadPeca.asp?id=15341103626&ext=.pdf>. Acesso em: 14 set. 2019.

(21) Disponível em: <https://reporterbrasil.org.br/gig/>. Acesso em: 2 set. 2019.

partilhada não é por acaso; quer atribuir importância aos trabalhadores, ao mesmo tempo em que quer vender a ideia de que não há relação de emprego, mas de cooperação. Mas não tem compartilhamento nenhum." Por isso, De Stefano também utiliza a terminologia "economia de plataforma". Em evento científico realizado em Recife – PE, o expositor chamou a atenção para o fato de que por trás da ideia de que esse tipo de trabalho se realiza graças à tecnologia, há a ocultação de pessoas. O professor acrescentou que as plataformas difundem a informação, já incorporada por muitos trabalhadores, de que se trata de uma relação livre, sem a necessidade de lei, regulação, o que só serviria para a burocratização da atividade. Na verdade, segundo De Stefano, "Trata-se do pagamento às pessoas, exclusivamente, por demanda e nada mais, sem compromisso com licença médica, descanso ou férias", comparando: "É como se o cliente contratasse e demitisse o prestador de serviço a cada instante."[22]

Apesar de as atividades serem desenvolvidas com a utilização de plataformas digitais, essas empresas não atuam no ramo da tecnologia, como também costumam se enquadrar, já que não se limitam à mera intermediação virtual de bens e serviços. Na verdade, os serviços são organizados para que as plataformas digitais detenham absoluto controle e para que as atividades sejam desempenhadas com características muito próprias. Os aplicativos estipulam a remuneração, o valor do repasse que deve ser feito pelos trabalhadores, o pagamento por produtividade e incentivos por premiações, baseados no sistema de notas e/ou avaliações, impondo longas jornadas de trabalho para o alcance de remuneração mínima, compatível com as necessidades dos contratados, além de punições, caso os trabalhadores não se adaptem às regras da plataforma, no tocante à aceitação e aos modos de execução dos serviços pré-definidos.

Como pontua Ricardo Antunes:

> O fundamento dessa pragmática que invade todo o universo global do trabalho se evidencia. Na empresa "moderna", o trabalho que os capitais exigem é aquele mais flexível possível: sem jornadas pré-determinadas, sem espaço laboral definido, sem remuneração fixa, sem direitos, nem mesmo o de organização sindical. Até o sistema de metas é flexível: as do dia seguinte devem ser sempre maiores do que aquelas obtidas no dia anterior[23]

No tocante aos incentivos por premiações, há o chamado sistema de "gamificação", que se utiliza de conceitos de jogos virtuais para a lógica do trabalho, cujo estímulo se dá por desafios e promessas de bonificações. Sobre tal sistema, há reclamações de entregadores no sentido de que quando estão quase alcançando a meta proposta, a plataforma trava ou não encaminha novas entregas. Os entregadores questionam, também, a transparência desses sistemas, já que apenas as empresas detêm o controle dos algoritmos, sem que se saiba se as bonificações propostas são factíveis ou se os resultados são fielmente lançados e considerados para os pagamentos[24].

Além disso, o incentivo por premiação é contrário à Lei n. 12.436, de 6 de julho de 2011, que veda o emprego de práticas que estimulem o aumento da velocidade por motociclistas profissionais, justamente para proteger a segurança de tais trabalhadores. A Lei em destaque proíbe, em seu art. 1º, por exemplo, "I – oferecer prêmios por cumprimento de metas por números de entregas ou prestação de serviço" e "III – estabelecer competição entre motociclistas, com o objetivo de elevar o número de entregas ou de prestação de serviço", prevendo multa por cada infração[25].

O Município de São Paulo formalizou acordo com empresas titulares de plataformas digitais, para maior segurança no trânsito, a fim de proteger a integridade de *motoboys*, devido ao alto índice de acidentalidade entre tais trabalhadores e do aumento registrado após o incremento das atividades de entregas pelo *app*, registrando-se o crescimento dos acidentes com mortes. As empresas *iFood* e *Loggi* assinaram termo de compromisso para o não pagamento de valores extras aos motociclistas, estabelecidos por metas de entregas durante determinado período de tempo. Apesar de a prática ser vedada por Lei Federal, as empresas *Rappi* e *Uber Eats* se recusaram a integrar o acordo, afirmando discordarem dos termos propostos[26].

---

(22) DE STEFANO, Valério. *Simpósio futuro do trabalho*: os efeitos da revolução digital na sociedade. (verbal) Recife-PE. Texto de Eugenio Jerônimo. Disponível em: <https://www.trt6.jus.br/portal/noticias/2019/09/05/efeitos-da-revolucao-digital-na-sociedade-em-debate>. Acesso em: 15 set. 2019.

(23) ANTUNES, Ricardo. *O privilégio da servidão*: o novo proletariado de serviços na era digital. São Paulo: Boitempo, 2018. p. 36.

(24) Disponível em: <https://avoador.com.br/jornalismo-importa/ser-entregador-por-aplicativo-quando-sua-vida-vale-menos-do-que-uma-entrega/>. Acesso em: 14 set. 2019.

(25) Disponível em: <http://www.planalto.gov.br/ccivil_03/_ato2011-2014/2011/lei/l12436.htm>. Acesso em: 14 set. 2019.

(26) Disponível em: <https://epocanegocios.globo.com/Empresa/noticia/2019/07/epoca-negocios-sp-por-seguranca-prefeitura-fecha-acordo-com-empresas-de-entrega-por-aplicativo.html>. Acesso em: 16 set. 2019.

Há debates sobre a necessidade de criação de uma nova figura trabalhista, uma vez que o Direito do Trabalho não alcançaria as "modernas" formas de organização do trabalho. Os argumentos nesse sentido são de que haveria a criação do "trabalhador independente", mas com características muito peculiares, como a ausência de dependência econômica a um único contratante e o controle sobre as horas de trabalho, lucros e perdas, pelo próprio contratado(27).

Se por um lado os pressupostos da relação de emprego, previstos nos arts. 2º e 3º da CLT, podem não estar presentes em todas as hipóteses de trabalho por aplicativos, devido aos vários perfis e diferentes situações, como foi demonstrado, por outro, defende-se que não há completa autonomia na prestação dos serviços, o que, no mínimo, afasta a ausência de responsabilidade das empresas titulares da plataforma digital.

No caso, há interesses muito maiores a serem considerados, como a proteção social, citando-se, como foi exposto, a alta acidentalidade entre os *motoboys*, inclusive pelo pagamento de incentivos para o aumento da produtividade, contrário à lei e com abalos à Previdência Social(28).

Além disso, não é só a necessidade de garantia da proteção da saúde e segurança dos trabalhadores, como também, a proteção a clientes, consumidores e das demais empresas e prestadores de serviços, que atuam em todo o território nacional, de forma pessoal ou com a contratação de empregados e sem as mesmas facilidades das plataformas digitais.

Exemplos claros de conflitos gerados pela falta de regulamentação adequada desses serviços são os frequentes protestos de taxistas, com alegações sobre a existência de concorrência desleal, já que estão submetidos a rígidas regras impostas pelos municípios(29).

Os próprios motoristas que atuam por aplicativos também têm feito protestos, devido à falta de segurança, baixa remuneração das corridas, alto percentual de repasse do valor recebido às plataformas digitais, além do pesado custo de manutenção dos veículos e do combustível(30).

Por outro lado, apesar de os serviços de transporte por aplicativos terem trazido mais opções para a população e barateado os custos, consumidores também reclamam da negativa de corridas, como a advogada deficiente visual e outros passageiros, que tiveram suas corridas recusadas por motoristas de aplicativos, por estarem acompanhados de cães-guia(31). Os clientes se queixam, ainda, da queda da qualidade dos serviços, com a ampliação das plataformas, de corridas fora da rota e de cobranças indevidas pelo aplicativo(32).

Assim, a ausência de regulamentação adequada, tem causado danos à coletividade e não só aos trabalhadores, sendo relevante a análise dos impactos que as novas tecnologias vêm causando no mercado de trabalho e, consequentemente, na sociedade como um todo, inclusive abalos à Previdência Social, com o gasto de milhões de reais em benefícios previdenciários(33), sem contar os acidentados que estão à margem de qualquer proteção social e que não são considerados nas estatísticas.

4. TRABALHO POR APLICATIVOS E A INAFASTÁVEL PROTEÇÃO PELO DIREITO DO TRABALHO PARA A GARANTIA DO DIREITO FUNDAMENTAL AO TRABALHO DIGNO

Defende-se que o Direito do Trabalho brasileiro possui dispositivos próprios para alcançar tais formas de contratação, além da proteção constitucional, prevista no art. 7º, a ser observada. O parágrafo único, do

(27) OITAVEN, Juliana Carreiro Corbal; CARELLI, Rodrigo de Lacerda; CASAGRANDE, Cássio Luís. *Empresas de Transporte, plataformas digitais e a relação de emprego*: um estudo do trabalho subordinado sob aplicativos. MPT. Brasília: Movimento, 2018. p. 22.

(28) Disponível em:<https://exame.abril.com.br/brasil/mortes-de-motociclistas-em-sp-sobem-18-numero-e-o-maior-em-3-anos/>. Acesso em: 16 set. 2019.

(29) Disponível em: <https://g1.globo.com/distrito-federal/noticia/taxistas-estacionam-em-frente-ao-congresso-em-protesto-contra-uber.ghtml>. Acesso em: 2 set. 2019. Disponível em: <https://jconline.ne10.uol.com.br/canal/cidades/jc-transito/noticia/2019/04/08/taxistas-voltam-a-protestar-no-centro-do-recife-nesta-segunda-375737.php>. Acesso em: 2 set. 2019.

(30) Motoristas por aplicativo fizeram paralisação para a melhoria dos ganhos, com o aumento da tarifa básica e diminuição do valor do repasse à plataforma digital, além do aumento da segurança no cadastro de passageiros, aderindo a movimento iniciado nos Estados Unidos e que também ocorreu em cidades do Reino Unido e da Austrália. Disponível em: <https://www.uol.com.br/tilt/noticias/redacao/2019/05/08/greve-de-motoristas-da-uber-tudo-o-que-voce-precisa-saber.htm>. Acesso em: 2 set. 2019.

(31) Disponível em: <https://tecnoblog.net/300147/uber-notificacao-procon-sp-motorista-recusa-passageira-cao-guia/>. Acesso em: 2 set. 2019.

(32) Disponível em: <https://epocanegocios.globo.com/Empresa/noticia/2017/05/acabou-lua-de-mel-uber-enfrenta-reclamacoes-processos-e-restricoes-em-grandes-cidades.html>. Acesso em: 2 set. 2019.

(33) Disponível em: <https://www.barbacenamais.com.br/cotidiano/21-brasil/7554-acidentes-de-transito-e-os-impactos-na-previdencia-social>. Acesso em: 16 set. 2019.

art. 6º da CLT, dispõe acerca da subordinação por meios telemáticos e informatizados de comando, controle e supervisão, equiparando-os, para fins de subordinação jurídica, aos meios pessoais e diretos, para a caracterização do contrato de trabalho.

Nesse sentido já houve decisões judiciais, tanto no Brasil[(34)], quanto em outros países[(35)], sobre a existência de subordinação, para o reconhecimento do vínculo de emprego entre motoristas e as empresas titulares das plataformas digitais.

Sobre o tema, interessante citar a primeira decisão proferida no Brasil, em Ação Civil Pública, ajuizada pelo Ministério Público do Trabalho em São Paulo, sobre o reconhecimento de vínculo de emprego entre os motociclistas entregadores e a *Loggi* Tecnologia. O Juízo considerou a presença dos pressupostos da relação de emprego; condenou a empresa ao pagamento de indenização por danos morais no valor de R$ 30 milhões; determinou a observância da jornada máxima de trabalho de 8 horas diárias; o pagamento de adicional de periculosidade e a manutenção de pontos com banheiros e locais para descanso, além de proibir o pagamento de prêmios por produtividade[(36)].

Ao comentar o parágrafo único do art. 6º da CLT, incluído em 2011, Mauricio Godinho Delgado festejou a alteração, apontando-a como "notável e precioso avanço jurídico, permitindo que a dinâmica de expansão do Direito do Trabalho, mediante o alargamento do conceito de subordinação, adquira irreprimível e moderna energia propagadora". Na época, o autor discorreu sobre a subordinação em suas dimensões objetiva e estrutural, tratando especificamente sobre o teletrabalho e *home office*. Apesar do exposto, sua doutrina é plenamente aplicável ao trabalho por aplicativos, já que "permite considerar subordinados os profissionais" que trabalham por meio "computadorizado e telemático"[(37)], resgatando-se o trabalho protegido e com o mínimo de dignidade.

Importante destacar que a mesma interpretação persiste após as alterações trazidas pela "Reforma Trabalhista", Lei n. 13.467/2017, com a exclusão dos trabalhadores externos do conceito de teletrabalho (art. 75-B da CLT), pois prevalece a possibilidade de reconhecimento de subordinação estrutural[(38)], quando presentes os requisitos do contrato de trabalho (arts. 2º e 3º da CLT)[(39)].

Como destacam Mauricio Godinho Delgado e Gabriela Neves Delgado sobre as alterações promovidas no art. 6º da CLT, em 2011:

> Observe-se que essa novel redação apenas explicitava a compreensão de certa corrente interpretativa sobre o assunto; não instituiu, de fato, a partir de dezembro de 2011, conceito jurídico novo ou direito social novo, insista-se, mas apenas corroborou linha de interpretação que, por intermédio da teoria de subordinação estrutural, enxergava, sim, a presença de subordinação jurídica em distintas situações de teletrabalho. [...] A nova regra inserida no art. 6º da CLT somente veio explicitar a amplitude, complexidade e modernidade do conceito jurídico de subordinação[(40)].

---

(34) Reclamação Trabalhista n. 0010635-18.2017.5.03.0137, 37ª Vara do Trabalho de Belo Horizonte (TRT da 3ª Região) e Acórdão proferido pela 11ª Turma do TRT da 3ª Região, no Processo n. 0010806-62.2017.5.03.0011. Acervo da autora.

(35) Decisão reitera o reconhecimento de vínculo de emprego entre motorista e a *Uber* no Reino Unido. Disponível em: <https://g1.globo.com/economia/tecnologia/noticia/2018/12/19/justica-reafirma-vinculo-trabalhista-entre-uber-e-motoristas-no-reino-unido.ghtml>. Acesso em: 13 set. 2019. No mesmo sentido, houve decisão nos Estados Unidos. Disponível: <http://g1.globo.com/tecnologia/noticia/2015/09/uber-perde-acao-de-motoristas-por-reconhecimento-trabalhista-nos-eua.html>. Acesso em: 13 set. 2019.

(36) Decisão proferida em primeira instância no dia 06.12.2019, pela Juíza do Trabalho Lávia Lacerda Menendez, no Processo n. 1001058-88.2018.5.02.0008, da 8ª Vara do Trabalho de São Paulo, TRT da 2ª Região. Acervo da autora.

(37) DELGADO, Mauricio Godinho. Relação de emprego e relação de trabalho: a retomada do expansionismo do Direito Trabalhista. In: *Constituição da República e Direitos Fundamentais*: dignidade da pessoa humana, Justiça Social e Direito do Trabalho. DELGADO, Mauricio Godinho; DELGADO, Gabriela Neves. São Paulo: LTr, 2012. p. 116.

(38) Mauricio Godinho define a subordinação estrutural, como aquela que: "se manifesta pela inserção do trabalhador na dinâmica do tomador dos seus serviços, independentemente de receber (ou não) suas ordens diretas, mas acolhendo, estruturalmente, sua dinâmica de organização e funcionamento." DELGADO, Mauricio Godinho. *Curso de direito do trabalho*. São Paulo: LTr, 2006. p. 667.

(39) A partir do conceito de Mauricio Godinho sobre a subordinação estrutural, MENDES, Marcus Menezes Barberino; CHAVES JÚNIOR, José Eduardo de Resende, desenvolvem o conceito de "subordinação estrutural-reticular", conectando as ideias de "patamar civilizatório mínimo" com a "premissa da indisponibilidade dos direitos humanos e sua universalidade", de modo que 'direito ao trabalho', "não se traduza em direito a qualquer trabalho, pois segurança jurídica só tem relevância para os sistemas jurídicos se estiver atrelada à proteção à vida digna." In: *Subordinação estrutural-reticular*: uma perspectiva sobre a segurança jurídica". Disponível em: <https://juslaboris.tst.jus.br/bitstream/handle/20.500.12178/73990/2007_mendes_marcus_subordinacao_estrutural.pdf?sequence=1&isAllowed=y>. Acesso em: 6 dez.2019.

(40) DELGADO, Mauricio Godinho; DELGADO, Gabriela Neves. *A reforma trabalhista no Brasil*: com os comentários à Lei n. 13.467/2017. São Paulo: LTr, 2017. p. 137.

Sobre a necessidade de ressignificação do conceito de subordinação, com a consideração da dependência econômica como resgate histórico da razão de existir do Direito do Trabalho, ressalta Murilo Oliveira:

> [...] A construção de um sistema protetivo não se explica pelo conteúdo do contrato, tampouco pela forma de execução deste trabalho. Muito mais importante do que a maneira de desenvolver este trabalho, é a identificação do proveito econômico do resultado do trabalho. O importante é, então, a posição social do sujeito trabalhador (sua condição de dependente) na estrutura da relação de trabalho e não a forma de execução deste labor. Por essa razão, a condição de dependente do trabalhador é indubitavelmente a causa e, simultaneamente, a razão de ser do Direito do Trabalho(41).

Com efeito, com o avanço da tecnologia, a subordinação tem sofrido constante mutação. Como esclarecem Juliana Oitaven, Rodrigo Carelli e Cássio Casagrande, "A organização do trabalho, atualmente conhecida como Revolução Digital ou *Crowdsourcing*, tem a potencialidade de mudar toda a forma com que é realizado o controle dos trabalhadores", feito pela "programação por comandos"(42).

Ainda segundo os autores:

> Esta é a direção por objetivos. A partir da programação, da estipulação de regras e comandos pré-ordenados e mutáveis por seu programador, ao trabalhador é incumbida a capacidade de reagir em tempo real aos sinais que lhe são emitidos para realizar os objetivos assinalados pelo programa. Os trabalhadores, nesse novo modelo, devem estar mobilizados e disponíveis à realização dos objetivos que lhe são consignados(43). [...]
>
> A estrutura da relação entre as empresas que se utilizam de aplicativos para a realização de sua atividade econômica e os motoristas se dá na forma de aliança neofeudal, na qual chama trabalhadores de 'parceiros'. Por ela concede-se certa liberdade aos trabalhadores como 'você decide a hora e quanto vai trabalhar', que é imediatamente negada pelo dever de aliança e de cumprimento de objetivos traçados na programação, que é realizada de forma unilateral pelas empresas(44).

Sobre a precarização de tais postos de trabalho, de acordo com Ricardo Antunes:

> [...] os capitais informáticos e financeirizados, numa engenhosa forma de escravidão digital, se utilizam cada vez mais dessa pragmática flexibilização total do mercado de trabalho.
>
> Assim, de um lado deve existir a disponibilidade perpétua para o labor, facilitada pela expressão do trabalho on-line e dos 'aplicativos', que tornam invisíveis as grandes corporações globais que comandam o mundo financeiro e dos negócios. De outro, expande-se a praga da precariedade total, que surrupia ainda mais os direitos vigentes. Se essa lógica não for radicalmente confrontada e obstada, os novos proletários dos serviços se encontrarão entre uma realidade triste e outra trágica: oscilarão entre o desemprego completo e, na melhor das hipóteses, a disponibilidade para tentar obter o privilégio da servidão(45).

Considerando tais peculiaridades, os senadores do estado da Califórnia, nos Estados Unidos, aprovaram lei que regulamenta a atividade de trabalhadores por aplicativos, para que os motoristas sejam considerados empregados das empresas que oferecem serviços por demanda, quando passarão a ter direitos como seguro-desemprego, plano de saúde, salário mínimo, licença-maternidade e paternidade e pagamento de hora extra, além de sindicato organizado(46).

Mesmo nos casos em que se entenda que inexiste contrato de trabalho entre o prestador de serviços(47)

---

(41) OLIVEIRA, Murilo Carvalho Sampaio. *Relação de emprego, dependência econômica & subordinação jurídica*: revisitando os conceitos, critérios de identificação do vínculo empregatício. Porto: Editorial Juruá, 2019. p. 277.

(42) OITAVEN, Juliana Carreiro Corbal; CARELLI, Rodrigo de Lacerda; CASAGRANDE, Cássio Luís. *Empresas de transporte, plataformas digitais e a relação de emprego*: um estudo do trabalho subordinado sob aplicativos. MPT. Brasília: Movimento, 2018. p. 27, 30.

(43) *Ibidem*, p. 30.

(44) *Ibidem*, p. 35.

(45) ANTUNES, Ricardo. *O privilégio da servidão*: o novo proletariado de serviços na era digital. São Paulo: Boitempo, 2018. p. 34.

(46) Disponível em: <https://tab.uol.com.br/noticias/redacao/2019/09/11/senado-da-california-aprova-lei-que-regulamenta-uber.htm>. Acesso em: 14 set. 2019.

(47) Entende-se que na maioria dos casos haverá contrato de trabalho e, até trabalho intermitente (art. 452-A e seguintes da CLT), apesar de defender-se que esse tipo de contrato de trabalho é altamente prejudicial. Ocorre que é necessário estabelecer patamares mínimos civilizatórios a esses trabalhadores, como salário mínimo, férias, 13º salário e FGTS, inclusive recolhimentos previdenciários. No Reino Unido, onde o trabalho intermitente foi adotado em larga escala, registrou-se o recebimento de salários 7% menores, desproteção social e imprevisibilidade

e a empresa titular da plataforma digital, ainda assim, haverá relação de trabalho, sendo inadmissível a inexistência de responsabilidade da contratante pela saúde e segurança dos trabalhadores e também por outros direitos que visem à melhoria da sua condição social, por violação do princípio da boa-fé objetiva (art. 422 do Código Civil), presente em qualquer tipo de relação que tem por fim o trabalho humano, sob pena de degradação da dignidade e ofensa ao direito à vida, saúde e segurança dos trabalhadores(48). Trata-se da inafastável garantia do fundamental direito ao trabalho digno, protegido pela Constituição e pelo Direito do Trabalho.

Em acréscimo sobre o tema, cita-se o item 2 do inciso I, da Recomendação n. 198 da OIT, sobre política nacional de proteção aos trabalhadores em uma relação de trabalho:

> [...]
>
> 2. A natureza e a extensão da proteção dada aos trabalhadores em uma relação de trabalho devem ser definida por práticas e leis nacionais, ou ambas, tendo em conta padrões de trabalho internacional relevantes. Tais leis ou práticas, incluindo aqueles elementos pertencentes ao alcance, cobertura e responsabilidade à implementação, devem estar claros e adequados para assegurar proteção efetiva aos trabalhadores em uma relação de trabalho(49).

Gabriela Neves Delgado tratou da extensão do Direito do Trabalho a outras relações de trabalho, ultrapassando o marco do vínculo de emprego quando ausentes os requisitos legais para a sua caracterização, como eficiente veículo garantidor de dignidade aos que vivem da sua força de trabalho, sustentando que:

> [...] as relações de trabalho que formalmente não se encontram hoje regidas pelo Direito do Trabalho também precisam ser reconhecidas como objeto de efetiva tutela jurídica, para que o trabalhador que as exerça possa, por meio da proteção jurídica, alcançar o espaço para o exercício de seus direitos(50).

No mesmo sentido, defendem Juliana Oitaven, Rodrigo Carelli e Cássio Casagrande:

> Não pode haver forma alternativa de exploração do trabalho fora do alcance do direito do trabalho, pelo simples fato de que se esta suposta forma opcional for mais eficiente e barata para o empregador, ele a tornará obrigatória para seus trabalhadores.
>
> Da mesma forma, se um trabalhador puder realizar a atividade de transporte de passageiros, seja por meio de aplicativo, seja individualmente, sem as mesmas constrições legais dos taxistas, por exemplo, estará em vantagem competitiva não justificada, não cumprindo o direito do trabalho sua função de regulador da concorrência em patamares mínimos de dignidade da pessoa humana(51).

Guilherme Guimarães Feliciano e Olívia Figueiredo Pasqualeto, também defendem o alcance do Direito do Trabalho aos "infoproletários", trabalhadores da "indústria 4.0 – da inteligência artificial, da internet das coisas e da automação integral das linhas de produção", sob o fundamento de que:

> [...] é razoável considerar alternativas que não se restrinjam ao 'tudo ou nada' da configuração do vínculo empregatício, possibilitando algum tipo proteção jurídica para esses trabalhadores, mesmo se não empregados, a exemplo do que promove, em contexto similar, o '*Estatuto del Trabajo Autónomo*' espanhol (Ley n. 20, de 12.7.2007), que garante direitos sociais mínimos para trabalhadores autônomos economicamente dependentes. [...](52)

---

das contratações. Sobre o tema, confira-se estudo apresentado por ZERO, Marcelo. *Alguns dados sobre o trabalho intermitente no Reino Unido.* Disponível em: <https://www.josepimentel.com.br/sites/default/files/notas-tecnicas/alguns-dados-sobre-o-trabalho-intermitente-no--reino-unido.pdf>. Acesso em: 26 maio 2019.

(48) O Superior Tribunal de Justiça – STJ consagrou o princípio da boa-fé objetiva em todas as áreas do Direito, assentando entendimento de que a função do referido princípio é estabelecer padrão ético de conduta para as partes nas relações obrigacionais. Disponível em: <https://stj.jusbrasil.com.br/noticias/100399456/principio-da-boa-fe-objetiva-e-consagrado-pelo-stj-em-todas-as-areas-do- direito#targetText=Princ%C3%ADpio%20da%20boa%2Df%C3%A9%20objetiva,todas%20as%20%C3%A1reas%20do%20direito&targetText=Um%20dos%20princ%C3%ADpios%20fundamentais%20do,as%20partes%20nas%20rela%C3%A7%C3%B5es%20obrigacionais>. Acesso em: 13 set. 2019.

(49) Disponível em: <https://www.legistrab.com.br/recomendacao-oit-198-relativa-a-relacao-de-trabalho/>. Acesso em: 15 set. 2019.

(50) DELGADO, Gabriela Neves. *Direito fundamental ao trabalho digno.* São Paulo: LTr, 2006. p. 228-230.

(51) OITAVEN, Juliana Carreiro Corbal; CARELLI, Rodrigo de Lacerda; CASAGRANDE, Cássio Luís. *Empresas de transporte, plataformas digitais e a relação de emprego*: um estudo do trabalho subordinado sob aplicativos. MPT. Brasília: Movimento, 2018. p. 43.

(52) FELICIANO, Guilherme Guimarães; PASQUALETO, Olívia de Quintana Figueiredo. *(Re)descobrindo o direito do trabalho*: *gig economy*, uberização do trabalho e outras reflexões. Disponível em: <https://www.anamatra.org.br/images/DOCUMENTOS/2019/O_TRABALHO_NA_GIG_ECONOMY_-_Jota_2019.pdf>. Acesso em: 15 set. 2019.

Ainda segundo os autores, é preciso que "as linhas mestras do Direito do Trabalho" alcancem "as novas formas de contratação, como o *crowdwork* e o *work on-demand via app*, identificando-se na matriz constitucional, quais direitos sociais do rol do art. 7º tutelam diretamente esses trabalhadores, e de que modo o fazem", acrescentando que:

> É cediço, por exemplo, que aos ditos 'infoproletários', ainda que autônomos ou parassubordinados, devem ser reconhecidos os direitos à desconexão do trabalho (art. 7º, XIII, CF), à redução dos riscos inerentes ao trabalho (art. 7º, XXII, CF), à não-discriminação no trabalho (art. 7º, XXX, XXXI e XXXIII, CF) e ao reconhecimento das convenções e acordos coletivos de trabalho (art. 7º, XXVI, CF)(53).

E no caso de se entender que as atividades estão sendo prestadas por microempreendedores, autônomos ou parceiros, pode-se interpretar no sentido de que os serviços são terceirizados, mas, ainda assim, não se deve perder de vista a proteção do meio ambiente de trabalho saudável e seguro, como previsto na Constituição (art. 225, *caput*).

É cediço que acidentes de trabalho e doenças são mais comuns entre os terceirizados, segundo pesquisas já realizadas, como no setor elétrico(54), e que há maior precarização do trabalho nessas atividades, devido a salários inferiores, jornadas de trabalho superiores, alta rotatividade nos postos de trabalho, aumento do ritmo do trabalho, ausência de experiência e de treinamento, inobservância das normas de segurança, ausência de estrutura adequada para a realização dos serviços, entre outros fatores(55).

5. TRABALHO NA ERA DIGITAL E A COMPETÊNCIA DA JUSTIÇA DO TRABALHO

Nesses e nos demais casos tratados, a competência será da Justiça do Trabalho (art. 114, I, da Constituição), considerando a existência de contrato de emprego, ainda que intermitente ou de relação de trabalho e não de contrato de natureza civil, como decidiu o Superior Tribunal de Justiça, no Conflito de Competência n. 164-544-MG (2019/0079952-0), para afastar a competência da Justiça do Trabalho(56). Na referida decisão, houve a consideração de que a prestação de serviços de detentor de veículo particular era intermediada por empresa de tecnologia e que não havia vínculo de emprego entre as partes, deixando-se de pronunciar, no entanto, a existência da relação de trabalho, sob o fundamento de que não havia pedido de verbas de natureza trabalhista, mas de indenização por danos morais e materiais, além do retorno do motorista à plataforma digital da *Uber*(57). Na verdade, só o pedido de retorno do motorista à plataforma digital já revelava a competência da Justiça do Trabalho, considerando a discussão sobre o direito ao trabalho, cuja análise, inegavelmente, compete ao citado ramo especializado do Poder Judiciário.

O Ministério Público do Trabalho ajuizou duas ações civis públicas em São Paulo em face de empresas de aplicativos de entrega, por entender que elas atuam na ilegalidade ao se omitir sobre o vínculo de emprego com os *motoboys*. Os porta-vozes das plataformas argumentam que a proposta é justamente "reinventar a logística" e acabar com a "burocracia", daí a ausência de vínculo de emprego. Ocorre que, os próprios *motoboys* não sabem se cobram seus direitos como autônomos ou empregados. Segundo afirmam, com a abertura do mercado e aumento da concorrência, houve substancial rebaixamento das taxas de entrega, o que resultou em queda de 50% na renda, sem contar que todas as despesas com a motocicleta correm por conta do trabalhador. Outro ponto de preocupação é o aumento da acidentalidade. Segundo a Secretaria de Mobilidade e Transportes do Município de São Paulo, há estudos para a regulamentação do serviço, considerando o aumento no número de mortes de motociclistas que fazem entregas(58).

Até a bolsa térmica utilizada pelos *motoboys* para as entregas, com cerca de 45 litros, tem sido alvo de preo-

(53) FELICIANO, Guilherme Guimarães; PASQUALETO, Olívia de Quintana Figueiredo. *(Re)descobrindo o direito do trabalho*: *gig economy*, uberização do trabalho e outras reflexões. Disponível em: <https://www.anamatra.org.br/images/DOCUMENTOS/2019/O_TRABALHO_NA_GIG_ECONOMY_-_Jota_2019.pdf>. Acesso em: 15 set. 2019.

(54) DIEESE – *Terceirização e morte no trabalho*: um olhar sobre o setor elétrico brasileiro (2010). Disponível em: <https://www.dieese.org.br/estudosepesquisas/2010/estPesq50TercerizacaoEletrico.pdf>. Acesso em: 1º set. 2019.

(55) DIEESE/CUT – *Terceirização e Desenvolvimento*: uma conta que não fecha (2014). Disponível em: <http://www.cut.org.br/system/uploads/ck/files/Dossie-Terceirizacao-e-Desenvolvimento.pdf>. Acesso em: 1º set. 2019.

(56) Sobre a competência da Justiça do Trabalho para a apreciação do trabalho por aplicativos, confira-se: CONFORTI, Luciana Paula; CARNIATO, Marcelo Rodrigo. *A relação de trabalho na economia 4.0 e a competência da Justiça*. Disponível em: <https://www.conjur.com.br/2019-dez-02/opiniao-trabalho-economia-40-competencia-justica>. Acesso em: 6 dez. 2019.

(57) Disponível em: <https://ww2.stj.jus.br/processo/revista/documento/mediado/?componente=ITA&sequencial=1857953&num_registro=201900799520&data=20190904&formato=PDF>. Acesso em: 14 set. 2019.

(58) Disponível em: <https://g1.globo.com/sp/sao-paulo/noticia/2019/06/27/mpt-sp-entra-na-justica-contra-aplicativos-de-entrega-orgao-diz-que-empresas-atuam-na-ilegalidade-junto-aos-motoboys.ghtml>. Acesso em: 1º set. 2019.

cupações. Segundo especialistas, o acessório potencializa o risco de acidentes e não existe regulamentação para o referido uso. Para o médico Dirceu Alves, membro da Associação Brasileira de Medicina do Tráfego (Abramet), "o perigo inerente à atividade é altíssimo". Segundo o especialista: "a bolsa térmica pode funcionar como um obstáculo e, no momento do impacto, favorecer uma extensão maior da coluna vertebral, provocando lesões na medula óssea do motociclista". O consultor em transporte, Osias Baptista Neto, garante que o equipamento "ajuda" o piloto a cair. "No momento das curvas, muda-se o centro de gravidade e a manobra fica mais perigosa", sendo mais segura a utilização de baú para transportar as mercadorias[59].

A proteção da saúde e segurança dos trabalhadores reclama uma análise mais ampla do meio ambiente de trabalho, tanto do ponto de vista físico, quanto da própria rotina da atividade e da gestão organizacional dos riscos[60].

A Convenção n. 155 da OIT, ratificada pelo Brasil, dispõe sobre a saúde e segurança no trabalho e define que o "local de trabalho abrange todos os lugares onde os trabalhadores devem permanecer ou onde têm que comparecer, e que estejam sob o controle direto ou indireto, do empregador" e que "o termo saúde, com relação ao trabalho, abrange não só a ausência de afecções ou de doenças, mas também elementos físicos e mentais que afetam a saúde e estão diretamente relacionados com a segurança e higiene do trabalho[61]".

Sem dúvida alguma, o trabalho por aplicativos é altamente precarizado e diante do alto número de pessoas que envolve, deve-se garantir patamares mínimos civilizatórios aos ciclo-entregadores, motoristas e *motoboys*.

Trata-se de direito dos trabalhadores, a redução dos riscos inerentes ao trabalho (art. 7º, XXII, da Constituição), além de a Constituição consagrar o direito à saúde, como fundamental (arts. 6º e 196), inexistindo a possibilidade do desempenho de atividade laborativa, sem a devida proteção legal.

Segundo Sadi Dal Rosso:

> Sociologicamente, não existe trabalho sem regulamentação, sem normas sociais que rejam as condições de sua realização e o termo 'regulamentação' é empregado no sentido de ordenações sociais que estabeleçam parâmetros e condições dentro dos quais é e deve ser exercido o processo de trabalho[62].

Com o advento da Reforma Trabalhista, Lei n. 13.467/2017, apesar das promessas de "modernização" das relações de trabalho, segundo dados divulgados oficialmente, houve o aprofundamento das desigualdades sociais[63], face à desregulamentação, desvalorização do trabalho humano e maior vulnerabilidade dos trabalhadores, devido à deliberada tentativa de descaracterização do caráter protetivo do Direito do Trabalho, com afronta à Constituição e violação a Convenções Internacionais do Trabalho.

Sobre alterações legislativas flexibilizadoras, comenta Sadi Dal Rosso:

> Flexibilizar a regulamentação significa alterar, de alguma maneira, os critérios e as condições já estabelecidas de exercício da atividade laborativa, de retirar *in totum* ou em parte a legislação anterior estabelecida. Desregulamentar ou flexibilizar a regulamentação consiste num processo de retirar direitos constituídos, de retirar vantagens maiores ou menores estabelecidas em favor dos trabalhadores, ou ainda de criar atalhos por meio dos quais os tempos e horários de trabalho se tornam mais adequados ao processo de acumulação de capital das empresas privadas e públicas. Em síntese, desregulamentar significa desconstituir direitos sociais. Implica liberalizar novamente o trabalho, conferir aos empregadores autonomia sobre a regulação social do labor. Significa inverter o processo histórico, considerando que a regulamentação que constituiu direitos impede um desfrutamento mais exaustivo

---

(59) Disponível em: <https://www.hojeemdia.com.br/horizontes/capaz-de-provocar-acidentes-mochila-de-entregador-de-app-%C3%A9-alvo-de-pol%C3%AAmica-1.726251>. Acesso em: 13 set. 2019.

(60) PORTO, Lorena Vasconcelos; BELTRAMELLI NETO, Silvio RIBEIRO, Thiago Gurjão Alves. *Temas da Lei n. 13.467/2017 (Reforma Trabalhista) à luz das normas internacionais*. MPT. Brasília: Movimento, 2018. p. 131-132.

(61) A Convenção n. 155 da OIT foi promulgada no Brasil pelo Decreto n. 1.254, de 29 de setembro de 1994. Disponível em: <http://www.planalto.gov.br/ccivil_03/decreto/1990-1994/D1254.htm>. Acesso em: 14 set. 2019.

(62) ROSSO, Sadi Dal. *O ardil da flexibilidade*: os trabalhadores e a teoria do valor. São Paulo: Boitempo, 2017. p. 64.

(63) Segundo pesquisadores da UNICAMP, a "Reforma Trabalhista" aumentou a desigualdade social e tem impactado de maneira mais relevante em setores marcados por baixos salários e alta rotatividade, como o comércio. Disponível em: <https://www.valor.com.br/brasil/5617411/reforma-trabalhista-aumentou-desigualdade-dizem-pesquisadores>. Acesso em: 24 ago.2018.

da força de trabalho. Desregulamentar pressupõe recriar condições de aumentar a produção do mais-valor.[64]

Por causa das alterações prejudiciais aos direitos sociais, promovidas pela "Reforma Trabalhista", no mês de junho de 2019, o Brasil foi apontado como um dos dez piores países do mundo para o trabalho, segundo o Índice Global de Direitos da Confederação Sindical Internacional – CSI, divulgado durante a 108ª Conferência Internacional do Trabalho, realizada pela Organização Internacional do Trabalho – OIT[65].

Assim, é inafastável a consideração, para o alcance do Direito do Trabalho, de que essas novas formas de organização do trabalho estarão cada vez mais presentes, para a proteção da dignidade, saúde e segurança dos trabalhadores e para que se preserve o meio ambiente de trabalho saudável e seguro. Nesse sentido, importante destacar o item 4, *b*, do inciso I da Recomendação n. 198 da OIT, sobre política nacional de proteção aos trabalhadores de uma relação de trabalho:

> 4. Políticas nacionais devem ao menos incluir medidas para:
>
> [...]
>
> b) combater as relações de trabalho disfarçadas no contexto de, por exemplo, outras relações que possam incluir o uso de outras formas de acordos contratuais que escondam o verdadeiro *status* legal, notando que uma relação de trabalho disfarçado ocorre quando o empregador trata um indivíduo diferentemente de como trataria um empregado de maneira a esconder o verdadeiro *status* legal dele ou dela como um empregado, e estas situações podem surgir onde acordos contratuais possuem o efeito de privar trabalhadores de sua devida proteção[66].

Diante de tal contexto, essencial o papel da Justiça do Trabalho, no preenchimento de lacunas pertinente à regulamentação das atividades exercidas por aplicativos, para, com base na proteção constitucional do meio ambiente do trabalho (art. 225, *caput*), da dignidade humana e do valor social do trabalho (art. 1º, III e IV, da Constituição), ressignificar os elementos do contrato de trabalho, considerando as novas organizações produtivas e as sensíveis diferenças em relação ao modelo anterior ou para, ao menos, garantir a proteção da saúde e segurança dos trabalhadores, ainda que não sejam reconhecidos como empregados, mas no contexto da relação de trabalho que estabelecem com as empresas titulares das plataformas digitais, considerando a eficácia normativa do art. 7º da Constituição, para além dos marcos da relação de emprego, regida pelos arts. 2º e 3º da CLT[67].

6. CONCLUSÃO

A "Reforma Trabalhista" brasileira, Lei n. 13.467/2017, de 13 de julho de 2017 trouxe maior precarização do mercado trabalho. O quadro de exclusão social que afeta milhões de brasileiros, o alto índice de desemprego e a carência de oferta de postos de trabalho, devem ser sopesados na compreensão e proteção do direito fundamental ao trabalho digno nos serviços prestados na "economia de bico".

Nesse sentido, para a proteção da saúde e segurança de ciclo-entregadores, motoristas e *motoboys*, devem ser mantidas as estruturas protetivas do Direito do Trabalho, tanto para o reconhecimento de contrato de emprego, ainda que intermitente, quanto de relação de trabalho, quando ausentes os requisitos legais para caracterização do vínculo empregatício, para o estabelecimento de patamares mínimos civilizatórios em tais atividades laborativas.

Inexiste a possibilidade, em termos legais, com base na proteção dos direitos fundamentais e humanos dos trabalhadores, do desempenho de atividade remunerada sem qualquer proteção social.

Apesar de as plataformas digitais alegarem que são empresas de tecnologia, que apenas conectam clientes e prestadores de serviços independentes, o *app* mantém a organização do trabalho sob a sua conveniência e rígido controle das atividades, com a imposição de preços, sistema de notas e premiações, além de punir os trabalhadores que não se encaixam nas exigências para a execução dos serviços, não podendo ser eximidas de suas responsabilidades legais.

A alegada liberdade de trabalho é impedida pela forma como o algoritmo impõe a execução das tare-

(64) ROSSO, Sadi Dal. *O ardil da flexibilidade*: os trabalhadores e a teoria do valor. São Paulo: Boitempo, 2017. p. 65.

(65) Disponível em: <https://www12.senado.leg.br/noticias/materias/2019/06/24/brasil-esta-entre-os-piores-paises-do-mundo-para-trabalhador-aponta-debate>. Acesso em: 14 set. 2019.

(66) Disponível em: <https://www.legistrab.com.br/recomendacao-oit-198-relativa-a-relacao-de-trabalho/>. Acesso em: 15 set. 2019.

(67) FELICIANO, Guilherme Guimarães; PASQUALETO, Olívia de Quintana Figueiredo. *(Re)descobrindo o direito do trabalho*: *gig economy*, uberização do trabalho e outras reflexões. Disponível em: <https://www.anamatra.org.br/images/DOCUMENTOS/2019/O_TRABALHO_NA_GIG_ECONOMY_-_Jota_2019.pdf>. Acesso em: 15 set. 2019.

fas, independentemente de os trabalhadores se submeterem a ordens diretas das empresas, já que devem observar a programação da plataforma digital, sem qualquer forma de desvirtuamento, impondo-se a ressignificação do conceito de subordinação.

O índice de acidentalidade entre os *motoboys* é altíssimo e as titulares das plataformas digitais impõem o aumento do ritmo de trabalho com premiações, o que é vedado legalmente. Os ciclo-entregadores, também exercem atividade de risco, considerando, além do esforço físico, o trabalho no trânsito e sem qualquer proteção.

Nesse contexto, para a adequada proteção do direito fundamental ao trabalho digno, da saúde e segurança dos trabalhadores, é necessário compreender as novas formas de organizações produtivas e os abalos que trazem para os direitos dos trabalhadores e à Previdência Social, superando-se as definições clássicas do contrato de trabalho, inclusive o conceito de subordinação, para considerá-la em termos estruturais e sobre o prisma da dependência do trabalhador e ampliando-se a interpretação para a preservação do meio ambiente saudável e seguro, mesmo nos casos em que não configurado o vínculo de emprego, já que presente a relação de trabalho.

Compete à Justiça do Trabalho apreciar as ações em que há trabalho por aplicativos, de acordo com o art. 114, I, da Constituição, afastando-se a suposta existência de contrato de natureza civil, já que, ainda que inexistente contrato de emprego se estará diante de relação de trabalho, devendo-se observar, em qualquer caso, o princípio da boa-fé objetiva.

Incumbe ao Estado possibilitar a proteção dos direitos fundamentais e humanos dos trabalhadores e à Justiça do Trabalho garantir o exercício desses direitos, de acordo com o Direito Internacional dos Direitos Humanos e com a proteção constitucional, exercendo o controle de constitucionalidade e de convencionalidade, para afastar dispositivos legais contrários à proteção da dignidade, saúde e segurança dos trabalhadores.

É necessário o estabelecimento de regulamentação própria para o trabalho por aplicativos, para a proteção social e para a garantia de concorrência leal entre as empresas e trabalhadores, evitando-se a competição desmedida, que não observa patamares mínimos civilizatórios e o respeito aos direitos sociais. O trabalho por aplicativos envolve milhões de trabalhadores, sendo essencial garantir-lhes direitos que visem à melhoria da sua condição social, como, por exemplo, seguro saúde, seguro de vida e de acidentes pessoais, além de direitos previstos no art. 7º da Constituição, para a efetiva proteção do direito fundamental ao trabalho digno.

REFERÊNCIAS

ANTUNES, Ricardo. *O privilégio da servidão*: o novo proletariado de serviços na era digital. São Paulo: Boitempo, 2018.

CONFORTI, Luciana Paula. Trabalho na era digital: saúde e segurança ameaçadas pelo *app*. In: *Entre o Tripalium e a Revolução 4.0*: saúde e segurança no trabalho. Ana Maria Aparecida de Freitas; Fábio André de Farias; Laura Pedrosa Caldas (Orgs.). Belo Horizonte: RTM, 2019.

CONFORTI, Luciana Paula; CARNIATO, Marcelo Rodrigo. *A relação de trabalho na economia 4.0 e a competência da Justiça*. Disponível em: <https://www.conjur.com.br/2019-dez-02/opiniao-trabalho-economia-40-competencia-justica>. Acesso em: 6 dez. 2019.

DELGADO, Gabriela Neves. *Direito fundamental ao trabalho digno*. São Paulo: LTr, 2006.

DELGADO, Mauricio Godinho. *Curso de direito do trabalho*. São Paulo: LTr, 2006.

______. Relação de emprego e relação de trabalho: a retomada do expansionismo do Direito Trabalhista. In: *Constituição da República e direitos fundamentais*: dignidade da pessoa humana, Justiça Social e Direito do Trabalho. DELGADO, Mauricio Godinho; DELGADO, Gabriela Neves. São Paulo: LTr, 2012.

DELGADO, Mauricio Godinho; DELGADO, Gabriela Neves. *A reforma trabalhista no Brasil*: com os comentários à Lei n. 13.467/2017. São Paulo: LTr, 2017.

DIAS SILVA, Wallace Antonio. *Entregadores de aplicativos estão em um limbo do Direito do Trabalho*. Disponível em: <http://www.justificando.com/2019/05/24/entregadores-de-aplicativos-estao-em-um-limbo-do-direito-do-trabalho/>. Acesso em: 13 set. 2019.

DIEESE – *Terceirização e morte no trabalho*: um olhar sobre o setor elétrico brasileiro (2010). Disponível em: <https://www.dieese.org.br/estudosepesquisas/2010/estPesq50TerceirizacaoEletrico.pdf>. Acesso em: 1º set. 2019.

DIEESE/CUT – *Terceirização e Desenvolvimento*: uma conta que não fecha (2014). Disponível em: <http://www.cut.org.br/system/uploads/ck/files/Dossie-Terceirizacao-e-Desenvolvimento.pdf>. Acesso em: 1º set. 2019.

FELICIANO, Guilherme Guimarães; PASQUALETO, Olívia de Quintana Figueiredo. *(Re)descobrindo o direito do trabalho*: *gig economy*, uberização do trabalho e outras reflexões. Disponível em: <https://www.anamatra.org.br/images/DOCUMENTOS/2019/O_TRABALHO_NA_GIG_ECONOMY_-_Jota_2019.pdf>. Acesso em: 15 set. 2019.

DE STEFANO, Valério. *Simpósio futuro do trabalho*: os efeitos da revolução digital na sociedade. (verbal) Recife-PE. Texto de Eugenio Jerônimo. Disponível em: <https://www.trt6.jus.br/portal/noticias/2019/09/05/efeitos-da-revolucao-digital-na-sociedade-em-debate>. Acesso em: 15 set. 2019.

MENDES, Marcus Menezes Barberino; CHAVES JÚNIOR, José Eduardo de Resende. *Subordinação estrutural-reticu-*

lar: uma perspectiva sobre a segurança jurídica. Disponível em: <https://juslaboris.tst.jus.br/bitstream/handle/20.500.12178/73990/2007_mendes_marcus_subordinacao_estrutural.pdf?sequence=1&isAllowed=y>. Acesso em: 6 dez. 2019.

OLIVEIRA, Murilo Carvalho Sampaio. *Relação de emprego, dependência econômica & subordinação jurídica*: revisitando os conceitos, critérios de identificação do vínculo empregatício. Porto: Editorial Juruá, 2019.

OITAVEN, Juliana Carreiro Corbal; CARELLI, Rodrigo de Lacerda; CASAGRANDE, Cássio Luís. *Empresas de transporte, plataformas digitais e a relação de emprego*: um estudo do trabalho subordinado sob aplicativos. MPT. Brasília: Movimento, 2018.

PORTO, Lorena Vasconcelos; BELTRAMELLI NETO, Silvio; RIBEIRO, Thiago Gurjão Alves. *Temas da Lei n. 13.467/2017 (Reforma Trabalhista) à luz das normas internacionais*. MPT. Brasília: Movimento, 2018.

ROSSO, Sadi Dal. *O ardil da flexibilidade*: os trabalhadores e a teoria do valor. São Paulo: Boitempo, 2017.

Sentença do processo n. 1001058-88.2018.5.02.0008, 8ª Vara do Trabalho de São Paulo, TRT da 2ª Região. Acervo da autora.

ZERO, Marcelo. *Alguns dados sobre o trabalho intermitente no Reino Unido*. Disponível em: <https://www.josepimentel.com.br/sites/default/files/notas-tecnicas/alguns-dados-sobre-o-trabalho-intermitente-no-reino-unido.pdf>. Acesso em: 26 maio 2019.

Capítulo 17

Discurso Digital e Patologia da Indiferença: Desafios para o Direito ao Trabalho Digno

Ana Magnólia Mendes[(1)]

Emilio Peres Facas[(2)]

Fernanda Sousa Duarte[(3)]

Resumo: Este capítulo busca contribuir para o campo de estudo do direito fundamental ao trabalho digno, problematizando a relação entre discurso digital e patologia da indiferença. Uma questão se coloca em termos de como o direito pode ser um caminho para proteger e defender a deformação do trabalho e a destituição da classe trabalhadora pelo capitalismo digital. Numa perspectiva ensaísta, articulando a psicanálise lacaniana e a crítica social, introduz-se algumas reflexões para pensar a colonização do sujeito pelo discurso digital na nova era do (des)emprego. Parte-se do pressuposto de que esses trabalhadores são desempregados iludidos pelo discurso digital. Esse discurso, também presente nos empregos formais assalariados, é responsável pela colonização dos sujeitos, tendo em vista o fascínio que o capitalismo exerce sobre aquele que é capaz de tudo para se tornar um consumidor e obter o poder que é vendido pelo capital. É um discurso que forja sujeitos desapropriados da sua dignidade e da existência ético-política. Cria laços sociais nos quais a banalização do que faz parte do humano – o sofrimento, a culpa, a vergonha, as injustiças – favorece o surgimento das psicopatologias, entre elas, a patologia da indiferença. Finaliza-se pontuando o valor da produção do saber multidisciplinar e democrático como ponto de partida para confrontar esses paradoxos e armadilhas que o capitalismo digital tem apresentado.

Palavras-chave: Trabalho digno. Discurso digital. Psicopatologia.

Abstract: This chapter seeks to contribute to the studies about the fundamental right to dignified work, problematising the relationship between the digital discourse and the pathology of indifference. A question arises in terms of how regulations can be a mean to prevent the deformation of the work and the extinction of the working class by Digital Capitalism. From an essayistic perspective, articulating lacanian Psychoanalysis and social criticism, some reflections are introduced to think about the colonisation of the subject by the digital discourse in the new age of (un)employment. It is assumed that these workers are unemployed workers deluded by the digital speech. This discourse, also present on formal employment, is responsible for the colonisation of the subjects, given the fascination capitalism exerts on those who are capable of anything to become a consumer and obtain the power that is sold by the Capital. It is a discourse that forges expropriated subjects from their dignity and ethical-political existence. It creates social bonds in which banalisation of what constitutes subjects – suffering, guilt, shame, injustice – favours the emergence of psychopathologies such as the pathology of indifference. It ends by scoring the value of the multidisciplinary and democratic knowledge production as a starting point for confronting these paradoxes and pitfalls that Digital Capitalism has presented.

Keywords: Dignified work. Digital discourse. Psychopathology.

---

(1) Professora do Departamento de Psicologia Social e do Trabalho e do Programa de Pós-Graduação em Psicologia Social, do Trabalho e das Organizações (PST/PSTO-UnB). Líder do Grupo de Pesquisa Psicanálise e Trabalho (UnB/CNPq). Coordenadora do Projeto Espaço Aberto ao Trabalhador: Clínica Psicanalítica do Trabalho (UnB). Pesquisadora integrante dos Grupos de Pesquisa Trabalho, Constituição e Cidadania (UnB/CNPq) e Psicossociologia do Trabalho e Formação (CANAM, Paris).

(2) Professor do Departamento de Psicologia Social e do Trabalho da Universidade de Brasília (PST-UnB). Colaborador do Programa de Pós-Graduação em Psicologia Social, do Trabalho e das Organizações (PSTO-UnB). Coordenador do Núcleo Trabalho, Psicanálise e Crítica Social.

(3) Doutora no Programa de Pós-Graduação em Psicologia Social, do Trabalho e das Organizações (PSTO-UnB). Pesquisadora visitante no Grupo de Pesquisa Political Sociology na Universiteit Van Amsterdam (UvA). Pesquisadora integrante do Laboratório de Psicondinâmica e Clínica do Trabalo da UnB.

1. INTRODUÇÃO

Este capítulo tem por objetivo problematizar as tecnologias digitais e seus efeitos para um novo modo de relações de trabalho e de subjetivação. Parte-se dos argumentos de que a tecnologia despersonaliza, não tem cara, mas exerce uma forte sedução pela falsa promessa de felicidade e liberdade. Pelo excesso de informação, a tecnologia pode produzir um curto-circuito na capacidade crítica-analítica. Esse poder reflete e é causa das novas formas de organização e relações de trabalho, produzindo um controle psicopolítico por meio do *big data*.

O conceito de *big data* ganhou espaço na literatura acadêmica a partir de 2011 e, como resultado de seu desenvolvimento repentino – para substituir termos como *data analytics* – não é possível identificar uma definição comum. O *big data* vem sendo descrito, principalmente, por suas características e possibilidades de impactos na sociedade, em organizações e em processos de negócios. Um dos grandes atrativos do *big data* é a transformação de informação em valor econômico[(4)]. Para Couldry e Mejjas[(5)], o *big data* é uma nova forma de apropriação. Nesse caso, de informação, da vida humana mediante dados. Essa apropriação é tão extensa que os autores argumentam sobre a impossibilidade de prever as novas formas de capitalismo que vão ainda emergir a partir dessa nova ordem social, sendo importante atentar-se para esse colonialismo reinventado. Essa colonização da vida cotidiana por intermédio da coleta e exploração dos dados de pessoas ordinárias, assim como o colonialismo histórico, funda condições para um novo estágio do capitalismo que os autores acreditam estar apenas no início.

Nesse novo estágio, o monitoramento constante se estabelece em uma nova forma de organizar a sociedade e os sujeitos, com novas formas de discriminação e influência comportamental a partir do uso da inteligência artificial que faz uso desses dados. Longe de ser imparciais, os algoritmos reificam ideologias sobre os quais são construídos[(6)]. A dependência do capitalismo dessas novas tecnologias inaugura um Capitalismo Digital[(7)], uma nova configuração de dinâmicas históricas de produção, trabalho e consumo. Nesse sentido, encontra-se o paradoxo do *big data* e do capitalismo digital: de um lado a exaltação do individualismo e do outro a massificação representada pelo fluxo infinito do *big data*. Essa tensão se resolve para o capitalismo com a comercialização de individualidades pelos anúncios personalizados oferecidos especialmente para os consumos de cada um.

Neste texto, busca-se apresentar suposições que apontam na direção da relação entre esses e outros controles produzidos pelas tecnologias e a colonização do sujeito em função de limites, muitas vezes invisíveis, da liberdade. O modelo neo-tecno-liberal assume o comando nas mais diferentes formas de trabalho: assalariado, formal, informal, subemprego e até nas novas formas precárias de vínculo trabalhista. Esse comando é veiculado e transmitido por um discurso produzido nesses contextos por todos que dele fazem parte, capturando as formas de pensar, sentir e agir do sujeito e tendo como consequência a colonização do sujeito e o seu deslizamento patológico para outras posições subjetivas.

De modo específico, fundamentados na Psicanálise lacaniana e na crítica social, propomos introduzir neste ensaio a discussão de duas categorias teóricas que pensamos dar conta de demonstrar as nossas suposições. De um lado, a noção de discurso que será tomada a partir dos escritos de Lacan em *O Seminário, Livro 17: avesso da Psicanálise*, no qual ele introduz o discurso capitalista que, para fins deste ensaio, fundamenta a categoria colonização do sujeito pelo discurso digital[(8)]. De outro, a patologia da indiferença com base nos estudos sobre o circuito da pulsão invocante realizado por Mendes[(9)].

Pressupomos que as tecnologias digitais, reconhecidas suas contribuições para o aprimoramento das ciências que beneficiam os seres humanos, são modos

(4) DE MAURO, A., GRECO, M., & GRIMALDI, M. Understanding Big Data through a Systematic Literature Review: the ITMI model. *International Journal of Information Technology & Decision Making*. <https//doi.org/10.1142/s0219622019300040>. 2019.

(5) COULDRY, N., & MEJJAS, U. A. Data Colonialism: Rethinking Big Data's Relation to the Contemporary Subject. *Television & New Media*, v. 20, n. 4, p. 336-349. <https://doi.org/10.1177/1527476418796632>. 2019.

(6) BETANCOURT, M. *The critique of digital capitalism*: an analysis of the political economy of digital culture and technology. Brooklyn: Punctum Books. 2016.

(7) BETANCOURT, M. *The critique of digital capitalism*: an analysis of the political economy of digital culture and technology. Brooklyn: Punctum Books. 2016; PACE, J. The Concept of Digital Capitalism. Communication Theory, v. 28, n. 3, p. 254-269. <https//doi.org/10.1093/ct/qtx009>. 2018.

(8) LACAN, J. *O Seminário, Livro 17.* O avesso da psicanálise. São Paulo: Editora Zahar, 1969/1997.

(9) MENDES, A. M. *Desejar, falar, trabalhar.* Porto Alegre: Editora FI, 2018.

de colonização veiculados por um discurso falacioso sobre o fim do trabalho. Tal discurso é alimentado por valores de dominação e saber totalitário, produzindo efeitos nefastos sobre os modos de pensar, sentir e agir dos sujeitos. Para encontrar formas de resistir a esse discurso, é preciso fazer um debate aberto e profundo, por exemplo, sobre a distinção entre trabalho e emprego, construindo um saber singular a respeito dessa nova era das tecnologias digitais, vinculado a um discurso de produção de saber, diferentemente do discurso que enuncia verdades absolutas.

Em relação ao direito ao trabalho digno, pensamos ser importante analisar cada contexto de trabalho digital e em aplicativos nas suas singularidades. Uma articulação com outros campos do saber se faz necessária, assim como a posição subjetiva e política frente às questões trabalhistas, para dar conta da complexidade que se inaugura nessa nova era do trabalho (*in*) humano. É um contexto no qual parece haver, de modo paradoxal, o surgimento de uma "nova classe" de trabalhadores desempregados e iludidos por esse discurso digital. Sujeitos de algum modo forjados como sujeito liberal, mas, no entanto, massacrados pelas desmesuras do capital, destituídos de desejo e expropriados da sua existência ético-política, condições que se encontram na base da melancolização do sujeito, culminando na patologia da indiferença.

Pensamos que, nos espaços de trabalho onde os sujeitos são colonizados por um discurso doutrinário e tirânico e passam a existir de acordo com seus enunciados, é facilmente instaurada a banalização do sofrimento, a negação da culpa, da vergonha, dos absurdos e das injustiças. Tem-se aí um grave risco para a manutenção dos laços sociais e da ética da convivência. Assim, o discurso digital produz sujeitos que aos poucos se melancolizam e podem sucumbir à patologia da indiferença. Essa indiferença tende a existir tanto nos contextos de emprego formal assalariado quanto nas novas modalidades de (des)emprego, considerando a globalização do discurso digital na sociedade.

Isto posto, desejamos que este capítulo colabore para a ampliação do debate no campo do direito fundamental ao trabalho digno, dando visibilidade tanto aos paradoxos e armadilhas que envolvem o trabalhar e o trabalhador na era das tecnologias digitais, quanto ao discurso que elas produzem e aos sujeitos que desde aí são fabricados.

2. RISCOS AO DIREITO DO TRABALHO VIVO

O discurso digital é marcado por paradigmas taylor-colonizantes sustentando uma posição que pode potencializar os riscos para os trabalhadores quanto ao *Direito fundamental ao trabalho digno*. Em tempos onde os discursos forjam a inumanidade pela venda de um modelo de sujeito consumível e consumidor não só de produtos e serviços, mas, sobretudo, das relações sociais, há uma forte possibilidade de serem produzidos diversos deslocamentos dos direitos nas relações de trabalho do sujeito-trabalhador para o objeto-trabalhador. Sem sujeito existe trabalho?

Para delimitar essa discussão, é importante apresentar a noção de trabalho que fundamenta as ideias aqui tratadas. Referenciada em Marx(10), a noção de trabalho articula-se a uma verdadeira teia conceitual. De modo breve, o trabalho, diferentemente do emprego, envolve uma atividade de metabolismo entre o homem e a natureza, como estranhamento relacionado aos modos e às condições de vida dos que trabalham e como liberdade que cria possibilidades de emancipação. É um conceito que se articula de modo inexorável ao corpo vivo, sujeito vivo, trabalho real, força de trabalho e, por fim, trabalhador. Assim, o trabalho é o homem tornando-se si mesmo dentro da própria alienação ou como alienado. É um ato de poder de um sujeito, uma práxis que possibilita a transformação da natureza e das formas da matéria para que tal ato seja útil à vida. É subjetividade, metamorfose do próprio homem pelo fazer, que transforma o mundo material.

Essa indistinção entre trabalho e emprego é um dos artifícios do capital utilizados na tentativa de nos convencer de que esses termos são sinônimos. Com essa falácia, se sustenta a ideia de que as tecnologias digitais são caminhos de libertação de um trabalho taylorista. Segundo Ha(11), em uma contribuição para os estudos de ciência e tecnologia, o uso das tecnologias digitais pressiona parcialmente a reminiscência dos princípios taylorianos no mundo do trabalho. Em particular, esses princípios foram introduzidos maciçamente com o objetivo de controlar viagens de funcionários em atividades de armazém (na Amazon, por exemplo) e otimizá-los via controle centralizado do computador. Acrescenta-se que essas tecnologias de automonitoramento também são usadas como uma ferramenta para a gestão de quantificação do trabalho e da vida social dos empregados.

---

(10) MARX, K. *Manuscritos filosóficos-econômicos de 1864-1868*. São Paulo: Boitempo, 2004.

(11) HA, D. C. Scripts e re-scripts das tecnologias de rastreamento automático de saúde e trabalho em uma era de hiperconectividade. *Revista* Ásia-Pacífico *de Direito e* Ética *em Saúde*, v. 10, n. 3, p. 67-86, 2017.

Segundo o autor, esse modelo se propaga nos mais diferentes vínculos com o trabalho; o uso de objetos conectados (*smartphones*, pulseiras, relógios etc.) são parte integrante do mundo hiperconectado designado pela indústria 4.0. Essas tecnologias medem, coletam e analisam informações relacionadas aos nossos corpos e às nossas vidas. Registram-se num movimento social de *autoquantificação* e são designados como a tecnologia *self-tracking*. Essa tendência tem implementado a ideia de *autoaperfeiçoamento* pelo conhecimento dos números que nos são oferecidos em termos de recursos.

Ainda para o autor[12], as empresas usam esses dados para definir padrões comportamentais e determinar as características de um empregado ideal. Quantificam os movimentos dos funcionários, analisam com quem e como se comunicam, quais são seus hábitos de linguagem e gestos. Algumas empresas chegam a pedir aos funcionários que entrem no sistema regularmente para fazer a quantificação da água que consumiram e do seu peso. O objetivo é usar dados comportamentais no trabalho e dados de saúde para incentivar uma melhor autogestão, buscando práticas mais produtivas.

Nessa perspectiva, consideramos que, na realidade, convivemos com um taylorismo-tecno-colonial, uma nova invenção de escravidão tanto dos trabalhadores como dos usuários. Trata-se de um modo de colonização sustentado pela divisão internacional do trabalho, acumulação, divisão de classe social e pobreza. Além de definir as relações de dominação e poder centro-periferia, esse discurso taylor-colonizante cria modelos políticos fundamentados em valores da época colonial, essencialmente no Brasil, como a crença na inferioridade do outro; as diferenças entre a raça humana; a criação de redes de submissão pelas mídias; o discurso meritocrático; a aristocracia financeira e os diversos eufemismos da igualdade.

A partir daí, um discurso é proferido e propagado. Diversas máquinas têm sido criadas com uma capacidade dita ilimitada de processar dados, sendo demandada capacidade semelhante do ser humano. No entanto, é a capacidade ilimitada dos humanos em relação à memória que está sendo capturada e reproduzida nas máquinas. Isso significa que o discurso da verdade absoluta pode ser desmontado. Duas desmentiras podem ser consideradas para fazer frente ao discurso digital. Primeiro, a captura das informações humanas é referente ao passado e jamais ao futuro, visto que o desconhecemos, logo, a máquina não irá substituir o homem. Segundo, existe uma taylorização não só do padrão dos comportamentos ditados pela tecnologia, mas uma tentativa de capturar as formas de adaptação do homem à máquina. Sendo a imaginação humana inapreensível na sua totalidade, não será possível reproduzi-la para ser repetida pela máquina. Assim, com verdades proferidas, o discurso digital aos poucos coloniza o sujeito que passa a pensar como a máquina, não percebendo que a máquina é que pensa como ele, logo, torna-se passível de controle e não o contrário.

Com esses preceitos da era digital, os modos de trabalho têm caminhado na direção oposta da noção de trabalho como categoria ontológica do ser, dimensão essencial da condição humana. Partindo desse princípio, pensamos existir artifícios para proceder à colonização do sujeito através do discurso que leva à substituição do trabalho vivo pelo trabalho morto. É criada uma racionalidade que vende como trabalho vivo a ultra prescrição, o controle, a quantificação, a urgência e a excelência. Oferece ao mortal ser humano a promessa do gozo pleno, tema que trataremos mais adiante

Assim, vai se constituindo o discurso digital. Fundado na ideia de um futuro próspero anunciado pelos grandes conglomerados econômico-digitais – por exemplo, o Vale do Silício – esse discurso é sustentado nas supostas concepções de cooperação e solidariedade que mascaram a radical precarização das relações de trabalho dadas por meio de aplicativos como Uber e Airbnb. Os vínculos estabelecidos entre o sujeito e o trabalho na "Economia do Compartilhamento", como *freelancers*, diaristas, autônomos e os *part-time job*, são criados por esse discurso digital que tem um eco nos altos níveis de desemprego, principalmente no Brasil. É um discurso que produz um agravamento do sofrimento do trabalhador, além da alienação e das patologias do trabalho e do não trabalho.

Desse modo, a dominação pelas tecnologias digitais destitui o protagonismo do trabalho na constituição do sujeito. O trabalho morto assume uma centralidade como valor psíquico e social no lugar do trabalho vivo.

3. O DISCURSO FORJANDO O SUJEITO

O discurso digital é aqui entendido a partir dos escritos de Lacan em *O Seminário, Livro 17: avesso da*

(12) *Idem.*

Psicanálise, no qual ele introduz a noção de discurso capitalista. Ele estabelece articulações com a mais-valia de Marx e a dialética do *senhor-escravo* de Hegel, vinculado ao discurso do *senhor*, marcado não apenas pelo saber, mas pelo saber absoluto. Em *O Seminário, Livro 17*, ele questiona:

> Esse discurso em sua essência dá primazia a tudo o que está no princípio e no final, não dando importância a tudo o que, num intervalo, pode ser da ordem de alguma coisa que deriva de um saber, a introdução do mundo novo no horizonte, das puras verdades numéricas, do que é contável, não significará por si só uma coisa bem diferente da instalação de um saber absoluto?(13)

Essa lógica do saber absoluto, que subjaz a criação e aplicação das tecnologias digitais, é uma ameaça às subjetividades ao transformar o sujeito em uma unidade de valor. Há uma promessa implícita de que a humanização, no sentido de tornar-se imortal, será dada pela equivalência do homem à máquina. O ideal de perfeição buscado pelo ser humano, dada sua mortalidade, comunga com o ideal veiculado no discurso de que a máquina é perfeita.

Segundo Mendes(14), os sujeitos são excluídos de um saber com o real pela mortificação do trabalho vivo. O trabalho como espaço de produção de saberes se transforma em espaço da repetição para não mais evocar o vazio do real que remete ao desamparo, dessa forma, criando uma "taylorização do sujeito". A gestão é difundida, legitimada e consolidada pelos princípios tayloristas, criando artifícios de poder para captura mais rápida e eficaz do sujeito. Nesse jogo, operam as tensões do "pensamento colonizante", criando espaços onde os mecanismos de condicionamento dos modos de pensar são utilizados para inibição da ação política. Há uma naturalização do trabalho de deliberação por meio do uso de mecanismos de normalização condicionantes da subjetividade.

É produzido um discurso que sustenta, ao nosso ver, uma propagação ilimitada dos benefícios das tecnologias digitais, uma voz que veicula um saber absoluto e destrói o laço social. São enunciados, eufemismos, artifícios que expressam um discurso paradoxal, ambivalente e distante das práticas. Forja laços sociais ao lançar promessas de sucesso, segurança e proteção. É sustentado pelo excesso, seja de controle, de normatização, de disciplina ou de outros elementos que permitam a "eficácia". Legitima uma lógica que se caracteriza pela demanda de quantificação, medição e avaliação de tudo que diz respeito ao trabalho.

Ainda para Mendes(15), o sujeito enredado nesse discurso permanece no lugar de evocado, atendendo demandas ofertadas sem possibilidades de criar o laço social. Assim, deforma-se o trabalho humano e com ele o sujeito que trabalha. Com isso, a taylor-colonização inibe o trabalhar, as possibilidades do fazer, os sujeitos não mais se deparam com o inesperado e com a experimentação de si; são fisgados de um saber com o real pela mortificação do trabalho vivo. Desse sujeito são expropriados a angústia e o sofrimento, percursos indissociáveis do caminho dos humanos. O trabalho não permite mais falhar, fracassar, errar, pois a perfeição é imperativa. É a morte do sujeito?

4. A MORTE DO DESEJO

Sem desejo não existe sujeito e sem sujeito não existe trabalho! Sujeito e desejo são sinônimos, assim como trabalho e humano. Por essa razão, o sujeito jamais desaparecerá e com ele o trabalho, enquanto vida humana existir.

O desejo é morto quando o sujeito assume o protagonismo de um discurso, tornando-se um comandante pronto a entrar em qualquer combate e se lançar em uma luta contra os "rebeldes" que deverão ser excluídos. Esse processo ocorre quando opera predominantemente a pulsão de morte. Para Lacan, nos escritos de 1965, na recusa da castração, o sujeito dirige a sua pulsão para o objeto possível, podendo ser este um carro que está no seu caminho ou uma arma apontada para aquele que contraria os seus ideais. Essas questões recalcadas nas modalidades de laço social, as quais empurram violentamente o sujeito ao gozo, concebem sujeitos alheios, descomprometidos frente a uma realidade posta (imposta), em que são suspensos seus dilemas éticos, contribuindo, assim, para o surgimento das patologias.

Retomando o texto de Mendes(16), descrevemos como a patologia, particularmente a patologia da indiferença, vai aos poucos tomando conta do sujeito e dos contextos de (des)emprego. Para tal, nos fundamentamos nos tempos do circuito da pulsão invocante.

(13) LACAN, J. *O Seminário, Livro 17*. O avesso da psicanálise. São Paulo: Editora Zahar, 1969/1997, p. 84.

(14) MENDES, A. M. *Desejar, falar, trabalhar*. Porto Alegre: Editora FI, 2018.

(15) *Idem*.

(16) *Idem*.

As psicopatologias nascem da tensão entre a demanda e o desejo que movimenta o circuito da invocação da pulsão no trabalho. Esse movimento depende do silenciamento da voz, do chamado, do apelo proferido pelo discurso digital. Esse silenciamento se dá pela insistência do desejo, que se contrapõe à demanda. Esse silenciamento e voicificação são os caminhos que a pulsão nos espaços de trabalho percorre até chegar ao seu destino: o gozo e a sublimação.

Segundo a autora, são dois os tempos para o circuito da invocação da pulsão no trabalho: *o Insistir e o Resistir-Desistir*. Para compreensão desses tempos, é fundamental retomar a questão do discurso. Os apelos são proferidos pelo discurso que estamos denominando de digital e pelo discurso da produção de saber. O discurso aqui tratado articula-se ao discurso capitalista, estudado por Lacan, que propõe quatro discursos para constituição do laço social: o discurso do mestre, do universitário, do analista e da histérica. O discurso capitalista é uma variação do discurso do senhor, que é variante do discurso do mestre. Este discurso contrapõe-se ao discurso da produção do saber que inclui o discurso da histérica e do analista.

No *tempo Resistir-Desistir*, o destino da pulsão é o gozo nas três modalidades: do Outro, fálico e mais-de--gozar. A pulsão atende ao comando tirânico: "*Goze!*", traduzido em "satisfaça sua pulsão a qualquer custo". O sujeito se constitui pela demanda, pela sedução das promessas do capital de ter mais e com isso ser mais, caindo na armadilha do "canto da sereia". É atraído pela sonoridade da promessa que remete à ideia de satisfação plena e absoluta da pulsão. Esse encanto é da ordem do registro do imaginário, é um lugar ocupado pelas ilusões e desilusões frente ao real.

De modo específico, nesse tempo há um excesso da presença do Outro. A demanda é a voz do Outro que traz a satisfação pulsional ao ser atendido o imperativo: "Goze e cale-se", ou seja, o sujeito se satisfaz ao existir para este Outro. A demanda trabalha pelo sujeito, quer dizer, o trabalho vivo sucumbe ao trabalho morto produzido pelo capital.

O discurso digital exerce esse poder de sereia para o trabalhador. No emprego precarizado nos aplicativos e outras formas digitais, o gozo encontra-se na voz que profere a libertação; no emprego formal assalariado, está na voz que consagra as tecnologias digitais o poder tão buscado para fazer frente à angústia de castração e ao desamparo. Nesse sentido, o discurso digital produz um gozo no sujeito pelo imperativo: "Você pode superar a máquina, acelere, produza, vença!".

No *tempo Insistir*, a pulsão invocante tem como destino a sublimação. A insistência remete à ética do desejo pensada por Lacan em *O Seminário, Livro 7: a ética da Psicanálise*[17]. Pensamos ser a ética no trabalho do sujeito a força motriz questionadora do querer, poder e dever do sujeito frente ao real, que é sempre da ordem do inesperado. De algum modo, significa viver a falta implicada no desejo e o vazio da impossibilidade de dar conta do real. É uma ética que não cede ao gozo, especialmente ao mais-de-gozar demandado no discurso do senhor como saída para a angústia de castração.

Para Lacan, a sublimação é da dimensão do irrepresentável na experiência de satisfação, é da ordem da pura falta, do vazio. A sublimação se vincula ao desejo, impulsionador da criação e, como tal, implica o trabalho do sujeito. Este é a causa do desejo, produz um enigma, coloca o sujeito no lugar do vazio.

O trabalho é visto como criação – o trabalhar –, como o fazer, como insistência ao inevitável e inesperado encontro com o real. Esse trabalho, que é o trabalho do sujeito, se enlaça no discurso da produção de saber. Saber que não é redutível, que é infinito. A cada encontro com o fazer, o trabalhador se depara com o inesperado. Isso significa que a sublimação é a renúncia ao gozo, ou seja, uma satisfação faltosa no vazio da inexistência de objetos e objetivos que satisfaçam a pulsão. A pulsão nunca será totalmente satisfeita; sem essa falta, a sublimação não é possível. Ela implica o luto do objeto, aceitando a impossibilidade de tê-lo, sem negar que o objeto mantém a sua beleza.

Nesse tempo do Insistir, tem lugar um trabalho onde é possível improvisar, criar e exercitar a experiência de si frente a um apelo mais cantante, uma voz como a da poetisa, uma voz que canta e não encanta. Esse trabalho encontra-se no registro do simbólico para fazer frente ao real. Na insistência, a sublimação e a emancipação se encontram, é o lugar do sujeito suposto.

Assim, a sublimação e a existência ético-política do sujeito que trabalha são possíveis quando são confrontadas as verdades proferidas pelo discurso digital, colocando em xeque seus enunciados, construindo um saber singular e democrático a partir do jogo do desejo.

Entretanto, esse tempo do Insistir encontra-se quase sempre impedindo seu movimento do circuito da in-

(17) LACAN, J. *O Seminário, Livro 7*. A ética da psicanálise. São Paulo: Zahar, 1959/1997.

vocação da pulsão nos modos de trabalho capitalista, significando que a saída para a pulsão tem sido muito mais atender ao imperativo do gozo. Nesse caso, a satisfação da pulsão se dá unicamente pelo gozo e não pelo prazer que a sublimação proporciona; o tempo da demanda vence o tempo do desejo e a resistência-desistência ganha da insistência.

Isso implica que houve falha de todos os mecanismos para silenciar as vozes do discurso digital como a negação, a formação reativa, as identificações projetivas, entre outros recursos. As vozes se tornam amplificadas, intensas, insuportáveis, "enlouquecem" o sujeito que perde o controle sobre a sua pulsão, sendo ela quem assume o comando dele mesmo, vez que a demanda vence o desejo, dirigindo a satisfação para o gozo que, imaginariamente, possibilita a satisfação plena e absoluta da pulsão.

Nesse momento da ausência do sujeito=desejo no comando dos destinos da pulsão nascem as diferentes patologias do trabalho, entre elas, a patologia da indiferença. Essa patologia pode ser caracterizada como um modo de fugir do drama da solidão de ser sujeito incompleto, castrado, aquele que não tem o controle do real, que é da ordem do surpreendente, inesperado e inominável. É uma patologia que se articula ao ideal do eu capturado pelo ideal do capital. As exigências do capital criam para o trabalhador uma demanda impossível de ser atendida frente ao inesperado do real, um dilema que paralisa o sujeito, fundado na radicalidade do imperativo: "Goze!", traduzido em imperativos como "Trabalhe e Cale-se", "Se você pode, você deve" e "Você deve ultrapassar todos os limites".

Assim, a patologia da indiferença refere-se a um Eu ameaçado pela castração, pelo desamparo e por um insuportável vazio interior, sustentado no ideal de perfeição, na ilusão de ser capaz de desvendar os enigmas do real, na ausência de fala particularizada. Para suportar essa angústia tem lugar a indiferença, a negação do outro como forma de negação de si mesmo.

Vivenciar essa patologia protege o sujeito e é nefasto para as relações de trabalho, ao imprimir condutas como a normopatia e a sociopatia, as práticas de violência e assédio e outras formas de comportamento que buscam eliminar o sofrimento, a culpa e a vergonha dos espaços de trabalho. Essa patologia mantém o destino da pulsão no gozo e por isso oferece graves riscos à saúde mental dos trabalhadores e à civilização, podendo ser responsável pela barbárie humana.

5. TEM SAÍDA?

Com a amplificação e legitimação do discurso digital, o sujeito, ao se constituir pela demanda, cai na armadilha do "canto da sereia" e aos poucos se constitui um sujeito escravo do trabalho, submetido a um vínculo de um emprego-assalariado opressivo ou a um pseudo-emprego para, ao ser consumidor, ter reconhecida sua existência.

Esse tipo de escravidão onde as máquinas ditam as regras é que faz aparecer as patologias da nova era do mundo digital como a patologia da indiferença. Nesse sentido, é uma patologia favorável à manutenção do poder do capital, sustenta seus interesses por separar sujeito e desejo, ou seja, forjar desejo na demanda. Com isso, a venda do trabalho morto por trabalho vivo se propaga pelo discurso digital como a melhor saída para o sujeito que quer ser um trabalhador. E como resistir a essa dominação, se possível for?

Uma possibilidade para enfrentar esses paradoxos – que não implica algum tipo de saída, vez que paradoxos são irreconciliáveis, não permitindo a síntese que se produz nas contradições – é retomar a crítica ao capital de Marx e a ética do desejo estudada por Lacan.

O processo de devoração do sujeito e a vampirização do corpo, da mente e da alma do trabalhador, tão comentada pelos estudiosos do marxismo, ganham força nos modelos de gestão digital que, de modo sofisticado e sutil, buscam a expulsão do sujeito da cena do trabalho. Com discursos falaciosos sobre o trabalho humano e a supervalorização da máquina, tentam capturar a vida ela mesma com a intenção primordial de desarticular a vida política.

Escapar dessas tantas e bem montadas armadilhas requer necessariamente um espaço democrático de discussão e debate, um discurso de produção de saber. É preciso dar visibilidade a esta era, reconstruir a narrativa histórica do trabalho seu e do outro e, assim, (com)viver e se (re)conhecer como classe trabalhadora. Retomar o político, como nos ensina Marx, implica a articulação entre a ética do desejo e a ética do viver junto que, de certo modo, pode se desdobrar na insistência de existir, numa luta constante na irreparável contradição do capitalismo e irreconciliáveis paradoxos aos quais estão confrontados o trabalho humano(18).

Faz-se necessário reconhecer a vulnerabilidade e recusar o lugar "pleno" de máquina, como ilustra o con-

(18) MARX, K. *Manuscritos filosóficos-econômicos de 1864-1868*. São Paulo: Boitempo, 2004.

to chinês citado pelo filósofo Gilles Gaston Granger na obra *A Razão* de 1955[19]:

> Um viajante conta que, nas florestas do Equador, vivem tribos indígenas sem contato com os civilizados. Chegam um dia nos seus domínios centenas de caminhões, de escavadeiras, de *bul-dozers* que, para uma companhia petrolífera, abrem estradas, perfuram poços, subvertem a floresta. Eis como os índios, estupefatos, explicam entre si o fenômeno: 'Animais novos, disseram eles, surgiram. Domesticaram os homens, que lhes obedecem e lhes servem como escravos. E os homens brancos os alimentam e abrem-lhes caminhos através da floresta...'

A recusa dos homens é difícil de ser feita, inclusive por trabalhadores como nós das Universidades Públicas. Para ilustrar, alguns pesquisadores têm sido capturados pelo discurso digital, aceitando se subordinar aos controles das tecnologias, como o sistema SEI e o uso do CPF como estratégia de gestão e punição.

Outros exemplos nos são dados pelos trabalhadores adoecidos que participam do atendimento na Clínica-Escola da UnB. A partir da escuta a trabalhadores de diferentes categorias, identifica-se que os aplicativos corporativos têm ditado as regras do funcionamento social, repercutindo na posição subjetiva dos trabalhadores e nas patologias, como veiculado no discurso digital: "100% não é mais o limite! Você pode tudo, você deve, você vai conseguir". É preciso nos manter atentos para não cairmos na armadilha de acreditar que somos esse sujeito que tal discurso tenta nos convencer, o qual pode fazer o que quiser, consegue tudo, não tem culpa, não tem vergonha. Creem que existe o sujeito perfeito e onipotente, que tem de ser o super-herói, o super-homem, o insubstituível, o absoluto, a máquina, que pode tudo, faz tudo e sabe tudo.

Também em contextos de trabalho em *startup* a patologia da indiferença se apresenta. Com base em narrativas de trabalhadores franceses escutados no contexto do projeto *Psicopatologia do Trabalho* fomentado pelo Edital CAPES-PRINT, um exemplo merece destaque. Uma jovem de uma *startup*, no momento de greve dos transportes para reivindicar os direitos trabalhistas, consegue driblar os obstáculos ser pontual e atender as metas de produção, atendendo ao imperativo do gozo: "você pode tudo". Essa conduta faz o chefe considerar que todos devem fazer o mesmo. As situações de greve colocam os trabalhadores em vulnerabilidade e a utilizam como instrumento de controle, nesse caso de modo intenso dado o tipo precarizado de contrato. Essa precarização do vínculo de emprego é uma das causas da patologia da indiferença ao criar condutas onde a pulsão tem como destino o mais-de-gozar.

Tais condutas geram tensão e constrangimento entre os colegas que não são capazes de se sacrificarem e de serem o super-herói. Essa lógica também é propagada nos vínculos de trabalho autoempresário (empresário de si mesmo). Um dos vínculos mais perversos já inventados pelo capital. O trabalhador cria sua própria empresa e presta seus serviços. Por exemplo, ainda em situação de greve, um trabalhador pode ser substituído pelo autoempresário, que ganhará pelas horas de trabalho realizando aquela tarefa específica. É o trabalhador por empreitada como já ocorre na construção civil no Brasil há décadas, agravada enormemente ao atingir uma ampla categoria de profissões. Por exemplo, uma ficção por enquanto, seria nós autores desse capítulo sermos contratados para escrever um artigo e ser pago por horas trabalhadas em preço abaixo do mercado em função da quantidade de ofertas profissionais dos futuros autoempresários.

6. CONCLUSÃO

Com base no exposto, conclui-se que o discurso digital se propaga de modo intenso e acelerado e com ele a aceitação da indiferença e sua transformação em patologia.

Atender o chamado da sereia é acreditar na promessa do amparo, da segurança, da salvação, da proteção. A acumulação e o consumismo passam a ser as bases da *psiquê*. Então, assume-se e internaliza-se o consumo, o *fast*, o *just time* e toda essa parafernália de demandas, que se reveste de uma ideologia da perfeição e da excelência. E assim, pode ter início a barbárie humana como mencionamos e nos escreve Freud em *Reflexões para os tempos de guerra e de morte* e *Sobre a transitoriedade*, de 2015, em que comenta: "existem muito mais hipócritas culturais do que homens verdadeiramente civilizados". Freud faz uma consideração sobre a incivilidade, a culpa e o luto, lembrando que os homens primitivos, quando retornavam da guerra, precisavam de um tempo para expurgar os espíritos dos que assassinaram, enquanto o homem civilizado volta à sua vida sem questionar nem se perturbar pelos assassinatos cometidos. Essa incivilidade é questionada

(19) GRANGER, G. G. *A Razão*. Lisboa: Edições 70, 1955/1985.

e atribuída à oculta veia da sensibilidade ética perdida, restando a banalização das desmesuras, a indiferença e a repetição como condição (des)humana. Algo mais restaria? Diz-nos Freud: "se queres suportar a vida, prepara-te para a morte". Essa preparação para nós é viver a transitoriedade do sujeito e do trabalhar.

Finalizamos assim, com uma última reflexão sobre os efeitos da colonização pelo discurso digital, em especial, no Brasil, país periférico e submerso num contexto recente de ditadura civil, avanço neoliberal desmedido – como na perda de direitos trabalhistas e o desmonte do setor previdenciário público. Pensamos por isso que os trabalhadores brasileiros encontram-se com a sua sobrevivência e existência ético-política em alto risco. Tememos pela perpetuação do tempo do Resistir-Desistir do circuito da pulsão invocante, pela vitória do mais-de-gozar, em razão, ao nosso ver, de uma posição histórica de subalternidade que favorece a sedução pelo canto da sereia, atendendo incansavelmente a demanda de ser consumidor, especialmente das tecnologias digitais. Desse modo, aumentam nossos dilemas e desafios como pesquisadores no campo do direito fundamental ao trabalho e da psicopatologia do trabalho.

REFERÊNCIAS

BETANCOURT, M. *The critique of digital capitalism*: an analysis of the political economy of digital culture and technology. Brooklyn: Punctum Books. 2016.

COULDRY, N., & MEJJAS, U. A. Data Colonialism: Rethinking Big Data's Relation to the Contemporary Subject. *Television & New Media*, v. 20, n. 4, p. 336-349. <https://doi.org/10.1177/1527476418796632>. 2019.

DE MAURO, A., GRECO, M., & GRIMALDI, M. Understanding Big Data through a Systematic Literature Review: the ITMI model. *International Journal of Information Technology & Decision Making*. <https//doi.org/10.1142/s0219622019300040>. 2019.

HA, D. C. Scripts e re-scripts das tecnologias de rastreamento automático de saúde e trabalho em uma era de hiperconectividade. *Revista* Ásia-Pacífico *de Direito e* Ética *em Saúde*, v. 10, n. 3, p. 67-86, 2017.

FREUD, S. *Reflexões para os tempos de guerra e de morte*. Obras completas. Rio de Janeiro: Imago, 1915/1998.

FREUD, S. *Sobre a transitoriedade*. Obras Completas. Rio de Janeiro: Imago, 1915/1998.

GRANGER, G. G. *A Razão*. Lisboa: Edições 70, 1955/1985.

LACAN, J. *O Seminário, Livro 7*. A ética da psicanálise. São Paulo: Zahar, 1959/1997.

LACAN, J. *O Seminário, Livro 17*. O avesso da psicanálise. São Paulo: Editora Zahar, 1969/1997.

LACAN, J. A ciência e a verdade. In: LACAN, J. *Escritos*. Rio de Janeiro: Jorge Zahar, 1965/1998.

MARX, K. *Manuscritos filosóficos-econômicos de 1864-1868*. São Paulo: Boitempo, 2004.

MENDES, A. M. *Desejar, falar, trabalhar*. Porto Alegre: Editora FI, 2018.

PACE, J. The Concept of Digital Capitalism. Communication Theory, v. 28, n. 3, p. 254-269. <https//doi.org/10.1093/ct/qtx009>. 2018.

Capítulo 18

Autonomia Forjada e Desconstitucionalização do Direito Fundamental ao Trabalho Digno: O Fenômeno da Uberização como Dimensão de Precarização do Trabalhador

Paulo Henrique de Oliveira Blair[(1)]

Maria Eduarda Gomes Pereira[(2)]

Resumo: O presente estudo pretende analisar o fenômeno da uberização, bem como a sua implicação na esfera jurídica, social e econômica dos trabalhadores, por se tratar de uma forma inédita de gerenciamento de mão de obra na sociedade contemporânea. O desenvolvimento da tecnologia da informação e de comunicação, somado ao contexto de crescimento do desemprego no globo, deu origem à economia do compartilhamento, que tem por base um modelo de negócios que permite às pessoas oferecer e adquirir bens e serviços uns dos outros através de plataformas on-line. Nesse contexto, há o surgimento da empresa Uber, que passa a romper com a antiga estrutura de intermediação da cadeia produtiva, estabelecendo uma nova forma de subordinação do trabalho ao capital, sem a mediação de um emprego formal. Diante desse quadro, outras empresas surgiram e se multiplicaram como intermediadoras de uma série de serviços, conectando usuários e prestadores de serviço e desencadeando profundas transformações nas relações trabalhistas. Pretende-se, portanto, a partir de referências e do exame de jurisprudência e legislações, analisar de que forma este novo fenômeno tem sido apropriado juridicamente pelo Brasil e fora dele e qual o impacto que esta nova forma de gerenciamento de mão de obra acarreta para a vida material destes trabalhadores. No Brasil, observa-se o fenômeno da uberização à luz do que preceitua a Constituição Federal de 1988, que incorpora a dimensão de trabalho digno enquanto garantia fundamental e rechaça o trabalho destituído de sua capacidade civilizatória e democrática.

Palavras-chave: Uberização. Economia do compartilhamento. Trabalho digno. Subordinação direta.

Abstract: The present study expects do analyze the ***uberization*** phenomenon, such as its implication in the legal, social and economic sphere of the workers, considering it's a new way of labor management in conteporary society. The development of information and communication technology, added to the context of unemployment growth around the world, gave rise to the sharing economy, that can be described as a business model that allows people to offer and purchase goods and services from each other throught online platforms. In this context, there is the emergence of the Uber Company, that starts to break with the old structure of intermediation of the production chain, establising a new way of subordination of labor to capital, without the mediation of a formal employment. Faced with this scenario, other companies emerged and multiplied as intermediaries of a range number of services, connecting users and service providers, and triggering deep transformations in labor relations. From bibliographic references and the exam of the jurisprudence and laws, it hopes, therefore, to analyze in which way this new phenomenon has been legally apropriate by Brazil and beyond, and what is the impact that this new form of labor management entails for the material life of the workers. In Brazil, the ***uberization*** phenomenon is observed in the light of Brazilian Constitution of 1988, that incorporates the dimension of dignified labor as a fundamental guarantee and rejects the work of its civilizing and democratic capacity.

Keywords: *Uberization*. Sharing economy. Dignified labor. Direct subordination.

---

(1) Doutor em Direito, Estado e Constituição pela Universidade de Brasília (UnB). Juiz do Trabalho (TRT da 10ª Região). Professor voluntário da UnB. Pesquisador integrante dos Grupos de Pesquisa Percursos, Fragmentos, Narrativas: História do Direito e do Constitucionalismo (UnB/CNPq) e Trabalho, Constituição e Cidadania (UnB/CNPq).

(2) Advogada. Bacharel em Direito pela Universidade de Brasília (UnB).

1. INTRODUÇÃO

Nos tempos atuais emerge uma forma inédita de gerenciamento da mão de obra que ficou conhecida como "uberização". Trata-se de um fenômeno no qual prestadores e usuários de determinados serviços ou atividades se conectam por meio de um aplicativo virtual, proporcionando ao usuário a satisfação de sua demanda; ao prestador um valor remuneratório de contraprestação pelo serviço realizado; e à empresa de tecnologia responsável pelo aplicativo um percentual do valor recebido no curso da realização daquele serviço.

Nos últimos anos, o fenômeno da uberização tem crescido e despontado como uma das principais alternativas de trabalho para grande parcela da população que, ou enfrenta o desemprego como realidade, ou acumula diversos trabalhos informais – "bicos" – e tem na uberização um complemento de sua renda.

A uberização pode ser entendida, então, como uma forma de trabalho realizada sob demanda e impulsionada a partir das inovações tecnológicas no campo da informação e da comunicação. Ocorre que, como será visto adiante, as empresas envolvidas nessa relação – e, nesse cenário, a Uber ascende como a principal delas, vindo daí a nomenclatura "uberização" – se autodefinem como meras "intermediadoras" de todo o processo, abstendo-se de qualquer responsabilização, sobretudo no que concerne aos direitos trabalhistas.

Nessas circunstâncias, o presente artigo tem por objetivo principal analisar o papel da uberização no processo de precarização das relações de trabalho e do próprio trabalhador. Através deste, a hipótese aqui elencada é a de que o fenômeno da uberização, enquanto nova configuração de administração de mão de obra exercida através de plataformas digitais no contexto da economia compartilhada, não reflete um trabalho autônomo, pelo contrário, representa fraude na legislação trabalhista e na proteção ao trabalho, havendo por consequência a máxima precarização do trabalhador.

Nesse sentido, pretende-se trazer a noção de trabalho digno cristalizada pelo nosso ordenamento constitucional, a fim de que, a partir dessa concepção, possa ser demonstrada a importância do Direito do Trabalho na proteção das relações trabalhistas, que são sempre assimétricas dentro da sociedade capitalista.

2. O FENÔMENO DA UBERIZAÇÃO

2.1. Surgimento

O ano era 2008, quando Travis Kalanick e Garrett Camp alegaram ter tido a ideia(3) para a criação do aplicativo que hoje está presente em 129 países do globo(4): o Uber. A inspiração para tanto, de acordo com seus inventores, foi a dificuldade que sofreram, em pleno inverno francês, para conseguirem pegar um táxi(5). A partir daí, conceberam a ideia de um serviço em que seria possível, com apenas um toque de um botão, chamar um carro particular para realizar o transporte desejado. Em 2009, a empresa foi fundada e, atualmente, já conta com 2,6 bilhões de viagens realizadas e 17 bilhões de km rodados(6) em todo o mundo.

A empresa de tecnologia *Uber technologies Inc.* atua por meio de uma plataforma digital, de suporte tecnológico e *on-line* a motoristas e usuários previamente cadastrados no aplicativo, exercendo o papel de intermediação entre ambos(7). Trata-se, portanto, de uma relação tríplice, em que duas pessoas são colocadas em contato através de um terceiro, sendo este último a própria tecnologia proporcionada pela empresa.

A Uber, nesse sentido, se insere no contexto de empresas criadas com base no conceito de *sharing economy*, ou, economia do compartilhamento. A economia do compartilhamento tem por base um modelo de negócios que permite às pessoas poderem oferecer e adquirir bens e serviços uns dos outros via plataformas *on-line*(8).

A ideia por trás do consumo colaborativo é, justamente, a ênfase no acesso ao bem ou serviço e não na propriedade dos recursos. Inclusive, não é coinci-

---

(3) A informação encontra-se disponível em: <https://administradores.com.br/artigos/uber-a-historia-da-startup-mais-valiosa-do-mundo>.

(4) A informação encontra-se disponível em: <https://www.uber.com/pt-BR/newsroom/uber-completa-5-anos-de-brasil-com-26-bilhoes-de--viagens-realizadas/

(5) A informação encontra-se disponível em: <https://administradores.com.br/artigos/uber-a-historia-da-startup-mais-valiosa-do-mundo>.

(6) A informação encontra-se disponível em: <https://www.uber.com/pt-BR/newsroom/uber-completa-5-anos-de-brasil-com-26-bilhoes-de--viagens-realizadas/>.

(7) SILVA, Juliana Coelho Tavares, CECATO, Maria Áurea Baroni. *A uberização da relação individual de trabalho na era digital e o direito do trabalho brasileiro*. Universidade Federal da Paraíba: Cadernos de Dereito Actual n. 7 Extraordinário, 2017. p. 257-271.

(8) FONSECA, Lincoln Saldanha Fernandez da. *Fronteiras da precarização do trabalho*: uberização e o trabalho *on-demand*. XXXI Congreso Alas Uruguay, 2017.

dência que tal conceito tenha surgido em 2008, sob forte influência do movimento "Occupy Wall Street"[(9)], o qual predominou o ideário coletivo de comportamento sustentável, colaboração *on-line* e compartilhamento de rede.

Ocorre que a "sharing economy", para além desta dimensão da partilha coletiva, tem como alicerce dois fatores de extrema relevância: (i) o desenvolvimento das tecnologias móveis aliado à dissipação da internet pelo globo e (ii) a crise econômica mundial de 2008, que teve como consequência o aumento do desemprego e a expansão do trabalho informal, com a inserção precária de enorme número de desempregados no mercado de trabalho[(10)].

Hoje no Brasil, de acordo com o relatório "Economia da Informação 2017: Digitalização, Comércio e Desenvolvimento", publicado pela Conferência das Nações Unidas sobre Comércio e Desenvolvimento – UNCTAD, 59% da população está conectada à internet de alguma forma. Tal fato permitiu o estreitamento das relações comerciais, as transações de capital fictício ou virtual em tempo real e o maior fluxo de ideias e informações[(11)].

Os avanços tecnológicos também foram responsáveis pela liberação de um expressivo número de trabalhadores no mercado de trabalho, ocasionando o chamado desemprego estrutural. Este, possui relação direta com a automação do processo produtivo, uma vez que os avanços tecnológicos – hoje, inclusive, robóticos e cibernéticos – substituem a força de trabalho humana nos processos de produção.

O desemprego estrutural se agravou durante a crise econômica global de 2008, o que fez com que esse exército de mão de obra disponível buscasse alternativas de trabalho, caracterizadas pela informalidade e precariedade.

Importante destacar que nas últimas décadas houve uma transformação profunda das relações de trabalho, em que se intensificaram as formas de subordinação direta, ou seja, sem a mediação de emprego ou contrato.

Com a Uber, estabelece-se, portanto, uma nova forma de subordinação do trabalhador ao capital, na qual a empresa, sem a intermediação de um "emprego" formal, viabiliza a junção entre meios de produção, força de trabalho e mercado consumidor.

Essa nova configuração estabelecida e disseminada pela empresa Uber foi reproduzida por várias das empresas de tecnologia que perceberam a possibilidade de penetração de tal modelo sobre outros bens e serviços – além da plataforma de transportes – inaugurando o que ficou conhecido como o fenômeno da uberização.

A uberização tem como ponto central o trabalho sob demanda[(12)] (*on-demand job)*, uma vez que o trabalhador oferta sua força de trabalho na expectativa de haver demanda pelo produto desse trabalho. Tal fenômeno diferencia-se das demais formas de subordinação do trabalho ao capital por conta de duas características principais: pelo uso de tecnologias digitais como cerne da exploração e controle do trabalho e pelo fato de a propriedade dos meios de produção estarem nas mãos do próprio trabalhador[(13)].

As empresas de tecnologia que atuam nesse cenário foram chamadas de empresas-*app*[(14)], e tem como traços predominantes a utilização da tecnologia da informação, geralmente por meio de aplicativos móveis, para facilitar as transações de colaboração entre usuários on-line; a prestação de serviços por trabalhadores que, por intermédio dessas plataformas digitais, conectam-se aos usuários para fornecer o respectivo serviço no curso de uma jornada de trabalho flexível e autogestionada e, em geral, um sistema de classificação baseado na experiência do usuário para o controle de qualidade daquele serviço.

Importante salientar que as empresas retêm parte percentual do valor recebido pelo trabalhador na prestação do serviço. O raciocínio é o de que o trabalhador deve pagar pelo "aluguel" do uso do aplicativo – visto que só através dele é que se faz possível a realização do serviço – numa completa inversão da lógica por trás de uma relação empregatícia, em que o empregado presta

(9) SILVA, Juliana Coelho Tavares, CECATO, Maria Áurea Baroni. *A uberização da relação individual de trabalho na era digital e o direito do trabalho brasileiro*. Universidade Federal da Paraíba: Cadernos de Dereito Actual n. 7 Extraordinário, 2017. p. 257-271

(10) FONSECA, Lincoln Saldanha Fernandez da Fonseca. *Fronteiras da precarização do trabalho*: uberização e o trabalho *on-demand*. XXXI Congreso Alas Uruguay, 2017

(11) FERRER, Walkiria Martinez Heinrich; OLIVEIRA, Lourival José. Uberização do trabalho sob a ótica do conceito de subordinação estrutural. *Revista Direito UFMS*, Campo Grande, MS, v. 4, n. 1, p. 177-194, jan/jun, 2018

(12) FONSECA, Lincoln Saldanha Fernandez da. *Fronteiras da precarização do trabalho*: uberização e o trabalho on-demand. XXXI Congreso Alas Uruguay, 2017.

(13) *Idem.*

(14) *Idem.*

o serviço e, em troca, recebe uma contraprestação (um salário) por parte do empregador.

No Brasil, tais empresas surgiram e se multiplicaram como intermediadoras de uma série de serviços, tais quais transportes, serviços domésticos, entregas de encomendas, cuidado de animais, segurança, locução, serviços de garçons, monitoria, cabeleireiros etc.

De início, tais *apps* trouxeram uma alternativa positiva para esses trabalhadores desempregados que visualizaram nessas plataformas digitais uma possibilidade de inserção no mercado de trabalho através da oferta dos mais variados serviços.

Em se tratando de uma novidade no mercado – tanto para aqueles que oferecem o serviço, quanto para os beneficiários – a demanda por parte dos usuários era vasta, enquanto a quantidade de trabalhadores que desempenhavam a atividade ainda era reduzida. Por esse motivo, o retorno financeiro no desempenho de tal atividade era alto, o que levou cada vez mais e mais trabalhadores a optarem por esse caminho.

Nos dias de hoje, contudo, a situação se inverteu. No caso dos aplicativos de intermediação de transporte, por exemplo, é cada vez mais comum se encontrar profissionais das mais diversas áreas – inclusive com nível superior concluído – migrando para o trabalho como motorista por meio dessas plataformas. Há, até mesmo, um número considerável de taxistas que abandonaram tal profissão – em virtude da queda de pelo menos 50% das corridas com o surgimento da Uber e demais empresas do mesmo gênero e por conta da crise econômica[15] – para trabalharem como motoristas particulares através das empresas-*app*.

Essa nova realidade resultou num inchaço na oferta desses serviços e na consequente diminuição do montante auferido por cada trabalhador ao final do mês.

O cenário atual, desse modo, aponta para uma série de dificuldades que esses trabalhadores têm enfrentado. Para além da diminuição na quantidade em dinheiro recebida a cada mês, destacam-se os custos que cada um deles possui na manutenção dos meios de produção – tais como carro, celular, bicicleta etc. – e também a completa ausência de direitos trabalhistas como férias, FGTS, seguro-desemprego, assistência médica, adicional noturno, dentre outros.

A lógica, como pode se perceber, é a do investimento de risco. A crise financeira ajudou essas plataformas a achar pessoas dispostas a trabalhar por muito pouco dinheiro e também a abrirem mão de seus direitos trabalhistas. Nesse sentido, se aceitam piores condições de trabalho em troca da existência desse trabalho.

O que vem sendo percebido a respeito desse recente fenômeno da uberização é que cada vez mais esses trabalhadores encontram-se desamparados, tanto pelo Estado, ante a ausência de legislação ou qualquer outro tipo de regulamentação desse trabalho, quanto também pela própria lógica do sistema econômico vigente – neoliberalismo – que despe o trabalhador dessa condição e cria o ideário do indivíduo empreendedor, cujo objetivo é construir seu próprio capital humano[16].

Nesse sentido, muito embora a tecnologia dos aplicativos possibilite o registro de cada etapa das atividades desempenhadas pelo trabalhador no curso da prestação do serviço, ou seja, do ponto de vista técnico nunca foi tão fácil regular esse trabalho, por outro lado, do ponto de vista político nunca foi tão difícil exercer tal regulação[17], é o que será demonstrado adiante.

2.2. Regulação e apropriação pelo ordenamento jurídico

Com a chegada das empresas-*app* no mercado e a consequente migração de diversos trabalhadores para a *gig economy*[18] através dessas plataformas digitais, questiona-se de qual maneira seria possível a regulamentação de tais companhias, bem como das atividades desempenhadas pelos usuários adeptos a essas plataformas.

Diante da inicial ausência de regulamentação, tais empresas, desde o início de seu funcionamento, vêm sofrendo uma série de investidas judiciais no intuito de

(15) A informação encontra-se disponível em: <https://jc.ne10.uol.com.br/blogs/movecidade/2019/07/15/taxistas-estao-virando-motoristas-da-uber-e-da-99/>.

(16) *GIG a uberização do trabalho*. Direção de Carlos Juliano Barros, Caue Angeli e Maurício Monteiro Filho. Brasil: 2019. 1 vídeo (60 min.). Disponível em: <https://globosatplay.globo.com/globonews/v/7781574/>. Acesso em: 2 set. 2019.

(17) *Idem*.

(18) "A *gig economy* nomeia hoje o mercado movido por essa imensidão de trabalhadores que aderem ao trabalho instável, sem identidade definida, que transitam entre ser bicos ou atividades para as quais nem sabemos bem nomear.[...] A *gig economy* é feita de serviços remunerados, que mal têm a forma trabalho, que contam com o engajamento do trabalhador-usuário, com seu próprio gerenciamento e definição de suas estratégias pessoais. A *gig economy* dá nome a uma multidão de trabalhadores *just-in-time* [...], que aderem de forma instável e sempre transitória, como meio de sobrevivência e por outras motivações subjetivas que precisam ser mais bem compreendidas, às mais diversas ocupações e atividades". (ABÍLIO, 2017)

provocar o Estado a reconhecer os deveres delas para com seus usuários, seja por parte dos consumidores dos serviços, seja por parte dos trabalhadores que efetivamente desenvolvem o serviço a ser consumido.

Como exemplo de tal cenário, destaca-se a ação coletiva[19] intentada por mais de 385.000 condutores, nos estados da Califórnia e Massachusetts, nos Estados Unidos da América, na qual motoristas do Uber pedem reembolso pelas despesas com a manutenção do veículo e combustível. Por trás de tal pleito – que tem como valor o equivalente a 730 milhões de dólares – reside o argumento de que seria esta a quantia devida caso fossem funcionários contratados, em vez de prestadores de serviços autônomos, como enquadrados pela referida empresa.

Ocorre que tais empresas buscam se desvencilhar de qualquer tentativa de regulamentação de suas atividades, sob o argumento de que seriam apenas uma plataforma tecnológica, responsável pela conexão entre dois polos: consumidores e fornecedores. Desse modo, para elas, é central a premissa de que não se tratam de empresas que possuem empregados, de que não poderiam ser reguladas pelo Estado na questão da privacidade de dados e de que não precisariam ser transparentes com os dados que utilizam, exatamente pelo motivo de serem apenas intermediadoras[20].

No relatório da decisão de julgamento da ação coletiva acima referida é possível observar tal argumentação:

> The central premise of this argument is Uber's contention that it is not a "transportation company," but instead is a pure "technology company" that merely generates "leads" for its transportation providers through its software. Using this semantic framing, Uber argues that Plaintiffs are simply its customers who buy dispatches that may or may not result in actual rides. In fact, Uber notes that its terms of service with riders specifically state that Uber is under no obligation to actually provide riders with rides at all. Thus, Uber passes itself off as merely a technological intermediary between potential riders and potential drivers[21].

Neste caso, o acórdão denegou o pedido dos condutores pelo ressarcimento das despesas, bem como pelo reconhecimento de vínculo, tendo em vista o resultado ambíguo do teste do *Borello*[22] aplicado ao caso concreto. Tal teste era utilizado pela Suprema Corte Californiana, até 2018, para determinar em quais situações os indivíduos poderiam ser considerados empregados ou contratantes independentes. O referido julgado, apesar de negar o pleito formulado pelos trabalhadores, reconheceu que tal teste foi desenvolvido sob um modelo econômico muito distinto daquele em que se insere a economia do compartilhamento e que, portanto, se faz necessária uma revisão de tal método para abarcar o novo contexto econômico presente na realidade atual.

Em outra controvérsia judicial, também nos Estados Unidos, a empresa Uber concordou em pagar 20 milhões de dólares para encerrar um processo que também tinha como objeto a existência de vínculo empregatício entre a empresa e seus motoristas[23].

Recentemente, na Califórnia, foi aprovada uma Lei para forçar empresas de tecnologia a tratar os trabalhadores da *gig economy* como trabalhadores e não *freelancers*. A Lei AB5 poderia proporcionar a esses trabalhadores a proteção trabalhista envolvendo salário mínimo, assistência médica, indenização por danos e acidentes de trabalho, bem como o direito a se sindicalizar. Tal lei tem por base o novo teste de verificação de potencial vínculo com a empresa aplicado pela Suprema Corte da Califórnia (em substituição ao teste do *Borello*), chamado teste ABC. Neste, para haver a classificação do trabalhador como *freelancer* – e não empregado – ele (a) não poderá estar submetido a controle ou direção do contratante, no que tange ao seu desempenho no trabalho; (b) deverá executar trabalho que não componha o "negócio habitual" da empresa contratante e (c) deverá estar habitualmente engajado em uma ocupação ou negócio estabelecido de forma independente, com a mesma natureza daquela envolvida no serviço prestado[24].

Ainda assim, empresas como a Uber tentam escapar da referida legislação ressaltando o fundamento

(19) A informação encontra-se disponível em: <http://g1.globo.com/economia/noticia/2016/05/motoristas-do-uber-pedem-reembolso-milionario-em-acao-judicial-nos-eua.html>.

(20) *GIG a uberização do trabalho*. Direção de Carlos Juliano Barros, Caue Angeli e Maurício Monteiro Filho. Brasil: 2019. 1 vídeo (60 min.). Disponível em: <https://globosatplay.globo.com/globonews/v/7781574/>. Acesso em: 2 set. 2019.

(21) A informação encontra-se disponível em: <https://www.uberlawsuit.com/OrderDenying.pdf>.

(22) O principal fator a ser levado em conta pelo teste do *Borello* era se a pessoa para quem o serviço é prestado tem o direito de controlar o modo e os meios de produção para obter o resultado desejado.

(23) A informação encontra-se disponível em: <https://veja.abril.com.br/economia/uber-pagara-us-20-milhoes-em-acao-trabalhista-de-motoristas-nos-eua/>.

(24) A informação encontra-se disponível em: <https://gizmodo.uol.com.br/uber-lei-california-motoristas-funcionarios/>.

de que a empresa, por ser uma plataforma tecnológica para vários tipos de mercados digitais, não tem como "negócio habitual" a atividade de transporte. Dessa forma, na concepção de tais empresas, os condutores inscritos em seu aplicativo deverão manter seu *status* de trabalhador independente, uma vez que a referida Lei não os abarcaria.

No Brasil, a única regulamentação legislativa sobre o tema foi aquela conferida pela Lei n. 13.640/2018, que alterou a Lei n. 12.587/2012, que dispõe acerca da Política Nacional de Mobilidade Urbana. Nesta última, foi incluído o inciso X em seu art. 4º, que assim estabelece:

> Art. 4º Para os fins desta Lei, considera-se:
>
> X – transporte remunerado privado individual de passageiros: serviço remunerado de transporte de passageiros, não aberto ao público, para a realização de viagens individualizadas ou compartilhadas solicitadas exclusivamente por usuários previamente cadastrados em aplicativos ou outras plataformas de comunicação em rede[25].

Além disso, tal normativa ainda acresceu à Lei n. 12.587/2012 o art. 11-A para determinar a competência exclusiva dos municípios e Distrito Federal para regulamentar e fiscalizar o serviço de transporte remunerado privado de passageiros.

Em termos jurídicos, essa nova configuração das relações de trabalho por meio de plataformas tecnológicas também gerou controvérsias no plano judicial. Em fevereiro de 2017 sobreveio a primeira decisão, na 33ª Vara do Trabalho de Belo Horizonte, pelo reconhecimento do vínculo de emprego entre a empresa Uber do Brasil Tecnologia Ltda. e o condutor reclamante.

Nesta decisão, o Juiz Márcio Toledo Gonçalves, diante da compreensão de que o conflito em tela deveria ser observado à luz dos traços da contemporaneidade que "marcam a utilização das tecnologias disruptivas no desdobramento da relação capital-trabalho[26]", buscou analisar os elementos fático-jurídicos que consubstanciam a relação de emprego (nos termos dos arts. 2º e 3º da CLT), quais sejam, ser pessoa física; a pessoalidade; a não eventualidade; a onerosidade e a subordinação.

Após o reconhecimento do vínculo empregatício pela sentença, a decisão foi reformada pela Nona Turma do Tribunal Regional do Trabalho da 3ª Região, que declarou a inexistência da relação de emprego e excluiu da condenação as verbas trabalhistas deferidas pelo juízo de primeiro grau.

Após isso, seguiu-se a disputa judicial a respeito do *status* trabalhista dos condutores e demais trabalhadores que prestam serviços através da vinculação às empresas-*app* e suas plataformas tecnológicas no contexto da *sharing economy*, até que o Superior Tribunal de Justiça decidiu, em agosto deste ano, sobre o tema.

A ação em questão tratou de conflito de competência entre o Juízo de Direito da 1ª Vara do Trabalho de Poços de Caldas-MG e o Juízo de Direito do Juizado Especial Cível de Poços de Caldas-MG. Na origem, a demanda foi proposta por um condutor contra a empresa Uber, perante o Juízo Estadual, o qual requereu a reparação de danos materiais e morais devido à suspensão de sua conta pela empresa – o que o impossibilitou de exercer sua profissão de motorista – bem como a sua reativação.

Eis que a Segunda Seção do STJ decidiu no sentido de declarar competente a Justiça Comum Estadual para dispor sobre tal matéria, nos termos da ementa do acórdão abaixo:

> CONFLITO NEGATIVO DE COMPETÊNCIA. INCIDENTE MANEJADO SOB A ÉGIDE DO NCPC. AÇÃO DE OBRIGAÇÃO DE FAZER C.C. REPARAÇÃO DE DANOS MATERIAIS E MORAIS AJUIZADA POR MOTORISTA DE APLICATIVO UBER. RELAÇÃO DE TRABALHO NÃO CARACTERIZADA. *SHARING ECONOMY*. NATUREZA CÍVEL. COMPETÊNCIA DO JUÍZO ESTADUAL.
>
> 1. A competência *ratione materiae*, via de regra, é questão anterior a qualquer juízo sobre outras espécies de competência e, sendo determinada em função da natureza jurídica da pretensão, decorre diretamente do pedido e da causa de pedir deduzidos em juízo.
>
> 2. Os fundamentos de fato e de direito da causa não dizem respeito a eventual relação de emprego havida entre as partes, tampouco veiculam a pretensão de recebimento de verbas de natureza trabalhista. A pretensão decorre do contrato firmado com empresa detentora de aplicativo de celular, de cunho eminentemente civil.
>
> 3. As ferramentas tecnológicas disponíveis atualmente permitiram criar uma nova modalidade de interação econômica, fazendo surgir a economia compartilhada (*sharing economy*), em que a prestação de serviços por detentores de veículos particulares é intermediada por aplicativos geridos por empresas

(25) BRASIL. Lei n. 13.640, de 26 de março de 2018. Altera a Lei n. 12.587, de 3 de janeiro de 2012, para regulamentar o transporte remunerado privado individual de passageiros, Brasília, DF, 2018.

(26) BRASIL. Tribunal Regional do Trabalho (3ª Região). RTOrd 0011359-34.2016.5.03.0112; 33ª Vara do Trabalho de Belo Horizonte; Relator: Márcio Toledo Gonçalves. Data de Publicação: 13.02.2017.

de tecnologia. Nesse processo, os motoristas, executores da atividade, atuam como empreendedores individuais, sem vínculo de emprego com a empresa proprietária da plataforma.

4. Compete a Justiça Comum Estadual julgar ação de obrigação de fazer c.c. reparação de danos materiais e morais ajuizada por motorista de aplicativo pretendendo a reativação de sua conta UBER para que possa voltar a usar o aplicativo e realizar seus serviços.

5. Conflito conhecido para declarar competente a Justiça Estadual.(27)

Como se observa, a decisão está fundamentada no argumento de que o conflito decorre do contrato firmado com empresa detentora de aplicativo de celular, possuindo, portanto, cunho eminentemente civil. Além disso, para efeitos de caracterização da relação de trabalho, o acórdão registrou a ausência do vínculo de emprego, ante a inexistência de seus pressupostos caracterizadores, haja vista que "os motoristas de aplicativo não mantém relação hierárquica com a empresa UBER porque seus serviços são prestados de forma eventual, sem horários pré-estabelecidos e não recebem salário fixo(28)".

Por fim, o julgado ainda ressaltou que o sistema de transporte privado individual, a partir de provedores de rede de compartilhamento, detém natureza de cunho civil, destacando, para tanto, o reconhecimento de tal atividade desempenhada pelos motoristas de aplicativos como de caráter privado, nos termos da Lei n. 13.640/2018.

Diante de tudo que ficou exposto, o acórdão, finalmente, definiu que tais motoristas, cujo serviço prestado sofre a intermediação por parte dos aplicativos geridos por empresas de tecnologia, atuam como empreendedores individuais, posto que, uma vez inexistindo os pressupostos para a caracterização da relação de emprego, o trabalho pode ser descrito como autônomo ou eventual.

Como se pode observar, no Brasil e no mundo, a regulamentação de tais atividades exercidas pelos trabalhadores da *gig economy* ainda é bastante incipiente. No âmbito legislativo, as normativas que disciplinam essa nova configuração das relações de trabalho são escassas e abrem margem para que as empresas-*app* consigam se desvencilhar da responsabilização, sobretudo, dos direitos trabalhistas para com os prestadores de serviços.

Já no âmbito judicial, os julgados também parecem reiterar a lógica da mínima intervenção estatal no curso das atividades desempenhadas pelos trabalhadores por meio dos aplicativos. As repetidas decisões que ressaltam a inexistência do vínculo empregatício entre os trabalhadores e as empresas acabam por silenciar discussões importantes acerca dos direitos dessa parcela de indivíduos que cresce a cada dia mais. Sob o manto da qualificação como "empreendedores individuais" e "trabalhadores autônomos", negligencia-se tanto a análise mais profunda do verdadeiro papel dessas empresas-*app* nessa nova realidade das relações de trabalho, quanto também se invisibiliza a existência cotidiana desse trabalho – e do indivíduo trabalhador – que é permeada por riscos, baixa-remuneração, inseguranças e, ao contrário do que se alega, pela falta de autonomia e liberdades.

3. DIREITO AO TRABALHO DIGNO

3.1. A importância do direito do trabalho na sociedade capitalista

O fenômeno da uberização representa uma das formas de subordinação direta do trabalho pelo capital. Diante da ausência do intermédio de qualquer contrato ou emprego, a quantidade massiva de indivíduos que hoje buscam seu sustento através da *GIG economy* figuram como autônomos ou empreendedores de si mesmos pelo ordenamento jurídico da maioria dos países, inclusive do Brasil.

Ocorre que tais indivíduos não são autônomos, muito menos empreendedores, porquanto efetivamente vendem a sua força de trabalho em troca de uma remuneração pelo serviço prestado. Há, nestas relações, um processo de extração de valor do trabalho realizado, por parte dos aplicativos "que tornam invisíveis as grandes corporações globais que comandam o mundo financeiro e dos negócios"(29).

Com efeito, esses indivíduos são essencialmente trabalhadores, sem, contudo, se inserirem formalmente numa relação de emprego. Nesse contexto, todas as garantias trabalhistas consagradas pelo Direito do Trabalho deixam de fazer valer para essas pessoas que se encontram à margem da subordinação contratual trabalhista, o que representa um grande retrocesso para a realização da justiça social dentro do sistema capitalista.

(27) BRASIL, Superior Tribunal de Justiça. CC 164544/MG; Segunda Seção do STJ; Relator: Ministro Moura Ribeiro. Data de publicação: 04.09.2019.

(28) *Idem.*

(29) ANTUNES, Ricardo. *O privilégio da servidão*: o novo proletariado de serviços na era digital. São Paulo: Boitempo, 2018. p. 34.

Isso porque, como será visto, o Direito do Trabalho tem se despontado na história como instrumento de inclusão social das grandes massas populacionais, uma vez se tratando de segmento normativo que incorpora e exprime os interesses de setores sociais historicamente destituídos de riqueza e poder, quais sejam, os trabalhadores. Consoante nos expõe Mauricio Godinho Delgado, o Direito do Trabalho é o "ramo jurídico especializado que regula o principal tipo de vínculo entre a pessoa humana que trabalha e o sistema econômico capitalista: a relação de emprego"[(30)].

De acordo com Delgado[(31)], o Direito do Trabalho tem cumprido, dentro do capitalismo, algumas funções determinantes que podem ser observadas nas experiências dos países desenvolvidos.

A primeira destas funções refere-se à *melhoria das condições de pactuação e gestão do trabalho na vida socioeconômica*[(32)]. No tocante a esta função, tem-se o Direito do Trabalho como único vínculo realmente eficiente de desmercantilização do trabalho no sistema capitalista. Isto é, graças ao Direito do Trabalho tem se conseguido evitar a conversão do trabalho e da própria pessoa humana em simples mercadoria à disposição do capital.

É sabido que a economia de mercado tem como objetivo a eficiência, a produtividade e o lucro, não havendo grandes preocupações com a realização de uma justiça social para aqueles indivíduos expropriados pelo capital e que necessitam vender a sua força de trabalho como forma de sobrevivência. Nesta seara, Mauricio Godinho Delgado defende que:

> é pela norma jurídica trabalhista, interventora no contrato de emprego, que a sociedade capitalista, estruturalmente desigual, consegue realizar certo padrão genérico de justiça social, distribuindo a um número significativo de indivíduos (os empregados), em alguma medida, ganhos do sistema econômico[(33)].

Na prática, trata-se de função determinante no tocante ao coletivo de trabalhadores que passa a estabelecer uma relação contratual com seus empregadores cujas condições imperativas garantem o aperfeiçoamento e elevam o nível da contratação e da gestão trabalhista.

Quando há a consolidação, por parte do Direito do Trabalho, de garantias mínimas trabalhistas – como o salário mínimo, o direito às férias, ao décimo terceiro salário, à estipulação máxima de jornada diária e semanal, ao auxílio-doença e ao auxílio-transporte, bem como ao seguro-desemprego, dentre outras vantagens existentes – o contrato de trabalho reflete uma dimensão protetiva, ou seja, ele passa a reconhecer a relação assimétrica existente entre empregado e empregador, buscando compensar as distorções inerentes do sistema capitalista através da garantia de melhores condições de trabalho para esse trabalhador – que como já visto, não pode ser admitido enquanto mercadoria neste sistema, posto que é pessoa humana que deve ter sua dignidade assegurada.

Como se pode perceber, tal função deixa de ser observada nas relações de trabalho uberizadas, uma vez que inexistem nessas quaisquer das garantias que o Direito do Trabalho assegura àqueles subordinados ao vínculo trabalhista de emprego. Em virtude disso, não há melhoria nas condições de pactuação e gestão do trabalho, uma vez que o trabalhador uberizado sequer tem o seu vínculo empregatício reconhecido com a empresa de tecnologia que gerencia o aplicativo. Com isso, são muito menores as possibilidades deste trabalhador em exigir a pactuação de vantagens ou benefícios que, minimamente, busquem corrigir a relação de evidente desigualdade existente entre o indivíduo trabalhador e a companhia multimilionária.

Em verdade, ocorre exatamente o oposto no fenômeno da uberização: cada vez mais os trabalhadores se submetem à circunstâncias insalubres de trabalho, jornadas extensas e riscos constantes em troca de um salário que é variável, irregular, flutuante e pouco expressivo.

Outra função de extrema relevância do Direito do Trabalho no sistema capitalista, segundo Mauricio Godinho Delgado[(34)], é seu *caráter progressista e modernizante do ponto de vista econômico e social*. Ao se observar a dinâmica das relações trabalhistas nos países desenvolvidos – sobretudo na Europa Ocidental – fica demonstrado que a legislação trabalhista contribuiu para generalizar ao conjunto do mercado de trabalho as condutas e direitos conquistados pelos trabalhadores nos segmentos mais avançados da economia.

---

(30) DELGADO, Mauricio Godinho. *Capitalismo, trabalho e emprego*: entre o paradigma da destruição e os caminhos de reconstrução. 3. ed. São Paulo: LTr, 2017. p. 115.

(31) *Ibidem*, p. 114-152, cap. IV.

(32) *Idem*.

(33) *Ibidem*, p. 116.

(34) *Ibidem*, p. 114-152, cap. IV.

Nas palavras de Gabriela Delgado e Mauricio Godinho Delgado:

> [...] a legislação trabalhista, de maneira geral, corresponde a um processo de generalização ao conjunto do mercado de trabalho daquelas condutas e direitos alcançados pelos trabalhadores dos segmentos mais avançados da economia e melhor organizados grupalmente. O efeito é que o Direito do trabalho generaliza ao conjunto da comunidade trabalhista de certo país as práticas do setor mais moderno e dinâmico da economia, permitindo a universalização crescente de práticas mais modernas, ágeis e civilizadas de contratação e gestão da força de trabalho. Com isso, o direito do trabalho torna mais homogêneas as condições de concorrência entre as próprias empresas, não permitindo que setores mais atrasados e primitivos realizem concorrência desleal e retrógrada em face dos setores mais modernos.[35]

Neste seguimento, o Direito do Trabalho passa a ser responsável por garantir maior isonomia das condições de concorrência entre as próprias empresas, porquanto impede que setores mais atrasados e primitivos realizem concorrência desleal e retrógrada em face dos setores econômicos mais modernos.

Outra dimensão bastante relevante dentro da função modernizante e progressista do Direito do Trabalho é precisamente a indução ao investimento tecnológico[36]. Ao haver uma melhoria das condições de pactuação da força de trabalho, há um estímulo ao empresário em investir tanto em tecnologia quanto em aperfeiçoamento da mão de obra, havendo um processo de constante modernização da economia e capacitação dos trabalhadores.

Ainda, o Direito do Trabalho consegue incrementar a adoção de configurações mais eficientes e respeitosas de gestão trabalhista, suplantando modalidades obscurantistas de gerência e gestão de pessoas no universo empresarial.

Por fim, se essa generalização obtém sucesso para a realidade nacional de um país, ela torna-se um importante motor de desenvolvimento socioeconômico do próprio capitalismo. Isso porque, de acordo com Mauricio Godinho Delgado, a elevação das condições de pactuação da força de trabalho propicia não só a realização da justiça social, mas também a criação e preservação de mercado para o próprio capitalismo, a partir da devolução para esse sistema dos ganhos materiais socialmente distribuídos em decorrência da aplicação das regras jurídicas estabelecidas pelo Direito do Trabalho. O que ocorre, então, é que este ramo jurídico efetivamente "distribui renda equanimemente ao conjunto da sociedade e do país envolvido, por meio da valorização que impõe ao labor humano"[37].

Mauricio Godinho Delgado expõe:

> Nessa linha, o ramo justrabalhista consubstancia a mais ampla, pulverizada e eficiente política pública de distribuição de renda e de fortalecimento do mercado econômico interno que já se construiu na história do capitalismo. É política que abrange, equilibradamente, de modo contínuo, a curto, médio e longo prazos, todos os inúmeros e diversificados segmentos sociais, desde os trabalhadores mais simples e pouco qualificados, passando por toda a cadeia de cargos e funções existentes nas pequenas, médias e grandes empresas, até o núcleo mais qualificado da força de trabalho das empresas e seus estabelecimentos. Mais importante ainda, trata-se de política pública que não se realiza somente mediante a distribuição de recursos e equipamentos públicos, estatais, porém se realiza preferencialmente no próprio âmbito privado da economia e da sociedade, impondo a todos os setores sociais que cumpram certo papel no tocante à distribuição de renda no conjunto do respectivo país.[38]

Como se observa, quando se trata da uberização, o oposto acontece. A ausência de condutas generalizadas pelo Direito do Trabalho e aplicadas ao conjunto de trabalhadores impede a homogeneização das condições de concorrências entre as empresas, no caso, os aplicativos que cada vez mais investem em truques para que este trabalhador se submeta a condições árduas de trabalho, sempre na busca pelo maior rendi-

(35) DELGADO, Mauricio Godinho. *Constituição da República e direitos fundamentais*: dignidade da pessoa humana, justiça social e direito do trabalho. 4. ed. São Paulo. LTr, 2017. p. 84.

(36) DELGADO, Mauricio Godinho. *Capitalismo, trabalho e emprego*: entre o paradigma da destruição e os caminhos de reconstrução. 3. ed. São Paulo: LTr, 2017. p. 114-152, cap. IV.

(37) DELGADO, Mauricio Godinho. *Constituição da República e direitos fundamentais*: dignidade da pessoa humana, justiça social e direito do trabalho. 4. ed. São Paulo. LTr, 2017. p. 85.

(38) *Idem*.

mento mediante jornadas exaustivas e nenhum respaldo da legislação trabalhista protetora.

As condições precárias a que se submetem os trabalhadores uberizados produzem cada vez mais um movimento de dualização do processo do trabalho[39]: há uma discrepância muito grande entre os rendimentos auferidos pelos trabalhadores assalariados das próprias plataformas de tecnologia e dos trabalhadores que efetivamente trabalham com o intermédio dessas plataformas e estão à margem da relação de emprego ganhando cada vez menos e trabalhando cada dia mais. Nesse sentido, ao invés de haver um processo de redistribuição de renda há, paulatinamente, o processo de concentração de renda ainda maior naqueles que já possuem riqueza, e o empobrecimento dos que mais enfrentam as dificuldades da expropriação capitalista.

Não se concretiza, portanto, a função modernizante e progressista do ponto de vista social, uma vez que há retrocesso nos direitos e garantias desses indivíduos, aumentando a concentração de renda e maximizando as desigualdades sociais. Como consequência, também retrocede o progresso econômico do próprio capitalismo, já que o retorno para o mercado dos ganhos sociais é reduzido, pois ganha-se menos, em evidente desvalorização do trabalho humano.

O Direito do Trabalho apresenta também outra atribuição importante que consiste na sua *função civilizatória e democrática*[40]. Mauricio Godinho afirma que esse ramo jurídico se tornou, na história do capitalismo Ocidental, "um dos instrumentos mais relevantes de inserção na sociedade econômica de parte significativa dos segmentos sociais despossuídos de riqueza material acumulada"[41] se tornando um dos principais mecanismos de controle das distorções socioeconômicas causadas pelo sistema capitalista.

Dentro desta função democratizante e civilizatória, ainda é possível notar que o Direito do Trabalho se consolidou como um dos instrumentos mais capazes de gerir e moderar a relação de emprego, que é uma das relações mais importantes de poder existentes na sociedade contemporânea[42]. O Direito do Trabalho é o canal de transmissão dos avanços democráticos experienciados na sociedade política para o interior das empresas e demais instituições privadas.

> Sem o direito do trabalho, ter-se-ia uma Democracia meramente formal, no plano da política e das instituições estatais, em contraponto com o império unilateral do poder privado, no plano da economia e das instituições privadas. O mecanismo principal de democratização do poder na esfera da sociedade civil é, sem dúvida, o direito do trabalho, com suas regras, garantias, travas e princípios atenuadores e democratizadores do poder empresarial[43].

Uma vez mais é possível perceber que os trabalhos uberizados não são dotados dessa capacidade democratizante e civilizatória, porque não existe qualquer gerenciamento ou moderação na relação trabalhista ali estabelecida. O trabalhador que se insere na uberização tem muito pouca ou quase nenhuma capacidade de impor suas condições para o exercício do trabalho perante os aplicativos que definem praticamente todas as regras para a prestação do serviço. Como é sabido, as plataformas digitais não permitem nem recursos sobre suas decisões – inclusive, há diversos casos de desligamentos arbitrários de prestadores de serviços que não puderam sequer recorrer ou insurgir da deliberação.

Por fim, destaca-se ainda uma última função do Direito do Trabalho, que se trata de uma *função política conservadora*[44], dado que o referido ramo jurídico não deixa de ser um meio de legitimação política e cultural do capitalismo. Conforme explica Mauricio Godinho Delgado:

> Na proporção que o direito do trabalho eleva as condições de pactuação e gestão da força de trabalho, além de cumprir papel civilizatório e de-

(39) GIG a uberização do trabalho. Direção de Carlos Juliano Barros, Caue Angeli e Maurício Monteiro Filho. Brasil: 2019. 1 vídeo (60 min.). Disponível em: <https://globosatplay.globo.com/globonews/v/7781574/>. Acesso em: 2 set. 2019.

(40) DELGADO, Mauricio Godinho. *Capitalismo, trabalho e emprego*: entre o paradigma da destruição e os caminhos de reconstrução. 3. ed. São Paulo: LTr, 2017. p. 114-152, cap. IV.

(41) DELGADO, Mauricio Godinho. *Constituição da República e direitos fundamentais*: dignidade da pessoa humana, justiça social e direito do trabalho. 4. ed. São Paulo. LTr, 2017. p. 88.

(42) DELGADO, Mauricio Godinho. *Capitalismo, trabalho e emprego*: entre o paradigma da destruição e os caminhos de reconstrução. 3. ed. São Paulo: LTr, 2017. p. 119.

(43) DELGADO, Mauricio Godinho. *Constituição da República e direitos fundamentais*: dignidade da pessoa humana, justiça social e direito do trabalho. 4. ed. São Paulo. LTr, 2017. p. 89.

(44) DELGADO, Mauricio Godinho. *Capitalismo, trabalho e emprego*: entre o paradigma da destruição e os caminhos de reconstrução. 3. ed. São Paulo: LTr, 2017. p. 114-152, cap. IV.

mocrático em favor dos trabalhadores, ele provoca, em contrapartida, certo compromisso desse segmento socioeconômico com a preservação do sistema capitalista[45].

Tal função, contudo, não invalida as funções anteriormente elencadas, na verdade:

> o divisor aqui pertinente é o que identifica dois polos opostos: no primeiro, o capitalismo sem reciprocidade, desenfreado, que exacerba os mecanismos de concentração de renda e exclusão econômico-social próprios do mercado; no segundo polo, a existência de mecanismos racionais que civilizam o sistema socioeconômico dominante, fazendo-o bem funcionar, porém adequado a parâmetros mínimos de justiça social[46].

Nesse caso, a uberização certamente se enquadraria no primeiro polo, uma vez que acentua as desigualdades sociais e se trata de uma forma de gerenciamento de mão de obra totalmente despreocupada com a adequação a parâmetros mínimos de justiça social. O que se nota, então, é que esta nova realidade trabalhista inaugurada com a uberização vai na contramão dos avanços promovidos pelo Direito do Trabalho ao longo da história do capitalismo Ocidental. A esse respeito:

> A generalização do Direito do Trabalho é o veículo para a afirmação do caminho do desenvolvimento econômico com a justiça social. A principal das ações afirmativas de combate à exclusão social no Brasil, desse modo, é a própria efetividade do direito do trabalho. Afinal, segundo esses dados oficiais especificados, existiriam dezenas de milhões de brasileiros laborando com aquilo que tecnicamente seria considerado como elementos da relação de emprego, porém posicionados em uma situação de rebaixamento de direitos, quer pela pura e simples informalidade, quer pela submissão a outras fórmulas engenhosas (ou grosseiras) de não reconhecimento de cidadania profissional, social e econômica desses indivíduos[47].

Quando visto, no tópico anterior, que na relação da uberização os prestadores de serviços são tidos como autônomos, inexistindo, por decorrência, qualquer vínculo empregatício com as empresas que gerenciam as plataformas digitais – estas, no caso, figuram apenas enquanto "intermediárias" da realização do serviço, conectando os usuários aos prestadores da demanda – fica afastada, portanto, a possibilidade de tutela do Direito do Trabalho das relações trabalhistas ali existentes, o que vai no sentido oposto da generalização deste ramo jurídico como forma de combate à exclusão social no país, consoante expôs Mauricio Godinho Delgado.

Para ir além, ao se compreender a uberização como um modelo crescente de gerenciamento de mão de obra, que alcança diversas modalidades do setor de prestação de serviços, é possível que se esteja diante de uma tentativa de desconstituição do Direito do Trabalho enquanto garantia fundamental, constitucionalizada – como se verá em seguida – uma vez que toda a massa de trabalhadores uberizados está à margem da proteção propiciada por este ramo jurídico e, em decorrência disso, condenados à máxima precarização.

3.2. O trabalho digno como um direito fundamental resguardado pela Constituição de 1988

A Constituição brasileira de 1988, de acordo com o que nos expõe Mauricio Godinho Delgado e Gabriela Neves Delgado foi firmada sobre três pilares de sustentação, quais sejam: "a) a arquitetura constitucional de um Estado Democrático de Direito; b) a arquitetura principiológica humanística e social da Constituição da República; c) a concepção constitucional de direitos fundamentais da pessoa humana"[48]. Nesse sentido, O Estado Democrático de Direito se constitui a partir da pessoa humana, com sua dignidade, ocupando o centro do ordenamento jurídico, segundo explica Maria Cecília de Almeida Monteiro Lemos[49].

A dignidade da pessoa humana está presente em nossa Magna Carta nos Títulos I – "Dos Princípios Fundamentais", II – "Dos Direitos e Garantias Fundamen-

(45) DELGADO, Mauricio Godinho. *Constituição da República e direitos fundamentais*: dignidade da pessoa humana, justiça social e direito do trabalho. 4. ed. São Paulo. LTr, 2017. p. 89.

(46) DELGADO, Mauricio Godinho. *Capitalismo, trabalho e emprego*: entre o paradigma da destruição e os caminhos de reconstrução. 3. ed. São Paulo: LTr, 2017. p. 120.

(47) *Ibidem*, p. 135.

(48) DELGADO, Mauricio Godinho; DELGADO, Gabriela Neves. *A reforma trabalhista no Brasil*: com os comentários à Lei n. 13.467/2017. 2. ed. São Paulo: LTr, 2018. p. 21-22.

(49) LEMOS, M. C. A. M. *Dano existencial nas relações de trabalho intermitentes*: reflexões na perspectiva do direito fundamental ao trabalho digno. Brasília: Universidade de Brasília, 2018.

tais", VII – "Da Ordem Econômica e Financeira" e VIII – "Da Ordem Social"[(50)].

Já a sociedade política, democrática e includente é prevista no Título I – "Dos Princípios Fundamentais" e no Título II – "Dos Direitos e Garantias Fundamentais", enquanto que a estrutura do Estado e seus entes, com caráter evidentemente democrático e inclusivo pode ser visto no Título III – "Da Organização do Estado", Título IV – "Da Organização dos Poderes", Título V – "Da Defesa do Estado e das Instituições Democráticas" e do Título VI – "Da Tributação e do Orçamento"[(51)].

O Trabalho foi estabelecido enquanto direito social pelo art. 6º da Constituição, que assim determina: *São direitos sociais a educação, a saúde, a alimentação, o trabalho, a moradia, o transporte, o lazer, a segurança, a previdência social, a proteção à maternidade e à infância, a assistência aos desamparados, na forma desta Constituição*[(52)]. Além disso, o art. 7º da Constituição também elenca uma série de direitos trabalhistas e previdenciários, que segundo Maria Cecília de Almeida Monteiro Lemos[(53)] elevaram o Direito do Trabalho ao *status* constitucional, ampliando a proteção ao trabalhador urbano e rural, bem como estabelecendo direitos mínimos de melhoria de condição social para estes. Tais artigos, por se inserirem no Título II – "Dos Direitos e Garantias Fundamentais", não são passíveis de alteração por se tratarem de Cláusulas Pétreas, nos termos do art. 60, § 4º, IV, da Constituição Federal, que determina que "não será objeto de deliberação a proposta de emenda tendente a abolir os direitos e garantias individuais"[(54)].

Como se observa, a proteção ao Trabalho – com o fortalecimento do Direito do Trabalho e das instituições que garantem sua efetivação – está intimamente ligada à concretização do conceito de dignidade da pessoa humana para o Constituinte de 1988, uma vez que graças ao trabalho se faz possível não só a produção de bens materiais e imateriais para a satisfação das necessidades humanas, como também há a constituição da própria humanidade, da condição de identidade e espaços de reconhecimento.

Sendo assim, só se pode admitir a existência de determinado trabalho quando este for garantidor de um patamar mínimo de inclusão, ou seja, o ordenamento jurídico não pode outorgar formas de trabalho que tenham por base a sujeição pessoal ou a degradação da condição humana, porquanto "o enquadramento do trabalho digno como direito fundamental afasta a viabilidade jurídica de reconhecimento de hipóteses de trabalho exercido em condições indignas"[(55)].

Gabriela Neves Delgado, ao classificar o trabalho enquanto suporte de valor, aduz que:

> Como exemplo, tem-se o trabalho como depositário de valor. Se o trabalho for penoso, insalubre ou perigoso, o valor apreendido é negativo; caso o trabalho seja realizado em condições dignas, possibilitando que o trabalhador se reconheça na sua condição humana por meio de sua identidade social, tem-se um valor positivo. Perceba-se: o suporte é o mesmo, o trabalho; o que varia é a sua qualificação[(56)].

Neste seguimento, cabe lembrar alguns diplomas jurídicos internacionais que também demonstram a preocupação em assegurar a existência de um trabalho digno, como o art. 23, § 1º, da Declaração Universal dos Direitos Humanos que dispõe que "toda pessoa tem direito ao trabalho, à livre escolha de seu trabalho, a condições equitativas e satisfatórias de trabalho e à proteção contra o desemprego[(57)]". De igual modo, o art. 6º do Protocolo adicional ao Pacto de San José da Costa Rica sobre Direitos Econômicos, Sociais e Culturais define que "Toda pessoa tem direito ao trabalho, o que inclui a oportunidade de obter os meios para levar uma vida digna e decorosa por meio do desempenho de uma atividade lícita, escolhida ou aceita[(58)]".

---

(50) LEMOS, M. C. A. M. *Dano existencial nas relações de trabalho intermitentes*: reflexões na perspectiva do direito fundamental ao trabalho digno. Brasília: Universidade de Brasília, 2018.

(51) *Idem.*

(52) BRASIL. Constituição da República Federativa do Brasil de 1988. Brasília: Casa Civil, 1988. Disponível em: <https://bit.ly/2OtOkVy>.

(53) LEMOS, M. C. A. M. *Dano existencial nas relações de trabalho intermitentes*: reflexões na perspectiva do direito fundamental ao trabalho digno. Brasília: Universidade de Brasília, 2018.

(54) BRASIL. Constituição da República Federativa do Brasil de 1988. Brasília: Casa Civil, 1988. Disponível em: <https://bit.ly/2OtOkVy>.

(55) LEMOS, M. C. A. M. *Dano existencial nas relações de trabalho intermitentes*: reflexões na perspectiva do direito fundamental ao trabalho digno. Brasília: Universidade de Brasília, 2018. p. 44.

(56) DELGADO, Gabriela Neves. O trabalho enquanto suporte de valor. *Revista da Faculdade de Direito da UFMG*, Belo Horizonte, n. 49, jul.-dez, 2006, p. 71.

(57) Declaração Universal dos Direitos Humanos. Disponível em: <https://www.ohchr.org/EN/UDHR/Documents/UDHR_Translations/por.pdf>.

(58) Protocolo adicional ao Pacto de San José da Costa Rica sobre Direitos Econômicos, Sociais e Culturais. Disponível em: <http://www.planalto.gov.br/ccivil_03/decreto/D3321.htm>.

Para Lemos, então, o trabalho, nos marcos do sistema capitalista, "somente se viabiliza em sua "conotação *ética*" e revestido de dignidade, se assegurado como direito fundamental sujeito à proteção jurídica do Estado"[(59)].

Gabriela Neves Delgado, ainda, afirma que

> O trabalho não violará o homem enquanto fim em si mesmo, desde que prestado em condições dignas. O valor da dignidade deve ser o sustentáculo de qualquer trabalho humano. Por esta razão é que se defende a tese de que, pelo menos, os direitos trabalhistas alçados à qualidade de indisponibilidade absoluta sejam assegurados a todo e qualquer trabalhador.[(60)]

Por direitos trabalhistas de indisponibilidade absoluta, Delgado elenca[(61)], no caso brasileiro, aqueles que são capazes de assegurar ao trabalhador o patamar civilizatório mínimo do direito fundamental ao trabalho digno. Divididos em três eixos, o primeiro deles refere-se aos direitos trabalhistas presentes em normas de tratados e convenções internacionais assinadas pelo Brasil, bem como as Convenções Internacionais da Organização Internacional do Trabalho (OIT) que foram ratificadas pelo país. No segundo eixo de direitos de indisponibilidade absoluta, tem-se os preceitos cristalizados pela Constituição Federal de 1988, que, como já visto, estabelece em seu art. 7º a proteção do trabalho enquanto direito social. Por fim, o terceiro eixo de direitos trabalhistas indisponíveis é aquele em que presente as normas infraconstitucionais, como a Consolidação das Leis do Trabalho (CLT).

Nesse contexto, é possível perceber que o trabalho exercido pelos indivíduos na uberização destoa daquele consagrado e incitado pelo ordenamento jurídico, seja nos termos da Constituição da República Federativa de 1988, seja com base nos diplomas internacionais aqui mencionados. Trata-se de um trabalho incapaz de agregar valor positivo ao trabalhador, uma vez que não se reconhece sua figura enquanto parte de uma relação de emprego e, por isso, retira-se a tutela do Direito do Trabalho, num processo de desconstitucionalização do direito à proteção da relação trabalhista ali exercida.

A uberização é, portanto, uma forma de gerenciamento de mão de obra através de aplicativos eletrônicos que burla a legislação trabalhista ao classificar o trabalhador como autônomo, esvaziando, consequentemente, a proteção pelo Direito do Trabalho – proteção esta que é constitucionalizada, por se tratar de garantia fundamental da pessoa humana. Em decorrência disto, forja-se uma nova forma de relação de trabalho, que passa a ser compreendida externamente à própria Constituição Federal, resultando nada mais, nada menos, que na completa precarização do trabalho e do trabalhador.

4. CONCLUSÃO

Como visto, o fenômeno da uberização, apesar de recente, tem se mostrado decisivo na construção de um novo horizonte para as relações trabalhistas no país e no mundo. Isso porque, consoante observado no primeiro tópico, há um número crescente de indivíduos que passa a ser inserido na dita economia do compartilhamento, tendo em vista o desenvolvimento de tecnologias móveis aliadas à dissipação da internet pelo globo, bem como no aumento do desemprego e a expansão do trabalho informal.

Ocorre que, por se tratar de uma nova configuração de hierarquização, intermediação, fragmentação e determinação de funções na cadeia produtiva, o fenômeno da uberização estabelece uma forma inédita de subordinação do trabalho ao capital sem a presença de um contrato ou a intermediação de um emprego formal. Por conta disso, o que se extrai da percepção geral dos indivíduos, bem como do discurso disseminado pelas empresas, e até mesmo das decisões judiciais a esse respeito, dentro e fora do país, é que a relação estabelecida na uberização se limitaria à uma mediação entre os dois polos de uma ligação – prestador e consumidor – exercida pela empresa, através de um aplicativo. Desse modo, o trabalhador que presta o serviço não passaria de um trabalhador autônomo, ou mesmo, de um empreendedor de si mesmo, tendo em vista a ausência de vínculo de emprego com a empresa intermediadora, bem como sua ampla autonomia no curso da realização do trabalho.

No presente estudo, contudo, é possível perceber a falácia por trás do discurso da autonomia do trabalhador uberizado. É nítido que se trata de um tipo de

---

(59) LEMOS, M. C. A. M. *Dano existencial nas relações de trabalho intermitentes*: reflexões na perspectiva do direito fundamental ao trabalho digno. Brasília: Universidade de Brasília, 2018, p. 46.

(60) DELGADO, Gabriela Neves. O trabalho enquanto suporte de valor. *Revista da Faculdade de Direito da UFMG*, Belo Horizonte, n. 49, jul.-dez, 2006, p. 75.

(61) *Idem*.

ocupação realizada por aqueles que aceitam se submeter às piores condições de trabalho como forma de escapar do desemprego. São inúmeros os riscos a que se conformam todos os dias: jornadas extenuantes, labor em horário noturno, cansaço, aumento do número de acidentes de trabalho, aumento do número de assaltos diante da fragilidade da profissão. O trabalho sob demanda remunera nada mais do que o serviço prestado, sem garantir qualquer outro direito que, numa relação de emprego, seria assegurado.

Nesse sentido, as ausências de liberdade e de autonomia podem ser percebidas à medida que trabalhar nessas condições não se trata de uma escolha, mas de uma necessidade imposta pelas dificuldades da vida material no capitalismo. A ilusão no discurso de que se trabalha "sem patrão", onde cada trabalhador teria independência para fazer sua própria jornada, é facilmente desmistificada quando se percebe que, na verdade, a empresa-*app* intermediadora da prestação do serviço é quem estabelece todas as "regras do jogo", sem arcar, contudo, com nenhum ônus da produção.

Tais empresas adotam o controle digital do trabalhador por meio de uma série de mecanismos, tais quais o sistema avaliativo, que consiste no julgamento da qualidade dos serviços prestados por parte dos usuários por meio de nota atribuída àquele trabalhador; o sistema de "gamificação", que refere-se a um método de bônus, benefícios e premiações para os trabalhadores pelo cumprimento de determinadas tarefas estabelecidas pelo aplicativo, impulsionando o aumento na quantidade de tempo trabalhado e no montante de serviço realizado; a contratação de psicólogos para, a partir da análise do comportamento humano, fazer com que os prestadores de serviço trabalhem mais intensamente; dentre outras regras a serem estabelecidas pela empresa e impostas a este trabalhador que não possui qualquer possibilidade de questionamento das decisões tomadas.

O ápice do controle digital pode ser percebido através da existência de um algoritmo – por trás de todos esses aplicativos – que define os preços a serem cobrados em cada serviço e ainda distribui qual a porcentagem desse valor que irá para o trabalhador, e qual parcela restará com a empresa. Ou seja, o trabalhador, ainda que se sujeite ao labor constante diariamente – sem tempo livre para viver a dimensão da vida que existe do lado de fora do trabalho – só consegue auferir um ganho financeiro proporcional ao que determina o algoritmo, que é construído e elaborado pela empresa.

Além disso, o fenômeno da uberização não se trata de uma atividade empreendedora para aquele que presta o serviço e vende sua força de trabalho. Tem-se, na verdade, uma forma de expropriação secundária do trabalhador, que já se encontra secularmente expropriado dos meios de produção e passa, agora, a se sujeitar a novas formas secundárias de subordinação do trabalho. Trata-se da subordinação direta do trabalho ao capital, sem a mediação de qualquer emprego ou contrato. Na uberização, há a extração de sobre-valor do trabalhador e esta pode ser percebida quando se verificam os lucros descomunais das empresas de tecnologia, ao passo que os indivíduos que laboram cotidianamente em suas respectivas atividades recebem uma remuneração muito aquém.

O que se percebe, na verdade, é que há uma expansão da propriedade capitalista contemporânea que não mais se limita aos meios diretos de produção, mas sim, que tem como propriedade fundamental a capacidade de colocar em funcionamento os meios de produção e de agenciar a força de trabalho. Ou seja, o fato de que, na uberização, os trabalhadores é que possuem a propriedade das ferramentas de produção – tais como o carro, a motocicleta, a bicicleta, o celular etc. – não os torna empresários, porquanto não possuem o controle sobre a propriedade da capacidade de agenciar e tornar viável a união entre meios de produção, força de trabalho e mercado consumidor.

Nesse cenário, esse indivíduo uberizado que é lido pelo ordenamento jurídico como autônomo ou empresário sofre, na prática, um apagamento jurídico-fictício da sua condição de trabalhador, o que acarreta, por conseguinte, na impossibilidade de haver a proteção pelo Direito do Trabalho. Tal ramo jurídico, como visto no último tópico, teve enorme importância no sistema capitalista, na medida em que garantiu a melhoria das condições de pactuação e gestão do trabalho na vida socioeconômica, assegurou o caráter progressista e modernizante das relações de trabalho do ponto de vista econômico e social e ainda cumpriu com sua função civilizatória e democrática.

A ausência da proteção pelo Direito do Trabalho das relações uberizadas acarreta na retirada do trabalho como um direito fundamental assegurado pela Constituição Federal. Isso porque, ao passo em que mais e mais indivíduos se inserem no mercado de trabalho uberizado, cada vez mais passam a existir trabalhadores destituídos da proteção fundamental ao trabalho consagrada pelo nosso ordenamento jurídico-constitucional.

Conforme se verificou, a Constituição Brasileira de 1988, ao tratar do trabalho como um Direito Social, inserido no Título II – "Dos Direitos e Garantias Fundamentais", não admite o trabalho que não seja garantidor da dignidade da pessoa humana, ou seja, a proteção constitucional em questão afasta a viabilidade jurídica de reconhecimento de hipóteses de trabalho exercido em condições indignas.

Por tudo exposto, é possível concluir que a uberização remonta uma relação de trabalho que é incapaz de agregar um valor positivo ao trabalhador, uma vez que ausentes todas as formas de garantia de direitos trabalhistas – ante a impossibilidade da tutela pelo Direito do Trabalho – acarretando, assim, num processo de desconstitucionalização do direito à proteção da relação trabalhista ali exercida.

REFERÊNCIAS

ANTUNES, Ricardo. *O privilégio da servidão*: o novo proletariado de serviços na era digital. São Paulo: Boitempo, 2018.

ASSEMBLEIA GERAL DA ONU. (1948). Declaração Universal dos Direitos Humanos. Disponível em: <https://bit.ly/2OwqZCJ>.

ABÍLIO, Ludmila Costhek. *Uberização do trabalho*: subsunção real da viração. Passa Palavra, Rio de Janeiro. Disponível em: <https://bit.ly/335EVsE>. Acesso em: 25 ago. 2019.

BRASIL. Lei n. 13.640, de 26 de março de 2018. Altera a Lei n. 12.587, de 3 de janeiro de 2012, para regulamentar o transporte remunerado privado individual de passageiros, Brasília, DF, 2018. Disponível em: <https://bit.ly/34a5XjQ>.

BRASIL. Tribunal Regional do Trabalho (3ª Região). RTOrd 0011359-34.2016.5.03.0112; 33ª Vara do Trabalho de Belo Horizonte; Relator: Márcio Toledo Gonçalves. Data de Publicação: 13.02.2017.

BRASIL, Superior Tribunal de Justiça. CC 164544/MG; Segunda Seção do STJ; Relator: Ministro Moura Ribeiro. Data de publicação: 04.09.2019.

BRASIL. Constituição da República Federativa do Brasil de 1988. Brasília: Casa Civil, 1988. Disponível em: <https://bit.ly/2OtOkVy>.

BRASIL. Protocolo adicional ao Pacto de San José da Costa Rica sobre Direitos Econômicos, Sociais e Culturais. Brasília: Casa Civil, 1999. Disponível em: <https://bit.ly/2OCaPrz>.

California adopts stricter test for independent contractor status. Pepper Hamilton LLP, 2018. Disponível em: <https://bit.ly/2Oc3EHD>. Acesso em: 18 set. 2019.

COSTA, Cristiane. Uber completa 5 anos de Brasil com 2,6 bilhões de viagens realizadas. Uber, Brasil. Disponível em: <https://ubr.to/2QEY7e5>. Acesso em: 9 set. 2019.

DELGADO, Gabriela Neves. O trabalho enquanto suporte de valor. *Revista da Faculdade de Direito da UFMG*, Belo Horizonte, n. 49, jul.-dez, 2006.

______. Direitos humanos dos trabalhadores: perspectiva de análise a partir dos princípios internacionais do direito do trabalho e do direito previdenciário. *Revista TST*, Brasília, vol. 77, n. 3, jul/set 2011.

DELGADO, Gabriela Neves, RIBEIRO, Ana Carolina Paranhos de Campos. Os direitos sociotrabalhistas como dimensão dos direitos humanos. *Revista TST*, Brasília, vol. 79, n. 2, abr./jun, 2013.

DELGADO, Mauricio Godinho. *Capitalismo, trabalho e emprego*: entre o paradigma da destruição e os caminhos de reconstrução. 3. ed. São Paulo: LTr, 2017. cap. IV.

______. *Constituição da República e direitos fundamentais*: dignidade da pessoa humana, justiça social e direito do trabalho. 4. ed. São Paulo. LTr, 2017. cap. IV.

______. *Curso de direito do trabalho*. 16. ed. São Paulo: LTr, 2017.

DELGADO, Mauricio Godinho; DELGADO, Gabriela Neves. *A reforma trabalhista no Brasil*: com os comentários à Lei n. 13.467/2017. 2. ed. São Paulo: LTr, 2018.

ESTADOS UNIDOS, District Court Northern District of California. N. C-13-3826 EMC. Data: 11.03.2015. Disponível em: <https://www.uberlawsuit.com/OrderDenying.pdf>. Acesso em: 11 set. 2019.

FÁBIO, André Cabette. Este estudo afirma que o Uber só é barato porque os motoristas ganham mal. *Nexo Jornal*, 2018. Disponível em: <https://bit.ly/2D3OYUe>. Acesso em: 14 out. 2019.

GIG a uberização do trabalho. Direção de Carlos Juliano Barros, Caue Angeli e Maurício Monteiro Filho. Brasil: 2019. 1 vídeo (60 min.). Disponível em: <https://globosatplay.globo.com/globonews/v/7781574/>. Acesso em: 2 set. 2019.

FERRER, Walkiria Martinez Heinrich, OLIVEIRA, Lourival José. Uberização do trabalho sob a ótica do conceito de subordinação estrutural. *Revista Direito UFMS*, Campo Grande, MS, v.4, n. 1, p. 177-194, jan./jun, 2018.

FONSECA, Lincoln Saldanha Fernandez da. *Fronteiras da precarização do trabalho*: uberização e o trabalho *on-demand*. XXXI Congreso Alas Uruguay, 2017.

FONTES, Virgínia. *Capitalismo em tempos de uberização: do emprego ao trabalho*. Artigo apresentado no Colóquio Marx e o Marxismo v. 5, n. 8, jan./jun. 2017.

JAKITAS, Renato. 12h por dia, 7 dias por semana, R$ 936: como é pedalar fazendo entregas por aplicativo. São Paulo tem 30 mil entregadores ciclistas de apps, a maioria entre 18 e 27 anos, faixa etária que mais sofre com o desemprego. *Estadão*, São Paulo, 2019. Disponível em: <https://bit.ly/2KHG1o4>. Acesso em: 13 out. 2019.

LEMOS, M. C. A. M. *Dano existencial nas relações de trabalho intermitentes*: reflexões na perspectiva do direito fundamental ao trabalho digno. Brasília: Universidade de Brasília, 2018.

MARX, Karl. *O Capital*. Livro 1, tomo 2, capítulo XIX ("O salário por peça"). São Paulo: Nova Cultural, 1985.

MELO, Caroline. *Uber*: a história da startup mais valiosa do mundo. Disponível em: <https://bit.ly/2QEHOOv>. Acesso em: 7 set. 2019.

Motorista da Uber morre após ser esfaqueado em Londrina, diz polícia. Homem entrou em luta corporal com pelo menos uma pessoa antes de morrer, de acordo com a Polícia Civil; caso foi registrado na manhã deste domingo (4). Portal G1, Curitiba, 2018. Disponível em: <https://glo.bo/33awtlo>. Acesso em: 16 set. 2019.

Motoristas do Uber pede reembolso milionário em ação judicial nos EUA. Cálculo diz que eles teriam direito a US$ 730 mil se fossem funcionários. Advogados da Califórnia e Massachusetts abriram ação coletiva. Portal g1. Disponível em: <https://glo.bo/335dEX7>. Acesso em: 15 set. 2019.

RIO GRANDE DO SUL, Tribunal de Justiça do Rio Grande do Sul. 71007903826; 4ª Turma Recursal Cível; Relatora: Desembargadora Glaucia Dipp Dreher. Data da publicação: 28.08.2018.

SCHEIBER, Noam. How Uber uses psychological tricks do push its drivers' buttons. *NY Times*, 2017. Disponível em: <https://nyti.ms/33awTOY>. Acesso em: 23 set. 2019.

SILVA, Juliana Coelho Tavares, CECATO, Maria Áurea Baroni. A uberização da relação individual de trabalho na era digital e o direito do trabalho brasileiro. Universidade Federal da Paraíba: *Cadernos de Dereito Actual* n. 7 Extraordinário, 2017. p. 257-271.

SOARES, Roberta. Taxistas estão virando motoristas da Uber e da 99. *Jornal do Commercio*, Pernambuco. Disponível em: <https://bit.ly/2XygmU3>. Acesso em: 13 set. 2019.

UBER do Brasil tecnologia Ltda. *Termos e condições*. Disponível em: <https://www.uber.com/pt-BR/legal/terms/br/>. Acesso em: 20 set. 2019.

Capítulo 19

Corrida ao Fundo do Poço: O Trabalho de Entrega Mediada por Aplicativos na Perspectiva da Dignidade da Pessoa Humana

Amauri Cesar Alves[1]

Lorena Isabella Marques Bagno[2]

Nicolle Gonçalves[3]

Resumo: O artigo tem por objetivo analisar como se dá a relação de trabalho entre plataformas digitais de entrega de alimentos e os entregadores que para ela prestam seu labor e como essa pactuação se relaciona com o Princípio da Dignidade da Pessoa Humana. O artigo parte de um problema concreto, que é identificar se a relação mantida entre plataformas digitais e entregadores representa ou não ruptura com o sistema protetivo justrabalhista e principalmente com o valor central da Constituição da República Federativa do Brasil, que é a dignidade da pessoa humana. A hipótese é que o trabalhador contratado pelas plataformas digitais para a entrega de alimentos, relação nova e que se insere na Economia da Tecnologia Digital, não é respeitado em relação à sua dignidade enquanto pessoa que trabalha. A construção teórica parte não só da doutrina jurídica, em especial de Direito do Trabalho, mas também, e em alguns pontos principalmente, de julgados e reportagens da imprensa nacional que trataram recentemente da relação aqui estudada. Há também referenciais teóricos da Sociologia, da Sociologia do Trabalho, da Filosofia, da Administração de Empresas e da Economia.

Palavras-chave: Aplicativos digitais. Entrega de alimentos. Direito do Trabalho. Dignidade da Pessoa Humana.

Abstract: The article aims to analyze how the working between digital platforms of food delivery and delivery personnel who provide their work and how this contract relates to the principle of human dignity. The article begins with a specific problem, which is identifying if the relationship between digital platforms and applicators represents or does not break with the protection system, particularly with the core value of the Constitution of the Federative Republic of Brazil, which is human dignity.The hypothesis is that workers hired by digital food delivery platforms are not respected regarding their dignity as a worker.The theoretical construction starts not only from the legal doctrine, mainly from the labor law, but also, and on some points mainly, judgments and press reports recently, the relationship studied here has been discussed. There are also theoretical references from sociology, labor sociology, philosophy, business administration and economics.

Keywords: Digital applications. Food delivery. Labor Law. Dignity of Human Person.

1. INTRODUÇÃO

O presente artigo pretende analisar como se dá a contratação de trabalho de entregadores de alimentos pelas plataformas digitais mais relevantes no mercado brasileiro. A análise fática e jurídica pretende afirmar ou negar a efetivação do princípio da dignidade da pessoa humana na relação mantida.

---

(1) Doutor, Mestre e Bacharel em Direito pela Pontifícia Universidade Católica de Minas Gerais (PUC Minas). Professor da Graduação e do Mestrado em Direito da Universidade Federal de Ouro Preto (UFOP). Coordenador do Grupo de Estudos de Direito do Trabalho (GEDIT/CNPq) da UFOP. Avaliador de Cursos de Graduação do INEP. Pesquisador integrante do Grupo de Pesquisa Trabalho, Constituição e Cidadania (UnB/CNPq).

(2) Mestranda em Direito na Universidade Federal de Ouro Preto (UFOP). Bacharela em Direito pela Universidade Federal de Ouro Preto (UFOP). Integrante do Grupo de Estudos de Direito do Trabalho (GEDIT/CNPq) da UFOP.

(3) Mestranda em Direito na Universidade Federal de Ouro Preto (UFOP). Graduada em Direito pela Universidade de Brasília (UnB). Integrante do Grupo de Estudos de Direito do Trabalho (GEDIT/CNPq) da UFOP.

O artigo parte, então, de um problema concreto, que é identificar se a relação mantida entre plataformas digitais e entregadores representa ou não ruptura com o sistema protetivo justrabalhista e principalmente com o valor central da Constituição da República Federativa do Brasil, que é a dignidade da pessoa humana.

A hipótese é que o trabalhador contratado pelas plataformas digitais para a entrega de alimentos, relação nova e que se insere na Economia da Tecnologia Digital, não é respeitado em sua dignidade enquanto pessoa que trabalha.

A construção teórica parte não só da doutrina jurídica, em especial de Direito do Trabalho, mas também, e em alguns pontos principalmente, de julgados e reportagens da imprensa nacional que trataram recentemente da relação aqui estudada. Há também referenciais teóricos da Sociologia, da Sociologia do Trabalho, da Filosofia, da Administração de Empresas e da Economia.

Para que seja possível concretizar o que está proposto o artigo se estrutura em três itens. No primeiro haverá análise das experiências e promessas no trabalho de entregas mediadas por aplicativos. Aqui o destaque é para situações fáticas e jurídicas que envolvem a relação entre o entregador e a plataforma na prática. No segundo item a pretensão é enfrentar alguns dos mitos que tendem a influenciar o imaginário em torno da contratação de trabalhadores por aplicativos. O enfrentamento dos mitos da "colaboração", do "compartilhamento", do "empreendedorismo" e do "melhor que nada" poderá demonstrar que o que há, na verdade, é a aversão ao vínculo contratual regulado. O terceiro item trata especificamente da análise da dignidade da pessoa humana, seu fundamento constitucional e seus conceitos jurídicos, para que seja possível compreender em que sentido suas características principais se mostram presentes ou ausentes nas relações entre plataformas digitais e entregadores de alimentos.

O título escolhido decorre de passagem da obra referencial sobre o tema, "Uberização", de Tom Slee. A ideia é que as "corridas" que os entregadores fazem para levar o alimento até o cliente significam uma "corrida ao fundo do poço", pois o esforço normalmente não é devidamente recompensado.

Ao final do presente artigo será possível responder ao problema que norteia a pesquisa, que é saber se a contratação de entregadores via plataformas digitais nessa nova Economia da Tecnologia Digital representa ou não ruptura com o sistema protetivo justrabalhista e com o valor central da ordem jurídica brasileira que é o valor da dignidade da pessoa humana.

2. EXPERIÊNCIAS E PROMESSAS NO TRABALHO DE ENTREGAS MEDIADAS POR APLICATIVOS

Ao longo da história, as constantes articulações do capital para gerar novas formas de valor a partir da reestruturação da cadeia de produção têm tensionado no sentido de estender o seu código de lucro/não-lucro para outros sistemas sociais e fugir dos vínculos do trabalho assalariado historicamente constituídos. As relações de trabalho, portanto, sofrem profundas alterações de sentido quando os objetivos do capital são absorvidos pelo seu sistema, retirando o bem estar e a dignidade do trabalhador da sua centralidade.[4] Essa modificação nas relações torna-se ainda mais grave com o uso da tecnologia que cria, altera e extingue vagas de trabalho e o modo de prestação de serviço, ao fragmentar a produção e pulverizar espacial e temporalmente o próprio modo de trabalhar. Além disso, impulsiona o setor de serviços para a centralidade das cadeias produtivas[5], constituídas com postos de trabalho cada vez mais heterogêneos, individuais e distantes dos referenciais que fundavam a identidade e as tradicionais formas de luta de classes.[6]

O século XXI se vê diante de um novo contexto produtivo, marcado pela "Economia de Compartilhamento" ou "Economia da Tecnologia Digital", que surgiu com a proposta de colaboração entre iguais, priorizando o Acesso em: detrimento da propriedade, como uma alternativa mais econômica e sustentável.[7] Ocorre que, na prática, esse modelo econômico tornou-se controvertido em relação ao discurso que apresenta. O que se vê são empresas centradas em tecnologia que recebem altos investimentos de grandes instituições financeiras e fundos de capital de risco para operarem por meio de uma "ampla agenda de desregulamentação em busca da riqueza privada".[8] Tais empresas sustentam discurso

(4) DE GIORGI, Raffaele. *O futuro do trabalho e o seu direito*. In: Palestra proferida no 18º Congresso da Associação Nacional dos Magistrados da Justiça do Trabalho. Trad. de Luciano Nascimento Silva e Davi Pessoa (manuscrito), 2016. p. 58.

(5) SCHWARTZ, Yves. Trabalho e valor. Tempo social: *Rev. Sociol*. USP, São Paulo, 8: 147-158, outubro de 1996, p. 148.

(6) ANTUNES, Ricardo. *O privilégio da servidão*: o novo proletariado de serviços na era digital. São Paulo: Boitempo, 2018. p. 143.

(7) SLEE, Tom. *Uberização*: A nova onda do trabalho precarizado. São Paulo: Editora Elefante, 2017. p. 34.

(8) *Ibidem*, p. 60.

de comunitarismo, informalidade, promessa de complementação de renda e empreendedorismo para se colocar nas zonas limítrofes da incidência de proteção do trabalho e das normas reguladoras, com pouca ou nenhuma responsabilidade sobre as relações que estabelecem com os seus "prestadores de serviço".[(9)]

No novo modelo produtivo fundado na "Economia da Tecnologia Digital" os postos de trabalho são configurados para serem caracterizados como autônomos e marcados pelo empreendedorismo. Projetam uma imagem do trabalhador como um parceiro e parte do sistema, que por sua vez conta com o seu esforço individual e valoriza apenas seus "méritos" individuais.[(10)] Um dos resultados mais explícitos dessa construção de novas formas de contrato de trabalho mediado pela tecnologia (plataformas digitais) é o trabalhador (ciclista ou motociclista) que faz entregas de alimentos. A tradicional regulação do trabalho encontra dificuldades para encaixar nos seus compartimentos de proteção esse novo modelo de prestação de serviço em que o trabalhador é tratado como autônomo, mas ao mesmo tempo dirigido e mobilizado pelos objetivos da empresa de aplicativo[(11)]. Inobstante o Poder Judiciário venha inicialmente negando o vínculo empregatício, é relativamente fácil constatar que nem sempre (quase nunca) as promessas vendidas pela companhia coincidem com a realidade fática, ou seja, o que há, na prática, é uma aversão ao vínculo empregatício sem respaldo legal.

Ninguém aqui defende a ideia de proibir ou mesmo reduzir os avanços tecnológicos, é claro. Felizmente isso não é possível no mundo de hoje. Também não se pretende afirmar que a tecnologia é ruim quando aplicada à relação capital-trabalho. O que se deve pensar é em como aliar a tecnologia no trabalho sem com isso prejudicar aquele que trabalha. A preocupação deve ser não trocar direitos trabalhistas por avanços tecnológicos, pois é possível, sim, que haja os dois. Mas infelizmente essa não é a realidade dos trabalhadores contactados via plataformas digitais para a entrega de alimentos, cerne do presente estudo. Na prática brasileira esses trabalhadores têm que optar entre direitos trabalhistas e oportunidades de trabalho. Devem optar, infelizmente, entre dignidade no trabalho e trabalho a qualquer preço. De início serão vistas as principais experiências desse tipo de contratação no Brasil e quais são os argumentos, nem sempre razoáveis, das plataformas digitais. Também aqui não há que se negar as vantagens, a facilidade e a comodidade oferecidas pelas plataformas, o que se dá em prejuízo de quem entrega a comida. Para ilustrar o que aqui se estuda serão analisadas as três principais plataformas digitais de entregas de refeições no Brasil.

Há uma plataforma que é líder no mercado e para os fins do presente estudo será identificada como Plataforma 1. A opção é por preservar os nomes das plataformas diante da impossibilidade de dar a elas o direito ao contraditório nesse artigo. Além disso o foco aqui é o trabalhador e não quem explora o seu trabalho. Todas as referências que serão feitas agora estão disponíveis no site e no aplicativo da Plataforma 1, que em razão do anterior e imediatamente exposto não serão expostas. De início a razão social da sociedade empresária já revela como ela quer ser vista, pois faz constar a expressão "agência de restaurantes on-line". Sobre seu propósito em relação ao trabalho, principalmente de seu pessoal de tecnologia da informação, diz a Plataforma 1 que ela é "ambidestra" e que ela acredita "em uma forma de trabalho que combina o criativo e o racional: inovação com eficiência, experimentação com qualidade, empreender com operar." Com relação aos restaurantes que se associam à Plataforma 1, há duas modalidades de contratação: Básico e Entrega. A primeira situação não será tão relevante para o presente estudo, pois nesse caso (Básico) o próprio restaurante contrata seus entregadores, servindo a Plataforma 1 apenas como intermediária entre ele (restaurante) e o cliente. Nesse caso específico ela é, realmente, "agência de restaurantes on-line". A taxa é de 12% sobre as vendas feitas via aplicativo e mais 3,5% se o pagamento for feito pelo app. A mensalidade é R$ 100,00. Nesse caso a relação se estabelece de forma simples e corriqueira entre restaurante e entregador, sendo o ajuste bilateral clássico, o que não é relevante para o presente estudo. O objeto da análise está na segunda modalidade (Entrega), pois o restaurante não contrata o entregador. Nesse caso a Plataforma 1 "faz a entrega", como diz em seu site. É aqui que a plataforma se transforma em algo mais do que mera "agência de restaurantes on-line". Consequentemente a operação custa mais para o restaurante, que paga 27% sobre o valor vendido e uma

(9) SLEE, Tom. *Uberização*: A nova onda do trabalho precarizado. São Paulo: Editora Elefante, 2017. p. 145.

(10) CHAUI, Marilena. A tragédia neoliberal e a meritocracia. Disponível em: <https://www.youtube.com/watch?v=5jNea8b3hUE>. Acesso em: 30 ago. 2019.

(11) OITAVEN, Juliana Carreiro Corbal; CARELLI, Rodrigo de Lacerda; CASAGRANDE, Cássio Luís. *Empresas de transporte, plataformas digitais e a relação de emprego*: um estudo do trabalho subordinado sob aplicativos. Brasília: Ministério Público do Trabalho, 2018. 248. p. 34.

mensalidade de R$ 130,00.[12] Há, então, aqui, uma relação entre três pessoas: a plataforma digital (Plataforma 1), o trabalhador (entregador) e aquele que tem interesse em receber a comida (cliente). Na relação trilateral dois ganham e um perde: a plataforma ganha mais do que todos, o interessado na entrega ganha um pouco, pois se apropria do trabalho (entrega) por preço baixo, enquanto o trabalhador perde, pois trabalha muito e recebe pouco.

Sobre a segunda sociedade empresária analisada, aqui denominada Plataforma 2, não há muitas informações disponíveis no seu site. Ela afirma ser uma "plataforma de entrega para restaurantes" e promete fazê-lo mais rapidamente, pois conta com centenas de "parceiros de entregas em trânsito". Não diz, no site, qual é a taxa de entrega, que só é informada depois que o restaurante faz o seu cadastro na plataforma. Nesse caso a razão de ser da plataforma é intermediar a entrega de alimentos. Ela se apresenta para os restaurantes como responsável pela entrega, enquanto se apresenta para o entregador como responsável por possibilidades de entrega, ou seja, por possibilidades de trabalho.

Por fim, aquela que aqui será identificada como Plataforma 3 é um pouco diferente das demais, pois não entrega apenas comida. Em sua razão social faz constar a expressão "intermediação de negócios", que é como se identifica então formalmente. Para que haja unidade na análise, será abordada apenas a oferta "Restaurantes" da Plataforma 3, que como dito é mais ampla que as demais. Sobre a sua relação com os entregadores, a Plataforma 3 faz muitas promessas: "conecte-se quando quiser ganhar dinheiro e continue curtindo sua família e amigos." "Distribua seu tempo com seus estudos, trabalho ou qualquer outra atividade que você faça." "Ganhe dinheiro com cada entrega que você faz, você não tem limite de ganhos." "Ganhe o lucro que você precisa para cumprir todas as metas". Interessante esse final: o trabalhador deve "lucrar", afinal de contas, é um "empreendedor"!

É possível identificar em todas as três situações de trabalho uma relação triangular, que entretanto não se confunde com terceirização.[13] Como funciona, na prática e no Direito, essa relação triangular específica? A análise será feita por meio de situações concretas levadas à apreciação do Poder Judiciário trabalhista.

A primeira situação é referente a um acórdão do Tribunal Regional do Trabalho da 1ª Região. O trabalhador se cadastrou no aplicativo digital da 1ª reclamada (plataforma), que distribui serviço aos prestadores (entregadores) por serviço de geolocalização, para realizar entregas para a 2ª reclamada (restaurante). O Tribunal considerou que a pessoalidade estaria ausente, já que outro prestador poderia se apresentar para executar a tarefa. A subordinação também não estaria presente, pois o trabalhador teria autonomia em suas escolhas de labor, podendo, inclusive, recusar-se a prestar o serviço. O Tribunal considerou também que o entregador poderia trabalhar simultaneamente para diversos aplicativos, em que pese a exclusividade não ser requisito para caracterização de vínculo empregatício. No caso concreto o Tribunal reconheceu a figura do "empreendedor autônomo". A ementa dá a ideia geral: "RELAÇÃO DE EMPREGO. EMPREENDEDOR AUTÔNOMO. NÃO CONFIGURAÇÃO. Verificando-se que o trabalhador dirigia a própria atividade, inclusive assumindo os riscos do negócio, tem-se que prestava serviços como autônomo, não se enquadrando na categoria de empregado".[14]

Percebe-se que até mesmo o Tribunal Regional do Trabalho em questão acreditou na possibilidade de que o entregador "assuma os riscos do negócio". Seria o caso de se questionar qual seria exatamente o "negócio" do entregador. Quais fatores de produção ele organiza, para assumir riscos de negócio? O "mito" do empreendedor também foi bem assimilado pelo julgado, como se percebe da ementa e será desenvolvido adiante nesse estudo.

Na segunda situação analisada, também acórdão do TRT da 1ª Região, o autor (entregador) noticiou na peça de ingresso que foi admitido pela reclamada (plataforma) em 22.03.2016, para exercer a função de motoboy, sendo dispensado imotivadamente em 20.02.2017, sem que fosse sua CTPS anotada e os direitos rescisórios pagos. O vínculo de emprego, entretanto, não foi reconhecido pelo juízo de primeiro grau e, consequentemente, os pedidos foram julgados improcedentes. Em desprestígio ao princípio da primazia da realidade sobre a forma, o acórdão não reformou a sentença argumentando que de acordo com o contrato social a reclamada tem por objeto: "(i) a atividade de intermediação e agenciamento de serviços e negócios em geral, incluindo pagamentos; (ii) portais, provedores de conteúdo e outros serviços de informação na internet (...)", entre outros. Desse modo, a ré/recorrida seria apenas uma intermediadora e não uma sociedade

(12) Valores de novembro de 2019.

(13) Não se trata de terceirização em razão de o destinatário final do trabalho, aquele que recebe a entrega, não se posicionar como tomador dos serviços, além do fato de não ser a plataforma uma empresa de terceirização, nos termos atualmente exigidos pela Lei n. 6.019/1974.

(14) BRASIL. Tribunal Regional do Trabalho da 1ª Região. PJe: 0100831-34.2017.5.01.0058 (RO). Disponível em: <www.trt1.jus.br>.

empresária que presta serviços de entregas. O fato de que era o entregador quem arcava com os custos de seu "negócio" também foi reforçado, bem como a aceitação dos termos de uso do aplicativo pelo trabalhador, que deixariam claro que o serviço prestado seria autônomo. A subordinação também foi analisada como requisito ausente: "EMENTA: RELAÇÃO DE EMPREGO. REQUISITOS. NÃO COMPROVAÇÃO. Em se tratando de relação de emprego, é imprescindível a conjugação dos elementos pessoalidade do prestador de serviços, não eventualidade, onerosidade e subordinação jurídica."(15)

Segue outra decisão, essa exarada em sede de primeiro grau de jurisdição, que não reconheceu vínculo empregatício entre o trabalhador e a plataforma digital de entrega de alimentos, mas que traz depoimentos que permitem compreender a relação trilateral na prática, como se infere:

> No entanto, pela forma em que a prestação laboral ocorre, não há como configurar-se a subordinação jurídica, que é elemento essencial do vínculo empregatício, tal como previsto nos arts. 2º e 3º da CLT. Como declarou o autor, "O depoente fez o cadastro no aplicativo. A reclamada não exige um horário específico. O depoente recebia os pedidos de entrega durante o período em que estava logado no sistema. O depoente entende que sofria punição se trabalhasse em período menor porque recebia menos chamadas. Uma vez por semana o depoente não ficava logado porque tinha que resolver problemas pessoais, sendo que isso não gerava consequência. [...] O depoente utilizava a motocicleta própria, arcando com todo o custo. [...] O aplicativo indica um caminho para o depoente percorrer, em parceria com o Waze e o Google Maps, mas o depoente poderia alterar. [...] O aplicativo tem uma opção de estar logado ou não-logado. Bastava o depoente não estar logado para não trabalhar, não tendo que fazer comunicação. O depoente podia recusar a chamada, mas se fizesse isso ficava sem receber outras chamadas por várias horas, sendo que isso aconteceu com o depoente" (ID. c21c6ba). Essa circunstância, em que o trabalhador pode se recusar a trabalhar, sem apresentar justificativa, bastando desconectar-se do aplicativo, dando-lhe flexibilidade no tocante à escolha de quando e quanto trabalhar, é incompatível com a subordinação própria do empregado da CLT.(16)

Aqui o destaque é para a possibilidade de trabalhar ou não como sendo suficiente para negar vínculo empregatício. Com a devida vênia, é quase como dizer que faltar ao trabalho resulta em autonomia. Desconhece a decisão, entretanto, esse novo momento histórico das relações capital-trabalho, que se desenvolve de modo diverso daquele até então comum nos sistemas produtivos anteriores.

Em sentido contrário, ainda que em sede de 1º grau de jurisdição trabalhista, importante decisão proferida em Ação Coletiva ajuizada pelo Ministério Público do Trabalho da 2ª Região, que condenou importante plataforma digital a formalizar vínculos de emprego com seus entregadores (motoboys), conforme noticiou a imprensa nacional recentemente.(17) Mesmo em se tratando de decisão passível de alteração em grau recursal, sinaliza para a importante missão do Ministério Público do Trabalho em relação à temática aqui analisada. A sentença, no mérito, reconhece a centralidade da Constituição da República e da dignidade da pessoa humana, ao lado do valor social do trabalho e da livre-iniciativa. Observa e aplica também a Declaração de Filadélfia (1944) da OIT, que estabelece que trabalho não é mercadoria. Fundamenta-se, ainda, no art. 6º da Constituição da República como direitos fundamentais sociais, "sendo o trabalho protegido o patamar mínimo civilizatório para a dignidade do trabalhador." Além disso, importante também o disposto no art. 170 da Constituição da República, que em seu inciso VIII "estipulou o pleno emprego como princípio geral da atividade econômica" e do art. 7º, XXXIV, que prevê igualdade de direitos entre o trabalhador com vínculo permanente e o avulso. Talvez mais importante e que aparentemente tem passado despercebido ou com menor relevância na imprensa, a compreensão da julgadora de que "a Constituição Federal abrangeu todos os trabalhadores que trabalham à conta de outrem."(18)

Em relação à contratação do trabalho via aplicativos, há um trecho da sentença que se adequa bem à análise central desse artigo: "o aplicativo não é apenas o meio da realização da transação, mas seu próprio realizador, idealizador, vendedor, empreendedor. Ele estipula as regras e o prestador de serviços e o cliente final a elas aderem como num contrato de adesão: não se

---

(15) BRASIL. Tribunal Regional do Trabalho da 1ª Região. PJe: 0100723-35.2017.5.01.0048 (RO). Disponível em: <www.trt1.jus.br>.

(16) BRASIL. Tribunal Regional do Trabalho da 10ª Região. 2ª Vara do Trabalho de Taguatinga. PJe: 0001150-36.2019.5.10.0102. Disponível em: <www.trt10.jus.br>.

(17) Veja em: <https://g1.globo.com/economia/noticia/2019/12/06/justica-determina-que-loggi-reconheca-vinculo-trabalhista-com-motoboys.ghtml>.

(18) BRASIL. Tribunal Regional do Trabalho da 2ª Região. 8ª Vara do Trabalho de São Paulo. Ação Civil Pública Cível n. 1001058-88.2018.5.02.0008. Disponível em: <https://ww2.trtsp.jus.br/fileadmin/comunicacao/Links/20191209_Sentenca_Loggi.pdf>. Acesso em: 13.12.2019.

negocia preço ou modo de confecção ou realização."[19] Em síntese, portanto, não há, pelo menos na figura do entregador, empreendedor ou trabalhador autônomo.

A decisão de primeiro grau aqui destacada e que será abordada adiante é exceção. Em geral, atualmente, a postura da Justiça do Trabalho tem sido excludente, pois majoritariamente não se reconhece vínculo empregatício direto entre a plataforma e o entregador. Aparentemente, por enquanto, o Poder Judiciário tem acreditado mais nos "mitos" que se constroem em torno do referido trabalho do que na dignidade da pessoa humana.

3. A AVERSÃO AO VÍNCULO CONTRATUAL REGULADO: ENFRENTANDO OS MITOS DA "COLABORAÇÃO", DO "COMPARTILHAMENTO", DO "EMPREENDEDORISMO" E DO "MELHOR QUE NADA"

O Direito do Trabalho sempre conviveu com mecanismos empresariais, sofisticados ou grosseiros, "analógicos" ou "digitais", "físicos" ou "virtuais", lícitos ou ilícitos, cujos objetivos se assentam, principalmente, em reduzir custos da produção. O mecanismo da vez, reforçado pelos ideais neoliberais, vale-se do desenvolvimento tecnológico e se insere no contexto da chamada "Economia do compartilhamento" ou "Economia da Tecnologia Digital", que é constituída por um conjunto de práticas comerciais que possibilitam o acesso a bens e serviços sem que haja, necessariamente, a aquisição de um produto ou troca monetária entre as partes envolvidas.[20] A tecnologia e as conexões em rede têm transformado a forma de organização das empresas, que estão dedicadas a colocar em contato direto os clientes e os prestadores de serviços por meio de plataformas virtuais. Assim, empresas desenvolvem suas atividades principais por intermédio de trabalhadores classificados como autônomos[21], ainda que a relação fático-jurídica mostre outra face, aquela característica do emprego.

Milhões de desempregados e desalentados em todo o globo são atraídos para fazer parte desses negócios milionários que não garantem nenhum direito trabalhista. Como, acertadamente, sugere o título do artigo de Kevin Roose, "a economia do compartilhamento não é sobre confiança, é sobre desespero"[22], pois se vale da situação de angústia econômica das pessoas ao redor do mundo para lucrar cada vez mais.

O trabalhador se torna um "parceiro" do empresariado neoliberal, tal qual o *homo oeconomicus* neoliberal proposto por Foucault.[23] O empreendedorismo cada vez mais se configura como forma de trabalho assalariado, fazendo proliferar medidas de flexibilização salarial, de horário, funcional ou organizativa.[24] A plataforma digital se vale de artifícios empresariais para se eximir das responsabilidades com o trabalhador, sempre sob o clichê liberalista de que os custos de manutenção de um empregado inviabilizam a sobrevivência da empresa.

Paradoxalmente percebe-se que na economia compartilhada o individualismo desponta. Cada um se torna responsável pelo seu projeto de vida, suas escolhas e suas renúncias que refletirão diretamente no sucesso ou fracasso profissional do sujeito. A competição se exacerba e se antes a noção de coletivo pairava sobre a vida e o trabalho das pessoas, "cada um, de agora em diante, indubitavelmente confrontado com o incerto, precisa apoiar-se sobre si mesmo para inventar sua própria vida, lhe conferir sentido e engajar-se ativamente".[25]

Todo o aparato criado para mitigar o valor do trabalho, que se mostrou fundamental para a grande maioria das populações despossuídas de riqueza dos países capitalistas[26], aliado à incapacidade do Estado de prover trabalho e garantir condições decentes de trabalho, faz com que o empreendedorismo desponte como uma

(19) BRASIL. Tribunal Regional do Trabalho da 2ª Região. 8ª Vara do Trabalho de São Paulo. Ação Civil Pública Cível n. 1001058-88.2018.5.02.0008. Disponível em: <https://ww2.trtsp.jus.br/fileadmin/comunicacao/Links/20191209_Sentenca_Loggi.pdf>. Acesso em: 13.12.2019.

(20) BOTSMAN, Rachel; ROGERS, Roo. *O que é meu é seu:* como o consumo coletivo vai mudar o nosso mundo. Porto Alegre: Bookman, 2011. p. 20.

(21) TODOLI-SIGNES, Adrián. El Impacto De La'Uber Economy'En Las Relaciones Laborales: Los Efectos De Las Plataformas Virtuales En El Contrato De Trabajo (Uber Economy Impact on the Industrial Relationships: The Effect of the Virtual Platforms on the Employment Contract Concept). *IUS Labor*, p. 1-25, 2015. p. 3.

(22) ROOSE, Kevin. *The Sharing Economy Isn't About Trust, It's About Desperation*. New York Magazine, 24 abr. 2014. Disponível em: <http://nymag.com/daily/intelligencer/2014/04/sharing-economy-is-about-desperation.html>. Acesso em: 23 set. 2019.

(23) FOUCAULT, Michel. *Nascimento da biopolítica*: curso dado no Collège de France, edição estabelecida por Michel Senellart sob direção de François Ewald e Alessandro Fontana; tradução Eduardo Brandão; revisão da tradução Claudia Berliner. São Paulo: Martins Fontes, 2008a. (Coleção Tópicos) p. 311.

(24) ANTUNES, Ricardo. *O privilégio da servidão*: o novo proletariado de serviço na era digital. Boitempo, 2018. p. 87.

(25) EHRENBERG, Alain. *O culto da performance*: da aventura empreendedora à depressão nervosa. São Paulo: Ideias e Letras, 2010. p. 18.

(26) DELGADO, Mauricio Godinho. *Capitalismo, trabalho e emprego*: entre o paradigma da destruição e os caminhos de reconstrução. São Paulo, LTr, 2017. p. 11.

via de escape. As premissas do empreendedorismo são utilizadas e disseminadas de forma irresponsável diante de um panorama de desigualdade social.

Os ganhos das plataformas, os custos relativamente baixos para aquele que recebe os produtos e a baixa remuneração do entregador sustentam esse novo mercado de trabalho mediado por aplicativos. Como visto, para que dois ganhem um tem que perder. E aqui um sempre perde: o entregador. Mas o que sustenta essa relação? Sem dúvidas a aversão que a plataforma tem ao vínculo empregatício. Ela não quer ser reconhecida como empregadora do trabalhador que faz a entrega, e para isso aposta, dentre outras medidas, em crenças ou mitos importantes nesse momento histórico. O trabalhador é "colaborador", jamais empregado. A ideologia não é construída em torno do capitalismo lucrativo, mas do "compartilhamento". O trabalhador, além de colaborador, tem que se ver também empreendedor e boa parte da ideologia se desenvolve em torno desse "empreendedorismo". A pessoa que se vê desempregada, entre mais de dezena de milhões de brasileiros, passa a acreditar que é melhor o trabalho precário "do que nada". Na verdade, entretanto, o que há é o crescimento assustador de uma "bolha da servidão" nesse sistema produtivo.

É necessário, portanto, enfrentar os mitos que pretendem encobrir a aversão ao vínculo contratual regulado, para que seja possível denunciar e propor formas de enfrentamento à precarização do trabalho, sempre na expectativa de que seja possível privilegiar a dignidade da pessoa humana. Cumpre mostrar por que são mitos a "colaboração", o "compartilhamento", o "empreendedorismo" e o "melhor que nada".

De início o enfrentamento do mito da "colaboração". Colaborar transmite a ideia de que pessoas trabalham (laboram) juntas. A ideia é de um objetivo comum, como é possível observar da definição de Houaiss para "colaboração": "1 ato ou efeito de colaborar; 2 trabalho feito em comum com uma ou mais pessoas; cooperação, ajuda, auxílio; 3 trabalho, ideia, doação etc. que contribui para a realização de algo ou para ajudar alguém; auxílio."[(27)] Não há, como se percebe, a ideia de sinalagma, de onerosidade, de contraprestação. Ao contrário, a ideia é de altruísmo, de beneficência. A palavra, então, não está em consonância com a prática do trabalho de entrega de alimentos mediada por aplicativos, em que a marca, atualmente, é a da superexploração de trabalho oneroso.

Outro termo que não está em consonância com a prática da exploração desmedida de trabalho dos entregadores de aplicativos é "compartilhamento". Houaiss define "compartilhar" como "1 ter ou tomar parte em; arcar juntamente; 2 compartir com, partilhar com"[(28)], o que também não remete à ideia da superexploração de trabalho oneroso que caracteriza o trabalho do entregador. Obra referencial sobre o trabalho compartilhado é "Uberização: a nova onda do trabalho precarizado", de Tom Slee, que ao mesmo tempo adota o termo e o critica, pois no atual mercado não há mais a ideia inicial de compartilhar. "É uma onda de novos negócios que usam a internet para conectar consumidores com provedores de serviço para trocas no mundo físico, como aluguéis imobiliários de curta duração, viagens de carro ou tarefas domésticas."[(29)] No início a ideia era apenas unir pessoas via plataformas digitais. Alguém que não pudesse ir ao supermercado fazer compras poderia pedir esse serviço a um "vizinho" que fosse fazê-lo. Ou duas pessoas que tivessem o mesmo itinerário poderiam compartilhar a viagem de carro. De início, lembra Tom Slee, não havia dinheiro envolvido na troca. O compartilhamento era gracioso: vizinhos ajudando vizinhos.[(30)] O problema é que o que de início era colaborativo se tornou um imenso mercado global e as contradições entre compartilhar e lucrar se tornaram evidentes, como destaca Tom Slee:

> Existe uma contradição em torno do nome "Economia do Compartilhamento" (*sharing economy*). Nós pensamos no compartilhar como uma interação social, entre iguais, sem caráter comercial. O conceito de "compartilhamento" sugere trocas que não envolvem dinheiro, ou que são ao menos motivadas por generosidade, pelo desejo de dar ou de ajudar. "Economia" sugere trocas de mercado – a autocentrada troca de dinheiro por bens ou serviços. (...) Não há dúvida de que a palavra "compartilhamento" foi esticada para além dos limites razoáveis à medida que a "economia do compartilhamento" cresceu e se transformou..."[(31)]

(27) HOUAISS, Antônio; VILLAR, Mauro de Salles; FRANCO, Francisco Manoel de Melo. *Dicionário Houaiss da língua portuguesa*. 1. ed. Rio de Janeiro: Objetiva, 2009. p. 490.

(28) *Ibidem*, p. 503.

(29) SLEE, Tom. *Uberização*: a nova onda do trabalho precarizado. São Paulo: Editora Elefante, 2017. p. 21.

(30) *Ibidem*.

(31) *Ibidem*, p. 24.

O que acontece na contratação de entregadores via plataformas digitais é tudo menos compartilhamento. Há organização dos fatores de produção por alguém que lucra com a exploração de trabalho. Lucro privado e jamais compartilhado, razão pela qual não cabe o uso da expressão "compartilhamento". A exploração desmedida revela muito mais o "privilégio da servidão" do que colaboração:

> Assim, de um lado deve existir a disponibilidade perpétua para o labor, facilitada pela expansão do trabalho on-line e dos "aplicativos", que tornam invisíveis as grandes corporações globais que comandam o mundo financeiro e dos negócios. De outro, expande-se a praga da precariedade total, que surrupia ainda mais os direitos vigentes. Se essa lógica não for radicalmente confrontada e obstada, os novos proletários dos serviços se encontrarão entre uma realidade triste e outra trágica: oscilarão entre o desemprego completo e, na melhor das hipóteses, a disponibilidade para tentar obter o privilégio da servidão.[32]

A exploração do trabalho no Brasil, hoje, parece incentivar não só o mito, mas também, certo fetiche em torno do "empreendedorismo", da glamurosa figura do trabalhador "empreendedor". Sobre o tema já há estudos vários, principalmente, para os fins do presente artigo, no âmbito da Sociologia do Trabalho. Mas antes de analisar a obra referencial de Ricardo Antunes sobre o tema, vale mais uma vez analisar a definição de Houaiss para "empreendedorismo": "disposição ou capacidade de idealizar, coordenar e realizar projetos, serviços, negócios; 2 iniciativa de implementar novos negócios ou mudanças em empresas já existentes, ger. com alterações que envolvem inovação e risco."[33] Ora, se alguém empreende nesse contexto aqui estudado é a plataforma digital, jamais o trabalhador. Ele não idealiza, coordena ou realiza projetos. Não negocia. Não inova. Não é, portanto, pela simples acepção da palavra, um empreendedor. Talvez seja o trabalhador que faz entrega de alimentos para uma plataforma digital, um "empreendedor de si mesmo", ou seja:

> o indivíduo apto a enfrentar as rápidas e drásticas mudanças ocorridas no mundo do trabalho com o advento da flexibilização produtiva. Advogamos em favor da hipótese de que essa construção discursiva não apresenta um tipo de indivíduo potencialmente acessível a todos, pois ele pressupõe a construção de si mesmo sem os suportes de um projeto comum de sociedade. Em outras palavras, estamos diante de um tipo de indivíduo desvinculado de pertenças coletivas e desprovido de qualquer tipo de proteção social fornecida pelo Estado e, por isso, inviável de ser pensado como padrão universal de comportamento em uma sociedade que busca a diminuição das desigualdades sociais.[34]

Attila Magno e Silva Barbosa explica, aqui em síntese, os efeitos nocivos do processo de individualização em que se insere o "empreendedor de si mesmo":

> Diante dessas constatações, defendemos que o processo de individualização produzido pela situação de desassociação social configura-se como potencialmente deletério, porque atira os indivíduos a uma condição de "virar-se" e agir por conta própria, a uma condição de guerra de todos contra todos – no melhor sentido hobbesiano do termo –, instaurada por um luta pela sobrevivência claramente inspirada em um darwinismo social que fornece suporte ideológico para a gradativa desregulação do mercado trabalho. Assim, uma eventual potencialidade positiva do processo de individualização não se realiza, pois as sociedades capitalistas contemporâneas estão assentadas sobre a égide da volatilidade e do descomprometimento do capital financeiro em relação a quaisquer demandas sociais que ponham em risco seu círculo reprodutivo. Cindida por relações sociais fluídas e transitórias e sem poder contar mais com o suporte de trajetórias profissionais mais seguras e lineares, a sociedade dos indivíduos em tempos de flexibilização e precarização testemunha a insuficiência da experiência do reconhecimento social nas esferas de sociabilidade meramente instrumentais.[35]

É isso o que tende a acontecer com os entregadores de comida acionados via aplicativos digitais. Ele

---

(32) ANTUNES, Ricardo. *O privilégio da servidão*: o novo proletariado de serviços na era digital. São Paulo: Boitempo Editorial, 2018. p. 34.

(33) HOUAISS, Antônio; VILLAR, Mauro de Salles; FRANCO, Francisco Manoel de Melo. *Dicionário Houaiss da língua portuguesa*. 1. ed. Rio de Janeiro: Objetiva, 2009. p. 742.

(34) SILVA BARBOSA, Attila Magno e. O Empreendedor de si mesmo e a flexibilização no mundo do trabalho. *Revista de Sociologia Política*. vol. 19. n. 38. 2011. p. 121-140. Disponível em: <https://www.redalyc.org/articulo.oa?id= 23818732008>.

(35) *Idem*. Disponível em: <https://www.redalyc.org/pdf/238/23818732008.pdf>. Acesso em: 10 dez. 2019.

tem que "se virar" para conseguir o mínimo para a sua subsistência, pois há muitos outros na mesma situação interessados naquela entrega, o que faz com que dificilmente se reconheça coletivamente, pelo menos não da forma tradicional do associativismo laborativo de classe. Conforme teorização de Ricardo Antunes, esse novo trabalhador jamais seria um empreendedor na acepção exata do termo, pois seria uma mescla de "burguês de si próprio" e "proletário de si mesmo",(36) que é aquela pessoa que, "sob a forma empresarial, negocia com grandes estruturas empresárias que impõem sua vontade contratual em uma falsa relação de igualdade jurídica."(37)

Provavelmente o pior mito que querem que o trabalhador acredite e absorva é o de que o trabalho precário "é melhor do que nada", ideia trazida por Tom Slee na obra "Uberização", ao narrar a vida laborativa de uma pessoa nos Estados Unidos da América, mas que também se aplica aos brasileiros e que dá título ao presente artigo:

> Os empreendedores da Economia do Compartilhamento gostam de falar em "ganhar uma graninha extra" e em tornar a vida um pouco mais confortável, mas o caso de Anthony Walker mostra que o modelo de negócio está mais para uma corrida ao fundo do poço. A única coisa que se pode dizer da prática de substituir trabalhos verdadeiros por precários e subsidiados pelo Estado é que isso é "melhor do que nada". Mas está rebaixando outros trabalhadores à medida que acontece. E, enquanto Walter está ganhando algum dinheiro, ele não tem chance de buscar um emprego de verdade.

Infelizmente, se o trabalhador muitas vezes acredita que o trabalho precário é a sua única possibilidade de inserção profissional, ele vai aceitar aquilo que o contratante quiser pagar, sem necessariamente contar com proteção estatal trabalhista. E não se diga que ele, trabalhador, está errado em aceitar qualquer trabalho. Muitas vezes nem há escolha, pois não se pode dizer que quem está premido pelo desemprego, pela fome, desabrigado, vendo sua família em dificuldades, possa verdadeiramente escolher. Cabe ao Estado impedir, no desempenho das suas funções ordinárias (Executivo, Legislativo, Judiciário), que o trabalhador se veja em tal situação, em que a escolha não é real. Uma das possibilidades, pelo menos no plano argumentativo acadêmico, seria a de reafirmação e revalorização dos princípios justrabalhistas da indisponibilidade das regras trabalhistas e da imperatividade dos direitos trabalhistas em suas concepções clássicas, bem identificadas e desenvolvidas ao longo do século XX no Brasil e no mundo.

Por fim, diante do que está aqui exposto, o que há na situação fática estudada não é "colaboração", "compartilhamento", "empreendedorismo" e "melhor que nada", mas, sim, a precarização. Em alguns casos a situação é de formação paulatina de uma "bolha da servidão", expressão citada por Tom Slee(38), com ideia desenvolvida por Umair Haque em *The servitude bubble – bad words*:

> I'm going to call it a Servitude Bubble. For the simple reason that it is largely based on creating armies of servants. You can call them whatever buzzwords you like – "tech-enabled always-on super-hustling freelance personal brand capitalists". But the truth is simpler. The stuff of the Servitude Bubble makes a *small* number of people something like neofeudal masters, lords with a corncucopia of on-demand just-in-time luxury serv*ices* at their fingertips. But only by making a very *large* number of people glorified neo-ser*vants*...butlers, maids, chauffeurs, waiters, etcetera.
>
> The Servitude Bubble is creating "jobs", sure – but only of the lowest kind: low-end, deskilled, dead-end, go-nowhere "service" jobs – that don't only crush your soul, damage your psyche, and break your spirit – but waste your potential. Not "service" as in doctors and therapists– "service" as in pedicurists, trash-pickers, and dog-walkers. And so, on balance, it deskills and impoverishes human potential – it doesn't expand and enrich it.

---

(36) ANTUNES, Ricardo. *O privilégio da servidão*: o novo proletariado de serviços na era digital. São Paulo: Boitempo Editorial, 2018.

(37) ALVES, Amauri Cesar. Direito, trabalho e vulnerabilidade. *Revista da Faculdade de Direito UFPR*, Curitiba, PR, Brasil, v. 64, n. 2, p. 111-139, maio/ago. 2019. ISSN 2236-7284. Disponível em: <https://revistas.ufpr.br/direito/article/view/63907>. Acesso em: 31 ago. 2019. DOI: <http://dx.doi.org/10.5380/rfdufpr.v64i2.63907>. p. 123.

(38) "O segmento de entregas da Economia do Compartilhamento transformou-se em um serviço de *concierge* "no qual os servos entregam coisas para os ricos". O alcance desses serviços em San Francisco e Nova York virou uma paródia de si mesmo. Uma outra empresa, a Magic, pede a você que "envie uma mensagem a este número para conseguir o que deseja sem aborrecimentos". O Alfred oferece um mordomo sob demanda. O Dufl é "um criado pessoal que simplifica viagens de negócios ao aprontar, limpar e guardar sua roupa social". E há muitos mais, num fenômeno que o especialista em gestão Umair Haque chama de "A bolha da servidão". SLEE, Tom. *Uberização*: a nova onda do trabalho precarizado. São Paulo: Editora Elefante, 2017. p. 164.

> The Servitude Bubble is made of stuff which, en masse, wastes, decimates, and demolishes the thing which counts most: human potential.[39]

A "bolha da servidão" compreendida por Umair Haque consiste na criação de um "exército de servos" que fica facilmente à disposição, bastando um toque no celular. O trabalho é precário, normalmente mal remunerado, instável, de curta duração, com pessoas mal informadas, sem alternativas aparentes para uma vida melhor. Para o citado autor, conforme visto acima, "a Bolha da Servidão é feita de coisas que, em massa, desperdiçam, dizimam e demolem o que mais conta: o potencial humano" de quem nela se vê inserido.[40]

Atualmente há, mesmo dentre os que estão inseridos na entrega mediada por aplicativos (motoboys, ciclistas e outros), aqueles que não se sentem precarizados, que se sentem empreendedores e que enxergam os críticos ao novo modelo produtivo como teóricos que não entendem os avanços tecnológicos. Talvez essa compreensão de si mesmo se deva à bolha da servidão, aos discursos bem construídos das plataformas, às falácias e aos mitos, cabendo ao Direito do Trabalho contribuir para seu desfazimento, o que desafia novos estudos sobre o tema da percepção pessoal dos trabalhadores envolvidos. Fato é, entretanto, independentemente de percepções pessoais dos entregadores, que a exploração de trabalho como se dá hoje nega o valor maior da Constituição da República Federativa do Brasil, que é a dignidade da pessoa humana.

4. ENTREGAS MEDIADAS POR APLICATIVOS E DIGNIDADE DA PESSOA HUMANA

O trabalho encontra um importante lugar no processo de formação da subjetividade e fonte de significado. Através do trabalho o indivíduo se reconhece enquanto ser inserido na sociedade e preenchido pelo seu projeto de vida.[41] Desta maneira, o trabalho digno relaciona-se ao sentido de dignidade da pessoa humana, na medida em que propicia as condições materiais e imateriais para que o trabalhador se realize nas suas diversas facetas existenciais. A dignidade, portanto, deve compor a execução e a razão de ser do vínculo de emprego, trazendo realização pessoal e bem-estar, em contraposição à a precarização do trabalho[42] que aliena e divide o trabalhador enquanto indivíduo e ser coletivo.[43]

O princípio da dignidade da pessoa humana está consagrado no art. 1º, inciso III, da Constituição da República como um dos fundamentos do Estado Democrático de Direito. O trabalho, como aspecto agregador de direitos, está intimamente ligado aos princípios constitucionais de valorização da pessoa humana, sendo fundamental a garantia de trabalho que seja digno e que concretize a promessa constitucional de dignidade da pessoa humana como conformação do projeto de República. Deste modo, de acordo com Schmitz:

> O Princípio da Dignidade da Pessoa Humana traduz a ideia da valorização do trabalhador não somente em seu aspecto individual, mas também para projetá-lo no ambiente social, como indivíduo participante responsável pelo crescimento econômico e social da comunidade na qual se encontra inserido.[44]

O arcabouço jurídico do Direito do Trabalho deve levar em consideração a dignidade da pessoa humana como ponto referencial nas construções legislativas, na aplicação e na interpretação das normas jurídicas. É necessário que a observância desse preceito constitucional se traduza em valorização do trabalho humano e reconhecimento do trabalho enquanto categoria central na sociedade.

O cerne de proteção do Direito do Trabalho é o vínculo indissociável existente entre o trabalho e a pessoa que presta o serviço. No decorrer do processo produti-

---

(39) HAQUE, Umair. *The servitude bubble – bad words*. Disponível em: <https://medium.com/bad-words/the-servitude-bubble-c9e998c437c6?>. Acesso em: 12 dez. 2019

(40) *Idem*.

(41) DELGADO, Mauricio Godinho. *Capitalismo, trabalho e emprego*: entre o paradigma da destruição e os caminhos da reconstrução. São Paulo: LTr, 2007.

(42) É a já conhecida precarização das condições e das relações capital-trabalho, entendida "como esforço patronal e estatal combinado tendente a promover desregulamentação trabalhista, flexibilização de direitos e redução do alcance e da estrutura de proteção do Direito do Trabalho no Brasil." ALVES, Amauri Cesar; CASTRO, Thiago Henrique Lopes de. Reforma Trabalhista e Movimentos de Reestruturação, Precarização e Redução do Direito do Trabalho no Brasil. *Revista Direito das Relações Sociais e Trabalhistas*. v. 4, p. 130-156, 2018. p. 151.

(43) GUIMARÃES, Magali Costa. Controle no trabalho: uma reflexão sobre antigas e novas formas de controle e suas consequências sobre os trabalhadores. *REGE Revista de Gestão USP*, v. 13, n. 1, p. 1-10, 2006.

(44) SCHMITZ, José Carlos. A Dignidade Humana, o Valor Social do Trabalho e aplicação do Princípio da Proteção no Direito do Trabalho no Brasil. *Revista Jurídica – CCJ*. v. 16, n. 32, p. 121-138, ago./dez. 2012.

vo estão envolvidas a força de trabalho do indivíduo, a sua subjetividade e a sua dignidade, confundindo-se, portanto, o trabalhador com o produto do seu trabalho e com o processo de execução da atividade.[45] No tensionamento entre o capital e o trabalho, próprio do sistema capitalista, as garantias constitucionais de dignidade da pessoa humana precisam encontrar eco nas estruturas que amparam o trabalhador no seu cotidiano e impedem que este seja transformado em mera forma de obtenção de lucro.

Antes de qualquer análise fático-jurídica referente ao respeito ou não ao Princípio da Dignidade da Pessoa Humana na entrega mediada por aplicativos é necessário tentar revelar seu sentido e o alcance da norma contida no inciso III do art. 1º da Constituição da República.[46] Ingo Wolfgang Sarlet, antes de determinar o que entende por tal princípio, adverte para sua conceituação difícil, pois polissêmica, vaga, aberta e imprecisa, muito embora necessária. De início sustenta o autor ser a dignidade humana qualidade intrínseca da pessoa, irrenunciável e inalienável, "constituindo elemento que qualifica o ser humano como tal e dele não pode ser destacado".[47] Para o autor a dignidade "pode (e deve) ser reconhecida, respeitada, promovida e protegida, não podendo, contudo (no sentido ora empregado) ser criada, concedida ou retirada (embora possa ser violada), já que reconhecida e atribuída a cada ser humano como algo que lhe é inerente".[48] Esclarece Sarlet ter a dignidade humana caráter multidimensional, considerando dimensões ontológica e histórico-cultural, além de funções negativa e prestacional, objetiva e subjetiva, além de ostentar "condição de princípio e norma embasadora de direitos fundamentais".[49] O conceito de dignidade da pessoa humana proposto por Ingo Wolfgang Sarlet, segundo ele sempre uma proposta em processo de reconstrução, é o seguinte:

> Assim sendo, temos por dignidade da pessoa humana a qualidade intrínseca e distintiva reconhecida em cada ser humano que o faz merecedor do mesmo respeito e consideração por parte do Estado e da comunidade, implicando, neste sentido, um complexo de direitos e deveres fundamentais que assegurem a pessoa tanto contra todo e qualquer ato de cunho degradante e desumano, como venham a lhe garantir as condições existenciais mínimas para uma vida saudável, além de propiciar e promover sua participação ativa e corresponsável nos destinos da própria existência e da vida em comunhão com os demais seres humanos, mediante o devido respeito aos demais seres que integram a rede da vida.[50]

Tal conceito, por relevante e central à ordem jurídica brasileira, deverá será observado pelo empregador ao organizar seu empreendimento, pois deve preservar a saúde e a segurança do trabalhador para lhe assegurar a dignidade humana. Ingo Wolfgang Sarlet leciona também sobre agressão à dignidade humana, e o que ela não é:

> O que se percebe, em última análise, é que onde não houver respeito pela vida e pela integridade física e moral do ser humano, onde as condições mínimas para uma existência digna não forem asseguradas, onde não houver limitação do poder, enfim, onde a liberdade e a autonomia, a igualdade (em direitos e dignidade) e os direitos fundamentais não forem reconhecidos e minimamente assegurados, não haverá espaço para a dignidade da pessoa humana e esta (a pessoa), por sua vez, poderá não passar de mero objeto de arbítrio e injustiças. Tudo, portanto, converge no sentido de que também para a ordem jurídico-constitucional a concepção do homem-objeto (ou homem-instrumento), com todas as consequências que daí podem e devem ser extraídas, constitui justamente a antítese da noção de dignidade da pessoa, embora esta, à evidência, não possa ser, por sua vez, exclusivamente formulada no sentido negativo (da exclusão de atos degradantes e desumanos), já que assim se

---

(45) SCHMITZ, José Carlos. A Dignidade Humana, o Valor Social do Trabalho e aplicação do Princípio da Proteção no Direito do Trabalho no Brasil. *Revista Jurídica – CCJ*. v. 16, n. 32, p. 121-138, ago./dez. 2012.

(46) A abordagem conceitual estabelecida doravante tem como referência básica o artigo Dignidade da pessoa humana, meio ambiente e direito do trabalho. ALVES, Amauri Cesar. Dignidade da pessoa humana, meio ambiente e direito do trabalho. *Revista Direito das Relações Sociais e Trabalhistas*. v. III, p. 57-72, 2017.

(47) SARLET, Ingo Wolfgang. *Dignidade da pessoa humana e direitos fundamentais na Constituição Federal de 1988*. Porto Alegre: Livraria do Advogado, 2010. p. 49.

(48) *Idem*.

(49) *Ibidem*, p. 69.

(50) *Ibidem*, p. 70.

estaria a restringir demasiadamente o âmbito de proteção da dignidade.[51]

A República Federativa do Brasil escolheu, em 1988, consagrar a Dignidade da Pessoa Humana como um de seus fundamentos. De tal escolha, inafastável mesmo em períodos de desrespeito ao trabalho como o atual, decorrem efeitos diversos, que aqui serão destacados em perspectiva justrabalhista, particularmente no que concerne à contratação de entregadores mediados por plataformas digitais.

Conforme o anteriormente exposto, a sentença de primeiro grau de jurisdição em sede de Ação Civil Pública Cível que tramita no TRT da 2ª Região tem como fundamento, dentre outros, a dignidade da pessoa humana especificamente na relação do entregador com a plataforma digital ré:

> Como se falar em harmonia social, em cidadania, em dignidade da pessoa humana sem se estender a todos os trabalhadores os direitos sociais constitucionalmente assegurados? Como se atingir os objetivos da República previstos no art. 3º sem a redução das desigualdades sociais, sem a redução da marginalização – aí incluída a do trabalho – sem a erradicação da pobreza, atrasando-se, por consequência, o desenvolvimento nacional e a construção de uma sociedade justa?
>
> Deixar o trabalhador por aplicativo à margem das garantias e dos direitos sociais afigura-se inconstitucional, repita-se. Deixá-lo à margem da garantia de segurança, de limitação de jornada, de férias, de descanso semanal remunerado, de décimo terceiro salário significa retroceder nos direitos sociais a um tempo muito anterior à própria CLT de 1943. Significa o retrocesso à Idade Média, ao *laissez faire*, mas sem qualquer proteção. A exclusão de tais trabalhadores do manto dos direitos sociais é um retorno ao momento anterior à Revolução Industrial, ocorrida há dois séculos atrás. Há dois séculos atrás, na França e na Inglaterra já se estipulava a limitação à jornada, o direito ao DSR. Há um século já se regulava salário mínimo, a proteção contra acidentes, os seguros sociais.
>
> (...)
>
> Trabalhadores bem empregados e com mais renda aquecem a economia do País, pois tem maior poder de compra e podem movimentar a venda de serviços e produtos, impulsionando o comércio e as indústrias de bens. É um círculo virtuoso. Nesse sentido, cumpre ao empreendedor obedecer a Constituição Federal e as leis trabalhistas, fomentando um real desenvolvimento nacional, não apenas de seu negócio e do negócio de seus clientes. Há que se ver seus trabalhadores também como seus clientes. Por outro lado, o Estado também precisa fazer seu papel. Não há como se transferir ao empresariado toda a responsabilidade pelo bem-estar social, visto que todos pagam tributos para que o Poder Público implemente a segurança, a saúde, o transporte, a habitação. De que adianta o empregador, o contratante pagar todos os direitos trabalhistas se o entregador tem sua moto roubada, sua família não tem escola pública de qualidade ou atendimento decente à sua saúde? Há de haver a razoável e obrigatória contrapartida do Estado.[52]

Trata-se, como visto, de atividade hermenêutica de se colocar a Constituição da República em seu devido lugar, de centro do ordenamento jurídico no Brasil. O julgador, em sua função tão importante, não deve ceder às pressões e às falácias do mercado e do próprio governo, que hoje pretende gerar trabalho sem gerar emprego e fomentar ocupações sem se preocupar com a dignidade daquele que trabalha, ainda que não faça nem uma coisa nem outra.

Importante agora, enfim, analisar se a dignidade da pessoa humana é respeitada nas relações mantidas entre plataformas digitais e entregadores de alimentos. O conceito aqui adotado para Dignidade da Pessoa Humana nas relações de trabalho é o seguinte:

> Trata-se de qualidade do ser humano que trabalha e que em sua relação cotidiana com o contratante deve se ver protegido contra atos de cunho degradante, não podendo ser objetificado para a reprodução do capital, devendo ser respeitado em todos os aspectos da sua vida, com garantias à sua integridade física e psicológica, com possibilidade plena de exercer seus direitos fundamentais e trabalhistas, o que se exige não só do contratante, mas também, do Estado.[53]

A compreensão da Dignidade da Pessoa Humana no contexto das relações de trabalho permite identificar situações fáticas, decorrentes da lei ou do contrato, em que há agressão ao princípio constitucional em questão. São cinco, em síntese, os critérios[54] que

---

(51) SARLET, Ingo Wolfgang. *Dignidade da pessoa humana e direitos fundamentais na Constituição Federal de 1988*. Porto Alegre: Livraria do Advogado, 2010. p. 67-68.

(52) BRASIL. Tribunal Regional do Trabalho da 2ª Região. 8ª Vara do Trabalho de São Paulo. Ação Civil Pública Cível n. 1001058-88.2018.5.02.0008. Disponível em: <https://ww2.trtsp.jus.br/fileadmin/comunicacao/Links/20191209_Sentenca_Loggi.pdf>. Acesso em: 13 dez. 2019.

(53) ALVES, Amauri Cesar. Dignidade da pessoa humana, meio ambiente e direito do trabalho. *Revista Direito das Relações Sociais e Trabalhistas*. v. III, p. 57-72, 2017.

(54) O desenvolvimento teórico de tais critérios pode ser visto detalhadamente em ALVES, Amauri Cesar. Dignidade da pessoa humana, meio ambiente e direito do trabalho. *Revista Direito das Relações Sociais e Trabalhistas*. v. III, p. 57-72, 2017.

permitem identificar respeito ou agressão à dignidade da pessoa humana no que concerne aos trabalhadores entregadores de comida que são acionados via aplicativos digitais. São eles: a) vedação a atos de cunho degradante; b) garantia de condições existenciais mínimas; c) vedação à objetificação do trabalhador; d) respeito pela vida e integridade, física e psicológica; e) reconhecimento e preservação de direitos fundamentais. Todos devem estar presentes concomitantemente para que se afirme uma relação capital-trabalho permeada pelo valor dignidade da pessoa humana.

Uma análise que por enquanto[55] é fruto do que foi exposto na imprensa e nos poucos julgados sobre o tema, é possível afirmar a ausência de pelo menos três dos cinco requisitos acima fixados para o reconhecimento da dignidade humana na realidade laborativa dos entregadores. Como regra geral que comporta exceções não há espaço para a garantia de condições existenciais mínimas, para o respeito pela vida e integridade dos entregadores e para o reconhecimento e preservação de seus direitos fundamentais.

A essência da entrega de alimentos mediada por aplicativos, como visto, é que na relação trilateral dois ganham e um perde, que é o entregador. Assim, o sistema produtivo se baseia na baixa remuneração por trabalho, como aliás sustentam as plataformas digitais mundo afora. Assim, é intrínseco à contratação aqui estudada a ausência de garantia de condições existenciais mínimas para o trabalhador, que como visto deve se responsabilizar pelos seus ganhos, pois é visto e tratado pela plataforma como "empreendedor autônomo". Apenas para ilustrar, uma reportagem da BBC News Brasil traz no título a dura realidade e a ausência da dignidade da pessoa humana na relação entre as plataformas e os entregadores e que bem reflete o que aqui se argumenta: "Dormir na rua, pedalar 30km e trabalhar 12 horas por dia: a rotina dos entregadores de aplicativos".[56]

As plataformas digitais de entrega de alimentos tendem a se apresentar como não sendo responsáveis pela vida e segurança dos trabalhadores no trânsito. A ideia das plataformas é que o empreendedor autônomo (ou, aqui, "empreendedor de si mesmo") é o único responsável pela sua vida e por sua integridade física enquanto trabalha, sem que o contratante responda por nada que lhe aconteça no curso da prestação laborativa. Também para ilustrar, a amplamente divulgada morte do entregador de uma das principais plataformas digitais com operação no Brasil. Segundo foi noticiado inicialmente, morreu de frio.[57] Apurações posteriores deram conta que morreu em razão de um AVC. A família do trabalhador, ouvida pela imprensa, disse que ele trabalhava pelo menos 12 horas por dia, e que estava muito cansado. A cliente que presenciou o colapso físico do entregador pediu socorro também à plataforma. A narrativa dela é esclarecedora: "Entramos em contato com a Rappi que, sem qualquer sensibilidade, nos pediu para que déssemos baixa no pedido para que eles conseguissem avisar os próximos clientes que não receberiam seus produtos no horário previsto."[58] Em outra reportagem, a fala dos prepostos da plataforma teria sido a seguinte: "então ele não vai poder finalizar nenhuma das próximas entregas?"[59]

Por fim, se há um aparente consenso em torno das plataformas digitais de entrega de alimentos esse é o da ausência de vínculo empregatício com seus entregadores, do que decorre, no atual sistema jurídico brasileiro, em negativa da aplicação de direitos fundamentais consagrados no art. 7º da Constituição da República, conforme já foi visto. Ao não reconhecer o trabalhador como seu empregado a plataforma não reconhece e não aplica na relação os direitos fundamentais sociais previstos na regra citada, e consequentemente, na prática, nega também o valor social do trabalho e a dignidade da pessoa que com ela se relaciona.

A juíza Lávia Lacerda Menendez, titular da 8ª Vara do Trabalho de São Paulo, na sentença aqui analisada,

---

(55) Os autores pretendem desenvolver estudos detalhados, com pesquisa de campo, para demonstrar a realidade sociojurídica dos trabalhadores vinculados às plataformas digitais, o que se dará no âmbito do Mestrado Acadêmico em Direito da UFOP.

(56) DORMIR na rua, pedalar 30km e trabalhar 12 horas por dia: a rotina dos entregadores de aplicativos. *Época Negócios*. 22.05.2019. Disponível em: <https://epocanegocios.globo.com/Empresa/noticia/2019/05/dormir-na-rua-pedalar-30-km-e-trabalhar-12-horas-por-dia-rotina-dos-entregadores-de-aplicativos.html>.

(57) ENTREGADOR do Rappi passa mal, é ignorado por empresa, Uber e Samu e morre em SP. *Folha de São Paulo*. 11.09.2019. Disponível em: <https://www1.folha.uol.com.br/cotidiano/2019/07/entregador-do-rappi-passa-mal-e-ignorado-por-empresa-uber-e-samu-e-morre-em-sp.shtml>. Acesso em: 13 dez. 2019.

(58) NIEDERAUER, Ana Paula. Entregador da Rappi tem AVC durante entrega e morre após aguardar 2h por socorro. *Uol Notícias*. 12.07.2019. Disponível em: <https://noticias.uol.com.br/ultimas-noticias/agencia-estado/2019/07/12/entregador-da-rappi-tem-avc-durante-entrega-e-morre-apos-aguardar-2h-por-socorro.htm>.

(59) ENTREGADOR da Rappi que morreu após AVC trabalhava 12 horas por dia. Hypeness.com.br. Disponível em: <https://www.hypeness.com.br/2019/07/entregador-da-rappi-que-morreu-apos-avc-trabalhava-12-horas-por-dia/>. Acesso em: 13 dez. 2019.

faz uma pergunta importante e que encerra esse estudo: "Como se falar em harmonia social, em cidadania, em dignidade da pessoa humana sem se estender a todos os trabalhadores os direitos sociais constitucionalmente assegurados?"(60) A resposta é simples e o que aqui se desenvolveu do ponto de vista da análise acadêmica justrabalhista permite concluir: não é possível.

5. CONCLUSÃO

A contratação de trabalho de entregadores de alimentos pelas plataformas digitais mais relevantes no mercado brasileiro não efetiva, como regra geral que comporta exceções, o valor central da ordem jurídica brasileira, que é a dignidade da pessoa humana.

A análise jurídica em torno do problema concreto apresentado permite agora afirmar a hipótese inicial, ou seja, que o trabalhador contratado pelas plataformas digitais para a entrega de alimentos não é respeitado em sua dignidade enquanto pessoa que trabalha.

A afirmação aqui trazida como regra geral decorre do conceito adotado de dignidade da pessoa humana, que permite consagrar cinco critérios identificadores do respeito ou agressão ao seu conteúdo: a) vedação a atos de cunho degradante; b) garantia de condições existenciais mínimas; c) vedação à objetificação do trabalhador; d) respeito pela vida e integridade, física e psicológica; e) reconhecimento e preservação de direitos fundamentais.

É possível identificar a ausência de pelo menos três critérios que seriam essenciais para a identificação do respeito à dignidade do trabalhador na entrega mediada por aplicativos. Ausente o critério de garantia de condições essenciais mínimas, pois na relação trilateral dois ganham e um perde, que é o entregador. Ausente também o critério de respeito pela vida e integridade, física e psicológica do entregador. A ideia das plataformas é que o trabalhador deve ser o único responsável pela sua vida e por sua integridade física enquanto trabalha. A ausência do terceiro critério é relativamente simples de se verificar, pois em essência e para garantir seus ganhos as plataformas negam aos entregadores direitos fundamentais sociais, principalmente aqueles fixados no art. 7º da Constituição da República.

Essencialmente, portanto, não há que se falar em harmonia social, em valor social do trabalho e em dignidade da pessoa humana enquanto não for garantido a todos os que vivem do trabalho aquilo que a Constituição da República expressamente lhes garante.

REFERÊNCIAS

ALVES, Amauri Cesar. Dignidade da pessoa humana, meio ambiente e direito do trabalho. *Revista Direito das Relações Sociais e Trabalhistas*. v. III, p. 57-72, 2017.

______. Direito, trabalho e vulnerabilidade. *Revista da Faculdade de Direito UFPR*, Curitiba, PR, Brasil, v. 64, n. 2, p. 111-139, maio/ago. 2019. ISSN 2236-7284. Disponível em: <https://revistas.ufpr.br/direito/article/view/63907>. Acesso em: 31 ago. 2019. DOI: <http://dx.doi.org/10.5380/rfdufpr.v64i2.63907>. p. 123.

ALVES, Amauri Cesar; CASTRO, Thiago Henrique Lopes de. Reforma trabalhista e movimentos de reestruturação, precarização e redução do direito do trabalho no Brasil. *Revista Direito das Relações Sociais e Trabalhistas*. v. 4, p. 130-156, 2018. p. 151.

ANTUNES, Ricardo. *O privilégio da servidão*: o novo proletariado de serviços na era digital. São Paulo: Boitempo, 2018.

BOTSMAN, Rachel; ROGERS, Roo. *O que é meu é seu*: como o consumo coletivo vai mudar o nosso mundo. Porto Alegre: Bookman, 2011.

BRASIL. Tribunal Regional do Trabalho da 10ª Região. 2ª Vara do Trabalho de Taguatinga. PJe: 0001150-36.2019.5.10.0102. Disponível em: <www.trt10.jus.br>.

BRASIL. Tribunal Regional do Trabalho da 1ª Região. PJe: 0100723-35.2017.5.01.0048 (RO). Disponível em: <www.trt1.jus.br>.

BRASIL. Tribunal Regional do Trabalho da 1ª Região. PJe: 0100831-34.2017.5.01.0058 (RO). Disponível em: <www.trt1.jus.br>.

BRASIL. Tribunal Regional do Trabalho da 2ª Região. 8ª Vara do Trabalho de São Paulo. Ação Civil Pública Cível n. 1001058-88.2018.5.02.0008. Disponível em: <https://ww2.trtsp.jus.br/fileadmin/comunicacao/Links/20191209_Sentenca_Loggi.pdf>. Acesso em: 13 dez. 2019.

CHAUI, Marilena. *A tragédia neoliberal e a meritocracia*. Disponível em: <https://www.youtube.com/watch?v=5jNea8b3hUE>. Acesso em: 30 ago. 2019.

DE GIORGI, Raffaele. *O futuro do trabalho e o seu direito*. In: Palestra proferida no 18º Congresso da Associação Nacional dos Magistrados da Justiça do Trabalho. Trad. de Luciano Nascimento Silva e Davi Pessoa (manuscrito), 2016.

DELGADO, Mauricio Godinho. *Capitalismo, trabalho e emprego*: entre o paradigma da destruição e os caminhos da reconstrução. São Paulo: LTr, 2007.

DORMIR na rua, pedalar 30km e trabalhar 12 horas por dia: a rotina dos entregadores de aplicativos. *Época Negócios*. 22.05.2019. Disponível em: <https://epocanegocios.globo.com/Empresa/noticia/2019/05/dormir-na-rua-pedalar-30--km-e-trabalhar-12-horas-por-dia-rotina-dos-entregadores--de-aplicativos.html>.

---

(60) BRASIL. Tribunal Regional do Trabalho da 2ª Região. 8ª Vara do Trabalho de São Paulo. Ação Civil Pública Cível n. 1001058-88.2018.5.02.0008. Disponível em: <https://ww2.trtsp.jus.br/fileadmin/comunicacao/Links/20191209_Sentenca_Loggi.pdf>. Acesso em: 13 dez. 2019.

EHRENBERG, Alain. *O culto da performance*: da aventura empreendedora à depressão nervosa. São Paulo: Ideias e Letras, 2010.

ENTREGADOR da Rappi que morreu após AVC trabalhava 12 horas por dia. <Hypeness.com.br>. Disponível em: <https://www.hypeness.com.br/2019/07/entregador-da-rappi-que--morreu-apos-avc-trabalhava-12-horas-por-dia/>. Acesso em: 13 dez. 2019.

ENTREGADOR do Rappi passa mal, é ignorado por empresa, Uber e Samu e morre em SP. *Folha de São Paulo*. 11.09.2019. Disponível em: <https://www1.folha.uol.com.br/cotidiano/2019/07/entregador-do-rappi-passa-mal-e-ignorado-por--empresa-uber-e-samu-e-morre-em-sp.shtml>. Acesso em: 13 dez. 2019.

FOUCAULT, Michel. *Nascimento da biopolítica*: curso dado no Collège de France edição estabelecida por Michel Senellart sob direção de François Ewald e Alessandro Fontana; tradução Eduardo Brandão; revisão da tradução Claudia Berliner. São Paulo: Martins Fontes, 2008a. (Coleção Tópicos).

GUIMARÃES, Magali Costa. Controle no trabalho: uma reflexão sobre antigas e novas formas de controle e suas consequências sobre os trabalhadores. *REGE Revista de Gestão USP*, v. 13, n. 1, p. 1-10, 2006.

HAQUE, Umair. *The servitude bubble – bad words*. Disponível em: <https://medium.com/bad-words/the-servitude-bubble-c9e998c437c6?>. Acesso em: 12 dez. 2019.

HOUAISS, Antônio; VILLAR, Mauro de Salles; FRANCO, Francisco Manoel de Melo. *Dicionário Houaiss da língua portuguesa*. 1. ed. Rio de Janeiro: Objetiva, 2009.

NIEDERAUER, Ana Paula. Entregador da Rappi tem AVC durante entrega e morre após aguardar 2h por socorro. Uol Notícias. 12.07.2019. Disponível em: <https://noticias.uol.com.br/ultimas-noticias/agencia-estado/2019/07/12/entregador-da-rappi-tem-avc-durante-entrega-e-morre-apos--aguardar-2h-por-socorro.htm>.

OITAVEN, Juliana Carreiro Corbal; CARELLI, Rodrigo de Lacerda; CASAGRANDE, Cássio Luís. *Empresas de transporte, plataformas digitais e a relação de emprego*: um estudo do trabalho subordinado sob aplicativos. Brasília: Ministério Público do Trabalho, 2018.

ROOSE, Kevin. The sharing economy isn't about trust, it's about desperation. *New York Magazine*, 24 abr. 2014. Disponível em: <http://nymag.com/daily/intelligencer/2014/04/sharing-economy-is-about-desperation.html>. Acesso em: 23 set. 2019.

SARLET, Ingo Wolfgang. *Dignidade da pessoa humana e direitos fundamentais na Constituição Federal de 1988*. Porto Alegre: Livraria do Advogado, 2010.

SCHMITZ, José Carlos. A dignidade humana, o valor social do trabalho e aplicação do princípio da proteção no direito do trabalho no Brasil. *Revista Jurídica – CCJ*. v. 16, n. 32, p. 121-138, ago./dez. 2012.

SCHWARTZ, Yves. Trabalho e valor. *Tempo social: Rev. Sociol. USP*, São Paulo, 8: 147-158, outubro de 1996, p. 148.

SILVA BARBOSA, Attila Magno e. O empreendedor de si mesmo e a flexibilização no mundo do trabalho. *Revista de Sociologia Política*. v. 19, n. 38, 2011, p. 121-140. Disponível em: <https://www.redalyc.org/pdf/238/23818732008.pdf>. Acesso em: 10 dez. 2019.

SLEE, Tom. *Uberização*: a nova onda do trabalho precarizado. São Paulo: Editora Elefante, 2017.

TODOLI-SIGNES, Adrián. El Impacto De La'Uber Economy'En Las Relaciones Laborales: Los Efectos De Las Plataformas Virtuales En El Contrato De Trabajo (Uber Economy Impact on the Industrial Relationships: The Effect of the Virtual Platforms on the Employment Contract Concept). *IUS Labor*, p. 1-25, 2015. p. 3.

Capítulo 20

Vamos Falar sobre Disputa? Ventilando Ideias sobre o Trabalho em Domicílio e o Teletrabalho a partir da Teorização do Trabalho Digno

Victor Hugo Criscuolo Boson[1]

Resumo: O artigo recupera aspectos históricos da cultura jurídica trabalhista brasileira nas discussões acerca da extensão do direito do trabalho aos trabalhadores em domicílio e aos teletrabalhadores. Constrói uma chave de leitura que parte da compreensão do campo jurídico como propício às disputas, por múltiplos atores, pelo poder de dizer o direito. Por fim, na arena da disputa, apresenta a teorização do trabalho digno como resposta possível aos influxos de destruição e negação do direito do trabalho, tomando por fio condutor o estatuto jurídico dos trabalhadores em domicílio e o dos teletrabalhadores.

Palavras-chave: Trabalho em domicílio. Teletrabalho. Disputas. Trabalho digno.

Abstract: the article recovers historical aspects of the Brazilian labor legal culture in the discussions about the extension of the labor law to homeworkers and teleworkers. It builds a reading key that starts from understanding the legal field as conducive to disputes by multiple actors for the power to say the law. Finally, in the arena of dispute, it presents the theorization of decent work as a possible response to the influx of destruction and denial of labor law, taking as a guiding thread the legal status of home-based workers and teleworkers.

Keywords: Homeworking. Teleworking. Disputes. Decent work.

1. INTRODUÇÃO

As versões mais divulgadas da história do direito do trabalho brasileiro em muito simplificaram a compreensão da base de incidência do ramo e dos espaços geográficos[2] a respeito dos quais ele se ocupou em seu momento de fundação no país. A narrativa comumente veiculada em manuais é a de que o ramo se edificou, quase que exclusivamente, para a tutela de empregados subordinados evidenciados espacialmente na fábrica ou no comércio e sujeitos à fiscalização e à supervisão, de modo *imediato* e *direto*, das suas atividades.

Digo que essa narrativa é simplificadora porque ela não dá conta de cobrir outras questões que povoaram o campo jurídico brasileiro, principalmente no embate travado acerca dos projetos legislativos e também das interpretações que poderiam surgir em face das leis existentes em matéria trabalhista. É possível dizer que, ao olhar para essa narrativa, evidenciamos nela, no fundo, problemas atinentes não apenas à não integração de sujeitos (domésticos, rurais, autônomos...), mas também, à ausência de menção à espacialidade do direito do trabalho (zonas rurais, ambientes domésticos...).

Discussões como a da dependência econômica, a da extensão do ramo e a dos contornos reais de elaboração da subordinação clássica até a década 1940, principalmente, são obliteradas por um discurso harmônico que não revolveu a disputa do campo em muitos

(1) Professor Adjunto na Universidade Federal do Sul da Bahia (UFSB). Doutor e Mestre em Direito pela Universidade Federal de Minas Gerais (UFMG). Pesquisador integrante do Grupo de Pesquisa Trabalho, Constituição e Cidadania (UnB/CNPq).

(2) Por espaço, tomamos a noção de lugares, paisagens, materialidades e o domínio espesso e sensorial do visível, dos quais se ocupa a geografia na acepção de David Delaney, 'Beyond the World: Law as a Thing of this World', In: Holder and Harrison, eds, Law and Geography (Oxford: Oxford University Press, 2002).

dos pontos que hoje consideramos como incontestes para a história do direito e que envolvem problemas, repito, relacionados à cobertura de sujeitos e à espacialização do direito do trabalho.

Para prenunciar o que afirmarei a seguir, trabalharei aqui com os embates teóricos e práticos sobre o trabalho em domicílio e a produção de juristas que se dedicaram à reflexão sobre a necessidade da tutela equiparada a esses trabalhadores em relação aos empregados diretos. Essa dimensão esquecida nos faz pensar sobre o direito do trabalho como um projeto que, desde a década de 1930, estaria não apenas (em que pese estar majoritariamente) concentrado no espaço físico da fábrica e do comércio, e sobre as possibilidades que essa discussão relativa ao espaço representa para a discussão dos padrões de subordinação.

2. O TRABALHO EM DOMICÍLIO, O TELETRABALHO E OS DIREITOS EM DISPUTA

Ao olharmos para outros espaços do mundo do trabalho, para além da fábrica e do comércio, é possível percebermos a diversidade espacial da exploração de mão de obra e a necessidade que se operou, no plano teórico de fundação da proteção jurídica, de reflexão sobre a extensão do Direito do Trabalho a espaços geralmente silenciados pelo Direito e pela história do direito.

Nessa perspectiva, quero resgatar o espaço da casa. Mas não o espaço doméstico entendido como um lugar de referência em que trabalhadores domésticos se inserem. Quero retomar a perspectiva da casa, mas para trabalhá-la na feição do trabalho em domicílio. Esse espaço e esses trabalhadores suscitam um interessante campo de discussão que geralmente é desconsiderado no debate sobre a subordinação.

Até mesmo a gravidade da exploração social de trabalhadores em domicílio é pouco explorada pela historiografia voltada ao mundo do trabalho no século XX[(3)]. Ao considerarmos que a geografia do poder empresarial perpassava não apenas o núcleo direto dos empreendimentos e suas plantas, precisamos considerar que ele também se fez notar em outros espaços, igualmente subordinando corpos e vidas de trabalhadores.

Nesse sentido, aos termos em perspectiva esses outros espaços de exploração do trabalho, como o da casa, é curioso notar que até mesmo um liberal como Rui Barbosa não deixou de levantar, em *A questão Social e Política no Brasil* (1919), a situação daqueles que estavam *à margem* da fábrica ao tratar dos sete "pontos culminantes" da questão social no país. O trabalho em domicílio estaria dentre as sete matérias que demandavam indispensável ingerência legal nas relações entre capital e trabalho, "uma das chagas doridas e calmantes da vida industrial" em que o trabalhador estaria "sequestrado à comunhão dos seus companheiros", desprovido de condições próprias à construção de laços de solidariedade, fazendo-se, por isso, um "operário insulado entre as suas quatro paredes", sujeito à exploração e fadado ao recebimento de baixas remunerações, que "definha, na condição do mais triste serviçal, condenado à monotonia eterna da tarefa, miseravelmente paga"[(4)]. O isolamento social e a sujeição a condições de miséria e precarização extremas fariam desses trabalhadores condenados a uma "espécie de prisão celular", prejudicados quanto à sua saúde, inteligência, capacidade profissional e de vida, circunscritos a um "cárcere silencioso de portas abertas para uma ilusória liberdade". Diante desse quadro, Rui Barbosa fará uma defesa aberta da extinção absoluta, pela via legal, desse regime de trabalho, considerado por ele um "mal social"[(5)].

Longe de representar um projeto de transformação radical, a escrita de Barbosa, no ano de 1919, reflete um contexto marcado por "paradoxos sociais"[(6)], excludente socialmente, por um lado, mas com ampla movimentação social e agitação operária, por outro, notadamente na cidade do Rio de Janeiro. Reivindicações e movimentos de pressão por direitos colocaram em perspectiva a classe operária e projetos de direitos que a contemplassem. Por exemplo, as reflexões sobre o trabalho em domicílio no Brasil e as perversidades dele resultantes aos operários estariam lançadas, efetivamente, no campo jurídico, a partir dessa quadra temporal, ressaltando-se a situação de completo vazio de tutela normativa por que passavam esses trabalhadores e a miséria disso decorrente.

---

(3) Geralmente, os trabalhos historiográficos se concentrarão na compreensão do domínio da casa não no sentido do "trabalho em domicílio", em que o trabalhador usa o seu espaço de residência para o trabalho, mas, se volta à compreensão da casa com a perspectiva de compreender o trabalho e os serviços realizados por trabalhadores domésticos, o que recebe um incremento no trajeto brasileiro de reflexão das relações desde FREYRE, Gilberto. *Casa-grande & senzala*: formação da família brasileira sob o regime da economia patriarcal. São Paulo: Global, 2003.

(4) BARBOSA, Rui. *A questão social e política no Brasil*. Rio de Janeiro: Edições Casa de Rui Barbosa, 1998.

(5) *Idem*.

(6) SCHWARCZ, Lilia. Moderna República velha: um outro ano de 1922. In: *Revista do Instituto de Estudos Brasileiros*, p. 59-88, 2012, n. 55.

Ademais, durante a Primeira República, com relevo para o ano de 1917, movimentos grevistas agitaram regiões urbanas brasileiras, paralelamente a um arranjo internacional de efervescência da primeira guerra e de divulgação do êxito da revolução soviética, o que tornou ameaçadora a insurgência de novas deflagrações socialistas e fez articular uma postura reativa por parte do capital em vários contextos do mundo. Desde então, impunha-se às elites a reflexão sobre a necessidade de um pacto em relação à questão social, na estratégia de fundação de uma agenda de reconhecimento dos trabalhadores como atores políticos a partir de uma chave, a um só tempo, conciliatória de bem-estar social e mantenedora da ordem capitalista.

Parte desse processo está representada na reflexão de juristas sobre a demarcação do lugar e dos alcances do direito do trabalho durante pelo menos até a década de 1940. Não apenas por esse quadro social e político que se desenhava, mas em grande parte por ele explicado, o direito do trabalho surge como uma opção "inovadora", que se atrela à manutenção da ordem e delimita espaços de tutela aos operários.

Os desenhos dessa ordem estariam muito concentrados no plano brasileiro a partir da noção de "trabalho subordinado", em que pese critérios diversos terem sido imaginados por agentes do campo jurídico nacional[7].

Trabalhos como o de Evaristo de Moraes Filho, na década de 1940, nos permitem compreender como a teorização da subordinação clássica, nas construções mais iniciais que ganhou no Brasil, não se limitou àquilo que gerações posteriores, equivocadamente, a ela se referiram como sendo averiguada estritamente pelo "cumprimento de ordens diretas emanadas pelo superior hierárquico imediato"[8].

Escrito por Moraes Filho no ano de 1942, o livro *Trabalho a domicílio e contrato de trabalho* explora uma série de questões que se associam à compreensão da subordinação jurídica e de seus contornos, bem como da dependência econômica, adentrando, ainda, em uma defesa aberta das funções do direito do trabalho e de suas razões existenciais.

Em sua leitura, a realidade do trabalho em domicílio resultaria de uma espécie de "transbordamento da grande indústria fabril concentrada", capaz de transferir para a instância doméstica dos trabalhadores dimensões que estariam anteriormente situadas na linha material das fábricas. Desse movimento espacial da produção resultaria, para os empresários, muitas vantagens, como a redução de despesas pela desnecessidade de construção de espaços produtivos próprios, o escape às leis e fiscalização do direito trabalhista, a possibilidade de pagamento de menores remunerações aos trabalhadores e obtenção dos mesmos produtos e, por fim, a possibilidade de ajuste da produção à procura, bastando-lhes a encomenda de mercadorias a domicílio conforme a demanda[9].

A única vantagem que estaria colocada para o trabalhador em domicílio seria apenas *aparente*. A relativa liberdade de poder "trabalhar longe da vigilância direta do patrão e nas horas que lhe aprouver" é mais aparente que real, considerando que a domicílio o trabalhador enfrenta durações mais extensas de jornada que o empregado da fábrica, "com o objetivo de alcançar um bom salário que iguale o deste e satisfazer a produção que lhe pede o empresário"[10].

Nesse sentido, Moraes Filho é categórico na defesa de que sempre que um trabalhador em domicílio executasse tarefas encomendadas por um empregador, do qual depende economicamente e é subordinado hierarquicamente, recebendo ordens, instruções e sendo obrigado à entrega de quantidades em prazos determinados, será ele um empregado assalariado. Do ponto de vista jurídico, ele deve ser tido por indistinto do empregado da fábrica. Não será o mero local de execução do trabalho o que irá determinar a incidência ou não da proteção do direito sobre o trabalhador, mas a subsunção real do trabalho ao tipo jurídico que garante a sua proteção[11].

Contra Barassi, para quem o trabalhador em domicílio estaria alijado da proteção do direito trabalhista por faltar no seu trabalho a noção de continuidade – uma vez que ficaria o empregado livre de obrigações que não a da entrega para o empregador, podendo

(7) É possível identificarmos projetos que traduzem uma configuração jurídico-social apoiada menos na diferenciação por critérios como o da subordinação e mais na extensão da cidadania às condições genéricas de dependência econômica, caso da proposição de Cesarino Junior em: CESARINO JUNIOR, Antonio Ferreira. *Direito Social Brasileiro*: contendo a matéria dos programas das Faculdades de Direito do Rio de Janeiro, de São Paulo e de outras do país. São Paulo: Livraria Martins, 1940.

(8) MENDES, Marcus Menezes Barberino; CHAVES JÚNIOR, José Eduardo de Resende. Subordinação estrutural-reticular: uma perspectiva sobre a segurança jurídica. In: *Revista do Tribunal Regional do Trabalho da 3ª Região*, Belo Horizonte, MG, v. 46, n. 76, p. 197-218, jul./dez. 2007.

(9) MORAES FILHO, Evaristo de. *Trabalho a domicílio e contrato de trabalho*. São Paulo: LTr, 1994. p. 62.

(10) *Idem*.

(11) *Idem*.

trabalhar para muitos outros – Moraes Filho dedicará algumas páginas. A esse propósito, valendo-se das máximas de experiência, indicará a comum existência de trabalhadores em domicílio, em mesma tarefa e para mesmo tomador, por anos, não sendo o local do trabalho a chave explicativa e definidora da continuidade da prestação laboral. Inclusive, valendo-se das lições do próprio Barassi, Evaristo de Moraes Filho sustentará que o conceito de subordinação jurídica não se mostraria incompatível com a pluralidade patronal. Também para Barassi, o trabalho em domicílio estaria fora do circuito justrabalhista por faltar a esses trabalhadores a dependência técnica. Nesse sentido, Moraes Filho destaca que o recebimento de ordens, instruções e orientações de como proceder para a realização do trabalho indicam para a refutação da tese barassiana e sinalizam de forma clara a dependência técnica dos trabalhadores a modelos, padrões e formas gestadas e ditadas, enquanto forma-técnica, pelos empregadores[(12)].

No plano da dependência econômica, o jurista carioca retomará os sentidos de surgimento de um ramo próprio a tutelar as hipossuficiências econômicas dos trabalhadores, uma criação voltada à proteção dos assalariados, ou economicamente fracos. Essa noção congregaria três elementos, o de que o trabalhador deveria extrair do seu trabalho a sua principal fonte de subsistência; o da indiferença entre trabalho manual ou intelectual, comum ou técnico, remunerado a tempo ou por peça/tarefa, executado na oficina do empregador ou a domicílio; e, o de que o trabalho executado seja realizado não segundo iniciativa pessoal do trabalhador ou para encomendas diretas do público, mas segundo uma linha traçada pelo seu empregador ou empregadores sucessivos, aos quais o trabalhador se une por uma relação de subordinação jurídica ou de dependência econômica. Estaria, desse modo, o trabalhador em domicílio passível de inserção no conjunto do assalariado, dependente do trabalho para a subsistência, portanto, dependente econômico que vive do salário. Não negocia diretamente com o público, não produz por conta própria, e sim presta serviços para outrem, fazendo disso o seu meio de sobrevivência.

E, por fim, no critério da subordinação, também não haveria dúvidas de enquadramento. Se subordinados são aqueles que recebem ordens; que são controlados e fiscalizados, ainda que não continuamente, sobre o que fazem; e, que podem ter sua vontade suplantada pela do patrão em questões de naturezas hierárquicas e técnicas, "não há dúvida alguma que o trabalho em domicilio se ajusta exatamente ao conceito de trabalho subordinado, e não ao quadro mais amplo do trabalho autônomo"[(13)]. O trabalhador em domicílio recebe tarefas, ordens, instruções, obrigações, diretrizes sobre quantidade do trabalho e prazo de entrega, o que seria suficiente para configurar um quadro de subordinação jurídica em relação àquele que paga por este trabalho. Não há espaço para autonomia de sobre como realizar o trabalho, da maneira como fazer, do material que utilizar, do tempo que demandará a atividade. Tudo, ao ser objeto da realidade, penetra no âmago da atividade e faz, dela, atividade subordinada.

Em tempos em que as teorias da dependência e da subordinação dividiam os juristas brasileiros, Evaristo firmaria que, por qualquer delas, a exigência da incidência do direito do trabalho se demonstrava evidente. E que o direito que chegava aos empregados "da fábrica" deveria ser também o direito que chegaria aos empregados "da casa", abrangendo, assim, tanto os trabalhadores internos ao plexo fabril como os externos, a domicílio.

Não havia sido muito diversa a posição, em 1943, divulgada por Antonio Ferreira Cesarino Junior. Aproveitando da teoria de Gallart Folch, o jurista paulista condensaria no seu *Direito Social Brasileiro* a noção de que não há, para fins de subordinação, a necessidade de que o trabalho ou serviço seja prestado sob a vigilância direta do patrão ou de seus prepostos, "porque são manifestações da mesma no trabalho prestado fora dos locais do estabelecimento patronal, o compromisso de dedicar a êste trabalho tôda ou uma parte do dia de trabalho, a aceitação de um programa determinado de tarefas a realizar, a obrigação de dar conta das realizadas, a exigência da justificação do tempo, a obrigação dum rendimento mínimo de trabalho diário e, sobretudo, o monopólio da atividade do operário"[(14)].

O que juristas como Moraes Filho e Cesarino Junior pontuavam teoricamente pode nos parecer mera repetição ou indução do texto legal, considerando que diplomas legislativos da época apontavam no sentido da permissão de reconhecimento do vínculo empregatício relação aos trabalhadores em domicílio. Dispositivos como o art. 10 do Decreto-lei n. 399, de 1938, e a

(12) MORAES FILHO, Evaristo de. *Trabalho a domicílio e contrato de trabalho*. São Paulo: LTr, 1994. p. 137-140.

(13) *Ibidem*, p. 140.

(14) CESARINO JUNIOR, Antonio Ferreira. *Direito social brasileiro*: contendo a matéria dos programas das Faculdades de Direito do Rio de Janeiro, de São Paulo e de outras do país. São Paulo: Livraria Martins, 1940. p. 459.

própria CLT (art. 6º), acenavam para uma equiparação legal entre os empregados genéricos e os a domicílio.

Ocorre que, na prática, a resistência à equiparação se deu de modo bastante acentuado, justificando produções de juristas que tivessem uma postura diversa. E a subordinação, mal compreendida em nossas plagas, pouco se penetrou em relações de sujeitos inseridos em espaços previstos até mesmo na literalidade do texto de lei.

Uma série de argumentações e de filtros foram colocados, nos autos e nos livros brasileiros, ao longo das décadas, no sentido de restringir a equiparação entre o contrato de emprego havido dentro e fora da empresa. Assim, exigências que não valem para a tutela do trabalho interno eram utilizadas para o trabalho externalizado na casa, o que pode ser encontrado em julgados que arrolavam como pressuposto do vínculo a exclusividade do tomador (exigência colocada apenas ao trabalhador a domicílio)[15]; ou ainda, por parte da doutrina, a dificuldade exposta por Délio Maranhão, no sentido de que "trabalhando o empregado em seu próprio domicílio, distanciado, assim, da direção e controle *imediatos* do empregador, nem sempre será fácil, na prática, distingui-lo do trabalhador autônomo"[16], subvertendo a lógica do art. 6º da CLT.

Podemos ir um pouco além disso e afirmar que esse processo restricionista para se interpretar direitos de trabalhadores se renovou por diversas vezes ao longo da segunda metade do século XX, em uma diversidade de matérias que versaram sobre os perímetros do direito do trabalho, mas não sem movimentos contrários, de leitura ampliativa[17].

Para demonstrar essa tendência de disputa pela restrição dos perímetros do ramo, podemos ter em conta uma outra abordagem que retoma em alguma medida o espaço geográfico da casa[18], e trabalharmos a situação dos teletrabalhadores e o movimento que o campo jurídico brasileiro desenhou em relação a eles.

Utilizando de novas tecnologias em ambientes externos à empresa – a casa, principalmente – para realizar trabalhos a outrem, a situação dos teletrabalhadores irá resgatar no campo jurídico nacional muitas das questões que, de modo quase idêntico, já haviam sido entabuladas pela doutrina há muitas décadas anteriores sobre o pertencimento dos trabalhadores em domicílio ao núcleo de proteção legal trabalhista. É como se o incremento dos meios telemáticos ao trabalho domiciliar fundasse uma metamorfose na realidade laboral capaz de fazer surgir uma nova, completamente nova, discussão por parte do direito.

As casas, que antes eram apenas físicas, agora são também conectadas e simbolizadas por redes, que permitem a conexão direta com o empregador. Redes significam a possibilidade de conexões reais e imediatas entre trabalhador e tomador, considerando o alargamento da disponibilidade de novas tecnologias e ferramentas informáticas absorvidas pelo processo produtivo nas últimas décadas do século passado. O advento tecnológico que as cria aguça, portanto, a conexão e o controle, com o reforço das câmeras, celulares, sistema de *logon* e *logoff*, computadores, relatórios, chamadas, rádios etc.

Mas esse mesmo advento de uma "temporalidade tecnológica" diversa foi usado, sagazmente, no campo jurídico, para, de maneira retórica, servir como pretexto para se afastar ou relativizar a incidência de subordinação jurídica sobre a atividade de trabalhadores espacialmente marcados pela distância física da fábrica, mas conectados por redes, os teletrabalhadores. Assim, o uso de ferramentas próprias ou a remuneração a ajudantes[19] foram elementos invocados por juízes e por autores para afastar o direito ao vínculo de emprego; ou, ainda que reconhecido o vínculo, foram colocados entraves aos direitos, como a recusa de aplicação do limite de jornada a esses trabalhadores, na contramão dos estudos científicos que atestavam a completa possibilidade de controle do tempo dos teletrabalhadores pelo empregador.

Na cena estrangeira, mas sem deixar de revelar tendências internas, o jogo retórico também operou, por exemplo, dentre aqueles que vão situar o teletrabalho

---

(15) "Se é certo que a exclusividade não constitui elemento definidor do contrato de trabalho, certo é também que, em se tratando de trabalho, a domicílio, a ausência desse requisito assume relevo, como indicador de autonomia e descontinuidade da prestação de serviços" TRT da 3ª Região; Processo: RO n. 2.368/1988; Data de Publicação: 02.12.1988, DJMG; Órgão Julgador: Terceira Turma; Relator: Ney Proença Doyle.

(16) MARANHÃO, Délio. *Direito do trabalho*. Rio de Janeiro: Editora da FGV, 1988. p. 54.

(17) Caso da subordinação objetiva proposta por: VILHENA, Paulo Emílio Ribeiro de. *Relação de emprego*: estrutura legal e supostos. São Paulo: LTr, 1975.

(18) Certamente, aqui, não mais a mesma concepção de casa, reconhecidamente historicizada, e, portanto, compreendida de forma não linear e não continuísta.

(19) TRT 3ª Região Sétima Turma Proc. n. 00998-2010-041-03-00-1 RO Relator Convocado Marcio Toledo Gonçalves Publicado em 15.03.2011. Disponível em: <http://www.trt3.jus.br/>. Acesso em: 1º dez. 2014.

como uma zona cinzenta, não muito clara, de subordinação, alinhando-o a correntes que permitem certa flexibilização, como a do parassubordinado.

Esses trabalhadores também enfrentaram, apesar da mesma regra do artigo 6º da CLT ser a eles aplicada, uma série de dificuldades para a garantia de um tratamento isonômico em relação aos trabalhadores internos.

Nesse sentido, partindo da espacialidade das redes (ou das casas em redes), apesar da previsão legal de que "não se distingue entre o trabalho realizado no estabelecimento do empregador e o executado no domicílio do empregado, desde que esteja caracterizada a relação de emprego" (art. 6º, CLT – 1943), muitos argumentos foram imaginados e colocados na prática dos tribunais como meio de desvio ou de restrição à lei.

Foi preciso, inclusive, incluir, em 2011, dispositivo legal para inserir textualmente na CLT a isonomia entre o trabalho realizado no estabelecimento, o executado no domicílio do empregado *e o realizado a distância*, constando ainda a previsão de que os *meios telemáticos e informatizados de comando, controle e supervisão se equiparam, para fins de subordinação jurídica, aos meios pessoais e diretos de comando, controle e supervisão do trabalho alheio*. Mas também isso não significou a isonomia. Uma série de restrições foram construídas, via interpretação, para mitigar direitos, tornando inoperante a noção de equiparação.

Muitas dessas resistências à isonomia foram canalizadas inclusive para o texto de lei com a reforma de 2017. A ruptura democrática de maio e agosto de 2016, mediante um golpe de estado que chega até os dias atuais, impõe uma agenda de inflexão nas discussões que se operavam, até então, para colocar como pauta do dia o ataque à própria CLT e levantar bandeiras como a do trabalho autônomo, a expansão da terceirização e da quarteirização e também a redução de direitos dos teletrabalhadores, para ficarmos com apenas alguns exemplos.

Em relação ao teletrabalho, a recepção da malha de dispositivos que operam no plano da reforma, e sua recepção nos tribunais, também ocasionam disputas que se colocam no tempo presente. Elas são evidenciadas entre atores que defenderão a validade de suas regras, como a que exclui os teletrabalhadores do regime de jornada celetista, e outros, com distinta posição, afirmam a supremacia da constituição e, com isso, a necessidade de interpretação da lei celetista de acordo com a norma de proteção ao emprego presente no art. 7º, XIII, da CF. Múltiplos atores se mobilizarão para defender a sua pauta interpretativa, cada qual a seu modo e com suas ferramentas argumentativas disponíveis.

O que queremos afirmar aqui é que, não obstante a construção legal ter se dado, desde 1936, no sentido de igualar trabalhadores internos e em domicílio, a prática dos tribunais e as engrenagens teóricas dos juristas, apoiadas nas permissões retóricas calcadas na diferença espacial, impuseram sentidos restritivos, inclusive, a pontos firmes demarcados pela lei e recepcionados por muitos dos protecionistas de primeira geração, como é o caso de Moraes Filho e Cesarino Junior. Esse mesmo movimento pode ser observado, de maneira mais recente, nas discussões sobre a proteção jurídica do teletrabalhador.

No trabalho em domicílio ou no teletrabalho, a defesa aberta pela restrição de direitos tem suas práticas ainda mais adensadas se entendida de modo combinado ao modelo de "cidadania regulada" que atravessou a trajetória brasileira no século XX. Em *Cidadania e justiça*, Wanderley Guilherme dos Santos considera a noção de cidadania regulada não como um código de valores políticos, mas um sistema de estratificação ocupacional definido em norma legal. Em síntese, por esse conceito seriam cidadãos "todos aqueles membros da comunidade que se encontram localizados em qualquer uma das ocupações reconhecidas e definidas em lei"[(20)]. A extensão da cidadania se implementa pela via da regulamentação de novas profissões e/ou ocupações, de um lado, e pela ampliação dos direitos associados a estas profissões. A cidadania se enlaça na profissão e os direitos de cidadania se confundem com os direitos referentes àquele lugar ocupado pelo sujeito no processo produtivo, tal como reconhecido em lei. São "pré-cidadãos", desse modo, "todos aqueles cuja ocupação a lei desconhece". Os direitos do cidadão decorrem da sua posição enquanto profissional, indicativa dos direitos da sua profissão, profissão que apenas existe mediante a regulamentação do Estado[(21)].

Colocada a disputa pelo poder de dizer o direito, o que pretendemos afirmar aqui é que muitos dos atores do campo jurídico brasileiro – como advogados, juízes, professores, peritos etc. – foram responsáveis por enfraquecer, por continuar ou por tonalizar a cidadania regulada projetada, dentre muitas facetas, pela lei associada aos regulamentos dos trabalhadores. Essas lutas envolvem uma discussão sobre hierarquias por questões variadas, como, por exemplo, a teorização sobre

(20) SANTOS, Wanderley Guilherme. *Cidadania e justiça*: a política social na ordem brasileira. Rio de Janeiro: Editora Campus Ltda., 1979. p. 75.

(21) *Idem*.

espacialidade, autonomia, descontinuidade e onerosidade do trabalho, responsáveis pela afirmação de estatutos diferentes e desnivelados para os trabalhadores.

Pierre Bourdieu indissocia uma "ciência das classificações" de uma "ciência da luta dessas classificações", sendo que, nessa luta pelo poder do conhecimento, pelo poder por meio do conhecimento, pelo monopólio da violência simbólica legítima, não se pode abrir mão de considerar a posição de cada um dos agentes ou grupo de agentes nela envolvidos, podendo eles serem simples *particulares* ou *profissionais autorizados*[(22)]. Dentro, portanto, do processo de decodificação, uma pluralidade de agentes do campo jurídico concorre e disputa o "direito de dizer o direito"[(23)].

Podemos considerar, no âmbito de disputas no campo jurídico, defesas e resistências, ao longo do século XX, de se tornar efetiva a isonomia entre trabalhadores em domicílio e empregados internos. Isonomia esta que, repita-se, fora lançada como um horizonte de possibilidade pela própria literalidade da lei. Também demonstramos como arranjos teóricos da década de 1930 e 1940 permitiram, na linha de Moraes Filho, uma compreensão mais alargada dessa equiparação. No entanto, na disputa prática que se coloca, no cotidiano do direito, a disputa pelos sentidos se travou também para uma maior restrição da incorporação dos trabalhadores em domicílio no âmbito do direito do trabalho.

Essas mesmas velhas discussões aparecem como grandes novidades, sob vitrines diversas, e demandando argumentos, que, velhos ou novos, entram no plano da luta como instrumentos de batalha para discutir, por exemplo, o reconhecimento do emprego aos teletrabalhadores. Nesse sentido, discussões que atravessam a cena contemporânea em alguma medida refletem velhas questões cardeais ao direito do trabalho. O referencial teórico e instrumental para enfrentar essas questões veicula as noções de subordinação, dependência econômica, autonomia, controle...

Quero ainda demonstrar que embates desse tipo permeiam a tessitura histórica do direito do trabalho, o que pode ser verificado em debates contemporâneos, como é o caso da proteção ou não aos uberizados, as restrições aos domésticos, aos rurais, aos teletrabalhadores. A luta pelo direito, ou pelos "espaços de possíveis"[(24)], está colocada, penso eu, não apenas em praças e movimentos grevistas, no parlamento, no congresso ou na fábrica, mas também nos tribunais e nas universidades. A interpretação e os imaginários sobre os direitos são decisivos nesse movimento de asseguração de conquistas.

Em uma perspectiva diversa da que aqui trabalhamos, mas interessante para a compreensão intervetorial dos processos de significações jurídicas, Fernando Teixeira da Silva apresenta a disputa que se coloca, por direitos, dentro e fora dos tribunais na criação de direitos e obrigações na análise dos dissídios. *Trabalhadores no Tribunal* busca compreender a intersecção entre o trabalho urbano e rural e a busca pela extensão e efetivação de direitos em dissídios no estado de São Paulo em meados do século XX e demonstra como, de fato, trabalhadores, sindicalistas, advogados, representantes de empregadores e magistrados atuaram dentro e fora dos tribunais trabalhistas, considerados arenas políticas de disputas entre capital e trabalho, no contexto prévio ao do golpe militar de 1964. A obra lança uma compreensão acerca do papel dos trabalhadores como sujeitos ativos da edificação da ordem jurídica, seja pela via da luta social, seja pela via da atuação na disputa da arena judicial. Além de registrar as diversas dinâmicas das homologações de acordos e dissídios, Teixeira da Silva busca entender as posições dos diferentes magistrados diante das reivindicações dos trabalhadores e dos argumentos patronais, apresentando como a Justiça do Trabalho não assumia pontos de vista unívocos. A análise das posições dos juízes possibilitou perfilhar as tendências de seus votos, alguns mais alinhados às perspectivas patronais, outros às de trabalhadores, enquanto a maior parte oscilava em seus posicionamentos[(25)].

Voltando à nossa perspectiva, a da interpretação, certamente que velhos debates sobre os perímetros do direito do trabalho, caso do clássico subordinação *x* dependência econômica, ou de recepção de certas figuras ao seu perímetro, convergem e atualizam debates que se colocaram, em sua especificidade e carga historicizada, sob conteúdos e elementos diversos, mas em muito coincidentes em momentos anteriores, refletindo dilemas da sociedade de massas e o papel do direito no seu tempo.

Sayonara Grillo Coutinho Leonardo da Silva e Luiz Eduardo Figueira, nesse sentido, elaboram uma revisita

(22) BOURDIEU, Pierre. *O poder simbólico*. Rio de Janeiro: Bertrand Brasil, 1989. p. 149.

(23) *Ibidem*, p. 217.

(24) *Ibidem*, p. 211.

(25) SILVA, Fernando Teixeira da. *Trabalhadores no tribunal*: conflitos e justiça do trabalho em São Paulo no contexto do golpe de 1964. São Paulo: Ed. Alameda, 2016. Ao trabalhar com dissídios, a perspectiva de Teixeira é diversa da que esboçamos, considerando que nos dissídios os juízes não meramente interpretam o direito posto, mas criam normas aplicáveis a agrupamentos de classe.

sobre o debate presente na cultura jurídica em torno da proteção ao trabalhador no Brasil, a partir das construções da "doutrina trabalhista". Apresentando a acepção (em meio a outras) da proteção como a razão de ser do Direito do Trabalho, os autores examinam as recentes contestações à admissão do princípio protetor no Direito do Trabalho brasileiro, e encerram com um inventário de posições de uma nova geração de estudiosos que buscam fundamentar a proteção no/do Direito do Trabalho na contemporaneidade[26].

Uma das tendências arroladas pelos autores, e que pode servir como instrumental para a atualização de debates que colocam em disputa os sentidos da proteção, atualmente emparedados por movimentos de flexibilização e de retração do ramo, pode ser encontrada na defesa de *expansão* do Direito do Trabalho[27].

A defesa em torno de uma "tendência expansionista" do Direito do Trabalho canaliza um movimento de seu alargamento quanto aos sujeitos por chaves de compreensão próprias. A linha proposta por Mauricio Godinho Delgado retoma, assim, essa concepção pela via de três caminhos. Em primeiro lugar, pela busca de efetividade do direito do trabalho, aplicando-se realmente a tutela do ramo às relações socioeconômicas que lhe dão motivação; em segundo, pela ampliação da categoria "relação de emprego", de modo a incorporar-se novas faces da prestação de trabalho por pessoas físicas no país e; por fim, pela extensão às "relações de trabalho", e não apenas aos marcos clássicos e restritos do exclusivismo da "relação de emprego". Delgado aponta, em relação a esse último caminho, que o circuito expansionista, em que pese poder ser encaminhado pelo legislador, também poderia ser realizado mediante a interpretação e aplicação do direito posto, pela via hermenêutica, pelos tribunais, portanto[28].

Em sentido próximo, umas das chaves contemporâneas que podem ser manejadas na atualização desse influxo de ampliação, inserida na disputa de projetos pelo direito, está representada como cerne do ideário que lança as bases do Grupo de Pesquisa *Trabalho, Constituição e Cidadania* na UnB, apoiada na noção de "trabalho digno"[29].

De acordo com Gabriela Neves Delgado, para que seja dinâmico e condizente com a realidade, o direito do trabalho deve considerar o seu objeto de investigação de modo que ele possa ser permanentemente investigado e reinterpretado. Torna-se necessário, assim, compreender o ramo trabalhista não como uma área jurídica estanque e, por isso, isenta de reformulações, devendo, por isso, a relação de emprego e as avulsas não constituir como a relação única e acabada para a história futura do ramo. A autora propõe, desse modo, uma reconstrução dos contornos jurídicos da proteção ao trabalho humano, apresentando fundamentação, de base filosófica, no sentido de que "todo trabalho digno deve ser efetivamente protegido pelo Direito do Trabalho". Relacionado à dignidade humana, estará o trabalho assim compreendido e situado, reconhecido como valor e direito fundamental que, por isso, deve ser efetivado. Contrapondo-se às propostas que cultuam a autonomia privada nas relações de trabalho para se atender às exigências do mercado, Delgado propõe que a regulamentação jurídica deva considerar "toda e qualquer manifestação do valor trabalho digno, ou seja, o Direito do Trabalho deve considerar todas as formas de inserção do homem em sociedade, que se façam pelo trabalho e que possam dignificá-lo"[30]. Conectando o direito do trabalho atual ao seu sentido construído historicamente, a proposta é de reconhecimento do trabalho livre e digno como um dado universal, integrando todos os trabalhadores à condição de sujeitos constitucionais, no marco do trabalho digno.

A tese do direito fundamental ao trabalho digno[31], nesse sentido, é instrumental capaz de arquitetar golpes à estratificação do mundo do trabalho, no sentido de golpear a cidadania regulada, compreendida aqui conforme a indicação de Wanderley Guilherme dos Santos[32].

---

(26) SILVA, Sayonara Grillo Coutinho Leonardo da; FIGUEIRA, Luiz Eduardo. A proteção na cultura jurídica trabalhista: revisão conceitual. In: *Revista de Direitos Fundamentais & Democracia*, p. 302-325, n. 12, 2012.

(27) *Idem.*

(28) DELGADO, Mauricio Godinho. Relação de emprego e relações de trabalho: a retomada do expansionismo do direito trabalhista. In: SENA, Adriana Goulart de; DELGADO, Gabriela Neves; NUNES, Raquel Portugal (Coord.). *Dignidade humana e inclusão social*: caminhos para a efetividade do direito do trabalho no Brasil. São Paulo: LTr, 2010. p. 25-32.

(29) Para a autora, o trabalho digno representa um direito fundamental universal do trabalhador e uma obrigatoriedade ou dever fundamental universal do tomador de serviços. DELGADO, Gabriela Neves. *Direito fundamental ao trabalho digno.* São Paulo: LTr, 2006. p. 241.

(30) DELGADO, Gabriela Neves. O trabalho enquanto suporte de valor. In: *Revista da Faculdade de Direito da UFMG*, Belo Horizonte, n. 49, jul.-dez., 2006.

(31) DELGADO, Gabriela Neves. *Direito fundamental ao trabalho digno.* São Paulo: LTr, 2006.

(32) SANTOS, Wanderley Guilherme. *Cidadania e justiça*: a política social na ordem brasileira. Rio de Janeiro: Editora Campus Ltda., 1979.

Acredito, contudo, que os conceitos – como o de "trabalho digno" – não são compreendidos apenas como um artefato intelectual, uma construção teórica que permitiria, por sua própria abstração, um melhor projeto ou entendimento do direito do trabalho. Na verdade, como qualquer conceito, deve pressupor, durante a sua enunciação, uma prática política complexa que se traduz em ideias, imaginários, discursos, práticas e mobilizações. Como indicativo, o conceito não precede ou informa a atuação política. Ele é pressuposto e construído por essa mesma prática, podendo ser historicamente apreendido na luta por direitos, estas, fora de tribunais e gabinetes, a interpelarem para processos mais amplos, como as greves, as paralisações, os boicotes e as manifestações. Não há como negar, ademais, que os conceitos também sofrem pressão por parte de setores conservadores, represálias e sentidos de manutenção da ordem, que podem ser verificados ao longo do século XX e também antes, em jeito de disputa. Portanto, para a compreensão da enunciação – e transformação – de conceitos que disputam e suas aberturas semânticas ao futuro, podemos também recorrer à arqueologia, localização social e historicização das práticas discursivas associadas à ideia de cultura jurídica trabalhista.

3. CONCLUSÃO

A compreensão da cultura jurídica imprescinde da aproximação com o jogo interno dos discursos e das disputas e com o externo das lutas e das práticas sociais. Por meio desses fragmentos despontam imaginários interessantes para a narrativa dos direitos sociais trabalhistas, mais complexa e menos linear, para propormos trajetórias de análise da regulação social ao longo do século XX brasileiro.

Ao final da recuperação aqui proposta, parece necessário fundar um exercício reflexivo em torno do futuro. Importa considerar sobre as disputas e o direito: imaginários, transformações, fazer e desfazer a ordem dos espaços e das pessoas.

Um primeiro olhar precisa ser direcionado ao fato de que a CLT, como aconteceu com o trabalho em domicílio e o teletrabalho, fora objeto de muitas disputas em seus mais de 70 anos. O texto não é suficiente para a compreensão da totalidade do direito. Nenhum texto de lei deve ser visto como uma referência dotada de carga semântica imutável, e isso coloca nas mãos de muitos atores os sentidos das disputas pelo o que o texto deve se tornar no encontro com a vida.

O espaço de operação do direito do trabalho, entre casas e redes, entre trabalhadores em domicílio e teletrabalhadores, serve de metáfora para as disputas que o direito coloca, o tempo todo, nas mãos de múltiplos atores. Após a escritura das leis e sua consolidação (processo sempre em curso), cabe então apresentar novos embates a partir de teorias e imaginários que retomam e atualizam discussões sobre os sentidos do direito, seus espaços e seus sujeitos: como manter os compromissos que informam o texto numa sociedade que se transforma a todo momento?

É preciso retomar a noção de luta. De um lado, neoliberais e golpistas defendem a restrição e a extinção do direito do trabalho; de outro, teorias sinalizam para um compromisso, historicizado, de recuperar esses sentidos e a manutenção de patamares capazes de efetivar perspectivas inclusivas de alargamento da cidadania – caso da teoria do trabalho digno. Essas opções, no entanto, devem ser encaradas não como promessa, como ideário puramente teórico, mas como artefato que deve se combinar com uma arqueologia das demandas sociais por direitos e pela mobilização social por uma vida digna.

Por fim, entre casas e redes, mas também para além delas, a pergunta: o que o direito do trabalho projeta para o futuro? Essa pergunta é sempre respondida com uma não resposta, ou com uma resposta em aberto. A questão não se coloca apenas para o texto da CLT, assim como não se coloca para o governo ou a classe política. É um problema que envolve a relação dinâmica e conflituosa – sujeita a rupturas e aprendizados – entre direito e seus intérpretes, entre direito e política, e, em uma perspectiva abrangente, entre direito e sociedade. Vamos falar sobre disputa?

REFERÊNCIAS

BARBOSA, Rui. *A questão social e política no Brasil*. Rio de Janeiro: Edições Casa de Rui Barbosa, 1998.

BOURDIEU, Pierre. *O poder simbólico*. Rio de Janeiro: Bertrand Brasil, 1989.

CESARINO JUNIOR, Antonio Ferreira. *Direito social brasileiro*: contendo a matéria dos programas das Faculdades de Direito do Rio de Janeiro, de São Paulo e de outras do país. São Paulo: Livraria Martins, 1940.

DELANEY, David. Beyond the World: Law as a Thing of this World. In: Holder and Harrison, eds, *Law and Geography*. Oxford: Oxford University Press, 2002.

DELGADO, Gabriela Neves. *Direito fundamental ao trabalho digno*. São Paulo: LTr, 2006.

______. O trabalho enquanto suporte de valor. *In*: *Revista da Faculdade de Direito da UFMG*, Belo Horizonte, p. 63-80, n. 49, jul.-dez., 2006.

DELGADO, Mauricio Godinho. Relação de emprego e relações de trabalho: a retomada do expansionismo do direito trabalhista. In: SENA, Adriana Goulart de; DELGADO, Gabriela Neves; NUNES, Raquel Portugal (Coord.). *Dignidade humana e inclusão social*: caminhos para a efetividade do direito do trabalho no Brasil. São Paulo: LTr, 2010.

FREYRE, Gilberto. *Casa-grande & senzala*: formação da família brasileira sob o regime da economia patriarcal. São Paulo: Global, 2003.

MARANHÃO, Délio. *Direito do trabalho*. Rio de Janeiro: Editora da FGV, 1988.

MENDES, Marcus Menezes Barberino; CHAVES JÚNIOR, José Eduardo de Resende. Subordinação estrutural-reticular: uma perspectiva sobre a segurança jurídica. In: *Revista do Tribunal Regional do Trabalho da 3ª Região*, Belo Horizonte, MG, v. 46, n. 76, p. 197-218, jul./dez. 2007.

MORAES FILHO, Evaristo de. *Trabalho a domicílio e contrato de trabalho*. São Paulo: LTr, 1994.

SANTOS, Wanderley Guilherme. *Cidadania e justiça*: a política social na ordem brasileira. Rio de Janeiro: Editora Campus Ltda., 1979.

SCHWARCZ, Lilia. Moderna República velha: um outro ano de 1922. In: *Revista do Instituto de Estudos Brasileiros*, p. 59-88, 2012, n. 55.

SILVA, Fernando Teixeira da. *Trabalhadores no tribunal*: conflitos e justiça do trabalho em São Paulo no contexto do golpe de 1964. São Paulo: Ed. Alameda, 2016.

SILVA, Sayonara Grillo Coutinho Leonardo da; FIGUEIRA, Luiz Eduardo. A proteção na cultura jurídica trabalhista: revisão conceitual. In: *Revista de Direitos Fundamentais & Democracia*, p. 302-325, n. 12, 2012.

TRIBUNAL REGIONAL DO TRABAHO DA 3ª REGIÃO. Processo: RO n. 2.368/1988; Órgão Julgador: Terceira Turma; Relator: Ney Proença Doyle; DJMG, Data de Publicação: 02.12.1988.

TRIBUNAL REGIONAL DO TRABAHO DA 3ª REGIÃO. Região Sétima Turma, Proc. n. 00998-2010-041-03-00-1 RO, Relator Convocado Marcio Toledo Gonçalves, DOU, Data de Publicação: 15.03.2011.

VILHENA, Paulo Emílio Ribeiro de. *Relação de emprego*: estrutura legal e supostos. São Paulo: LTr, 1975.

Capítulo 21

Teletrabalho na Quarta Revolução Industrial e o Risco de Dano Existencial à Luz do Direito Fundamental ao Trabalho Digno

Carolina Di Assis[(1)]

Resumo: A era digital, fruto da mudança do século XX para o século XXI, tem produzido profundos reflexos na vida humana, especialmente na esfera do trabalho. No âmbito da quarta revolução industrial, a interação entre o sujeito trabalhador e a tecnologia estimula novos regimes de trabalho, provocando significativos impactos sobre a dignidade humana. Dentre os novos regimes, encontra-se o teletrabalho, que, embora seja resultado das inovações de séculos anteriores, vem sofrendo grandes transformações com a indústria 4.0. Por isso, dada a atualidade da temática, propõe-se analisar o padrão civilizatório mínimo que sustenta as relações de teletrabalho no Brasil, sob o prisma do Direito do Trabalho constitucionalizado. Vislumbra-se, também, realizar um recorte amostral de decisões do Tribunal Superior do Trabalho, a fim de refletir sobre o cabimento de dano existencial frente à perda de futuro projeto de vida de teletrabalhadores. Não obstante a dificuldade de comprovar esse dano, é necessário pensar sobre tal circunstância, uma vez que se tem tornado cada vez mais comum na rotina do trabalhador remoto.

Palavras-chave: Teletrabalho. Quarta revolução industrial. Trabalho digno. Normas brasileiras de proteção trabalhista. Dano existencial.

Abstract: The digital age, resulting from the change from the twentieth to the twenty-first century, has produced profound reflections on human life, especially in the working sphere. In the context of the fourth industrial revolution, the interaction between workers and technology stimulates new work regimes, causing significant impacts on human dignity. Among the new regimes is telecommuting, which, although it is a result of previous centuries' innovations, has been suffering major transformations with industry 4.0. Therefore, given the theme's currentness, it is proposed to analyze the minimum civilizing pattern that support telecommuting relations in Brazil, from the perspective of constitutionalized Labor Law. It is also aimed to carry out a sample of decisions of the Superior Labor Court, in order to reflect on the fitting of existential damage in face of the loss of future teleworkers' life project. Notwithstanding the difficulty of proving such damage, it is necessary to think about such a condition as it has become increasingly common in the remote worker's routine.

Keywords: Telecommuting. Fourth Industrial Revolution. Worthy labor. Brazilian rules of labor protection. Existential damage.

1. INTRODUÇÃO

Inteligência artificial, plataformas digitais, nanotecnologia, *big data*, robótica. Uma nova era tecnológica, decorrente da última virada de século, vem provocando profundos reflexos na economia, nos negócios, nos governos, na sociedade, além de interferir em todas as esferas da vida humana. Assim, não obstante o mundo tenha assistido, desde a primeira revolução industrial, a uma ampla transformação nas redes de relações em decorrência do progresso da tecnologia, a quarta revolução industrial consolida-se como realidade irrefutável.

(1) Mestranda em Direito, área de concentração "Direito, Estado e Constituição", pela Faculdade de Direito da Universidade de Brasília (UnB). Pesquisadora integrante do Grupo de Pesquisa Trabalho, Constituição e Cidadania (UnB/CNPq). Especialista em Docência Universitária pela PUC Goiás. Bacharel em Direito pela Universidade Federal de Goiás (UFG). Licenciada em Letras-Português pela UFG. Servidora efetiva do Instituto Federal de Educação, Ciência e Tecnologia Goiano (IF Goiano-Campus Trindade).

Nesse contexto, como o trabalho personifica uma das mais relevantes dimensões da vida humana, é importante discutir sobre a íntima ligação que se tem construído entre o sujeito trabalhador e a tecnologia. Embora essa ligação suscite inegáveis vantagens, não raramente provoca adoecimento, quando compromete direitos não patrimoniais do obreiro, como o direito à desconexão do trabalho, ao descanso, ao lazer, aos projetos privados e à vida de relações.

O *teletrabalho* encontra-se no cerne dessa discussão, pois apesar de parecer bastante atrativo, pode gerar incontáveis prejuízos(2). Para evitá-los, seria imprescindível que o Direito do Trabalho cumprisse seu tradicional papel tuitivo, apresentando alternativas às demandas contemporâneas. Tarefa árdua, uma vez que os divergentes interesses econômico-sociais, intrínsecos ao ordenamento jurídico, com frequência, culminam em silenciamentos políticos.

No Brasil, as normas que protegem o trabalhador encontram-se, principalmente, em tratados e convenções internacionais ratificados pelo país, na Constituição Federal de 1988 (CF/1988) e na Consolidação das Leis do Trabalho (CLT), sendo que os princípios e valores presentes na Constituição corroboram com a estruturação do *Direito do Trabalho constitucionalizado*. Todavia, a recente reforma operada na CLT, pela Lei n. 13.467, de 13 de julho de 2017, contradiz essa estruturação em muitos aspectos e, por isso, tem fomentado polêmicas na esfera do Estado Democrático de Direito brasileiro.

Portanto, o presente artigo justifica-se pela atualidade e relevância do tema, posto que o teletrabalho, recriado no âmbito da quarta revolução industrial, apresenta sérios desafios para a preservação dos direitos de personalidade do trabalhador, especialmente na conjuntura neoliberal.

Assim, tendo por *marco teórico o direito fundamental ao trabalho digno*(3) e sua ressignificação no bojo das relações trabalhistas do século XXI, objetiva-se identificar os desafios enfrentados pelo teletrabalhador face às novidades tecnológicas e legislativas. A pesquisa bibliográfica dará suporte à análise, entrelaçando os conceitos referentes à quarta revolução industrial(4), ao novo proletariado da era digital(5), à categoria "24/7"(6) e à melancolia(7) do sujeito trabalhador. Ademais, vislumbra-se investigar como o Tribunal Superior do Trabalho (TST) se posiciona quanto ao reconhecimento de dano existencial, frente à alegação de perda de futuro projeto de vida no caso de trabalhadores submetidos a teletrabalho. Para tanto, será realizado um recorte amostral das decisões do órgão de cúpula do judiciário trabalhista que permita uma reflexão preliminar relativa à temática.

2. TRABALHO DIGNO EM PERSPECTIVA: QUARTA REVOLUÇÃO INDUSTRIAL E NEOLIBERALISMO

O contexto de reestruturação produtiva e de reformulação dos padrões de consumo não é novidade no seio social. Há tempos a sociedade vivencia revoluções industriais, responsáveis por descontinuar modelos anteriormente consolidados em face das novas técnicas emergentes. Entretanto, as viradas tecnológicas, por si só, não seriam capazes de promover intensas rupturas de paradigmas se não estivessem temporal e historicamente situadas.

Nesse sentido, a revolução digital que circunda os indivíduos no século XXI não pode ser analisada em plenitude, se desconsiderada a política neoliberal que a envolve e, especificamente, os efeitos dessa interação para o mundo do trabalho. Assim, é preciso tomar por base o *tripé tecnologia-trabalho-neoliberalismo*, a fim de se compreender como os vínculos entre esses três elementos se estabelecem no Estado Democrático de Direito, o qual sustenta a tendência atual ao Direito do Trabalho constitucionalizado.

O primeiro elemento do tripé, a *tecnologia*, desenvolveu-se por fases bem demarcadas. A primeira revolução industrial, ocorrida em fins do século XVIII e início do XIX, representou o deslocamento da utilização de força humana para a energia mecânica, transição cujos efeitos se perpetuam até hoje. Se em um primeiro momento, a produção foi afetada pela máquina a vapor e pelas ferrovias, posteriormente ela tomou grandes proporções com a eletricidade e a linha de montagem,

(2) Neste artigo, será abordado especificamente o teletrabalho no setor privado, que é regulado pela CLT, uma vez que, no setor público, há orientações que devem estar alinhadas aos princípios da Administração Pública previstos no art. 37 e seguintes da Constituição Federal de 1988.

(3) DELGADO, Gabriela Neves. *Direito fundamental ao trabalho digno*. 2. ed. São Paulo, LTr, 2015.

(4) SCHWAB, Klaus. *A quarta revolução industrial*. Trad. Daniel Moreira Miranda. São Paulo: Edipro, 2016.

(5) ANTUNES, Ricardo. *O privilégio da servidão*: o novo proletariado de serviços na era digital. São Paulo: Boitempo, 2018.

(6) CRARY, Jonathan. *24/7*: Capitalismo tardio e os fins do sono. Trad. Joaquim Toledo Jr. São Paulo: Ubu, 2016.

(7) FREUD, Sigmund. Luto e melancolia. Trad. Marilene Carone. *Novos Estudos*, n. 32, p. 128-142, mar. 1992.

características da segunda revolução industrial. A partir da década de 1960, a humanidade adentrou a terceira revolução industrial, quando a computação pessoal e a ascensão da internet foram alçadas à posição de destaque[(8)].

Há quem defenda que a sociedade permanece nessa terceira fase. Todavia, na última virada de século, a inteligência artificial, a mobilidade da internet e a acentuada ampliação de processamento e armazenamento de dados provocaram expansão sem precedentes no mercado de consumo. Portanto, como salienta Klaus Schwab[(9)], a velocidade, a amplitude das mudanças e o impacto sistêmico frente à superação das fronteiras das empresas, sociedades e países, fundamentam a vigência da quarta revolução industrial.

Em contrapartida às vantagens do alargamento do mercado de consumo, a quarta fase tem criado inúmeros desafios para o mundo do trabalho. Dentre eles, Ricardo Antunes[(10)] ressalta a evolução de estratégias empresariais, com fulcro na tecnologia 4.0, o que conduz as relações trabalhistas contemporâneas, malgrado plurais, a reproduzirem as desigualdades da nova era.

A primeira estratégia exposta pelo autor concerne ao reconhecimento do *zero hour contract*, no Brasil conhecido por trabalho intermitente, no qual os meios telemáticos possibilitam chamar o trabalhador, que fica à disposição, sem vínculo nem garantias. A segunda estratégia, relativa à "uberização" dos serviços pelo uso de aplicativos, desvela uma nova perspectiva de "empresa privada global de assalariamento disfarçado sob a forma de trabalho desregulamentado"[(11)]. Por fim, a estratégia exposta pelo autor que mais interessa a esta pesquisa é a do teletrabalho, pois, apesar de vantajoso em certos aspectos, ele pode estimular a intensificação da jornada de trabalho e incentivar o isolamento.

O entrelaçamento entre a tecnologia, especialmente as de informação e comunicação (TICs), e as estratégias empresariais supracitadas deixa transparecer a servidão à qual os trabalhadores estão atualmente submetidos. No hodierno quadro de contínua aceleração, o desmantelamento passou a prevalecer sobre a proteção, motivando adoecimentos da categoria trabalhadora, além de intensas precarizações. Todo esse quadro oportuniza a expansão do "novo proletariado da era digital", como define Antunes[(12)].

Essa nova categoria concretizou a pressão pela maximização do tempo em prol de aumento de lucros, a diminuição de custos e a disponibilidade eterna para o trabalho, especialmente facilitada pela conexão permanente dos sujeitos. Nesse sentido, caso essa lógica não seja sobrepujada, os novos proletários dos serviços alternarão entre duas realidades igualmente cruéis, a do pleno desemprego e a da tentativa de obter o "privilégio da servidão", conforme trata Antunes[(13)].

Esta mesma lógica é responsável por um duplo apagamento, como expõe Enzo Traverso[(14)]. O primeiro apagamento, conforme o autor, diz respeito à fratura da solidariedade operária, que era um legado da primeira revolução industrial, mas sucumbiu frente à intensificação de atribuições e ao aprofundamento no individualismo. Logo, os novos moldes de competição acabaram por contribuir com o desmantelamento da memória de classe. Já o segundo apagamento, consoante o autor, retrata a flexibilização excessiva do trabalho, consequência da ditadura do mercado de capitais, e passível de gerar desregulamentação.

Nesse sentido, importante ressaltar que as normas trabalhistas, *a priori* estipuladas para garantir limitação de jornada a quem laborava nas fábricas à época da primeira revolução industrial[(15)], sofreram grandes transformações. Se por um lado, a regulamentação dos direitos dos trabalhadores foi posta em curso para garantir-lhes um padrão civilizatório mínimo, por outro, a atual normativa fortalece flexibilizações, em prol das demandas empresariais.

Enfim, pode-se esperar que o processo tecnológico elimine grande quantidade de mão de obra humana, além de transformar a rotina de quem conseguir manter-se no mercado. Isso porque o trabalho *on-line* faz florescer, no século XXI, a figura apontada por Antu-

---

(8) SCHWAB, Klaus. *A quarta revolução industrial*. Trad. Daniel Moreira Miranda. São Paulo: Edipro, 2016. p. 16.

(9) *Ibidem*, p. 13.

(10) ANTUNES, Ricardo. *O privilégio da servidão*: o novo proletariado de serviços na era digital. São Paulo: Boitempo, 2018. p. 34-37.

(11) *Ibidem*, p. 35.

(12) *Ibidem*, p. 30.

(13) *Ibidem*, p. 34.

(14) TRAVERSO, Enzo. Passados assombrados desprovidos de utopias. In: TRAVERSO, Enzo. *A melancolia de esquerda*: marxismo, história e memória. Belo Horizonte: Âyiné, 2018. p. 43.

(15) NUNES, Talita Camila Gonçalves. *A precarização no teletrabalho*: escravidão tecnológica e impactos na saúde física e mental do trabalhador. Belo Horizonte: RTM, 2018. p. 26.

nes[16] do "escravo digital", que, de acordo com o autor, em tudo se contrapõe à projeção quanto à capacidade das TICs de evitar o sofrimento no trabalho.

A existência do escravo digital revela o esfacelamento da fronteira entre a vida no trabalho e fora dele. Portanto, pensar sobre a interação entre trabalho e tecnologia, da qual deriva o teletrabalho, é refletir sobre como esse contato, transmudado pela indústria 4.0, representa um desafio para a preservação do direito fundamental ao trabalho digno.

Os outros dois elementos do tripé supracitado, *trabalho* e *neoliberalismo*, mantêm vínculo que remonta à última ascensão do Estado mínimo, na década de 1970. O crescimento do capital e do mercado conduziu a crises que culminaram na instituição da política econômica hoje dominante.

Como defende Gabriela Neves Delgado[17], com fulcro no intuito econômico, desprovida de ética e distante dos direitos sociais, a política neoliberal tem suscitado a desregulamentação do mercado de trabalho e a fragilização das normas trabalhistas, verdadeiros mecanismos de desestabilização do trabalho digno. Assim, quando o trabalhador é considerado não um fim em si mesmo, mas mero instrumento de trabalho, uma engrenagem que assegura a perpetuação do sistema, o trabalho como dimensão nuclear do homem, responsável por viabilizar sua valorização no âmbito da condição humana, tem sentido enfraquecido.

Para que o ser humano alcance a emancipação coletiva e construa sua identidade social, deve trabalhar em condições dignas, que respeitem a saúde, a segurança e as liberdades básicas do obreiro, além de conferir-lhe salário decente. Em contrapartida, quando essas condições mínimas não subsistem, o direito fundamental ao trabalho digno torna-se mera formalidade e a existência do ser humano enquanto sujeito de direitos é fragilizada[18].

Por isso, no Brasil, a Constituição de 1988 configurou-se como marco histórico na luta em favor dos direitos fundamentais, e do trabalho digno em especial. A matriz constitucional[19], elaborada no contexto do Estado Democrático de Direito (art. 1º, *caput*), elevou a dignidade da pessoa humana e os valores sociais do trabalho a fundamentos da República (art. 1º, III e IV). Ademais, o trabalho humano foi instituído como fundamento da ordem econômica (art. 170), o que demonstra que o critério capitalista da utilidade, sob o qual o trabalho anteriormente se firmava, foi superado pelo *status* de valor. Assim, o trabalho foi definido não como mercadoria, mas como "meio de afirmação econômica e social e de superação de desigualdades sociais"[20].

Infelizmente, na contramão do Direito do Trabalho constitucionalizado e da instituição do direito fundamental ao trabalho digno como categoria-chave de compreensão do Direito do Trabalho, a nova organização do cenário empresarial tem buscado, mais uma vez, transformar o obreiro em instrumento do processo. Dentro dessa lógica, encontra-se o teletrabalho. Logo,

> [...] surgiram as empresas virtuais como reflexo da globalização econômica e da revolução tecnológica, com capacidade de internacionalizar a concorrência, além de transformar o local da prestação de serviços, impondo uma nova modulação para a geografia do espaço de trabalho. A prática do teletrabalho foi fortalecida mediante racionalização do uso de espaços e custos nas empresas.
>
> Para a dinâmica do teletrabalho não seria mais necessária a existência de um estabelecimento fixo, central, apto a reunir trabalhadores e estimular sentimentos de coesão, possibilitando-lhes fixar maior solidez na compreensão de sua identidade coletiva.[21]

Portanto, a globalização e a revolução tecnológica, advindas da quarta revolução industrial, têm promovido ampla transformação do local onde são prestados os serviços, possibilitando a intensificação da prática de teletrabalho. Trata-se de um regime que, embora não tenha surgido no século XXI, aprimora-se pelas novas técnicas, contribuindo, em muitos aspectos, para a violação do direito ao trabalho digno. Essa discussão merece análise minuciosa.

3. TELETRABALHO: EVOLUÇÃO E DESAFIOS AO TRABALHO DIGNO NO CONTEXTO "24/7"

O teletrabalho tem sua origem no próprio nascedouro das telecomunicações. Em 1791, em Brûlon, na

---

(16) ANTUNES, Ricardo. *O privilégio da servidão*: o novo proletariado de serviços na era digital. São Paulo: Boitempo, 2018. p. 30.

(17) DELGADO, Gabriela Neves. *Direito fundamental ao trabalho digno*. 2. ed. São Paulo, LTr, 2015. p. 21.

(18) *Ibidem*, p. 22-25.

(19) BRASIL. Constituição (1988). *Constituição da República Federativa do Brasil*. Brasília, DF: Senado, 1988.

(20) DIAS, Valéria de Oliveira. *A dimensão socioambiental do direito fundamental ao trabalho digno*: uma análise a partir do assédio organizacional nos bancos do Distrito Federal. São Paulo: LTr, 2020. (no prelo). p. 5.

(21) DELGADO, Gabriela Neves. *Direito fundamental ao trabalho digno*. 2. ed. São Paulo, LTr, 2015. p. 151.

França, Claude Chappe e seus irmãos inventaram o telégrafo óptico aéreo, tido por primórdio da internet. O intuito era possibilitar uma veloz comunicação a distância, o que despertou, por motivos bélicos, interesse do Estado à época. Após adaptações feitas pelo relojoeiro Breguet, o invento foi adotado em outros países europeus, mas substituído pelo telégrafo elétrico, em 1816. Muitos autores atribuem a origem do teletrabalho à utilização do telégrafo elétrico no controle de atividades nas estradas de ferro; outros preferem considerar como nascedouro o telégrafo óptico. De toda sorte, a organização de pessoal, a distância e o uso de tecnologia, presentes em ambos os contextos, já prenunciavam o que estava por vir[22].

A ideia de realização de atividades a distância, por meio de uma política de relacionamento entre transporte e telecomunicações, foi concebida pelo físico norte-americano Jack Nilles, na década de 1970, a fim de poupar tempo no trânsito e também reduzir a poluição ambiental. O estudioso, considerado o "pai do teletrabalho", embora tenha enfrentado certos óbices, conseguiu implantar seu projeto em algumas empresas e agências estatais nos Estados Unidos, no início dos anos 1980[23].

Posteriormente, a ideia conquistou o mundo e o teletrabalho passou a ser difundido como uma modalidade na qual o local de trabalho é flexibilizado, o que abre margem para a superação de limites territoriais da região, nação ou continente[24]. Todo o cenário de suplantação de fronteiras e flexibilidade, no domínio da globalização desenfreada, pode aparentar ser uma grande vantagem. Contudo, traz em seu bojo uma realidade bem perversa, pois:

> A flexibilidade, em especial, é tratada como um discurso a serviço daqueles que querem capturar teletrabalhadores apenas para suprimir direitos trabalhistas. A falsa ideia de flexibilidade e a aparente liberdade podem atrair a inocência dos trabalhadores que almejam ter mais tempo para si e para a família, mas que acabam mergulhados em jornadas estressantes e envoltos em conflitos familiares de toda ordem.[25]

A doutrina ainda diverge bastante a respeito da denominação e dos conceitos desse regime de trabalho. No entanto, a definição mais completa, que parece não despertar maiores polêmicas, é apresentada por Talita Camila Gonçalves Nunes[26] e envolve os fundamentos *distância, tecnologia* e *organização*. A distância, conforme a autora, abrange a esfera da liberdade e da auto-organização em ambiente desvinculado da estrutura física empresarial. A tecnologia deriva do primeiro fundamento, pois permite o contato entre trabalhador e tomador de serviços. Por fim, a organização se constitui como requisito flexível, visto que o empregador deve providenciar a logística e fornecer o equipamento adequado.

No que diz respeito à denominação, é preciso ressaltar que, em algumas obras, encontra-se o teletrabalho como "modalidade especial do trabalho a distância"[27]; em outras, ele surge como sinônimo do termo, bem como de trabalho remoto[28]. Independentemente dessa divergência, esta pesquisa utilizará as nomenclaturas com a mesma semântica, dada a proeminência que o teletrabalho possui na esfera do trabalho a distância.

Outro ponto a merecer menção concerne ao trabalho no domicílio, que, consoante explanação de Mauricio Godinho Delgado[29], existe há tempos no bojo social e é bastante comum no quotidiano de algumas profissões, como as costureiras, as doceiras, os trabalhadores no ramo de calçados, por exemplo. Todavia, afirma o autor, a informatização possibilitou que fosse criado o novo trabalho no domicílio, apoiado na utilização de equipamentos eletroeletrônicos.

O teletrabalho pode ser prestado no âmbito domiciliar, bem como em outros espaços. Quando é desenvolvido na residência do trabalhador – modalidade mais comum –, trata-se de *home office*. Porém, é possível que

---

(22) NUNES, Talita Camila Gonçalves. *A precarização no teletrabalho*: escravidão tecnológica e impactos na saúde física e mental do trabalhador. Belo Horizonte: RTM, 2018. p. 44-45.

(23) RODRIGUES, Ana Cristina Barcellos. *Teletrabalho*: a tecnologia transformando as relações de trabalho. 2011. Dissertação (Mestrado em Direito do Trabalho e da Seguridade Social) – Faculdade de Direito, Universidade de São Paulo, São Paulo, 2011. p. 27-28.

(24) BARROS, Alice Monteiro de. *Curso de direito do trabalho*. 10. ed. Atual. Jessé Claudio Franco de Alencar. São Paulo: LTr, 2016. p. 213.

(25) NUNES, Talita Camila Gonçalves. *A precarização no teletrabalho*: escravidão tecnológica e impactos na saúde física e mental do trabalhador. Belo Horizonte: RTM, 2018. p. 22.

(26) *Ibidem*, p. 54-61.

(27) BARROS, Alice Monteiro de. *Curso de direito do trabalho*. 10. ed. Atual. Jessé Claudio Franco de Alencar. São Paulo: LTr, 2016. p. 213.

(28) NUNES, Talita Camila Gonçalves. *A precarização no teletrabalho*: escravidão tecnológica e impactos na saúde física e mental do trabalhador. Belo Horizonte: RTM, 2018. p. 22.

(29) DELGADO, Mauricio Godinho. *Curso de direito do trabalho:* obra revista e atualizada conforme a lei da reforma trabalhista e inovações normativas e jurisprudenciais posteriores. 18. ed. São Paulo: LTr, 2019. p. 1068.

seja prestado em locais fora das sedes das empresas, os telecentros, ou ainda que seja móvel, não havendo posto fixo para a realização de tarefas [(30)].

Por fim, no que concerne aos termos estrangeiros, é necessário enfatizar que:

> Considera-se [...] *teleworking*, conquanto o termo possua a palavra trabalho em sua formação, como todo e qualquer tipo de trabalho exercido remotamente, autônomo ou subordinado, que estaria abarcado pelas relações de trabalho, nos termos do art. 114 da CR/88, em conformidade com o termo genérico telesserviço. Assim, *telecommuting*/teletrabalho seria espécie do gênero telesserviço, que corresponde à relação de emprego envolvendo o trabalho a distância[(31)].

Por conseguinte, ainda que haja discussão doutrinária e autores que não julguem a subordinação característica essencial ao teletrabalho *per si,* por ele se situar em uma zona fronteiriça[(32)], esta pesquisa acompanha a tendência de considerá-lo uma relação de emprego, pela presença, mesmo que peculiar, dos elementos fático-jurídicos gerais. Ausentes os elementos, trata-se de telesserviço e não de teletrabalho.

Os elementos fático-jurídicos gerais ínsitos a toda relação empregatícia são depreendidos do *caput* dos arts. 2º e 3º da CLT[(33)], quais sejam: prestador pessoa física, pessoalidade, não eventualidade, onerosidade e subordinação (esta última correspondendo ao vocábulo "dependência" no texto da lei). No teletrabalho, o primeiro elemento, diferentemente dos outros, não suscita maiores divergências, visto que o teletrabalhador deve ser, necessariamente, uma pessoa natural. Já os outros elementos provocam algumas polêmicas.

Uma das contendas fomentadas relaciona-se à pessoalidade, visto que se manifesta "de forma virtual, pois as ordens e instruções sobre o trabalho são enviadas ao teletrabalhador pela rede, não sendo relevante, portanto, quem as recebe e executa o trabalho contratado"[(34)]. A pessoalidade no trabalho remoto, portanto, encontra-se mitigada, especialmente na modalidade de *home office*, visto que pode haver ajuda de membro da família ou amigo do empregado na prestação do serviço. Porém, se houver autorização do empregador e em se tratando de situação excepcional, isso não será suficiente para descaracterizar o vínculo[(35)].

Outro elemento que se encontra mitigado é o da não eventualidade, pois a periodicidade pode variar de acordo com as demandas empresariais. No entanto, desde que não preste serviços esporádicos e que haja permanência na prestação de serviços, o trabalhador remoto estará em uma relação empregatícia. A onerosidade, por sua vez, também está presente, uma vez que a contraprestação pode ser estipulada como salário ou pela quantidade de trabalho produzido, situação bastante frequente[(36)].

Por fim, cabe menção especial ao elemento da subordinação, objeto de disputa doutrinária e jurisprudencial por anos. Posicionamentos mais recentes indicam a importância de se ampliar o conceito de subordinação jurídica, devido ao atual desenvolvimento tecnológico e à descentralização dos processos produtivos. Nesse contexto, a subordinação no teletrabalho é bastante ilustrativa, na medida em que se realiza como "teledisponibilidade", como afirma Rúbia Zanotelli de Alvarenga[(37)]. Como defende a autora, a utilização de modernos aplicativos e programas viabiliza infinito controle sobre a execução do trabalho.

Dessa forma, não obstante a subordinação clássica, realizada por meios pessoais e diretos de controle, comando e supervisão, não se concretize no teletrabalho, há subordinação objetiva e estrutural. Ou seja, os serviços do prestador, integrado à dinâmica organizacional da empresa, correspondem aos objetivos perseguidos

(30) MELO, Sandro Nahmias; RODRIGUES, Karen Rosendo de Almeida Leite. *Direito à desconexão do trabalho*: com análise crítica da Reforma Trabalhista (Lei n. 13.467/2017). São Paulo: LTr, 2018. p. 56.

(31) NUNES, Talita Camila Gonçalves. *A precarização no teletrabalho*: escravidão tecnológica e impactos na saúde física e mental do trabalhador. Belo Horizonte: RTM, 2018. p. 50.

(32) DELGADO, Mauricio Godinho. *Curso de direito do trabalho:* obra revista e atualizada conforme a lei da reforma trabalhista e inovações normativas e jurisprudenciais posteriores. 18. ed. São Paulo: LTr, 2019. p. 1068.

(33) BRASIL. *Decreto-lei n. 5.452, de 1º de maio de 1943*. Consolidação das Leis do Trabalho. Rio de Janeiro, 1943.

(34) SAKO, Emília Simeão Albino. Teletrabalho telessubordinado, dependente e por conta alheia: reengenharia dos requisitos da relação empregatícia. *Revista eletrônica do Tribunal Regional do Trabalho da 9ª Região*, Curitiba, v. 3, n. 33, p. 38, set. 2014.

(35) DALLEGRAVE NETO, José Affonso. O teletrabalho: importância, conceito e implicações jurídicas. *Revista eletrônica do Tribunal Regional do Trabalho da 9ª Região*, Curitiba, v. 3, n. 33, p. 8-27, set. 2014.

(36) SAKO, Emília Simeão Albino. Teletrabalho telessubordinado, dependente e por conta alheia: reengenharia dos requisitos da relação empregatícia. *Revista eletrônica do Tribunal Regional do Trabalho da 9ª Região*, Curitiba, v. 3, n. 33, p. 28-45, set. 2014.

(37) ALVARENGA, Rúbia Zanotelli de. O teletrabalho e a subordinação estrutural. *Revista eletrônica do Tribunal Regional do Trabalho da 9ª Região*, Curitiba, v. 3, n. 33, p. 71-84, set. 2014.

pelo tomador(38). Essa mudança de entendimento, de valor incomensurável, inclusive foi recepcionada pela CLT, com a publicação da Lei n. 12.551, de 15 de dezembro de 2011, como se verá no próximo capítulo.

Partindo-se dessa discussão, importante salientar também vantagens e desvantagens do teletrabalho, para ambos os lados da relação. Quanto ao empregador, redução de custos, maior agilidade e aumento da produtividade representam relevantes benefícios(39). Porém, a necessidade permanente de investimentos tecnológicos e a facilitação da perda de controle sobre os empregados distanciados instalam obstáculos que não podem ser menosprezados(40).

Por outro lado, importam mais a esta pesquisa os efeitos concernentes ao trabalhador. A desnecessidade de deslocamento diário até a empresa, com economia de tempo e redução de custos, além da flexibilidade de horário de trabalho, que pode contribuir para o maior convívio familiar, parecem grandes vantagens(41). Ademais, o teletrabalho pode ser fator de geração e expansão dos postos de trabalho, representando também um meio para a inclusão das pessoas com deficiência, as quais, normalmente, têm dificuldade de acesso ao mercado(42).

Diante do exposto, o instituto aparenta assegurar, em uma primeira leitura, a preservação dos direitos de personalidade, como o descanso, o lazer e a construção de relações sociais, além de garantir condições dignas de trabalho, acarretando a melhoria de qualidade de vida. O entrave, no entanto, encontra-se na inversão que a revolução tecnológica pode implicar, face à dificuldade de o trabalhador hiperconectado separar a vida privada da profissional. Ademais, Antunes(43) ressalta o incentivo ao isolamento, por ser o trabalhador deslocado do convívio social e coletivo.

Este é o ponto nevrálgico desta pesquisa. O trabalho remoto, apesar de vantajoso em muitos aspectos, pode importar desrespeito aos direitos fundamentais da parte vulnerável, especialmente os relativos à saúde, à segurança, à liberdade, à intimidade, à vida social, enfim, ao bem-estar do sujeito trabalhador. Tal circunstância decorre do custo de desconectar-se do trabalho, o que permite variados tipos de dano. Em concordância com tal posicionamento:

> [...] no contexto dos direitos de personalidade, não restam dúvidas de que a dignidade humana engloba necessariamente o respeito e a proteção das integridades física e psíquica em geral da pessoa, do que decorrem, por exemplo [...] a proibição de graves humilhações e constrangimentos, revistas íntimas, bem como o reconhecimento, no âmbito do assim chamado teletrabalho, de um direito à desconexão, apenas para citar exemplos frequentes(44).

Além disso, a questão do isolamento pode revelar a perda da identidade em relação à organização à qual o empregado está vinculado, devido à pulverização de atribuições que, ao separar as pessoas, impede que elas se sintam parte da instituição. Portanto, as condições do teletrabalho demonstram como ele coaduna com demandas contemporâneas referentes à maximização da produtividade, ao aumento do tempo à disposição e ao desmonte da identidade de classe. As modalidades de trabalho flexível respondem bem a essas exigências mas, simultaneamente, criam problemáticas, como, por exemplo, a ligada à limitação de jornada.

O debate quanto à duração do trabalho tem sido valorizado em diversas pesquisas, porém não busca preservar a dignidade humana e sim cooperar com a conjuntura de aceleração. No bojo dessa discussão, Jonathan Crary(45) apresenta um estudo realizado por universidades norte-americanas, nos últimos anos, acerca do sono humano, e que procura descobrir como manter as pessoas acordadas por mais tempo, sem interromper sua produtividade eficiente.

---

(38) DELGADO, Mauricio Godinho. *Curso de direito do trabalho:* obra revista e atualizada conforme a lei da reforma trabalhista e inovações normativas e jurisprudenciais posteriores. 18. ed. São Paulo: LTr, 2019. p. 1069.

(39) MELO, Sandro Nahmias; RODRIGUES, Karen Rosendo de Almeida Leite. *Direito à desconexão do trabalho*: com análise crítica da Reforma Trabalhista (Lei n. 13.467/2017). São Paulo: LTr, 2018. p. 57.

(40) BARROS, Alice Monteiro de. *Curso de direito do trabalho.* 10. ed. Atual. Jessé Claudio Franco de Alencar. São Paulo: LTr, 2016. p. 214.

(41) DALLEGRAVE NETO, José Affonso. O teletrabalho: importância, conceito e implicações jurídicas. *Revista eletrônica do Tribunal Regional do Trabalho da 9ª Região*, Curitiba, v. 3, n. 33, p. 8-27, set. 2014.

(42) MELO, Sandro Nahmias; RODRIGUES, Karen Rosendo de Almeida Leite. *Direito à desconexão do trabalho*: com análise crítica da Reforma Trabalhista (Lei n. 13.467/2017). São Paulo: LTr, 2018. p. 57.

(43) ANTUNES, Ricardo. *O privilégio da servidão*: o novo proletariado de serviços na era digital. São Paulo: Boitempo, 2018. p. 37.

(44) SARLET, Ingo Wolfgang; SOARES, Flaviana Rampazzo. Reflexões sobre a dignidade da pessoa humana como fundamento de postulações indenizatórias no direito do trabalho. *Civilistica.com*, Rio de Janeiro, a. 6, n. 2, 2017, p. 10.

(45) CRARY, Jonathan. *24/7*: Capitalismo tardio e os fins do sono. Trad. Joaquim Toledo Jr. São Paulo: Ubu, 2016.

Nesse âmbito, a vida humana foi inserida em um funcionamento contínuo, atrelado à categoria que Crary denominou "24/7"[(46)], isto é, desempenho de atividades vinte e quatro horas por dia, sete dias da semana. A concepção de sono, segundo o autor, foi deslocada da qualificação de necessidade para a de desperdício. Por conseguinte, absorveu-se a *prática do trabalho sem pausas*, que desrespeita o bem-estar do indivíduo e viola o direito ao trabalho digno, anulando o tempo dedicado à construção de relações sociais. Agora, prossegue o autor, valoriza-se quem está permanentemente conectado, inclusive por meios telemáticos, ainda que esse sujeito precise sacrificar as horas de sono.

Enfim, as inovações tecnológicas provenientes da quarta revolução industrial têm conduzido a profundas transformações no trabalho. Além disso, afirma Alain Supiot[(47)], as noções de capital humano, empregabilidade e flexibilidade, que reduzem o ser humano ao estado de recurso econômico, moldando-o às necessidades dos mercados e equiparando-o a meros materiais, revelam o novo cenário do século XXI. Nesse paradigma, se o trabalho está sofrendo processo de precarização e transformando o trabalhador em engrenagem do sistema, é preciso refletir sobre a nova conjuntura nas instâncias democráticas, a fim de se tentar transmudar o futuro cruel que se antecipa.

4. OS PADRÕES PROTETIVOS PARA O TELETRABALHADOR NO BRASIL

"Entramos no século XXI sem nenhuma revolução"[(48)]. A afirmativa pode ser verdadeira do ponto de vista histórico, mas a revolução tecnológica, fruto da virada de século, está transformando todas as relações sociais, inclusive as trabalhistas. Se hoje é possível prestar serviços a outrem dentro do próprio domicílio, cumprindo jornadas não controladas e mantendo contato com o empregador por meio de recursos telemáticos, muitos fundamentos das legislações trabalhistas precisariam ser revistos a fim de contemplar as hodiernas dinâmicas.

Uma dessas dinâmicas diz respeito ao trabalho a distância, cuja parca regulamentação jurídica, no Brasil, ocasionava alguns obstáculos na preservação dos direitos do obreiro. Doutrina e jurisprudência permaneciam oscilantes ante a ausência de legislação própria a esse regime de trabalho. Na CLT, as normas referentes ao teletrabalho se resumiam às previsões do art. 6º, modificado pela Lei n. 12.551/2011.

Assim, conforme o *caput* modificado do art. 6º da CLT[(49)], estando caracterizados os pressupostos da relação de emprego, não haveria distinção entre o trabalho realizado no estabelecimento do empregador, no domicílio do empregado ou a distância. Ademais, o parágrafo único incluído no dispositivo equiparou os meios telemáticos e informatizados aos meios pessoais e diretos de comando, controle e supervisão, para fins de subordinação jurídica. Como discutido, essas alterações demonstram a assimilação do entendimento de que o fenômeno subordinativo compreende as dimensões tradicional, objetiva e também estrutural[(50)].

Embora as mudanças tenham sido bastante relevantes, permanecia profunda omissão legislativa quanto à caracterização, princípios e efeitos do trabalho remoto, o que procurou ser corrigido com a Lei n. 13.467/2017, conhecida como lei da reforma trabalhista. Esta lei acrescentou à CLT o Capítulo II-A, "Do Teletrabalho", abrangendo os arts. 75-A a 75-E, e também o art. 611-A, VIII, além de ter feito uma alteração no art. 62, com a inclusão do inciso III. As novidades legislativas serão analisadas a seguir.

4.1. A legislação brasileira para o teletrabalho e o direito à desconexão

As diretrizes do teletrabalho fomentam questionamentos quanto ao controle de jornada, aos intervalos, à responsabilidade por acidentes de trabalho e ao isolamento do trabalhador, por exemplo. Esses aspectos podem gerar prejuízos à dignidade humana que, constituindo-se como núcleo dos direitos fundamentais em geral, e dos direitos fundamentais dos trabalhadores, em especial, exige ações estatais para viabilizar sua promoção[(51)].

Dentre essas ações, têm destaque as alterações na legislação, como a lei da reforma trabalhista. Embora a

---

(46) CRARY, Jonathan. *24/7*: Capitalismo tardio e os fins do sono. Trad. Joaquim Toledo Jr. São Paulo: Ubu, 2016.

(47) SUPIOT, Alain. *O espírito de Filadélfia*: a justiça social diante do mercado total. Trad. Tânia do Valle Tschiedel. Porto Alegre: Sulina, 2014. p. 126.

(48) TRAVERSO, Enzo. Passados assombrados desprovidos de utopias. In: TRAVERSO, Enzo. *A melancolia de esquerda*: marxismo, história e memória. Belo Horizonte: Âyiné, 2018. p. 44.

(49) BRASIL. *Decreto-lei n. 5.452, de 1º de maio de 1943*. Consolidação das Leis do Trabalho. Rio de Janeiro, 1943.

(50) DELGADO, Mauricio Godinho. *Curso de direito do trabalho:* obra revista e atualizada conforme a lei da reforma trabalhista e inovações normativas e jurisprudenciais posteriores. 18. ed. São Paulo: LTr, 2019. p. 1069.

(51) LEDUR, José Felipe. Fundamentos dos direitos da personalidade do trabalhador: algumas reflexões. In: ALVARENGA, Rúbia Z. de. (Org.). *Direitos humanos dos trabalhadores*. São Paulo: LTr, 2016. p. 115-116.

lei tenha previsões relevantes para o trabalho remoto, face à omissão legislativa anterior, não se pode afirmar que a CLT enfrente os pontos mais controversos, como "as limitações à tendência de exacerbação da disponibilidade obreira às demandas do trabalho no ambiente virtual e o denominado 'direito à desconexão'"[52].

As inovações tecnológicas trilham caminho inexorável, porém o padrão civilizatório mínimo do obreiro deve ser mantido, sob pena de violação ao direito fundamental ao trabalho digno, tão caro ao Direito do Trabalho constitucionalizado. Assim, é preciso cautela na análise da nova normativa, pois ainda permanecem inúmeras lacunas.

Nesse contexto, o novo art. 75-A da CLT preconiza que a prestação de serviços pelo empregado em regime de teletrabalho deverá observar o disposto no Capítulo II-A, incluído pela lei da reforma. Esse dispositivo provoca mudança do "*status quo* da igualização genérica outrora estabelecida entre o trabalho a distância e o trabalho presencial pelo art. 6º da Consolidação das Leis do Trabalho"[53], uma vez que abre uma seção normativa própria para cuidar especificamente desse regime. Ademais, a definição de teletrabalho, tão controversa, encontra-se, agora, explícita na CLT, devido ao acréscimo do art. 75-B, e abrange três critérios básicos: a prestação de serviços preponderantemente fora das dependências do empregador, a utilização de TICs e a não configuração como trabalho externo.

Pela noção de preponderância, depreende-se que nada impede a prestação de parte dos serviços dentro da empresa, desde que haja predomínio da dimensão virtual sobre a presencial (art. 75-B, parágrafo único). A lei não faz referência ao *home office*, por isso é necessário considerá-lo apenas como uma modalidade de teletrabalho – a mais comum, mas não a única possível. Importante ressaltar também que a opção dos contratantes distingue o teletrabalho do trabalho externo, visto que, naquele, as partes poderiam acordar que o serviço fosse executado na sede da empresa, enquanto neste a própria natureza do trabalho afasta a referida opção[54].

Nesse contexto, é importante mencionar a alteração realizada pela lei da reforma no art. 62 da CLT, ao incluir o inciso III: os empregados em regime de teletrabalho não são abrangidos pelas disposições acerca do controle de jornada. A novidade, nesse ponto, equipara os teletrabalhadores aos empregados que exercem atividade externa incompatível com a fixação de horário de trabalho (art. 62, I) e aos gerentes exercentes de cargos de gestão (art. 62, II), o que parece contrariar a distinção feita anteriormente.

Mais grave, porém, é perceber como a lei ignora as evidências empíricas de que o controle do tempo do teletrabalhador pode ser mais acentuado com a utilização de microfones, câmeras e registros de *logon* e *logoff* nos sistemas empresariais. As novas tecnologias, portanto, viabilizam a verificação exata do tempo dispendido e da produtividade[55], demonstrando que a modificação no art. 62 da CLT não buscou proteger o empregado, mas inseri-lo em um círculo de flexibilização prejudicial à sua dignidade, mormente no que tange à esfera da saúde.

O art. 75-C, por sua vez, estabelece que o regime de teletrabalho deve constar de forma expressa do contrato individual de trabalho. Quanto à mudança de regime, há duas disposições que fomentam polêmicas: o § 1º do dispositivo estabelece a possibilidade de migração para o teletrabalho por mútuo acordo entre as partes; já o § 2º prevê a reversão para o regime presencial por ato unilateral do empregador, com período de transição mínimo de 15 dias. Nesse sentido:

> Vê-se, pois, que a lei pretendeu facilitar a conversão do regime em teletrabalho para presencial e dificultar a alteração inversa, certamente por conta dos riscos inerentes à prática do labor a distância, especialmente os ergonômicos e psicossociais. Porém, é preciso convir que a duração prolongada do regime de teletrabalho poderá gerar a expectativa de persistência da condição especial, induzindo mudanças na seara pessoal ou familiar que uma conversão para o regime presencial poderá perturbar profundamente.[56]

---

(52) DELGADO, Mauricio Godinho. *Curso de direito do trabalho:* obra revista e atualizada conforme a lei da reforma trabalhista e inovações normativas e jurisprudenciais posteriores. 18. ed. São Paulo: LTr, 2019. p. 1070.

(53) FINCATO, Denise. Teletrabalho na reforma trabalhista brasileira. *Revista eletrônica do Tribunal Regional do Trabalho da 9ª Região,* Curitiba, v. 8, n. 75, p. 63, fev. 2019.

(54) SOUZA JÚNIOR, Antonio Umberto de; SOUZA, Fabiano Coelho de; MARANHÃO, Ney; AZEVEDO NETO, Platon Teixeira de. *Reforma trabalhista*: análise comparativa e crítica da Lei n. 13.467/2017 e da Med. Prov. n. 808/2017. 2. ed. São Paulo: Rideel, 2018. p. 104-106.

(55) ESTEVES, Juliana Teixeira; COSENTINO FILHO, Carlo. O teletrabalho na Lei n. 13.467/2017 (Reforma Trabalhista): uma regulamentação em desacordo com as evidências empíricas. *Revista eletrônica do Tribunal Regional do Trabalho da 9ª Região,* Curitiba, v. 8, n. 75, p. 52-55, fev. 2019.

(56) SOUZA JÚNIOR, Antonio Umberto de *et al. Reforma trabalhista*: análise comparativa e crítica da Lei n. 13.467/2017 e da Med. Prov. n. 808/2017. 2. ed. São Paulo: Rideel, 2018. p. 108.

Outro ponto importante diz respeito à responsabilidade pela aquisição, manutenção ou fornecimento dos equipamentos e da infraestrutura necessária à prestação do teletrabalho. Conforme art. 75-D, tal responsabilidade, bem como o reembolso de despesas arcadas pelo empregado deverão ser previstos em contrato escrito. Ademais, essas utilidades não repercutem sobre a remuneração do empregado (art. 75-D, parágrafo único).

Esse quadro deve estar bem delineado, uma vez que é o empregador quem assume os riscos da atividade econômica. Em eventual demanda judicial, face à ausência de estipulação, o empregador pode ser condenado a arcar com os custos de equipamentos informáticos, além de despesas, no caso de *home office*, com os acréscimos nas taxas de consumo de energia elétrica, gás, telefonia e internet[57]. Corroborando este entendimento, há a ementa do seguinte julgado do Tribunal Regional do Trabalho da 21ª Região, de 2019, a título de ilustração:

> [...] Danos materiais. Despesas com *home office* e veículo. Modificado o local de trabalho para *home office* por decisão da ré, em que pese o fornecimento do aparelho celular e o pagamento do pacote de telefonia e dados desse aparelho (fls. 564 e 683), foi transferido para o empregado as despesas com energia elétrica e *internet* de sua residência para o desempenho da atividade profissional. Portanto, correto o deferimento da indenização para restituir ao empregado essas despesas. [...][58]

Por fim, o art. 75-E estipula que as precauções para evitar doenças e acidentes de trabalho devem ser repassadas, de maneira expressa e ostensiva, pelo empregador aos empregados, sendo que estes devem assinar termo com o compromisso de seguir as instruções fornecidas (art. 75-E, parágrafo único). Caso não haja, realmente, fiscalização por parte do empregador, a qual não é dispensada frente à assinatura do termo de responsabilidade pelo empregado, é possível que muitos prejuízos advenham ao obreiro.

Importante ressaltar, todavia, que existe significativa dificuldade no cumprimento dessas disposições, especialmente no tocante à fiscalização do teletrabalho realizado na modalidade de *home office*. Ainda há grandes divergências relativas à temática e, considerando que a Lei n. 13.467/2017 tem publicação recente, muitas reflexões ainda precisam ser feitas quanto à regulamentação do teletrabalho. O julgado colacionado a seguir, do Tribunal Regional do Trabalho da 2ª Região, a título de ilustração, demonstra os entraves dessa polêmica:

> [...] O labor em regime de teletrabalho, porém, também traz consigo alguns problemas, tais como [...] a ausência ou impossibilidade de fiscalização, pela empresa, de cumprimento das normas de segurança e higiene do trabalho, bem como a adoção de um ambiente de trabalho ergonômico, vez que a casa é asilo inviolável do indivíduo, com proteção Constitucional.
>
> Entendo que a opção da empresa pelo direcionamento do empregado para o trabalho sob a forma de home office não a exime da obrigação de zelar por um ambiente de trabalho seguro e sadio, porém, referida obrigação esbarra em alguns limites: a empregadora não tem livre acesso à residência do empregado, ou ao local quem prestará os serviços, logo, não possui plenas condições de avaliar as efetivas condições de desempenho do labor, todo o mobiliário e os equipamentos utilizados pelo trabalhador etc.
>
> O que se pode exigir da empresa é o cumprimento da obrigação primordial de instruir os empregados quanto à necessidade de observância das normas de segurança e higiene do trabalho, a fim de precaver o surgimento de doenças e de acidentes, fornecer o mobiliário adequado, orientá-los quanto à postura adequada, pausas para descanso etc. [...]
>
> Não se poderia exigir da reclamada uma fiscalização efetiva à residência da reclamante, a fim de perquirir acerca de suas condições reais de labor, tampouco um acompanhamento cotidiano das atividades por ela executadas. O teletrabalho retira do empregador a possibilidade de cumprimento desta obrigação e a Lei n. 13.467/2017, prevendo a discussão em tela, incluiu na CLT o art. 75-A, [...]
>
> Sendo assim, competia à reclamante demonstrar quais eram suas efetivas condições de trabalho, a rotina cumprida, [...] mobiliário e equipamentos utilizados etc.[59]

Outra problemática que faz emergir intenso debate entre estudiosos diz respeito à frequência com que empregados em regime de teletrabalho laboram por longas horas, sem fazer pausas, inclusive nos finais

(57) ESTEVES, Juliana Teixeira; COSENTINO FILHO, Carlo. O teletrabalho na Lei n. 13.467/2017 (Reforma Trabalhista): uma regulamentação em desacordo com as evidências empíricas. *Revista eletrônica do Tribunal Regional do Trabalho da 9ª Região*, Curitiba, v. 8, n. 75, p. 68, fev. 2019.

(58) RIO GRANDE DO NORTE. Tribunal Regional do Trabalho da 21ª Região (1. Turma). *Recurso Ordinário n. 0000303-74.2018.5.21.0001*. Relator: Des. Ricardo Luís Espíndola Borges, 12 de agosto de 2019. (grifos nossos).

(59) SÃO PAULO. Tribunal Regional do Trabalho da 2ª Região (15. Turma). *Recurso Ordinário n. 1001964-26.2016.5.02.0242*. Relator: Des. Jonas Santana de Brito, 14 de junho de 2018. (grifos nossos).

de semana, e mantendo postura inadequada, além de movimentos repetitivos. Ambientes pouco iluminados, com temperatura imprópria, e o perigoso quadro de isolamento social também compõem, habitualmente, a rotina desse obreiro[(60)].

O panorama que circunda o trabalhador remoto expõe a possibilidade de violação ao direito à saúde e ao lazer, assim como à garantia de limitação de jornada, de repouso semanal remunerado e de redução dos riscos inerentes ao trabalho, por meio de normas de saúde, higiene e segurança (arts. 6º; e 7º, XIII, XV e XXII, CF/1988, respectivamente[(61)]). A situação ainda pode se agravar no quadro do novo art. 611-A, VIII, da CLT, visto que a prevalência sobre a lei da negociação coletiva que dispuser sobre teletrabalho provoca a mitigação do princípio da norma mais favorável[(62)].

Enfim, todos os pontos levantados perscrutam os desafios trazidos pela Lei n. 13.467/2017 no tocante à regulamentação do teletrabalho no Brasil. Dentre as discussões delineadas, o efetivo controle de jornada do teletrabalhador, ponto controverso na lei, carece de maior investigação. Na ausência desse controle, não se confere proteção à duração do trabalho nos moldes das limitações impostas pela CLT e pelo Texto Magno, o que pode gerar abusos[(63)].

No âmbito da proteção à duração do trabalho, deve-se assegurar ao obreiro o direito ao não trabalho. O não trabalho, como alega Jorge Luiz Souto Maior[(64)], configura um bem da vida que não é só individual, mas também da família e da sociedade como um todo, traduzindo a tutela da desconexão, de difícil aplicação ao trabalho remoto, uma vez que os limites entre vida pessoal e vida profissional tornam-se muito tênues, especialmente na era digital.

Todavia, ao se considerar o não trabalho como o equivalente a trabalhar menos e não deixar de trabalhar completamente, espera-se resguardar o direito ao lazer e à vida em família, inclusive ao teletrabalhador. O direito à desconexão garante que o obreiro, "em seus momentos de folga, feriados, ou ao fim de sua jornada, não pode estar à disposição do empregador, devendo se desconectar totalmente de seus afazeres, com a finalidade de descansar e se revigorar física e mentalmente"[(65)].

O direito à desconexão não tem encontrado respaldo adequado no domínio da legislação trabalhista. Pelo contrário, tornam-se bastante comuns a intensificação de jornadas, metas e produtividade, e a supressão de períodos de descanso. Em face dessas dificuldades, destaca-se, na seara trabalhista, a discussão quanto ao dano existencial, que se encontra no cerne do comprometimento do direito a uma vida fora do trabalho, como se verá a seguir.

4.2. Dano existencial e teletrabalho: recorte amostral de decisões do TST

A denominação referente ao *dano extrapatrimonial* causou, por um tempo, divergências entre os juristas. No Brasil, havia especial confusão em decorrência da utilização do termo "dano moral" como sinônimo de dano extrapatrimonial pelos incisos V e X do art. 5º da CF/1988[(66)], os quais preveem indenização para esse tipo de dano.

O dano extrapatrimonial (ou imaterial) se conceitua como uma lesão a um interesse juridicamente protegido, mas desprovido de expressão monetária no mercado. Difere-se do dano patrimonial (ou material), pois neste os interesses jurídicos lesionados são passíveis de aferição econômica. Inicialmente, somente pelos danos patrimoniais cabia ressarcimento; contudo, tal postura não mais coaduna com a ordem jurídica vigente[(67)].

De toda forma, embora houvesse, *a priori*, indefinições quanto à nomenclatura, atualmente, doutrina

---

(60) SOUZA JÚNIOR, Antonio Umberto de *et al*. *Reforma trabalhista*: análise comparativa e crítica da Lei n. 13.467/2017 e da Med. Prov. n. 808/2017. 2. ed. São Paulo: Rideel, 2018. p. 111.

(61) BRASIL. Constituição (1988). *Constituição da República Federativa do Brasil*. Brasília, DF: Senado, 1988.

(62) CAVALCANTE, Jouberto de Quadros Pessoa; JORGE NETO, Francisco Ferreira. A tecnológica, o teletrabalho e a reforma trabalhista. *Revista eletrônica do Tribunal Regional do Trabalho da 9ª Região*, Curitiba, v. 8, n. 75, p. 120, fev. 2019.

(63) SOUZA JÚNIOR, Antonio Umberto de *et al*. *Reforma trabalhista*: análise comparativa e crítica da Lei n. 13.467/2017 e da Med. Prov. n. 808/2017. 2. ed. São Paulo: Rideel, 2018. p. 110-114.

(64) MAIOR, Jorge Luiz Souto. Do direito à desconexão do trabalho. *Revista do Tribunal Regional do Trabalho da 15ª Região*, Campinas, n. 23, p. 11, 2003.

(65) MELO, Sandro Nahmias; RODRIGUES, Karen Rosendo de Almeida Leite. *Direito à desconexão do trabalho*: com análise crítica da Reforma Trabalhista (Lei n. 13.467/2017). São Paulo: LTr, 2018. p. 73.

(66) BRASIL. Constituição (1988). *Constituição da República Federativa do Brasil*. Brasília, DF: Senado, 1988.

(67) PORTO, Lorena Vasconcelos; PEREIRA, Ricardo José Macêdo de Britto. A tutela coletiva do dano extrapatrimonial no Direito do Trabalho. In: SOARES, Flaviana Rampazzo. (Coord.). *Danos extrapatrimoniais no direito do trabalho*. São Paulo: LTr, 2017. p. 161.

majoritária entende o dano imaterial como gênero, do qual se ramificam diversas espécies. Nesse sentido:

> Sendo possível expressar figurativamente esse tema, tem-se um guarda-chuva, representando o gênero danos imateriais, e, sob esse guarda-chuva, estão diferentes espécies de danos extrapatrimoniais, tais como o dano à imagem, o dano à intimidade, o dano à vida privada, o dano à identidade pessoal, o dano à honra, o dano moral puro, o dano existencial, o dano à saúde (psicofísica, englobando as subespécies especializadas do dano estética e o dano psicológico) etc.
>
> Tais danos pode ocorrer isolada ou conjuntamente [...][(68)]

Acompanhou essa tendência a legislação trabalhista brasileira, pois embora não tenha havido alterações na redação dos dispositivos constitucionais supracitados, a Lei n. 13.467/2017 incluiu na CLT o Título II-A, "Do dano extrapatrimonial". Não obstante a presente pesquisa não vá se debruçar sobre os novos artigos acrescidos na CLT, deve-se salientar que, hoje, não há mais dúvidas do cabimento de indenização para esse tipo de dano, inclusive quando advindo das relações de trabalho.

Dentre as modalidades de dano extrapatrimonial mencionadas, interessa a este estudo o *dano existencial*, posto que seu conceito se encontra intimamente ligado ao cerne do debate sobre o direito à desconexão do trabalho. Proveniente do direito italiano, o dano existencial trata de uma "[...] lesão ao tempo razoável e proporcional de disponibilidade pessoal, familiar e social inerente a toda pessoa humana, inclusive o empregado, resultante da exacerbada e ilegal duração do trabalho [...] praticada de maneira repetida, contínua e por longo período"[(69)].

A doutrina ressalta que dois elementos são essenciais para caracterizar o dano existencial: a lesão ao projeto de vida e à vida de relações. Rúbia Zanotelli de Alvarenga e Jorge Cavalcanti Boucinhas Filho[(70)] destacam que o projeto de vida diz respeito à autorrealização pessoal integral do trabalhador, às metas que garantem sentido à sua existência. Já a vida de relações compreende o prazer propiciado pela convivência com terceiros em atividades recreativas e extralaborativas. Esse tipo de dano, portanto, afronta a integridade física, psíquica e intelectual, bem como o direito à integração social. No caso do teletrabalhador, que está mais suscetível às jornadas excessivas e mais vulnerável ao isolamento, há significativa possibilidade de sofrer danos que comprometam sua integração social e seu direito ao não trabalho.

De toda forma, existe uma abertura doutrinária no sentido de que o dano existencial não se limitaria à violação do projeto de vida e da vida de relações. Flaviana Rampazzo Soares[(71)] defende que esse dano emerge de dois substratos centrais, a dignidade da pessoa *humana* e os *direitos de personalidade*, e de um substrato inerente ao âmbito trabalhista, o *trabalho digno*. Assim, conforme a autora, o dano existencial estaria presente, por exemplo, na discriminação arbitrária do obreiro, ou ainda quando ele sofresse um dano injusto que modificasse involuntariamente sua rotina. Lorena Vasconcelos Porto e Ricardo José Macêdo de Britto Pereira[(72)] acrescentam às possibilidades de cabimento o desenvolvimento de doenças ocupacionais, adquiridas em razão de condições inapropriadas do meio ambiente de trabalho.

Enfim, há um largo universo que compreende o reconhecimento de dano existencial na seara trabalhista. Por isso, para Flaviana Rampazzo Soares, mais justo é considerar que ele comporta a perda, total ou parcial, dos aspectos da vida desprovidos de interação de ordem intersubjetiva (os hábitos de vida e a rotina do trabalhador); da vida de relações e, por fim, do projeto de vida, como projeção futura, seja para "eliminá-lo, seja para protelá-lo ou, ainda para prejudicá-lo em sua magnitude ou intensidade"[(73)]. Por conseguinte, o dano existencial liga-se ao sentimento de uma perda demasiado significativa. Quando o sujeito com ela se defronta, vê-se tomado por uma melancolia capaz de impactar severamente sua natureza humana.

(68) SOARES, Flaviana Rampazzo. A construção de uma teoria do dano existencial no Direito do Trabalho. In SOARES, Flaviana R. (Coord.). *Danos extrapatrimoniais no direito do trabalho.* São Paulo: LTr, 2017. p. 118.

(69) DELGADO, Mauricio Godinho. *Curso de direito do trabalho:* obra revista e atualizada conforme a lei da reforma trabalhista e inovações normativas e jurisprudenciais posteriores. 18. ed. São Paulo: LTr, 2019. p. 781.

(70) ALVARENGA, Rúbia Zanotelli de; BOUCINHAS FILHO, Jorge Cavalcanti. O dano existencial e o direito do trabalho. *Rev. TST*, Brasília, v. 79, n. 2, p. 240-261, abr./jun. 2013. p. 245-246.

(71) SOARES, Flaviana Rampazzo. A construção de uma teoria do dano existencial no Direito do Trabalho. In SOARES, Flaviana R. (Coord.). *Danos extrapatrimoniais no direito do trabalho.* São Paulo: LTr, 2017. p. 119-121.

(72) PORTO, Lorena Vasconcelos; PEREIRA, Ricardo José Macêdo de Britto. A tutela coletiva do dano extrapatrimonial no Direito do Trabalho. In: SOARES, Flaviana Rampazzo. (Coord.). *Danos extrapatrimoniais no direito do trabalho.* São Paulo: LTr, 2017. p. 162-163.

(73) SOARES, Flaviana Rampazzo. A construção de uma teoria do dano existencial no Direito do Trabalho. In SOARES, Flaviana R. (Coord.). *Danos extrapatrimoniais no direito do trabalho.* São Paulo: LTr, 2017. p. 120.

A melancolia, conforme estudos de Sigmund Freud[(74)], é um desânimo profundamente doloroso, que causa suspensão do interesse do sujeito pelo mundo externo, desaparecimento da capacidade de amar, inibição de toda atividade e rebaixamento de autoestima. O melancólico, frisa o autor, face à eliminação dos laços que o mantinham preso ao objeto-amado, nega a pulsão que o agarra à vida, permanecendo naufragado em uma perda que não sabe ao menos nomear.

O prejuízo decorrente da perda dos hábitos de vida, da vida de relações ou do projeto de vida define-se como aspecto bastante grave, visto que compromete a própria existência do sujeito como ser humano, aniquilando-o. Nem sempre a perda estará relacionada a um dano presente e efetivo; no caso do projeto de vida, por exemplo, é possível que a perda traduza um empreendimento futuro, ainda não concretizado. Mesmo nesse caso, defende-se que seria possível a configuração e reparação do dano existencial em pleitos judiciais.

Não *é,* entretanto, o entendimento do TST. O tribunal revela posição jurídica de vanguarda, ao se mostrar bastante receptivo à indenização por dano existencial nos casos de frustração do projeto de vida e da vida de relações dos trabalhadores. Todavia, a posição mais contemporânea de seus julgados revela que, para o *órgão* de cúpula do judiciário trabalhista, os danos existenciais demandam prova material do prejuízo sofrido, especialmente no que tange à imposição de jornada de trabalho excessiva[(75)], circunstância bastante frequente no teletrabalho.

Uma pesquisa realizada por Maria Cecilia de Almeida Monteiro Lemos[(76)], em 2018, fez uma interessante tabulação de dados relativos a julgamentos do TST envolvendo o dano existencial. Realizada pelo sítio eletrônico do TST, a pesquisa jurisprudencial compreendeu o período entre a publicação da Emenda Constitucional n. 45/2004, a qual reconheceu a competência da Justiça do Trabalho para processar e julgar processos que envolvam indenizações por dano moral (nomenclatura constitucional para o gênero "dano extrapatrimonial") e o início da tabulação dos dados, em 16.03.2018. Buscou-se pelo termo "dano existencial" em ementas e, como resultado, foram encontrados 271 processos, dos quais, por escolhas metodológicas, foram utilizados 141[(77)].

O estudo revelou que em 60% dos processos analisados não houve a condenação da reclamada por dano existencial. A jornada excessiva e a jornada exaustiva foram os principais motivos encontrados como alegação dos trabalhadores para ter direito ao reconhecimento de dano existencial, totalizando 91,49% dos processos analisados. Outros motivos alegados seriam ausência de férias (2,84% dos casos), sobreaviso excessivo (1,42% dos casos), acidente de trabalho (0,71% dos casos), férias parciais (0,71% dos casos) e inadimplementos (0,71% dos casos). Em três processos não foi mencionada a causa do pedido[(78)].

Interessam mais a este artigo os dados referentes ao reconhecimento do dano *in re ipsa*, ou seja, dano presumível, que independe de prova de efetivo prejuízo à vida de relações e ao projeto de vida. Assim, o estudo demonstrou que 59% dos acórdãos analisados não reconhecem o dano existencial presumível em razão do fato danoso em si, o que não coaduna com o direito à reparação, exarado nos incisos V e X do art. 5º do Texto Magno, face à impossibilidade de mensurar, objetivamente, as lesões causadas à parte[(79)].

Acompanhando esse delineamento da jurisprudência do TST quanto ao dano existencial, há diversos julgados mais recentes, proferidos em 2018 e em 2019, como se percebe, ilustrativamente, nos excertos de algumas ementas transcritas na sequência:

> RECURSO DE REVISTA. COMPENSAÇÃO POR DANO MORAL EXISTENCIAL. [...] Esta Corte Superior firmou o entendimento de que o dano existencial não decorre automaticamente do labor suplementar, cuja consequência jurídica se resolve nos reflexos de ordem patrimonial, sendo necessária *demonstração do efetivo prejuízo causado ao projeto de vida do reclamante nos* âmbitos *profissional, social e/ou pessoal*. [...][(80)]

---

(74) FREUD, Sigmund. Luto e melancolia. Trad. Marilene Carone. *Novos Estudos*, n. 32, p. 128-142, mar. 1992. p. 131.

(75) MOLINA, André Araújo. Dano existencial por jornada de trabalho excessiva. In: ALVARENGA, Rúbia Zanotelli de. (Org.). *Direitos humanos dos trabalhadores*. São Paulo: LTr, 2016. p. 166.

(76) LEMOS, Maria Cecilia de Almeida Monteiro. *O dano existencial nas relações de trabalho intermitentes:* reflexões na perspectiva do direito fundamental ao trabalho digno. 2018. Tese (Doutorado em Direito, Estado e Constituição) – Faculdade de Direito, Universidade de Brasília, Brasília, 2018. p. 203.

(77) *Ibidem*, p. 209-211.

(78) *Ibidem*, p. 218-220.

(79) *Ibidem*, p. 220-222.

(80) BRASIL. Tribunal Superior do Trabalho (4ª Turma). *Recurso de Revista – RR-82-35.2016.5.06.0145*. Relator: Min. Guilherme Augusto Caputo Bastos, 15 de fevereiro de 2019. (grifos nossos).

RESPONSABILIDADE CIVIL DO EMPREGADOR. DANOS EXTRAPATRIMONIAIS. DANO EXISTENCIAL. [...] Responsabilizar o empregador, apenas em decorrência do excesso de jornada, pela frustração existencial do empregado [...] Significaria passar por cima de sua história, para, então, compreender que sua existência depende tão somente do tempo livre que possui. *É possível reconhecer o direito à reparação, quando houver prova de que as condições de trabalho efetivamente prejudicaram as relações pessoais do empregado ou seu projeto de vida.* [...][(81)]

AGRAVO DE INSTRUMENTO EM RECURSO DE REVISTA. APELO INTERPOSTO SOB A ÉGIDE DO CPC DE 2015. DANO MORAL EXISTENCIAL. [...] Não é qualquer conduta isolada e de curta duração, por parte do empregador, que pode ser considerada como dano existencial. Para isso, a conduta deve perdurar no tempo, sendo capaz de alterar o objetivo de vida do trabalhador, trazendo-lhe um prejuízo no âmbito de suas relações sociais. [...] Assim, não demonstrado que o Autor tenha deixado de realizar outras atividades em seu meio social ou tenha sido afastado do seu convívio familiar [...] não há de se falar em danos existenciais. [...][(82)]

AGRAVO DE INSTRUMENTO EM RECURSO DE REVISTA REGIDO PELA LEI N. 13.015/2014 E PELO CPC/2015 – DANO EXISTENCIAL – DANO À PERSONALIDADE QUE IMPLICA PREJUÍZO AO PROJETO DE VIDA OU À VIDA DE RELAÇÕES – NECESSIDADE DE COMPROVAÇÃO DE LESÃO OBJETIVA [...] *o dano existencial não pode ser reconhecido à míngua de prova específica do efetivo prejuízo pessoal, social ou familiar. Nessa situação, é inviável a presunção de que, no caso dos autos, o dano existencial efetivamente aconteceu, em face da ausência de provas nesse sentido. Embora a possibilidade, abstratamente, exista, é necessário que ela seja constatada no caso concreto* para que sobre o indivíduo recaia a reparação almejada. Demonstrado concretamente o prejuízo às relações sociais e a ruína do projeto de vida do trabalhador, tem-se como comprovados, *in re ipsa*, a dor e o dano à sua personalidade. [...][(83)]

Nota-se, portanto, a dificuldade de configuração do dano existencial quando não resta comprovado efetivo prejuízo no caso concreto. A possibilidade de reparação por lesão a um projeto de vida futuro poderia abstratamente ser considerada; contudo, a jurisprudência do TST ainda não construiu entendimento nesse sentido, o que pode impactar o direito constitucional à reparação.

Especialmente no tocante ao teletrabalhador, a conjuntura se agrava, pois é possível que ele se submeta, com frequência, a jornadas excessivas. Como visto, esta circunstância configura a principal causa de reconhecimento do dano existencial, uma vez que pode afetar a construção das relações sociais do sujeito, a concretização de projetos de vida, além de interferir no tempo dedicado ao lazer e ao descanso. Todos esses fatores, como já debatido, podem provocar violação ao direito fundamental ao trabalho digno.

Não é pretensão deste artigo analisar sistematicamente o padrão regulatório do TST no tocante à possibilidade de reconhecimento de dano existencial decorrente de teletrabalho. Isso demandaria estudo mais aprofundado para descortinar as hipóteses de cabimento, as principais alegações dos teletrabalhadores, os argumentos utilizados pelo tribunal para conceder ou indeferir os pedidos etc. Entretanto, é inegável a necessidade de a jurisprudência do órgão de cúpula do judiciário trabalhista passar a contemplar demandas contemporâneas, em prol de uma ressignificação do direito fundamental ao trabalho digno no século XXI.

5. CONCLUSÃO

O presente artigo objetivou explorar os desafios que permeiam a garantia do direito fundamental ao trabalho digno no tocante aos trabalhadores submetidos ao regime de teletrabalho. Esse regime tem sofrido intensas modificações, uma vez que, no âmbito da quarta revolução industrial, as novas tecnologias aprimoram as formas de controle de jornada e de fiscalização do trabalho realizado.

Embora as inovações da era digital tenham facilitado o contato entre empregado e empregador no trabalho a distância, ainda há grande discussão quanto ao fato de ser ou não possível que o teletrabalhador tenha jornada controlada. Corrobora com as divergências a exclusão do teletrabalhador das disposições que tratam da proteção à duração do trabalho, o que foi operado pela Lei n. 13.467/2017, a lei da reforma trabalhista.

Assim, considerando que o trabalhador remoto pode submeter-se, com frequência, a jornadas excessivas devido aos inúmeros instrumentos tecnológicos

(81) BRASIL. Tribunal Superior do Trabalho (7ª Turma). *Recurso de Revista – RR-11446-40.2015.5.18.0101*. Relator: Min. Cláudio Mascarenhas Brandão, 5 de abril de 2019. (grifos nossos).

(82) BRASIL. Tribunal Superior do Trabalho (1ª Turma). *Agravo de Instrumento em Recurso de Revista – AIRR-12389-62.2015.5.15.0094*. Relator: Des. Convocado: Roberto Nobrega de Almeida Filho, 14 de dezembro de 2018.

(83) BRASIL. Tribunal Superior do Trabalho (7ª Turma). *Agravo de Instrumento em Recurso de Revista – AIRR-5110-97.2015.5.10.0018*. Relator: Min. Luiz Philippe Vieira de Mello Filho, 23 de novembro de 2018. (grifos nossos).

que o tornam sujeito permanentemente conectado, buscou-se identificar quais desafios ele enfrenta hoje para preservar seus direitos fundamentais. A sobrejornada habitual pode impactar o direito à saúde, ao lazer, ao descanso, à desconexão do trabalho, aos projetos de vida e a uma vida de relações. Além disso, a natureza do teletrabalho, por si, pode provocar isolamento e perda da identidade de pertencimento a uma instituição. Por isso, *é* necessário estabelecer o padrão civilizatório mínimo que assegure a esse trabalhador uma inserção protegida.

Para cumprir os objetivos propostos, vislumbrou-se investigar as novas disposições legislativas do teletrabalho, inseridas na CLT pela lei da reforma, além de analisar um recorte amostral de decisões do Tribunal Superior do Trabalho que tratem do cabimento de dano existencial frente à perda futura de projeto de vida. Defendeu-se que, embora o tribunal ainda não tenha construído entendimento nesse sentido, por provocar a melancolia do sujeito, de forma grave e significativa, tal perda deve ser devidamente indenizada em pleitos judiciais.

Por fim, a pesquisa deixa entrever a necessidade de se ressignificar o trabalho digno no bojo das relações trabalhistas do século XXI, especialmente no cerne do teletrabalho, a fim de que padrões de proteção mínimos possam alcançar o teletrabalhador.

REFERÊNCIAS

ALVARENGA, Rúbia Zanotelli de. O teletrabalho e a subordinação estrutural. *Revista eletrônica do Tribunal Regional do Trabalho da 9ª Região*, Curitiba, v. 3, n. 33, p. 71-84, set. 2014.

ALVARENGA, Rúbia Zanotelli de; BOUCINHAS FILHO, Jorge Cavalcanti. O dano existencial e o direito do trabalho. *Rev. TST*, Brasília, v. 79, n. 2, p. 240-261, abr./jun. 2013. Disponível em: <https://juslaboris.tst.jus.br/handle/20.500.12178/39828>. Acesso em: 19 nov. 2019.

ANTUNES, Ricardo. *O privilégio da servidão*: o novo proletariado de serviços na era digital. São Paulo: Boitempo, 2018.

BARROS, Alice Monteiro de. *Curso de direito do trabalho*. 10. ed. Atual. Jessé Claudio Franco de Alencar. São Paulo: LTr, 2016.

BRASIL. Constituição (1988). *Constituição da República Federativa do Brasil*. Brasília, DF: Senado, 1988. Disponível em: <http://www.planalto.gov.br/ccivil_03/constituicao/constituicao.htm>. Acesso em: 15 out. 2019.

BRASIL. *Decreto-lei n. 5.452, de 1º de maio de 1943*. Consolidação das Leis do Trabalho. Rio de Janeiro, 1943. Disponível em: <http://www.planalto.gov.br/ccivil_03/decreto-lei/del5452.htm>. Acesso em: 15 out. 2019.

BRASIL. Tribunal Superior do Trabalho (4ª Turma). *Recurso de Revista – RR-82-35.2016.5.06.0145*. Relator: Min. Guilherme Augusto Caputo Bastos, 15 de fevereiro de 2019. Disponível em: <https://jurisprudencia-backend.tst.jus.br/rest/documentos/9fc5dfadbc68e3da30e51fff482b5d4b>. Acesso em: 19 nov. 2019.

BRASIL. Tribunal Superior do Trabalho (7ª Turma). *Recurso de Revista – RR-11446-40.2015.5.18.0101*. Relator: Min. Cláudio Mascarenhas Brandão, 05 de abril de 2019. Disponível em: <https://jurisprudencia-backend.tst.jus.br/rest/documentos/1147112efdae93dc2de86da9cc319cd9>. Acesso em: 19 nov. 2019.

BRASIL. Tribunal Superior do Trabalho (1ª Turma). *Agravo de Instrumento em Recurso de Revista – AIRR-12389-62.2015.5.15.0094*. Relator: Des. Convocado: Roberto Nobrega de Almeida Filho, 14 de dezembro de 2018. Disponível em: <https://jurisprudencia-backend.tst.jus.br/rest/documentos/2330782683d4c148e1835dcb40782bfd>. Acesso em: 19 nov. 2019.

BRASIL. Tribunal Superior do Trabalho (7ª Turma). *Agravo de Instrumento em Recurso de Revista – AIRR-5110-97.2015.5.10.0018*. Relator: Min. Luiz Philippe Vieira de Mello Filho, 23 de novembro de 2018. Disponível em: <https://jurisprudencia-backend.tst.jus.br/rest/documentos/823f5be5f33b27301c3fe9995ebda3d1>. Acesso em: 19 nov. 2019.

CAVALCANTE, Jouberto de Quadros Pessoa; JORGE NETO, Francisco Ferreira. A tecnológica, o teletrabalho e a reforma trabalhista. *Revista eletrônica do Tribunal Regional do Trabalho da 9ª Região*, Curitiba, v. 8, n. 75, p. 112-124, fev. 2019. Disponível em: <https://juslaboris.tst.jus.br/handle/20.500.12178/152291>. Acesso em: 18 nov. 2019.

CRARY, Jonathan. *24/7*: Capitalismo tardio e os fins do sono. Trad. Joaquim Toledo Jr. São Paulo: Ubu, 2016.

DALLEGRAVE NETO, José Affonso. O teletrabalho: importância, conceito e implicações jurídicas. *Revista eletrônica do Tribunal Regional do Trabalho da 9ª Região*, Curitiba, v. 3, n. 33, p. 8-27, set. 2014. Disponível em: <https://juslaboris.tst.jus.br/handle/20.500.12178/93895>. Acesso em: 26 out. 2019.

DELGADO, Gabriela Neves. *Direito fundamental ao trabalho digno*. 2. ed. São Paulo, LTr, 2015.

DELGADO, Mauricio Godinho. *Curso de direito do trabalho:* obra revista e atualizada conforme a lei da reforma trabalhista e inovações normativas e jurisprudenciais posteriores. 18. ed. São Paulo: LTr, 2019.

DIAS, Valéria de Oliveira. *A dimensão socioambiental do direito fundamental ao trabalho digno*: uma análise a partir do assédio organizacional nos bancos do Distrito Federal. São Paulo: LTr, 2020. (no prelo)

ESTEVES, Juliana Teixeira; COSENTINO FILHO, Carlo. O teletrabalho na Lei n. 13.467/2017 (Reforma Trabalhista): uma regulamentação em desacordo com as evidências empíricas. *Revista eletrônica do Tribunal Regional do Trabalho da 9ª Região,* Curitiba, v. 8, n. 75, p. 28-57, fev. 2019. Disponível em: <https://juslaboris.tst.jus.br/handle/20.500.12178/152270>. Acesso em: 18 nov. 2019.

FINCATO, Denise. Teletrabalho na reforma trabalhista brasileira. *Revista Eletrônica do Tribunal Regional do Trabalho da 9ª*

Região, Curitiba, v. 8, n. 75, p. 58-72, fev. 2019. Disponível em: <https://juslaboris.tst.jus.br/handle/20.500.12178/152290>. Acesso em: 18 nov. 2019.

FREUD, Sigmund. Luto e melancolia. Trad. Marilene Carone. *Novos Estudos*, n. 32, p. 128-142, mar. 1992.

LEDUR, José Felipe. Fundamentos dos direitos da personalidade do trabalhador: algumas reflexões. In: ALVARENGA, Rúbia Z. de. (Org.). *Direitos humanos dos trabalhadores*. São Paulo: LTr, 2016. p. 115-121.

LEMOS, Maria Cecilia de Almeida Monteiro. *O dano existencial nas relações de trabalho intermitentes:* reflexões na perspectiva do direito fundamental ao trabalho digno. 2018. Tese (Doutorado em Direito, Estado e Constituição) – Faculdade de Direito, Universidade de Brasília, Brasília, 2018. Disponível em: <https://repositorio.unb.br/handle/10482/34531>. Acesso em: 21 nov. 2019.

MAIOR, Jorge Luiz Souto. Do direito à desconexão do trabalho. *Revista do Tribunal Regional do Trabalho da 15ª Região*, Campinas, n. 23, p. 1-21, 2003. Disponível em: <https://www.jorgesoutomaior.com/uploads/5/3/9/1/53916439/do_direito_%C3%A0_desconex%C3%A3o_do_trabalho..pdf>. Acesso em: 20 out. 2019.

MELO, Sandro Nahmias; RODRIGUES, Karen Rosendo de Almeida Leite. *Direito à desconexão do trabalho*: com análise crítica da Reforma Trabalhista (Lei n. 13.467/2017). São Paulo: LTr, 2018.

MOLINA, André Araújo. Dano existencial por jornada de trabalho excessiva. In: ALVARENGA, Rúbia Zanotelli de. (Org.). *Direitos humanos dos trabalhadores*. São Paulo: LTr, 2016. p. 151-167.

NUNES, Talita Camila Gonçalves. *A precarização no teletrabalho*: escravidão tecnológica e impactos na saúde física e mental do trabalhador. Belo Horizonte: RTM, 2018.

PORTO, Lorena Vasconcelos; PEREIRA, Ricardo José Macêdo de Britto. A tutela coletiva do dano extrapatrimonial no Direito do Trabalho. In: SOARES, Flaviana Rampazzo. (Coord.). *Danos extrapatrimoniais no direito do trabalho*. São Paulo: LTr, 2017.

RIO GRANDE DO NORTE. Tribunal Regional do Trabalho da 21ª Região (1. Turma). *Recurso Ordinário n. 0000303-74.2018.5.21.0001*. Relator: Des. Ricardo Luís Espíndola Borges, 12 de agosto de 2019. Disponível em: <https://www.trt21.jus.br/Asp/Jurisprudencia/mostradoc.asp?codigodoc=-5460221&TipoFonte=Acordaos&MimeType=>. Acesso em: 7 dez. 2019.

RODRIGUES, Ana Cristina Barcellos. *Teletrabalho*: a tecnologia transformando as relações de trabalho. 2011. Dissertação (Mestrado em Direito do Trabalho e da Seguridade Social) – Faculdade de Direito, Universidade de São Paulo, São Paulo, 2011. Disponível em: <https://www.teses.usp.br/teses/disponiveis/2/2138/tde-14062012-112439/pt-br.php>. Acesso em: 26 out. 2019.

SAKO, Emília Simeão Albino. Teletrabalho telessubordinado, dependente e por conta alheia: reengenharia dos requisitos da relação empregatícia. *Revista eletrônica do Tribunal Regional do Trabalho da 9ª Região*, Curitiba, v. 3, n. 33, p. 28-45, set. 2014. Disponível em: <https://juslaboris.tst.jus.br/handle/20.500.12178/86044>. Acesso em: 26 out. 2019.

SÃO PAULO. Tribunal Regional do Trabalho da 2ª Região (15. Turma). *Recurso Ordinário n. 1001964-26.2016.5.02.0242*. Relator: Des. Jonas Santana de Brito, 14 de junho de 2018. Disponível em: <http://search.trtsp.jus.br/easysearch/cacheddownloader?collection=coleta014&docId=8da5e9db79a4325d490fa75ebb9a261513ba76a3&fieldName=Documento&extension=html#q=>. Acesso em: 9 dez. 2019.

SARLET, Ingo Wolfgang; SOARES, Flaviana Rampazzo. Reflexões sobre a dignidade da pessoa humana como fundamento de postulações indenizatórias no direito do trabalho. *Civilistica.com*, Rio de Janeiro, a. 6, n. 2, p. 1-34, 2017. Disponível em: <http://civilistica.com/wp-content/uploads/2017/12/Sarlet-e-Soares-civilistica.com-a.6.n.2.2017.pdf>. Acesso em: 20 out. 2019.

SCHWAB, Klaus. *A quarta revolução industrial*. Trad. Daniel Moreira Miranda. São Paulo: Edipro, 2016.

SOARES, Flaviana Rampazzo. A construção de uma teoria do dano existencial no Direito do Trabalho. In: SOARES, Flaviana R. (Coord.). *Danos extrapatrimoniais no direito do trabalho*. São Paulo: LTr, 2017.

SOUZA JÚNIOR, Antonio Umberto de; SOUZA, Fabiano Coelho de; MARANHÃO, Ney; AZEVEDO NETO, Platon Teixeira de. *Reforma trabalhista*: análise comparativa e crítica da Lei n. 13.467/2017 e da Med. Prov. n. 808/2017. 2. ed. São Paulo: Rideel, 2018.

SUPIOT, Alain. *O espírito de Filadélfia*: a justiça social diante do mercado total. Trad. Tânia do Valle Tschiedel. Porto Alegre: Sulina, 2014.

TRAVERSO, Enzo. Passados assombrados desprovidos de utopias. In: TRAVERSO, Enzo. *A melancolia de esquerda*: marxismo, história e memória. Belo Horizonte: Âyiné, 2018. p. 27-62.

CAPÍTULO 22

Paradoxos da Criatividade do *Youtuber* e o Direito Fundamental ao Trabalho Digno

ANA MAGNÓLIA MENDES[1]

CAIO AFONSO BORGES[2]

HENRIQUE ARAUJO E FERNANDES[3]

Resumo: O artigo tem como propósito criticar a lógica de exploração do trabalhador em contextos capitalista neoliberal, apontando problemáticas e vulnerabilidades que disso decorrem sob a perspectiva do direito fundamental ao trabalho digno. Especificamente, pretende-se lançar luz sobre aspectos da relação de trabalho do *youtuber* que se tornaram obscuros devido às transformações advindas da Indústria 4.0. Pressupõe-se uma relação entre suposta liberdade de criação, que denominamos de pressão criativa, e a saúde mental desse trabalhador.

Palavras-chave: *Youtuber*. Trabalho. Criatividade. Vulnerabilidade. Dignidade.

Abstract: The paper propose to criticize the logic of total exploitation of the worker as an in the neoliberal capitalism context and to bring up the problematics and vulnerabilities that come from this under the perspective of the fundamental right to a dignified work. Specifically, its intent to shed a light over aspects of the labor relation of the *youtuber* that became obscure due to several transformations brought by the 4.0 Industry. Its assumption is that there are un relation between supposed freedom, that we called creative pressure, and mental health of this workers.

Keywords: *Youtuber*. Work. Creativity. Vulnerability. Dignity.

1. INTRODUÇÃO

O YouTube despontou como uma das plataformas digitais de grande expressividade e de rápida popularização, no contexto das novas tecnologias digitais. Frente a essa novidade, aspectos relativos à relação de trabalho mediada pela plataforma digital chamam a atenção do Direito do Trabalho. Questões sobre a fruição da liberdade criativa e a conformação da jornada de trabalho se esfumaçam sob a égide da tecnologia e das inovações da Indústria 4.0, trazendo novas perspectivas de análise sobre o tema.

Nas duas primeiras décadas do século XXI, diversas formas de trabalho despontaram como fruto das inovações tecnológicas que se expandiam. Uma das novas profissões articuladas foi a do influenciador digital que se vale da plataforma do YouTube para o desempenho de seu trabalho: o *youtuber*.

(1) Professora do Departamento de Psicologia Social e do Trabalho e do Programa de Pós-Graduação em Psicologia Social, do Trabalho e das Organizações (PST/PSTO-UnB). Líder do Grupo de Pesquisa Psicanálise e Trabalho (UnB/CNPq). Coordenadora do Projeto Espaço Aberto ao Trabalhador: Clínica Psicanalítica do Trabalho (UnB). Pesquisadora integrante dos Grupos de Pesquisa Trabalho, Constituição e Cidadania (UnB/CNPq) e Psicossociologia do Trabalho e Formação (CANAM, Paris).

(2) Graduando em Direito pela Faculdade de Direito da Universidade de Brasília (UnB). Pesquisador integrante do Grupo de Pesquisa Trabalho, Constituição e Cidadania (UnB/CNPq).

(3) Graduando em Direito pela Faculdade de Direito da Universidade de Brasília (UnB). Pesquisador integrante do Grupo de Pesquisa Trabalho, Constituição e Cidadania (UnB/CNPq) e do Grupo de Estudos Observatório de Políticas Públicas (UnB/CNPq).

Diversos são os eventos que contribuíram para o surgimento da profissão do youtuber[(4)], com destaque para o desenvolvimento das novas tecnologias digitais, a disseminação e democratização da *internet*, os investimentos aplicados às novas tecnologias, os altos índices de desemprego e as crises econômicas, que impactam direta e numericamente no contingente trabalhista.

O *youtuber* caracteriza-se por sua importância como disseminador de informações e pela capacidade de influência expandida sobre diversos segmentos sociais. A liberdade de criação que lhe é própria, possibilita a articulação de temas e projetos audiovisuais variados.

No entanto, apesar dessa perspectiva de liberdade criativa, o *youtuber* está exposto a vulnerabilidades no que tange ao poder criativo que lhe acompanha em sua dinâmica laboral. Imersos em uma realidade de produção frenética e de qualidade total de conteúdo[(5)] (critérios usualmente percebidos como condições para a manutenção de um *youtuber* em patamares de reconhecimento e acessibilidade ao público), esses trabalhadores se submetem a rotinas estressantes de produção de vídeos e de projetos de impacto midiático, com uma significativa absorção de seu tempo de vida para o planejamento, viabilização e execução desses produtos de trabalho. Essa absorção extenuante do tempo de vida em tempo de trabalho tem provocado o aumento exponencial de casos de adoecimento psíquico entre os *youtubers*, conforme indica Ana Laura Stachewski[(6)].

A liberdade de criação inerente às profissões de *youtuber* e de influenciadores digitais é levada ao extremo a partir do momento em que ela se torna absoluta, quando o trabalhador não mais a utiliza como forma de expressão de si mesmo, mas, ao contrário, debruça-se sobre ela na tentativa de extrair, de forma artificial, algum conteúdo para publicação e posterior rendimento.

Pressionado pela lógica de produção em massa de conteúdo, em períodos de tempo exíguos, esse trabalhador se submete à pressão por produtividade em razão de dois elementos que se interconectam: (i) a necessidade de interação ampla e constante com seu público-alvo como forma de manutenção da fama e de atendimento às expectativas dela advindas; e (ii) a vinculação ao mecanismo de seleção de conteúdo da plataforma YouTube, que é regido por algoritmos de direcionamento de vídeos ao público segundo critérios de produtividade e ranqueamento.

Situada a conjuntura de fruição das dinâmicas laborais nesta plataforma digital, vê-se que a celebrada liberdade de criação do *youtuber* dá lugar à completa captação do tempo de trabalho por demandas excessivas de produção e inovação de conteúdo, inserindo tal sujeito em processos mentais de ansiedade, depressão e, em alguns casos, culminando no esgotamento.

Compreende-se, de plano, que a exaustão programada do trabalhador *youtuber* é consequência direta da razão de mercado inerente à conformação das relações de trabalho contemporâneas, especialmente no prisma do capitalismo neoliberal. Ela exige padrões de produtividade máxima, de maneira a negligenciar aspectos inerentes à saúde mental e à liberdade desse sujeito trabalhador.

Assim, o *youtuber*, à par da ausência de mecanismos formais de controle da sua atividade, é submetido a situações de superprodução de conteúdo de alta qualidade, tanto pela pressão exercida ante a expectativa de seu público-alvo, quanto pela necessidade de atendimento aos critérios de "curtidas" e compartilhamentos como forma de adequação aos algoritmos de divulgação.

A falta de perspectiva sobre a possível conformação da jornada de trabalho do *youtuber* ao patamar constitucional, demonstra a significativa vulnerabilidade laboral a que estão submetidos. Fato é que os efeitos perversos de uma organização do trabalho, aliados à ausência completa de normas proativas para essa categoria profissional, comprometem não apenas a fruição da liberdade criativa própria ao ofício, mas a própria garantia de condições mínimas de trabalho sob o prisma da dignidade humana[(7)].

---

(4) SCHWAB, Klaus. *A quarta revolução industrial*. São Paulo: Edipro, 2016.

(5) Uma das características do modelo de produção toyotista é a organização de círculos de controle de qualidade, que objetiva a melhoria da produtividade a partir de uma apropriação do conhecimento do operário. O controle de qualidade total é, portanto, uma referência teórica finalística ligada ao toyotismo. A respeito, consultar: LEMOS, Maria Cecília de Almeida Monteiro. *O Dano Existencial nas relações de trabalho intermitentes*: reflexões na perspectiva do *Direito fundamental ao trabalho digno*. Tese de Doutorado. Universidade de Brasília. Brasília, 2018.

(6) STACHEWSKI, Ana Laura. Ansiedade, depressão e *burnout*: a realidade nada *cool* por trás da fama de youtubers. *Época Negócios* (versão digital). Publicada em: 02.10.2018. Disponível em: <https://epocanegocios.globo.com/Tecnologia/noticia/2018/10/ansiedade-depressao-e-burnout-realidade-nada-cool-por-tras-da-fama-de-youtubers.html>.

(7) DELGADO, Gabriela Neves. *Direito fundamental ao trabalho digno*. São Paulo: LTr, 2006.

2. A PRESSÃO CRIATIVA E A MORTE DO TRABALHO VIVO

A Organização Internacional do Trabalho (OIT), compromissada com a reafirmação de seus valores institucionais e com a orientação de novas perspectivas para a proteção internacional do trabalho, adotou a Declaração de Filadélfia de 1944, estabelecendo os princípios fundamentais da organização[(8)].

Entre estes, os princípios contidos no artigo I, *a* e *b* – quais sejam, respectivamente, a compreensão de que "o trabalho não é uma mercadoria" e de que "a liberdade de expressão e de associação é uma condição para o progresso constante" – informam a necessária compreensão do trabalho humano enquanto atividade incondicionalmente vinculada à liberdade de agir e à realização da dignidade. Desse modo, se por um lado o primeiro princípio exprime que a dinâmica do trabalho não é condicionável às exigências do mercado, o segundo afirma a conexão ínsita entre a liberdade humana e o agir laboral.

Nesse sentido, pode-se afirmar que as etapas de planejamento e execução de toda e qualquer relação de trabalho (independentemente de sua classificação legal) devem ser regidas por formas de organização que não limitem ou privem o indivíduo da plena fruição de suas capacidades criativas.

Ana Magnólia Mendes, ao promover análise precisa da significação do trabalho humano perante a articulação entre os estudos de Marx e a Psicanálise, ressalta a diferença essencial entre os conceitos de "trabalho vivo" e de "trabalho morto" para a satisfatória compreensão do tema. O primeiro pode ser entendido como o trabalho direcionado ao encontro de si, ou seja, como o trabalho enquanto forma de identificação do sujeito com o mundo à sua volta e com sua própria subjetividade (a busca do chamado sujeito ético-político). O segundo, por sua vez, ocorre a partir da substituição do trabalho vivo (enquanto saber criativo e subjetivo) pelo trabalho como meio de realização estritamente material do sujeito. Este último, segundo a pesquisadora, assume o *status* de valor social (razão prática) norteador das formas de organização e compreensão das relações de trabalho no modo de produção capitalista[(9)].

Para tanto, é de estrita importância relevar o surgimento e a estruturação do trabalho enquanto valor social de compartilhamento de expectativas e aspirações entre os sujeitos trabalhadores. Inspirada nos escritos de Jean-Michel Vivès, Ana Magnólia Mendes trabalha a dinâmica tridimensional do circuito da pulsão invocante[(10)], qual seja, a divisão das "vozes que invocam o sujeito" em "ser chamado", "chamar" e "se fazer chamar".

Nessa perspectiva, a autora posiciona esses três momentos enquanto temporalmente dispostos na direção da reificação do sujeito através do trabalho. O "se fazer chamar", desse modo, é a conformação subjetiva do trabalho enquanto via de emancipação do indivíduo, enquanto o "ser chamado" pressupõe a dependência em relação à invocação do Outro, relação que não coaduna com a percepção de liberdade laboral se eternizada sobre o sujeito que é chamado (ou seja, se mantida no tempo enquanto prática comum). A continuidade da primeira voz ("ser chamado") presume a manutenção do sujeito em situação de dependência às aspirações e aos desejos do Outro, impedindo que ele se emancipe e dê fruição autônoma à consolidação de seus desejos e expectativas através do trabalho[(11)].

O Outro no mundo do trabalho contemporâneo é, por sua vez, a lógica neoliberal de produção capitalista instrumentalizada nos sujeitos que compõem os múltiplos estratos da divisão do trabalho[(12)]. Este Outro, ao invocar o trabalhador, substitui a emancipação no trabalho pela lógica da perfeição, da excelência e da qualidade total como vias de recompensa do indivíduo. Utilizando a metáfora do "canto da sereia"[(13)], a

---

(8) ORGANIZAÇÃO INTERNACIONAL DO TRABALHO. Conferência Internacional do Trabalho. Constituição da Organização Internacional do Trabalho (OIT) e seu Anexo (Declaração de Filadélfia). Disponível em: <https://www.ilo.org/wcmsp5/groups/public/---americas/---ro-lima/---ilo-brasilia/documents/genericdocument/wcms_336957.pdf>.

(9) MENDES, Ana Magnólia. *Desejar, falar, trabalhar*. Porto Alegre: Editora Fi, 2018.

(10) *Ibidem*, p. 38-39.

(11) *Ibidem*, p. 38-39.

(12) *Ibldem*, p. 49.

(13) Ana Magnólia Mendes considera o "canto da sereia" enquanto uma das posições maternas no processo de invocação da criança direcionado à autopercepção enquanto sujeito. Diferentemente do "canto da poetisa" (em que a mãe percebe a criança como sujeito e impõe limite à fruição de seus desejos), o "canto da sereia" dissolve o sujeito-criança na noção de objeto-criança, permitindo sua dependência total em relação ao sujeito invocante. Uma vez tomado pelo "canto da sereia", o objeto-criança passa a não reconhecer o limite à fruição de seus desejos (que seria a noção de prazer enquanto pulsão limitada pela noção ético-política do sujeito), aderindo à ideia de gozo-mortífero (fruição descontrolada do desejo necessariamente incompatível com a existência ético-política do sujeito real). Tal dinâmica estaria intimamente reproduzida no trabalho, vez que este é prática de sublimação (satisfação) dos desejos individuais no campo social. MENDES, Ana Magnólia. *Desejar, falar, trabalhar*. Porto Alegre: Editora Fi, 2018. p. 37-43.

lógica capitalista de produção institui um discurso intensamente sedutor e convincente sobre cada trabalhador, induzindo este sujeito à troca aparentemente voluntária do trabalho vivo (livre e emancipado) pelo trabalho morto (dependente, total e absoluto).(14) Neste chamado ao trabalho morto, a invocação perpassa pela construção de um sujeito forjado (que trabalha por recompensas e gratificações cada vez maiores), em substituição ao sujeito ético-político que vê, no trabalho, uma experiência de si e uma significação subjetiva perante o coletivo. Dá-se a passagem em que "nasce o sujeito do trabalho e morre o trabalho do sujeito"(15).

Ana Magnólia Mendes explica que, dessa forma, os indivíduos, em sua busca pela realização pessoal pelo trabalho, vinculam a dinâmica laboral à obtenção de prêmios e gratificações (trabalho morto), identificando o binômio sucesso-fracasso individual em termos de maior ou menor obtenção destes elementos. Com isso, afastam-se de uma atuação produtiva do ser e deixam de buscar a essência inerente à dinâmica do trabalho vivo, qual seja, o trabalho pensado em termos de liberdade e emancipação individual. Terminam, assim, imergindo em processos de adoecimento psíquico por acreditarem-se fracassados. Autodeterminam-se fracassados, por sua vez, pela própria redução de seu saber criativo à atuação pragmática enquanto sujeitos forjados, ou seja, enquanto sujeitos completamente apartados de sua subjetividade que tecem dinâmicas laborais marcadas pela completa mecanicidade e autoprivação(16).

Nessa perspectiva, o *youtuber* insere-se, aprioristicamente, enquanto trabalhador vinculado à noção de saber criativo. A referência socialmente compartilhada da profissão posiciona este sujeito enquanto dotado de ampla liberdade criativa e de plena potencialização de sua subjetividade, tanto pela variedade de temáticas passíveis de abordagem em seus vídeos quanto pela variedade de modos de estruturação, execução e disposição de seus conteúdos na plataforma digital (YouTube).

Para além, a atuação midiática do *youtuber* o eleva à categoria geral de influenciador digital, sendo usualmente percebido enquanto profissional capaz de promover reflexões críticas perante a sociedade em diversos assuntos de interesse coletivo. Nesse sentido, o trabalho potencializado pela amplitude quase irrestrita de conteúdos a serem produzidos, aliado à significativa capacidade de sugestão do pensamento crítico através de suas manifestações, identificaria este trabalhador como vinculado à noção de trabalho vivo(17).

Contudo, a evidência crescente dos fenômenos de ansiedade, depressão e demais enfermidades psíquicas denota que tal noção primeira pode indicar a presença do mencionado "canto da sereia", qual seja, o encaminhamento para uma profissão traduzida por dinâmicas laborais de esgotamento físico e mental do sujeito-trabalhador e pela desvinculação da liberdade de criação do profissional ante as reiteradas invocações de produtividade e de qualidade total sobre ele impostas.

A submissão do trabalhador *youtuber* ao duplo mecanismo de pressão criativa (expectativas compartilhadas pelo público-alvo e seletividade dos algoritmos de promoção de vídeos do YouTube segundo critérios de ranqueamento) impõe severa constrição desse sujeito às lógicas de superprodução e de qualidade total do conteúdo disponibilizado na plataforma.

Na mesma linha de raciocínio, explica Ana Laura Stachewski que a necessidade de variação criativa das temáticas trabalhadas, assim como das formas de edição, execução e divulgação dos vídeos produzidos, culmina em uma atividade criativa cerceada pelos imperativos de manutenção do reconhecimento e da propulsão direcionada de seus produtos(18).

Desse modo, o *youtuber* condiciona seu agir por diretrizes distintas do saber criativo e da crítica direcionada à sua emancipação enquanto sujeito trabalhador, sujeitando-se aos controles indiretos de produtividade exercidos pelo público e pela própria plataforma digital. Ignora, enquanto efeito da pressão constante e irrestrita pela produção e divulgação de conteúdo, a separação necessária entre os ambientes de trabalho e de descanso. Esse processo é igualmente replicado na jornada de trabalho do youtuber que, sem quaisquer mecanismos de controle ou fiscalização, passa a trabalhar em períodos de sobrejornada habituais.

Tais processos culminam, portanto, na inversão do saber criativo em pressão criativa. Nesse fenômeno, o

---

(14) MENDES, Ana Magnólia. *Desejar, falar, trabalhar.* Porto Alegre: Editora Fi, 2018. p. 49.

(15) *Ibidem.*

(16) *Ibidem,* p. 51-54.

(17) *Ibidem,* p. 31-33.

(18) STACHEWSKI, Ana Laura. Ansiedade, depressão e *burnout*: a realidade nada *cool* por trás da fama de youtubers. Época Negócios (versão digital). Publicada em: 02.10.2018. Disponível em: <https://epocanegocios.globo.com/Tecnologia/noticia/2018/10/ansiedade-depressao-e--burnout-realidade-nada-cool-por-tras-da-fama-de-youtubers.html>.

tempo e o espaço do trabalho (enquanto elementos de conformação da atividade laboral) reduzem-se ao imperativo da produção total de conteúdo, determinando a dedicação do sujeito trabalhador ao seu ofício a todo tempo e em todo lugar. O *youtuber*, dessa forma, perde sua feição inicial de representante por excelência do trabalho vivo. Denuncia, por outro lado, as consequências nefastas do adoecimento psíquico enquanto efeito direto do trabalho não emancipado, do prevalecente trabalho morto[19].

3. O EMPRESÁRIO CANSADO (DE SI)

Os meios de comunicação protagonizam o cenário laboral do *youtuber*, uma vez que são a própria plataforma de produção de conteúdo e de trabalho do profissional. Contudo, é de se notar que as técnicas de comunicação desmantelam as relações intersubjetivas. A tecnologia se mostra capaz de distanciar os indivíduos, ao mesmo tempo que, aparentemente, os aproxima. A possibilidade de contato com um grande número de pessoas oculta o latente caráter de superficialidade dessas relações.

O trabalhador que se vale desse apoio tecnológico é colocado diante de um cardápio exagerado de individualidades, que permite ao *youtuber* se adequar aos anseios de seu público variado. Entretanto, esse mesmo trabalhador se vê apartado e impossibilitado de estabelecer conexões intensas devido à própria indefinição de sua individualidade[20].

Constata-se, assim, que o *youtuber* enfrenta uma crise de identidade com um duplo caráter. A liberdade e a incapacidade de criar ligações intensas fazem com que o trabalhador não consiga se inserir dentro de um grupo, caracterizando, portanto, uma crise de identidade externa. Por outra perspectiva, o trabalhador se encontra em confusão interna, haja vista a necessidade de troca de identidade frequente para o aumento de sua produção, consoante a lógica da autoexploração.

Nessa senda, é de extrema importância ressaltar a questão da identidade enquanto sujeito e obreiro. Como bem atestado por Byung-Chul Han, hoje vive-se em uma sociedade do desempenho, marcada pelo cansaço, pela crise do sujeito e do sujeito trabalhador e pela influência incessante dos meios de comunicação[21].

No contexto da sociedade do desempenho, o cansaço é gerado excessivamente e tem o condão de promover o isolamento e a individualização. Protagoniza, portanto, um papel crucial no esfacelamento da relação de alteridade do sujeito com o outro, uma vez que, de maneira violenta, destrói a comunidade como união. Nessas condições, o cansaço se apresenta como fruto da sociedade e como fator de desagregação e de crise da identidade do sujeito[22].

Nesse cenário neoliberal, o trabalhador se desvincula do outro. Esse desprendimento também faz com que o sujeito volte para si mesmo, em um movimento de isolamento, devido à falta de relação externa, o que gera, involuntariamente, dor e sofrimento. Ademais, a individualização faz com que o trabalhador passe a concorrer consigo mesmo, em uma dinâmica de autoexploração, que culmina no colapso psíquico, no *burnout*[23]. A liberdade, aqui, é levada às suas últimas consequências, operando numa quebra de vínculos entre os sujeitos como agentes sociais.

Imerso nessa lógica de autoexploração e de emancipação, as supostas liberdade e independência do *youtuber* contribuem para a configuração de um panorama alarmante, pois o sujeito passa a se enxergar como "empresa de si mesmo"[24]. A partir disso, as ações do trabalhador são direcionadas por uma razão de mercado, que se apropria dos conteúdos gerados pelo profissional em um movimento constante e progressivo de tolhimento de sua liberdade criativa.

Enquanto "empresa de si mesmo" e imerso na lógica neoliberal concorrencial da sociedade de desempenho, o *youtuber* trabalha segundo a dinâmica de maximização de performances que contribui para a redução do trabalhador a um mero suporte do processo de produção da mais-valia[25], colaborando, assim, para uma faceta da sua crise identitária.

A "razão empreendedora", quando passa a guiar o comportamento do *youtuber*, abre espaço para um paradoxo. O trabalhador, como empreendedor individual, não mais se percebe como empregado, mas como "empresário", o que implica na perda da sua consciência de

---

(19) MENDES, Ana Magnólia. *Desejar, falar, trabalhar*. Porto Alegre: Editora Fi, 2018. p. 34.

(20) *Ibidem*.

(21) HAN, Byung-Chul. *Sociedade do cansaço*. 2. ed. Petrópolis, RJ: Vozes, 2017.

(22) *Idem*.

(23) *Ibidem*.

(24) SAFATLE, Vladimir. *O circuito dos afetos*: corpos políticos, desamparo e o fim do indivíduo. Autêntica, 2016.

(25) *Ibidem*.

classe[26]. Percebe-se, portanto, mais um aporte para a crise de identidade, uma vez que o sujeito não consegue se perceber como trabalhador, além de não conseguir compreender que o trabalho protegido dignifica, assegurando pertencimento e representatividade, conforme leciona Gabriela Neves Delgado[27].

Não obstante seu trabalho tenha aparência de autonomia, o *youtuber* – enquanto sujeito da sociedade de desempenho, indivíduo inserido na sociedade capitalista neoliberal e empresário de si mesmo – não é livre. Sua pseudo-autonomia se dissolve a partir do momento em que seu trabalho é lançado no mercado, quando a sua produção de conteúdo é orientada pela lógica do capital.

Fica nítido o paradoxo em que o *youtuber* se encontra: há uma oposição clara entre o capital e a capacidade viva de trabalho[28], que falha em ser solucionada pelo mito do empreendedorismo ou da "empresa de si mesmo", de modo que esse profissional pauta a exploração de sua criatividade em função da razão de mercado.

4. CONCLUSÃO

A liberdade de criação do *youtuber*, enquanto elemento essencial de compreensão da sua dinâmica de trabalho, tem se mostrado amplamente marcada por vulnerabilidades. Seja pela ausência de controle da jornada de trabalho, seja pela submissão ao duplo mecanismo de pressão criativa, o *youtuber* contribui para a desconstrução da imagem primeira de trabalhador livre e emancipado ao apresentar, de maneira cada vez mais recorrente, episódios de adoecimento psíquico.

Desse modo, a conexão entre os casos de ansiedade, depressão, síndrome de *burnout* e outras enfermidades com a estruturação da produtividade em termos de qualidade total do conteúdo criado e da superprodução de vídeos permite constatar a presença de limitações severas à satisfatória apreensão do trabalho do *youtuber* segundo critérios de liberdade e de dignidade humana.

A imagem ideal de um trabalhador eximido das formalidades do contrato de emprego, com liberdade para definir sua jornada de trabalho, seu espaço de trabalho e conteúdo de produção, além de diversos outros aspectos da sua atividade laboral, é colocada em xeque quando observada por uma perspectiva crítica. As maravilhas "cantadas pelas sereias" se revelam verdadeiros pesadelos uma vez que enxergadas pelo filtro crítico da lógica neoliberal.

Dentro da sociedade de desempenho marcada pelo cansaço, guiada pela razão mercadológica e afeiçoada ao ideal do empreendedorismo, o *youtuber* enfrenta a incapacidade de criar laços identitários substanciais com os demais sujeitos e consigo mesmo, além de se submeter à exploração total da sua criatividade como combustível para alimentar a indústria do entretenimento digital.

Nesse sentido, o Direito do Trabalho, assumindo sua função assecuratória de proteção e garantia de condições civilizatórias de trabalho, deve ter ampliada a sua abrangência normativa para tutelar amplamente as relações de trabalho, de modo a dedicar atuação intensiva no combate às diversas vulnerabilidades nelas constatadas, conforme defende Gabriela Neves Delgado, em sua teoria do direito fundamental ao trabalho digno[29].

Tendo por base que o combate às vulnerabilidades não se resume à hipossuficiência econômica em relações de emprego, mas abrange a totalidade de direitos e situações existenciais que compõem a dignidade humana de cada trabalhador, a questão referente à exploração da criatividade e à crise de identidade do *youtuber* é discussão que se mostra pertinente.

Nesse contexto, reputa-se necessária a atuação da tutela geral de direitos fundamentais trabalhistas pelo Direito do Trabalho. A violação patente desses direitos, tanto na esfera pátria como na internacional, conclama a necessidade de se debater e apontar os problemas das novas formas de trabalho que vêm surgindo, sobretudo no século XXI. A imprescindibilidade de se estender o piso civilizatório das relações laborais a todo e qualquer trabalhador é fundamental para a redução das desigualdades e para a promoção de um sistema trabalhista integrado e condizente com a noção fundamental do direito universal ao trabalho digno[30] e de Estado Democrático de Direito.

---

(26) SAFATLE, Vladimir. *O circuito dos afetos*: corpos políticos, desamparo e o fim do indivíduo. Autêntica, 2016.

(27) DELGADO, Gabriela Neves. *Direito fundamental ao trabalho digno*. São Paulo: LTr, 2006.

(28) ALVES, Maria Aparecida; TAVARES, Maria Augusta. A dupla face da informalidade do trabalho: "autonomia" ou precarização. In: ANTUNES, R. (Org.) *Riqueza e miséria do trabalho no Brasil*. São Paulo: Boitempo, 2006. p. 441.

(29) DELGADO, Gabriela Neves. *Direito fundamental ao trabalho digno*. São Paulo: LTr, 2006.

(30) *Ibidem*.

REFERÊNCIAS

ALVES, Maria Aparecida; TAVARES, Maria Augusta. A dupla face da informalidade do trabalho: "autonomia" ou precarização. In: ANTUNES, R. (Org.) *Riqueza e miséria do trabalho no Brasil*. São Paulo: Boitempo, 2006.

BRASIL, Constituição (1988). *Constituição da República Federal do Brasil*. Brasília, DF: Senado Federal, 1988.

BRASIL, Decreto n. 1.254, de 29 de setembro de 1994. Promulga a Convenção n. 155, da Organização Internacional do Trabalho, sobre Segurança e Saúde dos Trabalhadores e o Meio Ambiente de Trabalho, concluída em Genebra, em 22 de junho de 1981. Diário Oficial da União 30.09.1994.

BRASIL, Decreto-lei n. 5.452, de 1º de maio de 1943. Aprova a Consolidação das Leis do Trabalho. Diário Oficial [da] República Federativa do Brasil. Brasília, DF, 14.09.2001, p. 11.937.

CASTRO, Carla Appollinario de. *Crítica à razão empreendedora*: a função ideológica do empreendedorismo no capitalismo contemporâneo. UFF/Programa de Pós-Graduação em Sociologia e Direito. Niterói, v. 200, 2013.

DELGADO, Gabriela Neves. *Direito fundamental ao trabalho digno*. São Paulo: LTr, 2006.

HAN, Byung-Chul. *Sociedade do cansaço*. 2. ed. Petrópolis, RJ: Vozes, 2017.

LEMOS, Maria Cecília de Almeida Monteiro. *O dano existencial nas relações de trabalho intermitentes*: reflexões na perspectiva do direito fundamental ao trabalho digno. Tese de Doutorado. Universidade de Brasília. Brasília, 2018.

MENDES, Ana Magnólia. *Desejar, falar, trabalhar*. Porto Alegre: Editora Fi, 2018.

ORGANIZAÇÃO INTERNACIONAL DO TRABALHO. Conferência Internacional do Trabalho. Constituição da Organização Internacional do Trabalho (OIT) e seu Anexo (Declaração de Filadélfia). Disponível em: <https://www.ilo.org/wcmsp5/groups/public/---americas/---ro-lima/---ilo-brasilia/documents/genericdocument/wcms_336957.pdf>.

SAFATLE, Vladimir. *O circuito dos afetos*: corpos políticos, desamparo e o fim do indivíduo. Autêntica, 2016.

SCHWAB, Klaus. *A quarta revolução industrial*. São Paulo: Edipro, 2016.

STACHEWSKI, Ana Laura. Ansiedade, depressão e *burnout*: a realidade nada *cool* por trás da fama de youtubers. Época Negócios (versão digital). Publicada em: 02.10.2018. Disponível em: <https://epocanegocios.globo.com/Tecnologia/noticia/2018/10/ansiedade-depressao-e-burnout-realidade-nada-cool-por-tras-da-fama-de-youtubers.html>.

CAPÍTULO 23

E-Sports e Direito Fundamental ao Trabalho Digno: A Aplicação Analógica da Lei Pelé aos *Cyber Atletas*

PAULO ROBERTO LEMGRUBER EBERT[(31)]

GABRIEL PINHEIRO BELEZA[(32)]

LEONARDO ENRICO MARCHIORO MENDES[(33)]

Resumo: Os jogos eletrônicos são um fenômeno do século XXI que tem crescido vertiginosamente em popularidade e faturamento. Alguns destes jogos são chamados de esportes eletrônicos, dada a alta competitividade e a organização que possuem. Os jogadores profissionais que disputam as principais competições de ***e-sports*** enfrentam duras rotinas de treinos e preparação, muito se assemelhando aos atletas de esportes tradicionais. O presente artigo estuda a relação entre jogadores profissionais e suas equipes à luz do Direito do Trabalho, partindo do direito fundamental ao trabalho digno à análise da submissão – ou não – dos *cyber atletas* à legislação específica dos esportes tradicionais (Lei n. 9.615/1998 – Lei Pelé).

Palavras-chave: Jogos eletrônicos. *E-sports. Cyber atletas*. Direito do Trabalho. Lei Pelé.

Abstract: Video games are a 21st century phenomenon that has been growing immensely in popularity and revenue. Some of these games are called electronic sports – e-sports –, given their high competitiveness and organization. Professional players competing in top e-sports competitions face harsh training and preparation routines, much like traditional sports athletes. This paper aims to study the relationship between professional players and their teams through the lens of brazilian labor law, starting from the fundamental right of decent work towards the submission – or not – of cyber athletes to the specific legislation of traditional sports (Law 9.615/98 – Pelé Law).

Keywords: Electronic games. E-sports. Cyber athletes. Labor law. Pelé Law.

1. INTRODUÇÃO

Os jogos eletrônicos são uma forma de entretenimento e competição, surgida com o avanço tecnológico das últimas décadas, que tem adquirido relevante número de praticantes e patrocinadores ao redor do mundo. Inicialmente os jogos eletrônicos restringiam-se aos chamados "video games", nos quais os usuários costumavam jogar sozinhos e contra a própria máquina. Com o advento da internet e de novos jogos, o grau de organização das competições cresceu e o nível de competitividade entre jogadores atingiu patamar semelhante ao dos esportes tradicionais. Estes jogos organizados e competitivos são chamados de esportes eletrônicos – *e-sports* – e uma discussão aprofundada sobre este caráter esportivo será apresentada adiante.

Segundo dados divulgados por empresas especializadas no mercado de *e-sports*, tais como a *NewZoo* e a *Esports Earnings*, a receita gerada pelos esportes eletrônicos cresceu incríveis 26,7% entre 2018 e 2019, al-

(31) Advogado. Professor Universitário. Doutor em Direito do Trabalho e da Seguridade Social pela Universidade de São Paulo (USP). Especialista em Direito Constitucional pela Universidade de Brasília (UnB). Especialista em Direito e Processo do Trabalho pelo Centro Universitário de Brasília (UniCEUB). Pesquisador integrante do Grupo de Pesquisa Trabalho, Constituição e Cidadania (UnB/CNPq).

(32) Acadêmico do Curso de Direito na Universidade de Brasília (UnB).

(33) Acadêmico do Curso de Direito na Universidade de Brasília (UnB).

cançando o valor de 1,1 bilhão de dólares. A título de exemplo, o campeonato mundial de *DOTA 2*, jogo recordista em premiações, pagou a equipes e jogadores mais de vinte e cinco milhões de dólares em seu campeonato mundial de 2015.

Evidentemente, os valores referentes ao mercado brasileiro são bem menores do que os observados em campeonatos internacionais, o que não deve gerar desprezo, haja vista que os R$ 250.000,00 (duzentos e cinquenta mil reais) pagos pelo último Campeonato Brasileiro de *League of Legends* são compatíveis com as premiações de muitos campeonatos de esportes tradicionais. Ademais, os jogos eletrônicos ocupam relevante espaço, desde 2016, nos veículos tradicionais de mídia esportiva, em especial canais de televisão por assinatura, tal como *Sportv, Espn* e *Esporte Interativo*.

Quando observados sob a perspectiva dos jogadores profissionais é que os esportes eletrônicos adentram a esfera de proteção do direito do trabalho, pois a disputa de campeonatos e a rotina de treinos intensos configuram a atividade profissional e a fonte de renda de boa parte dos jogadores de alto rendimento. Os principais aspectos a serem elucidados à luz das normas justrabalhistas são a dignidade das rotinas de trabalho dos jogadores, a existência de vínculo empregatício na relação entre jogadores e equipes, e se normas especiais de certas atividades profissionais, como aquelas destinadas aos esportes tradicionais, aplicam-se aos jogadores profissionais de *e-sports*.

Tornou-se lugar comum, em textos acadêmicos e em precedentes judiciais, afirmar que há uma lacuna normativa quanto à regulamentação dos jogos eletrônicos e de seus profissionais. De fato, trata-se de uma indústria recente e com particularidades que não parecem albergadas completamente pela legislação vigente. Quanto às relações de trabalho, a grande maioria dos artigos brasileiros sobre o tema e dos projetos de lei em votação no Congresso Federal busca a equiparação entre os esportes eletrônicos e os esportes tradicionais, de forma que a Lei n. 9.615/1998, a Lei Pelé, seja aplicada aos contratos firmados pelos profissionais dos *e-sports*. Neste artigo, a aplicação da Lei Pelé se dará por meio de integração analógica e não via afirmação dos *e-sports* enquanto desporto.

Importante destacar que, diante da rapidez com que os novos jogos são desenvolvidos, o presente artigo se ocupará da análise dos elementos justrabalhistas nos esportes eletrônicos em geral. Mais precisamente, serão apresentados os debates quanto à esportividade dos jogos eletrônicos e quanto às normas aplicáveis às relações entre jogadores profissionais e seus contratantes – clubes/equipes.

2. JOGOS ELETRÔNICOS: CONCEITO E CARACTERIZAÇÃO

Jogo eletrônico pode ser definido como "jogo composto de um universo virtual, controlado por computador, com o qual os jogadores podem interagir de modo a realizar determinado objetivo ou conjunto de objetivos".[34] A primeira particularidade do conceito acima é que esta espécie de jogo se desenvolve em ambiente virtual, o qual requer, dos jogadores, esforço mais cognitivo do que físico. Há, por um lado, jogos em que este ambiente virtual se assemelha ao ambiente típico dos jogos convencionais, como é o caso do jogo FIFA, que reproduz partidas de futebol na tela de uma TV ou computador, e, por outro lado, jogos que criam uma realidade virtual fantasiosa, em que é possível a criação de praticamente qualquer atividade ou ambiente frutos da imaginação.

Uma segunda particularidade do conceito é a realização de um objetivo dentro desse universo virtual já descrito. A depender de que objetivo é esse, um jogo eletrônico pode passar a ser chamado de esporte eletrônico (*e-sports*). Pode-se dizer, portanto, que jogo é gênero do qual esporte é uma espécie. Os possíveis critérios de especificação do que é esporte e a comparação entre esportes eletrônicos e esportes tradicionais serão tratados em tópico próprio.

Antes de adentrar especificamente nos esportes eletrônicos – espécie –, convém apresentar mais características dos atuais jogos eletrônicos (*games*) – gênero. Segundo Adams, há pelo menos 7 subgêneros para os games, sendo que o subgênero dos jogos *on-line* é tido como fundamental para o desenvolvimento dos *e-sports*. Enquanto há jogos *Off-line*, em que os jogadores (*players*) reúnem-se num mesmo ambiente físico e interagem por meio de um console – *Xbox* ou *Playstation*, por exemplo – que projeta as imagens em uma só tela, foram os jogos eletrônicos *On-line* os que mais cresceram na última década. Nestes, os *players* podem jogar de espaços físicos distintos e por meio de telas próprias, desde que tenham acesso à Internet ou a qualquer outra rede local (LAN) que os conecte aos outros jogadores. Vale notar que os jogos *on-line* permitem a interação entre jogadores sem que estes precisem sair de casa ou compartilhar um mesmo ins-

(34) Disponível em: http://michaelis.uol.com.br/moderno-portugues/busca/portugues-brasileiro/jogo/. Acesso em 15 jul 2020.

trumento – computador ou console – de jogo. Enquanto isso, esportes tradicionais sempre demandam que os atletas estejam reunidos num mesmo local físico.

3. ESPORTES ELETRÔNICOS: DO LAZER À PROFISSIONALIZAÇÃO

Ainda que os esportes sejam uma espécie do gênero jogo, não há critérios universalmente aceitos para se definir o que é esporte. Em certas áreas da Ciência, como a Sociologia e a Filosofia do Esporte, há critérios academicamente construídos, mas que divergem a depender do autor. Tal impasse não deve ser solucionado pelo Direito, mas ao jurista cabe estar ciente do debate acadêmico para fornecer a devida solução jurídica. Importante notar, antes de mais nada, que mesmo sem consenso quanto ao que é esporte, já é corrente o uso da expressão *e-sports* – esportes eletrônicos – para um certo conjunto de jogos eletrônicos.

Há duas particularidades deste conjunto de jogos eletrônicos que os levam a serem chamados de e-sports pela comunidade de jogadores e espectadores: a intensa competitividade e o alto grau de organização. Allen Guttnam, um dos principais autores de sociologia do esporte, chega a definir o esporte como "jogo físico ou intelectual, competitivo e organizado". De fato, são vários os campeonatos de jogos virtuais organizados nacional e mundialmente, muitos deles com premiações milionárias. Em jogos como *League of Legends* (LoL), *DOTA 2* e *Counter-Strike*, é comum que os jogadores estejam organizados em equipes, com treinos intensos e cobranças de rendimento. A *Riot Games*, empresa que administra o *LoL*, afirma que já são mais de 100 milhões de usuários em todo o mundo, valor que supera o número de praticantes de muitos esportes tradicionais. Existem, ainda, plataformas on-line, como a *Twitch* e a *YouTube Gaming*, que se dedicam a realizar a transmissão em tempo real (ao vivo) dos *e-sports*, angariando audiências diárias na faixa de centenas de milhares de espectadores.

Não se pode, mesmo diante desses fatos, concluir que os *e-sports* são novos esportes tradicionais. Muitos acadêmicos acreditam que esportes são atividades que requerem, para além da competitividade e da organização, um alto grau de habilidades físicas e uma institucionalização estável. Os jogos eletrônicos envolvem habilidades motoras finas, especialmente das mãos, em oposição às habilidades motoras grossas, que são típicas da grande maioria dos esportes tradicionais. Os autores afirmam ainda que, dos 56 esportes presentes nos jogos Olímpicos de Inverno e Verão, apenas dois – Tiro com arco e Tiro esportivo – envolvem essencialmente habilidades motoras finas e não grosseiras. Falta aos *e-sports*, no entanto, o grau de institucionalização observado nesses dois esportes olímpicos. Neste contexto, a institucionalização significa que a modalidade possui uma longa história em que, segundo Drewe:

> (a) as regras são desenvolvidas e padronizadas; (b) o ensinamento dos jogos se torna padronizado; (c) a *expertise* é desenvolvida; e (d) treinadores, técnicos, oficiais e organismos governamentais emergem.(35)

O *COI – Comitê Olímpico Internacional* –, órgão responsável por decidir quais são os esportes olímpicos, é a principal entidade, a nível mundial, responsável pela aplicação das discussões acadêmicas a casos concretos. Apesar do COI já ter se comprometido a analisar se os *e-sports* seriam incluídos nas Olimpíadas, o posicionamento final ainda parece distante. Até o momento, a falta de institucionalização estável e a existência de questionamentos culturais/morais ainda impossibilitam a inclusão dos *e-sports* nos Jogos Olímpicos.

Para os autores Jonasson e Tiborg, são três os possíveis futuros para a relação entre *e-sports* e esportes tradicionais. Os *e-sports* podem se estabelecer (1) como esportes alternativos – nos moldes de uma contracultura –, (2) como uma nova espécie de esporte ao lado dos tradicionais ou (3) como um futuro, no qual os *e-sports* ocupam a posição atualmente ocupada pelos esportes comuns. Para Jensen, os *e-sports* no Brasil ainda possuem o caráter de contracultura, não sendo amplamente conhecidos e praticados pela população em geral. Estudo empírico realizado na Espanha, contudo, levou os autores a concluírem que os jogos eletrônicos parecem ocupar posição complementar aos esportes tradicionais. Em outras palavras, os *e-sports* não tendem a substituir os esportes tradicionais, mas a se somar aos esportes tradicionais.(36)

À medida que os *e-sports* crescem em alcance, popularidade e rentabilidade e o mercado que o circunscreve se desenvolve, intensificam-se a profissionalização dos jogadores, a criação de centros de treinamento

---

(35) No original: (a) rules are developed and standardized; (b) learning of the game becomes formalized; (c) expertise develops; and (d) coaches, trainers, officials, and governing bodies emerge DREWE, Sheryle Bergmann. *Why sport? An introduction to the philosophy of sport. Thompson. Educational* Publishing, Inc. Toronto, 2003.

(36) JONASSON, Kalle.; THIBORG, Jesper. *Electronic sport and its impact on future sport.* Sport in Society. 2010.

e a necessidade de investidores e preparadores (físicos e mentais). Torna-se indubitável, portanto, a relevância de se analisar as repercussões, no âmbito do Direito, desta emergente atividade profissional.

Adotadas as lentes de estudo típicas do Direito, em especial as do Direito do Trabalho, não será preciso tomar lado no debate conceitual de "esporte", haja vista que é a relação entre um jogador profissional de *e-sports* (*cyber atleta*) e a equipe que o contrata que merece atenção. À luz das regras e princípios justrabalhistas, sobretudo do princípio da primazia da realidade sobre a forma, e partindo de uma interpretação sistemática e teleológica do ordenamento jurídico pátrio, será possível oferecer resposta à atual lacuna normativa referente aos jogadores profissionais, sem que os *e-sports* sejam inocentemente igualados aos esportes tradicionais.

Como será apresentado adiante, a rotina e o contrato de trabalho de *cyber atletas* costumam ser parecidos com os de atletas de esportes tradicionais. Caberá analisar se aos *cyber atletas* são aplicadas as normas jurídicas que disciplinam os esportes em geral, tal como a Lei Pelé. A incidência de norma menos específica, como a CLT, depende exclusivamente da existência das condições materiais impostas pela própria lei. No caso da CLT, basta que os elementos caracterizadores do vínculo empregatício estejam presentes na relação entre contratado e contratante para que o trabalhador goze dos direitos estabelecidos pelo referido diploma.

4. O JOGADOR PROFISSIONAL DE *E-SPORTS* E SUA ROTINA DE TRABALHO

Se por um lado a estrutura organizacional e institucional dos *e-sports* difere significativamente da relativa aos esportes tradicionais, sendo este um dos motivos pelos quais os *e-sports* não adquiriram ainda o *status* de esporte, por outro lado a relação entre jogador profissional e equipe é bastante semelhante àquela entre um atleta profissional e seu clube. Em geral, há um contrato de prazo determinado entre jogador e organização (clube), em que se estabelece uma remuneração periódica e uma política de repartição das premiações extraordinárias. As grandes equipes costumam possuir *Gaming Houses*, que são casas ou apartamentos em que jogadores e comissão técnica moram e treinam. Nestes casos, é exigido que o jogador treine com afinco, durante várias horas por dia, seguindo planos estabelecidos pela contratante em relação a alimentação, horário de trabalho e atividade física.

A INTZ, uma das equipes que competem pelo título do Campeonato Brasileiro de *League of Legends*, possui uma *Gaming House* para 30 pessoas, considerada a maior da América Latina. É comum que uma equipe possua não apenas o time da "Primeira Divisão", mas também times menos experientes, em moldes que se assemelham às categorias de base dos times de futebol. Não são todos os clubes, todavia, que possuem uma casa nesses moldes. Alguns possuem apenas um *Gaming Office*, de modo que os atletas e demais integrantes da equipe técnica apenas trabalham nas instalações, voltando para suas residências ao final de cada treinamento. Em síntese, equipes profissionais de *e-sports* possuem locais de treinamento e submetem os jogadores a rotinas muito semelhantes aos de atletas de Futebol, por exemplo.

Há, no entanto, várias peculiaridades na vida dos jogadores profissionais que não podem ser ignoradas. Enquanto atletas profissionais costumam disputar apenas partidas oficiais de seus clubes ou seleções, pois o desgaste físico e o contrato de trabalho impossibilitam que joguem de forma autônoma, muitos jogadores profissionais de *e-sports* complementam sua renda por meio de *streams*, as transmissões ao vivo em que o jogador comenta a partida enquanto joga. Gois afirma ser comum a extensão da jornada de trabalho, por vezes de modo a alcançar 12 horas consecutivas, quando *streams* ocorrem após treinos e atividades rotineiras.

Outro aspecto particular dos *cyber atletas* diz respeito à composição da comissão técnica e dos auxílios requeridos durante os treinamentos. Diferentemente dos esportes tradicionais, que demandam preparadores físicos, ortopedistas e fisioterapeutas, é mais comum que jogadores de *e-sports* necessitem de auxílio psicológico e trabalhos preventivos contra lesões decorrentes de esforço repetitivo nas mãos.

Em síntese, o jogador profissional, durante a temporada, mora na *Gaming House* e segue cronograma estabelecido pela equipe. Este cronograma inclui treinos diários durante a semana, em geral com duração de 8 horas por dia, acompanhamento nutricional e encontros frequentes com psicólogos. Há ainda momentos de estudo tático e de atividade física, esta voltada para a prevenção de lesões de esforço repetitivo nas mãos e reduzir o sedentarismo típico dos jogos eletrônicos. Após a temporada, é comum que os atletas continuem jogando e realizando *streams*. Muitas vezes, o atleta utiliza a própria *Gaming House* para realizar a transmissão de suas partidas, tanto em razão dos utensílios de jogo – computador e periféricos –, quanto para realizar publicidade para sua equipe e patrocinadores.

5. O MEIO AMBIENTE DE TRABALHO DO JOGADOR PROFISSIONAL DE *E-SPORTS* E SUA CONEXÃO COM O CONCEITO DE *TRABALHO DIGNO*

Antes de análise pormenorizada dos dispositivos normativos aplicáveis às relações de trabalho dos jogadores profissionais de *e-sports*, convém enfatizar a centralidade do conceito de *dignidade humana* para a interpretação e aplicação das normas justrabalhistas e constitucionais. O trabalho digno é o parâmetro central para a abordagem justrabalhista contida nesta obra. Haja vista a crescente flexibilização sofrida pelo Direito do Trabalho nos últimos anos, influenciada pela preocupação dos legisladores brasileiros em possibilitar um ambiente comercial de baixos custos operacionais às empresas, resta evidente a necessidade de se estabelecer um patamar mínimo civilizatório às relações de trabalho *lato sensu*.

Nesse contexto, em que a legislação trabalhista pátria tem sofrido redução em seus âmbitos de proteção, imperioso reconhecer e delinear o conteúdo dos direitos fundamentais garantidos no texto constitucional, com ênfase à *dignidade da pessoa* humana e ao direito ao trabalho. Não apenas a Constituição Federal, mas também os instrumentos internacionais ratificados pelo Brasil e as próprias normas infraconstitucionais brasileiras são importantes fontes jurídicas para compreender quais direitos compõem um trabalho digno.

Segundo Delgado, apesar da imprecisão ainda presente em torno do conteúdo exato de *dignidade humana*, é certo que a dignidade é qualidade intrínseca ao ser humano, revestida de irrenunciabilidade e inalienabilidade. Neste sentido, o ser humano é um fim em si mesmo, não podendo ser utilizado como meio ou objeto para consecução de querer alheio, mesmo que isto implique em certa limitação da liberdade contratual entre patrão e trabalhador. A regulamentação jurídica, portanto, deve concretizar os dizeres constitucionais, garantindo ao obreiro o direito fundamental a uma vivência digna, de forma a permitir que participe da riqueza social. No que tange ao Direito do Trabalho, é possível afirmar a "necessidade de que, pelo menos, os direitos fundamentais indisponíveis" sejam assegurados a qualquer trabalhador. Entende-se por direitos absolutamente indisponíveis aqueles que merecem tutela a nível de interesse público, impedindo que o trabalhador possa transacioná-los ou aliená-los.[37]

Miraglia conclui que a concretização do *trabalho digno* inclui, dentre outras, as seguintes garantias: remuneração justa – que assegure o salário mínimo e possibilite a existência digna do indivíduo –, limitação da jornada de trabalho, respeito aos intervalos intra e interjornada – assim como férias e demais descansos compatíveis com a atividade exercida – e acesso à seguridade social.[38]

Não obstante, o conceito de *trabalho digno* abrange, no contexto da Constituição Federal de 1988, a noção de *meio ambiente do trabalho adequado* que, em apertada síntese, compreende a totalidade das condicionantes *físicas*, *psicológicas*, *químicas*, *biológicas*, *ergonômicas* e *organizacionais* a integrarem o entorno dos trabalhadores.

É justamente nesse *meio ambiente do trabalho* que os indivíduos submetidos aos insumos necessários à realização de suas atividades e às formas de organização e de atuação pertinentes às suas respectivas profissões permanecerão durante grande parte de sua existência no intuito de obter seu sustento. Tudo o que conforma esse entorno específico tem amplo potencial para afetar sua saúde física e mental, bem assim sua qualidade de vida, de modo tão ou mais intenso do que os fatores componentes do meio ambiente *artificial* e *natural*.

Nisso reside, exatamente, a relação intrínseca que permeia o *meio ambiente do trabalho* e a ideia de *dignidade humana*. Se o trabalho *é* o elemento pelo qual o homem se afirma na sociedade e pelo qual assegura sua subsistência material, o entorno que conforma o desempenho de seu labor não deve ser condicionado de modo a comprometer sua integridade psicofísica e sua qualidade de vida, sob pena do trabalho deixar de ser um *meio de vida* para se tornar um fator de degradação da própria condição humana.

Por isso mesmo, os elementos conformadores do *trabalho*, qualquer que seja sua forma de prestação (p. ex.: se através de uma relação de emprego, de labor autônomo, de voluntariado, de trabalho em favor de terceiro, por aplicativos, por meios telemáticos etc.) integra o conceito amplo de *meio ambiente* cujo equilíbrio se afigura imprescindível para a própria concretização da ideia de *dignidade humana*.

No que diz respeito ao meio ambiente laboral a circundar os jogadores profissionais de *e-sports*, mostram-se especificamente sensíveis as questões con-

---

(37) DELGADO, Gabriela Neves. *Direito fundamental ao trabalho*: a reafirmação do valor trabalho digno na perspectiva do estado democrático de direito. São Paulo: LTr, 2015, p. 4.

(38) MIRAGLIA, Ligia. *O direito do trabalho e a dignidade da pessoa humana – pela necessidade de afirmação do trabalho digno como direito fundamental*. Fortaleza, 2010, p. 2-4.

cernentes (i) à duração da jornada de trabalho; (ii) ao respeito aos intervalos de descanso; (iii) a incapacidade de distinguir o *tempo de trabalho* do *tempo de lazer*; (iv) aos prejuízos ao convívio social e familiar e (v) à pressão por resultados.

De fato, por habitarem o local de trabalho, é possível que os períodos teoricamente destinados ao lazer, sejam revertidos para o trabalho, mormente no contexto de alta competitividade em que tais trabalhadores se encontram inseridos, caracterizado pela intensa pressão por resultados. Tais vicissitudes conduzirão, no extremo, à degradação da saúde mental dos referidos atletas, haja vista o constatado nexo de causalidade entre as condições ora narradas e a contração de doenças de cunho psicossomático, tais como depressão, síndrome do pânico, transtornos de ansiedade, agorafobia etc.

Diante de tais riscos inerentes às próprias condições de trabalho a que estão submetidos os atletas de *e-sports*, faz-se necessário que os respectivos contratos de trabalho não apenas especifiquem os horários de intervalo e as atividades permitidas ao jogador, como também delimitem, de modo preciso e objetivo, os tempos de treinamento e lazer, bem como mecanismos destinados a prevenir o aparecimento e o agravamento de doenças psicossomáticas, como, por exemplo, a disponibilização de assistência psicológica, a definição de metas objetivas, progressivas e razoáveis, entre outros.

6. ATUAL MARCO NORMATIVO PARA OS JOGADORES PROFISSIONAIS: A EXISTÊNCIA DE UMA LACUNA

Os contratos de *cyber atletas* brasileiros, muito influenciados pelos contratos firmados em outros países, foram inicialmente redigidos como *contratos de patrocínio* ou *contratos de prestação de serviços*, de natureza civil, e não nos moldes de um contrato de trabalho. Muitos desses contratos apresentam cláusulas de confidencialidade, o que dificulta um estudo mais abrangente.

Convém ressaltar que a *Riot Games* – empresa organizadora do Campeonato Brasileiro de *League of Legends* (CBLoL) e dona do jogo que é também o esporte eletrônico mais praticado no país – passou a requerer que todas as equipes do CBLoL contratem seus jogadores por meio de contratos especiais de trabalho (tal como os contratos de atletas tradicionais), de forma que os *cyber atletas* deste jogo já se encontram amparados pela Lei Pelé e pela CLT.

A determinação da *Riot Games* é mais do que um marco para a proteção dos jogadores profissionais brasileiros de *League of Legends*, pois ela também demonstra a proximidade que existe entre contratos de *cyberatletas* e de atletas tradicionais. Entretanto, por se tratar de decisão de empresa privada, os jogadores profissionais de outros *e-sports* não encontram o mesmo amparo. Cabe, portanto, compreender se o ordenamento jurídico brasileiro já incide sobre as relações de trabalho dos profissionais dos *e-sports* e como se dá essa incidência.

Dos tópicos anteriores, se infere que os *e-sports* constituem fenômeno recente e que seus jogadores profissionais não apresentam relações de trabalho idênticas às dos atletas tradicionais. Ademais, é cediço lembrar que o ordenamento jurídico jamais será capaz de prever e regular todas as inovações que surgem dia após dia em uma sociedade complexa como a do século XXI. Nessa toada é que muitos autores consideram haver uma verdadeira lacuna no Direito brasileiro no que diz respeito não apenas à regulamentação das relações de trabalho dos jogadores profissionais, mas também no tocante a toda relação de trabalho da indústria dos *e-sports*. Nesse sentido, confira-se, ilustrativamente, o seguinte trecho de julgado proferido pelo Tribunal Regional do Trabalho da 12ª Região:

> (a) situação concreta trazida a juízo envolve ofício **carente de legislação de regência**. Em outras palavras, trata-se, numa perspectiva positiva (dadas as incertezas acerca da atividade, conforme mencionado alhures), de **profissão não regulamentada pelo ordenamento jurídico pátrio**, ao menos, até o presente momento.[39]

Partindo-se do pressuposto de que a referida lacuna normativa existe, cabe ao profissional do Direito avaliar as possíveis alternativas de integração jurídica, de modo a respeitar a teleologia do sistema justrabalhista e garantir as proteções laborais dos indivíduos cujas atividades profissionais ainda não estejam devidamente regulamentadas.

Até o momento, a literatura pátria tem buscado classificar os *e-sports* como esportes tradicionais, haja vista que os respectivos atletas encontram substancial amparo na Lei Pelé e nas demais leis que normatizam os esportes. Os *e-sports*, contudo, não são esportes tra-

(39) BRASIL: TRIBUNAL REGIONAL DO TRABALHO DA 12ª REGIÃO. Recurso Ordinario-0000500-18.2014.5.12.0034. Relatora: Ligia Maria Teixeira Gouvea. DJ: 13.09.2016, 2016. Disponível em: <http://www.trt12.jus.br/busca/acordaos/acordao_hit?&q=id:2654181>.

dicionais, podendo a eles ser aplicada a Lei Pelé por meio de um procedimento de integração jurídica, mais especificamente, de analogia.

Conforme assevera Delgado, a analogia não é fonte do direito em si mesma, mas "instrumento de concretização da chamada integração jurídica, pela qual se pesquisam outras fontes normativas para aplicação ao caso concreto *figurado*". Dessa forma, deve-se observar os requisitos para a analogia e se, de fato, a situação do caso concreto é semelhante a ponto da norma ser aplicada. Ainda segundo Delgado, a analogia que aplicasse a Lei Pelé aos jogadores de *e-sports* seria do tipo analogia *legis* e deveria respeitar os três requisitos de toda analogia:

> a) que o fato considerado não tenha sido tratado especificamente pelo legislador, através de uma específica norma jurídica; b) que exista, na ordem jurídica, norma regulando situação ou relação que apresente ponto de contato, semelhança, coincidência ou identidade; c) que esse aspecto comum seja o elemento central a autorizar a operação analógica.[(40)]

Diante dos critérios acima formulados, considera-se que a aplicação analógica da Lei Pelé é uma alternativa possível de integração jurídica diante da carência de legislação trabalhista de regência para as relações de trabalho dos jogadores profissionais de esportes eletrônicos (*cyber atletas)*.

7. DA APLICAÇÃO ANALÓGICA DA LEI PELÉ AOS CYBER ATLETAS

As relações de trabalho abarcam todas as relações jurídicas de prestação de serviço estabelecidas entre pessoas naturais, como se a relação de trabalho fosse um gênero que contém subgêneros de relações de trabalho mais específicas. As relações de trabalho se manifestam das mais diferentes formas, podendo incluir, por exemplo, desde a relação de trabalho autônomo, passando pelas relações de trabalho eventuais, de estágio, voluntário até a relação de emprego propriamente dita.

A relação de emprego, portanto, é uma espécie de relação de trabalho: o que a diferencia destas é que a primeira possui cinco requisitos específicos que devem ser preenchidos para que reste configurada, sendo eles (i) o trabalho por pessoa física; (ii) a pessoalidade; (iii) a subordinação; (iv) a onerosidade e (v) a não-eventualidade. Assim, conforme sintetizado por Delgado:

> O atleta profissional de futebol será empregado de uma entidade de prática desportiva, quando prestar seus serviços mediante subordinação, pessoalidade, não eventualidade e onerosidade (*caput* dos arts. 2º e 3º da CLT, combinado com *caput* do art. 28 da Lei Pelé).[(41)]

Importante também, nesse particular, as lições de Mauricio Godinho Delgado e Gabriela Neves Delgado quanto a capacidade do atleta profissional, que também deve se aplicar aos *cyber atletas*:

> Há clara especificidade normativa no tocante à capacidade do empregado para a celebração de seu primeiro contrato especial de trabalho desportivo. Nos termos do art. 29, *caput*, da Lei Pelé, o empregado somente terá aptidão jurídica reconhecida para os atos da vida laborativa desportiva a partir dos 16 anos de idade.[(42)]

Tendo em vista, portanto, a compreensão da possibilidade da aplicação analógica da Lei Pelé aos jogadores profissionais de *e-sports* passa-se então aos efeitos práticos resultantes de tal analogia.

O primeiro ponto relevante sobre a Lei Pelé é que ela traz, logo em suas disposições iniciais, especificamente nos §§ 1º e 2º do art. 1º, as definições de prática desportiva formal e não formal: a primeira é aquela que "*é* regulada por normas nacionais e internacionais e pelas regras de prática desportiva de cada modalidade, aceitas pelas respectivas entidades nacionais de administração do desporto", enquanto o segundo é, em sua essência, o esporte lúdico.

A norma em apreço também caracteriza o que seriam os esportes de alto rendimento praticados de forma profissional e não profissional. Assim, no esporte praticado de forma profissional deve existir, necessariamente, um contrato de trabalho entre o atleta e o clube pelo qual ele compete, ao passo que o esporte não profissional dispensa um contrato de trabalho, ainda que permita o recebimento de incentivos materiais e patrocínios.

Assim, em síntese, o que diferencia a prática desportiva que ocorre de modo *não profissional* da *profis-*

(40) DELGADO, Mauricio Godinho. *Curso de direito do trabalho*. 18. ed. São Paulo: LTr, 2019, p. 412.

(41) *Ibidem*, p. 1.135.

(42) DELGADO, Mauricio Godinho; DELGADO, Gabriela Neves. Atleta profissional de futebol: breve panorama do direito do trabalho brasileiro a partir da vigência da Lei n. 12.395/2011. *Direito do Trabalho Desportivo*: Os aspectos jurídicos da Lei Pelé frente às alterações da Lei n. 12.395/2011. São Paulo: LTr, 2013, p. 23.

sional é que a última pressupõe existência de um contrato de trabalho desportivo entre o atleta/empregado e o clube/empregador, além de visar a obtenção de lucros e resultados considerados como positivos e/ou benéficos pelo clube.

Os contratos de trabalho desportivo possuem características em comum com os contratos de trabalho ditos *normais* que possibilitam sua identificação/classificação. Ambos devem ser (i) *intuitu personae* em relação ao empregado (aquele empregado/pessoa quem deve executar o serviço pessoalmente); (ii) bilaterais (ambos os polos da relação possuem obrigações e direito); (iii) sinalagmáticos (são geradas obrigações para ambos os polos da relação, ainda que estas sejam diferentes entre si) e (iv) onerosos (possuir um custo/contraprestação associada a seu cumprimento).

As supracitadas características comuns aos contratos de trabalho estão presentes nos contratos de trabalho desportivo (até porque estes são *forma*/classe/espécie daqueles). Deve-se agora, portanto, analisar quais as peculiaridades deste último e como se aplicam aos atletas profissionais de *e-sports*.

A primeira particularidade do contrato de trabalho desportivo celebrado entre atleta e clube que merece destaque encontra-se prevista no art. 27-B da Lei n. 9.615/1998, em que o referido diploma estipula como nula toda e qualquer cláusula que possa intervir ou influenciar na transferência ou no desempenho do atleta, desde que não tenha sido celebrada através de Convenção Coletiva de Trabalho. O caráter protetivo fixado pelo dispositivo em apreço em prol dos atletas profissionais é evidente e decorre da alta rotatividade existente no mundo dos esportes profissionais de alto rendimento, que se manifesta principalmente através de alterações na composição da equipe. Considerando-se que mudanças tão abruptas fazem parte do universo/atividade dos *e-sports*, uma cláusula contratual que obste ou impossibilite esta transferência configuraria um obstáculo formal ao jogador, sendo, portanto, nula.

A segunda peculiaridade atinente aos contratos de trabalho desportivos é a possibilidade do próprio atleta solicitar a rescisão contratual em caso de atraso no pagamento superior a três meses. Ainda que a CLT dedique um capítulo para falar sobre rescisão (elencando, inclusive, em seu art. 483, casos em que o empregado poderá considerar o contrato como rescindido) e que as previsões normativas nela previstas se apliquem aos atletas profissionais, o legislador entendeu que esta classe de trabalhadores necessitava de uma proteção adicional em razão da atividade que exercem; é de se esperar, portanto, que esta proteção seja estendida aos *cyberatletas*.

A terceira e última peculiaridade dos contratos de trabalho desportivos a ser destacada, encontra-se presente no § 4º do art. 28, responsável por determinar que normas gerais de seguridade social e da legislação trabalhista também se aplicam aos atletas profissionais. Fica estabelecido, nos incisos deste parágrafo, não apenas que os atletas possuem direito a férias remuneradas e à jornada de trabalho limite de 44 (quarenta e quatro) horas semanais, mas também a remuneração extra em períodos de concentração e repouso semanal remunerado de vinte e quatro horas ininterruptas.

Além das possíveis obrigações já previstas no contrato especial de trabalho, a Lei n. 9.615/1998 convencionou, nos incisos de seus arts. 34 e 35, respectivamente, deveres tanto para o clube empregador quanto para o atleta profissional empregado, que não se confundem com o requisito empregatício da onerosidade.

Os principais encargos da entidade de prática desportiva são os de registrar o contrato de trabalho desportivo, proporcionar aos atletas as condições necessárias à participação em treinos e competições e submetê-los aos exames clínicos necessários à prática da atividade.

O atleta profissional, por sua vez, tem as obrigações de participar de jogos, treinos e sessões preparatórias, resguardar seu condicionamento físico e praticar a atividade desportiva profissional em conformidade com as regras que regem sua modalidade/a modalidade praticante.

Todos os deveres impostos pela Lei Pelé aos clubes e aos atletas são compatíveis – e, portanto, aplicáveis – aos *cyber atletas* e entendemos que esta proteção adicional deve a eles ser estendida.

Bem como os atletas profissionais, os *cyber atletas*, em razão da popularidade adquirida pelo trabalho que realizam, acabam tendo sua imagem não só associada à equipe, mas também por ela utilizada. O uso da imagem do jogador pelo clube empregador não se limita aos momentos de transmissão das partidas, espraiando-se também em direção à representação do time, à promoção de seus produtos, ao atendimento aos fãs/sócios, à concessão de entrevistas, à divulgação de eventos, dentre outras atividades. Inexiste, portanto, lógica em se limitar a utilização da imagem do atleta a somente os momentos que eles estivessem jogando.

Quanto à utilização da imagem do atleta pela entidade de prática desportiva Soares ensina que:

> O contrato de trabalho do jogador é, na prática, o instrumento de cessão dessa imagem profissional do atleta para todas as atividades ligadas ao exercício da profissão (...) O contrato também

fixa a forma como se dará a utilização da imagem profissional do atleta, restrita aos momentos em que este esteja a serviço do clube. Assim, por força da especificidade da profissão, a imagem do atleta, nos períodos em que esteja a serviço do empregador, é cedida a este de forma gratuita, uma vez que o salário contratual remunera sua atividade, retribui somente a prática da atividade (...).[43]

Ademais – além das previsões contratuais que podem existir sobre a imagem do atleta – a Lei Pelé institui, em seu art. 42, que a prerrogativa (denominada *direito de arena*) de negociar, transmitir, reproduzir, captar ou retransmitir imagens do atleta pertence exclusivamente ao Clube-empregador. O referido artigo também determina que, salvo Convenção Coletiva de Trabalho de forma contrária, cinco por cento dos lucros advindos da exploração de direitos desportivos audiovisuais serão repassados ao atleta. Novamente, as supracitadas previsões normativas contidas na Lei Pelé devem ser analogicamente aplicadas aos *cyber atletas* no que tange seu direito de imagem.

8. CONCLUSÃO

Os avanços tecnológicos das últimas décadas propiciaram o surgimento de novas formas de entretenimento e competição, dentre elas os esportes eletrônicos. Em 2019, a audiência estimada para os *e-sports* é de quatrocentos e vinte e sete milhões de espectadores ao redor do mundo. Mesmo que ainda incipientes no Brasil, se comparado ao contexto coreano ou norte-americano, os *e-sports* já não podem mais ser ignorados pelos legisladores e juízes do trabalho.

No presente artigo, restou evidenciado que os jogos eletrônicos são um gênero do qual *e-sports* são espécie. Além disso, o debate acadêmico em torno dos *e-sports* revela que a ausência de institucionalização estável e de relevante exigência física ainda são empecilhos à caracterização dos esportes eletrônicos como esporte tradicional ou esporte olímpico. Mesmo que ainda não sejam esportes olímpicos, os esportes eletrônicos já possuem elevado grau de profissionalização, com campeonatos de premiação milionária e *cyber atletas* de alto rendimento.

Quanto aos jogadores profissionais de *e-sports*, há uma verdadeira lacuna no ordenamento jurídico, haja vista a inovação representada pelos jogos eletrônicos e pelas relações de trabalho que eles ensejam. Essa lacuna, no entanto, não deve ser motivo para a que o Direito do Trabalho abdique de garantir os direitos laborais dos jogadores profissionais. Um simples procedimento analógico de integração jurídica é suficiente para que muitas das necessidades dos jogadores sejam atendidas.

A analogia supracitada diz respeito à aplicação da legislação especial referente aos atletas profissionais, como a Lei Pelé, aos jogadores profissionais de *e-sports*. Desde o contrato especial de trabalho desportivo, até os direitos de imagem, arena e de transferência, todas essas garantias previstas para atletas profissionais são passíveis de extensão aos *cyber atletas*.

Além disso, cediço notar que os elementos configuradores de vínculo empregatício estão tipicamente presentes nas relações de trabalho entre jogadores e equipe. Deste modo, tal como ocorre com atletas profissionais, a CLT é aplicável subsidiariamente aos jogadores profissionais de *e-sports*. São as condições fáticas, antes mesmo de quaisquer documentos formais, que determinarão o vínculo existente e os direitos garantidos pelos *cyber atletas*.

Não obstante a aplicação analógica da Lei Pelé aos atletas de *e-sports* no tocante à configuração da relação de trabalho entre eles e suas equipes, é imprescindível assegurar aos referidos profissionais que o desempenho de seu trabalho ocorra de forma *digna,* segundo os parâmetros estabelecidos no texto da Constituição Federal. Nesse sentido, para além do direito à remuneração digna e do acesso às demais garantias de cunho trabalhista previstas nos incisos do art. 7º (p. ex.: férias, previdência social, proteção à maternidade, repouso semanal remunerado etc.), o equilíbrio inerente ao *meio ambiente do trabalho* em que os *cyber atletas* se encontram inseridos deve ser assegurado, nos termos do art. 225 da Carta Magna.

Afinal, para que o trabalho exercido pelos seres humanos seja considerado *digno,* na acepção ora formulada, deverá ele ser desempenhado em ambientes dotados de condições físicas, químicas, biológicas e ergonômicas adequadas e de uma organização tal que lhes resguarde a saúde mental, por intermédio da implementação de metodologias aptas evitar danos a tal esfera da personalidade.

Dito de modo mais preciso, os atletas de *e-sports* devem ser protegidos em relação aos riscos labor-ambientais que caracterizam a atividade por eles desem-

(43) SOARES, Jorge Miguel Acosta. *Direito de imagem e direito de arena no contrato de trabalho do atleta profissional.* 3. ed. São Paulo: LTr, 2007, p. 19-20.

penhadas, representados, como visto, (i) pela perda do diferencial entre *trabalho* e *lazer;* (ii) pela restrição ao convívio sócio-familiar, em razão do regime de confinamento por eles vivenciado; (iii) pela pressão por metas e resultados muitas vezes carentes de objetividade e, principalmente, (iv) pela contração de doenças de cunho psicossomático.

Há que se destacar, por fim, que a aplicação analógica supracitada não é a solução ideal para a lacuna atualmente existente no ordenamento jurídico pátrio, mormente tendo em vista as peculiaridades inerentes aos riscos característicos das atividades desempenhadas pelos atletas dos *e-sports*. Como uma categoria profissional surgida em pleno século XXI, dotada de particularidades relevantes frente aos esportes tradicionais, os jogadores profissionais de esporte eletrônicos demandam regramento próprio, ainda que permaneçam com aplicação subsidiária da Lei n. 9.615/1998 e da CLT até que tal regramento seja efetivamente criado.

E quando isto ocorrer é essencial que a legislação vindoura não se limite ao regramento apropriado das condições de trabalho e de remuneração dos *cyber atletas,* mas que se estenda em direção à regulamentação dos aspectos inerentes à conformação do *meio ambiente do trabalho* dos referidos profissionais, à prevenção dos riscos já mapeados à precaução em relação àqueles ainda não conhecidos em sua integralidade. Somente assim poder-se-á falar, de modo pleno, na existência de um *trabalho digno* desempenhado pelos *cyber atletas.*

REFERÊNCIAS

ADAMS, Ernest. *Fundamentals of game design*. 2. ed. Berkeley: New Riders, 2010.

ALVES, Tarsila Machado. Carteira de trabalho é apenas uma das formas de contrato nos *eSports*; entenda. *ESPN, 2017.* Disponível em: <http://www.espn.com.br/noticia/724367_carteira-de-trabalho-e-apenas-uma-das-formas-de-contrato-nos-esports-entenda>. Acesso em: 16 nov. 2019.

BAYLISS, Hunter Amadeus. Not Just a Game: the Employment Status and Collective Bargaining Rights of Professional *E-Sports Players*. Washington and Lee Journal of Civil Rights and Social Justice. Washington, 2016.

BRASIL. *Lei n. 9.615, art. 1º, § 1º, de 24 de março de 1998. Institui normas gerais sobre desporto e dá outras providências.* Brasil: Casa Civil, 1998. Disponível em: <http://www.planalto.gov.br/ccivil_03/LEIS/L9615consol.htm>. Acesso em: 15 nov. 2019.

______. TRIBUNAL REGIONAL DO TRABALHO DA 12ª REGIÃO. Recurso Ordinario-0000500-18.2014.5.12.0034. Relatora: Ligia Maria Teixeira Gouvea. DJ: 13.09.2016, 2016. Disponível em: <http://www.trt12.jus.br/busca/acordaos/acordao_hit?&q=id:2654181>.

CHIKISH, Yulia, Miquel CARRERAS, and Jaume García. eSports: a new era for the sports industry and a new impulse for the research in sports (and) economics?. Sports (and) economics. Fundación de las Cajas de Ahorros (FUNCAS), Espanha, 2019.

COELHO, Helio Tadeu Brogna. *E-Sport*: os riscos nos contratos de *cyberatletas*. São Paulo: 2016.

DEJOURS, Christophe. Trad: PARAGUAY, Ana Isabel; FERREIRA, Lúcia Leal. *A loucura do trabalho. Estudo de psicopatologia do trabalho.* 6. ed. 2ª reimpressão. São Paulo: Cortez/Oboré, 2018.

DELGADO, Gabriela Neves. *Direito fundamental ao trabalho*: a reafirmação do valor trabalho digno na perspectiva do estado democrático de direito. São Paulo: LTr, 2015.

DELGADO, Mauricio Godinho. *Curso de direito do trabalho.* 18. ed. São Paulo: LTr, 2019.

DELGADO, Mauricio Godinho; DELGADO, Gabriela Neves. Atleta profissional de futebol: breve panorama do direito do trabalho brasileiro a partir da vigência da Lei n. 12.395/2011. *Direito do Trabalho Desportivo*: Os aspectos jurídicos da Lei Pelé frente às alterações da Lei n. 12.395/2011. São Paulo: LTr, 2013.

DREWE, Sheryle Bergmann. *Why sport? An introduction to the philosophy of sport. Thompson.Educational* Publishing, Inc. Toronto, 2003.

FERREIRA, V. R.; COSTA, P. L. Os contratos de trabalho dos esportistas eletrônicos no Brasil e a necessidade de sua regulamentação. v. 14, n. 1. Meritum, *Revista de Direito da Universidade FUMEC*. Belo Horizonte, 2019.

FRANÇA. *Code du travail. Décret n. 2017-872 du 9 mai 2017.* Disponível em: <https://travail-emploi.gouv.fr/droit-du-travail/les-contrats-de-travail/article/le-contrat-aduree-determinee-cdd>. Acesso em: 25 out. 2019.

GARCÍA, James; MURILLO, Carlos. *eSports*: profile of participants, complementarity with sports and its perception as sport. Evidence from sports video games. Economics working paper series no. 1617, Barcelona, 2018.

GOIS, Jéssica Caramuru. *O regime jurídico trabalhista dos cyber-atletas brasileiros*. Salvador: 2019.

GUTTMANN, Allen. *From ritual to record*: the nature of modern sports. Columbia University Press n. 13. New York, 2004.

HAWKON, Equipe. *A história do E-Sports mundial.* Hawkon Gaming, 2017. Disponível em: <http://www.hawkongaming.com.br/single-post/2015/10/06/A-Hist%C3%B3ria-do-eSports-Mundial>. Acesso em: 8 out. 2019.

JENNY, Seth; MANNING, Douglas; KEIPER, Margaret; OLRICH, Tracy. *Virtual(ly) Athletes: Where eSports Fit Within the Definition of "Sport". Quest Journal*, V. 69, Issue 1. National Association for Kinesiology in Higher Education (NAKHE), 2017.

JENSEN, Larissa. *E-sports*: profissionalização e espetacularização em competições eletrônicas. Curitiba, 2017.

JONASSON, Kalle.; THIBORG, Jesper. *Electronic sport and its impact on future sport.* Sport in Society. 2010

LEITE, Diogo Almeida Ferreira; MESQUITA, Marcelo Magalhães. A proteção do cyber atleta através da regulamentação trabalhista dos *e-sports. Revista do Tribunal Regional do Trabalho da 18ª Região*, Goiânia, v. 21, 2018.

MARCHI, Renan Buu. *E-sports nos jogos asiáticos de 2018*. ESPORTSPROBR, 2018. Disponível em: <https://esportsprobr.com.br/conteudo/esports-nos-jogos-asiaticos-de-2018/>. Acesso em: 6 nov. 2019.

MELO. Raimundo Simão de. *Direito ambiental do trabalho e a saúde do trabalhador*. 5. ed. São Paulo: LTr, 2013.

MIRAGLIA, Ligia. *O direito do trabalho e a dignidade da pessoa humana – pela necessidade de afirmação do trabalho digno como direito fundamental*. Fortaleza, 2010.

NASCIMENTO, Gabriele Ferrari Machado. Os atletas de E-Sports no Brasil e os direitos trabalhistas. *Anais do I Congresso Internacional de Direito do Trabalho e Direito da Seguridade Social*. Brasília, 2018.

NEWZOO. eSports Market Report. *Resources, 2016*. Disponível em: <http://resources.newzoo.com/hubfs/Reports/NEWZOO_Free_2016_Esports_Market_Report.pdf>. Acesso em: 2 jan. 2017.

ONTIER. *Guía legal sobre e-sports*. Ontier, 2016. Disponível em: <https://www.ontier.net/ia/guialegalesports-2018web.pdf>. Acesso em: 29 out. 2019.

OST. François. *Les temps du droit*. Paris: Odile Jacob, 1999.

OZKURT, Emin. *Esports in South Korea – a short overview of the legal ecosystem*. Law in sport, 2019. Disponível em: <https://www.lawinsport.com/topics/item/esports-in-south-korea-a-short-overview-of-the-legal-ecosystem>. Acesso em: 19 out. 2019.

PEREIRA, Silvio Kazuo. *O videogame como esporte*: uma comparação entre esportes eletrônicos e esportes tradicionais. Brasília, 2014.

PRATA, DORI. *League of Legends chega a 100 milhões de jogadores por mês*. Meio bit, 2019. Disponível em: <https://meiobit.com/351525/league-of-legends-chega-a-100-milhoes-de-jogadores-por-mes/>. Acesso em: 15 nov. 2019.

SANTANA, Marcos Corrêa. *Aplicabilidade das leis trabalhistas nos contratos de esporte eletrônico*. Rio de Janeiro, 2017.

SILVA, Samyr Augusto Estumano; SEGUNDO, Paulo de Sousa Bastos. Jogos eletrônicos: uma nova modalidade desportiva. *FIBRA Lex*, n. 4. Belém, 2018.

SOARES, Jorge Miguel Acosta. *Direito de imagem e direito de arena no contrato de trabalho do atleta profissional*. 3. ed. São Paulo: LTr, 2007.

SPORTV.COM – São Paulo. INTZ inaugura maior gaming house da América Latina em SP; veja fotos. *SPORTV*, 2019. Disponível em: <https://sportv.globo.com/site/e-sportv/noticia/intz-inaugura-maior-gaming-house-da-america-latina-em-sp-veja-fotos.ghtml>. Acesso em: 8 nov. 2019.

SUITS, Bernard. *The elements of sport*. Ethics in sport. 2007.

TAYLOR, T. L. *Raising the stakes: e-sports* and professionalization of computer gaming. Londres: The MIT Press, 2012.

TRIVIÑO, J. L. P. Retos jurídicos de los esports. *Revista Jurídica Laliga*. Madri, 2017.